SHOW
ENGLISH
GRAMMAR
you the best way to

www.hongikmediaplus.co.kr

동양books
www.dongyangbooks.com

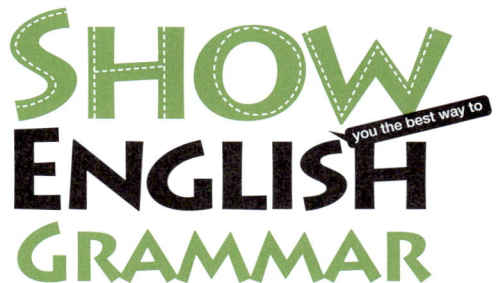

*실전 영문법
바이블

SHOW ENGLISH GRAMMAR
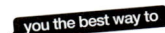
*실전 영문법 바이블

초판 인쇄 | 2009년 2월 11일
초판 발행 | 2009년 2월 20일

지은이 | 신융빈
발행인 | 김태웅
영어팀 총괄 | 임미정
책임편집 | 최문선
편　집 | 서소연, 조선형, 임민정, 김선영
디자인 | 안성민, 최진화
내지디자인 | 이현해
영　업 | 남상조, 한찬수, 육장석, 박종원, 한승엽, 박광균
제　작 | 이시우

발행처 | 홍익미디어플러스(주)(동양문고 · 상상공방)
등　록 | 제 2-4410호(2006년 2월 22일)
주　소 | 서울시 마포구 서교동 463-16호 (121-841)
전　화 | 02-333-0957
팩　스 | 02-333-0964
홈페이지 | http://www.hongikmediaplus.co.kr
　　　　　www.dongyangbooks.com

ⓒ 2009 홍익미디어플러스(주)
ISBN 978-89-5939-059-5 13740

▶ 저자와 홍익미디어플러스(주)의 사전 동의 없이 어떠한 형태로든 이 책 내용의 일부나 전부를 사용할 수 없습니다.
▶ 홍익미디어플러스는 **동양북스**의 영어 · 유럽권 어학 전문 브랜드입니다.

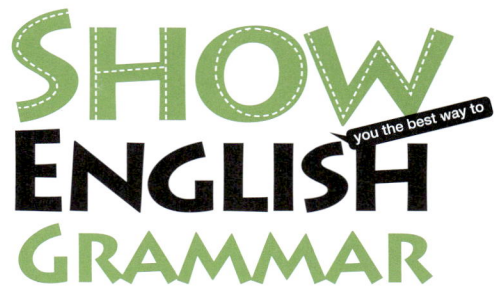

SHOW ENGLISH GRAMMAR
you the best way to

*실전 영문법
바이블

Prologue

누군가 저에게 그랬습니다. "왜 그토록 힘들게 집필하나요?"

저는 이렇게 답합니다. "독자들이 *SHOW ENGLISH GRAMMAR*를 공부하면서 만족해한다면 그것으로 족합니다."라고

다음은 필자가 집필할 때 항상 교훈으로 생각하는 문장으로 이 교훈을 바탕으로 좋은 학습서가 되도록 노력하였다.

- *Great teachers are not great because they are successful in cramming the heads of their students with facts; they are great because they inspire their students to think for themselves and to think deeply about those matters of importance to the rich and responsible life.*

  훌륭한 선생님들이 암기 사항을 학생의 머릿속에 잘 집어넣어 주기 때문에 훌륭한 것은 아니다. 학생들이 스스로 사고하도록 격려하고, 풍성하고 책임 있는 삶에 중요한 문제들을 깊이 생각하도록 학생들을 격려하기 때문에 훌륭한 것이다.

위 글에서처럼 필자는 학습자 여러분들이 생각하면서 공부할 수 있는 시간을 가질 수 있도록 '왜 이럴까? 어떻게 이러한 구조가 되었는가!' 하는 의문을 완벽하게 이해할 수 있게 친절한 설명이 되도록 노력하였다.

학습자들이 영어를 공부하면서 궁금해 하지만 지금까지 설명이 없었던 아래 예문들과 같은 헷갈리는 문장들의 의미상 차이를 설명하고, 옳지 않은 문장은 그 옳지 않은 이유를 자세히 설명하고 있다. 또한, 본문의 지면상 부족한 설명은 연습문제 해설을 통해서 가능한 한 자세한 해설을 했다. 이와 같은 학습은 여러분의 영어 학습에 있어 더 많은 발전이 있으리라 필자는 믿는 것이다.

a. **Seeing is believing**.
b. To see is **to believe**. (×)

a. **What** do you think of Korea?
b. **How** do you think of Korea? (×)

a. He held me **by the sleeve**.
b. He held **my sleeve**.

a. She is sitting **on** *the chair*.
b. She is sitting **in** *the chair*.

　필자는 영어학을 전공했고, 오랜 기간의 영어 교육과 몇 권의 학습서를 출간하면서 좀 더 발전적인 회화·문법·독해에 관련된 책을 발간하고자 하는 욕심이 있었다. 즉 단순 암기가 아니라 생각하고, 이해하며 공부할 수 있는 학습서들을 집필하고자 하는 계획의 일환으로 이번에 *SHOW ENGLISH SERIES*의 마지막인 *SHOW ENGLISH GRAMMAR*를 완성하였다.

　몇 년이라는 기간에 걸쳐 좋은 예문을 고르고 또 골랐다. 영화·드라마·소설·신문·사전 등 어디서든지 좋은 문장이라고 생각되면 모으고 모은 집합체가 *SHOW ENGLISH GRAMMAR*이다. 영어를 배우는 1차적인 목적이 의사 전달에 있기 때문에 필자는 영문법에 일상 대화를 통해서 회화도 배우고 문법을 자연스럽게 익힐 수 있도록, 가능한 한 회화체 문장을 이용하였다. 또한 좋은 예문인 경우에는 좀 긴 문장도 선택했다.

　토익·토플·텝스 등 모든 시험에 적응할 수 있는 해설을 쓰기 위해 'Activator, Contemporary English, Cobuild, English Language and Culture, New Hornby, American Heritage, A Comprehensive Grammar of the English Language' 등을 참고했다. 그래도 해설에 미심쩍으면 영·미인과 대화도 나누었다. 또한 사전 없이 모든 문장들을 이해할 수 있도록 많은 어휘 설명을 첨부했고, 문장을 이해하는데 문법 설명이 필요한 경우에는 〈000쪽 참조〉와 같이 표시하였다.

　본 문법서가 학습자들의 모든 영어에 대한 욕구를 충족시켰으면 하는 것이 필자의 바람이다.

　이 책이 세상에 빛을 보기까지 옆에서 늘 격려해주던 좋은 친구들과 가족들이 있었습니다. 그들에게 진심어린 고마움을 표하고 싶습니다. 항상 옆에서 힘이 되어준 서창 건설 대표이사 강석은·정순환님, 집필이 끝날 때까지 필자의 건강을 보살펴준 시나브로 유병호·유희자님, 전망 좋은 곳에서 편하게 집필하도록 장소를 제공해준 로즈마리 신장범·김규염님, 자료수집에 도움을 준 딸(현아)·아들(현준), 그동안 집필 만을 할 수 있도록 힘이 되어준 사랑하는 아내 노명자에게 고마움을 표하고 싶습니다.

　원고 수정을 위해 항상 도움이 되어준 Alessandro Francesso Roviezzo-Wilson 선생님, Ulrike C. Meng 교수님, Charnel Williams 선생님께 감사드립니다.

　어느 문법서보다 훌륭한 *SHOW ENGLISH GRAMMAR*가 탄생할 수 있도록 힘써주신 주신 최문선 팀장님, 그리고 홍익미디어 김태웅 사장님께 진심으로 감사드립니다.

신용빈 저

About the book

'영어는 문법·회화·어휘·독해를 따로따로 하는 것보다 동시에 학습하는 방법이 가장 효과적'이라는 원리를 따른 학습서입니다. 주입식 문법서가 아닌 생각하며 공부할 수 있는 *SHOW ENGLISH GRAMMAR*는 영어의 기본기를 확실하게 다지기 위한 필독서로 TOEFL, TOEIC, TEPS 및 고시까지 각종시험을 완벽하게 대비할 수 있습니다.

* 기본기를 다질 수 있는 핵심 문법 내용 제시
* 단순 암기가 아닌 이해 위주의 완벽한 해설
* 일상 회화나 작문을 위한 실제적 예문 제시
* 혼자서도 공부할 수 있는 자세한 구문분석과 어휘 설명
* 토익·토플·텝스 등 공인 영어시험을 위한 문법 지침서 역할
* 문법의 확인학습을 위한 실전문제 수록

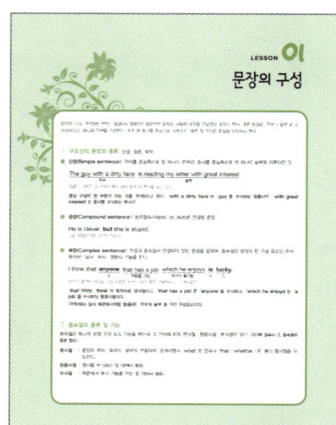

LESSON의 안내 페이지
이 책을 이루는 각 LESSON의 도입부분입니다.
각 단원에서 배우게 될 학습 내용을 간단히 정리해 놓았습니다.

이 책의 구성과 활용법

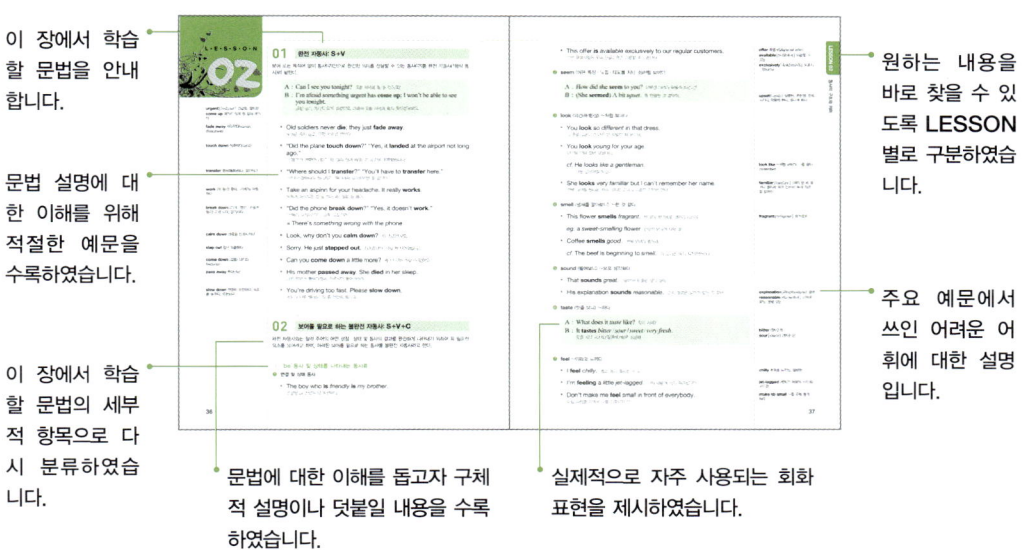

- 이 장에서 학습할 문법을 안내합니다.
- 문법 설명에 대한 이해를 위해 적절한 예문을 수록하였습니다.
- 이 장에서 학습할 문법의 세부적 항목으로 다시 분류하였습니다.
- 문법에 대한 이해를 돕고자 구체적 설명이나 덧붙일 내용을 수록하였습니다.
- 실제적으로 자주 사용되는 회화 표현을 제시하였습니다.
- 원하는 내용을 바로 찾을 수 있도록 LESSON 별로 구분하였습니다.
- 주요 예문에서 쓰인 어려운 어휘에 대한 설명입니다.

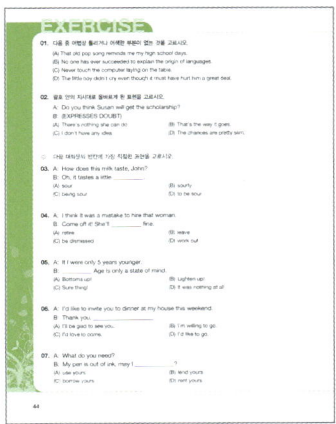

EXERCISE
각 LESSON에서 배운 내용을 총정리하는 코너입니다. 문제를 통해 각각의 문법 포인트를 상기시키고 부족한 부분을 진단하세요.

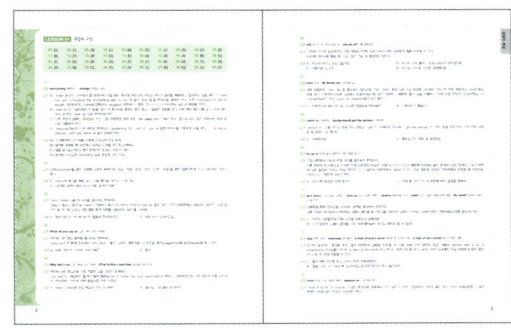

정답과 해설
EXERCISE 모든 문제의 정답과 자세한 해설이 담겨 있습니다. 본 책과 함께 친절한 설명이 학습효과를 배가 시킬 것입니다.

Contents

Prologue
About the book

LESSON 01   문장의 구성 • 15
- 01 문장의 확대와 축소 • 16
  - ① 명사절 → 명사(구) | ② 형용사절 → 형용사(구) | ③ 부사절 → 부사(구)
- 02 의문문의 형태 • 16
  - ① Yes/No Questions | ② 의문사가 있는 의문문 | ③ 직접 의문문과 간접 의문문 | ④ 부가 의문문 | ⑤ 그 밖의 의문문의 형태
- 03 부정문의 형태 • 22
  - ① 'be' 동사의 부정 | ② 일반 동사의 부정 | ③ 전이 부정 | ④ 부분/전체 부정, 이중부정 | ⑤ 강조 용법
  - ⑥ 부정어가 아니더라도 부정을 암시하는 단어 또는 구문
- 04 감탄문의 형태 • 26
- 05 There와 Here 문장의 형태 • 26
  - ① 'There + 동사 + 주어'의 구문 | ② 'Here you are.'와 'Here it is.'

EXERCISE • 28

LESSON 02   동사의 구조와 의미 • 35
- 01 완전 자동사: S + V • 36
- 02 보어를 필요로 하는 불완전 자동사: S + V + C • 36
- 03 목적 보어를 갖는 동사: S + V + O + O.C • 38
- 04 동사와 목적어: S + V + O • 39
- 05 수여동사: S + V + I.O + D.O • 40
- 06 이어동사 • 42

EXERCISE • 44

LESSON 03   초점과 태 • 51
- 01 3형식 문형의 수동 변형 • 52
  - ① 의문사가 없는 의문문 수동 | ② 의문사가 주어·목적어인 의문문 수동 | ③ 의문 부사가 들어 있는 의문문 수동
- 02 목적어가 절인 문장의 수동 변형 • 53
- 03 4형식 문형의 수동 변형 • 54
- 04 5형식 문형의 수동 변형 • 55
- 05 부정 주어의 수동 변형 • 56
- 06 수동문을 사용하는 경우 • 57
  - ① 행위자가 중요하지 않거나, 분명치 않을 때 | ② 말하는 사람을 나타내지 않거나 공지사항을 전달할 때
  - ③ 앞 문장과 주제 연결이 필요할 때 | ④ 새로운 발명품·새로 태어나는 아기·출판물 등
  - ⑤ 신문·보고서·과학 잡지·광고 같은 문어체에 | ⑥ 능동문의 주어가 일반인인 경우

차례

07 수동문을 쓸 수 없는 동사 • 58
08 자동사의 수동 • 58
09 수동의 의미로 쓰이는 동사 • 59
10 상태 수동과 동작 수동 • 59
　① 동작의 결과를 나타내어 '~한 상태로 있다' 라는 뜻의 상태수동　② 예기치 않게, 또는 갑자기 어떤 일이 일어났거나 변화가 생겼을 때　③ 상태 완료 수동과 동작 완료 수동
11 수동문에서 행위자 by 이외의 전치사를 사용하는 경우 • 61
12 회화에서 자주 사용되는 수동 표현 • 62
EXERCISE • 64

LESSON 04 법 조동사 • 71

01 기본 조동사: Be, Have, Do • 72
　① Be　② Have　③ Do
02 법 조동사의 의미 • 73
　① 제안할 때 쓰이는 조동사　② 요청할 때 쓰이는 조동사　③ 예의바른 표현의 조동사　④ 'Will/Would'가 나타내는 표현
　⑤ 'Must/Have to'의 용법　⑥ Should의 용법　⑦ 충고에 쓰이는 표현　⑧ 허락을 나타내는 표현
　⑨ 금지를 나타내는 표현　⑩ 능력을 나타내는 표현　⑪ 가능성을 나타내는 표현　⑫ 추측을 나타내는 표현
　⑬ 조동사 + 완료: 과거 사실에 대한 추측・후회・유감・원망
EXERCISE • 86

LESSON 05 시제 • 91

01 현재 • 92
　① 현재의 사실・진리　② 반복적인 행위　③ 오랫동안 같은 것이 지속되는 경우　④ 미래를 나타내는 현재　⑤ 게시・인용 등
02 진행시제 • 93
　① 현재 진행되고 있는 동작 및 상태　② 가까운 미래 또는 이미 계획된 미래　③ 점차 변화하는 상태를 말할 때
　④ 자주 발생하는 짜증나고 귀찮은 일에　⑤ 진행형으로 사용하지 않는 동사　⑥ 진행형으로 쓰이지 않는 동사가 진행형일 때
　⑦ 현제시제와 현재진행의 의미상 차이
03 과거시제 • 95
　① 과거에 끝나버린 동작 또는 상태　② 과거의 습관　③ 현재와 미래가 관련된 과거시제
04 미래시제 • 97
　① 왕래 발착 동사　② be going to의 용법
05 현재완료 • 97
　① 결과　② 경험　③ 계속　④ 과거와 현재완료의 의미상 차이
06 과거완료 • 100
07 미래완료 • 101
EXERCISE • 102

LESSON 06 부정사 • 107

- **01 명사적 용법 • 108**
  - ① 주어로 쓰이는 경우 | ② 목적어로 쓰이는 경우 | ③ 주격·목적격 보어로 쓰이는 경우 | ④ 의문사 + to 부정사
  - ⑤ 가주어와 가목적어 | ⑥ 'to + 부정사'만을 목적어로 갖는 동사
- **02 형용사적 용법 • 110**
  - ① 한정 용법 | ② 'be + to 부정사'의 용법: 예정·의무·의도·가능성·운명
- **03 부사적 용법 • 112**
  - ① 목적 | ② 이유 | ③ 조건 | ④ 결과
- **04 원형 부정사가 쓰이는 경우 • 113**
  - ① 지각 동사 + O + 원형 부정사 | ② 사역 동사 + O + 원형 부정사 | ③ 조동사 + 원형 부정사 및 관용 어구
- **05 부정사의 의미상 주어 • 114**
- **06 독립 부정사 • 115**
- **07 기타 용법 • 115**
  - ① 부정사의 시제 | ② 부정사의 부정 | ③ 대부정사 | ④ too ... to + 동사원형 | ⑤ enough to | ⑥ He is easy to deceive.
- **EXERCISE • 118**

LESSON 07 분사 • 125

- **01 분사의 동사적 기능 • 126**
- **02 분사의 형용사적 용법 • 126**
  - ① 한정적 용법 | ② 서술적 용법 | ③ 수동 형용사
- **03 Have + 목적어 + 과거분사 • 128**
- **04 감정 동사의 과거분사와 현재분사 • 130**
- **05 분사의 전용 • 131**
  - ① 명사적 용법 | ② 부사적 용법 | ③ 전치사적 용법
- **06 관용적 표현 • 131**
- **07 의사 분사 • 132**
- **08 분사 구문의 형식과 의미 • 132**
  - ① 분사 구문의 의미 | ② 수동 분사 구문
- **09 부대 상황 • 134**
- **10 독립 분사 구문 • 135**
- **11 비인칭 독립 분사 • 135**
- **12 주의해야 할 분사 구문 • 136**
- **EXERCISE • 138**

LESSON 08 동명사 • 145

- **01 동명사의 역할 • 146**
  - ① 주어로 쓰이는 경우 | ② 보어로 쓰이는 경우 | ③ 전치사의 목적어로 쓰이는 경우 | ④ 타동사의 목적어로 쓰이는 경우
- **02 동명사의 의미상 주어 • 147**
- **03 동명사의 시제: 단순 동명사와 완료 동명사 • 148**
- **04 동명사의 관용적인 용법 • 149**
- **05 동명사와 to 부정사 • 149**
- **06 동명사와 현재분사 • 152**
- **07 명사적 용법의 동명사와 to 부정사 • 152**
- **08 동명사의 보통명사화 • 153**
- **EXERCISE • 154**

LESSON 09 관사와 명사 • 159

01 관사 • 160
① 관사의 의미 │ ② 정관사를 사용하는 고유명사 │ ③ 관사의 생략

02 셀 수 있는 명사와 셀 수 없는 명사 • 162
① 단수와 복수 │ ② 관사 + 보통명사 │ ③ 보통명사로 쓰이는 고유명사 │ ④ 추상명사의 전용 │ ⑤ 명사의 부사적 용법

03 집합명사 • 167
① 집합명사와 군집 명사 │ ② 집합명사의 복수를 수식하는 형용사

04 소유격의 형태와 의미 • 169
① 소유격의 형태 │ ② 소유격의 의미

05 비슷한 두 개의 영어구조 • 171

EXERCISE • 172

LESSON 10 대명사 • 179

01 일반 인칭대명사 • 180

02 재귀대명사 • 180
① 재귀적 용법 │ ② 강조 용법 │ ③ 재귀대명사의 관용적 표현

03 소유 대명사 • 181

04 대명사 'it' • 181
① 비인칭 주어 │ ② 상황의 'it'

05 지시 대명사 • 182
① this/these │ ② 무엇을 설명할 때 │ ③ 사람을 지칭할 때; 소개할 때 │ ④ 앞에 나온 명사의 반복을 피하기 위하여
⑤ this 후자(the latter)/that 전자(the former) │ ⑥ 'that'은 앞에 나오는 내용을, 'this'는 뒤에 나오는 내용을 받는다

06 부정 대명사 • 183
① 부정·의문·조건문에서 'anything/anybody/anyone'을 사용 │ ② 부정대명사는 형용사가 대명사 뒤에서 수식
③ 부정대명사의 보통명사 용법 및 대명사

07 전칭 대명사 • 185
① All and Both │ ② Each and Every

08 대용어 • 186

09 other and another • 187

10 의문대명사 • 188

EXERCISE • 190

LESSON 11 부사 • 195

01 부사의 형태 • 196
① 동일 형태의 부사와 형용사 │ ② 두 개의 형태를 갖는 부사

02 부사의 위치 • 198
① 형용사·부사 앞에서 수식한다 │ ② 동사 뒤에서 수식한다 │ ③ 장소 부사는 문미에 오며, 전치사 없이 쓰이는 부사
④ 시간을 나타내는 어구는 문장 맨 끝에 오지만, 대조를 나타낼 때 문장 첫머리에 나오는 경우도 있다
⑤ 'every day'는 '매일'이라는 뜻의 부사로 두 단어로 따로 떼어 쓴다 │ ⑥ 초점 부사
⑦ 문미에 위치하는 부사(구)가 여러 개 있을 때의 어순 │ ⑧ 문장 부사

03 양태 부사의 위치 • 200
① 방법부사 │ ② 양태 부사의 위치에 따라 문장의 뜻이 달라진다

04 빈도 부사 • 201
① 빈도 부사의 의미 │ ② 빈도 부사의 위치

05 시간 부사 • 202
① 'today, this evening, yesterday, last week, next month'와 같은 시간 부사는 전치사 없이 쓰인다
② ago/before/since │ ③ already/yet │ ④ still │ ⑤ not ... any more │ ⑥ 'once'가 포함된 관용 어구

06 정도 부사 • 204
   ① a bit/a little │ ② fairly 꽤, 상당히 a little < fairly < very │ ③ rather │ ④ too │ ⑤ more than

07 형용사·부사의 강조 • 205
   ① 형용사·부사의 강한 정도 │ ② 시간·장소를 강조하는 부사 'right' │ ③ 'Very'와 'Much'의 용법

08 맞장구칠 때 쓰이는 부사: either/too/neither/so • 207

09 동사 기능을 하는 부사 • 207
   ① 동사를 대신하여 쓰이는 부사 │ ② 부사와 전치사의 구별 │ ③ 동사에 붙는 부사가 종종 뜻을 이해하는데 도움을 준다

10 'almost'와 'barely'의 의미상 차이 • 208

11 'almost'와 'nearly'의 의미상 차이 • 209
   ① 시간 등이 접근해 있음을 나타내어 '거의, 조금 있으면' │ ② 'all, every, the whole, always' 등의 앞에 두어 '거의, 대부분'
   ③ 'any' 또는 'no, nobody, nothing' 등과 같은 부정어의 쓰임 │ ④ 형용사, 부사를 수식하여 '대체로, 거의'

EXERCISE • 210

LESSON 12 형용사 • 217

01 형용사의 종류 • 218
   ① 성질 형용사 │ ② 지시 형용사 │ ③ 고유 형용사

02 형용사의 용법 • 218
   ① 명사를 수식하는 말의 위치 │ ② 보어로 쓰이는 형용사 │ ③ 한정·서술용법에 따라 의미가 달라지는 경우
   ④ 형용사의 명사적 용법 │ ⑤ 어미가 -ly로 끝나는 형용사

03 수량 형용사 • 225
   ① 'some'과 'any' │ ② 시간과 장소 명사에 'some, any, one'이 붙었을 때의 뜻 │ ③ 명사를 수식하는 수량 형용사
   ④ much + 셀 수 없는 명사: many + 복수 명사 │ ⑤ 'as much, as many'는 동량·복수를 의미
   ⑥ a great deal of / a (large) number of / a lot of / several

EXERCISE • 230

LESSON 13 비교 구문 • 237

01 우등 비교와 열등 비교 • 238

02 최상급 • 239
   ① the + 최상급 │ ② 비교급·최상급 강조

03 동등 비교 • 240
   ① 'as ... as' 구문 │ ② 동등비교 부정 │ ③ 배수 비교: 'twice + as ... as / + 비교급 than'
   ④ 동등 비교를 사용한 비유법 │ ⑤ 동등 비교(원급)를 이용한 최상급의 의미

04 주의해야 할 비교 구문 • 242
   ① 동일인/성질을 비교할 때 'more'를 사용하며, 'more'는 'rather(오히려)'의 뜻이다.
   ② 'of the two' 또는 내용상 이유를 나타내거나 이유를 나타내는 단어와 함께 사용되는 비교급에 'the'를 붙인다.
   ③ more of a ... than; as much of a ... as; less of a ... than │ ④ '비교급 + than any other + 단수 명사'
   ⑤ no better than ~나 마찬가지인(almost the same ~ as/as good as) │ ⑥ no sooner ... than ~하자마자 …하다
   ⑦ 'more/less'와 관련된 중요 표현 │ ⑧ 이중비교 │ ⑨ compared with/relative to │ ⑩ 절대비교
   ⑪ '부정어 + 원급/비교급'을 이용한 최상급의 의미 │ ⑫ 점층 비교법 │ ⑬ the + 비교급, the + 비교급
   ⑭ 라틴계 비교급 │ ⑮ 비교급을 쓰지 못하는 형용사

05 부사의 비교 • 249

EXERCISE • 250

LESSON 14 관계사 • 255

01 관계대명사의 역할 • 256

02 관계대명사의 용법 • 256
   ① 관계대명사의 제한적 용법 │ ② 관계대명사의 계속적 용법 │ ③ 제한적 용법과 계속적 용법의 의미상 차이

03 관계대명사 that 용법 • 257
  1 선행사가 최상급 형용사 또는 서수의 수식을 받을 때
  2 선행사가 'the last, the next, the very, the only, the same, all, every, some, any, no, none, little, few'의 수식을 받거나 '-thing'으로 끝나는 단어일 때
  3 의문사가 선행사 일 때 ｜ 4 선행사가 '사람 + 사물' 또는 '사물 + 사람' 일 때
04 선행사의 뜻에 따른 관계대명사의 선택 • 258
05 선행사를 포함한 관계대명사 What • 259
  1 명사적 용법 ｜ 2 관용적 표현
06 의사 관계대명사: As, But, Than • 260
07 복합 관계사 • 261
  1 명사적 용법 ｜ 2 형용사적 용법 ｜ 3 부사적 용법
08 to 부정사 또는 분사로 대신할 수 있는 관계사절 • 262
  1 선행사가 'the first / the last / the only / 최상급'으로 수식을 받는 경우 부정사로 대신할 수 있다
  2 의무·당연성·가능성을 나타내는 관계사절은 to 부정사로 대치할 수 있다
  3 관계사절이 진행형·수동인 경우 'who / which + be'가 생략되면 분사가 명사를 수식하는 형용사구로 축소된다. 즉, 분사가 형용사처럼 명사를 수식한다
  4 관계절 속의 동사가 습관, 계속적인 행위, 또는 소망을 나타낼 때 분사로 대치할 수 있다
09 관계대명사의 생략 • 263
10 관계대명사와 전치사 • 263
  1 전치사와 관계대명사가 함께 사용되는 것이 가장 바람직한 표준 어법이다
  2 회화체에서 전치사와 떨어져 있을 때 'whom' 대신에 'who'가 자주 쓰이지만 '전치사 + 관계 대명사'인 경우에는 반드시 'whom'이 쓰인다
  3 전치사구(in front of(~앞에))인 경우 관계대명사와 결합하지 않고 뒤에 둔다
  4 'look up to(존경하다(respect)), look for(찾다)' 등과 같은 타동사구의 일부인 'to' 또는 'for'는 관계대명사와 결합할 수 없다
11 관계부사 • 264
  1 형용사적 용법 ｜ 2 명사적 용법과 부사적 용법
12 What is that house of which the roof is blue? (x) • 265
EXERCISE • 266

LESSON 15

마음을 표현하는 법 • 271

01 명령법 • 272
  1 반말보다는 부드러운 요청을 하기 위하여 'please' 또는 조동사 사용 ｜ 2 상점·커피숍·식당 등에서 원하는 물건을 주문할 때
02 가정법 • 272
  1 가정법 과거 ｜ 2 가정법 과거완료 ｜ 3 혼합 가정법 ｜ 4 가정법 미래 ｜ 5 'If 절'의 뜻을 담고 있는 전치사·접속사·부사
03 중요한 가정법 구문 • 275
  1 It's about time + 주어 + 과거 동사 ｜ 2 as if/as though ｜ 3 what if = what will happen/would be the result if ...?
  4 I wish that + 가정법
04 직설법과 가정법의 차이 • 278
  1 'wish, want, hope' 동사가 부정사를 목적어로 가질 때 직설법으로 같은 뜻
  2 'wish' 동사 다음에 명사가 오면 직설법으로 '~을 빌다, 바라다'의 뜻
  3 'hope'는 직설법으로 단순한 미래 희망을 나타내며, 'hope' 뒤에는 현재시제 또는 미래시제가 쓰인다
  4 'hope'와는 달리 'wish' 동사가 'that절'을 목적어로 할 때는 '실현될 수 없는 소망을 나타내는' 가정법의 뜻이다.
05 단순조건과 가정법 • 279
  1 단순조건 ｜ 2 가정법
EXERCISE • 280

LESSON 16

전치사 • 285

01 전치사의 목적어 • 286
02 전치사의 의미 • 287

① 시간을 나타내는 전치사 ② 시간과 관련된 표현 ③ 장소 및 위치를 나타내는 전치사: on/over/above/under/opposite
④ 소유: of, with, without ⑤ 상태를 나타내는 전치사 ⑥ 수단·방법의 'by' ⑦ 첨가: besides
⑧ 찬성·지지: for/with 반대: against ⑨ 'for'의 의미 ⑩ 범위·한계 ⑪ 비교 전치사 'like'
⑫ 출신·출처·기원·유래: from ⑬ 종사: over ⑭ 재료: of, from, with ⑮ 결과, 반응: to

03 전치사의 생략 • 297
① 시간의 전치사: on, during, in, for ② 기간·거리의 전치사: for ③ 방법·상황의 전치사: in, with ④ 정도의 전치사: by

04 전치사의 선택에 따라 명사·동사의 뜻이 달라지는 경우 • 298
① 전치사에 의해 뒤따라오는 명사의 뜻이 달라지는 경우 ② 전치사에 따라 동사의 의미가 달라지는 경우

EXERCISE • 302

LESSON 17 접속사 • 309

01 등위접속사: and, or, but • 310
① 연결접속사 ② 선택접속사 ③ 반의 접속사 ④ 상관 접속사

02 종속절의 종류: 명사절·형용사절·부사절 • 312
① 명사절 ② 형용사절 ③ 부사절

03 접속사의 의미 • 318
① 'when'과 'as' ② 'if'와 'when' ③ 단순조건 'If'와 가정법 'If' ④ 'unless'와 'if ... not'

04 I'm sure that he'll come here tonight. • 320

05 연결어 • 321

EXERCISE • 322

LESSON 18 일치와 화법 • 329

01 일치 • 330
① 주어와 대명사 ② 주어와 동사 ③ 시제 일치

02 화법 • 333
① 직접 화법과 간접 화법 ② 화법 전환 ③ 평서문·가정법의 간접 화법 전환 ④ 의문문의 간접 화법
⑤ 명령문의 간접 화법 ⑥ 제의·제안의 간접 화법 ⑦ 충고의 간접 화법 ⑧ 감탄문의 간접 화법

EXERCISE • 338

LESSON 19 생략·강조·도치·병렬 구조·구조의 이중성 • 343

01 생략: 응답은 짧게 하라 • 344
① 주어가 생략 ② (조)동사가 생략 ③ '주어 + 동사 + (목적어)'가 생략 ④ 부사(구)만 쓰이는 경우
⑤ 질문의 응답에서 반복되는 어구는 생략 가능 ⑥ 'as, though, if, when, while' 등으로 유도될 때 '주어 + 동사'가 종종 생략

02 강조 • 347
① 글로 쓸 때는 대문자나 이탤릭체로 쓰거나 밑줄 또는 굵은 글씨로 강조 ② 동사 강조의 'do'
③ 명사 앞에 'all, every' 등 있을 경우, imaginable은 명사 뒤에서 수식
④ 'really, definitely, particularly'와 같은 부사는 강조어로 ⑤ 동일한 단어를 반복하여 강조
⑥ 'in the world, on earth'는 의문문, 부정문, 최상급과 함께 강조

03 도치 • 348
① 의문문에서는 주어·동사가 도치 ② 장소 부사가 문두에 오거나, 'only'로 문장이 시작될 때
③ 가정법에서 접속사 'if'가 생략된 경우 ④ 'so, neither, nor'로 맞장구치는 표현에서 ⑤ 부정 어구가 문두에 올 때
⑥ 직접화법에서 피전달문 앞에 오고 전달문의 주어가 명사일 때는 '주어 + 동사'의 어순 ⑦ 보어가 문두에 나오는 경우

04 병렬 구조 • 350
① 형용사·명사 연결 ② 동명사·부정사 연결 ③ 명사구 연결 ④ 상관접속사로 연결되는 두 어구

05 공통 구문 • 351

06 구조상의 이중성 • 351

EXERCISE • 352

별첨 정답과 해설

LESSON 01
문장의 구성

단어와 단어, 구(句)와 구(句), 절(節)과 절(節)이 결합하여 말하는 사람의 생각을 전달하는 문장이 된다. 모든 문장은 '주부 + 술부'로 구성되어있다. 하나의 주어를 구성하는 '주부'와 동사를 중심으로 이루어진 '술부'로 구성된 문장을 단문이라 한다.

1 구조상의 문장의 종류: 단문, 중문, 복문

❶ **단문(Simple sentence)**: 주어를 중심축으로 한 하나의 주부와, 동사를 중심축으로 한 하나의 술부로 이루어진 것

<u>The guy with a dirty face</u> <u>is reading my letter with great interest</u>.
　　　　주부　　　　　　　　　　　　　술부

얼굴이 더러운 그 사내가 매우 관심 있게 내 편지를 읽고 있다.

문장 구성의 한 부분이 되는 것을 구(句)라고 한다. 'with a dirty face'는 'guy'를 수식하는 형용사구, 'with great interest'는 동사를 수식하는 부사구.

❷ **중문(Compound sentence)**: 등위접속사(and, or, but)로 연결된 문장

He is clever, **but** she is stupid.
그는 현명하지만 그녀는 둔하다.

❸ **복문(Complex sentence)**: 주절과 종속절이 연결되어 있는 문장을 말하며, 종속절은 문장의 한 구성 요소인 주어 · 목적어 · 보어 · 부사 · 형용사 기능을 한다.

I think that **anyone** <u>that has a job</u> <u>which he enjoys</u> **is lucky**.
　　　　　　　S　　　직업을 가진　　자기가 즐기는　V　C

자기가 즐기는 직업을 가진 사람은 누구나 운이 좋은 사람이라고 난 생각한다.

'that' 이하는 'think'의 목적어로 명사절이고, 'that has a job'은 'anyone'을 수식하고, 'which he enjoys'는 'a job'을 수식하는 형용사절이다.
구(句)와는 달리 예문에서처럼 절(節)은 '주부와 술부'를 가진 구성요소이다.

2 종속절의 종류 및 기능

종속절은 하나의 문장 구성 요소 기능을 하는데 그 기능에 따라 명사절 · 형용사절 · 부사절이 있다. 〈312쪽 접속사: 2. 종속절의 종류 참조〉

명사절 : 문장의 주어 · 목적어 · 보어의 역할하며, 관계대명사 'what'와 접속사 'that / whether / if' 등이 명사절을 유도한다.

형용사절 : 명사를 수식하는 절 〈관계사 참조〉

부사절 : 복문에서 부사 기능을 하는 절 〈접속사 참조〉

01 문장의 확대와 축소

문장은 그 용도에 따라 확대되거나 축소된다. '어(語) ⋯ 구(句) ⋯ 절(節)'과 같이 변형되는 것을 확대라고 하고, '절(節) ⋯ 구(句) ⋯ 어(語)'와 같은 변형을 축소라고 한다. 예를 들어 명사는 형용사와 결합하거나 관계사를 이용하여 의미의 구체성과 그 단어에 새로운 정보를 제공한다. 언어의 경제성에 의하여 없어도 의미 전달에 영향이 없는 요소는 생략하게 된다. 〈344쪽 생략 참조〉

관계사가 확대의 대표적인 예가 되고, 분사구문이 축소의 대표적인 예가 된다.

a. A brochure is attached.
   브로셔가 첨부되었습니다.

b. A brochure **which is describing Sanitation Forum** is attached.
   S   주어를 보충 설명하는 종속 형용사절   V

a)와 같은 간단한 문장이 b)와 같이 복잡해 보이는 문장으로 확대되었다. 이와 같이 대부분의 문장이 복문으로 이루어진다.

brochure [brouʃúər] 안내 / 광고 책자
describe [diskráib] (일의 상황 등을) 설명하다
sanitation [sæ̀nətéiʃən] 공중위생
forum 공개 토론회
attach 첨부하다

1 명사절 ⋯ 명사(구)

명사절을 명사구로 축소할 때는 동일한 의미를 지닌 소유격과 전치사를 사용한다.

* **The way the old man treated me** was admirable.
  = *The old man's treatment of* me was admirable.
  그 노인이 나를 다루었던 솜씨는 훌륭했다. 〈169쪽 소유격 의미 참조〉

treat 다루다; 치료하다
admirable [ǽdmərəbəl] 훌륭한, 존경할만한

2 형용사절 ⋯ 형용사(구)

❶ 형용사 절이 같은 기능을 하는 전치사구 또는 형용사로 축소되었다.

* He made a decision **which is very important**.
  = He made a decision *of great importance*.
  = He made a *very important* decision.

decision [disíʒən] 결정; 결심
make a decision 결정하다, 결심하다

❷ 관계사 절이 진행형 또는 수동인 경우 'who / which + be'를 생략하면 분사가 명사를 수식하는 형용사구가 된다. 즉, 분사가 형용사처럼 명사를 수식한다. 〈관계사 262쪽 ③ 참조〉

3 부사절 ⋯ 부사(구) 〈132쪽 분사 구문 참조〉

* **As I didn't know what to do**, I telephoned the police.
  = *Not knowing what to do*, I telephoned the police.
  무엇을 해야만 할지 몰라서, 나는 경찰에 전화를 걸었다.

02 의문문(Questions)의 형태

1 Yes / No Questions:

의문사 없이 '동사 + 주어 ⋯?'로 시작되고, 'Yes / No'로 응답하는 의문문을 'Yes / No Questions' 라 한다.

❶ **be동사 의문문**: 'be' 동사가 있는 문장을 의문문으로 바꿀 때 'be' 동사를 주어 앞에 놓는다.

- You are from China.

    S : **Are you** from China? 중국에서 오셨나요?
    M : Yes, I am./No, I'm not. I'm from Korea.

- You are married.

    S : **Are you** married? 결혼했나요?
    M : Of course. I am./No, I'm not. I'm still single.

❷ **일반 동사의 의문문**
'be' 동사 이외의 동사를 포함한 현재형 서술문(敍述文)을 의문문으로 할 때 의문 조동사 'do' 를 사용한다. 1, 2인칭과 복수는 'do', 3인칭 단수 현재인 경우는 'does', 과거인 경우에는 'did' 를 주어 앞에 놓고 의문문을 만든다.

- You play tennis every day.

    S : **Do you** play tennis every day? 매일 테니스를 칩니까?
    M : Yes, I do./No, I don't.

- He studies every day.

    S : **Does he** study every day? 그는 매일 공부합니까?
    M : Yes, he does./No, he doesn't.

- You bought a car.

    S : **Did you** buy a car? 자동차를 샀어요?
    M : Yes, I did./No, I didn't.

    의문문으로 바꿀 때 조동사 'do / does / did' 가 쓰이고 본동사는 원형으로 한다.

❸ **부정 의문문(negative questions)**
부정 의문문은 말하는 사람의 부정적 태도를 나타낸다. 부정 의문문에 답할 때 'yes' 와 'no' 의 용법에 주의하라. 이때 'yes' 와 'no' 는 우리말 용법과는 정반대이다. 우리말의 '네' '아니오' 는 상대방의 질문 여하에 따라 사용되지만, 영어의 'yes' 와 'no' 는 부정에 상관없이, 동사에 대한 자신의 의사가 긍정이면 'yes', 부정이면 'no' 를 쓴다.

S : **Don't** you love me?
M : Yes, I do./No, I don't.

부정 의문문에 응답 할 경우 '나를 사랑하지 않지요?' 라는 우리말 해석에 관계없이, 동사에 초점을 두어 상대방을 사랑하면 'Yes, I do.(아니요. 사랑해요.)' 로 답하고, 사랑하지 않으면 'No, I don't.(네. 사랑하지 않아요.)' 로 응답하면 된다. 묻는 사람은 '상대방이 나를 좋아하지 않는다.' 고 믿고 있기 때문에 부정 의문문을 사용하는 것이다.
cf. Do you love me? ⋯▸ '나를 좋아하는지 어떤지'를 몰라서 묻는 것이다.

2 의문사가 있는 의문문(Wh-Questions)

의문사로 시작되는 문장을 Wh-의문문 또는 정보(Information)를 얻기 위한 것이므로 'Information Questions'라 한다. 의문사는 문두에 위치해야 하며 주어·동사가 도치된다. 상대방이 알려고 하는 정보, 즉 의문사에 대한 응답만 하면 되고 'Yes' 또는 'No'로 응답하지 않는다.

❶ 의문사가 주어인 의문문:

- Bell invented the phone. 〈전화를 발명한 사람이 누구인지 알고 싶을 때〉

    > S : **Who** invented the phone? 누가 전화를 발명했나요?
    > M : Bell did.

알고 싶은 것을 의문사로 바꾸면 의문문이 된다. 의문사가 주어인 의문문에서는 조동사 'do'를 사용하지 않는다.

❷ 의문사가 목적어인 의문문:

- He broke the window. 〈'깨뜨린 것'이 무엇인가 알고 싶을 때〉

⋯▸ He broke **what**? 〈'the window'를 'what'으로 바꾼 다음〉

    > S : **What** *did he* break? 〈의문사가 문장 앞으로 이동하면서 주어·동사를 도치〉
    > M : (He broke) The window.

❸ 의문 부사가 들어 있는 의문문:

- He found the key under the table. 〈열쇠를 찾은 곳을 알고 싶을 때〉

⋯▸ He found the key **where**?

    > S : **Where** *did he* find the key? 그가 어디서 열쇠를 찾았어?
    > M : (He found the key) Under the table. 식탁 밑에서.

외국인과 대화를 나눌 때 완전한 문장으로 응답하지 않고 반복되는 부분을 생략하면 문법적으로 실수할 가능성이 줄어든다. 예를 들어 'Where did he find the key?'라는 물음에 'He found the key under the table.'이라고 응답하다 보면 시제 또는 어순이 틀릴 가능성도 있고, 중복되는 단어를 듣는 상대방도 지루하게 되므로 'Where'에 대한 응답으로 'Under the table.'이라고 간단히 응답하면 된다.

3 직접 의문문과 간접 의문문

원래 문장 'The guy is who?/He said what?'에서 의문사가 앞으로 이동하면서 주어·동사를 도치하면 'Who is the guy?/What did he say?'로 된다. 즉 '의문사+조동사+S+V'의 형태를 직접 의문문이라 한다. 'be' 동사 또는 조동사 외에 그 나머지 동사를 일반 동사라 하며, 일반 동사의 의문문에는 조동사 'do'를 사용한다.

의문문이 다른 문장의 일부인 종속절이 될 때 이를 간접 의문문이라 한다. 원래 문장에서 직접 의문문과는 달리 의문사만 앞으로 이동하면 간접 의문문이 된다.

> A : **Who's the guy** and **what did he say**? 〈직접 의문문〉
> B : I don't know **who the guy is** and **what he said**. 〈간접 의문문〉

❶ 의문사가 있는 간접 의문문:
간접 의문문이 직접 의문문보다 격식을 갖춘 예의바른 표현이며 시험에 자주 출제되는 간접 의문문의 어순 '의문사 + 주어 + 동사'에 주의해야 한다.

- Where is the bank?
  ⋯▸ Could you tell me **where the bank is**?
  은행이 어디 있는지 알려주시겠어요?

- How often does the bus come?
  ⋯▸ Could you tell me **how often the bus comes**?
  얼마나 자주 버스가 오는지 알려주시겠어요?

  간접의문문은 원래문장 'the bus comes how often'에서 의문사만 앞으로 이동하고 주어·동사는 도치하지 않으므로 조동사 'do'를 사용하지 않는다.

- Which is better? ⋯▸ Please, tell me **which is better**.
  어느 것이 더 좋은지 나에게 말해 줘.

  의문사가 주어인 경우에는 그 어순에 변화가 없다.

- Who said that? ⋯▸ I don't know **who said that**.
  그것을 누가 말했는지 난 몰라.

  cf. **Who** do you think **he is**?
  그가 누구라고 생각하니?

  간접 의문문에서 주절의 동사가 'believe, guess, imagine, suppose, think, say (= suppose)'일 때는 'Yes / No'로 답변할 수 없고, 의문사는 주절 앞으로 이동.

❷ 의문사 없는 간접 의문문: if / whether + 주어 + 동사
'if / whether'는 명사절을 이끄는 접속사로서 '~인가, ~인지를'의 뜻을 가지며 주로 know(알다), wonder(궁금하다), doubt(의심하다), ask(물어 보다), remember(기억하다), see(알아보다), try(~을 해보다)' 등의 목적어로 의문사 없는 간접 의문문을 이끈다.

- Is he at home?/Is he in?
  ⋯▸ I'll see **if he's at home**/**if he is in**.
  그가 집에 있는가를 알아볼게요.

  ⋯▸ I don't know **whether he is at home or not**.
  그가 집에 있는지 없는지 모르겠어.

  두 가지 가능성을 도입 할 때 'whether or not'이 쓰임.

- Is Ann free on Saturday?
  ⋯▸ Could you ask Ann **if she's free on Saturday**?
  토요일에 시간이 있는지 앤에게 물어 봐주겠어요?

- Will he be able to come?
  - ⋯▶ Please ask him **if he'll be able to come**.
    올 것인가를 그에게 물어 보세요.
  - ⋯▶ I don't know **whether he'll be able to come**.
    그가 올 수 있을지 모르겠어.

- Does she have my phone number?
  - ⋯▶ Would you ask her **if she has my phone number**?
    그녀가 내 전화번호를 가지고 있는가를 그녀에게 물어 보겠어요?

- May I have a glass of water?
  - ⋯▶ I wonder **if I might have a glass of water**.
    물 좀 한잔 먹을 수 있을까요?

  'I wonder if ...'는 무엇이 궁금하거나 의구심(doubt)이 생길 때 또는 무엇을 요청(request)할 때 쓰이는 예의를 갖춘 정중한 표현이다.

4 부가 의문문(Tag questions)

부가 의문문은 확신하지 못하는 어떤 것을 확인하는 경우, 혹은 동의를 요청할 때 'Is this true?' 또는 'Do you agree?'의 뜻으로 쓰인다. 본동사가 긍정이면 부가 의문문은 부정, 또는 그 반대 현상이 나타난다.

❶ 자기의 확신을 상대방으로부터 확인할 때: 억양은 내림조(↘)

- Parking is difficult here, **isn't it**?
  이곳에 주차하기가 힘들지, 그렇지 않아?

- You wouldn't like any beer, **would you**?
  맥주를 좋아하지 않죠. 그렇죠?

  기호를 묻는 것이 아니라 상대방이 맥주를 좋아하지 않는 것을 알면서 혹시 마실까 해서 권유하는 표현.

❷ 자기가 확신할 수 없어 동의를 구할 때: 억양은 상승조(↗)

- He isn't an American, **is he**? 그는 미국인이 아니죠, 그렇죠?
- You can speak English, **can't you**? 영어를 할 수 있죠, 그렇죠?

❸ 상대방에게 권유·부탁을 할 때 항상 상승조(↗)의 억양을 취한다.

- Nice day, isn't it? Let's go fishing, **shall we**?
  날씨가 참 좋죠? 낚시하러 가는 건 어때요?

- Have a seat, **won't you**? 앉으시죠?

  'Let's ...'는 'shall we?' / 명령형 권유문은 'won't you?'만이 쓰임.

❹ 부정 명령문의 부가 의문문은 'will you?' 뿐이다.

- Don't forget, **will you**? 잊지 마, 알았어?

❺ 부가 의문문에서 'there'는 'there'로 그리고 'somebody, everybody, nobody' 등과 같이 사람을 의미하는 대명사는 'they'로 받는다.

- There's something wrong, **isn't there**?
  뭔가 잘못된 것이 있는데요, 그렇죠?

- Nobody phoned while I was out, **did they**?
  내가 외출한 동안 아무도 전화 안 했죠?

5 그 밖의 의문문의 형태

❶ 수사 의문문(Rhetorical Question):
서술문을 강조하기 위해 의문문의 형태를 갖는 것을 수사 의문문이라고 한다.

- **Who** knows? 누가 알겠니? 아무도 몰라.
  = Nobody knows. / We don't know. / God knows.

- **What** difference does it make? 무슨 차이가 있지? 즉, 아무런 차이도 없어.

difference [dífərəns] 차이
make a difference 차이를 낳다

❷ 반복 의문문(Echo Question):
상대방이 한 말을 되묻거나 분명히 알아듣지 못해서 반복(repeat)해 달라고 할 때 쓰이는 의문문을 반복 의문문이라고 한다.

1) 상대방이 한 말을 잘 이해하지 못했을 때 그 부분을 의문사로 바꾼다.

   A : Do you love me?
   B : **Do I love you**? 〈상대방이 한 말을 되묻는 경우〉
       Do I love **whom**? 〈목적어를 잘 못 들었을 경우〉

2) 상대방이 한 질문을 상대방에게 다시 물어 보는 경우

   S : Switch the light off, please. 불 좀 꺼 주세요.
   M : **Switch the light off**? 불을 끄라고요?

   A : Have you ever fallen in love with a girl?
       여자에게 사랑에 빠져 본 적이 있어요?
   B : Of course, I have. **Have you**?
       물론 있죠. 당신도 사랑에 빠져 본 적이 있나요?

fall in love with ~와 사랑이 시작되다 / 사랑에 빠지다
cf. **be in love with** ~와 사랑하고 있다

3) 상대방이 하는 말을 믿지 못해서 하는 의문문으로 비꼬는 말투이다.

   S : I will stop smoking, darling. 여보, 나 담배를 끊어야겠어.
   M : You will stop **WHAT**! 당신이 뭘 끊는다고요!

❸ 서술 의문문(Statement Question):
서술문 형태지만 올림 억양(↗)을 사용하여 의문문임을 나타내며 회화에서 쓰인다.

- **You're going**? 가는 거야?
- (You've) **Got a minute**? 잠깐 시간 좀 있어요?
- **He's your brother**? 그가 너의 동생이야?
- We're going out for pizza tonight. **You want to come along**?
  오늘밤 피자 먹으러 갈 거야. 같이 가겠어?
- **You're getting promoted**? Congratulations! 승진을 한다구요? 축하합니다!

❹ 선택 의문문(Alternative Question)

- **Which ice cream would you like**? Chocolate or strawberry?
  초콜릿과 딸기 아이스크림 중에서 어떤 아이스크림을 먹겠어요?
- **Which is more interesting** – this book or that one?
  이 책과 저 책 중에서 어느 것이 더 재미있어요?
- **Which is more practical**, plastic dishes or chinawares?
  플라스틱 접시와 자기그릇 중 어느 것이 더 실용적이죠?

promote 승진시키다
call for 필요하다, 요구되다
congratulation [kəngræ̀tʃəléiʃən] 축하

practical [prǽktikəl] 실용적인
chinaware [tʃáinəwɛ̀ər] 도자기

03   부정문(否定文: Negative sentence)의 형태

① **'be' 동사의 부정:** 'be' 동사의 부정에는 'is not / are not'과 'isn't / aren't'가 있다.

- I'm a student. ⋯▸ **I'm not** a student.
- He's a teacher. ⋯▸ He**'s not** / **isn't** a teacher.
- We're students. ⋯▸ We**'re not** / **aren't** students.

② **일반 동사의 부정:**
'be' 동사, 'can, may, will' 등과 같은 법조동사 이외의 동사를 부정할 때 조동사 'do'를 사용한다. 1, 2인칭에는 'do not / don't', 3인칭 단수 현재인 경우는 'does not / doesn't', 과거인 경우에는 'did not / didn't'를 쓰고 본동사는 원형으로 한다.

- I love you. ⋯▸ I **don't** love you.
- He studies English every day. ⋯▸ He **doesn't** study English every day.
- We played tennis yesterday. ⋯▸ We **didn't** play tennis yesterday.
- **Don't** tell me you've changed your mind again.
  설마 마음을 또 바꾼 것은 아니겠지.

don't tell me ... 설마 …란 말은 아니겠지
change one's mind 마음을 바꾸다

③ **전이 부정(轉移 否定):**
'think 생각하다 / believe 믿다 / suppose 생각하다 / imagine 상상하다' 등과 같은 '판단·추측' 동사의 부정 효과는 종속절에 속한다.

A : **I don't think** she is honest. 난 그녀가 정직하다고 생각지 않아.
B : **I don't think** so. 나도 그렇게 생각해.

'I think she is not honest.'는 부자연스런 표현이므로 거의 쓰이지 않는다. 그러나 'I think' 대신에 'I'm afraid'를 사용하여 'I'm afraid she is not honest.'라고 말하면 자연스러운 표현이 된다. 'I think that ...'과는 달리 'I am afraid that ...'은 부정적이거나 바람직하지 않은 내용을 이야기 할 때 또는 반갑지 않은 내용을 전하거나, 다른 사람과 동의하지 않을 때 쓰이며 '~일 것 같다'로 번역한다.

eg. I'm afraid you've got the wrong number. 전화를 잘못 걸으신 것 같아요.

맞장구를 칠 때 긍정이면 'I believe so. / I think so.' 부정이면 'I don't believe so / I don't think so'를 사용한다. 'I believe not / I think not'은 비격식체이며 거의 쓰이지 않는다. 'think, guess, believe' 등과 같은 '판단 동사'는 판단 동사를 부정하는 반면에 'hope'와 같은 '소망 동사'는 종속절을 부정한다.

- "I hope she gets well soon." "**I hope so.**"
  "그녀가 회복되길 바래." "나도 그러길 바래."

- "I hope it **won't** rain tomorrow." "**I hope not.**"
  "내일 비가 오지 않으면 좋겠다." "나도 그래."

  cf. I don't hope so. (x)

- You **shouldn't** drink and drive.
  술 마시고 운전을 해서는 안 돼. / 음주 운전을 해선 안 돼.

  'shouldn't'의 부정(否定)이 'and' 다음으로 전이(轉移)되어 '~하고 나서 또, 게다가 (~까진 안 된다)'의 뜻으로 해석한다.

- You **cannot** have your cake and eat it.
  동시에 두 가지 이익을 얻을 수 없다. / 양쪽 다 좋은 일을 기대 할 수 없다.

  'cannot'은 동사 'have and eat'을 부정해서 '과자를 갖기도 하고 먹는' 두 가지 '이익/좋은 일'을 동시에 얻을 수 없다는 관용적 표현이다.

4 부분/전체 부정(Partial/Total negation), 이중부정(Double negation)

❶ 부분 부정:

'all, both, every, each, whole, entire' 등 전체를 나타내는 명사, 형용사 또는 'always, entirely, completely, absolutely' 등의 부사가 부정어와 결합하여 '전부가/반드시 ~하지는 않다'는 뜻의 부분 부정을 나타낸다.

A : I know Jane is popular and pretty, but you shouldn't make friends with her.
난 제인이 인기도 있고 예쁘다고 알고 있어. 하지만 그녀와 사귀지 않는 게 좋아.

B : Why? 왜?

A : **All** that glitters is **not** gold. 반짝이는 모든 것이 금이 아냐.

즉, '겉만 보고 판단하지 마라. (Never judge by appearance.)'는 뜻

popular [pápjələr] 인기 있는
make friends with ~와 친구가 되다
glitter 반짝이다
appearance [əpíərəns] 외모

❷ 전체 부정:

전체 부정은 부정어와 'any, either, anybody, anyone, anything'을 결합하거나, 'none, no one, neither, nobody, nothing'을 사용하여 나타낸다.

- I **don't** understand *any* of his explanations.
  나는 그의 설명을 아무 것도 이해하지 못한다.

- I met **neither** of her parents.
  나는 그녀의 부모 어느 분도 만나지 않았다.

- Jane will **never** manage to do *anything* useful.
  제인은 어떤 일이고 쓸모 있는 것은 결코 하려 들지 않을 것이다.

❸ 이중부정: 두 개의 부정 표현을 사용하여 강한 긍정의 뜻을 지닌다.

- I **don't** *doubt* that he's telling the truth.
  그가 진실을 말할 것이라는 것을 난 확신해.(= I'm certain that he's ...)

- You **cannot** succeed *without* perseverance.
  인내심 없이는 당신은 성공할 수 없어요.

- **None** of us have *never* told lies. 거짓말을 한 번도 안 한 사람은 아무도 없다.
  = All of us have told lies at some time.

- **No** *question* about it. 그것에 대해서는 전혀 이의가 없어.

- We're close friends – there should be **nothing** left *unsaid* between us.
  우리는 가까운 친구야. 그러니 우리 사이에 모든 것을 털어놓고 지내는 것이 좋다.

5 **강조 용법(Emphatic use)**

❶ 'He is **no** genius.'와 같이 'be' 동사의 보어 앞에 'no'가 오면 'genius(천재)'와 정반대인 '그는 바보이다'라는 뜻이 되고, 'He is **not a** genius.'는 '그는 천재가 아니라 보통 사람이다'라는 뜻이 된다.

- She is **no** beauty. 그녀는 매우 못생겼어.(= She is ugly.)

- He is **no** politician. 그는 정치가로서 자질이 없다.
  cf. He's **not** a politician. 그의 직업은 정치가가 아니다.

❷ 유무(有無)를 표현할 때 'not a'는 강조를 나타냄.

- I have **not a / any** dog. *cf.* I have *no* dog.
  (다른 사람은 한두 마리 가진 사람이 있지만) 난 개가 한 마리도 없어요.

  cf. I have *not a* father. (x)

  '나는 아버지가 한 분도 안 계시다.'라는 말은 언외(言外)의 뜻으로 '다른 사람의 아버지는 두세 분'이라는 말이 돼서 틀린 표현이므로 'I have no father.'와 같이 사용해야 한다.

❸ 'no longer'는 '더 이상 ~이 아니다(not ... any more / not ... any longer)' 라는 뜻이고, 비교급 앞에서 'no'는 비교급을 완전 부정하는 부사로 'not at all'의 뜻이 된다.

- He is **no longer** a millionaire. Now he is **no better** than a beggar.
  그는 더 이상 백만장자가 아니다. 지금은 거의 거지나 다름없다.

  = He *isn't* a millionaire *any longer*.

  = He is *almost the same as* a begger.

❹ 부정 강조 어구: 'by any means, in any way, in the slightest, a bit in the least, at all, whatever, whatsoever' 등은 부정문에 쓰여 부정을 강조한다.

- I'm **by no means** dishonest about it.
  나는 그것에서만큼은 결코 부정하지 않았다. 즉 매우 진실했다.

- You need make **no** excuse **whatsoever**.
  넌 변명할 이유가 조금도 없어.

- **Not** bad **at all**.
  (예상했던 것보다 훨씬 만족스러울 때) 전혀 나쁘지 않아. 상당히 좋아요.

millionaire [mìljənέər] 백만장자
no better than 거의
beggar 거지

by no means 결코 …이 아니다
(not by any means)

excuse [ikskjúːz] 변명, 구실
(pretext)
whatsoever 조금의 ~도 (없는)

at all 전혀(부정문), 도대체(의문문), 조금이라도(조건문)

6 부정어(否定語)가 아니더라도 부정을 암시하는 단어 또는 구문

❶ 'too ... to do'는 '너무나 …해서 ~할 수 없다'는 뜻이고, 'too ... for + 명사'는 '~에게 너무나 …한, ~하기에는 너무 …해'의 뜻이 된다.

- You're **too** young **to** get married. 결혼하기에는 너는 너무 어려.

  = You're **too** young **for** marriage.

  = You're *so* young *that you cannot* get married.

❷ 형용사가 부정을 뜻을 지닌 경우

> S : Is he a good driver? 그가 운전을 잘해?
> M : **Far from** it. 결코 아니야.(Certainly not / Not at all)

- That's **wrong**. 그것은 잘못된 거야.
  상대방의 의견을 부인할 때 쓰인다.

- I'm **reluctant** to argue with you. 난 너와 다투고 싶지 않다.

far from 결코 …이 아닌(not at all), ~와는 거리가 먼, ~하기는커녕 (instead of)

reluctant [rilʌ́ktənt] ~을 하고 싶어 하지 않는(unwilling)

❸ 'prevent, prohibit, fail' 등의 동사는 부정의 뜻을 나타낸다.

- The heavy snow **prevented** me **from** attending the meeting.
  폭설 때문에 나는 회의에 참석할 수 없었다.

- We're **prohibited from** smoking in this area.
  = The law *prohibits* us *from* smoking in this area.
  이 지역에서는 금연입니다.

- I **fail to** see *any* point in your saying.
  나는 당신이 말하는 요점을 전혀 모르겠다.

prevent 방해하다; 예방하다
prevent sb from ~가 …하지 못하게 하다

prohibit (법률(law)·규칙(rule))에 의해 어떤 행동하는 것을) 금지하다

fail to ~하지 못하다
point 요지, 요점

disagree with ~와 동의하지 않다
completely 완전히

- I **disagree with** you completely.
  완전히 당신과 의견이 달라요.

❹ 전치사가 부정의 뜻을 지닌 경우
   1) 'beyond sb'는 '~에게 너무 어려운(too difficult for sb), ~로선 할 수 없다'는 뜻이다.
      '나에겐 너무 어려워 / 난 자신이 없어'와 같은 영어 표현이 'It's beyond me.'이다.

- I'm sorry, but I'm afraid cooking is **beyond** me.
  죄송합니다만 요리는 자신이 없어요.

- It's **beyond** me why she married the guy.
  그녀가 왜 그 사내와 결혼했는지 상상도 할 수 없어. / 이해가 안 돼.

   2) 'against'는 '생각·믿음·제안 등에 동의하지 않거나 반대할 때'

- I'm **against** going out *anywhere* tonight.
  나는 오늘 밤 아무 데도 가고 싶지 않다.

- Don't act **against** the law.
  법률에 어긋나는 행동을 하지 마라.

   3) 'anything but'은 '어떤 사람이 자질(good quality)을 갖추지 못했을 때'

receptionist[risépʃənist] (호텔·회사 등의) 접수 계원

- Those receptionists are **anything but** helpful.
  저 접수 계원들은 전혀 도움이 안 돼.

anything but 결코 …이 아닌(not at all, far from)
scholar[skálər] 학자

- He's **anything but** a scholar.
  그는 결코 학자의 자질이 없어.

04 감탄문의 형태

감탄문은 희로애락(喜怒哀樂)을 나타내며 'What a + 단수 명사' 또는 'What + 셀 수 없는 명사 / 복수 명사'와 'How + 형용사 + (S+V)'의 형태가 쓰인다.

- **What a** delicious meal! 참으로 맛있게 식사했습니다!

relief 안심, 구원, 경감

- **What a** relief! 정말 다행이에요. / 참 잘 되었군!

coincidence[kouínsədəns] (우연히 동시에 일어나는 비슷한 상황·사건) 우연의 일치

- **What a** coincidence! 우연의 일치네!

- **What** nice flowers! 참으로 예쁜 꽃이군요!

- **How** strange (it is)! 정말 이상하군!

05 There와 Here 문장의 형태

① 'There + 동사 + 주어'의 구문
주어가 'a, an, some, any, no + 명사' 또는 부정대명사(somebody, anybody, nothing 등)이고, 동사가 '존재·상태(be, live, exist, remain 등)이거나 수동'이 되었을 때 'There + 동사 + 주

어' 의 구문을 사용한다.

> A : Is **there** a *coffee* shop near here?
> 이 근처에 커피숍이 있나요?
>
> B : Yes, there is. **There**'s *one* opposite the shopping center.
> 예, 있습니다. 쇼핑센터 맞은편에 하나 있습니다.

- **There**'s hardly *any milk left*.
  우유가 거의 남지 않았어요.

- **There** *was a technical fault revealed* when the car mechanic gave the used car a trial run.
  자동차 수리공이 중고차를 시운전 했을 때 기계적 결함이 드러났다.

- **There** *was no money left* in my purse.
  내 지갑에는 동전 한 푼 없다.

원래 문장 'No money was left in my purse.'에서 주어가 '부정어 + 명사(no money)'이고 동사가 상태 동사(was left)이므로 장소 부사 'there'가 문장을 유도하며 주어 · 동사가 도치하게 된다.

opposite [ápəzit] 맞은편에 (입장 · 성질 · 위치 등이) 반대되는; 맞은편의

technical [téknikəl] 기술상의; 공업의; 전문적인
fault [fɔːlt] 결함(failure)
reveal (숨겨졌던 것을) 드러내다
mechanic [məkǽnik] 수리공 (repairman)
a trial run 시운전, 시험 작동

2 'Here you are.' 와 'Here it is.'

'Here you are'는 부탁 받은 물건을 건네줄 때 '자 여기 있어요(This is for you), 또는 받아요(Take it)'의 뜻으로 쓰이고, 'Here it is'는 '찾는 물건에 대해 'I've found it'의 뜻으로 사용된다.

- "Could you pass the sugar, please?" "**Here you are.**"
  "설탕 좀 건네주시겠어요?" "여기 있어요."

- "Where is the knife?" "**Here is the knife**, it was under these dishes."
  "칼이 어디 있어요?" "여기 있네요(= Here it is). 이 접시들 밑에 있었군."

- **Here** comes our teacher! 여기 우리 선생님이 오신다.

- **Here** she comes. 여기 그녀가 온다.

  'Here + 동사 + 명사', 'Here + 대명사 + 동사'의 어순에 주의해야 한다.

  cf. She comes *here*. 그 여자는 늘 여기에 온다. 〈습관을 나타냄〉

01. 다음 중 어법상 틀리거나 어색한 부분이 없는 것을 고르시오.

(A) I hope you to introduce me the enchanting lady.
(B) Try to look for a strange word in the dictionary when you study English.
(C) It is easier to say what sleep is than why do we sleep.
(D) Robert! There's something important I'd like to discuss with you alone.

02. 괄호 안의 지시대로 올바르게 된 표현을 고르시오.

A: You should talk to Smith. I think you'd like him.
B: (ASKS ABOUT HIS CHARACTER)

(A) What does he do?
(B) What does he look like?
(C) What's he like?
(D) How does he look?

◎ 다음 대화문의 빈칸에 가장 적절한 표현을 고르시오.

03. A: Could you tell me where my mom is?
B: Oh! _____.

(A) Here your mom comes
(B) Here comes your mom
(C) Here comes she
(D) Your mother comes here

04. A: Hey, what do you say to a cup of coffee?
B: OK, _____ not?

(A) certainly
(B) could
(C) why
(D) if

05. A: Why don't we go to Dark's Diner for lunch?
B: _____

(A) That's true.
(B) Not a bad idea.
(C) Because I'm not hungry.
(D) Because we're hungry.

06. A: It's a pity you have to leave us.
B: Well, I can't tell you how sorry I am to leave.
A: _____
B: No, I've decided to go by train.

(A) How are you going to go?
(B) Can you stay a little longer?
(C) Will you go by plane?
(D) May we see you off?

07. A: May I pay for this with a credit card or do you want cash?
B: _____
(A) Yes, you may. (B) I think so.
(C) A credit card will be OK. (D) Beats me.

08. A: Did you catch on?
B: Of course, I got _____ very well.
(A) the ball (B) the picture
(C) the glove (D) caught

09. A: When do you want me to paint the garage?
B: _____ is up to you.
(A) When do you do it (B) When do you do
(C) When you do it (D) What you do it

10. A: I told the neighbors to turn down their stereo.
B: _____ They had it turned up so high that I couldn't hear myself think.
(A) What a shame! (B) What a relief!
(C) What a surprise! (D) So what?

11. A: Tom's really grown since he returned from duty overseas, hasn't he?
B: He certainly has. He left a boy, and came back _____.
(A) a man of his word (B) a man of the world
(C) a man of few words (D) an old man

◎ 다음 대화문의 빈칸에 적합하지 않은 표현을 고르시오.

12. A: May I ask a favor of you?
B: Sure, _____
(A) it depends on what it is. (B) if I can.
(C) what is it? (D) of course. It depends on what is it.

13. A: I really appreciate all the help you gave us last weekend.
B: _____, Steve.
(A) Think nothing of it (B) With pleasure
(C) Anytime (D) I was glad to be of service

◎ 다음 글의 빈칸에 가장 적절한 표현을 고르시오.

14. The boss always keeps _____.
   (A) yourself in good shape, physically and mentally
   (B) himself in good shape, physical and mental
   (C) him in good shape, physical and mental
   (D) himself in good shape, physically and mentally

15. _____ when the car mechanic gave the used car a trial run.
   (A) A technical fault revealed
   (B) A technical fault was revealed
   (C) There a technical fault revealed
   (D) There was a technical fault revealed

16. We're close friends – _____ between us.
   (A) there should be nothing left unsaid
   (B) nothing should be left unsaid
   (C) there should be nothing unsaid left
   (D) nothing should be unsaid left

17. There was a _____ in unemployment in the second quarter of the year.
   (A) fall   (B) winter
   (C) autumn   (D) much

18. In the business world, _____ are the name of the game.
   (A) profits   (B) profitable
   (C) profitably   (D) profitability

19. If things do not change the way you want them to, you must _____.
   (A) adjust in the way it is
   (B) adjust to the way they are
   (C) adjust in the way they are
   (D) adjust to the way it is

20. Whether _____, if I don't make a donation, should I still sign the book?
   (A) I knew the deceased
   (B) I knew deceased or not
   (C) I knew or not the deceased
   (D) or not I knew the deceased

21. Customers' private health records will _____ strictly confidential.
(A) keep
(B) be keeping
(C) be kept
(D) is kept

22. _____ in a restaurant is a meal that is available on a particular day which is not usually available.
(A) Special
(B) A special
(C) Specials
(D) The specific

23. Peter Frances says the shift toward living alone is largely due to the _____ and social gains women _____ in recent decades.
(A) economical - made
(B) economic - have made
(C) economical - have made
(D) economic - make

24. _____ street rallies opposing the U.S. beef import _____ scheduled for the weekend.
(A) A single - is
(B) Any - is
(C) Several - are
(D) Every - are

25. The May issue of a current magazine _____ a variety of articles on _____ the full opening of the beef market and a violent candlelight rally.
(A) observes - either
(B) contains - not only
(C) delivers - all
(D) deals with - both

26. In a recent study of American households, the United States Census Bureau found more individuals _____ alone or with a partner without children in 2000 than in 1990.
(A) live
(B) lived
(C) living
(D) leaving

27. Jennifer says that 12 million single parents in the United States are successfully _____ children on their _____.
(A) raising - own
(B) rising - owe
(C) raised - awe
(D) risen - only

28. The purpose of the weekly staff meeting is to discuss _____ the company is running.
(A) how efficient
(B) how efficiently
(C) what efficient
(D) what efficiency

29. This offer is available _____ to our established customers.
(A) exclusion
(B) exclusionary
(C) exclusively
(D) exclusiveness

30. The high production cost is a major _____ for lots of CEOs.
(A) financial concern
(B) financially concern
(C) financially concerned
(D) financial concerned

31. Animal research has enabled researchers _____ treatments for many diseases, for example, heart disease and depression.
(A) developing
(B) to develop
(C) developed
(D) develop

32. Our company's annual profits _____ by 30 percent _____ online sales.
(A) roses - thanks for
(B) rose - thanks to
(C) rise - thanks by
(D) raise - thanks of

33. For children six to twelve years old, give half the adult dosage. For children under six years old, _____ your physician.
(A) consultant
(B) consulting
(C) consult
(D) consultation

34. But a package that simply provides further bailout money to South Korea banks _____ troubles in the long run.
(A) are not too likely to reverse their
(B) are too not likely to reverse their
(C) is not too likely to reverse its
(D) is too not likely to reverse its

35. _____ meat in salt was the most widely _____ method of preservation prior to canning and refrigeration.
(A) Packing - used
(B) Packing - using
(C) Packed - used
(D) To pack - using

36. In _____ with airline regulations, _____ single baggage item may exceed the 30 KG weight limit.
(A) accordance - any not
(B) according - any no
(C) accordance - no
(D) accordingly - little

37. In the U.S., 7 is considered a lucky number and 13 is considered unlucky. Tall buildings often don't have a floor _____ 13. Some people won't sit down for a meal with 12 _____ people.
(A) number - all
(B) numbering - another
(C) numbered - many
(D) numbered - other

38. Choosing the right career is very important. Most of us spend a great part of our lives at our jobs. For that reason we should try to find out _____ and how we can use them.
(A) which our talents are
(B) what are talents
(C) what our talents are
(D) where are talents

39. One of the reasons nutrition experts recommend eating fish twice a week _____ that they are a good source of DHA, an omega-3 fat that has heart-healthy benefits.
(A) are
(B) be
(C) is
(D) should be

40. My 78-year-old grandma is proud of looking far younger _____ her age. One summer day she went into a drugstore and, talking about the sultry weather, said to the clerk, "Going to be ninety-one today." The man reached across the counter, shook her hand and said, "Happy birthday!" Grandma came home _____, went to bed and stayed there for a week until she had recovered from the shock.
(A) by - disappoint
(B) at - disappointing
(C) of - disappointment
(D) for - disappointed

LESSON 02
동사의 구조와 의미

문장은 '주어 + 동사 + (보어 + 목적어 + 목적 보어 + 수식어)'로 구성된 하나의 구조물이다. 이 구조물의 대들보 역할을 하는 것이 동사이다. 그리고 동사가 표현하는 동작의 대상을 목적어라고 하며, 목적어를 갖는 동사를 타동사, 목적어를 갖지 않는 동사를 자동사라고 한다. 그리고 두 개의 목적어를 갖는 동사를 수여 동사라고 한다. 동사 또는 목적어의 뜻을 명확히 해주기 위하여 보어를 취하는데, 보어를 필요로 하지 않는 동사를 완전 동사, 보어를 필요로 하는 동사를 불완전동사라고 한다.

거의 모든 동사는 한 가지 이상의 뜻과 구조로 쓰이므로 동사의 확실한 의미를 모를 때는 동사 다음에 어떤 구성 요소가 있는가 살펴보고 사전을 찾아보는 습관을 갖도록 하자. 아래 예문들은 동사 'get'이 뒤따라오는 요소에 따라 다른 의미로 쓰이고 있음을 보여주는 좋은 실례이다.

- The food is **getting** *cold*. It needs heating. ⟨S+V+C⟩
  음식이 식고 있어. 좀 데워야 겠어.

- "When did you **get** *here*?" "(I **got** *here*) 5 minutes ago." ⟨S+V+Adv⟩
  "언제 여기에 도착했어?" "5분전에 (여기에 도착했어)"

  '~에 도착하다(arrive)'의 뜻인 동사 'get' 다음에 'here, there, home' 등과 같은 부사가 뒤따라 올 때는 전치사(to)를 사용하지 않는다.

- Go (and) **get** *a glass of water*. ⟨S+V+O⟩
  가서 물 한 잔 가져와(bring).

- (Have you) **Got** *it*? ⟨S+V+O⟩
  알겠어요(understand)?

- Don't **get** *me wrong*. ⟨S+V+O+O.C⟩
  오해하지 마세요.

- Mr. Park **got** *himself into hot water*. ⟨S+V+O+O.C⟩
  박 선생님은 곤경에 빠지셨어.
  get into hot water 고민이나 곤경에 처하다

- The telephone must be out of order. I'll have to **get** *it fixed*. ⟨S+V+O+O.C⟩
  전화가 고장났음이 틀림없어요. 고쳐야겠어요.
  out of order 고장 난(not working)
  get + O + p.p. ~을 하도록 시키다; ~을 해치우다(美)

  S: 주어 **V:** 동사 **C:** 보어 **O:** 목적어 **Adv:** 부사

01   완전 자동사: S+V

보어 또는 목적어 없이 동사(구)만으로 완전한 의미를 전달할 수 있는 동사(구)를 완전 자동사(1형식 동사)라 말한다.

> A : Can I see you tonight? 오늘 저녁에 뵐 수 있어요?
> B : I'm afraid something urgent has **come up**; I won't be able to see you tonight.
> 급한 일이 예기치 않게 생겼어요. 그래서 오늘 저녁에 뵙지 못하겠는데요.

urgent[ɔ́ːrdʒənt] 긴급한, 절박한
come up 예기치 않게 뭔 일이 생기다

- Old soldiers never **die**; they just **fade away**.
  노병은 죽지 않고, 다만 사라질 뿐이다.

fade away 사라지다(vanish, disappear)

- "Did the plane **touch down**?" "Yes, it **landed** at the airport not long ago."
  "비행기가 착륙했나요?" "예, 얼마 전에 비행기가 공항에 착륙했습니다."

touch down 착륙하다(land)

- "Where should I **transfer**?" "You'll have to **transfer** here."
  "어디서 갈아타야 합니까?" "여기에서 갈아타야만 할 겁니다."

transfer 환승(換乘)하다, 갈아타다

- Take an aspirin for your headache. It really **works**.
  두통에 아스피린 한 알 먹어 봐. 정말 잘 들어.

work (약 등이) 듣다; (기계가) 작동하다

- "Did the phone **break down**?" "Yes, it doesn't **work**."
  "전화가 고장이야?" "그래. 고장이야."
  = There's *something wrong with* the phone.

break down (기계 · 엔진 · 자동차 등이) 고장 나다, 망가지다

- Look, why don't you **calm down**? 자, 진정하세요.

calm down 마음을 진정시키다

- Sorry. He just **stepped out**. 죄송합니다. 지금 막 나가셨습니다.

step out 잠시 외출하다

- Can you **come down** a little more? 좀 더 깎아 주실 수 있어요?

come down (값을) 내리다 (reduce)

- His mother **passed away**. She **died** in her sleep.
  그의 엄마가 돌아가셨어. 주무시다 돌아가셨대.

pass away 죽다(die)

- You're driving too fast. Please **slow down**.
  속도가 너무 빨라요. 차 좀 천천히 몰아요.

slow down 천천히 운전하다, 속도를 늦추다; 둔화되다

02   보어를 필요로 하는 불완전 자동사: S+V+C

완전 자동사와는 달리 주어의 어떤 성질 · 상태 및 동사의 결과를 완전하게 나타내기 위하여 꼭 필요한 요소를 보어라고 하며, 이러한 보어를 필요로 하는 동사를 불완전 자동사라고 한다.

1 'be' 동사 및 상태를 나타내는 동사류

❶ 연결 및 상태 동사

- The boy who **is** *friendly* **is** *my brother*.
  친절한 그 소년은 내 동생이다.

- This offer **is** *available* exclusively to our regular customers.
  이번 특별세일은 우리 단골고객만 이용할 수 있습니다.

offer 특별세일(special offer)
available[əvéiləbəl] 이용할 수 있는
exclusively[iksklú:sivli] 오로지 …만(only)

② **seem** (어떤 특징·느낌·태도를 지닌 것)처럼 보이다

  A : How did she **seem** to you? 너에겐 그녀가 어떻게 보였니?
  B : (She **seemed**) A bit *upset*. 좀 당황한 것 같았어.

upset[ʌpsét] 당황한, 혼란된; 전복시키다, 당황케 하다, 화나게 하다

③ **look** (외견(外見)상) ~처럼 보이다

- You **look** so *different* in that dress.
  그 옷을 입으니까 아주 딴 사람이 돼 보이네.

- You **look** *young* for your age.
  나이에 비해 젊어 보입니다.

  cf. He *looks like a gentleman*.
  그는 신사처럼 보인다.

look like ~처럼 보이다; ~를 닮다 (resemble)

- She **looks** very *familiar* but I can't remember her name.
  전에 그녀를 만나본 적이 있지만 그녀의 이름이 기억이 안나.

familiar[fəmíljər] (여러 번 봐 왔거나 들어본 적이 있어서) 눈에 익은, 잘 알려진

④ **smell** (냄새를 맡아보니) ~한 것 같다

- This flower **smells** *fragrant*. 이 꽃은 향기로운 냄새가 나는데.

  eg. a *sweet-smelling* flower 향긋한 냄새가 나는 꽃

fragrant[fréigrənt] 향기로운

- Coffee **smells** *good*. 커피 냄새가 좋은데.

  cf. The beef is beginning to *smell*. 이 고기는 썩기 시작하는구나.

⑤ **sound** (들어보니) ~으로 생각되다

- That **sounds** *great*. (들어보니) 좋은 생각 같아.

- His explanation **sounds** *reasonable*. 그의 설명은 일리가 있는 것 같아.

explanation[èksplənéiʃən] 설명
reasonable[rí:zənəbəl] 이치에 맞는; 분별 있는

⑥ **taste** (맛을 보니) ~하다

  A : What does it *taste* like? 맛이 어때?
  B : It **tastes** *bitter/sour/sweet/very fresh*.
  맛을 보니 써/셔/달콤해/매우 싱싱해.

bitter (맛이) 쓴
sour[sáuər] (맛이) 신

⑦ **feel** ~이라고 느끼다

- I **feel** *chilly*. 춥고 몸이 떨리는 것 같아.

chilly 추위를 느끼는, 썰렁한

- I'm **feeling** a little *jet-lagged*. 시차 때문에 약간 피곤합니다.

jet-lagged (제트기 여행의 시차로) 피곤한

- Don't make me **feel** *small* in front of everybody.
  모든 사람들 앞에서 나를 기죽이지 마.

make sb small ~를 주눅 들게 하다

feel free to 마음대로 ~해도 좋다	- **Feel** *free* to come over any time. 언제든지 저의 집에 놀러 오세요. 'feel free to'는 상대방의 부탁을 기꺼이 허락할 때 또는 초대할 때도 쓰인다. cf. feel ~라고 생각하다(think, believe), ~인 듯한 생각이 들다
	❽ 그 밖의 상태를 나타내는 자동사
remain ~한 상태로 있다	- **Keep** *quiet* and **remain** *seated*. 조용히 하고 계속 앉아 있어.
lie ~한 상태로 누워 있다 **still** 움직이지 않는	- Don't move; just **lie** *still*. 움직이지 말고 그저 가만히 누워있어.
fall (어떤 상태가) 되다	- He **fell** *ill / asleep*. 그는 병이 났다 / 잠이 들었다.
secretary[sékrətèri] 비서 **stay** ~인 채로 있다	- His **secretary stays** *young*. 그의 비서는 언제나 젊다.
get cut off 통화가 갑자기 끊기다 (suddenly stop working) **in the middle of** ~의 도중에; ~의 순중에; ~의 중앙에 **be/go dead** (전기가 나가거나 건전지가 다 닳아서) 작동이 되지 않다	- I got cut off in the middle of the conversation; the telephone suddenly **went** *dead*. 대화중에 갑자기 전화가 끊겼어요. 전화가 갑자기 불통이에요.
	2 다른 상태로 바뀌어 가는 과정과 결과를 나타내는 'become' 동사류
	- It's **getting** *hotter*. 날씨가 더욱 더워지고 있다.
grow (차차) ~이 되다; 성장하다; 싹트다	- As one **grows** *older*, one **becomes** *wiser*. 나이가 들어감에 따라 사람은 더 현명해진다.
turn (변하여) ~이 되다 **sour** (부패해서) 신맛이 나는; 신	- The milk **turned** *sour* in the heat. 더워서 그 우유는 상했다.

03   목적 보어를 갖는 동사: S+V+O+O.C

목적어의 성질·상태 및 결과를 완전하게 나타내기 위하여 필요로 하는 것을 목적 보어라고 하며 이런 동사를 불완전 타동사(5형식 동사)라고 한다.

regular 규칙적인; 일상의 **regular coffee** 설탕과 크림을 넣은 커피	A : Regular coffee, please. 보통 커피(밀크 커피)를 주세요. B : **Make** it *two*. 저도 그것으로 하죠.
at home 편안한(comfortable)	- **Make** yourself *comfortable*. 편히 쉬세요. = **Make** yourself *at home*, please cf. Stretch your legs. 다리를 쭉 뻗으세요.
spit 침을 뱉다 **make sb sick** ~를 역겹게 만든다, 혐오감을 주다, 정떨어지게 하다 **find+O+O.C** (경험을 통해) ~임을 알다, ~라고 생각하다	- Look at the way people spit on the street. It **makes** me *sick*. 사람들이 길에 침을 뱉는 저 모습 좀 봐. 구역질이 나. - I **found** the beds very *comfortable*. 그 침대가 매우 편하다는 것을 알게 되었다.
generation[dʒénəréiʃən] 세대	- **Keep** water *clean* for the next generation. 다음 세대를 위해서 물을 깨끗이 합시다.

cf. Customers' private health records will be **kept** completely *confidential*.
고객들의 개인적인 건강기록은 철저히 비밀에 부쳐집니다.

5형식이 수동이 되면 2형식의 구조가 된다.

customer 고객
private 개인적인
completely 철저히
confidential 비밀의

- You **got** me *wrong*. I'm not what you think I am.
  날 오해하고 있어요. 난 당신이 생각하는 그런 사람이 아닙니다.

  'you think'는 삽입절이고 'what I am'은 '현재의 나'를, 'what I was'는 '과거의 나'를 의미한다.

get sb wrong 오해하다

- **Leave** me *alone*. I'm tired out.
  혼자 있게 내버려둬요. 너무 피곤해.

  cf. Right now, the details are better **left** *unsaid*.
  지금 당장은, 상세한 것을 말하지 않고 그냥 놔두는 것이 좋겠어.

  'leave(V) sth(O) unsaid(O.C) (~을 말하지 않고 두다)'를 수동으로 하면 2형식 구조가 된다.

leave + O + O.C ~을 …한 상태로 놓아두다

detail (pl.) 세부, 세목; 상세

- **Take** it *easy*. 무리 하지 마세요.

  'Take it easy.'는 너무 화가 난 사람에게 '진정하고 마음 편히 하라.'거나, 열심히 일을 하는 사람에게 '쉬엄쉬엄 느긋하게 일을 하라' 또는 '무리를 하지 마라.'는 뜻으로 말할 때 쓰이며, '잘 있어, 또 봐.'와 같은 의미의 작별 인사로도 쓰인다.

- All the staff working for a successful corporation **think of** good leadership and cooperation **as** *the most vital managerial qualities*.
  성공한 기업에 근무하는 모든 직원들은 훌륭한 지도력과 협력을 가장 중요한 경영의 특징으로 생각한다.

corporation [kɔ̀:pəréiʃən] (주식)회사
think of A as B A를 B로 생각하다
management 경영
leadership 지도력
cooperation [kouàpəréiʃən] 협력
vital [váitl] 매우 중요한
managerial 경영의
quality 특징

- We often **refer to** graduation day **as** *not an end but a beginning*.
  ⋯▶ Graduation day **is** often **referred to as** *not an end but a beginning*.
  졸업하는 날은 끝이 아니라 시작이라고 종종 불린다.

graduation 졸업
refer to A as B A를 B라고 부르다
end 끝; 결말; 목적
not A but B A가 아니라 B

04 동사와 목적어: S + V + O

동사가 표현하는 동작의 대상이 되는 목적어를 갖는 동사를 완전 타동사(3형식 동사)라고 하며, 명사·대명사 및 명사 기능을 하는 동명사·부정사·명사절 등이 목적어 역할을 한다.

A : **Guess** *what I got for your birthday at the mall*.
내가 오늘 쇼핑센터에서 네 생일 선물로 무엇을 샀는지 맞춰 봐.

B : I **give up** (*guessing*). Tell me.
모르겠어요. 말해 봐요.

guess 추측하다
mall 쇼핑센터
give up 포기하다

명사절 'what I got for your birthday at the mall'이 동사 'guess'의 목적어

- Your arguing with each other **bothers** *me*.
  너희들이 서로 싸우는 것이 나를 괴롭게 만드는 구나.

argue 입씨름하다
bother ~를 괴롭히다

- I **have** *a cold* in the nose. 코감기가 있어.

  cf. a cold in the throat 목감기

- He **killed** *himself* by **setting** *fire* to himself. 그는 분신자살했다.

miss 놓치다; ~가 없어 섭섭해 하다
miss the door 집을 잘못 찾다
skip (다이어트 중이라, 또는 속이 안 좋아서) 식사를 거르다; 수업을 빼먹다
make out 이해하다(understand)

break up with ~와 헤어지다
↔ **make up with** 화해하다 (reconcile)
put off 미루다(postpone, delay)

definitely 틀림없이, 확실히

combine 결합하다
career 직업(job, occupation)

drop sb a line 편지를 보내다 (send a letter)
miss 보고 싶어 하다

- I **missed** lunch, but he **skipped** lunch. He's on a diet.
  난 점심을 (바빠서) 못 먹었지만 그는 점심을 걸렀어. 다이어트 중이거든.

- I'm sorry. I can't **make** it **out**. 죄송하지만 전 이해를 못하겠어요.

- I **broke up with** the girl. 그 여자와 헤어졌어.

- Don't **put off** until tomorrow *what you can do today*.
  오늘 할 일을 내일로 미루지 마라.
  '**put off**'의 목적어는 명사절(what you can do today)

- I **got** *the feeling that I was definitely not welcome*.
  확실히 환영받지 못한다는 느낌이 들었어.
  '**that**' 이하는 동격 명사절

- Many women **wish** *to* **combine** *a career and family*.
  많은 여성들이 직장과 가정을 하나로 결합하고 싶어 한다.

05 수여동사: S+V+I.O+D.O

목적어 두개를 갖는 동사는 '~에게 …을(를)'의 뜻을 갖고 있어 수여동사라 한다.

- Please **drop** *me a line* when you miss me.
  보고 싶을 땐 나에게 편지를 보내요.

- She **asked** *me to stop smoking*.
  그녀는 나에게 담배를 끊으라고 부탁했다.
  '**to부정사**'가 직접 목적어

- I **told** *him that I was hungry*.
  그에게 배고프다고 말했다.
  '**that절**'이 직접 목적어

① 4형식을 3형식으로 전환

간접 목적어는 직접 목적어 앞에 보통 위치하지만, 강조하기 위하여 전치사와 함께 뒤로 이동할 수 있다. 이동할 때 동사에 따라 전치사 'to, for, of' 등을 필요로 한다.

❶ 전치사 '**to**'가 필요한 동사: allow, bring, offer, deny, give, grant, hand, lend, owe, promise, read, send, show, teach, throw, write

- I **gave** each of them an apple. 그들 각자에게 사과 하나씩을 주었다.
  → I **gave** an apple **to** each of them.

- Bring me a glass of water. 물 한잔 줘.
  → **Bring** a glass of water **to** me.
  '**bring**' 동사는 영국 영어에서 '**to**' 대신 '**for**'가 많이 쓰임

❷ 전치사 'for'가 필요한 동사: buy, do, find, make, order, choose, spare

- She bought me a bike. 그녀는 나에게 자전거를 사주었다.
  ⋯▶ She **bought** a bike **for** me.

- She baked us some cookies. 그녀는 우리에게 과자를 구워 주었다.
  ⋯▶ She **baked** some cookies **for** us.

❸ 전치사 'of'를 필요로 하는 'ask'; 'on'을 필요로 하는 'play'

- May I ask you a favor? 부탁 좀 해도 될까요?
  ⋯▶ May I **ask** a favor **of** you?

- He played me a mean trick. (x)
  ⋯▶ He **played** a mean trick **on** me. 그는 나에게 비열한 속임수를 썼다.

mean 비열한, 야비한
play a trick on ~를 속이다
trick 속임수; 묘기, 요술; 장난

2 주의해야 할 동사들

❶ 'marry ~와 결혼하다, discuss ~에 관하여 이야기하다, approach ~에 접근하다, attend ~에 참석하다, greet ~에게 인사하다' 등과 같은 동사는 전치사가 필요 없는 완전 타동사이다.

- He **married with** a girl from New York. (x)
  그는 뉴욕 출신 여자와 결혼했다.

  '~와 결혼하다'를 영어에서 'marry with'로 생각하기 쉽지만, 'marry'는 전치사가 필요없는 완전 타동사이므로 'He married a girl from New York.' 또는 수동으로 해서 'He got married to a girl from New York'라고 해야 올바른 영어 표현이 된다.

- Steve! there's something I'd like to **discuss** with you alone.
  스티브! 너하고만 이야기하고 싶은 것이 있어.

  'discuss(의논하다)'의 목적어는 생략된 관계대명사 'that'이고 'that'의 선행사는 'something'이다. 'with you alone'은 'discuss'를 수식하는 부사구로 읽을 때도 '... I'd like to discuss / with you alone'과 같이 끊어서 읽어야 한다.
  '~에 관해서 토의하다'와 같은 우리말 때문에 전치사 'about'를 생각하게 되는데 'discuss'는 완전 타동사이므로 전치사 없이 목적어를 갖는다는 점에 주의.

❷ 하나의 목적어만 갖는 완전 타동사
'explain 설명하다, confess 고백하다, describe 기술하다, introduce 소개하다, suggest 암시하다; 권하다; 제안하다' 등은 우리말로는 '~에게 …을'과 같이 4형식(S+V+I.O+D.O) 동사들이지만 영어에서는 '목적어 + 부사구(to sb)'의 형태를 가지므로 다음과 같이 쓰인다.

- Can you **explain** the procedure *to me*?
  진행 절차를 나에게 설명해 줄 수 있어요?

- She **announced** (*to us*) the date of her wedding.
  그녀는 우리에게 그녀의 결혼 날짜를 말해 주었다.

- Can you **suggest** *to us* somewhere for a short holiday?
  짧은 휴가에 갈만한 권할 만 곳이 있어요?

- Let me **describe** *to you* what I saw. 제가 본 것을 여러분에게 기술하겠습니다.

  목적어가 길거나, 명사절인 경우에 부사구(to us, to me)는 동사 뒤에 온다.

procedure [prəsíːdʒər] 절차

be sure to 잊지 말고 꼭 …해라
self-confident 자신 있는

- When you go for a job interview, be sure to **introduce** yourself in a self-confident manner.
  직장 면접을 보러갈 때 반드시 자신 있는 태도로 자신을 소개 하십시오.

❸ 일부 공급 동사 'present (선물로) 주다; 제출하다, provide 공급하다; 제공하다, serve (음식을) 차려 내다 supply (없으면 곤란한 것·불편한 것을) 공급·지급하다' 들은 '동사 + 목적어(사물) + for 또는 to' = '동사 + 목적어(사람) + with' 의 구조를 갖는다.

- The hotel **served** lunch *to us*. 호텔에서 우리에게 점심을 제공했다.
  = The hotel **served** us *with lunch*.

- They **provided** clothes *for us*. 그들은 우리에게 옷을 제공했다.
  = They **provided** us *with clothes*.

- He **trusted** some money *to me*. 그는 내게 약간의 돈을 맡겼다.
  = He **trusted** me *with some money*.

06 이어(二語)동사(Two verbs/Phrasal verbs)

'turn up'과 같이 '동사 + 부사(up)'의 형태를 구(句)동사 또는 이어(二語)동사라 하며 하나의 동사 'appear'의 뜻을 가진다. 이어(二語)동사는 영어에서 자주 쓰이며 하나 이상의 의미를 지니는 경우가 허다하다. 〈208쪽 부사와 전치사의 구별 참조〉

pick up 차를 태워주다; 줍다; 손에 넣다; ~을 사다(buy)
stop by / in 어느 장소에 잠깐 들르다(drop by / in)
after work 퇴근 후에

S : Can you **pick** *me* **up** at 6 o'clock? 6시에 나를 태우러 올 수 있어요?
M : No problem – I'll **stop by** after work. 괜찮아. 퇴근 후에 들를게.

turn on ~에 관심이 있다; 흥분시키다; (전기 가스 등을) 켜다

- Tall men **turn** *me* **on**. 난 키 큰 사람들이 맘에 들어.

일부 이어 동사는 목적어가 명사일 때는 'Please turn off the light(불을 꺼 주세요)' 또는 'Please turn the light off'가 가능하다. 그러나, 목적어가 대명사일 때는 'Please turn it off'와 같이 '동사와 부사' 사이에 대명사가 있어야만 한다.

turn off 혐오감을 느끼다, 싫어하다; 흥미를 잃다; (전기·가스 등을) 끄다 / 잠그다
bite 물어뜯다 **toenail** 발톱
turn up 나타나다(appear, show up), 불쑥 오다; (소리 등을) 키우다

- It really **turns** *me* **off** to see you biting your toenails.
  네가 발톱을 물어뜯는 것을 보면 정말로 밥맛 떨어져.

- She **turns up** late for everything.
  그녀는 모든 일에 늦게 온다.

turn down 줄이다(reduce); 거절하다(refuse, reject)

- The radio's too loud. Would you **turn** *it* **down**?
  라디오 소리가 너무 크니 좀 줄여 주시겠어요?

propose 청혼하다

- I proposed to her, but she **turned** *me* **down**.
  그녀에게 청혼을 했지만 그녀는 거절했다.

bring up 언급하다(mention); (성장할 때까지 돌보며) 교육시키다; 기르다

- Don't **bring** *that* **up** now!
  그 이야기는 지금 꺼내지마.

look up to 존경하다(respect) ↔
look down on 경멸하다(despise)

- I look up to my parents because they **brought** *me* **up** well.
  나를 잘 키워 주신 부모님을 존경합니다.

fix sb up with 남녀 간의 교제를 주선해 주다

- How about if I **fix** *you* **up** with my sister?
  내 동생을 소개시켜 주면 어때?

- She **stood** *me* **up**.
  그녀에게 바람맞았어.

- I wanted to **ask** *her* **out**, but I didn't have the courage to do it.
  그녀에게 데이트 신청을 하고 싶었지만 그렇게 할 용기가 없었다.

- **Lighten up**! Age is only a state of mind.
  기운 내! 나이는 단지 마음의 상태일 뿐이야.

- I'm going camping on the weekend. Want to **come along**?
  주말에 야영 갈 거야. 같이 가겠어?

- **Stick to** the first plan.
  초지일관(初志一貫)하라.

- I hope everything **works out**.
  모든 일이 잘되기 바래요.

- Please **try** *it* **on**. Hmm. This sweater **goes with** the slacks.
  스웨터를 한 번 입어 봐요. 음… 이 스웨터는 바지와 어울려요.

- "Where do you want to **get off**?" "**Drop** *me* (**off**) at the next stop."
  "어디서 내리고 싶어요?" "다음 정류소에서 내려 줘요."

- "Did you **put in** *the sugar*?" "Yes, I did. / Yes, I **put** *it* **in**."
  "설탕 넣었어요?" "예, 넣었어요."

- Can you **take** *Friday* **off** (from work)?
  금요일 휴가를 낼 수 있어요?

- Good. **Keep** *it* **up**; don't stop now!
  좋아. 계속해. 지금 멈추지 말고!

- Let me speak to Jane before you **hang up**.
  끊기 전에 제인 좀 바꿔 주세요.

---

stand sb up ~를 바람맞히다

ask sb out 데이트를 신청하다
courage [kə́:ridʒ] 용기, 담력
have the courage to do ~할 용기가 있다
lighten up 힘을 내

come along ~와 함께 가다; 진척되다(improve)

stick to (결심·약속 등에) 충실하다

work out 잘 되어 가다

try on 입어 보다
go with 어울리다(match, suit)

get off (버스 등에서) 내리다 ↔ **get on** 타다
drop sb off ~를 내려 주다

take ... off 휴가를 내다

keep up 계속하다(continue)

speak to ~에게 말하다
hang up 전화를 끊다

01. 다음 중 어법상 틀리거나 어색한 부분이 없는 것을 고르시오.

(A) That old pop song reminds me my high school days.
(B) No one has ever succeeded to explain the origin of languages.
(C) Never touch the computer laying on the table.
(D) The little boy didn't cry even though it must have hurt him a great deal.

02. 괄호 안의 지시대로 올바르게 된 표현을 고르시오.

A: Do you think Susan will get the scholarship?
B: (EXPRESSES DOUBT)

(A) There's nothing she can do.
(B) That's the way it goes.
(C) I don't have any idea.
(D) The chances are pretty slim.

◎ 다음 대화문의 빈칸에 가장 적절한 표현을 고르시오.

03. A: How does this milk taste, John?
B: Oh, it tastes a little _____.

(A) sour
(B) sourly
(C) being sour
(D) to be sour

04. A: I think it was a mistake to hire that woman.
B: Come off it! She'll _____ fine.

(A) retire
(B) leave
(C) be dismissed
(D) work out

05. A: If I were only 5 years younger.
B: _____ Age is only a state of mind.

(A) Bottoms up!
(B) Lighten up!
(C) Sure thing!
(D) It was nothing at all.

06. A: I'd like to invite you to dinner at my house this weekend.
B: Thank you. _____

(A) I'll be glad to see you.
(B) I'm willing to go.
(C) I'd love to come.
(D) I'd like to go.

07. A: What do you need?
B: My pen is out of ink; may I _____?

(A) use yours
(B) lend yours
(C) borrow yours
(D) rent yours

08. A: Would you tell me Tim's phone number?
B: Sorry. It doesn't come to mind right now. Please _____ in the telephone book. I think it's listed.
(A) look for it
(B) look into it
(C) look it up
(D) look up it

09. A: How many more minutes do you need to finish the test?
B: _____ ten minutes.
(A) It'll most likely take me another
(B) I'll most like take other
(C) It'll most like to take another
(D) It'll most likely take me other

10. A: Why did the cop signal to you to _____?
B: Because I was driving faster than the legal speed limit.
(A) pull over
(B) pull up
(C) park
(D) pull through

11. A: Why are you working so hard?
B: This is too difficult to work _____.
(A) off
(B) for
(C) out
(D) over

12. A: Did you _____?
B: Yes, but nobody answered. He must have gone out.
(A) ask him out
(B) hear from him
(C) call him up
(D) send an email

13. A: Would you mind not smoking here? This is a nonsmoking section.
B: OK. I'll _____.
(A) turn it down
(B) turn it off
(C) put it out
(D) put it off

14. A: Is Mr. Park there?
B: I'm sorry, he _____ but he'll be back soon.
(A) is on vacation
(B) is off today
(C) stepped out
(D) got home from work

◎ 다음 대화문의 빈칸에 적합하지 않은 표현을 고르시오.

15. A: How did you like the Chinese movie?
B: _____
(A) Fantastic.　　　　　　　　　　(B) Not too bad.
(C) Yes, I like it very much.　　　(D) I found it to be excellent.

◎ 다음 글의 빈칸에 가장 적절한 표현을 고르시오.

16. You needn't make two copies. One _____.
(A) will fine　　　　　　　　　　(B) will cover
(C) will satisfy　　　　　　　　　(D) will do

17. All the staff should _____ their reports of marketing strategies by the deadlines set by the president.
(A) hand in　　　　　　　　　　(B) hand out
(C) give in　　　　　　　　　　　(D) set out

18. Tell us what happened. We're _____!
(A) listen　　　　　　　　　　　(B) listening to
(C) all ears　　　　　　　　　　(D) hearing

19. Barter was a very unsatisfactory system because people's precise needs seldom _____.
(A) concurred　　　　　　　　　(B) considered
(C) coincided　　　　　　　　　(D) consoled

20. A long, hot bath _____ you after a hard day.
(A) will rejuvenate　　　　　　　(B) will release
(C) should help relaxing　　　　(D) should replicate

21. The coupon _____ you to 10 cents off your next purchase.
(A) discounts　　　　　　　　　(B) charges
(C) purges　　　　　　　　　　(D) entitles

22. The price of vegetables tends to _____ according to the weather.
(A) fluctuate　　　　　　　　　(B) oscillate
(C) sway　　　　　　　　　　　(D) swing

23. All the staff working for a successful corporation _____ of good leadership and cooperation _____ the most vital managerial qualities.
  (A) think - as
  (B) look upon - for
  (C) consider - with
  (D) regard - as

24. The technician was able to _____ how the glitch in the program was caused.
  (A) figure out
  (B) fill out
  (C) get by
  (D) keen on

25. Let me know if anything _____.
  (A) comes by
  (B) comes across
  (C) comes upon
  (D) comes up

26. Please _____ my apology for the delay.
  (A) sorry
  (B) accept
  (C) regret
  (D) offer

27. _____ one-day excursion to the Grand Canyon by air need not be _____ prior to your arrival.
  (A) A - reserved
  (B) An - made
  (C) An - flying
  (D) A - traveling

28. The first-aid instructor _____ the correct way to bandage a wound.
  (A) amazed
  (B) encouraged
  (C) tolerated
  (D) demonstrated

29. The prestigious law firm is _____ a bright college grad for entry level position.
  (A) looking
  (B) entering
  (C) seeking
  (D) inquired

30. High production costs in the manufacturing sectors _____ to high prices in the shops.
  (A) have
  (B) bring
  (C) lead
  (D) result in

31. The health club fee _____ access to the sauna as well as the swimming pool.
  (A) concludes
  (B) includes
  (C) precedes
  (D) secludes

32. Large discount stores are _____ the small retail market.
    (A) taking off
    (B) taking up
    (C) taking out
    (D) taking over

33. The marketing team members have asked for an extra bonus to _____ motivation for increasing monthly sales.
    (A) induce
    (B) reduce
    (C) seduce
    (D) produce

34. Someday computers may be able to understand human language and to _____ to it.
    (A) answer
    (B) replied
    (C) response
    (D) respond

35. The newly-renovated Italian restaurant _____ because of the recession and the cook was dismissed from his job.
    (A) flourished
    (B) expanded
    (C) rejected
    (D) closed down

36. Applicants for the sales manager's post can _____ application form online.
    (A) fill out their
    (B) fill up his
    (C) fill in his
    (D) fill in her

37. The small company _____ productivity by 30 % in the second quarter owing to the incentive payment they provide to their employees.
    (A) was increased
    (B) was improved
    (C) enhanced
    (D) owned

38. Payment for any purchase should _____ before the item ordered online _____.
    (A) pay - will deliver
    (B) be paid - will be delivered
    (C) be made - is delivered
    (D) make - is delivered

39. HD Motors have guaranteed that any faulty parts will be _____ under warranty free of charge.
    (A) consumed
    (B) revised
    (C) prepared
    (D) replaced

40. I made a reservation at the Chinese restaurant for tomorrow evening to _____ my parents' wedding anniversary.
(A) congratulate
(B) memorial
(C) celebrate
(D) promote

41. Company regulations _____ all the workers _____ going out for personal reasons during working hours.
(A) notify - from
(B) prohibit - from
(C) avoid - for
(D) renovate - in

42. The technician _____ that the new network had been incorrectly installed.
(A) acknowledged
(B) proclaimed
(C) exaggerated
(D) charged

43. Advertising _____ consumers about new products available on the market.
(A) instructs
(B) suggests
(C) informs
(D) provides

44. An attack brought on by the presence of the influenza virus in the body _____ a temporary immunity.
(A) remedies
(B) cures
(C) produces
(D) treats

45. A drop in productivity _____ workers to become unemployed and the value of money or purchasing power goes down. Companies find it harder to compete, and some may be forced to close. Society suffers because many employees lose their jobs. Also, fewer goods and services are produced.
(A) enables
(B) causes
(C) reasons
(D) produces

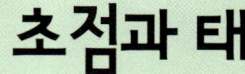

초점과 태

주어진 상황에서 관심의 초점이 어디로 쏠리는가에 따라 능동문 또는 수동문이 쓰인다. 행위자에 관심이 있으면, 즉 '주어가 무엇을 했느냐'를 말하려 한다면 능동문; 동작의 대상(對象)에 관심이 있으면, 즉 '주어에게 무슨 일이 일어 났는가'를 말하려 한다면 수동문이 쓰인다.

다시 말해서 모든 문장을 '수동 → 능동 / 능동 → 수동'과 같이 전환할 수 없다. 그 이유는 첫째, 목적어가 없는 문장, 즉 자동사는 수동으로 전환할 수 없다.

둘째, 능동문이 자연스러울 때가 있고, 수동문이 자연스러울 때가 있기 때문이다. 많은 문장을 접하다보면 자신도 모르게 자연스러운 문장을 선택하게 될 것이다. 57쪽의 '수동문을 사용하는 경우'를 자세히 공부하면 자연스러운 수동문을 많이 접할 수 있을 것이다. 〈분사 04번 문제 해설 참조〉

아래 대화를 통해서 기본적인 능동문과 수동문의 쓰임을 알아보자.

A : What **was broken**? 뭐가 깨졌어요?
B : The window (**was broken**). 창문(이 깨졌어요). 〈대상(對象)에 초점〉
A : Who **broke the window**? 누가 창문을 깼어요?
B : That boy (**broke the window**). 저 얘가 (깼어요). 〈행위자에 초점〉

능동문을 수동문으로 전환하는 방법

❶ 능동문의 목적어가 수동문의 주어자리로 이동한다.

❷ 주어가 3인칭 단수인 경우 동사는 'is + 과거분사(p.p)'의 형태를 취한다.
    현재 : is broken
    과거 : was broken
    미래 : will be broken
    진행형 : is being broken
    완료 : has been broken

❸ 그리고 능동문의 주어를 'by + 능동문 주어'로 한다. 주의할 것은 대명사의 격 변화이고, 능동문 주어가 일반인인 경우는 수동문에서 생략한다.

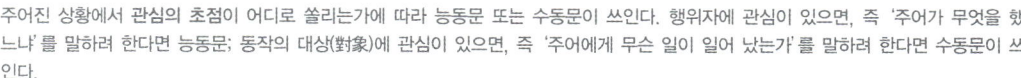

That boy **broke** the window. [능동문]

The window **was broken** by that boy. [수동문]

01   3형식 문형[S + V + O]의 수동 변형

가장 기본적인 3형식 문형 [S + V + O]의 수동 변형은 목적어가 수동문의 주어자리로 이동하고, 동사는 'be + 과거분사(p.p)'로 변형되는 과정이다. 어떤 문장이 다른 형태로 변형될 때 항상 원래 문장에서 시작한다.

1 의문사가 없는 의문문 수동

- Did he break the cup?
  - ① He broke the cup?
  - ② The cup **was broken** by him?
  - ③ **Was** the cup **broken** by him?

  원래 문장 ①을 수동으로 하면 ②와 같이 되고, 의문문을 만들기 위해 주어·동사를 도치하면 문장 ③이 된다. ①문장에 물음표는 의문문이라는 것을 나타냄.

2 의문사가 주어·목적어인 의문문 수동

- Who invented the bike?
  - ① Who invented the bike?
  - ② The bike **was invented** by whom?
  - ③ By whom **was** the bike **invented**?

  원래 문장 ①을 수동으로 하면 ②와 같이 된다. 의문사는 자기 문장 앞으로 이동해야 되기 때문에 의문사가 앞으로 이동하면서 주어·동사를 도치하면 ③이 된다. 그러나 ③보다는 'Who was the bike invented by?'와 같은 문장이 더 자주 쓰임.

- What did he break?
  - ① He broke what?
  - ② What **was broken** by him?

  원래 문장 ①을 수동태로 하면 ②와 같이 된다.
  주어진 문장 'What did he break?'에서 'did'는 의문문을 만들기 위해 사용된 조동사이다. 그러므로 원래문장 ①을 가지고 수동 변형을 할 때는 'did'는 나타나지 않는다.

3 의문 부사가 들어 있는 의문문 수동

- Where did he find my key?
  - ① He found my key where?
  - ② My key **was found** by him where?
  - ③ Where **was** my key **found** by him?

  원래 문장 ①을 수동태로 하면 ②와 같이 된다. 그 다음 의문사가 앞으로 이동하면서 주어·동사를 도치하면 ③이 된다.

- Any faulty parts will **be replaced** under warranty free of charge.
  결함이 있는 어떤 부품도 보증 기간 중에는 무료로 교체될 것입니다.

  = We'll replace any faulty parts under warranty free of charge. 〈능동문〉

---

faulty[fɔ́:lti] 고장 나거나 결함이 있는
replace[ripléis] 교환하다
warranty[wɔ́(:)rənti] (품질 등의) 보증(서)
free of charge 무료로

- The number of employees **was reduced** from fifty to twenty due to the restructuring of the company.
  회사 구조조정 때문에 직원 수가 50에서 20명으로 줄었다.
  = They reduced the number of employees from fifty to twenty ... 〈능동문〉

- My son's application for an American visa will **be processed** tomorrow morning.
  내 아들의 미국 비자 신청서는 내일 아침에 공식 처리 될 것이다.
  = They will process my son's application for an American visa ... 〈능동문〉

the number of ~의 (총)수
cf. a number of 많은(many)
employee 종업원, 직원
reduce 줄이다; 감소하다
restructuring 구조조정

application[æplikéiʃən] 신청; 지원서
process[práses] (문서 등을) 처리하다

02 목적어가 절(節)인 문장의 수동 변형

- They say **he's 99 years old**.
  ① That he's 99 years old **is said**. 〈부자연스런 표현〉
  ② _____ **is said** that he's 99 years old. 〈잘못된 표현〉
  ③ *It* **is said** *that he's 99 years old*. 〈자연스런 표현〉
  ④ He **is said** to be 99 years old. 〈자연스런 표현〉

  목적어(that he's 99 years old)를 주어로 하여 수동태로 전환하면 ①과 같이 된다. 수동의 주어 that절이 너무 길어 문장의 균형을 맞추기 위해 that절을 후치 시키면 ②와 같이 된다.
  빈(empty) 주어 자리를 아무런 뜻이 없는 대명사 It(형식 주어, 가주어)로 채우면 ③과 같이 되는데 종속절 주어(he)를 강조하기 위해 형식적으로 주어 자리를 지키던 가주어 'It' 자리로 종속절 주어(he)를 이동하면 ④와 같이 된다. 위 수동문 중 ③④는 자연스런 표현으로 자주 쓰이지만 ①②는 쓰이지 않는다.
  접속사 that는 완전한 문장을 유도할 때만 필요한 것이다. 그러나 ③에서 주어 'he'를 강조하기 위해 가주어 자리로 이동하면 'that _____ **is 99 years old**'와 같이 주어가 없는 불완전한 문장이 된다. 이처럼 주어를 잃게 된 동사가 'am / are / is'와 같이 변형을 하지 못하도록 'to부정사'가 된다.

- The third quarter profits **are expected** to surge by 40% at Disney.
  디즈니에서 3분기 이익이 40%정도 급등할 것으로 예상된다.
  = It **is expected** that the third quarter profits will surge by 40% at Disney.
  = They expect that the third quarter profits will surge by 40% at Disney. 〈능동〉

quarter[kwɔ́ːrtər] 분기
profit 이익
be expected to ~ (당연히) ~하리라고 예상되다
surge[səːrdʒ] (물가 등이) 급등하다(surge up)

- It **is expected** that this English course will be filled to capacity.
  이번 영어과정이 정원이 꽉 찰 것으로 예상됩니다.
  = This English course **is expected to be filled** to capacity.
  = We expect that this English course will be filled to capacity. 〈능동〉

expect (실현되리라고) 예상하다
course (학습·교육) 과정; (학교의) 강좌
be filled to capacity 꽉 차다
capacity[kəpǽsəti] 수용 능력

- It **was discovered** that the computer's writing board was defective.
  컴퓨터 자판에 결함이 있는 것이 밝혀졌다.
  = The computer's writing board **was discovered to** be defective.
  = They discovered that the computer's writing board was defective. 〈능동〉

discover (전에 몰랐던 사실을) 알아내다
board 널, 판자; 중역, 위원(회)
defective 결함이 있는

upcoming 다가오는(coming up)
budget [bʌ́dʒit] 예산
research 연구
development 개발
increase 늘리다, 증가시키다

- The upcoming year's budget for R&D **is expected to be increased** by twenty percent.
  내년 연구 개발을 위한 예산이 20%정도 증가할 것으로 예상된다.
  = We expect that the upcoming year's budget for R&D will **be increased** by twenty percent. 〈능동〉

복문을 단문으로 변형할 때 주의 사항: 종속절의 과거시제 ⋯→ 완료 부정사

report 보도하다
injure 상처를 입히다
explosion [iksplóuʒən] 폭발

- It **is reported** that two people **were injured** in the explosion. 〈복문〉
  = Two people **are reported to have been injured** in the explosion. 〈단문〉
  폭발로 두 명이 부상을 당했다고 보도되었다.

  뉴스 보도에서 자주 쓰이는 문장으로 보도(is reported)는 지금 하지만 사건은 과거에 일어난 것이다. 그러므로 복문을 단문으로 바꿀 때 종속절의 과거시제 'were injured'가 주절의 시제 'is reported'보다 앞서기 때문에 단문에서 완료 부정사 'to have been injured'로 바꾸는 것에 유의할 것.

03 4형식 문형 [S + V + I.O + D.O]의 수동 변형

4형식은 목적어가 두 개이므로 2개의 수동문이 가능하다. 직접 목적어를 주어로 수동문을 만들 경우 간접 목적어 앞에 동사에 따라 전치사 to 또는 for를 두는 것이 자연스런(natural) 표현이 된다. ask, offer, pay, show, teach, tell 등의 동사는 두 개의 수동문이 가능하다. 수동문에는 목적어가 없지만 4형식의 간접목적어를 주어로 했을 경우에 직접목적어는 전치사 없이 홀로 남는다. 이것을 보류목적어라고 한다.

- We gave the police the information.
  우리는 경찰에게 그 정보를 주었다.
  ① The police **were given** the information.
  ② The information **was given** *to the police*.

- She made me the dress.
  ① The dress **was made** *for me* by her.
  ② I **was made** the dress by her. (x)

수동문 ②가 틀리는 이유는 사람이 사람을 만들 수 없기 때문이다. 어머니들은 자식을 낳거나(bear), 생산하는(produce) 것이지 'make'(construct by putting materials together), 즉 만드는 것은 아니다. 그러므로 수동 주어인 'I'는 만들어지는 것이 아니라 낳아지거나(I was born in Korea.), 생산되어지는(She's the greatest pianist that has ever been produced.) 것이다.

직접 목적어만 수동문의 주어로 갖는 동사: bring, buy, carry, hand, read, sell 등

- I bought her a bike.
  ① A bike **was bought** *for her* by me.
  ② She **was bought** a bike by me. (x)
  '사람'은 사고파는 대상이 아니므로 'was bought'의 주어로 사람이 올 수 없다.

- Mom kissed me goodnight.
  엄마가 내게 잘 자라면서 키스했다.

  ① I **was kissed** goodnight by mom.
  ② Goodnight **was kissed** me by mom. (x)

  문장 ②가 틀린 이유는 'kiss' 라는 동사는 사람을 포함하여 구체적인 물건(사랑 하는 사람의 입술, 뺨, 인형 등)에만 애정의 표시로써 사용할 수 있기 때문이다. 교황 바오로 2세가 우리나라를 방문했을 때 우리 나라의 흙에다 'kiss' 를 하셨다. 이와 같이 구체적 명사(concrete noun)는 어느 것이고 kiss를 할 수 있지만, 추상명사(goodnight)는 'kiss' 를 받을 수 없다. 주의할 것은 구조상 가능하다 하더라도 의미상 자연스럽지 못한 것은 비문법적인 것이다.

  간접 목적어만 주어로 취하는 동사: **call, deny, kiss, save, spare** 등

- According to the terms of your contract of employment all workers **are given** ten days' paid vacation annually.
  고용계약 조건에 따르면 모든 직원들에게 매년에 10일간의 유급휴가가 주어진다.

  4형식에서 I.O가 수동문의 주어가 되고 D.O가 남아있는 구조이다.

- All employees **are allowed** only 21 days' annual leave.
  모든 직원들에게 단지 1년에 21간의 휴가가 허용된다.

  간접목적어가 수동의 주어가 되었고 직접목적어가 그냥 남아 있는 구조이다. 이런 목적어를 보류목적어라고 한다.

according to ~에 따르면
term 조건
contract 계약; 계약서
employment 고용; 직업
paid vacation 유급휴가
annually [ǽnjuəli] 매년

employee 직원
allow 허락 / 허용하다; ~을 주다
leave 휴가; 허가

04 5형식 문형[S + V + O + O.C]의 수동 변형

목적어가 수동문의 주어자리로 이동하게 되면 'be + 과거분사 + 보어' 의 구조가 된다.

- He called his son John.
  ⋯ His son **was called** John by him.
  그는 자기 아들을 존이라고 이름 지었다.

  목적 보어 'John' 을 수동문의 주어로 하지 않는다.

- People thought of him as a fool.
  ⋯ He **was thought of** as a fool.
  사람들은 그를 바보로 생각했다.

  'think of / look upon / look up to' 등과 같은 동사구가 수동 변형을 할 때 동사구는 반드시 함께 이동을 해야만 한다.

- We **saw** a thief enter the house.
  ⋯ A thief **was seen** *to enter* the house.
  도둑이 그 집에 들어가는 것이 목격되었다.

  지각 동사(see, hear, watch 등)와 사역 동사(have, make, let 등)의 목적 보어로 쓰인 원형 부정사가 수동태에서 to 부정사로 바뀌는 것에 주의.

- I **heard** somebody call my name behind me.
  누군가 뒤에서 내 이름을 부르는 것을 들었다.

  위 문장은 두 문장이 접속사 없이 결합된 형태로 아래와 같이 분석할 수 있다.

think of A as B A를 B로 생각하다

- I heard somebody call my name behind me.
  ⓐ _ ____ S   V   O
  ⓑ S   V   O   O.C   〈분사 129쪽 Have + O + p.p. 참조〉

  구조 ⓐ의 동사 'call'을 수동으로 하면 아래 수동문 ①처럼 '내 이름이 불려지는 것을 내가 들었다' 와 같은 자연스러운 수동 표현이 된다. 그러나 구조 ⓑ의 동사 'heard'를 수동변형 하면 ②와 같은 문장이 되지만 쓰이지 않는 수동문이다.

  ① I heard my name (**be**) **called** behind me.
  ② Somebody **was heard** to call my name behind me.

detail 세부, 세목; (pl.) 상세한 것
unsaid (생각은 하지만) 말하지 않은

- The details **are** better **left** unsaid.
  자세한 사항은 언급하지 말고 그대로 두는 게 좋겠어.

  동사 'leave'는 '~을 ~한 상태로 놓아두다'라는 뜻으로 '(You had) Better leave(V) the details(O) unsaid(O.C).'를 수동으로 한 것이 'The details are better left unsaid.'이다.

firmly 굳게, 확고히
establish (선례·습관·명성 등을) 확립하다
as (보어를 이끌어서) ~으로(서)
leading 유명한; 주요한
brand 상표

- *Show English* **is** now firmly **established** as one of the leading brands in the book market.
  'Show English'는 도서 시장에서 유명 상표중 하나로 이젠 확고히 자리를 잡았다.

05 부정 주어의 수동 변형

주어가 'nobody, nothing'과 같은 부정어인 능동문을 수동문으로 바꿀 때 부정 주어 'nobody'를 'not ~ by anybody'로 분리시켜 부정어(not)가 'any' 앞으로 이동을 해야 한다. 그 이유는 'any / ever'는 부정어(not, hardly)의 영역 안에 있어야만 하기 때문이다. 즉 'not + any'의 형태가 되어야 하므로 부정어가 주어인 문장을 수동으로 전환할 때 주의해야 한다.

'Nobody paid any attention to him.'과 같은 문장에서 동사와 목적어의 관계를 아래 a, b)와 같은 구조로 보면 2개의 수동문이 가능하다.

a. Nobody paid any attention to him.
   S   V   O

   ⋯▸ He was paid *any* attention to by *nobody*. (x)
   ⋯▸ He **was** *not* **paid** *any* attention to.

b. Nobody paid any attention to him.
   S   V   O   부사구

   ⋯▸ *Any* attention **was paid** to him by nobody. (x)
   ⋯▸ *Not any* attention **was paid** to him.
   ⋯▸ *No* attention **was paid** to him.

   부정어(not)는 항상 'any / ever' 앞에만 와야 하므로 틀린 것이다.

   수동문으로 바뀔 때 동사구는 함께 이동을 해야만 한다.

politician 정치가
look down upon 경멸하다
(despise)

   eg. The politician **is looked down upon** by people
   그 정치가는 멸시를 받고 있다.

06 수동문을 사용하는 경우

1 행위자가 중요하지 않거나(not important), 분명치 않을 때(not known)

- My car **was towed away** for illegal parking.
  내 차는 불법 주차로 견인해 갔어.

- The cafeteria for employees **is located** on the fifth floor of the main building.
  직원용 식당은 본관 5층에 있다.

- I **was told** that we would **be accommodated** in an air-conditioned room with a balcony.
  우리는 발코니가 있는 냉방시설이 갖추어진 방에 숙박하게 될 거라고 들었습니다.

tow away 견인해 가다
illegal 불법의

cafeteria[kæ̀fitíəriə] 식당
employee 직원
locate 위치하다

accommodate[əkámədèit] ~를 숙박시키다
private[práivit] 사적인, 개인 전용의

2 말하는 사람을 나타내지 않거나 공지사항을 전달할 때

- These seats **are reserved** for the elderly and disabled.
  이 좌석들은 노인과 지체 장애자들을 위한 지정석입니다.

  the + 형용사 / 분사 = 복수 명사(명사적으로 쓰이며 복수 취급)

- Checks cannot **be accepted** unless they **are supported** by a valid Banker's Card up to $100.
  확실한 은행 카드로 100달러까지 확인되지 않으면 수표는 받지 않습니다.

- It is with regret that we now give you a formal notice that your account **has been closed**.
  귀하의 계좌가 폐쇄된 것을 공식 통고하게 되어 유감입니다.

  ⋯ we *have closed* your account 〈능동〉

reserve 지정하다; 예약하다
elderly 초로(初老)의
disabled[diséibəld] 불구가 된

check[tʃek] 수표
accept[æksépt] 수납하다
support 확인하다
valid[vǽlid] 법적으로 유효한
unless ~하지 않으면(if ... not)
up to ~까지
regret 유감
it is with regret that ... ~이라니 유감(천만)이다
formal 공식의
notice 통고, 통지
account[əkáunt] 계좌
close 폐쇄하다

3 앞 문장과 주제 연결이 필요할 때

- He became able to operate the computer well and **was given** the job.
  그는 컴퓨터를 잘 다루게 되었고 그래서 직장을 구했다.

- Fresh orange juice should **be refrigerated** after opening and **drunk** within three days.
  신선한 오렌지 주스는 개봉 후 냉장되어야 하고 3일 이내에 마셔야만 한다.

- The deposit of a million dollars **is** not **refunded** if a building contract **is canceled**.
  건물 계약이 취소되면 백만 달러의 계약금은 되돌려 받을 수 없습니다.

operate[ápərèit] 조작하다; 운영·경영하다; 수술을 하다

refrigerate 냉장 / 냉동하다
refrigerator[rifrídʒərèitər] 냉장고

deposit[dipázit] 계약금
refund[ríːfʌnd] 환불하다
contract (법적 효력을 가진 서면) 계약
cancel (예약 등을) 취소하다; (계획·예정·시합 등을) 중지하다

4 새로운 발명품 · 새로 태어나는 아기 · 출판물 등

- You can't fool me. I **wasn't born** yesterday.
  날 놀리지 마. 난 아무것도 모르는 바보가 아니야.

  누군가 자신을 놀리거나, 속인다고 생각 할 때 사용 할 수 있는 표현

fool 놀리다, 우롱하다; 바보, 어리석은 사람

deluxe 고급스러운, 호화로운
humidifier [hjuːmídəfàiər] 가습기

- A new deluxe humidifier **was** newly **produced**.
  고급형 가습기가 새로 생산되었다.

5 신문 · 보고서 · 과학 잡지 · 광고 같은 문어체에

unfortunately 유감스럽게; 불행하게
delay 지연하다

- The 14:00 flight to Paris will unfortunately **be delayed** by 2 hours.
  유감스럽지만 파리행 오후 2시 비행기가 2시간 정도 연착되겠습니다.

- (It **is**) **Designed** to **be seen** and not (to **be**) **heard**.
  듣기 위한 것이 아니라 눈으로 볼 수 있도록 설계되었습니다.

6 능동문의 주어가 일반인(we, you, they, one, people)인 경우

carriage [kǽridʒ] (철도의) 객차
strictly 엄격히
prohibit 금지하다
permit ~하도록 허락 · 허가하다

- Smoking in this railway carriage **is** strictly **prohibited**, but **permitted** in the smoking room.
  이 객실에서는 흡연을 엄격히 금하지만 흡연실에서는 허용된다.

widely 널리
language [lǽŋgwidʒ] 언어

- English **is** widely **used** as a second language in many countries.
  많은 나라에서 영어를 제2국어로 널리 사용하고 있다.

07 수동문을 쓸 수 없는 동사

자동사는 목적어가 없어 수동태가 안 되고, 타동사라 하더라도 소유 · 상태를 나타내는 동사는 수동태로 바꿀 수 없다.

auditorium [ɔ̀ːditɔ́ːriəm] 강당
hold 수용하다

- We **have** an auditorium which **holds** 500 students.
  우리는 5백 명의 학생을 수용하는 강당이 있다.

to be had 얻어진 것
(= to be obtained)

  cf. There is nothing *to be had*.
  얻어진 것이 아무 것도 없다.

resemble ~를 닮다
lack 부족하다
tact 요령

- Judy **resembles** her mother who **lacks** tact.
  Judy는 요령이 없는 자기 엄마를 닮았다.

  cf. Her mother is resembled by Judy. (X)

  위 수동문은 마치 '엄마가 자식을 닮았다' 라는 느낌을 주므로 틀렸다.

08 자동사의 수동

자동사는 수동이 될 수 없다. 그러나 'go into, arrive at, look into' 등과 같은 타동사구의 목적어가 추상명사인 경우에는 수동태가 가능하다.

  a. They went *carefully* into the tunnel.
     ⋯→ The tunnel **was** *carefully* **gone into** by him. (x)

  b. They went *carefully* into the problem.
     ⋯→ The problem **was** *carefully* **gone into** by him.

형태상으로 a,b)의 'went into'가 같아 보이지만 'Where did they go?'의 물음에 '방향 전치사(into) + 장소(the tunnel)'인 장소 부사구 'Into the tunnel'은 'Where'의 응답으로 가능하지만, 'Into the problem'은 의문사 'Where'의 응답이 될 수 없다. 왜냐하면 'go into + 추상명사(the problem)'인 경우에 'go into'는 '~을 면밀히 다루거나 조사하다(deal with closely or investigate)'의 뜻을 지닌 타동사이기 때문이다.

이 때 주의할 것은 양태 부사 'carefully'의 이동이다. 동사만을 꾸며 주는 양태 부사 'carefully'는 수동에서 형용사처럼 쓰이는 분사 앞으로 이동을 해야만 한다. 이론상으로 분사는 동사, 형용사의 성질을 지니고 있으므로 양태 부사 carefully는 'gone into'의 앞뒤에 위치할 수 있지만 수동문에서 수동 분사(= 수동 형용사) 앞으로 이동하는 것이 원어민들에게는 보다 자연스럽게(natural) 느껴진다.

c. They *eventually* arrived at the splendid stadium.
  ⋯▸ The splendid stadium **was** *eventually* **arrived at**. (x)

d. They *eventually* arrived at the expected result.
  ⋯▸ The expected result **was** *eventually* **arrived at**.

문장 c)의 'arrive at' 다음에 장소 명사(stadium)가 올 때는 수동이 안 되지만, 추상명사(result)가 올 때는 수동이 가능하며 '~에 이르다(come to)'라는 뜻이 된다.

09 수동의 의미로 쓰이는 동사

- The famous tennis player **photographs** well.
  그 유명한 테니스 선수는 사진발이 잘 받는다.

- This steel knife **cuts** well and this potato **peels** well.
  이 쇠칼은 잘 든다. 그리고 이 감자는 껍질이 매우 잘 벗겨진다.

- This shirt won't **wash** well in cold water.
  이 셔츠는 찬물에서 세탁이 잘 안 된다.

photograph well / badly 사진발이 잘 받다 / 잘 받지 않다

steel 강철
potato 감자
peel 껍질을 벗기다

10 상태 수동과 동작 수동

수동에는 예기치 않게, 또는 갑자기 어떤 일이 벌어질 때, 어떤 일이 일어났거나 변화가 생겼을 때 '~로 / ~이 되다'라는 뜻의 동작 수동(get, become, grow + p.p.)과 동작의 결과를 나타내어 '~한 상태로 있다'라는 뜻의 상태 수동(be, lie, remain + p.p.)의 두 가지가 있다. 〈동명사 24번 문제 해설 참조〉

A : **Are** you **accustomed to** our spicy food?
  우리 매운 음식에 익숙해 졌습니까?

B : No, I'm not. But **I'm getting accustomed to** it.
  아니요. 하지만 익숙해져 가고 있어요.

'be accustomed to'는 완전히 익숙해진 상태를 나타내고, 'get accustomed to + (동)명사'는 낯설거나 불편했던 것에 익숙해져 가는 과정을 의미한다.

spicy [spáisi] (garlic 마늘, ginger 생강, red pepper 고추, black pepper 후추, cinnamon 계피 등의) 향이 강한 양념을 넣어 매운

by oneself 혼자서(alone)

situation 상황
remain ~한 상태로 있다; 남아있다

want 찾다(look for); 수배하다
murder 살인

demolish 완전히 부수다 (completely destroy), 파괴하다(tear down)

1 동작의 결과를 나타내어 '~한 상태로 있다' 라는 뜻의 상태 수동

- In London I **was used to** living by myself.
  영국에 있을 때 혼자 사는 데에 익숙해 있었다.

- The situation **remains unchanged**.
  상황은 변하지 않고 그대로였다.

2 예기치 않게, 또는 갑자기 어떤 일이 일어났거나 변화가 생겼을 때 동작 수동이 쓰임

- I **got invited** to lots of parties during the last holidays.
  지난 휴가 동안 나는 많은 파티에 불려 다녔다.

- The man wanted for murder **got caught** by the police.
  살인으로 수배된 남자가 경찰에 붙잡혔다.

3 상태 완료 수동과 동작 완료 수동

'My house **is painted** white.'는 상태 완료 수동을 나타내지만 'white' 대신에 부사(구) 'every day, at 9 every day'를 사용하면 동작 수동의 의미를 나타낸다. 'My house **is painted** white.'의 능동은 'I **have painted** my house white.'이다.

- My house **is painted** *every year*. 〈동작 수동〉
  = I paint my house every year. 〈능동〉

- The door **is shut** at 9 *every day*. 〈동작 수동〉

- Please use the back door as the front door **is shut** now. 〈상태 완료 수동〉

a. Your composition **is** well **written**.
   ① You *write* your composition well.
   ② You *have written* your composition well.

   문장 a)의 올바른 능동문은 ②가 된다. 그 이유는 무엇일까? 문장 ①은 '언제나 영작을 잘 한다' 는 'You're a good writer.' 의 뜻이지만, 'Your composition is well written.'은 '당신의 영작문은 잘 쓰여 졌다.' 라는 ②와 같이 완료의 뜻을 지닌 것이다.

b. The old building **is** already **demolished**.
   그 낡은 건물은 이미 파괴되었다.
   ① ≠ They already demolish the old building. (X)
   ② They've already *demolished* the old building. 〈능동〉
   ③ The old building *has* already *been demolished* by them.

   문장 b)는 형태상으론 단순 수동처럼 보이지만 의미상으로는 '이미 파괴되어진' 결과를 나타내는 '상태 완료 수동' 이다. 완료시제에서 'already' 는 '이미, 벌써' 란 뜻으로 '예상보다 빨라 놀라움' 을 나타낸다. 또한 현재시제는 '반복적 행위·습관·진리·사실' 등을 나타내므로 ①과 같은 문장은 쓰이지 않는다. 즉, 문장 b)의 능동문은 ①이 아니라 ②가 된다. 수동문에서 행위자 'by them' 이 나타나면 ③처럼 '동작 완료 수동' 'have been + p.p.' 가 된다.

c. A tree **is planted** in the garden. 〈상태 완료 수동〉

① *There* **is** a tree **planted** in the garden. 〈There + V + S〉
② A tree **has been planted** *by us* in the garden. 〈동작 완료 수동〉
③ *In the garden* **has been** a tree **planted**.

문장 c)는 상태 완료 'be + p.p.'와 수동구조 'be + p.p.'가 중복(overlap)되어 'is planted'의 형태로 나타난 것이다. c)의 능동문장은 'We have planted a tree in the garden.'이다. 주어가 'a + 명사'이고 동사가 '존재·상태(be, live, exist, remain 등)'를 나타내는 경우 ①과 같이 'There + 동사 + 주어' 구문을 사용해야 자연스런 문장이 된다. ②와 같이 행위자 'by us'가 나타난 문장은 동사가 동작(動作)을 의미하므로 'there' 구문을 사용하지 않는다. 그러나 행위자 'by us'가 생략 되었을 경우에는 동사가 상태(狀態)를 나타내므로, 'there' 또는 장소 부사 'in the garden'을 문두에 사용해야 자연스런 문장이 된다. 〈26쪽 there 구문 참조〉

11 수동문에서 행위자 by 이외의 전치사를 사용하는 경우

수동문에서 전치사는 항상 'by'만 사용하는 것이 아니라 의미에 따라 바뀔 수가 있다. 'at'는 감정의 원인을 제공하는 전치사로 '~을 보고, 듣고, 생각하고'의 뜻이다.
'with'는 감정·태도의 대상을 이끌어 '~에 대하여, ~에'의 뜻이다.

- Last night I **was** *very* **surprised at** the masked boy.

  '~을 보고'의 뜻인 'at'이 쓰였을 때는 '가면을 쓴 소년을 보고 놀랐다'라는 말이므로 이 때 'surprised'는 형용사적 성격을 띠어 very의 수식을 받는다.

  cf. Last night I **was** *much* **surprised by** the masked boy.

  '~에 의해서'의 뜻인 행위자 'by'가 쓰였을 때는 '가면을 쓴 소년이 나를 놀라게 했다'는 말로 'surprised'는 동사적 성격을 띠어 'much'의 수식을 받는다.

- I **was** *very* **delighted at / with** the present you gave me.
  나는 네가 준 선물을 보고 / 선물에 대단히 기뻤어.

  delight 기쁘게 하다

- **Were** you **disappointed with** your exam results?
  너는 시험 결과에 실망했니?

  disappoint 실망시키다

- She**'s** very **excited about** getting a part in the film.
  그녀는 영화의 한 역할을 얻은 것에 매우 흥분하고 있다.

- The mountain **is covered with** snow.

  'is covered with'는 산이 내린 눈으로 뒤덮여 있는 상태를 나타낸다.

  cf. The mountain *is getting covered by* snow.

  'is getting covered by'는 내리는 눈이 산을 뒤덮고 있는 동작을 나타낸다.

- The guy **is known to** the police.
  그 사내는 (범죄자로) 경찰에 알려져 있다.

  'to'는 '~에게'라는 방향을 나타냄

- A man **is known by** the company he keeps.
  사귀는 친구를 보면 어떤 사람인지 알 수 있다.

  'by'는 가치 판단

- Cheese **is made in** Italy / **by** Italians.
  치즈는 이탈리아에서 / 이탈리아인들이 만든다.

  by + 행위자 / **in** + 장소

재료를 나타내는 전치사: of / from / with

① 'of'는 물리적 변화, 즉 형태 변화만을 나타낸다.
- This blouse **is made of** silk. 이 블라우스는 비단 제품이야.

② 'from'은 화학적 변화, 즉 재료의 성질 변화를 나타낸다.
- Beer **is made from** hops. 맥주는 호프로 만들어진다.

③ 'with'는 재료가 주요 성분임을 나타낸다.
- This cake **is made with** lots of eggs. 이 과자는 계란을 많이 넣고 만든 거야.

12 회화에 자주 사용되는 수동 표현

seat 자리, 좌석; 앉히다

- Won't you **be seated**?
  앉으세요.(= Seat yourself, please. / Please have a seat. / Sit down, please.)

occupy (방·좌석·침대 등을 이미 다른 사람이) 차지하다
Help yourself (to). 마음 놓고 드세요; (할 것이 있으면) 마음 놓고 하세요
bring up (아이가 성장할 때까지 돌보며) 교육시키다

- "Excuse me, **is** this seat **taken**?" "No. Help yourself."
  "실례합니다." "이 자리 임자 있어요?(= Is this seat **occupied**?)" 아니오. 마음대로 하세요."

- I **was brought up** not to speak during meals.
  식사 중에는 말을 하지 않도록 교육을 받았어.

self-employed 자기 경영의

- "What do you do?" "I **am self-employed**."
  "직업이 뭐죠?" "자영업을 합니다"

discouraged 낙담한

- He**'s** very **discouraged**. 그는 매우 좌절하고 있어.

annoy 짜증나게 하다

- I**'m annoyed**. 짜증이 나.

scared 무서워하는

- I**'m scared**. 무서워요.

be disappointed in/with ~에 실망하다

- I**'m disappointed in** you! How could you have lied like that?
  당신에게 실망했어요! 어떻게 그렇게 거짓말을 할 수 있어요?

embarrassed 당황한(nervous)

- I**'m** so **embarrassed**. 너무 당황됩니다.

- **Are** you **shocked at** what I said? 내가 한 말에 충격을 받았어요?

satisfied 만족스러운
result 결과

- I hope you**'re satisfied with** the result. 네가 결과에 만족하길 바래.

betray [bitréi] 배신하다

- I **felt betrayed / used**. 배신당한 / 이용당한 느낌이 들었다.

absolutely 완전히
exhausted [igzɔ́:stid] 지친

- I**'m** absolutely **exhausted**. 완전히 녹초가 됐어.

want 찾다(look for / search for)

- You **are wanted** on the phone. 전화 왔습니다.
  = Someone wants you on the phone.

cf. **He's wanted by the police.** 그는 경찰의 수배를 받고 있다.

- **Am** I **supposed to** call her back? 그녀에게 제가 전화를 해야 합니까?
  cf. He's *supposed to* pick me up at seven. 〈예정〉
  그 사람이 7시에 나를 차로 데리러 오기로 했어.

- I **was caught in** the shower on my way here.
  이곳에 오는 중에 소나기를 만났어.

- We **were stuck in** a traffic jam for two hours.
  2시간이나 차량으로 막혀서 꼼짝을 못했어.

- Jane **is depressed** because she **was stood up**.
  제인은 바람맞아서 기분이 우울해.

- The new girlfriend **isn't compared with** the old girlfriend.
  새로 사귄 여자 친구는 전에 사귀던 여자 친구와 비교가 안 돼.

- Simon **is not** really **cut out for** the job.
  사이먼은 정말로 그 일에 적임자가 아니야.

- By the way, **are** you **acquainted with** our boss?
  그런데, 우리 사장님 알아요?

- There's no rush. We're all **checked in**.
  서두를 것 없어요. 벌써 탑승 절차는 다 밟아 놨어요.

- Robert **is** very **devoted to** his mother.
  로버트는 자기 엄마에게 매우 헌신적이다.

- The room **was filled with** many fine paintings.
  방에는 멋진 많은 그림으로 가득하다.

- My nose **is blocked** (**up**).
  코가 막혔어.

- I seem to **be overcharged**. 바가지 쓴 것 같아요.

- I'm sorry, he**'s tied up** at the moment. Could you call back later?
  죄송하지만 그는 지금 매우 바빠요. 나중에 전화하시겠어요?

- I**'m fed up with** waiting for her to telephone.
  그녀가 전화해 주길 기다리는 것에 질렸어.

  'feed' 는 '환자 또는 아이에게 음식을 먹이다, 젖을 먹이다' 라는 뜻으로 수동이 되어 'be fed up with' 가 되면 너무 많이 먹어 '~에 물리다, 진저리나다' 라는 뜻이다. 즉 애정을 갖고 시작했던 일이 나중에는 싫증이 날 때 'be tired of' 와 같은 뜻으로 쓰인다.

- I'm sorry, but this seat **is reserved**.
  죄송하지만 이 자리는 예약이 되었습니다.

- My mind **is made up** – I'm going to stop smoking.
  결심했어. 난 담배를 끊을 거야.

---

be supposed to ~해야만 하다
call back 응답 전화를 하다
pick up 차를 태워 주다

be stuck 꼼짝 못하게 되다
traffic jam 교통 혼잡

depressed 풀이 죽은, 우울한
stand sb up ~를 바람맞히다

be compared with ~와 비교되다
cf. **be compared to** ~와 비유되다
be cut out for (보통 부정문·의문문에서) ~에 적임자가 아니다
cf. **a square peg in a round hole** (둥근 구멍에 네모난 마개) 적임자가 아니다

by the way 그런데
be acquainted with ~를 서로 알고 있다

check in 탑승 절차를 밟다

devote (노력·시간·돈 등을) 바치다
devoted to ~에 헌신적인

be filled with ~으로 가득하다

block (도로·관 등을) 막다

overcharge 바가지를 씌우다

be tied up (with) 눈코 뜰 새 없이 너무 바쁘다(very busy)

reserve 예약하다(make a reservation)
cf. **book** 예약하다 / **cancel a booking** 예약을 취소하다
be booked up / be fully booked 입장권·좌석 등이 완전 매진 / 예약되다
make up one's mind 결심하다

EXERCISE

01. 어법상 올바르지 못한 문장을 고르시오.

(A) A mystery is something that can't be explained.
(B) It's a serious pollution problem. I don't know how it can be solved.
(C) My wallet has been disappeared. It must have been stolen.
(D) You all know that paper is made from trees, and used paper is made into new paper again.

02. 다음 중 문장전환이 어법상 옳지 않은 것을 고르시오.

(A) They report that a boy was drowned yesterday.
  = A boy is reported to have been drowned yesterday.
(B) My father made me do what is right.
  = I was made to do what is right by my father.
(C) We look up to him as a great politician.
  = He is looked up to as a great politician.
(D) Nobody pays any attention to stupid things.
  = Any attention is not paid to stupid things.

◎ 다음 대화문의 빈칸에 가장 적절한 표현을 고르시오.

03. A: The last class _____.
B: You're kidding.

(A) called off (B) called it off
(C) is called off (D) is call off

04. A: What's wrong?
B: Oh, nothing. I just can't stand _____ my back.

(A) to be talked about behind
(B) being talked about behind
(C) my being talked about
(D) being talked about

05. A: Why didn't anyone mention pay raise during the meeting?
B: Right now, the details are better left _____.

(A) unsaying (B) unsaid
(C) unsay (D) to unsay

06. A: He was so rude and obnoxious. I _____.
B: Same here.

(A) felt so insulting (B) felt so insulted
(C) was felt so insulting (D) was felt so insulted

07. A: What is making you so angry?
B: You know I was on a blind date last night. Well, I waited half an hour, but she didn't show up. _____. You can't imagine how humiliating it was!
(A) I was stood up.
(B) I was stood by.
(C) She stands me up.
(D) I didn't show up, too.

08. A: I bet that you're glad not to feel _____ in our community.
B: Well, actually, in London I was used to living _____.
(A) left out - by myself
(B) being left out - for myself
(C) leaving out - by myself
(D) left out - for myself

◎ 다음 글의 빈칸에 가장 적절한 표현을 고르시오.

09. Cheese is made _____.
(A) in Italians   (B) by Italians
(C) of Italians   (D) by Italy

10. The train _____ arrive at 11:30, but it was an hour late.
(A) supposed to
(B) is supposed to
(C) was supposed to
(D) supposes

11. All of us couldn't help _____ our present economic situation.
(A) satisfy
(B) satisfying
(C) be satisfied with
(D) being satisfied with

12. The deposit of a million dollars is not _____ if a building contract _____.
(A) is refunded - is canceled
(B) refunded - canceled
(C) refunded - is canceled
(D) is refunded - canceled

13. Your credit limit _____ by over $1,000 to the present day, 19th May.
    (A) has been exceeded
    (B) has been exposed
    (C) was expelled
    (D) was expected

14. Lost property that _____ even after three months will _____.
    (A) is not claimed - is discarded
    (B) be not claimed - be discarded
    (C) is never claimed - be discarded
    (D) hardly claim - discard

15. *Show English* is now _____ one of the leading brands in the book market.
    (A) firmly established by
    (B) firmly established as
    (C) has been firm established by
    (D) has been firm established as

16. Early enrollment _____ as it _____ that this elementary English course will be filled to capacity.
    (A) advised - expected
    (B) advises - expects
    (C) is advising - is expecting
    (D) is advised - is expected

17. The cafeteria for employees _____ the fifth floor of the main building.
    (A) is located in
    (B) are located on
    (C) is located on
    (D) are located in

18. Smoking in this railway carriage is strictly _____, but _____ in the smoking room.
    (A) prohibited - permitted
    (B) prohibits - permits
    (C) prohibiting - permitting
    (D) prohibiting - permits

19. According to the terms of the company's contract of employment all workers _____ ten days' paid vacation annually.
  (A) gave
  (B) is given
  (C) give
  (D) are given

20. All employees _____ to notify the manager of his division if they _____ unavailable for more than two days.
  (A) are required - will be
  (B) required - will be
  (C) are requiring - are
  (D) are required - are

21. Because enrollment in the safe investment seminar _____, interested people _____ to make a reservation one week in advance.
  (A) is limited - are advised
  (B) limits - advise
  (C) is limiting - are advising
  (D) has limited - have advised

22. The increase in the price of crop _____ by the prolonged drought in the country.
  (A) causes
  (B) caused
  (C) causing
  (D) is caused

23. Passengers _____ not to lean _____ of the window.
  (A) request - from
  (B) requested - from
  (C) requesting - out
  (D) are requested - out

24. Your appointment with the doctor at 10:30 _____ for September 19 at 3:00 p.m. as _____.
  (A) reschedules - requests
  (B) was rescheduled - it is requesting
  (C) rescheduled - it is requested
  (D) was rescheduled - requested

25. My son's application for an American visa _____ tomorrow morning.
   (A) will be processed
   (B) is being processed
   (C) was processed
   (D) is processed

26. Today's meeting _____ until this Wednesday morning because the president is currently abroad on business.
   (A) was postponed
   (B) will be postponed
   (C) is postponed
   (D) will postpone

27. Despite the rain, the benefit concert _____.
   (A) was well attended to
   (B) was very poorly attended
   (C) was badly attended
   (D) was very well attended

28. The upcoming year's budget for R&D _____ by twenty percent.
   (A) is expected to increase
   (B) expects to be increased
   (C) is expected to be increased
   (D) expects to increase

29. Any application will not _____ into consideration unless all the requirements for the position _____.
   (A) be taken - will be met
   (B) be taking - meeting
   (C) be taken - are met
   (D) is taken - is met

30. It is with regret that we now give you a formal notice that your account _____.
   (A) has closed
   (B) has been closing
   (C) has been closed
   (D) closed

31. Guests are advised that it is our hotel policy for the first night's deposit to _____ on arrival, and for accounts to _____ on departure.
 (A) pay - be settled
 (B) pay - settle
 (C) be paid - be settled
 (D) be paying - be settling

32. Checks cannot _____ unless _____ by a valid Banker's Card up to $100.
 (A) be accepted - be supported
 (B) accepted - supported
 (C) be accepted - supported
 (D) be accepting - supporting

33. The third quarter profits _____ surge by 40% at Disney.
 (A) are expected to
 (B) expected at
 (C) are expecting in
 (D) are expected in

34. In banks, computers _____ people's accounts up to date, to check exchange rates, and to get information about the Stock Exchange.
 (A) are used to keeping
 (B) are used
 (C) are used to keep
 (D) used to keep

35. A truck carrying auto parts collided with a school bus yesterday at 5:25 p.m. No one was injured, but both vehicles were _____. Area residents reported that the traffic light at the corner _____ since last Saturday. The truck driver was suspected of drunk-driving, but he wasn't arrested.
 (A) damaged seriously - was broken
 (B) seriously damaged - had been broken
 (C) damaged seriously - was broken
 (D) seriously damaged - has been broken

법 조동사

조동사에는 본동사가 나타낼 수 없는 의문·부정·강조·태·진행 등 문법적 기능만을 나타내는 기본 조동사 'be, have, do'와; 인간의 심적(心的) 상태를 나타내는 법 조동사 'may, can, should' 등이 있다.

❶ 단순히 기능만을 나타내는 'be' 동사는 '진행형(be + -ing)과 수동태(be + p.p.)'에, 'have'는 '완료(have + p.p.)'에, 그리고 'do'는 '의문문·부정문'에서 각각 조동사로 쓰인다.

❷ 인간의 마음 상태를 표현하는 'will, shall, can, must, could' 등과 같은 조동사를 법 조동사라고 하며 2개가 동시에 쓰이지 않는다. 그 이유는 인간의 심적(心的) 상태를 나타내는 법 조동사가 겹치게 되면 인간의 양면성(兩面性)을 나타내기 때문이다.

   cf. [has been 〈완료〉 + be renovated 〈수동〉] ⋯▸ **has been** renovated 〈완료수동〉

       [are being 〈진행〉 + be considered 〈수동〉] ⋯▸ **is being** considered 〈진행수동〉

       단순히 기능만을 나타내는 'be, have'는 '완료 수동, 진행 수동, 완료 진행 등에서 동시에 사용 가능하다.

LESSON 04

01 기본 조동사: Be, Have, Do

단순히 기능만을 나타내는 기본 조동사는 '진행·수동 조동사' 로 'be' 동사가 쓰이고, '완료 조동사' 로 'have' 가 쓰인다. 그리고 '의문·부정 조동사' 로 'do' 가 쓰인다.

1 Be: 진행형(be + –ing)과 수동태(be + p.p.)에 쓰인다.

- The phone **is** *ringing* – shall I answer it?
  전화벨이 울리는데 내가 받을까요?

- A child who **was** *playing* on the street **was** *run over* by a car.
  거리에서 놀던 어린이가 차에 치였다.

- You **are** all *dressed up*. **Are** you *going out* with Sam?
  쫙 빼 입었군. 샘과 데이트하러 가니?

2 Have: 완료(have + p.p.)에 쓰인다.

A : **Have** you ever *been* to Hong Kong? 홍콩에 가본 적이 있나요?
B : No, I **haven't**. **Have** you? 아니요. 못 가 봤어요. 당신은 가 봤나요?

- "How long **have** you *lived* here?" "(**I've** *lived* here) Since last July."
  "이곳에 사신 지는 얼마나 됐습니까?" "지난 7월부터요."

- **Have** you two *been* introduced? 두 분이 인사를 나누었나요?

- **Have** you ever *fallen* in love with a girl? 여자에게 사랑에 빠져 본 적이 있어요?

  'fall in love with' 는 '사랑이 시작되는 것', 'be in love with' 는 '사랑이 계속되는 상태'를 의미한다.

영국과 미국에서 'have' 동사의 용법

❶ a. b)는 영국에서; c)는 미국에서 '소유'의 뜻으로 쓰이며 요즘 영국에서도 흔히 쓰이고 있다. '소유'의 뜻으로 'have got' 이 미국에서 긍정문에 종종 쓰인다.
  a. **Have** you any brothers? 남자 형제가 있어요?
  b. **Have** you *got* any brothers?
  c. **Do** you *have* any brothers?

❷ 'have' 동사가 동적(動的)인 의미(dynamic senses)인 'eat, take, experience' 등의 뜻으로 사용될 때는 영·미 영어에서 의문·부정을 만들 때 조동사 do가 쓰인다.
  a. *Did* you **have** dinner? 저녁 먹었어?
  b. *Did* you **have** a good time in London? 런던에서 즐겁게 지냈나요?
  c. *Did* you **have** any difficulty getting here? 여기 오는데 어려움이 있었나요?

  '애를 많이 먹었다'라고 할 땐 'much, great'; '좀 애를 먹었다'라고 할 땐 'some'; '전혀 또는 거의 애를 먹지 않았다'라고 할 땐 'no' 또는 'little'이 쓰인다.

---

answer (노크·벨·전화 등에) 응답하다

be run over 차에 치다

be dressed up 정장하다
go out with ~와 데이트하다

have = eat
have = experience
have = take
have trouble / difficulty /
a hard time + -ing ~하는데 어려움이 있다 / 애를 먹다

3 Do

❶ 의문문과 부정문을 만든다.

   A : What **did** he say? 그가 뭐라고 했죠?
   B : I **didn't** understand what he said. 난 그가 뭐라고 말했는지 모르겠어요.

❷ 앞에 나온 술부의 반복을 피하기 위하여 대동사로 쓰인다.

- He plays better than he **did** a year ago.
  1년 전 보다 그는 지금 경기를 더 잘한다.

  = He plays better than he *played* a year ago.

- "Did you watch the news on TV?" "No, but my mom **did**."
  "그 뉴스를 TV에서 봤어?" "난 못 봤지만, 엄마는 보셨어."

  = No, but my mom *watched it on TV*.

❸ 강조·도치 구문에 쓰인다.

- I **do** love you very much.
  정말 당신을 매우 사랑합니다.

- *Little* **did** anyone realize the seriousness of the situation.
  어느 누구도 상황의 심각성을 깨닫지 못했다.

  부정어구가 문두에 오면 주어 동사가 도치된다.

realize[ríːəlàiz] 깨닫다
seriousness[síəriəsnis] 심각성
situation[sìtʃuéiʃən] 상황

02 법 조동사(Modal Auxiliaries)의 의미

법 조동사에서 법이란 말은 인간의 마음 상태를 표현하는 방법에서 나온 말로 법 조동사는 각각 다른 뜻을 지니고 있기 때문에 그 의미에 유의해야 한다.

1 제안할 때 쓰이는 조동사

❶ Shall we ...?: '~합시다' 또는 '~할까요?' 라고 제안하는 경우에 쓰인다.
  'Shall we ...?' 와 같은 의미로 'Let's ...' 가 쓰인다.

   A : **Shall we** stop in here for a bite to eat?
       여기 들러 뭐 좀 먹을까?
   B : I'm all for that. I'm starving.
       대 찬성이야. 배고파 죽겠어.

   S : **Shall we** stay for another drink?
       한 잔 더하고 갈까요?(= Let's stay for another drink.)
   M : OK. Let's do that.
       좋아요. 그럽시다.

stop in 잠깐 들르다
bite[bait] 가벼운 식사, 한 입
for 지지하여 ↔ **against** 반대하여
starve[staːrv] 굶어 죽다

stay for 남아 있다가 …을 먹고 가다

❷ **Shall I ...?**: '~해 드릴까요?' 라고 제안할 때 자주 쓰이는 표현
'Shall I ...?' 와 같은 표현으로 'Do you want me to ...?' 가 쓰인다.

> A : **Shall I** get you some coffee?
> 커피 좀 갖다 드릴까요?(= *Do you want me to* get you some coffee?)
> B : Yes, thank you/please do. 네, 고맙습니다. / 주세요.
> No, thank you. 아뇨, 됐습니다.

> S : **Shall I** serve you?
> 제가 음식을 떠 드릴까요?
> M : No, that's all right. I can help myself.
> 아니요, 괜찮습니다. 제가 먹을게요.

help oneself (필요한 일을) 자기 스스로 하다

② 요청할 때 쓰이는 조동사

❶ 'May I ~?' 는 타인에게 부탁을 할 경우 '~해도 좋습니까?, ~해도 됩니까?' 라는 뜻으로 자주 쓰이는 공손하고 정중한 표현이다. 아이들이 어른에게, 격식과 예의를 갖춰야하는 비즈니스 거래·상점의 점원·식당의 웨이터 등이 흔히 사용하는 표현이다.

> A : **May I** help you, madam?
> 부인, 도와드릴까요?
> B : Just browsing, thanks.
> 그저 둘러보는 중입니다. (= (I'm) Just browsing)

browse [brauz] (물건을 사려는 것이 아니라) 그저 둘러보다

> S : **May I** use your bike this afternoon? 오늘 오후에 자전거 좀 타도 됩니까?
> M : Yes, you may. 네, 타세요.
>
> 〈허락할 때〉
> Sure, go right ahead. 물론이죠, 갖다 타세요.
> Feel free (to do so). 마음 놓고 쓰세요.
>
> 〈거절할 때〉
> No, you may not. 아뇨, 안 되겠어요.
> No, you must not. 아뇨, 절대 안 돼요. 〈강한 금지〉
> Sorry, but I have to use it myself. 죄송하지만 제가 타야만 합니다.
> I wish you wouldn't. 안탔으면 좋겠어. 〈친한 사이〉

❷ 'Could I ~?' 는 예의바르게 요청하거나, 불확실한 뭔가를 물어보면서 주저함을 나타낼 때 쓰인다. 능력의 뜻이 있는 'Can I ~?' 는 너무 자신만만하고 거만하게 들릴 수 있으므로 억양이 자연스럽지 못한 우리는 'Could I ~?' 를 사용하는 것이 좋다.

> A : **Could I** try on this jacket (for size)?
> (크기가 맞는지) 이 재킷을 입어 봐도 됩니까?
> B : Sure. go ahead. I think it'll look good on you.
> 네, 어서 입어 보세요. 어울릴 것 같군요.

try on 크기가 맞는지 또는 어울리는가를 알아보려고 입어 보다(check clothes by wearing)
look good on ~에게 어울리다

- **Could I** get a refill?
  한 잔 더 주세요.

- **Could I** get a hamburger, please?
  햄버거 하나 주세요. 〈상점에서〉

- **Could I** possibly arrange to see the boss?
  어떻게든 사장님을 볼 수 있도록 일정을 잡을 수 있습니까?

- **Could I** just have something light, please?
  그저 조금만 먹을 수 있을까요?

- "**Could I** have some water?" "Please do."
  "물 좀 마실까요?" "네, 드세요."

  상대방이 제안한 것을 받아들이며(when accepting an offer) 'Yes' 대신에 'Please' 가 종종 쓰인다.

refill 다시 채우다, 충전하다; (음식물의) 두 그릇 / 잔째

possibly 어떻게든지 해서
arrange [əréindʒ] ~하도록 짜놓다

❸ 'Will you~?'는 요청할 때 쓰이는 표현으로 우리말의 '~해 주시겠습니까?' 에 해당된다. 요청에 대한 응답으로 쓰인 'will' 은 우리말의 '~해주다, ~해 드리다' 에 해당하는 남에게 베풀어주는 느낌을 준다.

A : **Will you** get me a glass of cold water? 시원한 물 한잔 갖다 주시겠어요?
B : Yes/Sure, **I'll be glad to**. 네, 기꺼이 드리죠.

긍정으로 응답할 때 'I'm glad to' 가 아닌 'I'll be glad to' 라는 것에 주의

❹ 'Will you ~?' 보다는 'Would you ~?' ; 'Can you ~?' 보다는 'Could you ~?' 가 상대방에게 요청할 때 '~해 주시겠습니까?' 라는 공손한 요청 표현이다.

A : **Would you** give me a ride home? 집까지 차 좀 태워 주시겠어요?
B : My pleasure. 기꺼이 해 드리죠.

give sb a ride ~를 태워 주다
pleasure [pléʒər] 기쁨, 즐거움

- **Could you** answer the phone while I'm out?
  외출 중에 전화 좀 받아 주시겠어요?

- **Would you like to** come along? 함께 가시겠어요?

  친구 사이에서는 'Come along?' 만이 흔히 쓰임. 'Do you want to ...?' 보다 예의바르고 공손한 'Would you like to ...?' 와 같은 표현을 사용하는 것이 바람직하다.

answer (노크·벨·전화 등에) 응답하다
be out 외출하다

come along 동행하다

- "I want some water." "**Wouldn't you** like some cold beer?"
  "물을 좀 마시고 싶은데요." "시원한 맥주를 드시지 않겠어요?"

  부탁 받은 것이 아닌 것을 권하고 싶을 때 'Wouldn't you ...?' 를 쓴다.

③ **Would you mind (if) ...?**: 예의를 갖춰야 하는 자리에서 쓰이는 정중한 표현

동사 'mind' 가 부정·의문문에서 '싫어하다, 꺼리다, ~에 반대하다' 의 뜻이므로 'Would you mind if I parked here?' 를 직역하면 '제가 이곳에 주차를 한다면 싫으시죠?' 의 뜻이므로 주차 하는 것을 허락한다면 부정으로; 허락하지 않는다면 긍정으로 응답해야 하는 것에 유의해야 한다.

sting (눈·피부·상처 등이) 쓰라리다; (바늘·가시 등으로) 찌르다

A : **Would you mind if** I smoked here?
여기서 담배를 피워도 괜찮습니까?

〈허락할 때〉
B : No, I wouldn't mind. 어서 피우세요.
Certainly not.(= Certainly, I wouldn't mind) 물론이죠.
Of course not.
Of course not. Go (right) ahead!
Not at all.(= I wouldn't mind at all.) 괜찮습니다.
No. Go ahead.(= No, I wouldn't mind. Go ahead.) 네. 어서 하세요.

〈거절할 때〉
Yes. The smoke is stinging my eyes.
안 피웠으면 합니다. 담배연기 때문에 눈이 따가워요.
Well, I'*d rather* not, if you don't mind. I have a cold.
= Well, I'*d rather* (that) you *didn't*, if you don't mind. I have a cold.
저, 괜찮으시다면 안 피웠으면 해요. 감기가 들었어요.

'would rather'의 종속절에 과거형 동사가 쓰이는 것에 주의해야 한다. 'Yes, I would. / I'd rather not.'과 같이 응답하면 무례하게 보일 수 있으므로 거절하는 이유를 덧붙이는 것이 좋다.

lift 차를 태워 줌

S : **Would you mind** giving me a lift home?
집에까지 좀 태워다 주겠어요?
M : Of course not. Get in.
물론이지. 어서 타.

cf. "*Do you mind if* I use your phone?" "Be my guest."
"전화 좀 써도 될까요?" "물론이지요."

'Be my guest.'는 상대방의 요청에 기꺼이 허락하는 공손한 응답으로 '예, 그러세요. 좋으실대로. (= Please go ahead.)'의 뜻이다. 'Would you mind if I smoked here?'는 가정법 과거이므로 조건절에서 과거동사 'smoked'가 쓰였지만, 'Do you mind if I use your phone?'에서는 'if절'이 조건절 이므로 미래시제를 현재 'use'로 사용한 것이다.

4 'Will / Would'가 나타내는 표현

강한 의지를 나타낼 때 'will'; 단순한 미래를 나타낼 경우에는 축약형 'I'll'이 쓰인다.

❶ 미래에 대한 강한 의도(strong intention)를 나타낼 때, 'I will'을 사용한다.

- I **will** stop smoking for my health.
  난 건강을 위해 담배를 반드시 끊을 거야.

- I **will** love you till the day I die.
  죽는 그 날까지 당신을 사랑 할 거야.

❷ 확실치 않은 미래(단순미래)의 동작이나 상태는 'I'll'을 사용한다.

    A : What are you going to do tomorrow?
        내일 뭐할 거야?

    B : I'm not sure. Perhaps I'll go to the movies.
        확실히 모르지만 아마도 영화구경 갈 거야.

    A : I'll phone you if there's any news.
        무슨 별다른 일이라도 있으면 전화할게.

    B : All right. I hope you'll have good news.
        알았어. 좋은 소식이 있길 바래.

❸ 순간적인 결정(a sudden decision)을 할 때 축약형 'I'll'을 사용한다.

    A : Come to a party.
        파티에 오세요.

    B : OK. I'll bring my girlfriend.
        좋아요. 여자 친구도 함께 갈게요.

    cf. OK. I'*m going to* bring my girlfriend. (x)
   'be going to'를 사용하면 초대받기 전에 나의 여자 친구를 데려오기로 결정했다는 의미가 되므로 옳지 않다.

- "What would you like to have?" "I'll go for the house special."
"무엇을 드시겠어요?" "이 집 특별 메뉴로 하지요."

- Hop in and I'll drive you to the station.
어서 타. 정거장까지 차로 데려다 줄게.

special 특별 메뉴; 특매품; 특별한 사람·사물
go for 고르다, 선택하다
hop in 차에 타다(get in)

❹ 현재의 습성·경향·특성 등을 나타낼 때

- Boys **will** be boys. 〈습성〉
(흙장난 또는 싸움하는 아이들을 보며) 얘들은 얘들이야.

- He'll talk for hours, if you let him. 〈습성〉
그는 내버려두면 몇 시간이라도 지껄인다.

let ~하게 하다, (~을 하도록) 허락하다

❺ 과거의 불규칙적인 습관

- When we worked in the same office, we **would** often have coffee together.
같은 사무실에서 근무할 때 종종 우리는 함께 커피를 마시곤 했다.

과거의 습관을 나타내는 'would'는 불규칙적인 반복적 동작에만; 'used to'는 규칙적인 동작은 물론 상태 및 상황에도 쓰인다.

    cf. I *used to* smoke a lot, but now I don't any more / I've stopped.
        전에는 담배를 많이 피웠지만 지금은 안 피워요. 〈과거의 반복적 행위〉

❻ '약속 · 거절 · 고집' 등을 나타낸다.

- I **won't** tell anyone. 누구에게도 말을 안 하겠어.

- I **won't** do it. 그것은 못하겠어요.

❼ **would rather ~ than:** ~보다는 차라리 ~하고 싶다.
'would'는 소망을 나타내는 것으로 'wish (to)'와 같은 뜻이다.

> A : Would you like some milk?
> 우유 좀 드시겠어요?
> B : No, thanks, **I'd rather** have coffee (*than* milk).
> 됐습니다. (우유보다는) 차라리 커피를 마시고 싶습니다.
> = I'*d rather* have coffee (*than* milk). = I *prefer* coffee (to milk).

'would rather'는 상대방의 제안을 거절할 때 'No, thanks.' 다음에 이유를 설명하거나 보통 구체적으로 다른 것을 선호(選好)한다는 것을 나타내기 위하여 쓰인다.

make it 만날 시간 / 날짜를 정하다; 시간에 맞춰 도착하다; 성공하다 (succeed)

> M : Let's make it Saturday.
> 토요일로 합시다.
> S : No, **I'd rather** make it Friday.
> 아뇨, 금요일로 했으면 좋겠습니다.

- **I'd rather** be free **than** wealthy.
부자보다는 자유로운 몸이 되고 싶어.

- **I'd rather** study English **than** anything else.
다른 어떤 것보다 영어를 공부하고 싶다.

miserable [mízərəbəl] 비참한

- I **would rather** be happy and have a good time **than** work hard and become rich and miserable.
열심히 일을 해서 부자가 되고 비참해지는 것보다는 차라리 행복해지고 즐거운 시간을 갖고 싶어.

5 'Must / Have to'의 용법

'must'는 심각한 문제나 공식적인 문제에 대해 언급할 때 주로 쓰이고 일상 대화에서는 좀 딱딱하고 부자연스런 표현이다. 'have to'는 누군가에게 강요받아 그렇게 하지 않으면 안 되는 상황; 자신의 의사와 반하는 무언가를 해야만 할 때 쓰인다. 일상 대화에서는 이런 의무감이 전혀 없는 'need to'가 흔히 쓰인다.

❶ 외적 의무(external obligation), 즉 어떠한 법이나 규칙 때문에 또는 다른 사람으로부터 받은 명령을 나타낼 때 쓰인다.

business 용건, 볼일; 사업
on business 볼일이 있어, 사업차

- I **had to** go away on business last week.
지난주에 출장을 가야만 했어.

  상사가 시켜서 간 경우

bill 청구서, 계산서; 지폐; 법안
phone bill 전화 요금

- I**'ve got to** pay the phone bill this week.
이번 주에 전화요금을 내야만 해.

  'have got to'는 구어체에서 종종 'have to' 대신에 쓰인다.

cf. I'm sorry but I *have to* study for the exams this evening.
죄송하지만 오늘 저녁에는 시험공부를 해야만 해요.

예의를 갖추고 핑계를 대고 싶을 때 'have to'가 쓰인다.

❷ 'must / have to / mustn't'는 화자(話者)가 옳고 그름을 인식하고 있다는 것을 보여준다.

- I **must** give up smoking. It's bad for my health.
  내 건강에 좋지 않으므로 담배를 끊어야만 해.

- I **mustn't** smoke so much, because it is bad for me.
  담배가 좋지 않기 때문에 이렇게 많이 피우지 말아야만 하는데.

❸ 'must, have to'의 부정

'~하면 (절대) 안 된다'라는 뜻의 강한 금지를 나타낼 때는 'must not'을 쓰고, 의무감 (obligation)이 없다는 뜻으로 '~할 필요가 없다'라고 할 때 보통 'don't have to'가 쓰이고 'haven't got to / don't need to / needn't'도 쓰인다.

- You **don't have to / don't need to / needn't** dress formally.
  정장할 필요가 없어.

formally 정식으로, 격식을 갖춰

6 Should의 용법

❶ 의무 · 당연성 등을 나타낼 때: ~해야만 하다

- You **shouldn't** drive a car after drinking alcohol.
  음주 운전을 해선 안 돼.

- I think all drivers **should** wear seat belts.
  모든 운전자는 안전벨트를 매야만 한다고 난 생각해.

❷ 앞으로 일어날 일을 합리적으로 예측하는 경우

- This homework **shouldn't** take you too long.
  이 숙제는 시간이 많이 걸리지는 않을 거야.

- The manager of the division is running late because of traffic congestion, but he **should** be arriving soon.
  교통 혼잡 때문에 부장이 늦고 있지만 곧 도착할 것이다.

division 부(部)
run (어떤 상태가) 되다, ~이 돼버리다
run late 지각하다
congestion 혼잡; 과잉, 밀집

❸ 가정법 현재

1) advise 조언하다, insist 주장하다, command 명령하다, decide 결정하다, demand 요구하다, propose 제안하다, suggest 제안하다, recommend 권장하다, request 요청하다'와 같이 '주장 · 명령 · 요구 · 제안' 등을 나타내는 동사의 종속절에 should가 오지만 미국 영어에서는 should를 생략하고 동사의 원형이 쓰인다.

- Many doctors *recommend* that you **eat** fruit high in vitamin C when you begin to get sick.
  몸이 아프기 시작하면 비타민 C가 많이 함유된 과일을 먹도록 많은 의사들이 권유한다.

recommend ~을 권하다
high in ~의 함유량이 많은

'when you begin to ...'와 같은 시간 부사절은 미래시제를 현재 동사로 한다.

- The manager forwarded an email *demanding* that all staff of his division **attend** Monday's meeting.
  부장은 자기 부서 전 직원에게 월요일 회의에 참석할 것을 요구하는 메일을 보냈다.

forward (편지 · 메일 등을) 보내다
demand 요구하다, 요청하다
staff 직원
division 부(部)
attend 참석하다

2) **advisable** 합당한, **desirable** 바람직한, **essential** 가장 중요한, **imperative** 매우 중요한, **important** 중요한, **natural** 당연한, **necessary** 필요한, **reasonable** 이성적인, **amazing** 놀라운, **odd** 이상한, **ridiculous** 터무니없는, **strange** 이상한, **surprising** 놀라운 등의 형용사의 종속절에 should가 오지만 미국 영어에서는 should를 생략하고 동사의 원형을 쓴다.

- It is *strange* that she (**should**) be so late. 〈가정법〉
  그녀가 이렇게 늦다니 이상하다.

- It is *appropriate* that this tax (**should**) be abolished.
  이러한 세금은 없어지는 것이 적절하다.

- It's *imperative* that he (**should**) fulfill the job.
  그가 그 일을 완수하는 것이 매우 중요하다.

appropriate[əpróupriit] 적절한
abolish (제도 등을) 폐지하다

imperative[impérətiv] 매우 중요한
fulfil (일을) 완료·이행하다

7 충고(Advice)에 쓰이는 표현

❶ 'ought to / should'는 '~하는 것이 옳다, 최선책이다'라는 뜻으로 상대방에게 충고·조언 할 때 쓰이며, '어떤 일이 중요해서 상대방에게 강력하고 직접적인(strong and direct) 충고'를 나타내는 'must'보다 덜 강력하다. 친구 간에 충고를 할 때는 'If I were you, I would …'를 사용한다.

> A : I'm coughing up a lot of phlegm.
> 가래가 많이 나올 정도로 기침을 해.
> B : *Perhaps* you **should** see a doctor.
> 병원에 가시는 게 좋겠어요.

cough[kɔ(:)f] 기침하다
phlegm[flem] 가래, 담

'should'는 '명령'의 뜻으로 들릴 수도 있기 때문에 분위기를 좀 완화하기 위해서 앞에 'perhaps, maybe'를 사용하는 것이 좋다.

- You **should** try aerobic dancing: it's great for getting yourself in shape.
  에어로빅을 해 봐. 날씬한 몸매를 가꾸는 데는 그만이라고.

get oneself in shape 운동을 해서 몸을 가꾸다

- You **ought not to** miss this wonderful opportunity.
  이 좋은 기회를 놓치지 않는 게 좋겠어요.

miss 놓치다; 보고 싶어 하다
opportunity[ὰpərtjú:nəti] 기회

❷ '어떤 일이 중요해서 상대방에게 강력하고 직접적인(strong and direct) 충고'를 나타낼 때 'must'가 쓰인다.

- You **must** take these tablets four times a day.
  이 알약을 하루에 4알씩 복용해야 돼.

  cf. Take these tablets four times a day, please.
  생활 영어에서는 명령형이 흔히 쓰임

take 복용하다
tablet[tǽblit] 알약

- You **mustn't** worry so much.
  그렇게 심히 걱정하지 마라.

❸ 제안·충고에 'Why don't you …?'가 쓰인다.

- **Why don't you** take the baby to the doctor's?
  아기를 병원에 데려가는 게 좋겠어요.

❹ 'had better'는 의무감(duty or obligation)을 주는 충고이므로 자기보다 윗사람에게 사용하지 말아야 한다. 그러나 아래 예문 c)처럼 자신이 사용할 때는 괜찮다. 회화에서 종종 'had'는 생략된다. 'had better'는 'should'보다 강한 의미를 지니고 'must'는 'had better'보다 더 강하다.

    a. You**'d better** not carry lots of cash.
       현금을 많이 지니지 않는 것이 좋겠어.

    b. You **better** go home. It's getting late.
       점점 어두워지니 너는 집에 가는 게 좋겠다.

    c. We had a great time. I**'d better** get going now.
       즐거웠습니다. 지금 가 봐야겠습니다.

carry 지니다; 나르다
lots of 많은
cash 현금

❺ 친구 간에 충고를 할 때는 'If I were you / in your shoes, I would ...'를 사용한다. 친구 간에 'Stop smoking.'과 같이 명령적인 말투보다는 'If I were you, I would stop smoking.(내가 너라면 난 담배를 끊었을 거야.)'과 같은 완곡한 표현인 가정법이 바람직하다.

    cf. Put yourself in my shoes.
       입장 바꿔 생각해 봐(易地思之).(= Put yourself in my place.)

    • **If I were you, I would** not go there.
       내가 너라면 나는 그 곳에 가지 않을 거야.

8 허락(Permission)을 나타내는 표현

타인에 의한 허락(permission)을 나타낼 때 'can / may'가 쓰인다.

    A : May I give you a hand with the dishes?
       설거지를 도와 드릴까요?
    B : Yes, you **may**.
       네, 그렇게 하세요.

give sb a hand ~를 도와주다

    • If / When you have finished eating, you **may** leave the table.
       식사를 다 마쳤으면 식탁을 떠나도 돼.

    • You **may** come if you wish.
       네가 원하면 와도 돼.

    • You **may** smoke here.
       여기서 담배를 피워도 돼.

    화자(the speaker)가 허락을 할 때는 'may'가 쓰임.

    • You **can** park here. 〈게시물〉
       여기에 주차할 수 있습니다.

시당국이나 경찰이 허락을 할 때는 'can'이 쓰임. 시(市)·자치 정부 또는 경찰이 허가할 때는 **can**을 사용하고; 화자(the speaker)가 허가할 때는 조동사 **may**를 사용한다.

9 금지(Prohibition)를 나타내는 표현

금지(prohibition)를 나타낼 때 'must not / can't' 또는 'don't / be not allowed to' 등이 쓰인다. 'be not allowed to / can't'는 타인에 의한 금지를 나타내는 반면, 'don't / must not'는 직접적인 명령을 나타낸다.

- Students **may not** use the college car park. 〈게시판 등에〉
  학생들은 학교 주차장을 이용할 수 없습니다.

- You **may not** go out after 10 p.m.
  여러분은 10시 이후에는 외출이 금지 됩니다.

- You **can't** park here.
  이곳에 주차할 수 없습니다.

- You **mustn't** walk on the grass.
  잔디밭에 절대로 들어갈 수 없습니다.

  cf. "Can I smoke?" "I'm sorry, it *is not allowed*."
  "담배를 피워도 됩니까?" "죄송하지만 흡연이 안 됩니다."

  Don't smoke in the cinema! It's forbidden.
  영화관에서 담배를 피우지마! 금연 구역이야.

allow [əláu] ~에게 …하는 것을 허용·허락하다(permit)
be allowed to ~이 허락되다
forbid ~하는 것을 금지시키다

10 능력(Ability)을 나타내는 표현

'~을 할 수 있다(be able to / be capable of)'의 능력을 나타낼 때 'can'을 사용하고, 과거시제에는 'could'가 쓰인다.

> S : Are you sure you **can** do it in time? 확실히 시간에 맞춰 할 수 있어?
> M : No problem! It's a piece of cake. 걱정 매 식은 죽 먹기야.

> A : Will you do me a favor? 부탁 좀 들어주시겠어요?
> B : Sure, if I **can**. 가능하다면 들어 드리죠.

in time (예정된) 시간 전에
cf. **on time** 정각에(punctually)

favor [féivər] 호의(an act of kindness), 친절; 특별한 배려; 도움(help)

❶ 현재의 능력

- I'll do what I **can**.
  할 수 있는 한 해 볼게요. 즉, 할 수 있는 '범위 내'에서 하겠다는 뜻.

- I'll see what I **can** do.
  장담은 못하겠지만 한번 해 보겠다
  겸손한 표현이다.

- I'm going to do the best I **can**. (할 수 있는) 최선을 다하겠습니다.
  cf. *Are* you *able to* repair the car? 차를 수리할 수 있어요?
  'Can you fix the car?' 라는 말이 더 흔히 쓰임

repair [ripέər] 수리하다(fix)

❷ 과거의 능력

- I **could** swim when I was six years old.
  6살 때 나는 수영할 수 있었다.

- All his family were trapped in his burning car, but they **were able to** get out by breaking the window.
  그의 모든 가족은 불타는 자동차 안에 갇히게 되었지만 유리창을 부수고 빠져 나올 수 있었다.

  trap ~에 갇히다
  burn (불)타다
  get out 빠져 나오다
  by + -ing ~함으로써

❸ 미래의 능력

미래의 능력을 말하는 경우에 'will can'은 사용할 수 없고 대신에 'I'll be able to do it.(난 그걸 할 수 있을 거야.)'와 같이 쓰인다.

- If you study hard, I'm sure you'**ll be able to** get a scholarship.
  네가 열심히 공부하면 장학금을 받을 수 있다고 나는 확신해

  scholarship [skάlərʃip] 장학금

❹ 그 밖의 능력을 표현하는 방법

- Do you **know how to** drive?
  운전할 줄 알아요?

- She's very **good at** playing the piano.
  그녀는 피아노를 매우 잘 쳐.

  good at ~을 잘하는, 능숙한
  ↔ poor/terrible at 시원찮은, 형편없는

- She's completely **at home** with computers.
  그는 컴퓨터에 완전 도통했다.

  completely 완전히
  at home ~에 정통한, 숙달된

II 가능성(Possibility)을 나타내는 표현

'~일지도 모른다'는 '가능성(possibility)'을 조동사 'may, might, could'가 나타낸다. 또한 조동사 대신에 가능성 또는 추측을 나타내고자 할 때 'I'm sure, I suppose, perhaps, probably' 등이 쓰인다.

- If you get a taxi you **may**/**might get** there on time.
  택시를 타고 가면 시간에 맞춰서 도착할 수 있을 거야.

- You **may** be right in saying that she is rather stupid.
  그녀가 다소 멍청하다는 네 말은 맞을 거야.

  rather 다소
  stupid [stjúːpid] 어리석은, 멍청한, 바보스런

  = *Perhaps* you are right ...
  = *It may be that* you're right ...

- It **might** rain. Why don't you take your umbrella?
  비가 내릴지 모르니 우산을 가져가지 그래.

  = It*'ll probably* rain. / It *is likely to* rain.

  'will'은 주어의 확신을 나타내지만, 'probably'와 함께 쓰이면 가능성을 의미함.

  cf. May it rain tonight? (x)

  가능성을 나타내는 의문문에 'may'는 쓰이지 않고 'be likely to' 또는 'do you think'가 쓰인다.

  eg. "*Do you think* it'll rain tonight?" "May or may not."
  "오늘밤에 비가 올 것 같아?(= *Is it likely to* rain tonight?)" "글쎄."

12 추측(Prediction)을 나타내는 표현

must be: '~임에 틀림없다' 라는 뜻으로 확실한 추측을 나타낼 때;
cannot be: '~일 리가 없다' 는 뜻의 확실한 부정을 나타낼 때;
may be: '~일지도 모른다' 라는 뜻으로 반반의 가능성을 나타낼 때 쓰인다.

예를 들어, 어느 예식장에서 신부가 도착하기를 기다릴 때 60살쯤 된 한 신사가 예식장으로 들어오는 것을 보고 옆 친구가 "저 분이 누구야?" 라고 물어 보았다고 가정하자. 신부의 아버지라고 단정할 때는 "He is the bride's father." 라고 한다. 그러나 잘 모를 때 주변 상황으로 봐서 다음과 같이 추측하여 응답할 수 있다.

- He **must be** the bride's father. He knows a lot of people.
  많은 사람들을 아는 것으로 봐서 그는 신부 아버지임이 틀림없어.

- He **can't be** the bride's father. He's not dressed well enough.
  너무 옷을 잘 차려입지 않은 것으로 봐서 그가 신부 아버지 일리 없어.

- He **may** be one of the guests.
  그는 하객 중의 한 분일지도 몰라.

guest 손님
bride 신부 ↔ bridegroom 신랑

확실한 예측(a confident prediction)에 'will' 이 종종 쓰인다.

a. Is Tom cooking? In that case I'm sure the meal **will be** awful.
  톰이 요리를 해? 그렇다면 그 음식은 맛이 없을 거라고 난 확신해.
b. There's somebody coming up the stairs. — That **will** be Mary.
  누가 계단으로 올라오고 있어. — 아마 메리일 거야.

추측을 나타낼 때 미국 영어에서는 'must', 영국 영어에서는 'will' 이 쓰임.
cf. That *must be* Mary. (미국 영어)

awful 음식 맛이 엉망인; 끔찍한; (날씨가) 나쁜; 재미없는

13 조동사 + 완료: 과거 사실에 대한 추측 · 후회 · 유감 · 원망의 뜻을 지닌다.

❶ 'must + 완료' 는 확실한 추측을 나타냄.

- Nobody answered the phone. They **must have gone out**.
  아무도 전화를 안 받아. 그들 모두 외출했음이 틀림없어.

- Sorry I made such a fool of myself last night. I **must have been drunk**.
  어젯밤에 실수를 해서 죄송합니다. 술이 취했던 것 같습니다.

make a fool of oneself 바보스런 짓을 해서 당황해 하다

❷ 'could + 완료' 는 과거의 가능성을 나타내는 반면, 'couldn't + 완료' 는 'must + 완료' 의 뜻과는 반대로 거의 확실한 부정을 나타냄.

- I **could have gone** to the U.S. last year, but I didn't.
  작년에 미국에 갈 수 있었는데 가지 않았다.

- I **could have lent** you the money. Why didn't you ask me?
  돈을 너에게 빌려줄 수 있었는데 왜 부탁을 하지 않았니?

- Ann **couldn't have seen** Tom yesterday.
  아마도 앤은 톰을 어제 못 보았을 거야.

- You **could have told** me. 나에게 말해 줄 수 있었는데.
  말해 줄 수도 있었는데 말해 주지 않은 것에 대한 짜증(annoyed) 또는 실망감(disappointed)을 나타내는 느낌을 준다.

❸ 'may / might + 완료'는 반반의 가능성에서 긍정 쪽으로 기우는 반면에 'might not + 완료'는 반반의 가능성에서 부정 쪽으로 기우는 느낌을 준다.

- He **might have heard** it from Jack.
  아마도 그는 잭에게 그것을 들었을 거야.
    = *Perhaps* he *heard* it from ...
    = *It's possible* that he *heard* it from ...

- Ann **might not have seen** Tom yesterday.
  아마도 앤은 톰을 어제 못 보았을 거야.

❹ 'should / ought to + 완료'는 과거 행동에 대한 후회(regret) 또는 유감을 나타냄.

- I **shouldn't have stayed up** so late last night.
  어젯밤에 그렇게 늦게까지 자지 않고 있지 말았어야 했는데.

- You **should have been** more careful.
  너는 좀 더 신중했어야 했는데.
  좀 더 신중하지 못했던 것에 대해 원망을 하거나 비난하는 느낌을 준다.

- I **should have turned** right at the traffic lights. If I had turned right, we wouldn't be lost.
  신호등에서 오른쪽으로 돌았어야 했는데. 우측으로 돌았더라면 우리가 길을 잃지 않았을 텐데.

  과거 행동에 대한 사과

- I'm sorry, I **ought not to have lost** my temper.
  죄송합니다. 버럭 화를 내지 말았어야 했었는데.

lose one's temper 갑자기 화를 내다(suddenly become angry)
↔ **keep/control one's temper** 화를 억누르다

01. 다음 중 어법상 틀리거나 어색한 부분이 없는 것을 고르시오.

(A) My doctor said I could eat less fat and salt, and lose weight.
(B) I used to go to the United States of America three times.
(C) They made haste lest they should miss the last bus for Seoul.
(D) The home doctor insisted that my father stopped smoking.

02. 다음 중 문장 전환이 어법상 옳지 않은 것을 고르시오.

(A) He might have heard it from Jack.
  = Perhaps he had heard it from Jack.
(B) I don't know the secret at all.
  = How should I know the secret?
(C) Do you want me to get you some coffee?
  = Shall I get you some coffee?
(D) It was not necessary to do such a foolish thing, but she did it.
  = She need not have done such a foolish thing.

◎ 다음 대화문의 빈칸에 가장 적절한 표현을 고르시오.

03. A: I really feel drowsy.
 B: _____

(A) Do you like coffee? (B) Shall I get you some hot coffee?
(C) Do you want me to get coffee? (D) Will I get you some coffee?

04. A: Must I finish the work by tonight?
 B: _____. There's plenty of time.

(A) No, you don't have to (B) Yes, you do
(C) No, you won't (D) Yes, you may

05. A: I wonder why Jim doesn't answer the phone.
 B: He _____ be in the shower.

(A) should (B) must
(C) would (D) cannot

06. A: You haven't changed at all except a few white hairs.
 B: Oh, come on. I _____ have more hair.

(A) had to (B) ought to
(C) used to (D) was used to

07. A: The manager of the accounting department smokes too much.
   B: Yes, but he used to smoke more than he _____ now.
   (A) does (B) could (C) did (D) has

08. A: How am I supposed to _____ my cholesterol?
   B: First of all, you _____ cut down on all the fatty foods and have a good workout at least three times a week.
   (A) low - could
   (B) lower - should
   (C) lower - would
   (D) lowly - might

09. A: Don't call your playmates names.
   B: Why not?
   A: Because you should follow the Golden Rule: Do to others as you _____.
   (A) should be done by
   (B) might be done
   (C) would be done by
   (D) must be done

10. Ann: (*looking through binoculars*) An airplane is pulling up people from the boat!
   Tom: It _____ be an airplane. It _____ be a helicopter.
   (A) can't - must
   (B) can't - may
   (C) may - can't
   (D) could - might

◎ 다음 대화문의 빈칸에 적합하지 않은 표현을 고르시오.

11. A: May I invite you to dinner this evening?
   B: _____
   (A) I'd like to, but I'm tied up tonight. How about a rain check?
   (B) Thank you for inviting, but I'm afraid I have a previous appointment.
   (C) I'd love to, but I can't.
   (D) That's exactly what I was thinking.

◎ 다음 글의 빈칸에 가장 적절한 표현을 고르시오.

12. The phone is ringing. It _____ Tim.
   (A) might be (B) can be (C) ought to (D) should

13. Take an umbrella with you when you go out. It _____ rain later.
   (A) must (B) would (C) might (D) can

14. The boss says that he will do all he _____ to help all the staff.
(A) can (B) is able (C) ought (D) has

15. The manager of my division was so obstinate that she _____ not listen to my counsel.
(A) would (B) could (C) should (D) might

16. The young man was lucky. He _____ killed.
(A) could have been (B) must have been
(C) is (D) was

17. You are required to return your credit card, but before doing so it _____ cut in half for security.
(A) can be (B) should (C) might (D) should be

18. All his family were trapped in his burning car, but they were _____ to get out by breaking the window.
(A) capable (B) able (C) ought (D) could

19. A lot of doctors recommend that you _____ fruit high in vitamin C when you _____ to get sick.
(A) ate - began (B) eat - begin
(C) will eat - will begin (D) should eat - should begin

20. It is required that all staff _____ the company spring outing to the seaside _____ for April 20-21.
(A) attend - scheduled (B) attend to - scheduled
(C) will attend - scheduling (D) attends - schedules

21. In accordance with our hotel policy, it is recommended that valuables and spare cash _____ at Reception and not left in your rooms.
(A) is deposited (B) deposits
(C) be deposited (D) deposited

22. The manager forwarded an email demanding that all staff of his division _____ Monday's meeting.
(A) attend to (B) attends to (C) attend (D) will attend

23. Without thinking, I served the boys first and then the girls. I _____ the order.
    (A) should reverse
    (B) should have reversed
    (C) have reversed
    (D) reversed

24. We _____ entirely _____ out the possibility of an earthquake in this country.
    (A) mustn't - dine
    (B) cannot - rule
    (C) may not - turn
    (D) won't - let

25. The manager of the division is running _____ because of traffic congestion, but he _____ be arriving soon.
    (A) late - should   (B) lately - could   (C) soon - would   (D) early - might

26. I _____ rather be happy and have a good time than work hard and become rich and miserable.
    (A) prefer   (B) ought   (C) would   (D) wish

27. Passengers _____ the airline to reconfirm their reservations at least three days in advance.
    (A) had better forward
    (B) can fly
    (C) should contact
    (D) ought call

28. Time is often said to be money. But it is more – it is life, and yet many who _____ cling desperately to life think nothing of wasting time.
    (A) would   (B) should   (C) could   (D) might

29. The law requires that public buildings _____ access to the disabled. But the law goes further than that. Goods and services offered within those buildings must also be easy for disabled people to use.
    (A) give easily   (B) give easy   (C) gave easily   (D) given easy

30. The doctor's receptionist was startled when a nun stormed out of the examining room and left without paying. When the doctor turned up, the receptionist asked what had happened.
    "Well," said the doctor, "I examined her and told her she was pregnant."
    "Doctor!" exclaimed the receptionist. "That _____!"
    "Of course not," he replied. "But it sure cured her hiccups."
    (A) must be   (B) can't be   (C) may be   (D) shouldn't be

LESSON

시제

영어에서 동사의 동작·상태에 시간의 흐름을 나타내는 것을 시제라고 한다. 신(神)만이 알 수 있는 시간의 시작과 끝을 하나의 선으로 나타내기는 사실상 어려운 일이지만 편의상 사용해 보면 아래와 같다. 시점(時點)을 하나의 점으로 표시하지 않고 공처럼 크게 표시한 것은 현재를 바라보는 시점이 사람마다 다를 수 있기 때문이다. 좁게 보면 지금 이 시각이지만, 좀 더 크게 보면 오늘 또는 금년이 현재가 될 수 있기 때문이다.

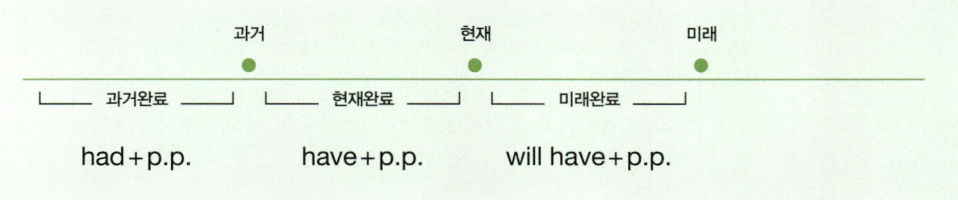

① 시제에는 현재(He is a boy.), 과거(He was a child.), 미래(He will be a man.)가 있고, 일정한 기간의 동작·상태를 나타내는 완료(He has grown into a great scientist.)가 있다.

② 과거와 현재를 연결해 주는 현재완료는 'have+p.p.'의 형태로 현재를 기준 점으로 해서 과거에서부터 현재까지의 상태 및 동작의 결과·경험·계속·완료 등을 나타낸다.

③ 과거완료는 'had+p.p.'의 형태로, 현재완료 표현에서 기준 시점만 과거로 한 것이다. 즉, 과거를 기준으로 그 이전부터 과거까지의 상태 및 동작의 완료, 결과, 계속, 경험 등을 나타낸다.

④ 과거에 일어난 일의 순서를 볼 때 먼저 일어난 일을 '대과거 또는 선(先) 과거'라고 한다.

⑤ 미래완료는 미래의 '대학 졸업 후, 2050년' 등과 같은 어느 주어진 시점까지의 동작·상태·완료·계속 등을 나타낸다.

L·E·S·S·O·N 05

neighbor[néibər] 이웃
distant (거리가) 먼
cousin[kʌ́zn] 사촌
100℃ = one hundred centigrade degrees 섭씨 100도

get into shape (헬스클럽) 등을 통해 몸매를 다듬다
work out 몸매를 다듬기 위해 운동하다

eat out 외식하다(dine out)
↔ eat in 집에서 먹다
at least 적어도

for a living 생계 수단(livelihood)을 위해

01 현재

1 현재의 사실·진리

현재의 사실은 구체적인 시간을 나타내지 않고 일시적인 현재·불변의 진리·격언·과학적 또는 수학적 진술을 나타내며, 지리적 서술은 거의 영원한 현재이다.

- A near neighbor **is** better than a distant cousin.
  가까운 이웃이 먼 사촌보다 낫다.
- Water **boils** at 100℃. 물은 100℃에서 끓는다.
- Paris **stands** on the river Seine. 파리는 세느강을 따라 위치하고 있다.

2 반복적인 행위

현재의 습관은 반복적 행위(동작)를 나타내며, 반복의 빈도를 구체화하기 위해 흔히 'sometimes, always, often, usually' 와 같은 빈도 부사 또는 every day, every morning, every other day 등을 사용한다.

- "What **do** you do to get into shape?" "I **work out** for 2 hours every day."
  "멋진 몸매를 만들기 위해 뭣하지요?" "매일 2시간씩 운동을 해요."
- "How often **do** you eat out?" "At least once a week."
  "얼마나 자주 외식을 하나요?" "적어도 일주일에 한 번."

3 오랫동안 같은 것이 지속되는 경우

- What **does** your father do for a living? 아버지의 직업이 무엇이죠?
- Which apartment **do** you live in? 어느 아파트에 사시나요?
- What floor **do** you live on? 몇 층에 사세요?

  '어느 아파트에 살아요?' 할 때는 전치사 'in'이 쓰이고, '몇 층에 살아요?' 라고 할 때는 'on'이 쓰이는 것에 유의. 〈전치사 289쪽 ③; 298쪽 04 참조〉

4 미래를 나타내는 현재(Present referring to the future)

왕래, 발착 동사(come, go, arrive, leave)는 현재시제로 미래를 나타내고, 시간, 조건 부사절에서도 현재시제로 미래를 나타낸다.

- We **leave** Paris at 9 a.m. and **arrive** in London at 9 a.m.
  우리는 오전 9시에 파리를 떠나 오전 9시에 런던에 도착할 것이다.

  파리와 런던의 1시간의 시차가 있고 비행기로 1시간 걸리기 때문이다.

- We won't start *if* it **rains** tonight. 〈조건 부사절〉
  오늘 저녁 비가 오면 우리는 떠나지 않을 거야.

  cf. I wonder *if it will rain* tomorrow. 〈명사절〉
  if 절이 동사(wonder)의 목적어로 명사절이므로 미래시제가 쓰인다.

5 게시 · 인용 등에서 현재시제를 사용한다.

- What **does** that notice say? – It **says**, 'No smoking.'
  게시판에 뭐라고 쓰여 있니? '금연'이라고 쓰여 있어.

- Julius Caesar **says**, "Cowards die many times before their death; the valiant never taste of death but once."
  시저 말에 의하면 "겁쟁이는 여러 번 죽지만, 용감한 자는 오직 한 번 죽는다."

notice [nóutis] 게시; 통지

coward [káuərd] 겁쟁이
valiant [væljənt] 용감한
the + 형용사 = 복수 명사
taste of ~의 맛을 보다
never ... but once 단지 한 번만

02 진행시제

진행시제는 'be + -ing'의 형태로 특정한 순간에 동작이나 상태가 진행되고 있거나; 장차 진행될 미래; 또는 이미 진행되고 있을 것이라고 여겨질 때 일반적으로 사용된다.

> A : John! (There's a) Telephone (for you)! 존! 전화 왔어요!
> B : **Coming**! 지금 곧 갑니다!

진행형 '(I'm) Coming!'은 '지금 곧 행동으로 옮긴다'는 뜻으로 '전화 받으러 갈 때; 현관 벨소리에; 식사하라고 부르는 소리에 응답할 때' 쓰인다.

1 현재 진행되고 있는 동작 및 상태

> A : **Are** you **printing** it off? 출력중인가요?
> B : No, my printer**'s** not **working**. 아뇨, 프린터기가 작동이 안 돼요.

- He**'s feeling** left out. 그는 왕따 당했다고 생각하고 있어.

- Sam **is starting** to get a potbelly. 샘이 배불뚝이가 되고 있어.

- No sugar in my coffee, please. **I'm dieting** and **watching** my weight.
  제 커피에는 설탕을 넣지 마세요. 다이어트 중이라 체중에 신경 쓰고 있어요.

- Don't smoke. My eyes **are stinging** from the smoke.
  담배 좀 피우지 마. 담배 연기로 눈이 쓰라려.

- "It's hot in here." "You**'re telling me**!" "실내가 덥군요." "맞아요. 정말 더워요!"
  'You're telling me!'는 '안 들어도 다 알어!, 정말 그렇다니 까요!, 그것쯤은 나도 잘 알고 있어!' 라는 말로 상대방의 말에 맞장구치는 표현이다.

- It**'s clearing up**. (날씨가) 개고 있다.
  = It's getting better.

- It**'s drizzling**. 이슬비가 내리고 있어요.
  = It's raining a little.

- It**'s pouring**. 폭우가 내리고 있어요.
  = It's raining heavily.

- It**'s sleeting**. 진눈깨비가 내리고 있어요.

leave sb out (모임 · 명단 등에서) ~를 빠뜨리다, 제외하다
potbelly 불룩 튀어나온 배

sting 따끔거리다

drizzle 이슬비가 내리다; 이슬비, 보슬비, 가랑비(a fine rain)

pour [pɔːr] 붓다, 억수같이 내리다

sleet [sliːt] 진눈깨비가 내리다

2 가까운 미래 또는 이미 계획된 미래의 개인적인 일을 얘기할 때

> A : Would you like some more whisky? 위스키 좀 더 드시겠어요?
> B : No, thanks. No more for me. **I'm driving**.
> 됐습니다. 저는 됐어요. 차를 운전하고 갈 거예요.

- So **are** you **staying for** dinner?
  그럼 더 놀다가 저녁 드시고 갈 거예요?

- **Are** you **thinking of** asking the girl out?
  그녀에게 데이트 신청을 할 생각이야?

- You**'re getting promoted**? This calls for a celebration!
  승진을 한다구요? 축하회라도 열어야겠는데요!

- **I'm going fishing** for the weekend. (Do you) Want to come along?
  주말에 낚시하러 갈 거야. 같이 가겠어?"

- She **is expecting a baby** sometime in December.
  그녀는 12월이 예정일이래.

현재진행이 미래를 나타낼 때는 현재가 아닌 미래를 명확히 나타내기 위하여 시간의 부사(in December, on Sunday)를 사용하는 것이 필요하다.

cf. ① *Is it raining*?
　　② *Is it going to rain*?

①은 '지금 비가 내리는가?'의 뜻으로 현재의 상황을 묻는 것이고, ②는 '비가 올 것 같은가?'를 묻는 미래의 상황을 묻는 것이다.

3 점차 변화하는 상태를 말할 때

- How**'s** your English **coming along**? 영어 공부는 잘 되고 있어요?

- The number of the unemployed in the East **is** gradually **increasing**.
  동양에서 실업자의 수가 점차 증가하고 있다.

4 진행형이 'always / continually(빈번하게, 이따금씩)' 등의 부사와 함께 사용되면 자주 발생하는 짜증나고 귀찮은 일에 대해 말할 때 쓰인다.

- Mike **is** *always* **asking** me to lend him money.
  마이크는 늘 돈을 빌려달라고 해.

- I**'m** *continually* **working** late.
  난 빈번히 늦게까지 일을 해.

- My sister and I look so alike people **are** *always* **mixing us up**.
  나와 누나가 너무 닮아서 사람들은 항상 우리를 착각한다.

'mix sb up with'는 '~와 너무 닮아서(rather similar) 착각하다, 헷갈리다'라는 뜻이고 'mix sb up'은 '~를 헷갈리게 하다(make sb become confused)'의 뜻이다.

---

stay for 좀 더 머물러 있다가 ⋯을 먹고 가다

ask sb out 데이트를 신청하다
cf. **go out with** ~와 데이트하다

promote 승진시키다
call for 요구되다
celebration 축하(회)

come along 함께 가다

expect 출산할 예정이다

come along 진척되다(improve), 진행하다; ~와 동행하다
unemployed 일자리가 없는
gradually 점차
increase 증가하다

5 진행형으로 사용하지 않는 동사

'sound(~처럼 들리다), look(~처럼 보이다), resemble(~를 닮다), feel(느끼다), see(보다), hear(듣다), smell(냄새로 알다), have(가지고 있다), belong(~에 속하다)' 등의 동사는 동작보다는 상태(state)를 나타내기 때문에 상태 동사라 하며 일정 기간 계속되는 상태를 나타내므로 진행형에 쓰이지 않는다.

- Mark **is resembling** his mom more and more.
  마크는 자기 엄마를 점점 닮아 가고 있다.

  'resemble' 동사는 'more and more'와 함께 진행형을 쓸 수 있다.

- She **is belonging to** the women's club. (x)
  ⋯ She **belongs to** the women's club.
  그녀는 부인회에 소속되어 있다.

  '소유' 또는 '소속' 등을 나타내는 동사는 'be + ~ing'의 진행형으로 하지 않는다.

6 진행형으로 쓰이지 않는 동사가 진행형일 때 뜻이 달라진다.

- Why **are** you **smelling** the meat? 왜 고기 냄새를 맡고 있어요?
  cf. This meat *smells* bad. 이 고기는 상한 냄새가 나요.

- Tom **is seeing** the town. 톰은 시내 관광을 하고 있어.

- Bill **is seeing** us **off** at the airport. 빌은 우리를 공항에서 전송하고 있어.

smell 냄새를 맡다(sniff at)

see 관광하다(visit usually as a tourist)
see off 전송하다(say goodbye to sb)

7 현재시제와 현재진행의 의미상 차이

오랫동안 반복적으로 계속 같은 행위가 지속되어 습관이 된 경우에는 'always, every day, usually' 등과 같은 부사와 함께 '현재시제'를 사용하고, '지금 ~하고 있는 중이다'와 같이 현재 진행 중인 동작을 나타낼 때는 'now'와 같은 부사와 함께 현재진행형이 쓰인다.

① a. I **play** tennis *every day*. 매일 테니스를 한다.
  b. I **am playing** tennis *now*. 지금 테니스를 하고 있는 중이다.

② a. We **study** *in the evening*. 우리는 밤에 공부한다.
  b. We **are studying** *now*. 우리는 지금 공부하고 있는 중이다.

03 과거시제(past tense)

1 과거에 끝나 버린 동작 또는 상태(past events)

동사의 과거형 'finished, played, swam' 따위는 어떤 동작이 과거에 행해진 것을 나타낸다. 'this morning, yesterday, last year, 연도' 등은 동사의 과거형과 함께 쓰이는 부사들이다.

A : Where **did** you grow up? 어디에서 자랐어요?
B : (**I grew up**) In a little country town. 작은 시골 마을에서 자랐어요.

grow up 성장하다

major in 전공하다

- "**Did** you major in English?" "No, I **majored in** French."
  "영어를 전공했어요?" "아뇨, 불어를 전공했어요."

- "Where **were** you born?" "(I **was** born) In Paris.
  "어디에서 태어났습니까?" "(불란서 파리에서 태어났습니다.)"
  'was born'은 항상 과거시제로만 쓰인다.
  cf. How many babies are born every day? 매일 몇 명의 아기가 태어납니까?

terrific [tərífik] 아주 좋은(very good, excellent)
business 거래, 매매
undergo 겪다
immense 엄청난
evolution [èvəlú:ʃən] 발전
appear 나타나다

- "How **was** the weekend?" "(It **was**) Terrific!" "주말 어땠어?" "끝내 줬어!"

- Business has undergone an immense evolution since it first **appeared** in the days before recorded history.
  거래는 선사 시대 이전에 최초로 등장한 이래로 엄청난 변화를 겪어 왔다.

2 과거의 습관(habitual past)

과거의 습관을 나타내는 'would'는 불규칙적인 반복적 동작에만, 'used to'는 규칙적인 동작은 물론 상태 및 상황에도 쓰인다.

> A : Do you still smoke? 아직도 담배를 피워요?
> B : I **used to** smoke a lot but I don't (smoke) any more.
> 전에는 담배를 많이 피우곤 했지만 더 이상 피우지 않아요.

not ... any more 더 이상 ~하지 않는(no longer)

- I **would** watch television for hours every day.
  매일 몇 시간씩 TV를 시청하곤 했어.

- He doesn't smoke (as) much as he **used to**.
  그는 옛날만큼 담배를 많이 피우지는 않아.

- There **used to** be a big apple tree in the village.
  옛날에는 마을에 커다란 사과나무가 한 그루 있었어.

'used to'는 어떤 일의 발생 횟수나 기간을 나타내는 부사와 함께 쓰이지 않음
① I *used to* go to America three times. (x)
  ⋯→ I went/have been to America 3 times. 미국에 3번 다녀왔다.
② I *used to* live in Seoul for 2 years. (x)
  ⋯→ I lived in Seoul for 2 years. 서울에 2년 동안 살았다.

3 현재와 미래가 관련된 과거시제

> Mary : How did you know that I **am**/**was** Mary?
> 내가 메리라는 것을 넌 어떻게 알았니?
> Mark : Well, I remembered that you **are**/**were** tall, and **wear**/**wore** glasses.
> 저, 난 네가 키가 크고 안경을 꼈다는 걸 기억하지.

간접 화법에서 시제 일치에 의해 종속절이 과거시제로 되지만 '나의 이름이 메리'라는 것과 '안경을 쓴다'는 것은 현재의 사실이므로 현재시제를 사용하기도 한다.

04 미래시제(Future tense)

1 왕래(往來) 발착(發着) 동사

❶ 'come, go, arrive, leave'와 같은 왕래(往來) 발착(發着)동사는 현재시제 · 현재진행형 · be going to · 조동사 등을 사용하여 '미래'를 나타낸다.

- She **leaves** on Sunday.
- She **is leaving** on Sunday.
- She **is going to leave** on Sunday.
- She **will leave** on Sunday.
  그녀는 일요일에 떠날 것이다.

❷ 말하는 사람의 미래에 대한 의견 또는 추측을 강조하고자 할 때 'I'm sure, I suppose, perhaps, probably' 등을 사용한다.

- *I'm sure* he**'ll** come back sooner or later. 그가 조만간 돌아오리라고 확신해.
- He**'ll** *probably* wait for us there. 아마 그가 거기서 우리를 기다리고 있을 거야.

sooner or later 머지않아, 조만간

2 be going to의 용법

'be going to'는 보통 확정된 미래의 동작이나 상태 등을 나타내는 데 쓰이며, 앞으로 일어날 일에 증거를 가지고 있거나 강한 결심을 나타낼 때 쓰인다.

❶ 첫 번째 진술이 두 번째 진술의 증거가 될 때

- Look at those clouds. It**'s going to** pour down!
  저 구름 좀 봐. 폭우가 내릴 것 같아!

cloud [klaud] 구름
pour down 쏟아 붓다

❷ 현재의 증거를 바탕으로 미래를 예측할 때

- Mary**'s going to** have another baby in June.
  메리는 6월에 아기를 하나 더 낳을 거야.

another 또 하나의(one more); 다시, 또(additional); 다른(different)

❸ 계획 · 강한 의지 또는 이미 결정된 것을 말할 때

- I**'m going to** keep asking her out until she says 'Yes'.
  그녀가 허락할 때까지 나는 계속해서 데이트를 청할 거야.

keep -ing (어떤 상태나 동작을) 계속하다(go on -ing)
ask sb out 데이트를 신청하다
cf. **go out with** ~와 데이트하다

05 현재완료(Present Perfect)

과거와 현재를 연결해 주는 현재완료는 'have + p.p.'의 형태로 현재를 기준 점으로 해서 과거에서부터 현재까지의 상태 및 동작의 결과 · 경험 · 계속 · 완료 등을 나타낸다.

1 결과: 과거의 동작, 행위의 결과가 현재까지 이르는 경우

- Linda **has lost** her passport again. 린다는 여권을 또 분실했다.
  그 결과 지금까지 여권을 못 찾았다.

grow up 성장하다, 성인이 되다
soldier 군인

cf. Linda *lost* her passport again. 린다는 여권을 또 분실했다.
지금 여권을 찾았는지는 알 수 없다.

- The boy **has grown up** to be a soldier.
  그 소년은 자라서 군인이 되었다.

- I**'ve finished** my work. Have you?
  난 일을 끝마쳤는데, 넌?

  완료와 결과를 정확히 구분하기는 매우 어려울 때가 있다. 위 예문의 '일을 끝마쳤다.'에서 동작은 완료되었지만, 일을 끝내서 '이제 더 이상 할 일이 없어(I have no more things to do)'의 뜻이 되므로 결과로 생각할 수 있다.

completely[kəmplí:tli] 완전히
renovate[rénəvèit] 수리하다
modernize[mádərnàiz] 현대화하다

- The library **has been** completely **renovated** and modernized.
  도서관은 완전히 수리되어 현대화되었다.

  [has been〈완료〉+ be renovated〈수동〉] ⋯▶ has been renovated

2 경험

과거부터 현재까지 해 본 행위를 나타내며 'ever, never, already, yet, before, just, recently, always'와 같은 시간의 부사와 종종 쓰인다.

> A : **Have** you *ever* **been** to Japan? 일본에 가본 적이 있나요?
> B : Yes, (I **have been** there) many times. 네, 여러 번 가 봤어요.

'ever'는 '언젠가, 이전에'의 뜻으로 '지금까지 ~을 해 본 적이 있습니까?'라는 의문문에서 강조하기 위하여 함께 쓰이는 부사이다.

cf. "Where is Susan?" "She *has gone* to the post office."
"수잔은 어디에 있어" "우체국에 갔어."

'수잔은 지금 여기에 없고 우체국에 갔다(= Susan went to the post office, so she is not here.)'는 뜻이다. 'have been'은 이미 다녀온 것을 의미한다. 그리고 'have gone'은 '떠나서 아직 돌아오지 않은 것'을 뜻하므로 3인칭에만 쓰인다.

- I**'ve talked** to him *many times*.
  그와 이야기해 본 적이 여러 번 있다.

picture (pl.) 영화 산업, 영화계
recently 최근에
a series of 일련의
large-scale 대규모의
labor 노동
dispute[dispjú:t] 쟁의, 분쟁

- Columbia Pictures **has** *recently* **undergone** a series of large-scale labor disputes.
  콜롬비아 영화사는 최근에 일련의 대규모 노동쟁의를 겪었다.

3 계속

❶ 과거에 시작해서 현재까지 계속되는 동작·상황 등을 나타내며, 주로 'for ~동안', 'since ~이래', 'so far 지금까지(up to the present)' 등과 함께 사용된다.

> S : How long **have** you **lived** here? 이곳에서 얼마나 살았습니까?
> M : For three years. 3년 동안 살았습니다.

- Everything is going well. We **haven't had** any problems *so far*.
  모든 일이 잘되어 가고 있어서 지금까지 아무런 문제가 없다.

- I've **hated** you *since last year*.
  너를 지난해부터 미워했지.

  상태·경험을 나타내는 동사는 진행형이 아니라도 계속의 뜻을 지님.

- *Ever since I moved*, none of my old friends **have gotten** in touch with me. It's out of sight, out of mind with them evidently.
  내가 이사 간 이래 나의 옛날 친구들과 연락이 없어. 안 보면 멀어진다는 말은 분명해.

❷ 과거에 시작되어 현재까지 계속되고 있는 동작을 강조할 때 'have + 과거 분사'가 아니라 'have been + ~ing' 형식을 쓰는 수가 있다.

- He **has been working** all day.
  그는 하루 종일 일을 하고 있다.

- She'**s been staying** in my house since *last Saturday*.
  그녀는 지난 토요일부터 내 집에 머무르고 있다.

hate 미워하다, 증오하다

get in touch with ~와 접촉하다
out of sight, out of mind 안 보면 멀어진다
evidently [évidəntli] 분명히, 명백히

4 과거와 현재완료의 의미상 차이

❶ 동사의 과거형은 과거의 어느 일정한 때의 동작이나 상태를 나타낸다. 그러나 'have + 과거분사'는 과거 어느 때부터 현재까지의 동작, 상태를 나타낸다.

a. Mary **has written** a lot of short stories.

b. Mary **wrote** a lot of short stories.

문장 a)는 메리가 많은 단편 소설을 과거부터 현재까지 써 왔고, 살아 있어 앞으로 더 쓸 수 있다는 것을 암시하는 반면에 b)는 메리가 죽었거나 또는 살아 있어도 현재는 소설을 쓰지 않는 다는 것을 암시하며 과거 한때의 행위를 나타낸다.

❷ 현재완료와 과거시제 중 어느 것을 사용하는가 하는 것은 말할 때의 시간 부사와 관련이 있다. 'yesterday / a week ago / last Monday / at four o'clock / in the morning / on Sunday / when'과 같은 부사들은 구체적인 과거의 시점을 나타내므로 현재완료와 함께 쓰이지 않고 과거시제에만 쓰인다.

- *When* **have** you **eaten** dinner? (x)
  ⋯▶ *When* **did** you have dinner?
  언제 저녁을 먹었니?

- He'**s gone** to Japan *last year*. (x)
  ⋯▶ He **went** to Japan *last year*.
  그는 작년에 일본에 갔다.

- She **has come** here *earlier this week*. (x)
  ⋯▶ She **came** here *earlier this week*.
  그녀는 이번 주 초에 이곳에 왔다.

❸ 'just / since last year / since 2000 / since childhood / since Monday / for ten years / up to now / so far / hitherto' 등과 같은 부사들은 과거부터 현재에 이르기까지의 시간을 나타내는 부사이므로 현재완료에 쓰인다.

hitherto 지금까지

- She **hasn't seen** him *up to now*.
  그녀는 지금까지 그를 못 만났다.

- **I've been** unhappy *since I left home*.
  집을 떠난 이래로 불행하다.

④ 'this month / this year / recently / before / once / this June / already' 등과 같은 부사는 사용에 따라 의미가 달라진다.

1) 'recently'가 완료에서는 '최근에(lately)'라는 뜻이고, 과거시제에서는 '얼마 전에(not long ago)'라는 의미가 된다.

- **I've seen** him *recently*.
  그를 최근에 만난 적이 있어.

- **I saw** him *recently*.
  나는 그를 얼마 전에 만났어.

2) 'this morning'은 12시까지, 'this afternoon'은 5시까지이다. 문장 a)에서 11시까지 이미 4번씩 전화를 걸었다는 것은 오전(this morning) 동안 반복된 행위이므로 현재완료를 사용해야 옳고, 문장 b)에서 '오늘 아침에 전화를 했다'라고 오후 2시에 말할 때는 과거시제를 사용해야 옳다.

a. (at 11 a.m.) Mary **has rung** four times *this morning already*.
   메리는 오늘 아침에 벌써 4번이나 전화를 했다.

b. (at 2 p.m.) Mary **rang** four times *this morning*.
   메리는 오늘 아침에 4번 전화를 했다.

06 과거완료(Past Perfect)

과거완료는 'had + p.p.'의 형태로, 현재완료 표현에서 기준 시점만 과거로 한 것이다. 즉, 과거를 기준으로 그 이전부터 과거까지의 상태 및 동작의 완료, 결과, 계속, 경험 등을 나타낸다. 과거에 일어난 일의 순서를 볼 때 먼저 일어난 일을 '대과거 또는 선(先) 과거'라고 한다.

a. I *lost* the cell phone that he **had given** me as a birthday present.
   그가 생일 선물로 준 핸드폰을 나는 잃어버렸다.

   내가 'the cell phone'을 잃어버린 것은 과거(lost)이고, 그가 나에게 핸드폰을 선물 한 것은 그보다 앞선 시간이므로 과거완료 'had given'이 쓰인 것이다.

b. If I **had had enough** money then, I **could have bought** it.
   그 때 충분한 돈이 있었다면 그것을 샀을 텐데. 〈가정법 과거완료〉

c. I **had intended** *to make* a cake, but I ran out of time.
   = I **intended** *to have made* a cake, but I ran out of time.
   과자를 만들려고 했었지만 시간이 없었다.

   소망 동사(hoped / intended / expected / wished)가 '과거완료 + 부정사' 또는 '과거 + 완료부정사'로 쓰이면 뜻을 이루지 못한 것을 나타낸다.

intend (to) ~할 작정이다

d. He **had** *no sooner* **sat down** *than* the phone rang.
   그가 앉자마자 전화벨이 울렸다.

문장 d)의 원래 문장을 다음과 같이 가정해보자.

He **had** sooner **sat down** than the phone rang.
전화벨이 울린 것보다 그는 먼저 앉았다. 〈실제로 쓰이지 않는 문장〉

전화벨이 울린 것 'rang'보다 먼저 앉았기 때문에 과거완료 'had sat down'이 쓰인 것이다. 그러나 부정어 'no'가 'sooner'를 완전 부정하여 '전화벨이 울린 것보다 결코 더 먼저 앉은 것이 아니다'라는 뜻으로 '전화벨이 울린 것과 앉은 것을 거의 동시 동작'으로 해석 한다.

= **As soon as** he *sat down*, the phone *rang*.

'as soon as'는 동등 비교이기 때문에 주절과 종속절의 시제는 동일함.

= **No sooner** had he sat down than the phone rang.

부정 어구(no sooner)가 문두에 오면 주어·동사가 도치된다.

07 미래완료(Future Perfect)

미래의 어느 주어진 시점까지의 동작·상태·완료·계속 등을 나타낸다.

- *By next July* I**'ll have been** here for eight months.
  내년 7월까지면 이곳에서 8개월을 살게 되는 셈이다.

- *Within a hundred years*, people **will have discovered** a way to prevent aging.
  백년 내에 사람들은 노화 방지책을 발견하게 될 것이다.

prevent 막다, 방해하다
age 나이를 먹다
aging 늙는 것

01. 다음 중 어법상 틀리거나 어색한 부분이 없는 것을 고르시오.

  (A) I am not sure if it rains, but if it will do, I'll stay inside.
  (B) I have finished the homework thirty minutes ago.
  (C) Bob is resembling his mother more and more.
  (D) I've seen a lion, but my mother didn't.

02. 다음 짝지어진 문장 중 어법상 잘못된 것을 고르시오.

  (A) It's two years since his mother-in-law passed away.
   = His mother-in-law has been dead for two years.
  (B) No sooner had the boy seen her than he went red.
   = As soon as the boy had seen her, he became flushed.
  (C) I had hoped to go to the U.K.
   = I wanted to go to the U.K., but I couldn't.
  (D) My son has lost his bike.
   = My son lost his bike and so he doesn't have it now.

◎ 다음 대화문의 빈칸에 가장 적절한 표현을 고르시오.

03. A: Come and have a drink.
  B: I'm sorry, I can't just now. I _____.
  (A) work   (B) have worked
  (C) was working   (D) am working

04. A: How _____ now?
  B: Much better than before.
  (A) you are feeling (B) are you feeling
  (C) you feel   (D) did you feel

05. A: Come to my birthday party.
  B: All right. _____ my wife.
  (A) I'll bring   (B) I am going to bring
  (C) I'm bringing   (D) I bring

06. A: _____ this week?
  B: No, she's on holiday.
  (A) Is Julie working (B) Does Julie work
  (C) Does work Julie   (D) Has Julie worked

07. A: Can I help you with those packages?
B: _____
(A) No. Leave me alone!
(B) No. Let my packages alone!
(C) No, thanks. I can manage.
(D) No, thanks. I don't need.

08. A: John! Telephone!
B: _____!
(A) Going
(B) Coming
(C) I'll go
(D) Come

◎ 다음 대화문의 빈칸에 적합하지 않은 표현을 고르시오.

09. A: What time do you expect her back?
B: _____
(A) She should be back no later than three.
(B) I'm not sure but she's expected in 5 minutes.
(C) She's expecting again.
(D) Any moment now.

10. A: How would you like your coffee?
B: _____
(A) I'll take it as it comes.
(B) White for me, please.
(C) Strong and black, please.
(D) Sunny-side up, please.

◎ 다음 글의 빈칸에 가장 적절한 표현을 고르시오.

11. He _____ out for lunch and he's just come back.
(A) is gone
(B) has gone
(C) had gone
(D) went

12. About time you _____. Your hair is coming down over your ears now.
(A) got your hair cutted
(B) get your hair cutting
(C) got your hair cut
(D) have your hair cut

13. I _____ a lot, but I don't any more.
(A) was smoking
(B) was used to smoke
(C) used to smoke
(D) used to smoking

14. Average earnings _____ by 30% over the last six months.
    (A) go up
    (B) went up
    (C) are going up
    (D) have gone up

15. I _____ with my girlfriend once or twice a week.
    (A) am going usually swimming
    (B) usually go swimming
    (C) am usually going swimming
    (D) usually go to swim

16. I recognized the tall man at once, for I _____ him before.
    (A) saw
    (B) see
    (C) had seen
    (D) have seen

17. Is it _____ to the women to do the asking these days? My daughter is getting very discouraged because she _____ a date over six months.
    (A) able - has had
    (B) up - hasn't had
    (C) do - didn't have
    (D) can - hasn't

18. Don't forget to hand in all of the reports before you _____ home.
    (A) will go
    (B) go
    (C) have gone
    (D) going

19. Ever since I moved, none of my old friends _____ in touch with me. It's out of sight, out of mind with them evidently.
    (A) get
    (B) got
    (C) have gotten
    (D) had gotten

20. His son _____ his outstanding _____ since he entered a manufacturing company.
    (A) shows - creative
    (B) showing - creature
    (C) has shown - creatively
    (D) has shown - creativity

21. New government plans for reducing the consumption tax _____ discussion for a week now.
    (A) is about
    (B) have been under
    (C) was about
    (D) has been under

22. The old technique for detecting errors in the manufacturing process _____ by a new one.
 (A) is currently being replaced
 (B) being currently replaced
 (C) are replaced currently
 (D) was being replaced currently

23. Sales at the malls are _____ rapidly with the beginning of the slow season.
 (A) enhanced
 (B) increased
 (C) decreasing
 (D) going up

24. The health-giving properties of moderate wine drinking _____ for centuries. But excessive drinking is a curse on human society.
 (A) has been recognized
 (B) have recognized
 (C) has recognized
 (D) have been recognized

25. The jet which was hijacked by terrorists in New York three days ago _____.
 (A) had been blown up
 (B) has been blown up
 (C) blows up
 (D) has blowing up

26. By the year 2050, scientists _____ a cure for the common cold.
 (A) will have found
 (B) have found
 (C) would find
 (D) find

27. Business has undergone an immense evolution since it first _____ in the days before recorded history.
 (A) appearance
 (B) appear
 (C) appeared
 (D) appearing

28. The cost of living _____ by ten percent before the government took any action.
 (A) went up
 (B) has gone up
 (C) had gone up
 (D) was gone up

29. I have hidden my wealth in the vineyard. Search for it. It is all I have to give you. His sons thought that their father _____ a treasure in the vineyard.
 (A) has buried
 (B) buried
 (C) have buried
 (D) had buried

30. It _____ that smoking harms the health of those who do the smoking.
    (A) has long established
    (B) was long been established
    (C) has long been established
    (D) was long being established

31. Initial projections of the quarterly sales figures _____ exceeded with a month still remaining.
    (A) have already
    (B) have already been
    (C) has already been
    (D) will have already been

32. Completing the remodeling of the restaurant on schedule turned out to be more difficult than the owner _____.
    (A) expects
    (B) expected
    (C) has expected
    (D) had expected

33. Since the Industrial Revolution, the primary sources of energy, other than human muscle and manual labor, _____ such fossil fuels as oil, coal, and gas.
    (A) has been
    (B) have been
    (C) is
    (D) are

34. As a result of this greenhouse effect, the world's temperature _____ by 0.5° this century, and the sea level has risen by ten centimeters.
    (A) is gone up already
    (B) has already gone up
    (C) has already been gone up
    (D) went already up

35. Garlic and onions, food items that have often received mixed reviews in this country, have been credited in China with a benefit that has nothing to do with taste or odor. A new study _____ that they reduce the risk of stomach cancer.
    (A) shows
    (B) was shown
    (C) showing
    (D) show

LESSON 06 부정사

부정사(不定詞)는 문장 안에서 주어의 인칭이나 수에 따라 그 형태가 정해지는 것이 아니라 항상 동사의 원형을 유지한다 하여 부정사라고 한다. 부정사는 동사에서 파생되어 동사에 준하는 성질을 갖고 명사·형용사·부사의 역할을 하며 준동사 중에서 가장 다양하게 쓰인다.

준동사: 부정사·분사·동명사

주어의 동작·상태를 나타내는 동사 하나만으로 이루어지는 문장에서 주어의 동작이나 상태를 추가적으로 서술하고자 할 때는 준동사를 사용하며 기능은 아래와 같다.

문법을 공부하면서 동일한 명사 기능을 하는 '동명사와 부정사' 또는 형용사 기능을 하는 '부정사와 현재분사'의 사용이 혼동될 것이다. 가능한 한 자세한 설명을 하려고 노력했다. 아래 참조쪽과 문제 해설을 자세히 학습하게 되면 이해할 수 있을 것이라고 확신한다.

❶ 명사 기능을 하는 부정사와 동명사의 의미상 차이 〈26번 문제 해설·152쪽 07번 참조〉

❷ 형용사 기능을 하는 부정사와 현재분사의 의미상 차이 〈6번 문제 해설 참조〉

기능 종류	명사적 기능	형용사적 기능	부사적 기능
to 부정사	주어·목적어·보어	명사수식(의무·가능성)	동사·형용사·부사수식
동 명 사	주어·목적어·보어		
분 사		명사수식(서술적)	분사 구문·일부 형용사 수식

L·E·S·S·O·N 06

01 명사적 용법

명사와 마찬가지로 문장의 주어 · 보어 · 목적어로 쓰이며, 동사의 속성을 지니고 있기 때문에 부정사는 목적어 · 보어 · 부사를 가질 수 있다. 즉, '동사＋명사'의 기능을 한다.

1 주어로 쓰이는 경우

> A : I'd like to introduce my husband, Mr. Brown to you.
> 나의 남편 브라운을 당신에게 소개하고 싶습니다.
> B : (*It's*) Nice **to meet** you. 만나서 반갑습니다.

'Nice to meet you.'는 처음 만났을 때, '만나서 반갑습니다.' '(It's been) Nice meeting you.'는 헤어지면서, '만나서 즐거웠습니다.'
명사적 용법이라고 해서 부정사를 주어로 하는 것보다 '(It's) Nice to meet you.'와 같이 가주어를 사용한 'It(가주어) ... to(진주어) 구문'이 자연스런 표현이다. 〈동명사 152쪽 참조〉

2 목적어로 쓰이는 경우

> A : What did the doctor say?
> 의사 선생님이 뭐라고 말씀하셨어?
> B : He told me **to cut down** (**on**) smoking.
> 담배 양을 줄이라고 하셨어.

- I'm sorry. I didn't mean **to hurt** you.
  미안해요. 다치게 하려고 했던 게 아니에요.

- I can't wait **to see** her face when she opens her present.
  그녀가 선물을 펴 볼 때 그 얼굴을 보고 싶어 못 참겠어.

- He failed **to make it** as a pop singer.
  그는 대중 가수로서 성공하지 못했다.

3 주격 · 목적격 보어로 쓰이는 경우

> A : Do you have a lot to do tomorrow?
> 내일 할 일이 많아?
> B : No. All I have to do is (**to**) **go** to church in the morning. 〈주격보어〉
> 아냐. 단지 아침에 교회만 가면 돼.

'all you have to do is'는 회화체 표현으로 '단지 …만 하면 돼'의 뜻으로 미국 영어에서는 'be' 동사의 보어로 원형 부정사를 사용한다.

eg. All I have to do is **cook** dinner for the family.
단지 식구들을 위한 저녁만 하면 돼.

- I genuinely believe it **to have been** a mistake.
  그것이 실수였다고 정말로 믿어.(= I believe that *it was a mistake*.)

---

cut down 줄이다(reduce)

mean to ~할 뜻을 품다
hurt (신체 · 마음에) 상처를 입히다

can't wait to ~하고 싶어 안달하다, ~하고 싶어 못 견디다

fail to ~하지 못하다
make it 성공하다(succeed)

genuinely [dʒénjuinəli] 진실로, 정말로

108

- He's thought **to be** one of the richest men in Europe.
  그는 유럽에서 재벌 중 한 사람으로 생각돼.

4 의문사(who, when, why, what)+to 부정사
'의문사+to부정사'의 형태가 명사구로 주어·목적어·보어 역할(명사적 용법)을 한다. 또한 명사구를 명사절로 바꾸어 사용할 수도 있다. '의문사+주어+should+동사 원형'으로 바꿔 쓸 수 있다.

- Don't tell me **what to do**. 무엇을 하라고 나에게 시키지 마시오.
  = Don't tell me *what I should do*.
  = Don't tell me *what I am to do*.

- I don't know **how to driv**e. 나는 운전할 줄 몰라.

- Say **when (to stop)**.
  (술을 따라주며) 양에 맞으면 / 됐으면 (그만이라고) 말하세요.

- I don't know **how to express my gratitude**.
  고마운 마음을 어떻게 표현해야 할지 모르겠어요.

- According to the results of the survey on customer satisfaction, the marketing division will decide **what to do** with the coming year's advertising strategy.
  고객만족도에 대한 설문조사 결과에 따라 마케팅부는 내년 광고 전략으로 해야 할 일을 결정하게 될 것이다.

  cf. I don't know *why to do*. (X)
  옳지 않은 이유는 타동사 'do'의 목적어가 없기 때문이다. 'I don't know why to do it.'과 같이 동사 'do'의 목적어가 있으면 올바른 문장이 된다.

tell 명령하다, 지시하다

express 표현하다
gratitude[grǽtətjùːd] 감사하는 마음

survey 표본조사
satisfaction 만족
division 부(部)
coming year 내년
strategy[strǽtədʒi] (전체적인) 작전 계획, 전략, 전술

5 가주어와 가목적어
❶ 가주어: it(가주어)+for(부정사의 의미상 주어)+to부정사(진주어)
주어가 to부정사인 경우 문장의 균형을 생각해서 부정사를 뒤로 후치시키고 그 주어 자리에 아무런 의미가 없는 대명사 'It'을 주어로 사용하게 된다. 이때 사용되는 'It'를 형식 주어 또는 가주어라고 하며 to부정사·동명사·절을 대신한다.

- *It* is nice **to be with you**. 너와 함께 있어서 좋아.

- *It* is hard *for me* **to convince the boss**.
  내가 사장을 납득시키기는 힘들어.

  cf. It is expected *that the third quarter profits will surge by 40%*.
  3분기 이익이 40%정도 급등할 것으로 예상된다.

❷ 가목적어: it(가목적어)+for(부정사의 의미상 주어)+to부정사(진목적어)
[S+V+O+O.C]의 구조에서 목적어가 to부정사·동명사·절인 경우 to부정사를 뒤로 후치시키고 가목적어 'it'을 사용한다. 그 이유는 다음 예문을 보면 알 수 있다

- Mary found **to study Korean** difficult. (x)

위 예문에서 형용사 'difficult'가 'found'의 보어로 쓰인 것이지만 'study'의 보어로 착각할 수 있다. 이러한 혼동을 피하기 위하여 진목적어(to부정사)를 뒤로 후치 시키고 그 자리에 가목적어 'it'을 갖다 놓은 것이다. 그러면 다음과 같은 자연스러운 문장이 된다.

convince ~를 납득시키다 (persuade)

be expected to (당연히) ~하리라고 예상되다
quarter[kwɔ́ːrtər] 분기
profit 이익
surge[səːrdʒ] (물가 등이) 급등하다

find + O + O.C 경험을 통해 …임을 알다

⋯⋯> Mary found *it* difficult **to study Korean**.
메리는 한국어를 공부하는 것이 어렵다는 것을 알았다.

- He found *it* difficult **to park**.
그는 주차하기가 어렵다는 것을 알았다. 〈150쪽 동명사와 부정사의 차이 참조〉

impossible 불가능한
express 표현하다

- He found *it* almost impossible **to express what he wanted to say**.
그는 자기가 말하고 싶은 것을 표현하는 것이 거의 불가능하다고 생각했다.

technology (과학·생산) 기술
coin-operated 동전투입식의
dispense 만들어주다
unusual [ʌnjúːʒuəl] 별난
not just 단지 ~이 아닌

- Modern technology has made *it* possible *for* coin-operated vending machines **to dispense** unusual things, not just candy and soft drinks.
현대 기술덕분에 동전 투입식 자동판매기가 그저 사탕과 청량음료가 아닌 별난 것들을 (재료를 혼합해서) 만들어주는 것을 가능케 했다.

6 'to + 부정사'만을 목적어로 갖는 동사

일반적으로 '기대·소망·의지·미래에 대한 관심' 등을 나타내는 동사는 'to부정사'만을 목적어로 취한다.

decide 결정하다	expect 기대하다	hope 바라다
intend ~할 작정이다	learn ~하게 되다	mean 의도하다
pretend ~하는 체하다	promise 약속하다	refuse 거절하다
threaten 위협하다	manage 어떻게든 해보다	plan 계획하다

- I *hope* **to see** you soon.
곧 뵙기를 바랍니다.

offer (~하겠다고) 말하다; 제안·제의하다

- She *offered* **to help** me later.
나중에 나를 도와주겠다고 그녀는 말했다.

afford (돈·시간 등에) 여유가 있다, ~을 살 여유가 있다

- He *can't afford* **to buy** the piano.
그는 피아노를 살 여유가 없다.

deserve (칭찬·벌을 받아) 마땅하다
punish [pʌ́niʃ] 벌주다

- He *deserves* **to be punished**.
그는 벌을 받는 것이 마땅해.

02 형용사적 용법

명사 뒤에서 수식하는 한정 용법과 'be + to' 용법으로 쓰이는 서술 용법이 있다.

1 한정 용법: ~할 수 있는(can); ~해야만 하는(must)

- He's looking for *somewhere* **to park** his car.
그는 자기 차를 주차할 곳을 찾고 있어.

arrangement 합의, 협정
recall (결함 상품을) 회수하다
defective 결함이 있는
merchandise [mɔ́ːrtʃəndàiz] 상품(goods)

- *Arrangements* have been made **to recall** the defective merchandise.
결함이 있는 제품을 회수하기로 결정이 되었다.

  = They have made *arrangements* **to recall** the defective merchandise.

- Having no *work* **to go to** and no *dependents* **to provide for**, Sam is always free.
  출근할 직장도, 부양할 가족도 없기 때문에 Sam은 항상 한가하다.

  = Since he has no work to go to and no dependents to provide for, Sam is ...

  'no dependents'가 'to provide for'의 의미상 목적어

전치사를 필요로 하는 'to 부정사'

- He has *no house* **to live**. (x)
  위 문장이 틀리는 이유는 자동사 'live'는 목적어를 가질 수 없기 때문이다. '~에 살다'라고 말하려면 '장소 전치사'가 필요하다. 그러므로 'to live'가 아니라 'to live in'이 되어야 하며 'to live in'은 'house'를 수식하는 형용사구이며 'house'는 전치사 'in'의 의미상 목적어이다. 이 문장을 관계대명사를 이용하여 바꾸면 다음과 같다.

  ⋯→ He has no house *in which he can live*. 그는 (들어가) 살집이 없다.

- He has *no friend* **to play**. (x) 그는 함께 놀 친구가 없다.
  'to부정사'의 수식을 받는 명사 'friend'는 전치사 'play'의 목적어가 아니라 '~와 함께 놀다'의 뜻인 'play with'의 목적어인 것이다.
  some *new toys* **to play with** 가지고 놀 새 장난감
  a pen **to write with** ~을 쓸 펜

- Don't worry about it. There's *nothing* **to worry about**.
  걱정하지 마세요. 걱정할 일 아녜요.

- I've got *nothing* **to smile about** these days.
  요즘 웃을 일이 없어요.

- If you're afraid you have *nothing* left **to live for**, and then you're really old.
  삶의 목적이 없다고 생각한다면 당신이 정말로 늙은 것입니다.
  have nothing left to live for 삶의 목적이 아무것도 없다 for 목적·추구

2 'be + to 부정사'의 용법: 예정·의무·의도·가능성·운명을 나타낸다.

- He **is to come** here soon. 〈예정〉
  그는 곧 여기에 올 것이다.

  = He *is expected to come* here soon / He *is coming* here soon.

- You **are to stay** here until I return. 〈의무〉
  돌아올 때까지 이곳에 있어야 해.

  = You *must stay* here until I return.

- If we **are to be friends** we must trust each other completely. 〈의도〉
  우리가 친구가 되고자 한다면 / 친구라면 서로 감추는 게 없어야지.

- Not a cloud **was to be seen** in the sky. 〈가능성〉
  하늘에는 구름 한 점 찾아볼 수 없었다.

  = Not a cloud *could be seen* in the sky.

- We said goodbye, little knowing that we **were** never **to meet again**. 〈운명〉
  다시 만나지 못할 것이라는 것을 모른 채 작별 인사를 나누었다.

03 부사적 용법

'부사 + 동사'의 기능을 하는 부사적 용법은 동사·형용사를 수식하며 목적·조건·원인·결과·판단 등을 나타낸다.

1 목적: ~하기 위하여

- I'll leave her a message **to let her know** where we are.
  우리 있는 곳을 알려주기 위하여 그녀에게 전갈을 남기겠어.
  = I'll leave her a message *so that* she *will* know where we are.

- **In order to be** an inventor, you must be creative.
  발명가가 되기 위하여 독창적이어야 한다.

  목적을 명확하게 나타내기 위하여 'in order to' 또는 'so as to'가 사용되며 보통 문두에 온다. 목적을 부정할 때는 'so as / in order not to'가 쓰인다.

2 이유: ~하니까, ~때문에

- I'm sorry **to disturb** you.   방해 드리게 되어 죄송합니다.

- I'm sorry **to be late**. (X)
  부정사는 현재 또는 앞으로 할 일에 대해 말하는 경우에 쓰인다. 늦은 것은 과거일 이므로 부정사를 사용하지 못한다. 〈동명사 150쪽 참조〉
  cf. (I'm) Sorry I'm late. (O)   늦어서 죄송합니다.

- (I'm) *Glad* **to meet** you.   만나서 기뻐요.

3 조건: ~한다면

- I'll be *pleased* **to see** you.   너를 만나면 즐거울 거야. 〈단순 조건〉
  = I'll be glad *if I see* you.

- I'd be *happy* to see you.   너를 만났더라면 반가웠을 텐데. 〈가정법〉
  = I'd be glad *if I saw* you.

- **To hear** the man talk, you would think him to be innocent.
  그가 말하는 것을 들어보면 넌 그를 순진하다고 여길 것이다.
  ⋯▸ *If you heard* the man talk, you would think him to be innocent.

4 결과: ~해서 (결국) ~하다 / 판단: ~하다니, ~을 보니

- He grew up **to become** a swindler.   그는 자라서 사기꾼이 되었다.
  = He grew up *and* became ...

- He must be angry **to say so**.
  그렇게 말하는 것을 보니 그는 화가 났음에 틀림없다.

---

so that ... will/may ~하기 위하여 〈목적〉
leave a message 전언을 남기다
take a message 전언을 받다

creative [kriːéitiv] 창조적인

disturb [distə́ːrb] (휴식·일 등을) 방해하다; (남의 마음 등을) 혼란시키다

innocent [ínəsnt] 순진한; 결백한

grow up 성장하다
swindler [swíndlər] 사기꾼

04 원형 부정사가 쓰이는 경우

지각 동사(see, hear, watch, feel), 사역 동사(make, have, let), 조동사 다음에 동사 원형이 쓰이며, 그 밖의 관용 어구가 있다.

1 지각 동사(see, hear, watch, feel) + O + 원형 부정사

- I have never *seen* the guy **smile**. 나는 그 사내가 웃는 것을 본 적이 없다.
- He *saw* her **open** her purse. 그는 그녀가 지갑을 여는 것을 보았다.
- I *overheard* her **say** so. 그녀가 그렇게 말하는 것을 우연히 들었다.

overhear (다른 사람이 이야기하는 것을) 우연히(by accident) 듣다

지각 동사 뒤에 목적 보어로 현재분사, 과거분사가 올 수 있다.

- She *saw* a man **leaning** against a wall.
  그녀는 한 남자가 벽에 기대 있는 것을 봤다.
  동사의 동작이 완료된 것을 나타낼 때는 동사 원형이 오지만, 동작·상태가 계속 진행되는 상황일 때는 진행형이 쓰인다.

lean against ~에 기대다

- I *heard* my name **called** behind.
  뒤에서 내 이름이 불려지는 것을 들었다.
- She *heard* herself **paged** in the hotel lobby.
  그녀는 호텔로비에서 호텔내의 방송을 통해 자신을 찾는 것을 들었다.
  수동의 의미일 때는 과거 분사를 쓴다. 〈55쪽 5형식 수동 참조〉

page[peidʒ] (호텔 등과 같은 공공 건물에서 확성기를 통해) ~를 찾다

2 사역 동사(make, have, let) + O + 원형 부정사

❶ **Let + O + 동사 원형**: ~가 ~하도록 허락하다

- Does your mom *let* you **smoke**?
  = Does your mom allow you to smoke
  엄마는 네가 담배 피우는 것을 허락하니?

- Don't *let* the dog **go** outside. 개가 바깥으로 나가지 않도록 하십시오.

❷ **make + O + 동사 원형**: ~에게 ~하도록 시키다

- The doctor *made* me **quit** drinking and smoking.
  의사가 술과 담배를 끊도록 했어.

quit = stop

❸ **have + O + 동사 원형**: ~에게 ~하도록 시키다

- I *had* my son **clean** his room. 아들에게 자기 방을 청소하도록 시켰다.

  분사 128~129쪽: 〈Have + O + p.p.〉 참조

  cf. Please *help* me **carry** the box up/down.
     상자를 위로 / 아래로 나르는 것 좀 도와줘요.

  미국 영어에서 'help + O + 동사 원형: ~를 ~하도록 도와주다' 가 쓰인다.

113

3 조동사 + 원형 부정사 및 관용 어구

- I *will* **do** anything that I *can* **do** to help you.
  너를 도와주기 위해 내가 할 수 있는 것은 무엇이나 할 거야.

- *Why not* **give** me advice? 나에게 조언 좀 해 줘.
  'Why not'은 제안에 쓰임

- I *would rather* **die** than tell a lie. 거짓말을 하느니 차라리 죽고 싶어.

- You *had better* **confess** to me. 나에게 고백하는 것이 좋아.
  'why not, would rather, had better' 다음에 동사 원형이 쓰인다.

would rather ... than ~하는 것보다 차라리 …하는 것이 좋은
confess 고백하다, 자인하다

05 부정사의 의미상 주어

❶ 부정사도 일종의 동사이므로 그 동사가 나타내는 동작의 행위자가 있다. 바로 부정사에 나타난 동작의 행위자를 '부정사의 의미상 주어'라고 한다. 부정사의 의미상 주어는 일반인을 제외하고는 'for + (대)명사'의 형태로 부정사 앞에 온다.

- It's time *for us* **to have** lunch. 점심 먹을 시간이야.

- *For a movie* **to be successful**, it should have a good story.
  영화가 성공하려면 내용이 좋아야만 한다.

- Step aside *for the fat woman* **to pass** through the corridor freely.
  뚱뚱한 부인이 편히 복도를 지나가도록 한쪽으로 물러 서.

- It's not easy **to learn** a foreign language. 외국어를 배우기는 쉽지 않아.
  부정사의 의미상 주어가 일반인일 때는 생략된다.

step aside 비켜서다
corridor [kɔ́:ridər] (좁고 길게 뻗은) 복도
foreign [fɔ́(:)rin] 외국의
language [lǽŋgwidʒ] 언어

❷ 타동사의 목적어가 부정사의 의미상 주어와 동일한 경우 'for'가 쓰이지 않는다.

- I want to be a poet, but my mom expects *me* **to become** a cop.
  = I want to be a poet, but my mom expects that I'll become a cop.
  나는 시인이 되길 원하는데 엄마는 내가 경찰이 되길 기대하셔.

  부정사의 의미상 주어가 주절의 주어와 일치할 때는 생략하지만, 다를 때는 생략하지 않는다. 동사의 목적어이면서 동시에 부정사의 의미상 주어인 경우 의미상 주어 앞에 전치사 'for'가 쓰이지 않는다.

- I want to persuade *you* **to do** as you are told to.
  네가 지시받은 대로 하도록 권하고 싶어.

persuade [pərswéid] 설득하다, 권유·재촉하다

❸ 다른 사람의 어떤 행위에 대해서 …하다고 말할 때 사람의 성격을 나타내는 형용사(nice 친절한 foolish 어리석은 good 착한 generous 관대한, 아량 있는 polite 예의바른 silly 어리석은 stupid 바보스런 typical 특징적) 등이 오면 부정사의 의미상 주어는 'It's ... of you to ...' 구문을 취한다.

- It was very *nice of you* **to do** my shopping for me.
  저 대신 장을 봐주셔서 대단히 감사합니다.

- How *nice of you* **to be** with us!
  우리와 함께 자리를 해주셔서 얼마나 고마운지 모르겠어요!

다음 두 문장을 비교해보자.

a. It is *foolish of you* **to go** alone there. 〈'It'은 비인칭 주어〉
b. It is *foolish for you* **to go** alone there. 〈가주어 / 진주어 구문〉

위 문장 a, b)를 비교해 보면 형용사 'foolish'가 두 가지 의미가 있다. a)에서는 '(사람이) 어리석은' b)에서는 '(행위·진술 등의) 판단력이 부족한'의 뜻이다. 그러므로 형용사 'foolish'가 사람의 성격을 나타낼 때는 부정사의 의미상 주어가 'of you'가 쓰이고, 행위를 나타낼 때는 'for you'가 쓰인다. 위 두 문장은 각각 다음 문장에서 변형된 것이다.

ⓐ You are foolish to go alone there. 〈부정사의 부사적 용법〉
ⓑ For you to go alone there was foolish. 〈부정사의 명사적 용법〉

문장 ⓐ의 의미는 '바보스러운 사람이 바보스러운 행위를 한다'는 뜻이 된다. 즉, '네가 바보스럽기 때문에 그곳에 혼자 갔다'는 뜻이다. 그러나 문장 ⓑ는 '그곳에 간 행위가 바보스러운 것이지 네가 바보스러운 것은 아니다, 즉 네 판단력이 좀 부족했다'라는 뜻이다. 문장 ⓐ는 주어 'You'가 길지도 않은데 문장 a)와 같은 구조를 사용한 이유는 주어 'You'를 바보스럽다고 직접 비난하는 것보다 문장 a)와 같은 구조를 사용함으로써 비난을 완화시키는 효과를 가져올 수 있기 때문이다.

06 독립 부정사

독립 부정사는 문장 전체를 꾸며 주는 부사적 용법으로, 부정사의 의미상 주어는 주절의 주어와 일치하는 경우도 있지만 보통 일반인이다.

- **Come to think of it**, that makes sense.
  그러고 보니 사리에 맞는군요.

  to make matters worse 설상가상으로
  strange to say 이상한 얘기지만
  to make / cut a long story short 간단히 말해서
  to be honest (with you) / to tell you the truth 솔직히 말해서
  to say nothing of (= not to mention) ~은 말할 것도 없고
  to begin with 우선
  to be sure 확실히

come to think of 생각해 보니
make sense 이치에 닿다

07 기타 용법

① 부정사의 시제: 단순 부정사와 완료 부정사

부정사의 시제에는 단순 부정사(to be)와 완료 부정사(to have been)가 있으며 단순 부정사는 주절 동사의 시제와 일치한다. 그리고 완료 부정사는 주절의 시제보다 앞서 있다는 것을 나타낸다.

- You seem **to be** exhausted. 넌 지쳐 보이는데. 〈단문〉
  = It *seems* that you *are* exhausted. 〈복문〉

- Your wife seems to have been a beauty when she was young. 〈단문〉
  = It *seems* that your wife was a beauty when she was young. 〈복문〉
  네 부인은 젊었을 때 미인이었던 것처럼 보인다.

exhausted [igzɔ́ːstid] 매우 피곤한, 기진맥진한

promise (구두・서면 상으로) ~할 것을 약속하다

hurt 감정을 상하게 하다(offend)
invite 초대하다

2 부정사의 부정: 부정사(不定詞)를 부정(否定)할 때는 부정어(not/never)를 부정사 앞에 놓는다.

- I must go now. I promised *not* **to be late**.
  이제 가야만 해. 늦지 않기로 약속했어.

- She was very hurt *not* **to have been invited**.
  초대를 받지 못해서 그녀는 기분이 매우 상했다.

3 대부정사: 앞에 나온 동사의 반복을 피하기 위해 'to부정사'에서 동사를 빼고 'to'만 쓴 것을 대부정사라 한다.

> A : Would you like to join us?
>   함께 하겠어요?
> B : Of course, I'd love **to**.
>   물론이죠. 저도 그러고 싶어요.

4 too ~ to + 동사 원형: 너무나 ~해서 …할 수 없다(so ~ that S + can't)

- I'm **too** busy **to** cook dinner.
  너무 바빠서 저녁을 할 수가 없어요.
  = I'm *so* busy *that* I *can't* cook dinner.

- You're **too** young **to** marry.
  결혼하기에는 넌 너무 어려.
  = You're *so* young *that* you *cannot* get married.

opportunity [ɑ̀pərtʃúːnəti] 기회

- I thought it was **too** good an opportunity **to** miss.
  너무 좋은 기회라 놓칠 수 없다고 생각했다.

  'too / as / so + 형용사 + 관사 + 명사'의 어순에 주의

too + 형용사 + for + 사람 ~에게 너무 …한

  cf. It's *too large for* me. Can you show me a bit smaller one?
  내겐 너무 커요. 좀 작은 것을 보여주겠어요?

  The crossword is *too difficult for me*.
  글자 맞추기 놀이는 나에게 너무 어려워.

5 enough to ~할 만큼, (~하기에) 족할 만큼

- He didn't run fast **enough to** catch the train.
  그는 기차를 잡을 수 있을 만큼 빨리 달리지 못했다.

decision [disíʒən] 결정(choice or judgement), 결심

- She's old **enough to** make her own decisions.
  그녀는 스스로 결정할 수 있을만한 나이가 됐다.

fortunate [fɔ́ːrtʃənit] 운이 좋은
scholarship [skɑ́lərʃìp] 장학금

- He was fortunate **enough to** get a scholarship.
  그는 장학금을 받을 만큼 운이 좋았다.

6 He is easy to deceive. 그는 잘 속는다.

'awkward 거북한, 불편한, convenient 편리한, difficult 어려운, easy 쉬운, hard 힘든, impossible 불가능한, pleasant 즐거운, tough 곤란한' 등의 일부 형용사는 사람을 주어로 하지 않는다.

그러면 'He is easy to deceive.' 와 같은 문장에서는 어떻게 'easy'의 주어로 'he'가 된 것일까? 그 설명은 다음과 같다.

ⓐ *It* is easy to deceive *him*.
ⓑ *He* is easy **to deceive**.

문장 ⓑ는 문장 ⓐ에서 동사 'deceive'의 목적어 'him'을 강조하기 위하여 아무런 뜻이 없는 가주어 (it) 위치로 이동한 것이다. 즉, 'He'는 'is easy'의 주어가 아니라 'deceive'의 목적어인 것이다. 그러므로 문장 ⓑ에서 'He'를 주어로 해석하면 안 되고 'deceive'의 목적어로 '그를 속이기는 쉽다'로 해석해야 한다.

- *Jobs* are hard **to come by** these days. 요즘에 일자리 구하기가 힘들다.
  = *It*'s hard to come by *jobs* these days.

- *Jack* is easy **to fool**. 잭을 놀리기는 쉽다.
  'Jack'은 'fool(놀리다)'의 목적어

- *You* are pleasant **to be with**. 당신과 함께 있으면 즐거워.
  'You'는 'with'의 목적어

- *His reaction* is hard **to read**. 그의 반응을 알기가 어려워.
  = *It* is hard to read *his reaction*.
  'His reaction'은 'read'의 목적어

- "What's the guy like?" "*He*'s easy **to get along with**."
  "그 남자 성격이 어때?" "함께 지내기 편한 사람이야."
  '마음의 부담을 주지 않고 다정하며 편안하다'고 말할 때 'easy to get along with'라는 표현을 쓴다. 'easy' 대신 'hard'가 쓰이면 '함께 지내기 까다롭다'라는 뜻이다.
  = *It* is easy to get along with *him*.

- I fancy *I* must have been at one time rather hard **to manage**. Yet my father neither let me have my own way nor angered me by his opposition.
  한때는 나를 다루기가 좀 힘들었음이 틀림없다고 난 생각한다. 그러나, 아버님은 내가 멋대로 하도록 내버려 두지 않았으며, 또 무작정 반대를 하여 내가 화를 내게도 하지 않으셨다.
  = *It* must have been at one time rather hard to manage *me*.
  'must + 완료'는 '~했음이 틀림없다'는 뜻으로 '과거 사실에 대한 확실한 추측'을 나타낸다. 'manage'의 목적어 'me'를 강조하기 위하여 가주어 자리로 이동된 것이다.

- *Goods and services offered within public buildings* must also be easy for disabled people **to use**.
  공공건물 내에 제공되는 여러 가지 시설물과 서비스를 장애인들이 사용하기에 용이해야만 한다.
  = *It* must also be easy for disabled people to use *goods and services offered within public buildings*.
  'to use'의 목적어 이탤릭체 부분을 강조하기 위해 주어자리로 이동한 것이다.

---

deceive[disíːv] 속이다
deceit[disíːt] 속임; 사기

come by 획득하다, 얻다(gain, acquire, obtain); (어디 가는 길에) 잠깐 들르다

reaction[riǽkʃən] 반응
read (표정·반응 등에서 사람의 마음·생각 등을) 읽다, 알아차리다

fancy ~라는 생각이 들다
at one time 한때는
manage 다루다
neither A nor B A도 아니고 B도 아니다
have one's own way 제멋대로 하다
anger 화나게 하다
opposition[àpəzíʃən] 반대

goods 시설물, 도구; 상품
offer (자진해서) 제공하다; 제출하다
disabled[diséibəld] 불구가 된

01. 다음 중 어법상 틀리거나 어색한 부분이 없는 것을 고르시오.

(A) Dennis is reported to be kidnapped yesterday.
(B) The woman did nothing but complain all day.
(C) I'm sure I locked the door. I clearly remember to lock it.
(D) The old man lost the ability communicating with people.

02. 다음 중 문장 전환이 잘못된 것을 고르시오.

(A) It seems that Julie was pretty in her youth.
　⋯▸ Julie seems to be pretty in her youth.
(B) It is natural that they (should) break up with each other.
　⋯▸ It is natural for them to break up with each other.
(C) He is so wealthy that he can go abroad.
　⋯▸ His wealth enables him to go abroad.
(D) People believe that Mary is cultivated.
　⋯▸ Mary is believed to be cultivated.

03. 괄호 안의 지시대로 올바르게 된 표현을 고르시오.

A: Please accept my apology for the delay.
B: (FORGIVES HER)
(A) You're welcome.
(B) Think nothing of it.
(C) You were out of your mind!
(D) Don't get on my bad side.

04. 다음 대화문의 빈칸에 적합하지 않은 표현을 고르시오.

A: How much did you pay for this laptop?
B: I picked it up at the sale – _____.
(A) I got it for a real bargain
(B) I got it stolen
(C) I got it for a steal
(D) this was a steal

◎ 다음 대화문의 빈칸에 가장 적절한 표현을 고르시오.

05. A: Is it okay to use your phone?
　　 B: _____
(A) That sounds great.
(B) Of course not. Go ahead.
(C) Certainly. Be my guest!
(D) No, I wouldn't mind.

06. A: Do you have anything _____ for customs?
　　 B: No, I don't have any prohibited articles. I've only a used computer.
(A) to declare
(B) declared
(C) declare
(D) declaring

07. A: Are we going to the party?
   B: But I don't have _____.
   A: Don't worry about it. Just let your hair down and have a good time.
   (A) something nice to wear
   (B) anything nice to wear
   (C) nice anything to wear
   (D) nothing to wear nice

08. A: Did the teacher ask you many questions?
   B: Yes, and _____.
   (A) they'd difficulty being answered
   (B) they were difficult to answer
   (C) he was difficult to answer them
   (D) it was difficult to answer

◎ 다음 글의 빈칸에 가장 적절한 표현을 고르시오.

09. It's never _____ late to mend; why don't you call him up and apologize?
   (A) too   (B) so
   (C) enough   (D) very

10. I must go now. I promised _____ late.
   (A) not being   (B) not to be
   (C) to not be   (D) I won't be

11. She won't _____ her children play by the river.
   (A) want   (B) let
   (C) permit   (D) allow

12. Remember _____ your host or hostess when you _____. You should also telephone the next day to say 'thank you' again.
   (A) thanking - will leave   (B) to thank - will leave
   (C) thanking - leave   (D) to thank - leave

13. Clients are asked _____ in writing if they want their credit _____, and this was not done.
   (A) to apply - to be extended   (B) applying - to extend
   (C) to apply - to extend   (D) applied - be extended

14. I recently returned from a trip and had no way of getting home from the airport. I called Henry, and _____.
  (A) it seemed eager for him to drive me
  (B) he seemed eager to drive me
  (C) he seemed easy to drive me
  (D) it seemed eager of him to drive me

15. The timid guy wanted to tell her about his feelings but he _____.
  (A) is afraid to do so
  (B) was afraid to do so
  (C) was afraid of doing
  (D) is afraid of doing so

16. Every year millions of people _____, but only about three percent do.
  (A) try quitting to smoke
  (B) try to quit to smoke
  (C) try to quit smoking
  (D) trying to quit smoking

17. _____ a duty or not to show thanks for a kindness is _____.
  (A) Forgetting - crime
  (B) Forget - crimes
  (C) To forget - a crime
  (D) A forget - a crime

18. A benefit match is intended _____ money for charity.
  (A) to raise
  (B) raising
  (C) raised
  (D) to be raised

19. After considerable discussion about new beef import agreements they decided _____ our offer.
  (A) to accept
  (B) accepting
  (C) of accepting
  (D) to be accepted

20. Failure _____ the government's safety regulations will result in prosecution.
  (A) to comply
  (B) to comply with
  (C) of complying with
  (D) to be complied

21. The biggest favor parents can do their children is to let them _____ a little.
  (A) struggled
  (B) struggling
  (C) to struggle
  (D) struggle

22. Having no work to go to and no dependents _____, Sam is always free.
   (A) provide for
   (B) to provide for
   (C) providing for
   (D) provided with

23. The ability _____ Chinese fluently is highly regarded in this position.
   (A) to speak
   (B) of speaking
   (C) speaking
   (D) spoken

24. _____ effort is being made _____ the issue you raised at the last meeting.
   (A) Every - deal with
   (B) Several - to deal with
   (C) Every - to deal with
   (D) An - deal with

25. Jobs are hard _____ by these days.
   (A) to come
   (B) of passing
   (C) to go
   (D) to get

26. The purpose of this meeting is _____ a more aggressive advertising strategy to increase quarterly sales substantially.
   (A) developed
   (B) to tell
   (C) to discuss
   (D) discussing about

27. _____ me _____ to you for having broken my promise.
   (A) Allow - apologize
   (B) Let - apologize
   (C) Permit - apology
   (D) Forgive - to apologize

28. Sorry, we don't allow _____ in the lecture room and especially we also don't allow the students _____ in the lecture room.
   (A) smoking - smoking
   (B) to smoke - to smoke
   (C) smoking - to smoke
   (D) to smoke - smoking

29. Visa applications take a minimum of a week _____ by the Embassy staff.
   (A) processed
   (B) to be processing
   (C) processing
   (D) to be processed

30. Did you make up your mind what food _____ guests at a party?
(A) serving
(B) to serve
(C) served
(D) is served

31. According to the results of the survey on customer satisfaction, the marketing division will decide _____ with the coming year's advertising strategy.
(A) who to do
(B) why to do
(C) what to do
(D) when to do

32. _____ to the meeting, have one of the staff _____ the agenda and hand it out to each of the participants.
(A) Prior - to print out
(B) Earlier - printing out
(C) Before - printed out
(D) Prior - print out

33. The president has found it helpful _____ new members of staff through at least one month's training before having them _____ work.
(A) to put - to start
(B) putting - starting
(C) to put - start
(D) put - to start

34. Modern technology has made it possible _____ coin-operated vending machines _____ unusual things, not just candy and soft drinks.
(A) for - to dispense
(B) with - dispensing
(C) of - to dispense
(D) by - dispensing

35. The corporation of MS domestic appliances has been instructed by the courts _____ all of the pressure cookers it sold in the third quarter.
(A) recalling
(B) recalled
(C) to recall
(D) to be recalled

36. Nobody that will not try to help _____ people develop their abilities deserves _____ friends.
(A) other - to have
(B) another - to have
(C) others - having
(D) another - having

37. If you're afraid you have nothing _____, then you're really old.
(A) leaving to live for
(B) left to live
(C) leaving to live
(D) left to live for

38. People who join together as a group are much harder _____ than they would be _____.

(A) to be defeated - separate
(B) defeating - separated
(C) to defeat - separately
(D) defeated - separate

39. Most of the beautiful women I see give the impression that the average male isn't good enough for them. Also, most guys take it for granted that beautiful girls already have boyfriends. Therefore, if you want _____ an attractive girl out, the best way to approach that girl is _____ brave and to do it yourself.

(A) asking - being
(B) asking - to be
(C) to ask - being
(D) to ask - to be

40. A school-bus driver, I told the children on my route that I would soon be quitting _____ a _____ truck. Some students asked me why I was leaving. I was about to list logical reasons – travel and better pay – when a child's voice called out from the back of the bus, "I know! Lettuce and tomatoes don't talk back."

(A) driving - to produce
(B) driving - produce
(C) to driving - to produce
(D) to drive - produce

LESSON **07**

분사

분사는 동사가 형용사 기능을 하는 것으로 현재분사(-ing)와 과거분사(-ed)가 있다. 현재분사는 진행형에 쓰이며 능동의 의미를 갖는다. 과거분사는 수동과 완료의 의미를 갖는다.
형용사적으로 쓰일 때 분사는 보통 수식하는 명사 앞에 오지만, 수식하는 말이 길 경우에는 뒤에 위치한다.

❶ 현재분사

자동사의 현재분사는 '~하(고 있)는'의 진행의 뜻이 있고, 타동사의 현재분사는 '~하게 하는'의 능동의 의미를 가지며 의미상 목적어를 가진다.

❷ 과거분사

타동사의 과거분사는 수동의 의미가 있고, 자동사의 과거분사는 완료의 의미를 지닌다.

❸ 형용사적으로 쓰이는 현재분사와 부정사

위에서 언급한대로 '~하(고 있)는'의 진행의 의미가 있는 현재 분사와는 달리, 형용사적으로 쓰이는 to부정사는 '~해야만 하는; 할 수 있는'의 '의무·당연·능력·가능성'을 나타낸다.

LESSON 07

01 분사의 동사적 기능

❶ 현재분사는 진행형(be + -ing)에 쓰인다.

- I have so much to do – I feel like **I'm going** out of my mind.
  할 일이 너무 많아. 미칠 것만 같아.

- **I'm feeling** on top of the world.
  하늘을 날아갈 듯한 기분이야. 기분 끝내줘!

❷ 과거분사는 완료(have + p.p.)와 수동태(be + p.p.)에 쓰인다.

- You**'ve lost** a lot of weight.
  살이 많이 빠졌군.

- The driver **was** clearly **intoxicated**.
  그 운전기사는 분명히 술에 취해 있었다.

go out of one's mind 정신적으로 이상한 행동을 하다

feel on top of the world 하늘이라도 올라간 듯한 기분으로

clearly 분명히, 확실히
intoxicated [intǽksikèitid] 만취된; 황홀한

02 분사의 형용사적 용법

① 한정적 용법: 명사를 수식하는 것을 한정적 용법이라 한다.

❶ 진행(~하(고 있)는)의 뜻이 있는 현재분사는 형용사의 성질을 갖고 명사 앞뒤에서 꾸며줄 수 있다. 분사가 명사 앞에 올 때 형용사의 성질에 더 가깝다.

- He's an **outgoing** person.
  그는 사람들과 잘 어울려.

- Everyone on a diet hopes for **lasting** results.
  다이어트를 하는 모든 사람들은 지속적인 결과를 바란다.

- A **rolling** stone gathers no moss.
  구르는 돌에는 이끼가 끼지 않는다.
  '직업을 자주 바꾸면 돈이 모이지 않는다.' 는 뜻으로 비난이 담긴 표현이다. 미국에서는 '활동가는 녹슬지 않는다.' 는 뜻으로 쓰임.

- He's one of the most **boring** people I've ever met.
  그는 내가 지금까지 만나 본 사람 중에서 가장 재미없는 사람 중 하나야.

❷ 과거분사는 수동·완료로 '~되어진, ~된' 의 뜻이 있다.

> A : How would you like your eggs? 계란을 어떻게 해 드릴까요?
> B : **Soft-boiled** eggs, please. 반숙 주세요.

- John is a **born** athlete.
  존은 타고난 운동선수이다.

- I wonder why the beautiful lady brought me a **broken** vase.
  그 미인이 나에게 왜 깨진 꽃병을 가져왔는지 궁금해.

  타동사의 과거분사는 수동의 뜻을 가진다.

outgoing 사교적인

lasting 지속적인

roll 구르다
gather 모으다
moss 이끼

bore 지루하게 하다
boring 따분한(not very interesting)

soft-boiled = half-boiled 반숙의

born 타고난, 선천적인
athlete [ǽθliːt] 운동선수

- Treading on the **fallen** leaves through the woods I found a **surprising** scene.
  숲에서 낙엽을 밟으며 가다가 놀라운 광경을 발견했다.

  자동사의 과거분사는 완료의 뜻이고, 타동사의 현재분사는 의미상의 목적어를 갖는다.
  (= leaves *which have fallen* / a scene *which surprised me*)

- He has three **grown** sons.
  그에게는 성장한 세 아들이 있다.(= three sons who have grown (up))

  영국 영어에서는 'full-grown, grown-up'만이 가능하다.

tread 밟다(–trod–trodden)
scene (하나의) 장면; 광경

❸ 분사가 앞뒤에 올 때 의미가 달라지는 예: 일부 분사는 명사 앞뒤에 쓰일 때 의미가 다르다. 우리말로 해석할 때 주의해야 한다.

- All the people **concerned/involved** had very concerned expressions.
  모든 관련자들은 매우 걱정스런 표정을 지었다.

  eg. the solution *adopted* 채택된 해결책
  an *adopted* son 양자
  jobs *wanted* 구직
  wanted persons 수배중인 사람들

concerned 걱정하는; (명사 뒤에서) 관계하고 있는
involved 복잡한; (명사 뒤에서) 관계된, (긴밀히) 관련된
expression 표정; 표현, 표현법

❹ 복합형용사: 일부 분사는 '부사 / 형용사 / 명사' 등과 결합되어야만 쓰이는 경우가 있다. 분사가 명사·형용사·부사와 결합하여 형용사적으로 사용되며 명사와 결합하는 경우에는 지속적인 (permanent) 성질을 나타낸다.

- A **handsome-looking** boy was walking with **English-speaking** foreigners.
  잘생긴 소년이 영어를 사용하는 외국인들과 걸어가고 있었다.

- We now live in a **science-dominated** society.
  지금 우리는 과학의 지배를 받는 사회 속에서 살고 있다.

dominate [dámənèit] 지배하다
society [səsáiəti] 사회

- The **well-read** person living in the **recently-built** house bought a **ready-made** suit for one of his friends.
  최근에 지은 집에 살고 있는 그 박식한 사람은 한 친구에게 주려고 기성복 한 벌을 샀다.

- **Recently released** reports on the company's performance reveal an astonishing rise in sales in the first quarter.
  회사의 실적에 관해 최근 발표된 보고서에 따르면 1분기 매출에 놀라운 상승이 있음을 나타내고 있다.

release 발표하다
performance 실적
reveal 나타내다
astonishing 놀라운
rise 상승
quarter 분기

❺ 분사가 목적어·보어·부사를 동반할 때는 동사적 성질이 강하므로 명사 뒤에 온다. 뒤에서 수식할 때는 '관계대명사 + be'가 생략된 형태이다.

- Look at the line of people waiting *to get into the theater*.
  people을 수식   to 부정사는 waiting을 수식하는 부사구
  극장에 들어가려고 줄서서 기다리는 사람들 좀 봐.

- The lady (who is) **sitting** *opposite me* is my better half.
  내 맞은편에 앉아 있는 아가씨는 나의 반쪽이야.

opposite [ápəzit] 맞은편에, 반대편에
better half 반려자, 아내

- Jane wore a red dress (which was) **made** *in Korea*.
  제인은 한국에서 만든 빨간 옷을 입고 있어.

mouth-watering 군침이 도는	
surround [səráund] 둘러싸다	
naked [néikid] 벌거벗은	

2 **서술적 용법:** 보어로 쓰이는 것을 서술적 용법이라 한다.

❶ 분사가 'be, remain, stand, sit, come, go, get' 등의 상태를 나타내는 자동사 다음에 와서 주격 보어 역할을 한다.

- It looks **mouth-watering**. 맛있어 보이는데요.
- He sat **surrounded** by his grandchildren. 그는 손자들에 둘러싸여 앉아 있었다.
- **Naked** come, **naked** go. 공수래공수거(空手來 空手去)

❷ 분사가 'feel, see, smell, hear, find, leave, keep, have, make' 등의 타동사 뒤에 와서 목적격 보어 역할을 한다.

crawl [krɔːl] 기어가다

- I'm sorry to have *kept* you **waiting**. 기다리게 해서 죄송합니다.
- I *feel* something **crawling** up my arm. 내 팔 위로 뭔가 기어가는 느낌이야.

leave ~을 …한 상태로 놓아두다
detail (pl.) 상세한 것; 세부

- *Leave* it **untouched**, please. 손대지 말고 그냥 내버려두세요.
- (You'd) Better *leave* the details **unsaid**. 자세한 것은 말하지 않고 두는 게 좋아.
  = The details are better *left* **unsaid**.

3 **수동 형용사**

과거분사 다음에 행위자를 나타내는 'by'가 아닌 'at(~을 보고, 듣고, 생각하고)' 또는 'with(~에 대하여, ~에)' 등이 올 때 분사가 형용사처럼 느껴지기 때문에 즉 정적(靜的)인 느낌을 준다. 이런 분사를 수동 형용사라고 하며 'very'로 수식한다.

annoy 짜증나게 하다; 귀찮게 굴다
nag 잔소리하다

- I'm *very* **annoyed** with your nagging. 네 잔소리에 매우 짜증이 나.
- I hope you weren't **shocked** at what I said.
  내가 한 말에 네가 충격을 받지 않기를 나는 바래.

discouraged [diskə́ːridʒd] 낙담한

- Mary looks *very* **discouraged**, doesn't she?
  메리는 매우 낙담한 것 같아, 그렇지 않아.

impress ~에게 감명을 주다; 인상 지우다

- I'm *very* **impressed** with her English. It's very good.
  그녀의 영어 실력이 매우 인상적이었어. 매우 훌륭해.

frightened [fráitnd] 무서워하는 (scared)

- I'm *very* **frightened** of dogs. 개를 매우 무서워해요.

humiliate [hjuːmílièit] ~를 수치스럽고 당황케 하다, 자존심을 상하게 하다

- I've never felt so **humiliated** in all my life!
  내 생애에 이렇게 창피해 본적은 결코 없어!

03   Have + 목적어 + 과거분사

a) Susan **had** the box **carried**. 수잔은 상자를 나르도록 시켰다.

여러분은 사역 · 지각동사 + 목적어 ┌ 사람 + 원형 부정사 ┐
                                    └ 사물 + 과거분사   ┘ 의 형식을 취한다고 암기해 왔다.

위 예문에서 사역동사 다음에 원형 부정사가 아닌 과거분사가 나타난 이유를 알아보자.

문장 a)의 능동문은 아래와 같이 5형식과 3형식이 결합된 구조로 분석할 수 있다.

b) Susan had [a porter carry the box].
    ① _____   ___   __S__   _V_   __O__
    ②   S   V   O   O.C   〈수동 56쪽 5형식 문형 수동 참조〉

그러면 b)를 수동으로 할 때 'have'와 'carry' 중 어느 동사를 수동으로 하느냐 하는 것이 문제일 수 있다. 당연히 'carry' 동사를 수동으로 해야 한다. 왜냐하면 'have' 동사가 '~에게 …을 시키다, ~에게 …을 하게 하다'라는 사역의 뜻일 때는 수동태로 할 수 없기 때문이다. 또한 'a porter'를 수동 주어로 하지 않는 이유는 주어는 문장의 강조되는 명사가 되어야 하기 때문이다. 수동이란 초점의 대상을 주어로 하는 변형이다. 짐꾼은 누가 선택되든 관심의 대상이 아니다. 그래서 구조 ① [a porter carry the box]를 수동으로 하면 c)와 같이 된다.

c) Susan **had** the box be **carried**.

수동문 c)에서 의미 없는 수동 조동사 'be'가 생략되어 위에 있는 문장 a)가 탄생되는 것이다.

> *cf.* Breakfast can *be had* at 7. 아침 식사는 7시에 할 수 있다.
> There is nothing *to be had*. 얻어진 것이 아무 것도 없다.
> 동사 'have'가 사역의 뜻이 아니고 '먹다, 마시다; 얻다'의 뜻일 때는 수동이 가능하다.

A : Hey, I thought your back was hurt and you couldn't walk.
야, 난 너 허리를 다쳐서 걸을 수 없을 줄 알았는데.

B : I couldn't but I **had** acupuncture **done** on it and it did wonders for my back.
그랬었지. 하지만 침을 맞고 허리에 아주 좋은 효과를 얻었어.

acupuncture[ǽkjupʌ̀ŋktʃər] 침술, 침 요법
do / work wonders 커다란 효과를 보다, 좋은 결과를 가져오다
wonder 경이, 놀라움

- I **had** my blood pressure **taken**. 혈압을 쟀다.

blood pressure 혈압

- Could you **have** the light bulb in this living room **changed**?
거실에 전구 좀 갈아주시겠어요?

light bulb 백열등
cf. **fluorescent lamp** 형광등

- I lost my key. I'll have to **have** another key **made**.
열쇠를 잃어버렸어. 새로 하나 만들어야만 하겠어.

- You look different. Did you **have** your hair **cut**?
딴 사람 같은데요. 이발했어요?(= Did you have a haircut?)

- This coat is dirty. I must **have** it **cleaned**.
이 코트가 더러워서 세탁을 해야만 하겠어.

- I have to **have** this report **finished** by the fifteenth.
15일까지는 이 리포트를 끝마쳐야 한다.

- King Charles I **had** his head **cut off**.
찰스 왕 1세는 교수형을 당했다.

- When no one is available to answer calls, the office **has** them **forwarded** to an answering service.
사무실에서 전화 받을 사람이 없을 때에는 걸려오는 전화를 자동 응답 서비스에서 받도록 해 놓고 있다.

available[əvéiləbəl] 전화를 받을 수 있는
forward[fɔ́:rwərd] 전송하다

flight 정기항공편
book 예약하다

keep one's fingers crossed
행운을 빌다

❷ 'have' 동사 외에 '동사 + 목적어 + 과거분사'의 구문:

- If you **want** a thing well **done**, you should do it yourself.
  어떤 일이 잘 되길 원한다면 그것이 자신이 직접 하는 게 최고야.

- You already **got** a flight **booked**.
  당신 비행기 편이 벌써 예약되어 있어요.

- He **ordered** his suit **remade**.
  그는 양복을 개조하도록 주문했다.

- I'll **keep** my fingers **crossed** for you.
  행운을 빌게요.

04 감정 동사의 과거분사와 현재분사

인간의 감정을 유발시키는 동사를 사용할 때 현재분사와 과거분사 중 어느 것을 사용해야 되는지 헷갈릴 때가 종종 있다. 둘 사이에는 커다란 의미상 차이가 있으므로 사용할 때 혼동하지 말아야 한다. 인간의 감정을 나타냄에 있어 현재분사는 상대방에게 감정을 야기 시키는 능동의 뜻이다. 그러나 과거분사는 어떤 사람이 감정동사의 느낌을 받는 수동의 뜻이다.

amaze[əméiz] 깜짝 놀라게 하다
embarrass[imbǽrəs] 당황하게 하다
surprise[sərpráiz] 놀라게 하다
bore[bɔːr] 지루하게 / 따분하게 하다
excite[iksáit] 흥분시키다
interest[íntərèst] 흥미 있게 하다

그러므로 위에 있는 인간의 감정을 나타내는 동사를 사용할 때, 감정 표현을 야기 시키고, 감정을 느낄 수 있는 사람이 주어일 때는 현재분사와 과거분사 둘 다 사용할 수 있다.

감정 표현을 하는 인간과는 달리 무생물은 감정 표현을 나타낼 수가 없으므로 주어가 무생물인 경우에는 'My life is interested.(X)'와 같이 과거분사를 사용할 수 없고 'My life is interesting.'처럼 현재분사만을 사용한다.

- Our teacher is **boring**.
  (선생님의 지루한 수업으로) 선생님이 학생들을 지루하고 흥미 없게 해준다.

- Our teacher is **bored**.
  (학생들이 공부에 무관심하거나 열의가 없어) 선생님이 지루해하고, 따분해 한다.

- His **embarrassing** story made us **embarrassed**.
  우리를 당혹케 하는 그의 이야기 때문에 당혹스러웠다.

  = His story *which embarrassed us* made us embarrassed.
  타동사의 현재분사는 의미상의 목적어를 갖는다.

sound (말하는 걸 들어보니) ~으로 생각되다 / 들리다

- (It) Sounds like a **boring** / an **interesting** day.
  말하는 걸 보니 지루한 하루 / 신나는 하루였던 것 같군.

05 분사의 전용: 분사가 명사·부사·전치사적으로 쓰일 수 있다.

1 명사적 용법: 'the + 분사'는 보통명사의 복수 및 추상명사로 쓰인다.

- **The unknown** is always mysterious and attractive.
  미지의 것은 항상 신비스럽고 매력적이다.

- **The unexpected** will always happen.
  예상하지 않은 일이 항상 일어나게 마련이다.

mysterious [mistíəriəs] 신비스러운
attractive 매력적인

unexpected 예기치 않은, 뜻밖의
eg. the dying 죽어가는 사람들
eg. the accused 피고(단수)

2 부사적 용법: 분사가 정도를 나타내는 부사로 '매우'의 뜻으로 쓰인다.

- It's **piercing/freezing/biting/cutting** cold.
  살을 에는 듯한 추위다.

- It's **piping/burning/boiling/scorching** hot.
  찌는 듯한/몹시 뜨거운 날씨다.

  eg. dripping/soaking wet 흠뻑 젖은   passing strange 매우 이상한

piercing 뼈에 사무치는
freezing 냉동하는
biting 쏘는 듯한, 몸에 스미는
cutting 살을 에는 듯한
piping 펄펄 끓는
burning 타는
boiling 끓는
scorching 태우는 듯한

3 전치사적 용법: 'considering ~에 비해서(for), concerning ~에 관하여(about)' 등과 같이 분사가 전치사적으로 쓰인다.

- The woman looks much younger **considering** her age.
  그 부인은 나이에 비해 훨씬 젊어 보인다.

- He gave a long talk **concerning** our politics.
  그는 우리의 정치에 관해 오랫동안 이야기했다.

politics 정치(학)

  eg. depending ~에 따라서   including ~을 포함하여
        regarding ~에 관하여   preceding ~전에

06 관용적 표현: go -ing ~하러 가다 / be busy -ing ~하느라 바쁘다

- I'm *going* **swimming/jogging/climbing/room-hunting/mushroom-hunting**.
  나는 수영/조깅/등산/방을 구하러/버섯 따러 갈 거야.

- The woman *spends* much time **taking care of** her baby.
  그 부인은 아기를 돌보는데 많은 시간을 보낸다.

- He was *caught* **smoking** in the restroom.
  그는 화장실에서 담배를 피우다 들켰다.

mushroom [mʌ́ʃru(:)m] 버섯
eg. edible mushroom 식용 버섯
eg. poisonous mushroom 독버섯

spend -ing ~하느라 시간을 보내다
take care of ~를 돌보다

catch -ing (~하는 것을) 발견하다 (find, discover)
restroom 화장실

beard[biərd] 턱수염
cf. whisker 구레나룻
mustache[mʌ́stæʃ] 콧수염
goatee beard 턱밑에 염소수염
eg. grow/wear a beard 수염을 기르다

07 의사 분사(Quasi-participle)

명사에 '-ed'가 붙어 분사처럼 형용사 구실을 하는 것을 '의사 분사'라고 한다.

- The **white-bearded** man is the **left-handed** pitcher.
  흰 수염을 기른 사람은 왼손잡이 투수이다.

- The **brown-eyed** girl who is eating a **giant-sized** ice-cream cone has a car with a **diesel-powered** engine.
  엄청나게 큰 아이스크림을 먹고 있는 갈색 눈의 그 소녀는 디젤 동력엔진의 자동차를 갖고 있다.

08 분사 구문의 형식과 의미

부사절(While I was walking along a busy street …)을 부사구((Being) Walking along a busy street …)로 만드는 데 분사를 이용하기 때문에 분사 구문이라 한다.

분사 구문으로 바꾸는 방법

❶ 접속사(while)를 생략하고
❷ 부사절과 주절의 주어가 동일한 경우, 주어를 생략한다.
❸ 그 다음 동사의 원형에 -ing을 붙이면 분사 구문이 된다.
  이때 진행형 조동사 'Being'은 의미가 없기 때문에 보통 생략한다.

While I was walking along a busy street, I happened to see him.
            부사절   주절

⋯▸ *(Being) While I was walking along a busy street*, I happened to see him.
                       부사구

번화한 길을 따라 걷다가 우연히 그를 만났다.

busy 번화한

① 분사 구문의 의미

분사 구문은 문맥에 따라 '시간·이유·양보·조건'의 뜻을 나타낸다.

❶ 이유(Reason)

jet-lagged (시차 때문에) 피곤한

a. **Feeling** jet-lagged, I went to bed earlier.
   =*Since I felt* jet-lagged, I went to bed earlier.
   시차 때문에 피곤해서 좀 더 일찍 잠자리에 들었다.

b. **Not knowing** what to do, I telephoned the police.
   =*As I didn't know* what to do, I telephoned the police.
   무엇을 해야 할지 몰라서, 나는 경찰에 전화를 걸었다.

접속사와 동일한 주어를 생략한 후 동사의 원형에 -ing를 붙이면 분사 구문이 된다고 했다. 그러면 예문 b)에서 동사 'didn't know'를 'Doing not know'의 형태로 하면 안 되는가?

그렇게 하면 안 된다. 그 이유는 위 문장에서 'did'는 부정문을 만들기 위해 삽입된 조동사이므로, 다른 구조로 변형될 때는 아래와 같은 원래 문장에서 분사구문으로 전환되어야 한다.

As I not knew what to do, I telephoned the police. ⟨b⟩의 원래문장

c. She burst out crying, **(being) unable** to bear so much sorrow.
그녀는 이렇게 많은 슬픔을 참을 수가 없어서 울음을 터뜨렸다.

'being'은 조동사는 아니지만 유추 현상에 의해 보어 앞에서 생략되기도 한다.

burst out crying 울음을 터뜨리다
bear [bɛər] (고통·슬픔·싫은 것 등을)참다
sorrow [sárou] 슬픔, 비애

❷ 조건(Condition)

- **Turning** to the right, you'll find the place you are looking for.
  = *If you turn* to the right, you'll find the place you are looking for.
  오른쪽으로 돌면 당신이 찾는 곳을 발견할 것입니다.

❸ 양보(Concession)

- **Admitting** that he is naturally clever, he is too lazy.
  = *Even though we admit* that he is naturally clever, he is too lazy.
  그가 천부적으로 현명하다는 것은 인정하지만 너무 게으르다.

naturally 천성적으로
lazy 일하기를 싫어하는(unwilling to work)

- **Living** in the same village, I have seldom seen her.
  = *Though I live* in the same village, I have seldom seen her.
  같은 마을에 살아도 그녀를 좀처럼 본적이 없다.

seldom 좀처럼 ~않는

2 수동 분사 구문

❶ 때(Time)

- **Left** alone at home, I watched a video movie.
  = *When / While I was left* alone at home, I watched a video movie.
  집에 혼자 남았을 때, 나는 영화를 보았다.

수동 분사 구문에서 수동 조동사 'being' 또는 완료 조동사 'having been'은 아무런 의미가 없기 때문에 생략이 가능하다.

❷ 이유(Reason)

- **(Having been) Asked** to lecture at the university, she could not come here.
  = *As she had been asked* to lecture at the university, she could not ...
  대학에서 강연 요청이 있었기 때문에 그녀는 여기에 올 수 없었다.

❸ 조건(Condition)

- **(Having been) Born** in better times, he'd have become a greater artist.
  = *If he had been born* in better times, he would have become ...
  더 좋은 시절에 태어났더라면 그는 더 위대한 예술가가 되었을 텐데.

❹ 양보(Concession)

- **(Having been) Born** in a log cabin, Lincoln became a great President.
  = *Even though he had been born* in a log cabin, Lincoln became ...
  비록 통나무 오두막에서 태어났지만 링컨은 훌륭한 대통령이 되었다.

log 통나무, 원목
cabin 작은 오두막; (배의) 선실; (비행기의) 객실

분사 구문을 부사절로 바꾸는 방법
- Left alone at home, I watched a video movie.

  위 분사 구문을 다시 부사절로 바꾸는 요령은 다음과 같다.

❶ 문맥에 맞는 접속사를 찾는데 위 문장의 뜻으로 보아 '시간(When, While)' 또는 '이유(Since, As, Because)'를 나타내는 접속사를 사용할 수 있다.
  - **When / As ...** alone at home, I watched a video movie.

❷ 분사의 의미상 주어는 주절의 주어와 일치하므로 부사절의 주어는 주절의 주어와 같게 하면 된다.
  - **When / As I ...** alone at home, I watched a video movie.

❸ 단순 분사는 주절의 시제와 같게 한다.

  위 분사 구문을 'When/As I left alone at …'로 바꾸면 안 된다. 그 이유는 모든 분사 구문은 현재분사로 시작되기 때문이다. 위 예문과 같이 과거분사(Left alone …,)로 되어 있을 경우에는 'being' 또는 'having been'이 생략된 것으로 주절의 시제에 따라 결정된다. 위 예문에서 주절의 시제가 과거이므로 다음과 같이 된다.
  - **When / As I was left** alone at home, I wached ...

09   부대 상황(Attendant circumstances)

'~한 상태로, ~하고, ~한 채, ~하면서'의 뜻으로 분사구문이 주절의 동사와 동시에 또는 부수적으로 나타나는 상황을 말한다. 또한 'with(out) + 목적어 + 형용사(분사·부정사·부사)'의 형태로 나타내는 것을 부대 상황이라고 한다.

- **Singing and dancing**, we had a good time at the welcome party.
  노래하고 춤추며, 우리는 환영회에서 즐겁게 보냈다.

- He came home (**being**) **sick**.   그는 병이 들어 집으로 왔다.

- He died (**being**) **a beggar**.   그는 거지로 죽었다.

  위 예문의 'sick'와 'a beggar'는 주어의 상태를 설명하는 분사 구문

- I always go jogging **with my puppy running behind**.
  나는 항상 강아지를 뒤따르게 하고 조깅을 한다.

- Don't speak **with your mouth full**.   입에 음식을 가득 넣고 말하지 말아라.

- He is singing **with his arms crossed**.
  그는 팔짱을 끼고 노래를 부르고 있다.

- She wandered about **without shoes on** and **with her hands in her pockets**.
  그녀는 맨발로 주머니에 손을 넣은 채 이리저리 방황했다.

- **Without anyone to talk to**, I felt lonely.
  이야기 상대가 없어 외로움을 느꼈다.

  eg. A man sitting on the sofa, **pen in hand**, told me, "Do it this way."
  손에 펜을 들고 소파에 앉아 있는 한 남자가 '그것을 이렇게 해'라고 나에게 말했다.

  'with a pen in his hand'는 부대 상황을 나타내는 부사구로 전치사 'with'가 생략된 채 부사로 쓰여야 되기 때문에 명사의 속성을 유지해주는 관사와 소유격을 동시에 생략해야만 한다. 그 이유는 관사 또는 소유격 다음에 항상 명사가 오기 때문이다.

- **With the instructions provided to you** in the package, you'll be able to put the bed together on your own.
  포장에 주어진 설명서대로 혼자서 침대를 조립할 수 있습니다.

  instruction (사용) 설명서
  provide 제공하다(offer)
  package 포장
  put sth together ~을 조립하다 (assemble)
  on one's own 혼자(alone), 혼자 힘으로

10 독립 분사 구문

주절의 주어와 분사의 의미상 주어가 일치하지 않을 때 분사의 주어를 생략하지 않는 것을 독립 분사 구문이라 한다.

a. **The task (having been) done**, we went out to the coffee shop.
   일이 끝났기에 우리는 커피숍으로 갔다. 〈문어체〉

   = *As the task had been done*, we went out to the coffee shop. 〈회화체〉

b. **It being fine**, all the boys and girls went out for a walk. 〈문어체〉
   날씨가 좋아서 모든 소년 소녀들은 산책하러 갔다.

   = *As it was fine*, all the boys and girls went out for a walk. 〈회화체〉

11 비인칭 독립 분사(Impersonal Absolute Participle)

독립 분사 구문에서는 분사의 의미상 주어가 필요하다. 그러나 비인칭 독립 분사의 주절과 종속절의 주어가 일치하지 않지만 일반인을 나타내므로 생략할 수 있다. 분사 구문과는 달리 비인칭 독립 분사 구문은 회화에서 자주 쓰이며 'speaking'이 생략된 채 부사만이 흔히 쓰인다.

frankly[frǽŋkli] (speaking) 솔직히 말해서
briefly[brí:fli] (speaking) 간단히 말해서
strictly[stríktli] (speaking) 엄격히 말해서
personally[pə́:rsənəli] (speaking) 개인적으로 말해서
generally[dʒénərəli] (speaking) 일반적으로
figuratively[fígjərətivli] (speaking) 비유적으로 말해서

- "How many people, roughly?" "**Roughly speaking** I'd say 200."
  "대략 몇 명?"   "대략 말해서 200명쯤."

  roughly[rʌ́fli] 대충, 대략적으로

  부사절 'If I speak roughly ...'에서 'Roughly speaking'으로 부사의 위치가 바뀐 이유는, 부사절 'If I speak roughly ...'에서 'speak'는 동사이므로 'roughly'는 동사 뒤에서 수식하지만 분사 구문이 되었을 때 'speaking'은 동사가 아니라 부사 역할을 하기 때문에 부사 'roughly'가 부사 'speaking'을 수식하기 위하여 앞으로 이동한 것이다. 중요한 것은 부사절이 축소되어도 부사기능을 유지한다는 것이다.

philosophy [filásəfi] 철학
philosophically 철학적으로
A is looked upon as B A는 B로 생각된다(be thought of as, be considered as)

- **Philosophically (speaking)**, spring is looked upon as the time of youth and autumn as the time of old age.
  철학적으로 말하자면 봄은 청춘의 계절, 그리고 가을은 노년의 계절로 생각된다.

- **Talking of my better half**, she has intelligence and inner beauty.
  나의 반쪽에 대해 말하자면, 그녀는 지적이고 내면적으로 아름답다.

effective 효력이 있는
interest 이자; 이익
rate 율(率), 비율
increase 증가하다

  cf. **Effective from 1st April**, the interest rate will be increased by 1%.
  4월 1일자로 효력이 발생하여 이율이 1%정도 상승할 것입니다.

  분사의 의미상 주어가 없지만 의미상 유추할 수 있다. 〈문제 38번 해설 참조〉

12 주의해야 할 분사 구문

① 분사 구문을 부정할 때는 분사 앞에 부정어 'not, never'를 놓는다.

- *Not* **having received** an answer from my honey, I wrote to her again.
  애인으로부터 답장을 받지 못했기에 나는 그녀에게 다시 편지를 썼다.

② 분사가 전치사의 목적어?

모든 전치사의 목적어는 (대/동)명사이어야 하므로 아래 예문에서 'as'와 'for'의 목적어는 분사 'settled'와 'granted'가 아니고 분사 앞에 수동조동사인 동명사 'being'이 생략된 것이다.

regard A as B A를 B로 생각하다
dispute [dispjú:t] 논쟁
settle 해결하다

- The young men regarded the dispute *as* **settled**.
  젊은 사람들은 논쟁이 해결되었다고 생각했다.

- Most guys take it *for* **granted** that beautiful girls already have boyfriends.
  대부분의 사내들은 예쁜 여자들은 이미 남자 친구가 있을 것이라는 것을 당연한 일로 받아들이고 있다.

③ 분사의 뜻이 시간·이유·조건 등 어느 것인지 혼동되지 않도록 하기 위하여 접속사를 사용하는 경우가 있다.

prisoner [príznər] 포로

- *While* **fighting** in the Gulf War, he was taken prisoner.
  걸프전에 참전 중 그는 포로가 되었다.

tame [teim] 길들이다

- A tiger can be tamed *if* **caught** young.
  호랑이도 어릴 때 잡으면 길들일 수 있다.

- *When* **shopping**, would you rather use a credit card or pay with cash?
  쇼핑을 할 때 외상으로 하겠습니까 아니면 현금으로 하겠습니까?

4 분사 구문의 강조

분사 구문을 강조할 때는 분사 형태에 따라 다르게 표현해야 한다. 즉 'As it is situated ...'에서는 수동 조동사 'is' 때문에 'as it is'를, 'Though I live in the ...'에서는 'live'가 일반 동사이므로 'as I do'를 사용하는 것이다

- Situated **as it is** on the mountain, his apartment commands a fine view.
  그의 아파트는 산 위에 위치하고 있어서 전망이 좋다.

- Living **as I do** in the country, I have a good knowledge of science.
  나는 비록 시골에서 살지만 과학에 꽤 많은 식견을 갖고 있다.

situate ~에 위치하다
command a fine view 전망이 좋다
command 내려다보다; 명령하다
view 전망; 시야; 견해

01. 다음 중 어법상 틀리거나 어색한 부분이 없는 것을 고르시오.

(A) Comparing with her younger brother, Mary is not so stupid.
(B) One should always get up from a meal feeling one could eat a little more.
(C) Bill went home satisfying with my response of loving him.
(D) Julie is pleasing at the Christmas present from her parents.

02. 다음 대화에서 괄호 안의 지시대로 된 표현을 고르시오.

A: Is it all right (with you) if I smoke here?
B: (REFUSES PERMISSION)

(A) Actually, I'd rather you didn't.
(B) I wouldn't smoke here if I were you.
(C) It's not any of my business.
(D) I'm turned down.

03. 문장 전환이 잘못된 것을 고르시오.

(A) As he did not know how to do it, he asked me the way it could be done.
  ⋯→ Not knowing how to do it, he asked me the way it could be done.
(B) Born in better times, he might be a greater politician.
  ⋯→ If he was born in better times, he might be a much greater politician.
(C) The agreement was signed. All the employees were satisfied.
  ⋯→ The agreement being signed, all the employees were satisfied.
(D) The baseball game over, all the spectators dispersed to their homes.
  ⋯→ When the baseball game was over, all the spectators dispersed to their homes.

◎ 다음 대화문의 빈칸에 가장 적절한 표현을 고르시오.

04. A: How do you want your eggs?
B: I want them _____.

(A) fried   (B) to fry   (C) frying   (D) to be frying

05. A: _____, Jane! The apple pie was delicious.
B: Thank you for saying so.

(A) Medium   (B) You're welcome
(C) Well done   (D) Very cheap

06. A: I am _____. Shall we go and see that film?
B: No. That film is _____.

(A) bored — boring   (B) boring — boring
(C) bored — bored   (D) boring — bored

07. A: Their marriage ended up _____.
　　　 B: You don't mean it!
　　　 (A) in divorcing　　　　　　　　　　(B) in having divorced
　　　 (C) in divorce　　　　　　　　　　　(D) divorcement

08. A: I just read that the police finally caught that murderer.
　　　 B: Well, that was only because they _____ off by someone.
　　　 (A) were told　　　　　　　　　　　(B) ran
　　　 (C) were tipped　　　　　　　　　　(D) were taken

09. A: Did you receive the resume? I sent it by e-mail.
　　　 B: Yes, I got the _____ file.
　　　 (A) attach　　　　　　　　　　　　(B) attaching
　　　 (C) attached　　　　　　　　　　　(D) attaches

10. A: Hey, I thought your back was hurt and you couldn't walk.
　　　 B: I couldn't, but I _____ on it and it did wonders for my back.
　　　 (A) have acupuncture done
　　　 (B) had done acupuncture
　　　 (C) had acupuncture done
　　　 (D) have done acupuncture

◎　다음 대화문의 빈칸에 적합하지 않은 표현을 고르시오.

11. A: I'll have an interview tomorrow for a job on the Los Angeles Times.
　　　 B: _____
　　　 (A) Better luck next time!
　　　 (B) I'll keep my fingers crossed for you.
　　　 (C) Good luck to you!
　　　 (D) Best of luck!

◎　다음 글의 빈칸에 가장 적절한 표현을 고르시오.

12. Returning to the office, _____.
　　　 (A) the laptop was missing
　　　 (B) the laptop was lost
　　　 (C) the laptop was found stolen
　　　 (D) I found the laptop missing

13. Eat quietly, _____.
    (A) chew with your mouth close
    (B) chewing with your mouth closing
    (C) chew with your mouth closed
    (D) chewing with your mouth closed

14. The homework _____, I went to bed _____.
    (A) done - as usual
    (B) done - than usual
    (C) does - as usually
    (D) does - as usually

15. If you listen to the news every hour, you'll hear some things _____ exactly.
    (A) repeat
    (B) to repeat
    (C) repeating
    (D) repeated

16. _____ effort is the price of success.
    (A) Unquenchable
    (B) Unabridged
    (C) Unceasing
    (D) Unwary

17. Most guys take it for _____ that beautiful girls already have boyfriends.
    (A) grant
    (B) having granted
    (C) granted
    (D) granting

18. We apologize for the temporary inconvenience _____ by these building works.
    (A) was caused
    (B) is caused
    (C) caused
    (D) causing

19. Revenue _____ by online sales is on the increase.
    (A) generating
    (B) generated
    (C) generate
    (D) to generate

20. Today only, Ward domestic appliance shop is proud to offer its valued customers an unbelievable discount on its refrigerators _____ in the showcase.
    (A) displayed
    (B) displaying
    (C) exhibiting
    (D) see

21. The prime minister attended _____ in his honor.
   (A) dinner given
   (B) a dinner held
   (C) the dinner giving
   (D) dinner holding

22. Goods _____ online will be delivered _____ receipt of payment.
   (A) order - by
   (B) ordered - on
   (C) ordering - with
   (D) to order - in

23. His new English grammar book _____ at the end of last month was a huge success.
   (A) published
   (B) publishing
   (C) to publish
   (D) to be published

24. Any customer _____ to refund their domestic appliances must bring in the receipt along with the faulty product.
   (A) wishes
   (B) wished
   (C) to wishing
   (D) wishing

25. Practical and _____ products made from recyclable materials bring customers from all over the nation to this tiny shop.
   (A) appeal
   (B) appealing
   (C) appealed
   (D) appearance

26. In short, stress is energy and, _____, it can help you achieve far more than you ever dreamed possible. The key is channeling the energy release.
   (A) constructively channeled
   (B) constructively channelling
   (C) channeled constructively
   (D) channelling constructively

27. _____ by a mass of trivial details, a housewife is fortunate if she does not soon lose all her charm and three-quarters of her intelligence.
   (A) Weigh down
   (B) Weighed down
   (C) Weighing down
   (D) To weigh down

28. Owing to the strict government regulations on the food industry, the _____ food company is frequently inspected.
   (A) frozen
   (B) freezing
   (C) freeze
   (D) to freeze

29. _____ reports on the company's performance reveal a rapid fall in the trade figures in the first quarter.
   (A) Recently releasing
   (B) Recently released
   (C) Released recently
   (D) Released

30. If caught selling tobacco or alcohol to minors by the police, a shopkeeper will be _____ at least as _____ as $2,500 or be sent to prison for up to a year.
   (A) fining - well
   (B) final - soon
   (C) fined - much
   (D) fine - good

31. _____ by her school report, Jane decided to apply for the post of Eliot's secretary.
   (A) Encourage
   (B) Encouraged
   (C) Encouraging
   (D) Encouragingly

32. The manufacturing company added a 10 percent handling charge for sending us the TV we saw _____.
   (A) advertise
   (B) advertising
   (C) advertisement
   (D) advertised

33. Employees must have all receipts _____ by the manager of the accounting department.
   (A) sign
   (B) to sign
   (C) signing
   (D) signed

34. When no one is available to answer calls, the office has them _____ to an answering service.
   (A) forward
   (B) forwarding
   (C) forwarded
   (D) being forwarded

35. With the instructions _____ to you in the package, you'll be able to put the bed together on your _____.
   (A) providing - self
   (B) provided - own
   (C) provide - mind
   (D) to provide - things

36. Last Saturday's staff workshop was by far the most successful one this year, with the majority of the employees _____.
   (A) participate
   (B) participation
   (C) participating
   (D) participated

37. After wearing his diamond ring for 3 years, I decided to remove it from my finger to avoid the _____ question of "When are you going to get married?" from my family and friends. I kept seeing Mike for 3 years, _____ he'd get serious about marriage, but it never happened.
   (A) embarrassed - hoped
   (B) embarrassing - hoping
   (C) embarrass - hope
   (D) embarrassment - hoped

38. _____ from 1st April, the interest rate will be increased by 1%.
   (A) Effect
   (B) Effective
   (C) Effectively
   (D) Efficiently

39. _____ that two cities were in different time zones, a man inquired at an airport about the airline schedule. "One leaves at 1:00 p.m.," a ticket agent said, "and arrives at 1:01 p.m." "Would you repeat that, please?" the man asked.
The agent did so and then inquired, "Do you want to make a reservation?"
"No," said the man. "But I think I'll hang around and watch that thing take off."
   (A) Unawaring
   (B) Unaware
   (C) To unaware
   (D) Unawared

40. A number of cases have been reported of young children or teenagers _____ a violent act previously _____ on television. In fact, in one instance, the parents of a victim took legal action against a TV network, _____ that a program shown during the hours when children were watching was responsible for a brutal attack on their 9-year-old daughter. The three youngsters admitted that they had copied the method of assault shown on the program.
   (A) duplicating - seen - claiming
   (B) duplicate - see - claim
   (C) duplicated - seeing - claimed
   (D) duplicated - seeing - claiming

LESSON 08
동명사

명사적 기능을 하는 동명사는 '동사 + -ing'의 형태로 문장의 주어·목적어·보어로 쓰이며 '~하는 것'으로 해석된다. 동사의 성질을 지니므로 목적어와 보어를 가질 수 있고, 부사에 의해 수식되기도 한다.

현재분사 : 동명사

형용사적 기능을 하는 현재분사는 명사를 수식하는 형용사 기능을 하며 '~하(고 있)는'으로 해석된다. 분사는 보통 수식하는 명사 앞에 오지만, 수식하는 말이 길 경우에는 뒤에 위치한다.

형태가 동일한 동명사와 현재분사가 혼동이 되지만, 명사적 기능을 하는 동명사와 형용사·부사의 기능을 하는 현재분사는 기능이 전혀 다르기 때문에 구별할 수 있다. 분사가 부사적 기능을 하는 경우는 아래 예문 b)와 같이 분사 구문 같은 경우이다.

a. **Painting** a child is difficult.
   = *It* is difficult **painting** a child.
   아기를 그리는 것은 어렵다.

b. **Painting** a child that morning, I quite forgot the appointment.
   그날 아침에 아기를 그리다가 약속을 깜빡 잊었다.

c. How much is that **swimming** suit?
   그 수영복은 얼마입니까?

d. Look at the very fast **swimming** child.
   저 빠르게 수영하는 아이 좀 봐.

문장 a)에서 'Painting'은 동사의 'is'의 주어로 명사 기능을 하는 동명사이고, 문장 b)에서 'Painting'은 부사절 'While I was painting a child'에서 변형된 분사 구문으로 주절을 꾸며 주는 부사 기능을 하는 현재분사이다. 이와 같이 'painting'의 형태가 동일하지만 명사, 부사의 각기 다른 기능을 하고 있다. 하지만 공통점은 'painting'이 목적어와 부사를 갖는 동사의 기능을 동시에 하고 있다는 것이다.

문장 c)에서 'swimming'은 'the suit for swimming(수영을 위한)'의 뜻으로 목적·용도를 나타내는 동명사이고, d)에서 'swimming'은 'the child who is swimming(수영을 하고 있는)'의 뜻으로 진행을 나타내는 현재분사이다.

LESSON 08

01 동명사의 역할

문장의 주어·보어와 타동사와 전치사의 목적어로 쓰인다.

① 주어로 쓰이는 경우

A : I'm planning to take off 10 kilograms in one month!
한 달에 10kg을 빼기로 마음먹었어.

B : Come on, Julie. Crash diets don't do you any good! **Working out regularly** is a healthier way to lose weight.
어휴, 줄리야. 단기간에 많은 체중을 줄이려는 다이어트는 전혀 도움이 안 돼! 규칙적으로 (몸매를 다듬기 위해) 운동하는 것이 살을 빼는데 훨씬 좋은 방법이라구.

crash [kræʃ] 속성의
do sb good ~에게 효과가 있다
work out 몸매를 다듬기 위해 운동하다
regularly 규칙적으로
lose (체중 등을) 줄이다
weight [weit] 체중

foreigner 외국인
foreign [fɔ́(ː)rin] 외국의

repair 수리·수선하다
minimum 최소, 최소한도

prove ~임을 증명하다, ~으로 입증이 되다

convenient [kənvíːnjənt] 편리한, (상대방의 계획에) 적합한

getting away from ~로부터 벗어나다
pressure [préʃər] 압박, 억압
feel like ~같은 느낌이다
another 다른(different); 또 하나의
promote 증진·촉진하다
physical 신체적
A as well as B B뿐만 아니라 A도
emotional 정서적, 감정의
well-being 건강; 안녕

- **Speaking** to foreigners is a good way to learn English.
  외국인과 대화를 나누는 것은 영어를 배울 수 있는 좋은 방법이다.

- **Repairing** your car will cost a minimum of $500.
  당신 차를 수리하는데 최소 500달러의 비용이 들 겁니다.

- **Trying** to learn something proves that one is not old.
  뭔가를 배우려고 노력한다는 것은 자신이 늙지 않았다는 것을 증명하는 겁니다.

- **Paying** by credit card is convenient.
  신용카드로 지불하는 것은 편리하다.

- **Getting away from** the office pressure makes me feel like another person.
  사무실의 스트레스를 벗어나니까 전혀 다른 사람이 된 기분이야.

- **Exercising** daily promotes physical as well as emotional well-being in people of all ages.
  매일 운동하는 것은 모든 연령층의 사람들의 정서적·육체적 건강을 증진시킨다.

② 보어로 쓰이는 경우

- What I like most is **playing** tennis. 내가 가장 좋아하는 것은 테니스를 치는 거야.

- My job is **teaching** English. 내 직업은 영어 선생이다.
  my job(S) = teaching English(S.C)

  cf. He is *teaching* English. 그는 영어를 가르치고 있다.
      S   V(teaching: 현재 분사)   O
  He ≠ teaching English

③ 전치사의 목적어로 쓰이는 경우

- How *about* **going camping** together? 〈about의 목적어〉
  함께 야영 가는 것이 어때요?

146

- Are you accustomed *to* **eating** food with chopsticks. 〈to의 목적어〉
  젓가락으로 음식을 먹는데 익숙해 졌습니까?

- He went away *without* **saying** a word. 〈without의 목적어〉
  그는 한 마디 말도 없이 가 버렸다.

- It will be difficult to keep *on* **living** on the earth unless we save the earth *by* **keeping** it *from* **getting** polluted.
  지구가 오염되는 것을 막음으로써 우리가 지구를 구하지 못한다면 지구에서 계속 살아가기는 어려울 것이다.

accustomed 익숙한
chopsticks 젓가락

by -ing ~함으로써
keep A from B A를 B로부터 막아주다
pollute [pəlúːt] 오염시키다

4 타동사의 목적어로 쓰이는 경우

일반적으로 '경험 · 완료' 등의 의미와 관련된 아래 있는 타동사는 동명사만을 목적어로 갖는다.

admit 인정하다	avoid 피하다	deny 부인하다
dislike 싫어하다	enjoy 즐기다	fancy 상상하다
finish 끝마치다	give up 포기하다	practice 연습하다
miss 까딱 …할 뻔하다	not mind 개의치 않다	suggest 제안하다

A : Can you guess how old I am? 내가 몇 살인지 맞춰 봐요.
B : Well, I *give up* (**guessing**). 글쎄요. 모르겠는데요.

guess [ges] 추측하다; 추정하다

- If you feel dizzy or short of breath, *stop* **exercising** immediately.
  현기증이 나거나 숨이 가쁘면 즉시 운동하는 것을 중지하시오.

dizzy 현기증이 나는
short of breath 숨이 가쁜
immediately 즉시

- He tried to *avoid* **answering** my questions.
  그는 나의 질문에 대한 답을 피하려고 애 썼다.

avoid 피하다

- He *couldn't help* **eating** lots of meat.
  그는 고기를 많이 먹지 않을 수 없었다.

  'help' 동사가 'can't' 와 함께 쓰여 '~하지 않을 수 없다, 어쩔 수 없다' 는 뜻

help 피하다(avoid); 억제하다

- I *can't stand* people **dropping** litter.
  사람들이 쓰레기를 버리는 것을 난 참을 수가 없어.

stand (의문 · 부정문에서) 참다(put up with)
litter 쓰레기

- Would you *mind* my **smoking** here?
  여기서 담배를 피워도 될까요?

  'mind' 는 부정문 · 의문문에서 '싫어하다, 꺼리다' 는 부정의 뜻이므로
  승낙할 때: Of course not / Certainly not / No, go ahead. 등을
  거절할 때: Yes, I would / Of course / Certainly. 등으로 응답한다.

02 동명사의 의미상 주어

❶ 동명사의 주어가 주절의 주어와 일치할 경우와 일반인 일 경우에는 나타나지 않는다.

- My son enjoys **eating** Chinese food.
  내 아들은 중국 음식 먹는 걸 좋아해.
  (his) eating 주어와 동명사의 의미상 주어가 일치할 경우 생략.

put off 미루다
ask for ~을 요구하다
very (명사를 강조하여) 바로 그
afraid of ~을 한다는 생각이 두려운
turn down 거절하다

popular [pápjələr] 인기 있는, 평판이 좋은; 대중의
popularity 인기, 호평
one-man sport 혼자 하는 운동

quick-witted 영리한
↔ **slow-witted** 우둔한(stupid)

insist 강력히 요구하다

- Most of us put off **asking for** the very things we most want because we're afraid of **getting turned down**.
  우리는 거절당할 것이 두렵기 때문에 우리가 가장 원하는 바로 그것을 요구하는 것을 우리 대부분은 뒤로 미룬다. 〈23번 문제 해설 참조〉
  (our) asking / (our) getting

- **Jogging** is a very popular one-man sport in the U.S.
  조깅은 미국에서 혼자 할 수 있는 매우 인기 있는 운동이다.
  동명사의 의미상 주어는 일반인

❷ 주절의 주어와 동명사의 의미상 주어가 일치하지 않는 경우에는 소유격으로 나타낸다.

- Mark is proud of *his son's* **being** quick-witted.
  마크는 자기 아들이 명석한 것을 자랑스러워한다.

- Tim insisted on *my paying*.
  팀은 내가 지불할 것을 고집했다.

  cf. Steve insisted on **paying**.
  스티브는 자기가 지불하겠다고 고집을 피웠다.

  동명사의 의미상 주어가 Steve이기 때문에 생략된 것이다.

- Would you mind *my* **smoking**?
  = Do you mind if I smoke?
  (불을 붙이기 전에) 담배를 피워도 되겠습니까?

- She hates *anyone* **listening** when she's on the phone.
  그녀는 통화 중에 남이 엿듣는 것을 싫어한다.

  동명사의 의미상 주어는 소유격이 원칙이지만 구어체에서 목적격도 쓰임.

03 동명사의 시제: 단순 동명사와 완료 동명사

동명사의 시제에는 단순 동명사(being)와 완료 동명사(having been)가 있으며 단순 동명사는 주절 동사의 시제와 일치한다. 그리고 완료 동명사는 주절 시제보다 앞서 있다는 것을 나타낸다.

a. He *is* proud that his wife *is* beautiful. 〈복문〉
  ⋯▸ He is proud of his wife's **being** beautiful. 〈단문〉
  그는 자기 부인이 아름다운 것을 자랑한다.

regret 후회하다; 유감으로 생각하다; 유감; 후회

b. I *regret* that I *was* idle when (I was) young. 〈복문〉
  ⋯▸ I regret **having been** idle when (I was) young. 〈단문〉
  젊었을 때 게을렀던 것을 나는 후회한다.

ashamed [əʃéimd] 부끄러운; 유감스럽게 여겨

c. Vicky *is* ashamed that she *didn't* answer the question. 〈복문〉
  ⋯▸ Vicky is ashamed of *not* **having answered** the question. 〈단문〉
  비키는 그 질문에 응답하지 못한 것을 부끄러워한다.

  ① 복문을 단문으로 전환할 때 a)처럼 주절과 종속절의 시제가 동일한 경우에 단순 동명사가 된다. 반면에, c)처럼 주절(is)과 종속절(didn't answer)의 시제가 다를 경우, 즉 주절보다 종속절의

시제가 앞선 경우에는 완료 동명사 'having answered' 가 된다.
② 동명사 · 부정사 · 분사 구문을 부정할 때 분사 앞에 부정어(not, never)를 놓는다.

04 동명사의 관용적인 용법

❶ be worth -ing ~할 만한 가치가 있다(= worthwhile + to 부정사)

- "Is the food **worth eating**?" "Yes, it's **worth trying**."
  "그 음식 먹어볼만 합니까?" "네, 먹어 볼만합니다."

try (맛이 어떤가 또는 입맛에 맞는가를 알아보기 위해) 먹어 보다

❷ cannot help -ing ~하지 않을 수 없다(= cannot but + 동사 원형)

- I **couldn't help getting** mad. They said something terrible.
  화를 내지 않을 수 없었어. 그들이 심한 말을 했어.

terrible 심한, 대단한; 무서운, 소름끼치는; 음식 맛이 없는

❸ it is no use -ing ~해봐야 소용이 없다(= it is useless + to부정사)

- **It is no use crying** over spilt milk.
  엎질러진 우유를 보고 울어 봐야 소용이 없다.

spill 엎지르다

❹ not/never ... without -ing ~하면 반드시 …하다

- They **never** meet **without quarreling**.
  = *Whenever* they meet, they always quarrel.
  그들은 만났다 하면 꼭 말다툼을 벌인다.

quarrel[kwɔ́:rəl] 말다툼을 벌이다
cf. **argue**[áːrgjuː] 논쟁하다, 말다툼하다

❺ have much difficulty/trouble (in) -ing ~하는데 많은 어려움이 있다

- The police are looking for counterfeit money, but they **have much difficulty distinguishing** genuine money from counterfeit.
  경찰은 위조 화폐를 찾고 있지만 진짜와 가짜 돈을 구별하는데 많은 어려움이 있다.

counterfeit[káuntərfit] 가짜의; 가짜; 모조품
distinguish[distíŋgwiʃ] 구별하다
genuine[dʒénjuin] 가짜가 아닌, 진짜의

❻ look forward to -ing ~을 고대하다(anticipate)

- I'm **looking forward to hearing from** you soon.
  = I *anticipate hearing from* you soon.
  곧 소식 듣기를 손꼽아 기다립니다.

hear from ~로부터 소식을 듣다

❼ feel like -ing ~하고 싶다(= would like to)

05 동명사와 to부정사

동명사는 과거 시점을 기준점으로 일반적인 행위, 사실을 말할 때; to부정사는 현재 또는 미래의 구체적이고 특정한 행위, 동작을 말할 때 쓰인다.

cf. It's *starting* **to rain**. 비가 내리기 시작한다.

진행형 다음에 동명사를 목적어로 하지는 않는다.

❶ 이미 이루어진 일에 대해 사과할 때 부정사를 사용할 수 없고 동명사를 사용해야만 한다. 부정사는 현재 또는 앞으로 할 일에 대하여 쓰인다.

- I'm sorry **to be late**. (X) 늦어서 죄송합니다. 〈이미 늦었기 때문에 부정사는 안됨〉
  I'm sorry I'm late. (O)

- (I'm) **Sorry for** bothering you.
  (이미) 방해를 한 것에 죄송합니다.

- It's nice **to see** you again.
  (지금) 다시 뵙게 되어 반갑습니다.

- **Seeing** you again is nice. (X)
  만나면서 인사할 때 동명사를 사용하지 않는다.

❷ 만났다 헤어지면서 하는 인사로 '(만나서 헤어질 때까지 함께 있었던 것이) 즐거웠습니다.'의 뜻으로 만나 있었던 기간을 뜻하는 완료시제 '(It has been) Nice seeing you.'가 쓰이고, 만났을 때의 과거 시점을 기준점으로 하기 때문에 동명사가 쓰인 것이다. 부정사는 현재를 기준 시점으로 '(It is) Nice to meet you.'와 같이 쓰인다.

- Nice **to meet** you.
  (처음 만났을 때) 만나서 반갑습니다.

- Nice **seeing** you.
  (헤어지면서) 만나 뵙게 되어 반가웠습니다.

❸ 동명사 'parking'은 언제나 또는 일반적으로 주차하기 어렵다는 것을; 부정사 'to park'은 어느 특정한 경우에 주차하기 어렵다는 것을 나타낸다. 수식 어구를 동반하지 아니한 동명사 'parking'은 명사적 성질이 강하기 때문에 가목적어를 사용하지 않아도 된다.

- He found **parking** difficult.

- He found it difficult **to park**.

❹ '흡연이 건강에 좋지 않다.'는 것은 누구나 알고 있는 일반적인 사실이다. 이처럼 일반적 사실을 언급할 때는 동명사를 사용하는 것이 올바른 어법이다.

- **Smoking** is bad for one's health. (O)

- **To smoke** is bad for one's health. (X)

❺ 'stop'의 뜻은 '움직임·진행·작동을 멈추다 또는 어떤 행위를 끝내다'라는 뜻이다. 그러므로 문장 a)는 '담배를 끊었다'는 뜻이고, 문장 b)에서 'stop'의 목적어는 생략되었고, 부정사는 '~하기 위하여'라는 뜻의 목적을 나타낸다.

a. I stopped **smoking** last year.
   난 지난해에 담배를 끊었다.

b. I started work at 9 in the morning, and then stopped **to have** lunch at noon.
   아침 9시에 일을 시작해서 점심 먹으려고 12시에 (하던) 일을 멈췄다.

   = stopped work **in order to have lunch/for lunch**

❻ **try+동명사**: 어떤 일이 일어나는가 보려고 ~을 하다; 시험하다(experiment)
try+to부정사: 노력하다(make an effort)

- Have you *tried* **asking** a girl **out**?
  여자에게 데이트를 시도해 본 적이 있습니까?

  ask out 데이트 신청을 하다

- Some people *try to* **show off** all the time because they're so important.
  어떤 사람들은 자기들이 매우 중요하다고 생각해선지 언제나 주위의 시선을 끌기 위해 뽐내려고 애를 쓴다.

  show off (과시하거나 남에게 인상을 남기기 위해) 뽐내다(boast)

❼ 'remember, forget, regret' 다음에 오는 동명사는 이미 전에 일어난 과거의 일을, 부정사는 앞으로 일어날 미래의 일을 각각 나타낸다.

- Don't *forget* **to remember** me.
  날 잊지 말아요.

- I'll never *forget* **seeing** my daughter dance in public for the first time.
  내 딸이 처음으로 다른 사람들 앞에서 춤추는 것을 본 것을 결코 잊지 않을 거야.

- He *regretted* **having been overcharged** for repairing the TV set.
  TV 수리비 바가지 쓴 것을 그는 후회했다.

  regret+-ing ~한 것을 후회하다
  overcharge 바가지를 씌우다
  repair [ripɛ́ər] 수리하다(fix)

  cf. I *regret* **to say** the experiment was a failure.
  그 실험이 실패했다는 것을 전하게 되어 유감스러워.

  regret to do ~하게 되어 유감스럽다
  experiment [ikspérəmənt] 실험
  a failure [féiljər] 실패작

❽ 'like/prefer+-ing'는 '언제나 ~하기를 좋아한다'는 뜻으로 일반적인 사실을 나타냄.
'like/prefer to+동사원형'은 현재 하고 싶은 구체적인 어떤 행동을 의미한다.
cf. 'would like to'는 현재·미래의 소망을 나타낸다.

- I *prefer* **walking**, but I *prefer* **to ride** now because I'm tired.
  나는 (언제나) 걷는 게 좋지만 지금은 피곤해서 차를 타고 싶어.

❾ 'need, want(英)' 동사가 동명사를 목적어로 취하면 수동의 뜻이 된다.

- The food is very cold. It *needs* **heating**.
  음식이 매우 식었어. 좀 데워야겠어.(= It needs to be heated.)

- The battery *needs* **changing**.
  건전지를 갈아야겠어.(= The battery needs to be changed.)

- The garden doesn't *need* **watering** – it rained last night.
  어젯밤에 비가 왔으니까 정원에 물주지 마.

- The house *needs* **painting**. It's in bad condition.
  그 집은 페인트칠을 해야 합니다. 그 집은 상태가 형편없습니다.

  be in bad/perfect condition
  나쁜/완벽한 상태이다
  perfect 완벽한

- This room *needs* **tidying**.
  이 방은 정돈을 해야겠어.

  tidy [táidi] 정돈하다 단정한; 말끔히 정돈된

06 동명사와 현재분사

명사 역할을 하는 동명사와, 형용사·부사 역할 하는 현재분사가 형태가 같기 때문에 혼동될 수 있지만 기능이 전혀 다르므로 쉽게 구별할 수 있다.

- I'm **looking** forward to **seeing** New York. 뉴욕 관광을 학수고대하고 있다.
  진행형의 현재분사   전치사의 목적어인 동명사

- His job is **selling** silk and his wife is **wearing** silks.
  보어로 쓰인 동명사   진행형의 현재분사
  그의 직업은 비단 장사이다. 그래서 그의 부인은 비단 옷을 입고 있다.

- a **sleeping** bag 침낭 〈동명사: 목적 또는 용도를 나타냄〉
  = a bag *for sleeping* 잠을 자기 위한 자루, 즉 침낭

- the **sleeping** baby 저 잠자는 아기 〈현재분사: 진행의 뜻을 나타냄〉
  = the baby *who is sleeping* 자고 있는 아기

look forward to+(동)명사 ~하기를 손꼽아 기다리다(anticipate)

07 명사적 용법의 동명사와 to부정사

동일한 명사적 용법이라고 동명사 대신 'to부정사'를 쓸 수 있을까? 바꾸어 쓸 수 없다. 그 이유는:
첫째, to부정사의 의미상 주어는 대부분 누구인지 구체적이며, 특정한 행위·동작이 이루어지는 시각이 현재를 기준 시점으로 현재 또는 미래를 나타낸다. 그러나 동명사는 행위·동작이 이루어지는 시각이 과거를 기준 시점으로 하며 격언·취미·습관 등 일반적인 행위·사실을 나타내고, 주어가 일반인인 경우가 흔하다. 즉, 'Seeing is believing.'의 뜻은 "百聞이 不如一見"이라는 일반적인 사실을 나타내는 격언이므로 구체적인 사실을 나타내는 부정사 구문 'To see is to believe.'로 바꿔 쓸 수 없다.

> S : My new girlfriend is very pretty and slim.
>   내가 새로 사귄 여자 친구는 매우 예쁘고 몸매가 날씬해.
> M : I don't think that she can be as pretty as you said she is, but **seeing is believing**.
>   네가 말한 것만큼 그녀가 예쁘다고 생각하진 않지만 백문이 불여일견이야.

slim 호리호리하고 매력적이며 몸매가 늘씬한
as ... as ~만큼 …한

둘째, 명사적 성격을 지닌 동명사와는 달리 동사적 성격이 강한 부정사가 타동사일 경우에 목적어가 없으면 매우 부자연스럽게 들리므로 거의 쓰이지 않는다.

   eg. **Reading** is my favorite pastime.
        독서는 내가 좋아하는 소일거리.

     cf. **To read** is my favorite pastime. (x)

favorite [féivərit] 좋아하는
pastime 소일거리

'To read'의 목적어가 없어 부자연스런 문장으로 문법적으로 옳지 않다. 그러나 다음 Hamlet의 독백은 동명사로 바꿔 쓸 수 없고 부정사로만 쓰인다.

     cf. **To be, or not to be**; that is the question.
         사느냐 죽느냐 그것이 문제로다.

그 이유는 일반적인 사실을 나타내는 동명사와는 달리, 현재 자신의 괴로운 심정을 토로하기 때문이다. 또한 여기서 'be'동사는 보어가 필요 없는 완전 자동사이므로 타동사 'read'와는 달리 목적어 없이도 쓰일 수 있기 때문이다.

08 동명사의 보통명사화

동명사는 동사의 성질을 지니고 있기 때문에 목적어·보어·부사를 가질 수 있다.

- Have you tried **asking** *a girl out*?
  여자에게 데이트를 시도해 본 적이 있습니까?

그러나 동사와 명사적 특징을 지닌 동명사가 'the + 동명사' 또는 '형용사 + 동명사'의 구조가 되거나 '복수'로 쓰일 때는 보통명사가 된다. 이때 동명사는 다른 보통명사처럼 목적어를 가질 수 없어 목적격을 나타내는 전치사 'of'를 사용 해야만 한다.

- **Man's excessive burning** *of* **fossil fuels** may have begun to create climatic changes.
  인간이 지나치게 화석연료를 사용함으로써 기후변화를 일으키기 시작했을지도 모른다.

- Modern research has established that **moderate drinking** *of* **red wine** with meals can reduce the risk of heart disease by 40%.
  적포도주를 식사와 함께 적당히 마시면 심장병이 발병할 위험성을 40%정도 줄일 수 있다는 것이 보다 최근의 연구에서 입증되었다.

- Our library's regulations prohibit **the borrowing** *of* **more than four books** at a time.
  우리 도서관 규정은 한 번에 4권 이상의 대출을 금지하고 있다.

- The total number of the jobless in the East is already over a million and is still rising as **the restructuring** *of* **industry** takes place.
  동양에서 실업자의 총수는 이미 백만을 넘었고 기업의 구조조정이 일어나고 있기 때문에 실업자가 계속 증가하고 있다.

- Finishing **the remodeling** *of* **the restaurant** on schedule turned out to be more difficult than the owner had expected.
  예정대로 식당 리모델링을 끝내는 것은 주인이 예상했던 것보다 더 어려운 것으로 드러났다.

---

excessive [iksésiv] 지나친
fossil fuel 화석연료
create ~을 야기 시키다
climatic [klaimǽtik] 기후의

research 연구
establish 입증하다
moderate 적당한
reduce 줄이다
risk 위험
heart disease 심장병

library 도서관
regulation 규칙
prohibit 금지하다
borrow (나중에 되돌려 주기로 하고 돈·책 따위 이동 가능한 것을) ~로부터 빌리다
total 전체의, 총계의; 완전한
number 수; 번호; 다수
jobless 실업의
restructure 재구성하다, 개조하다
industry 기업; 산업; 근면
take place 발생하다, 일어나다

on schedule 예정(시간)대로
turn out 결국 ~임이 드러나다
owner 임자, 소유주
expect (실현되리라고) 예상하다

EXERCISE

01. 다음 중 어법상 틀리거나 어색한 부분이 없는 것을 고르시오.

  (A) I cannot help to sympathize with the girl begging for money.
  (B) John, scolded by his teacher, finally confessed to having stolen the book.
  (C) When Jane came to Britain, she had to get used to drive on the left.
  (D) An urgent need in lots of industrial cities is reducing of air pollution.

02. 주어진 두 문장의 의미가 같지 않거나 문장 전환이 잘못된 것을 고르시오.

  (A) I'm afraid that he will not pass the exam.
   = I'm afraid of his not passing the exam.
  (B) He denies he met me.
   = He denies having met me.
  (C) Your wife reminds me of my girl friend.
   = I never see your wife without thinking of my girl friend.
  (D) Do you mind if I smoke here?
   = Do you mind my smoking here?

◎ 다음 대화문의 빈칸에 가장 적절한 표현을 고르시오.

03. A: Did you make that dog house yourself?
  B: No. When it comes to _____, I'm all thumbs.
  (A) make things   (B) making things
  (C) be made things   (D) being made things

04. A: Well, I've got to get going. It was a nice party.
  B: _____
  (A) I'm afraid so too.   (B) Nice meeting you.
  (C) I'm glad to meet you.   (D) Nice to meet you.

05. A: I'd like to introduce you to my girlfriend Vicky.
  B: _____ you, Vicky.
  (A) Thank you. It was nice to meet   (B) It's my pleasure to meet
  (C) It's happy to meet   (D) It's been nice meeting

06. A: How about going out for a drive after work tonight?
  B: _____
  (A) All the way.   (B) By the way.
  (C) By all means.   (D) By no means.

07. A: This work is killing me, I definitely need a break.
B: Yeah. You really should stop _____ a break.
(A) having (B) taking
(C) to take (D) to give me

08. A: Would you mind _____ the air conditioner? It's too warm.
B: Of course not.
(A) turn on (B) turning up
(C) turning off (D) turn down

09. A: I'm planning to take off 5 kilograms in one month!
B: Come on, Julie. Crash diets don't do you any good! _____ is a healthier way to lose weight.
(A) Working out regularly (B) By working out regular
(C) By working out regularly (D) Working out regular

◎ 다음 글의 빈칸에 가장 적절한 표현을 고르시오.

10. The food is very cold. It _____ heating.
(A) requires (B) involves (C) needs (D) enables

11. I would appreciate _____ it a secret.
(A) you to keep (B) your keeping (C) you kept (D) your being kept

12. The police are looking for counterfeit money, but they have much difficulty _____ genuine money from _____.
(A) to distinguish - counterfeit one (B) to distinguish - counterfeit
(C) distinguishing - counterfeit one (D) distinguishing - counterfeit

13. People suffering from insomnia have trouble _____ at night.
(A) to fall asleep (B) falling sleep
(C) to falling sleep (D) falling asleep

14. I regret _____ harder while young.
(A) not to work (B) to have not worked
(C) having not worked (D) not having worked

15. I remember _____ for the part-time job, but I forget the exact amount.
    (A) to be paid
    (B) get paid
    (C) paying
    (D) getting paid

16. _____ daily promotes physical as well as emotional well-being in people of all ages.
    (A) Having exercised
    (B) Those who exercise
    (C) Exercising
    (D) For exercising

17. _____ your car will cost a _____ of $500.
    (A) Repairing of - minority
    (B) Repaired - minor
    (C) Repairing - minimum
    (D) To repair - margin

18. That outstanding Korean scientist has committed himself to _____ a cure for lung cancer.
    (A) develop
    (B) developing
    (C) development
    (D) developed

19. The man who objects to _____ has contributed to _____ the welfare of the nation.
    (A) smoke - promote
    (B) smoking - promoting
    (C) smoke - promoting
    (D) smoking - promote

20. Congressmen have passed laws that prohibit people _____ in many public places.
    (A) to smoke
    (B) to smoking
    (C) from smoking
    (D) smoking

21. All members of the staff are _____ to join the occasion of _____ our colleague's promotion to manager of his division.
    (A) welcome - celebrating
    (B) welcome - celebrate
    (C) welcoming - celebration
    (D) welcoming - celebrating

22. _____ till tomorrow what should be done today is admitting to one's self that one is lazy.
    (A) That put off
    (B) Put off
    (C) Putting off
    (D) To put off

23. Most of us put off asking for the very things we most want because we're afraid of _____.
(A) being turned down
(B) to get turned down
(C) turning down
(D) getting turned down

24. Please be considerate and refrain _____ cell phones during the lecture.
(A) to use
(B) from using
(C) of using
(D) to using

25. The total number of _____ in the East is already over a million and is still rising as the _____ industry takes place.
(A) jobless - restructuring
(B) the jobless - restructuring
(C) the jobless - restructuring of
(D) jobless - restructuring of

26. Modern research has established that moderate _____ red wine with meals can reduce the risk of heart disease _____ 40%.
(A) drinking of - at
(B) drinking - off
(C) drinking - for
(D) drinking of - by

27. Climatic change is a natural phenomenon, but Man's _____ burning of fossil fuels may have begun to create climatic changes of a magnitude unprecedented in human history.
(A) excessive
(B) excessively
(C) excess
(D) exceed

28. It is so easy to be reactive! You get caught up in the moment. You say things you don't mean. You do things you later regret. And you think, "Oh, if only I had stopped _____ about it, I would never have reacted that way!"
(A) thinking
(B) to think
(C) think
(D) thought

29. It makes me sick that the tobacco companies claim people have the right to smoke. It's not a matter of choice. I've seen the health of dear family members deteriorate because of becoming addicted _____.
(A) to smoke
(B) to smoking
(C) smoked
(D) smoke

30. No one can really stop _____ old; he can only cheat himself by not _____ that he is growing old. And since there is no use fighting against nature, one might just as well grow old gracefully. The symphony of life should end with a grand finale of peace and serenity and spiritual contentment.
(A) growing - admit
(B) to grow - to admit
(C) to grow - admitted
(D) growing - admitting

LESSON 09

관사와 명사

셀 수 있는 명사와 셀 수 없는 명사를 구분하는 것은 영어 공부의 기본이지만 명사를 보는 관점에 따라 구분하는 것이 가능하며 또한 어려운 일이다. 'cake, paper' 등과 같은 물질명사라도 부정관사 'a, an'을 붙일 수 있는 것이 있으며, 'beauty(아름다움), crime(범죄), difficulty(어려움), danger(위험)' 등과 같은 추상명사라도 'a/an'을 붙이면 'a beauty(미인), a crime(어리석은 일; 비도덕적·불명예스러운 행위), a difficulty(어려운 일, 난국), a danger(위험 요소, 위협; 손해를 끼칠 수 있는 사람/사물)'과 같이 전혀 다른 뜻으로 바뀌는 것에 유의해야만 한다.

사전에서 셀 수 있는 명사는 C(= Countable nouns)로 셀 수 없는 명사는 U(= Uncountable nouns)로 표시되어 있으므로 주의해서 명사의 용법을 살펴보아야 할 것이다.

예를 들어 셀 수 없는 명사 'coffee'에 부정관사가 쓰이면 단위(unit)를 나타낸다. 또한 기호(嗜好)를 나타낼 때는 '관사' 또는 'some/any'가 붙지 않지만, 권유를 나타낼 때는 'some'을 사용한다.

단어 암기만이 아니라 문법규칙도 영어를 공부하는데 꼭 필요한 것이다.

a. **A coffee**, please.
   커피 한 잔 주세요.

   'a coffee'는 'a cup of coffee'의 뜻으로 회화체 표현

b. Do you like **coffee**?
   커피 좋아해요?

   상대방의 기호를 묻는 표현

c. Would you like **some coffee**?
   커피 좀 드시겠어요?

   상대방에게 권유하는 표현

LESSON 09

01 관사

① 관사의 의미

❶ 'a'는 '~마다(per)'의 뜻

> A : How often do you eat out? 얼마나 자주 외식을 하죠?
> B : Once or twice **a month**. 한 달에 한 두 번 합니다.

'한 달에 한두 번'이라고 할 때 'Once or two times a month.'라고 하지 않고 'Once or twice a month.'라고 한다. 일주일에 한 번이라고 할 때 'Once in a week'라고 전치사 'in'을 사용하지 않고 'Once a week.'라고 하는 것에 주의해야 한다.

❷ 'a'는 'one'의 뜻으로, 'at a time' 하면 '한번에'라는 뜻

- You can't do two things at **a** time. Do one at **a** time, please.
  한 번에 두 가지 일을 할 수 없어. 한 번에 한 가지 일만 해.

❸ 'a/an'은 'the same'의 뜻

- Girls of **an** age are not always of **a** mind, but birds of **a** feather flock together.
  동갑내기 계집아이들이 항상 같은 마음은 아니지만, 같은 깃털의 새들은 함께 모인다.

  '끼리끼리 논다.'는 영어 속담

❹ 앞에 언급된 명사가 반복될 때 정관사가 쓰인다.

- Once upon a time there lived an old tailor in a small village. **The** tailor was known all over **the** village as "Old Harry."
  옛날 한 작은 마을에 늙은 한 양복장이가 살고 있었다. 그 양복장이는 '늙은 해리'로 마을 전체에 알려졌다.

❺ 상황으로 봐서 언급되는 것이 무엇인가 확실히 알 수 있을 때 정관사가 쓰인다.

- Will you pass me **the** salt, please?
  (테이블 위의) 소금 좀 건네주세요.

  cf. Will you please bring me *some* salt?
  소금 좀 주시겠어요.

❻ 쌍방 간에 무엇인지 알고 있는 집안 물건을 말할 때 정관사가 쓰인다.

- Please feed **the** dog. 개에게 밥 좀 주세요.

  eg. go into **the** yard 마당으로 나가다 / in **the** kitchen 부엌에서

❼ 발명품 등을 말할 때 정관사가 쓰인다.

- Galileo invented **the** telescope, and Edison (invented) **the** phonograph.
  갈릴레오는 망원경을, 에디슨은 축음기를 발명했다.

---

feather [féðər] 깃털
flock 모이다(gather); (작은 새·양 등의) 무리, 떼

tailor [téilər] 재봉사, 양복장이
known as ~로 알려진

feed (어린이·동물에게) 먹을 것을 주다

invent 발명하다
telescope [téləskòup] 망원경
phonograph [fóunəgræf] 축음기

❽ 서수(first, second, etc.,), 최상급, same, next, last 앞에 정관사가 쓰인다.

- Is this **the** first trip to New York? 이번이 뉴욕 초행입니까?

❾ 수량의 단위를 나타낼 때 정관사가 쓰인다.

- Meat is sold by **the** kilogram, and cloth by **the** meter.
  고기는 킬로그램, 천은 미터 단위로 팔린다.

❿ 악기(musical instruments) 앞에 정관사를 붙인다.

- Sam played **the** violin and we were dancing **the** cancan to the melody.
  샘이 바이올린을 연주했고, 우리는 그 음악에 맞춰 캉캉 춤을 췄다.

⓫ 관용적인 표현

- I was walking in the snow last evening. 난 지난밤에 눈을 맞으며 걸었다.

  eg. in the morning 아침에 / walk in the rain 비를 맞으며 걷다

2 정관사를 사용하는 고유명사

대양(oceans) · 강 · 해협(straits) · 산맥; 복수로 끝나는 나라 명; 건물, 탑, 호텔, 열차, 배 등에 정관사를 붙인다.

eg. the Atlantic Ocean 대서양   the Netherlands 네덜란드
     the Empire State Building 엠파이어 스테이트 빌딩   the Victory 빅토리아호

3 관사의 생략(Omission of articles)

❶ 가족 관계 · 호격 · 식사 명; 계절 · 날짜 · 명절 · 기간의 이름에 관사를 붙이지 않는다.

- **Mother** said, "**Children**, **dinner** is ready."
  "애들아, 저녁 먹어라"하고 엄마가 말했다.

- If **winter** is setting in, can **spring** be far behind?
  겨울이 시작되면, 봄은 아득히 뒤에 있을까?

set in (계절 등이) 시작되다
far behind 저 멀리

❷ 짝을 이루는 구조(parallel structures)는 관사 없이 사용된다.

- They were singing together **hand in hand**.
  그들은 함께 손을 잡고 노래 불렀다.

  eg. side by side 나란히 / face to face 얼굴을 맞대고

❸ 본래의 목적으로 사용될 때(used for their primary purpose)

- John can't go to **school** today because he is **in hospital** now.
  존은 지금 병원에 입원에 있기 때문에 오늘 학교에 갈 수 없다.

  eg. go to bed 잠자러 가다 / go to hospital 입원하다
       go to church 예배 보러 가다 / go to prison (as prisoners) 감옥에 가다

❹ 교통(transport) · 통신(communication)의 수단을 나타낼 때

- He always goes to work **by subway**. 그는 항상 지하철로 출근한다.

  cf. He always goes to work *in his car*. 그는 항상 자가용으로 출근한다.
  go *on the 8 o'clock bus* 8시 버스로 가다 / *on foot* 걸어서

❺ TV를 시청한다고 할 때는 관사를 붙이지 않는다.

- I watched **television** last night. 어젯밤에 TV를 시청했다.

  cf. Please turn off *the television*. TV좀 끄세요.
  TV를 켜고 끌 때는 정관사를 사용한다.

❻ 정거장, 공원에; 운동 명칭, 놀이 앞에 관사를 붙이지 않는다.

- I like **baseball**. 난 야구를 좋아해.

02 셀 수 있는 명사와 셀 수 없는 명사

셀 수 있는 명사와 셀 수 없는 명사를 구분하는 것은 영어 공부의 기본이지만 명사를 보는 관점에 따라 구분하는 것이 가능하며 또한 어려운 일이다.
'paper(종이; 포장지; 벽지)'와 같은 물질명사라도 부정관사(a, an)를 사용하여, 'a paper'가 되면 '신문; 논문; 시험문제 등'과 같은 뜻이 된다. 또한 'danger' 등과 같은 추상명사라도 부정관사를 붙여 'a danger'가 되면 '위험 요소, 위협; 손해를 끼칠 수 있는 사람/사물'이라는 뜻이 되는 것에 유의해야 한다. 〈명사 166쪽 ❹ 참조〉

not ... at all 전혀 ~하지 않다
(not ... a bit)
except 제외한
used to ~하곤 했다 〈과거의 규칙적인 동작은 물론 상태 및 상황에 쓰임〉

A : You haven't changed at all except a few **white hairs**.
흰머리 몇 개 빼고는 전혀 변한 것이 없어요.

B : Oh, come on. I used to have more **hair**.
오, 그럴 리가. 전에는 머리카락이 더 많았죠.

eg. I *used to* be fat, but now I am not.
전에는 뚱뚱했지만 지금은 그렇지 않다.

'hair'는 물질명사로 단수 형태로 쓰이지만 '몇 개의 흰 머리카락'처럼 셀 수 있는 경우에는 복수로 쓰인다.

1 단수와 복수

❶ 우리말에서는 대개의 명사가 단수 · 복수의 구별이 없지만, 영어에서는 명사가 복수 형태(셀 수 있는 명사)와 단수 형태(셀 수 없는 명사)로 각각 구별된다. 부정관사 'a(n)'은 셀 수 있는 명사의 단수와 함께 'one'의 뜻으로 쓰이고, 'some'은 셀 수 없는 명사나, 셀 수 있는 명사의 복수형과 함께 쓰인다.

셀 수 있는 명사: a book, a pencil, a chair, a man, an idea, an apple
셀 수 없는 명사: some sugar, some coffee, some bread, some furniture

- I have **an idea** it's going to rain. 비가 올 것 같은 생각이 들어.

- Would you like **some beer**? 맥주 좀 드시겠어요?

❷ 종류·상표(kind / sort / brand)를 나타내는 경우에 부정관사 'a(n)' 또는 복수 명사가 쓰인다.

- This is **a nice coffee**. 이건 맛있는 커피인데요.
- I like **Brazilian coffees** best. 나는 브라질 커피를 제일 좋아해.

❸ 기호(嗜好)를 나타낼 때 셀 수 없는 명사는 단수로; 셀 수 있는 명사는 복수로 쓰인다. 그러나 명사의 부분(部分)을 나타낼 때는 'some' 이 쓰인다.

- I like **coffee** and **apples**. 난 커피와 사과를 좋아해.

  cf. *A coffee*, please. = A cup of coffee, please.
  커피 한 잔 주세요.

  two coffees = two cups of coffee [회화체]

- Do you want **some coffee** and **some apples**? 〈형용사 225쪽 참조〉
  커피와 사과 좀 먹을래?

❹ 셀 수 없는 명사에 부정관사 'a(n)' 이 붙거나 복수로 쓰이면 제품을 나타내지만 그렇지 않은 경우에는 재료를 나타낸다.

- I want **a morning paper**. [신문]
  조간신문을 원해요.

- Wrap the parcel up in brown **paper**. [포장지]
  짐을 갈색 포장지로 싸 주세요.

  wrap up 포장하다
  parcel[pɑ́ːrsəl] 짐, 소포

- We drink beer out of **glasses**. [유리잔: 제품]
  우리는 유리잔으로 맥주를 마신다.

- The window is made of unbreakable **glass**. [깨지지 않는 유리: 재료]
  깨지지 않는 유리로 창문은 만들어 졌다.

❺ 종류를 나타낼 때 셀 수 없는 명사는 정관사를 붙이며, 여러 종류를 나타낼 때는 복수로도 쓰인다. 그리고 셀 수 있는 명사는 항상 복수 명사가 쓰인다.

- I want **the coffee** and **the apples**.
  난 그 커피와 그 사과를 원해.

- He sells **various kinds of coffees** and **all the apples**.
  그는 여러 종류의 커피와 모든 종류의 사과를 판매한다.

  various[vɛ́əriəs] 다양한
  kind 종류(sort)

❻ 셀 수 없는 명사라도 부분 명사를 사용하여 양(量)과 수(數)를 나타낸다.

- I bought **a piece of** furniture. 가구 하나를 샀다.

  'a piece of' 는 'furniture, cake, butter, toast, advice, chalk, soap, paper' 등과 같은 셀 수 없는 명사의 수량을 나타냄.

- I like milk and I bought **a bottle of** milk. 우유를 좋아해서 우유 한 병을 샀다.

  'bottle, box, bag' 은 이런 용기(容器)에 넣은 것의 수량을 나타낼 때 쓰인다.

  a bottle of ink / milk / beer, etc. 잉크 / 우유 / 맥주 한 병
  a box of candy / sugar, etc. 사탕 / 설탕 한 상자
  a bag of flour 밀가루 한 포대

  flour[flauər] 밀가루

- I bought **a pack of** cigarettes. 담배 한 갑을 샀다.

  a loaf of bread 빵 한 덩어리
  a slice of toast / cheese / meat 토스트 / 치즈 / 고기 한 조각
  a pound / a kilogram of beef 쇠고기 1파운드 / 1kg

- I drank **two glasses of** beer. 맥주 2잔을 마셨다.

  복수형일 때는 단위명사에 –(e)s를 붙인다.

  two loaves of bread 빵 두 덩어리
  three bottles of beer 맥주 3병

❼ 다음 명사들은 복수 형태도 없고 관사도 붙이지 않는다.

information[ìnfərméiʃən] 정보   advice[ədváis] 충고
equipment[ikwípmənt] 장비   furniture[fə́ːrnitʃər] 가구
pottery[pátəri] 도자기   poetry[póuitri] 시(詩)
sculpture[skʌ́lptʃər] 조각   knowledge[nálidʒ] 지식

위에 있는 명사들의 수(數)는 'a piece of' 또는 'several pieces of'를 사용하여 나타냄.

- I have *a lot of* **information** about American customs.
  미국 문화에 대해서 많은 정보를 갖고 있다.

- Let me give you *a word of / a piece of / a bit of* **advice**.
  충고 한 마디 하겠습니다.

- His laboratory has *a lot of* modern **equipment**.
  그의 실험실에는 많은 현대 장비가 있다.

- We read *several pieces of* **poetry**.
  우리는 몇 편의 시를 읽었다.

❽ 복수가 되면 뜻이 달라지는 명사

advice 충고   advices 보고, 통지   paper 종이   papers 서류
color 색   colors 군기, 국기   force 힘   forces 군대

> A : She seems to be a courteous person, doesn't she?
> 그녀는 예의바른 사람인 것 같습니다, 그렇죠?
> B : Yes, she doesn't forget her **manners**.
> 예, 그녀는 예의가 발라요.

- We have to go through **customs** at the airport.
  공항에서 세관을 통과해야만 한다.

- She's in good **spirits**.
  그녀는 기분이 좋다.

---

laboratory[lǽbərətɔ̀ːri] 실험실

courteous[kə́ːrtiəs] 예의가 바른
manner 방법; (pl.) 예절, 예의
forget one's manners 버릇없는 (discourteous), 예의가 없는

custom 관습; (pl.) 세관

spirit 정신; (pl.) 기분(mood); 독한 술

❾ 교환(交換) 또는 양쪽을 합쳐서 복수가 되는 상호복수:

- People **exchange their cups** of wine with each other when they drink.
  사람들은 술을 마실 때 서로 잔을 주고받는다.

- We **took turns** doing the driving on the way up to Seoul.
  우리는 서울로 올라가는 길에 교대로 운전을 했다.

  eg. shake hands 악수를 하다
       change the trains 기차를 갈아타다
       make friends(= become friends) 친구가 되다

exchange 교환하다

take turns 교대로 하다
turn 순번, 차례; 방향전환; 전환점

2 관사(a, an, the) + 보통명사(The use of article with common nouns)

❶ 종족 대표(Generic reference)
보통명사에 관사를 붙이거나, 복수 명사를 사용하면 그 종(種) 전체를 나타낸다.

- **A / The dog** is a faithful animal.
  개들은 충실한 동물이다.(= Dogs are faithful.)

- **Tigers** are dangerous animals and lions are, too.
  호랑이는 위험한 동물인데 사자도 그렇다.

  형용사 'faithful'과 'dangerous'는 그 종(種)의 속성을 나타낸다. 아래 예문이 틀리는 이유는 '귀여운'이라는 'cute'가 호랑이의 속성이 될 수 없기 때문이다.

  cf. *A tiger* is very cute. (x)

    A tiger is sleeping in the cage and *the tiger* is very cute.
    호랑이 한 마리가 우리 안에서 잠자고 있는데 그 호랑이는 매우 귀엽다.

    우리 안에서 잠자는 그 특정한 호랑이가 '귀엽다'는 뜻이므로 옳은 문장이다.

❷ 'the + 보통명사' = 추상명사

- Those who rely upon **the sword** shall perish by it.
  무력에 의존하는 사람들은 무력으로 멸망할지어다.

- **The mother** in her heart rose at the sight.
  그것을 보고 모성애가 그녀의 가슴에서 솟았다.

- When one is reduced to poverty, **the beggar** will come out.
  사람이 가난해지면 거지 근성이 나오게 마련이다.

- **The pen** may be a surer instrument of communication, but **the tongue** is nicer.
  글이 의사 전달하는 데 더 확실한 도구일지는 몰라도 말은 더 멋있는 도구이다.

rely upon ~에 의존하다
the sword 무력
perish 멸망하다

reduce (수동으로 쓰여) 좋지 않은 상황·상태가 되다; 감소하다
poverty [pávərti] 가난; 부족
the beggar 거지 근성
come out 나타나다; 생산되다
instrument [ínstrəmənt] 도구
communication [kəmjùːnəkéiʃən] 의사 전달
tongue [tʌŋ] 혀

3 보통명사로 쓰이는 고유명사(Proper nouns behaving as common nouns)

고유명사에 관사, 복수를 사용하여 보통명사로 또는 제품·작품의 뜻이 된다.

- My son has a dream of becoming **an Edison** in the future. 〈보통명사〉
  내 아들은 장차 에디슨과 같은 발명가가 되리라는 꿈이 있다.

an Edison = an inventor like Edison 에디슨과 같은 발명가

	• The guy who always drives **a Ford** has **two Renoirs**. 〈제품 / 작품〉 포드 자동차를 항상 몰고 다니는 그 사나이는 르느아르의 그림 2점을 가지고 있다.

4 추상명사의 전용

❶ 'of + 추상명사'는 형용사(구)로 쓰인다.

let sb know if ~인가를 …에게 알려 달라
assistance 도움, 원조
of assistance 도움이 되는

- Please let me know if I can be **of** any **assistance**.
  제가 도움이 될 수 있다면 저에게 알려주세요.

- Is this packaging **of** any real **use** to the buyer?
  이런 포장이 구매자에게 정말로 유용한가?(of real use = really useful)

wisdom 지혜
courage 용기
courageous 용기 있는

- He has a daughter **of wisdom** and a son **of courage**.
  그에게는 지혜로운 딸과 용기 있는 아들이 있다.

  = a wise daughter 현명한 딸 / a courageous boy 용기 있는 소년

ability [əbíləti] (타고난 또는 노력에 의한) 능력

  eg. a guy of ability 능력 있는 사내(an able guy)
        a matter of no importance 중요치 않은 문제(an unimportant matter)

전치사의 목적어가 앞에 있는 명사의 속성이나 성질을 나타내는 추상명사인 경우에 전치사 'of'가 쓰이지만, 'a red nose'와 같이 보통명사일 때는 'with'가 쓰인다.
이 때 쓰이는 'of / with'는 'having'의 뜻으로 형용사절로 바꿀 수 있다.

  eg. a man with a red nose 빨간 코를 가진 남자
        = a red-nosed man
        = a man who has a red nose

❷ 'all + 추상명사 / 추상명사 + itself' = very + 형용사(매우 ~한)

all smiles 활짝 웃고 있는(very smiling)
beauty itself 매우 아름다운(= very beautiful)
patience [péiʃəns] 인내
patient 인내성 / 참을성 있는 ↔ **impatient** 참을성 없는, 짜증을 내는
be all ears 관심을 갖고 귀담아 듣다(listen eagerly and with great interest)

- The girl who is **all smiles** is **beauty itself**.
  활짝 웃고 있는 그 소녀는 매우 아름답다.

- He was **all kindness** and **patience**.
  그는 매우 친절하고 인내심이 있었다.

  cf. Tell me your news. I'm *all ears*.
  네 소식을 말해봐. 관심을 갖고 귀담아 들을 테니.

❸ 전치사(with, by, on, to) + 추상명사 = 부사

eg. **on purpose** 고의적으로 (= purposely)
to excess 지나치게 (= excessively)
with ease 쉽게(= easily)
by accident 우연히(= accidentally)

- The lady stepped on my left foot **on purpose**.
  그 아가씨가 나의 왼발을 고의로 밟았다.

❹ 추상명사에 부정관사 'a, an'이 붙으면 보통 명사화된다.

crime 범죄
a crime 어리석은 일; 불명예스러운 행위

- Failure is not **a crime**. Failure to learn from failure is.
  실패는 어리석은 일이 아니다. 실패로부터 배우지 못하는 것이 어리석은 일이다.

  'is' 다음에 'a crime'이 생략됨. 〈23번 문제 해설 참조〉

  cf. fail to do ~하지 못하다 ↔ not fail to 반드시 ~하다

eg. democracy 민주주의 → a democracy[dimάkrəsi] 민주국가
　　 beauty 아름다움 → a beauty[bjú:ti] 미인
　　 genius 비상한 재능 → a genius[dʒí:njəs] 천재
　　 failure 실패 → a failure[féiljər] 실패한 사람 / 물건
　　 success 성공 → a success[səksés] 성공한 사람 / 제품
　　 difficulty 어려움 → a difficulty[dífikʌ̀lti] 어려운 일; 난국
　　 danger 위험 → a danger[déindʒər] 손실·상처를 끼칠 수 있는 사람 / 사물

5 명사의 부사적 용법

영어의 모든 명사는 주어·목적어·보어로 쓰이지만, 종종 명사가 이런 역할을 하지 않고 쓰일 때가 있다. 이런 경우에는 부사구에서 전치사가 생략된 채 명사가 부사 역할을 하는 것이다. 아래 문장에서 'that way'는 'in that way'에서 방법의 전치사 'in'이 생략된 채 부사적으로 쓰인 것이다.

- She always wants the house to look immaculate, but she won't do anything to help (to) keep it **that way**.
  그녀는 항상 그 집이 깨끗해 보이기를 원하지만 그렇게 (깨끗하게 유지하는데) 도움이 되는 어떤 것도 하지 않는다.

- I feel **the same way**. 나도 생각이 같아.

- He told me, "Do it **this way**." '그것을 이렇게 해'라고 그는 나에게 말했다.

- I saw her **last Thursday**, but I can't see her **this week**.
  지난 목요일에 그녀를 만났지만, 이번 주에는 그녀를 만날 수 없다.

  'one, last, next, this, that, some, any' 등의 단어가 결합된 명사구는 시간 전치사 'on, during, in'이 생략된 것이다.

  eg. one evening 어느 날 저녁　one cloudy day 어느 구름 낀 날

- He is **three years** older than I, but I'm **5 inches** taller than he.
  그는 나보다 3살이 많지만 내가 그보다 5인치 정도 더 크다.

  cf. He's older than I *by three years*, but I'm taller than he *by 5 inches*.

  'by three years', 'by 5 inches'는 보어 'older', 'taller'를 수식하는 부사구인데 정도를 나타내는 전치사 'by'가 생략된 채 'three years', '5 inches'는 부사 역할을 한다. 그러나 비교급에서 보어 'tall'이 생략되었을 경우에는 전치사 'by'가 생략되지 않는다.

immaculate[imǽkjəlit] 더럼 없는, 깨끗한; 과실·오점 없는; 정확하고 완벽한
keep 유지하다

03　집합명사(Collective nouns)

1 집합명사와 군집 명사

하나의 집합체(덩어리)로 생각하여 많고 적음을 나타내는 것은 집합명사; 덩어리로 보지 않고 구성 요소 개체로, 무엇을 즐기고·감동을 받고 하는 것을 군집 명사라 한다. 집합명사 또는 군집 명사 어느 의미로 쓰이는가에 따라 대명사 'it' 또는 'they'가 선택된다.

- **The committee** *has* met and *it has* rejected the proposal. [집합명사]
  위원회는 모임을 가졌고 그 제안을 거부했다.

committee 위원회; 위원
reject 거절하다
proposal 제안

- **The committee** *have* met and *they've* rejected the proposal. [군집명사]
  위원들은 모임을 가졌고 그들은 그 제안을 거부했다.

- He has **a large family**. 〈집합명사〉
  그는 대가족을 거느리고 있다.

- **All his family** are early risers. 〈군집 명사〉
  그의 가족들은 모두 아침 일찍 일어난다.

  복수가 되는 'family, people'형 집합명사: army 군(軍,) association 협회, class 학급, faculty 교수단, generation 세대, majority 다수, minority 소수

2 집합명사의 복수를 수식하는 형용사: many / a lot of / a few / large / small

- *Many* **audiences** have heard this singer.
  많은 청중들이 이 가수가 노래하는 것을 들었다.

- There was *a large* **audience** at the concert.
  연주회에 청중이 많았다.

  'Many audiences'는 한 장소에 있는 청중이 아니라 '서울, 부산, 청주' 등 여러 지역에 있는 청중(audience) 등의 집합명사의 복수를 나타낸다. 그러나 한 지역에 있는 청중의 '많고 적음'을 나타낼 때는 'large' 또는 'small'이란 형용사가 쓰인다.

- *A few* **families** came to the meeting.
  ('Smith' 씨, 'Jones' 씨 등) 몇 가족이 모임에 참석했다.

optimistic [àptəmístik] 낙천적인

- The English are **an optimistic people** considering **other peoples**.
  영국 국민들은 다른 민족들에 비해서 낙천적인 민족이다.

  'an optimistic people'과 같이 부정관사가 붙으면 '낙천적인 하나의 민족'이란 뜻이고 'other peoples'와 같이 복수로 쓰이면 '다른 여러 민족들'이란 뜻이다.

- *cf. People* say that he is rich.
  사람들은 그가 부자라고 말한다.

  관사가 붙지 않거나 복수가 아닌 'people'은 막연히 '사람들'이란 뜻이다.

- There's too much **furniture** in such a small room.
  방은 이렇게 작은데 가구가 너무 많아.

  'furniture 가구, clothing 의류, machinery 기계류, baggage/luggage 수화물' 등은 집합적 물질명사로 항상 단수 취급 하지만 부정관사를 붙일 수 없고, 'much, little'로 양(量)을 표시한다.

want ~를 찾다

- The man is wanted by **the police**.
  그 남자는 경찰의 수배를 받고 있다.

  'the police'와 같은 유(類)의 집합명사 the aristocracy 귀족, the clergy 성직자, the press 보도 기자

graze [greiz] 풀을 뜯어먹다

- All his **cattle** are grazing in the field.
  그의 모든 소들은 들에서 풀을 뜯고 있다.

  'cattle 소, poultry (닭·오리 등) 가금(家禽)'은 복수형이 없지만 복수 취급

04 소유격의 형태와 의미

⊙ 소유격의 형태

❶ 생물의 소유격은 's, 무생물의 소유격은 'of'를 사용한다.

- I bought **the man's** used car. 나는 그 남자의 중고 자동차 샀다.
- That's the Tower **of** London. 저것이 런던탑이야.

❷ 공동소유와 개별 소유

- **Mary and John's** car is more expensive than **Tom's** or **Judy's** car.
  Mary와 John이 공동으로 소유하고 있는 차는 Tom이나 Judy의 차보다 비싸다.

  [Mary and John]'s car 〈공동소유〉
  Tom's (car) or Judy's car 〈개별 소유〉

❸ 복합 명사의 소유격

- **My son-in-law's** house is like **Queen of England's** palace.
  내 사위의 집은 영국 여왕의 궁전과 비슷하다.

  my [son-in-law]'s house 내 사위의 집
  the [Queen of England]'s palace 영국 여왕의 궁

❹ 소유격을 강조하기 위하여 'of one's own'이 쓰인다

- He has a car **of his own**. 그는 자기 소유의 자동차를 갖고 있다.

❺ 명사의 반복을 피하기 위하여

- **The viewpoint of John** is always the same as **hers**.
  John의 관점은 항상 그녀의 관점과 일치한다.

  hers = her viewpoint

viewpoint [vjúːpɔ̀int] 견해, 관점
the same as ~과 같다

❻ 'house, shop' 등과 같은 장소 명사는 소유격 다음에 일반적으로 생략된다.

- He visited his **uncle's** yesterday. 그는 어제 삼촌댁을 방문했다.
  eg. a baker's 빵집   a florist's (shop) 꽃집
       a butcher's 정육점   St Paul's (Cathedral) 성 바오로 성당

❼ 시간·거리·무게 등을 나타낼 때 무생물일지라도 's가 쓰인다

- The Chinese takeout is within **five minutes'** walk of my house.
  테이크아웃 중국 식당은 우리 집에서 걸어서 5분 거리에 있다.

  -s로 끝나는 복수의 소유격은 어포스트로피(apostrophe)만을 사용한다.

  eg. ten minutes' break (= a ten-minute break) 10분간의 휴식
        ten dollars' worth of meat 10달러어치의 고기

takeout 식당에서 사가지고 가는 음식; 사가지고 가는 음식을 파는 식당

❽ 이중 소유격: 관사(a / an / the), 지시어(this / that), some / any / no / another 같은 한정사와 함께 소유격을 사용할 수 없으므로 소유격은 'of' 뒤에 사용한다.

- A friend **of mine** dropped in on me last evening.
  한 친구가 어제 저녁 갑자기 찾아 왔다.

- Tom is a friend **of my father's**.
  톰은 우리 아버지 친구 중의 한 분이다.(= one of my father's friends)

  'of'는 '~중의, ~중에서',라는 말로 '친구 중 한명'

  eg. a habit *of Sam's* = one of Sam's habits
      a son *of the man's* (sons) = one of the man's sons

  cf. Could you take a picture *of me*? 사진 좀 찍어 주시겠어요?
  of'는 '재료·구성요소' 라는 뜻으로 '나를 찍은 사진'

  cf. a portrait *of me* 나를 그린 초상화

  cf. Would you take a picture *with me*?
      같이 / 함께 사진 찍으실래요?(= Let's take a picture together.)

  May I borrow *your this pen*? (X)

  'your this pen' 이라고 할 수 없으며 'this pen of yours' 와 같이 소유격을 두 번 사용하므로 이중 소유격이라 한다.
  'my friend' 는 다른 사람에게 소개 할 때 'This is my friend, Mark.(이 사람은 내 친구 마크야)' 와 같이 쓰인다. 'a friend of mine' 은 여러 친구 중의 하나를 의미한다. 그리고 형제가 여럿일 때 'one of my brothers' 또는 'a brother of mine' 이라고 말한다.

2 소유격의 의미(Genitive meanings)

형태상 소유격이지만 의미상으로 주격·소유격·목적격·동격 등을 나타낸다.

- If I reflect on my boyhood, I see how admirable **my mom's treatment of** me has always been.
  나의 어린 시절을 깊이 생각해 보면, 나의 엄마가 나를 다루시는 것이 항상 얼마나 훌륭했는가 하는 것을 이제야 알게 되었다.

  'my mom's treatment of me' 에서 소유격은 각각 주격과 목적격을 나타내므로 'the way that my mom treated me' 와 같은 명사절로 다시 고쳐 쓸 수 있다.

- The police found a **women's** blouse as a clue in the small office.
  경찰은 그 작은 사무실에서 단서가 되는 부인용 블라우스 하나를 찾았다.

  'a women's blouse' 처럼 복수의 소유격은 '목적 또는 용도' 를 나타내어 '부인용 블라우스 하나 (a blouse for women)' 라는 뜻이 된다. 그러나 'a woman's blouse' 는 '(어떤) 한 부인의 블라우스' 를 의미한다.

  eg. ladies' shoes 숙녀용 구두(shoes for ladies)
      a *girls'* school 여학교(a school for girls)

- The villagers thought the shepherd was again deceiving them, and nobody went to **his help**. So the Wolf made a good meal of **the boy's** flock.
  마을 사람들은 그 목동이 그들을 또 속이는 것으로 생각하고 아무도 그를 도와주러 가지 않았다. 그래서 늑대는 소년의 양을 실컷 먹어 버렸다.

  nobody went to his help = nobody went *to help him*

---

drop in on 예고 없이 …를 잠깐 찾아가다(visit unexpectedly or informally)

reflect on ~을 깊이 생각하다 (think deeply about sth)
admirable [ǽdmərəbəl] 칭찬할 만한, 훌륭한
treatment [tríːtmənt] 다루는 방법

shepherd [ʃépərd] 양치기; (정신적) 지도자
deceive [disíːv] 속이다
make ... of ~으로 …을 만들다
meal 식사
flock (새·양 등의) 무리

'his'가 형태는 소유격이지만 의미상으로는 목적격을 나타내므로 번역에 유의.

05   비슷한 두 개의 영어 구조(Synonymous Sentences)

① a) He struck me **on the head**.   b) He struck my head.

② a) The dog bit him **into the leg**.   b) The dog licked his hand.

③ a) She held me **by the arm**.   b) She held my arm.

④ a) They pulled me **by the sleeve**.   b) They pulled my sleeve.

⑤ a) She looked me **in the face**.   b) She looked at my face.

⑥ a) John is red **in the face**.   b) John's face is red.

⑦ She kissed the boy **on the forehead**.
그녀는 소년 이마에 뽀뽀했다.

⑧ He looked the lady straight **in the face**.
그는 처녀 얼굴을 똑바로 쳐다보았다.

⑨ He kicked me **on the shin**.
그가 내 정강이를 찼다.

우리는 학교에서 신체 일부를 나타낼 때 소유격 대신 관용적으로 사용하는 정관사 the라고 단지 암기식으로 배워왔다. 그러나 위 예문들은 비슷해 보이지만, 자세히 보면, 첫째, 구조가 다르고, 둘째 동사의 목적어가 다르고, 셋째 뜻이 다르다는 것을 알 수 있다.

각 쌍의 의미상의 차이(meaning difference of each pair)는 다음과 같다.

문장 ① a)는 그가 동사(struck)의 목적어인 나에게 어떤 이해관계가 있으므로 나를 때린 것이다. 즉 나에게 감정을 품은 것이지 나의 머리통에 감정을 가질 수 없으므로 감정 표현은 목적어인 'me'에게 나타내고 그 결과 동작은 'on the head'에 나타낸 것이다. 그리고 나를 때린다 해도 한 번에 나의 몸 전체를 때릴 수는 없고 때린 부분을 한정적으로 나타내기 위해서 정관사를 사용하는 것이다. "He struck me on my head."와 같은 표현은 일부 방언으로 사용되고 있다.

전치사 문제에 있어서 'on the head'냐 'into the head'냐 하는 것은 'on'은 머리 표면을 의미하고 'into'를 사용하면 골 때린 것이 되므로 중상 또는 죽음을 뜻한다 〈298쪽 4-① 참조〉

문장 ① b)는 목적어에 이해 감정은 없고 장난을 하다가 실수로 때린 동작만을 나타낸 것이다. 예를 들어 그가 화가 나서 John을 때리려다가 옆에 있는 나의 머리통을 실수로 때리는 경우를 뜻한다. 종종 동의문(synonymous sentences)으로 사용되기도 하지만 위 설명에 따르면 두 문장이 각기 다르다는 것을 알 수 있다.

문장 ② a)는 그가 먼저 개에게 어떤 짓을 했기 때문에 개가 화가 나서 그의 다리를 문 것이지 다리에 감정을 품은 것은 아니다. ② b)는 단지 그의 손을 핥는 동작만을 나타내고 있다.

문장 ③ a)는 그녀가 나를 좋아하거나 사랑하기 때문에 또는 주의를 환기시키기 위해 나의 팔을 붙잡은 경우이다. 그러나 그녀와 나 사이에는 아무런 이해 감정이 없고 단지 실수로 붙잡는 동작을 나타낼 때는 b)와 같이 사용하게 되는 것이다.

문장 ⑥ a)는 John이 술을 먹었다든지 화가 나서 얼굴이 붉어진 경우이고 b)는 천성적으로 얼굴이 붉다는 표현이다.

01. 다음 중 어법상 틀리거나 어색한 부분이 없는 것을 고르시오.
    (A) Let's go home and have good dinner. By the way, can you make an U-turn here?
    (B) The woman living in the country gets paid by a month.
    (C) This shoes maker is in his late sixty.
    (D) The presider's bad manners hurt the audience's feeling.

02. 다음 대화에서 괄호 안의 지시대로 된 표현을 고르시오.

    A: Where does it hurt?
    B: (SHOWS WHERE THE PAIN IS)
    (A) Here it is. (B) Here you are.
    (C) Just here. (D) There you go.

◎ 다음 대화문의 빈칸에 가장 적절한 표현을 고르시오.

03. A: I was voted Salesman of the Year at the company.
    B: That's wonderful! This calls for a _____.
    (A) promotion (B) celebration
    (C) concentration (D) opportunity

04. A: I'm going to London next week.
    B: What _____! So am I.
    (A) an identification (B) a long distance
    (C) a coincidence (D) a good idea

05. A: Will you help me do this?
    B: No _____; do it yourself!
    (A) chance (B) help
    (C) way (D) benefit

06. A: How was the movie?
    B: The ending wasn't _____.
    (A) much surprise (B) many of a surprise
    (C) much in a surprise (D) much of a surprise

07. A: Did you remember to buy a _____ of bread?
    B: Did you think that _____?
    (A) loaf - it would slip my mind
    (B) pound - it comes to mind
    (C) piece - I am out of my mind
    (D) slice - I'd keep it in mind

08. A: I'm sorry. I just spilled my drink on your coffee table.
B: No _____. I'll wipe it right off.
(A) comment
(B) big business
(C) big deal
(D) laugh

09. A: Have you met each other before?
B: No, we're _____.
(A) quite a stranger
(B) complete strangers
(C) a total stranger
(D) strangers here

10. A: What do you think of my new blouse, Johnny?
B: Well, I mean you no _____, Mrs. Brown, but it's not quite right for someone of your age.
(A) satisfaction
(B) refund
(C) disrespect
(D) proficiency

11. A: Has Nancy really broken off the engagement to Jim? I can't believe it. Are you sure?
B: Absolutely. I got it straight from _____ mouth.
(A) the rabbit's
(B) the horse's
(C) the bull's
(D) the cat's

12. A: I heard your mother passed away. I'm so sorry. Can I be _____ in any way?
B: Thank you. Your sympathy is a great _____.
(A) help - one
(B) of help - consolation
(C) help - comfort
(D) of help - donation

13. A: How are you today?
B: I'm a bit under _____. I have an upset stomach.
(A) the condition
(B) the doctor
(C) the weather
(D) the mood

14. A: You know, I like Johnny Carson best. He's really on _____ with his comments every night.
B: Yeah, you're right. He always uses the latest news items.
(A) the news
(B) the talk
(C) the joke
(D) the ball

15. A: Mother Theresa is _____.
B: You can say that again. Imagine dedicating your entire life to _____.
(A) quite a woman - help the poor
(B) a quite woman - helping the poor
(C) quite a woman - helping the poor
(D) a quite woman - help the poor

◎ 다음 글의 빈칸에 가장 적절한 표현을 고르시오.

16. The Chinese takeout is _____ walk of my house.
(A) from five minute's
(B) by five minute's
(C) within five minutes'
(D) around five minutes'

17. If I reflect on my boyhood, I see how admirable _____ me has always been.
(A) my father treat
(B) my father treatment of
(C) my father's treatment of
(D) my father's treat

18. If a computer processes information, millions of _____ of information can _____ in seconds.
(A) pieces - be processed
(B) articles - process
(C) slices - be processed
(D) pairs - process

19. In accordance with the terms of your contract of employment you must give three _____ if you intend to quit.
(A) months' notify
(B) months' notice
(C) month's note
(D) month's norm

20. _____ prices vary with the seasons.
(A) Reasonable
(B) Shooting-up
(C) Produce
(D) Consumer

21. The global environment can only be protected for the coming century through genuine international _____.
(A) separation
(B) cooperation
(C) corporation
(D) operation

22. When the custodian retired after 30 years with the company, _____ in his honor.
(A) a dinner was serving
(B) dinner was holding
(C) a dinner was held
(D) dinner is given

23. In any walk of life, disappointments will precede success. As Walter said, "Failure is not _____. Failure to learn from failure is."
   (A) crime
   (B) a crime
   (C) the crime
   (D) crimes

24. For the first twelve months there was no competition because Sony's _____ thought the Walkman might be _____.
   (A) competitive - failure
   (B) competitors - a failure
   (C) been competed - to fail
   (D) competition - failing

25. They serve generous _____ at that newly opened Italian restaurant.
   (A) service
   (B) hospitality
   (C) prices
   (D) portions

26. The _____ recommended Michael to _____ to manager of his division.
   (A) supervise - promote
   (B) supervisor - be promoted
   (C) supervision - promoted
   (D) supervisor - promote

27. The lady who is always in good _____ has written a book on the customs and _____ of the ancient Egyptians.
   (A) spirit - manner
   (B) spirit - manners
   (C) spirits - manner
   (D) spirits - manners

28. My teacher, who has _____ of math, told us knowledge is not power but that it is only potential power before it is applied.
   (A) a good knowledge
   (B) good knowledge
   (C) good knowledges
   (D) many knowledge

29. It may take a _____ of three days for your membership application to _____.
   (A) number - process
   (B) amount - be processing
   (C) minimum - be processed
   (D) portion - processed

30. Your _____ card will be dispatched on _____ of the completed application form.
   (A) membership - receipt
   (B) member - receive
   (C) memorandum - reception
   (D) memorial - receipt

31. Last year, more than five billion catalogs were mailed to Americans, and over forty billion _____ products were bought from them.
    (A) dollars' worth of
    (B) dollar's worthy of
    (C) dollars' worthy
    (D) dollar's worth

32. Most _____ came into the United States in order to escape _____ and hunger, or political and religious oppression.
    (A) immigrant - posterity
    (B) emigrants - prosperity
    (C) emigrant - promotion
    (D) immigrants - poverty

33. This is a _____ sale to purchase goods at a lower than usual price, at a discount of forty percent.
    (A) clearance
    (B) clear
    (C) clearer
    (D) clearly

34. As part of their sales promotion they're giving away a complimentary _____ with each holiday.
    (A) pair of sunglasses
    (B) pair of sunglass
    (C) pairs of sunglass
    (D) pairs of sunglasses

35. _____ can vary their diet with nuts, pulses and grains.
    (A) Vinegars
    (B) Vegetarians
    (C) Veterinarians
    (D) Versatile

36. Owing to her tooth decay, my mom is recommended to have a dental checkup _____.
    (A) one a month
    (B) once in a month
    (C) once a month
    (D) since a month

37. _____ is made for the service.
    (A) Fee of charge
    (B) At no additional fare
    (C) No additional toll
    (D) No extra charge

38. The beauty salon's _____ are rather _____.
    (A) fares - expensive
    (B) fees - cheap
    (C) charges - high
    (D) tolls - reasonable

39. The room can be reserved on payment of a small _____.
(A) deposit
(B) charge
(C) allowance
(D) cost

40. _____ businesses have closed down because of the _____.
(A) Several - recession
(B) The number of - recess
(C) A little - recipe
(D) A large amount of - session

41. Robert came into a large _____ when his mother _____.
(A) fortune - passed away
(B) money - died
(C) success - went away
(D) luck - went up to heaven

42. Your _____ is requested at the International Sanitation Forum.
(A) present
(B) presence
(C) conference
(D) presentation

43. Hip-hop is no longer limited to blacks. It has become a new kind of culture that is fascinating _____ everywhere _____ enjoy their youth and freedom.
(A) teens - who
(B) teens - where
(C) teen - that
(D) teens - which

44. A six _____ Bengali tiger escaped from its enclosure at the City Zoo yesterday and has not yet _____.
(A) foot - been located
(B) foots - located
(C) feet - been located
(D) feets - locating

45. A benefit concert is a musical _____ held to raise money for people in need, where the _____ usually play for free.
(A) performance - performance
(B) performance - performers
(C) performers - performers
(D) performers - performance

대명사

명사 또는 구(句)·절(節)을 대신하는 것을 대명사(代名詞)라 하며 명사와는 달리 성(性)에 따라 인칭대명사 he, she, it, they 등이 쓰인다. 또한 수(數)와 격(格) 변화가 있다.
일반적으로 앞 문장이나 문장 안에서 한 번 언급된 단어 혹은 내용이 반복될 때 대신하는 것을 대명사라 한다.

인칭대명사: 사람을 지칭하는 대명사
재귀대명사: 동작이나 행위의 결과가 자신에게 돌아오는 대명사
지시대명사: 사람과 사물을 지칭하는 대명사
부정대명사: 특정한 것이 아닌 막연한 사람·사물을 가리키는 대명사
의문대명사: 의문문에 쓰이는 대명사
관계대명사: '접속사 + 대명사'의 역할을 하는 대명사

인칭대명사의 격변화

주격	소유격	목적격	소유대명사	재귀대명사
I	my	me	mine	myself
you	your	you	yours	yourself
she	her	her	hers	herself
he	his	him	his	himself
it	its	it	-	itself
we	our	us	ours	ourselves
you	your	you	yours	yourselves
they	their	them	theirs	themselves

LESSON 10

01 일반 인칭대명사(Generic pronouns)

인칭대명사 'we, you, they, one' 등은 특정인이 아닌 일반인을 나타낼 때 쓰이며, 우리말로 번역할 필요가 없다.

- Life is half spent before **you** realize what it is.
  인생이 무엇이라는 것을 깨닫게 되었을 때 이미 반은 지나가 버린 뒤다.

- As **one** grows older, **one** becomes wiser.
  나이가 들어감에 따라 사람은 더 현명해진다.

realize [ríːəlàiz] ~을 알다(know, become aware of), 깨닫다

02 재귀대명사(Reflexive pronouns)

재귀대명사는 주어가 하는 동작의 영향이 다시 주어로 돌아가는 것을 뜻하며, 주어와 목적어가 동일한 기본 용법과 강조 용법이 있다.

1 재귀적 용법

주어가 행한 동작이나 행위가 주어 자신에게 돌아오는 경우에 재귀대명사를 동사나 전치사의 목적어로 쓴다.

> A: I don't feel like going out after all. 어쨌든 외출하고 싶지 않아.
> B: All right, suit **yourself**! 알았어. 네 마음대로 해!

- Please seat **yourself**.
  앉으세요.(= Please be seated.)

- You must be really proud of **yourself**.
  자신이 정말로 자랑스러우시겠어요.

feel like + -ing ~하고 싶다
after all 어쨌든, 결국
suit ~의 마음에 들다

seat ~를 앉히다 자리, 좌석

proud 자랑할 만한; 거만한
be proud of ~을 자랑하다

2 강조 용법

재귀대명사는 문장 내의 주어나 목적어 등을 강조하는 데에도 쓰인다. 강조 용법의 재귀대명사는 강조하고자 하는 명사의 바로 뒤, 또는 문장의 맨 끝에 위치하며 생략 가능하다.

- I'm a stranger here **myself**.
  저도 이곳이 초행입니다.

- When one gives up a dream, he is **himself** discouraged.
  우리가 꿈을 포기할 때 우리는 스스로 좌절하는 겁니다.

- If you want a thing well done, you should do it **yourself**.
  어떤 일이 잘 되길 원한다면 그것이 자신이 직접 하는 게 최고야.

stranger 낯선 사람; 어떤 장소에 생소하거나 익숙하지 못한 사람

give up 포기하다
discouraged [diskə́ːridʒd] 좌절한, 낙담한

3 재귀대명사의 관용적 표현

❶ 동사 + oneself

- Help **yourself** to whatever you need – just make **yourself** at home!
  필요한 것이 있으면 마음 놓고 하세요. 그저 맘 편하게 하세요.

help oneself 마음껏 드세요; (필요한 일을) 자기 스스로 하다, 허락 받지 말고 할 것이 있으면 마음 놓고 하라.

- I'm very sorry. I'm not **myself** today. I've been so busy all day.
  대단히 미안해요. 오늘 정신이 없어. 하루 종일 너무 바빠서.

  몸의 컨디션이 좋지 않거나, 몸이 아프거나, 피곤하거나, 당황해 어쩔 줄 모르는 경우가 있다. 이런 경우에 우리말로 '정신이 없어 또는 내 정신이 아니야'라고 말할 때 **I'm not (feeling) myself today.** 라고 한다.

- You don't seem **yourself** this morning.   오늘 아침 몸이 안 좋은 것 같아.

- The waiter always conducts **himself** in a hospitable manner when serving tables.
  그 종업원은 손님들 식사 시중을 들 때 언제나 친절한 태도로 행동한다.

- The police officer identified **himself** and asked for our help.
  경찰관은 자기 신분을 밝히고 우리의 도움을 청했다.

conduct oneself 행동하다, 처신하다
hospitable [háspitəbəl] (손님들에게) 친절한
manner 태도; 방법
serve tables 식사 시중을 들다
identify [aidéntəfài] (신분 등을) 밝히다; 확인하다; 동일시하다

❷ 전치사의 목적어

- You cannot live **by** and **for yourself**.   혼자서 그리고 자기 힘만으로 살아갈 수는 없다.

- They made a decision **for themselves**.   그들 스스로 결정을 한 겁니다.

- Don't tell this to anyone else – it's just **between ourselves**.
  누구한테도 이것을 말하지 마. 그저 우리끼리 비밀이야.

by oneself 혼자서(alone)
for oneself 자력으로(without others' help)
make a decision 결정하다(decide)
decision [disíʒən] 결정
between ourselves 우리끼리 이야기지만(= between you and me)
of itself 저절로
beside oneself 제정신이 아닌
in itself 본질적으로, 본래

03 소유 대명사(Possessive pronouns)

소유 대명사(mine, yours, his, hers, ours, theirs)는 '인칭대명사의 소유격 + 명사'의 뜻으로 명사의 반복을 피하기 위하여 주로 쓰인다.

- This book is **hers** and that one is **yours**.
  이 책은 그녀 것이고(her book), 그리고 저것은 네 것(your book)이다.

- A friend of **mine** would like to have his own car.
  내 한 친구는 자기 자신 소유의 자동차를 갖고 싶어 한다.

  'a friend of my friends'에서 명사의 반복을 피하기 위해 앞의 명사 'a friend'를 대명사로 바꾸어 'one of my friends'로 하던지, 뒤의 명사 'my friends'를 소유 대명사로 바꾸어 'a friend of mine'으로 할 수 있다. 'one of my friends' 보다는 'a friend of mine'이 더 빈번히 쓰인다. 그 이유는 '사람·사물'을 가리키는 대명사 'one' 보다는 'a friend of mine'이 더 친근감을 주기 때문이다. 〈명사 170쪽 4-1-❸ 참조〉

04 대명사 'it'

1 비인칭 주어

특정한 것을 가리키지 않고, 아무런 뜻 없이 주어로 쓰이는 것을 비인칭주어라 하며 시간·거리·날씨·명암 등을 나타낸다.

S : How far is **it** to Seoul?   서울까지 얼마나 멉니까?
M : **It's** a long way from here to Seoul.   여기서 서울까지는 먼 길입니다.

- (I'm afraid) **It**'s getting late. I've got to go (now).
  시간이 점점 늦어지는데. (지금) 가 봐야겠어.

- **It** is raining and **it** is getting chilly.
  비고 오고 있고 점차 쌀쌀해진다.

2 상황의 'it' (Situation 'it')

주어진 상황에 따라 지칭하는 뜻이 달라지는 대명사 'it'를 상황의 'it'라고 한다. 예를 들어 어느 파티에 참석했던 사람이 즐거운 시간을 보내고 집에 왔을 때 'How was your party?'와 같은 물음에 'I had a good time of it.'와 같이 응답할 수 있다. 이때 'it'는 'party'라는 것을 상황으로 봐서 알 수 있기 때문에 붙여진 이름이 상황의 'it'인 것이다.

- "How is **it** going with the drunkard?" "**It**'s all over with him."
  "그 주정뱅이 어떻게 지내고 있니?" "그 사람 모든 게 끝장났어."

  'over'는 '~이 끝난(finished, ended)'의 뜻으로 'It's all over with him.'이란 말이 '사업이 망한 사람'에게 쓰였다면 'It'는 'his business'를 뜻하고, '이혼한 사람'에게 쓰였다면 'It'는 'his marriage life'를 나타낸다.

- Don't be so depressed. That's the way **it** goes.
  그렇게 의기소침 하지 마. 사는 게 / 사랑이 다 그런 거잖아.

  'it'는 상황에 따라 'life' 또는 'love' 등을 의미하므로 'That's the way (life goes).' 또는 'That's the way (love goes).'라고 사용할 수 있으며 ( ) 부분을 생략할 수도 있다.

05 지시 대명사(Demonstrative pronouns)

1 this / these

화자로부터 가까운 것을 나타낼 때는 this/these로 화자로부터 멀리 있는 것을 나타낼 때는 that/those가 쓰인다.

- He likes **that** better than **this**, but I prefer **these** to **those**.
  그는 이것보다 저것을 더 좋아하지만, 나는 저것들보다 이것들을 더 좋아한다.

  cf. These days I haven't seen him.
  요즘 난 그를 보지 못했다.

2 무엇을 설명할 때

무엇을 하는 방법을 보여 주면서 '이렇게 하면 되는 거야.'라고 말할 때 a); 방법을 보여 준 후에 '그렇게 하면 되는 거야.'라고 말할 때는 b)와 같이 한다.

a. **This** is how you do it.

b. **That**'s how you do it.

3 사람을 지칭할 때; 소개할 때; 전화상에서

- **That**'s my mother. 〈가리키면서〉
  저분이 나의 엄마입니다.

---

chilly 쌀쌀한

drunkard [drʌ́ŋkərd] 술고래, 주태백이

depressed [diprést] 낙담한, 기가 죽은, 풀이 죽은

prefer A to B B 보다 A를 더 좋아하다

these days 요즈음 ↔ those days 그 당시에(at that time)

- **This** is Mrs. Jones. 〈소개할 때〉
  이 분이 존스 여사입니다.

- (**This** is) Mary speaking. 〈전화상에서〉
  저는 메리입니다.

4 앞에 나온 명사의 반복을 피하기 위하여

- The air of the country is fresher than **that** of the city.
  시골의 공기는 도시의 공기보다 더 신선하다.

  that = the air

- The ears of a wolf are as large as **those** of a fox.
  늑대의 귀는 여우의 귀만큼 크다.

  those = the ears

5 this 후자(the latter) / that 전자(the former)

- Health is above wealth, for **this** cannot give us so much happiness as **that**.
  건강이 재산보다 낫다, 후자(재산)는 전자(건강)보다 더 많은 행복을 주지 않는다.

6 'that'은 앞에 나오는 내용을, 'this'는 뒤에 나오는 내용을 받는다.

- Many years ago their wives quarrelled over some trivial matter. **That**'s why the two men never visit each other's house.
  오래전에 그들의 부인들은 사소한 일로 싸웠다. 그 두 남편들이 서로 찾아가지 않은 것은 그 때문이다.

- He told the story like **this**: 'Once upon a time there lived an honest woodcutter in the forest.'
  그는 다음과 같은 이야기를 했다. '옛날에 숲 속에 한 정직한 나무꾼이 살았다.'

quarrel [kwɔ́ːrəl] 말다툼하다
trivial [tríviəl] 사소한
matter 일, 문제

06 부정 대명사(Indefinitive pronouns)

특정한 것을 가리키는 것이 아니라 막연하게 사람·사물·수량 등을 나타내는 대명사 'everybody / everything / somebody / something / nobody / nothing'을 부정 대명사라 한다.

- I tried **everything** but **nothing** works.
  모든 것(all things)을 시도해 보았지만, 되는 것은 아무 것도 없다.

- I hope **everything** works out.
  모든 일이 잘되기 바래요.

- There must be a catch to this newspaper ad somewhere. You don't get **something** for **nothing**.
  이 신문 광고 어딘가에 함정이 있는 것이 틀림없어. 공짜로 얻는 게 없거든.

work (계획 등이) 잘되어 가다; 작동하다; 근무하다; 약효가 있다

work out 좋은 결과를 맺다

catch 속임수(trick), 함정
ad 광고(advertisement)
for nothing 공짜로

1 부정·의문·조건문에서 'anything / anybody / anyone'을 사용한다.
긍정문에서 'something / somebody / someone'을 사용한다.

> S : Did **anyone** call last night?
> 어젯밤에 누가 전화했니?
>
> M : Yes, **somebody** called last night.
> 그래, 어젯밤에 어떤 사람이 전화했어.

> A : Do you think you will be able to come to the party this Saturday?
> 이번 토요일 파티에 오실 수 있으세요?
>
> B : I wouldn't miss it for **anything**.
> 어떤 일이 있어도 꼭 갈 겁니다.

miss 못 맞히다, 놓치다; 보고 싶어 하다
for anything (부정·의문) 결코

2 부정대명사는 형용사가 대명사 뒤에서 수식을 한다.

> S : Is there **anything** *wrong* with your left leg?
> 왼쪽 다리를 다쳤어요?
>
> M : Yes, I fell down on the stairs.
> 네, 계단에서 넘어졌어요.

wrong with ~가 아픈, 상태가 나쁜
fall down 넘어지다

- "What are you doing tonight?" "**Nothing** *special*."
  "오늘밤에 뭐 할 거야?" "특별한 일 없어."

- "Do you need **anything** *else*?" "That's (about) it."
  "다른 것 또 필요하신 것 있습니까?" "(대충) 됐습니다."

- If you have **nothing** *to do*, how about going out for a coffee?
  할 일이 없으면 커피나 한 잔하러 가는 게 어때?

- Then, let's talk about **something** *else*. 〈형용사 220쪽 ❽ 참조〉
  그러면 우리 딴 얘기하죠.

- Did you have **anything** *in common*?
  얘기는 잘 통하는 것 같니?

have something in common
공통점이 있다

- "What's up?" "**Nothing** *much*."
  "무슨 일이 있어요?" "별일 없어요."

- You're **something** *special*, **something** *different*.
  너는 뭔가 특별하고 좀 색다른 녀석이야.

3 부정대명사의 보통명사 용법 및 대명사

'somebody, nobody, everyone' 등과 같은 부정대명사는 단수 취급하지만, 한 사람을 의미하는 것이 아니므로 대명사로 또는 부가의문문에서는 'they'로 받는다.

A : What do you think of Jane?
  제인을 어떻게 생각해?
B : She's really **something** in computers.
  그녀는 컴퓨터 분야에서 정말로 대단한 사람이야.

something (설명하기는 어렵지만) 대단한, 특별한 사람·사물

- **Nobody** phoned while I was out, did *they*?
  외출 중에 전화온데 없죠?

- **No one** objected, did *they*?
  아무도 반대가 없죠?

object 반대하다(oppose)

- He is a **nobody**. He is a drifter. No family, no close friends.
  그는 별 볼일 없는 사람이야. 떠돌이고, 가족도 없고 친한 친구도 없어

a nobody (보어로) 보잘 것 없는 사람, 무명인사
drifter 떠돌이

07 전칭 대명사(Universal pronouns)

1 All and Both

❶ 'All'은 둘 이상(more than two)의 '모든 사람(All the people), 모든 것'을 나타낸다. 'All'이 사람 또는 셀 수 있는 명사를 의미할 때는 복수 취급한다.
  'all boys'처럼 'all + 복수명사'; 'all wood'처럼 'all + 셀 수 없는 명사'
  'all his life / all last summer'처럼 기간을 나타내는 명사 앞에 붙어 전 기간을 나타냄.

- **All** of the children in my class have both (of their) parents.
  나의 반 아이들 모두에게는 부모님이 두 분 다 계신다.
  'all children'은 '모든 아이들'을 의미하고, 'all (of) the children'은 한정된 즉, '(내 학급의) 모든 아이들'이라는 뜻이다.

- **All** wool tends to shrink when (it is) washed.
  모든 양모는 빨면 줄어드는 경향이 있다.

tend ~하는 경향이 있다
shrink (천 따위가) 오그라들다; 주춤하다, 피하다

- **All** you have to do is study hard for yourself, not for your parents.
  네 부모님을 위해서가 아니라 네 자신을 위해 공부만 하면 돼.

all you have to do is ... 단지 ... 하면 돼

❷ 'Both'는 'the two together'의 뜻으로 둘 모두를 나타낸다.

A : Are **both** Bill and Micky studying English?
  빌과 미키가 영어를 공부하고 있어요?
B : Yes. They're **both** studying English.
  네. 둘이 함께 영어 공부하고 있어요.(= Both of them are studying…)

- She and I **both** agreed to come tonight.
  그녀와 나는 오늘밤에 가기로 의견의 일치를 보았다.

agree 동의하다

- **Both** of us had a different opinion about it. (x)
  우리 둘은 그것에 대해 다른 의견을 가지고 있었다.

  'both'는 둘의 의견이 동일해야 하며 의견이 다를 때는 사용할 수 없다. 'different'는 '다른, 같지 않은(unlike / not the same)'의 뜻이므로 'both'와 함께 쓰이지 않는다.
  〈each and every 첫 번째 예문 참조〉

2 Each and Every

'every(= all)'는 사람 또는 사물을 하나의 집단 속에 포함시키지만, 'each'는 사람 또는 사물을 따로따로 분리시킨다. 형용사로 쓰일 때는 'every / each + 단수명사'이다.

- **Each** of us had a different opinion about it.
  우리는 각자 그것에 대해 서로 다른 견해를 가지고 있었다.

- I want **every** / **each** student to succeed in life.
  모든 / 각 학생이 인생에서 성공하기를 원한다.

  > succeed in life 출세하다

- I go to Paris **every** other week.
  나는 격주마다 파리에 간다.

  > every other week 한 주 걸러
  > (= every two weeks / every second week)

  'every + 단수명사'로 쓰이지만, 'every two weeks'는 'every (two weeks)'처럼 두 주를 한 단위로 생각하여 '매 두 주마다'라는 뜻이다.

- I would like **everybody** to be happy forever.
  모든 사람이 영원히 행복하길 나는 바란다.

  > forever 영원히(for good)

- **Every** boy and girl brought his and her/their dictionary.
  모든 소년 소녀가 각자의 사전을 가져왔다.

  성(sex)을 밝히지 않은 everyone은 he, his 또는 their로 받는다.

  eg. Everyone has *his or her* own dictionary.

08 대용어

❶ 'some, any'는 양(量)을 나타내는 형용사로도 쓰이고 'one, ones'처럼 명사의 대용어(代用語)로서도 사용된다. 또한 형용사의 수식을 받을 수 있고 복수도 된다.

> A : Would you like *some* tea? 차 좀 드시겠어요?
> B : Yes, I'd like **some**. 네, 좀 주세요.
>   No, I *don't* want **any** now. 아뇨, 지금은 됐어요.

- "Which roses do you want?" "I want **the red ones**."
  "어떤 장미를 원해?" "난 빨간 장미를 원해."

- "I like roses, but *red* **ones**." "I thought you preferred *white* **ones**."
  "장미를 좋아하지만 빨간 장미를." "네가 흰 장미를 더 좋아한다고 생각했어."

❷ 'one'은 셀 수 없는 명사의 대용어로 쓰이지 않는다.

- I prefer regular coffee to **black**.
  블랙커피보다 보통 커피를 더 좋아해.

prefer A to B B 보다 A를 더 좋아하다

❸ 소유격 또는 'own' 다음에 대용어 'one'이 쓰이지 않는다.

- This umbrella is **my sister's** and that one is **mine**.
  이 우산은 누나 것이고 저것은 내 자신의 것이다.

- They treated the child as if she were their **own**.
  그들은 그 아이를 그들의 친 자식처럼 대했다.

treat 대하다(behave towards); 치료하다

❹ 'several, a few' 다음에 대용어 'ones'가 쓰이지 않는다. 그러나 'several, a few' 다음에 형용사가 뒤따라 올 때는 대용어 'ones'를 동반한다.

- "How many apples do you want?" "I want **several**."
  "사과 몇 개나 원해?" "너 댓개를 원해."

- I need **several** *big ones* and **a few** *small ones*.
  큰 것 네댓 개와 작은 것 몇 개가 필요해.

09 other and another

- Some people complained, but **others** were more tolerant.
  어떤 사람들은 불평불만을 했지만, 다른 사람들은 더욱 관대했다.

  '어떤 사람들은 …하고, 다른 사람들은 ~하다'라고 할 때 'some ... others'가 쓰인다.

complain ~에게 불평하다, 투덜거리다
tolerant [tάlərənt] 아량 있는, 관대한

- Twenty of my classmates like football; **the others** do not.
  우리 급우들 중 20명은 축구를 좋아하고 나머지는 싫어한다.

  한정된 집단의 일부를 뺀 나머지(the rest)를 가리킬 때 'the others'가 쓰이며, 단수이거나 셀 수 없는 명사를 가리킬 때는 'the other'가 쓰인다.

- I have **one** sock here, but I've lost **the other** (one).
  여기 양말 한 짝이 있는데 다른 한 짝은 잃어버렸다.

- I saw two suspicious-looking men. **One** went this way, **the other** that way.
  수상쩍어 보이는 두 명을 봤는데. 한 사람은 이쪽으로 다른 한 사람은 저쪽으로 갔다.

suspicious [səspíʃəs] (거동이) 수상쩍은; 의심스러운

- I've 3 brothers; **one** is in Seoul, **another** in Japan, and **the third** in LA.
  나는 세 명의 형이 있다. 한 분은 서울에, 또 한 분은 일본에, 셋째는 LA에 살고 있다.

  여럿을 열거하는 경우, 둘 일 때 'one ..., and the other', 셋 일 때 'one ..., another / a second ..., and the other' 마지막은 정관사를 붙인다.

blame 비난하다, ~의 탓으로 돌리다

- I have a shepherd and a yellow dog; **the one** is cleverer than **the other**.
  나에게는 셰퍼트와 똥개가 있다. 전자는 후자보다 더 영리하다.

  '(the) one'은 반드시 '전자'라는 뜻이 아니라 둘 중의 하나(one of the two)를 의미하며 'the other'는 'the rest(나머지, 후자)'를 의미한다.

- Sam and Bob helped **each other**. 샘과 밥은 서로를 도왔다.
  = Sam helped Bob and Bob helped Sam.
  cf. Sam and Bob blamed *themselves*.
  샘과 밥은 각자 내 탓이오 했다.

  표준어법에서 'each other'는 둘 사이에, 'one another'는 셋 이상인 경우에 '서로'란 뜻으로 쓰인다. 'one another'는 '각자 또는 다른 사람들을 (…하다)'라고 할 때 쓰인다. 둘 관계일 때는 'each other'가 쓰이지만 셋 이상일 때는 구별 없이 쓰이기도 한다.

- I've sold my old computer and bought **another**.
  나는 오래 된 컴퓨터를 팔고 다른 컴퓨터를 샀다. 〈형용사 221쪽 2-1-❾ 참조〉

one thing ... another ~와 …는 별개
cf. one thing and another 이런저런 일

- To know is **one** thing, and to teach **another**.
  = Knowing is quite different from teaching.
  아는 것과 가르치는 것은 전혀 다르다.

business (직원 몇 명의) 상점
collapse [kəlǽps] 파산하다; 붕괴하다
one after another 차례로

- Small businesses have been collapsing **one after another**.
  소규모 상점들이 차례로 파산하고 있다.

10 의문대명사

❶ 회화체에서 전치사 다음이 아니면 목적격이라도 문두에서는 주격(who)이 보통 쓰인다.

> A : I went to the coffee shop.
> 커피숍에 갔다 왔어.
> B : Oh? **Who** with?/Oh? With **whom**?
> 그래요? 누구와 갔다 왔어요?

❷ 'what'은 직업에 대하여 물을 때 'What's your father?(아버지 직업이 무엇이죠?)'와 같이 쓰이지만, 아래 표현이 일반적이다.

living 생계
work for ~에 근무하다
trading 무역 상거래 / 무역하는
trade 무역; 거래 거래 / 무역하다
out of work 실직한(= out of a job)

> S : **What** kind of work do you do?/**What** do you do (for a living)?
> 어떤 일을 하세요. / 직업이 뭐예요?
> M : I worked for a trading company, but I'm out of work.
> 무역 회사에 근무했었는데 지금은 실업자입니다.

❸ 물건이든 사람이든 알려진 것 중에서 선택을 할 때는 which를 사용하며, 알려지지 않은 것 중에서 선택을 할 때는 what을 사용한다.

- **Who** of the two boys is the taller? (X)

- **Which of** the two boys is the taller?
  그 두 소년 중에 어느 얘가 더 큰가? 〈242쪽 04-2 참조〉

- **Which** of his daughters do you like best?
  그의 딸들 중에 누구를 가장 좋아해요?

  cf. What colour do you like best?
  어떤 색을 가장 좋아해요? 〈의문 형용사〉

  When you're older, you can watch *whatever* film you like.
  나이가 들면 네가 좋아하는 영화는 어느 것이나 볼 수 있어.

  You may read *whichever* book you like most.
  네가 가장 좋아하는 어떤 책을 읽어도 된다.

  'whatever'는 막연한 것 중에서 선택을 할 때; 'whichever'는 주어진 것 중에서 선택을 할 때 쓰인다.

01. 다음 중 어법상 틀리거나 어색한 부분이 없는 것을 고르시오.

(A) He is the greatest conqueror that has conquered him.
(B) Dr. King's famous speech made a strong impression on present those.
(C) As you solved the first problem, try to solve the second one.
(D) If you want a true friend, you will find one in Jesus.

02. 주어진 두 문장의 의미가 같지 않은 것을 고르시오.

(A) You are a very important person to me.
= You mean everything to me.
(B) The new bridge is not safe at all.
= The new bridge is nothing but safe.
(C) That scandal has no relation with me.
= That scandal has nothing to do with me.
(D) Her depiction of a bird is far from satisfactory.
= Her depiction of a bird leaves nothing to be desired.

◎ 다음 대화문의 빈칸에 가장 적절한 표현을 고르시오.

03. A: Are you going by bus or by taxi?
B: Probably by taxi if I can get _____.

(A) it (B) that
(C) one (D) another

04. A: I don't feel like going out after all.
B: All right, suit _____!

(A) yourself (B) herself
(C) myself (D) himself

05. A: I'm sorry, she's out right now, can I take a message?
B: Yes, please.
A: _____ Please tell her I'll be a little late.

(A) Here is Mark Perry. (B) I'm Mark Perry.
(C) Mark Perry is my name. (D) This is Mark Perry.

06. A: How did you pay for college?
B: I _____ college.

(A) went through (B) put myself through
(C) graduated from (D) got through with

07. A: Did you feed the baby milk?
B: No, he can _____.
(A) eat by himself (B) feed for him
(C) feed him (D) eat for himself

08. A: Do you think you will be able to come to the party this Saturday?
B: I wouldn't miss it for _____.
(A) nothing (B) anything
(C) everything (D) something

09. A: Don't you remember today is my birthday?
B: I'm sorry, honey. I'm not _____ today. I've been so busy all day.
(A) mine (B) nothing
(C) myself (D) anything

10. A: Now that you're away from the office, you seem more relaxed.
B: That's for sure. Getting away from that pressure makes me feel like _____ person.
(A) one (B) another
(C) some (D) other

◎ 다음 대화문의 빈칸에 적합하지 않은 표현을 고르시오.

11. S: _____
M: Try this blouse on to see if it fits you.
(A) It's too large for me. Can you show me a bit smaller one?
(B) This one's the right size, I think.
(C) I'd like to see something in a larger size.
(D) It doesn't fit me.

◎ 다음 글의 빈칸에 가장 적절한 표현을 고르시오.

12. He and I are good friends. We have known _____ for a long time.
(A) one another (B) each other
(C) ourselves (D) themselves

13. I asked two people the way to the station but _____ of them knew.
(A) all (B) either
(C) both (D) neither

14. I'm going to a wedding on Saturday. _____ is getting married.
- (A) A friend of me
- (B) A friend of my
- (C) A friend of mine
- (D) One of my friend

15. Parents usually decide _____ their children will marry.
- (A) with whom
- (B) whom
- (C) that
- (D) whose

16. Drunken drivers are potential murderers and should be dealt with _____.
- (A) as such
- (B) by such
- (C) for those
- (D) as one

17. _____ abortions are performed using inadequate techniques under unhygienic conditions and without medical supervision.
- (A) The most of the
- (B) Most of
- (C) Most of the
- (D) Almost

18. _____ unable to afford an original of a great artist like to purchase replicas by exposed forgers.
- (A) Those are
- (B) The one who is
- (C) Those who are
- (D) Those which are

19. Physicians should be as aware of the symptoms of life-threatening mental illness as _____ of signs of physical illness.
- (A) they are
- (B) those is
- (C) it is
- (D) such are

20. There must be a catch to this newspaper ad somewhere. You don't get something for _____.
- (A) something
- (B) anything
- (C) nothing
- (D) everything

21. Johnson's parents died leaving _____ but a little house. Therefore he should support _____ now.
- (A) something - himself
- (B) nothing - themselves
- (C) anything - themselves
- (D) nothing - himself

22. _____ is qualified for overseas travel can apply for this job.
(A) All who
(B) Those who
(C) Anyone that
(D) Everything that

23. _____ allowed to enter the demilitarized zone without the prior consent of the man in charge.
(A) Anybody is not
(B) Somebody is not
(C) Any one is not
(D) Nobody is

24. If you want to ask an attractive girl out, the best way to approach that girl is to be brave and to do it _____.
(A) herself
(B) himself
(C) yourself
(D) themselves

25. Some new employees find it hard to acclimate _____ to the new working surroundings.
(A) himself
(B) yourselves
(C) themselves
(D) myself

26. The owner of the Spanish restaurant always tells all of its waiters to conduct _____ in a _____ manner when serving tables.
(A) himself - hospitality
(B) herself - hospital
(C) themselves - hospitable
(D) themself - hostile

27. The police officer identified _____ and asked for our help.
(A) him
(B) themselves
(C) ourselves
(D) himself

28. When you go for a job interview, be sure to introduce _____ in a _____ manner.
(A) you - confident
(B) yours - confidential
(C) yourself - self-confident
(D) you - unilateral

29. Employers look for employees who support _____, and take pride in _____ work.
(A) each other - his
(B) each other - their
(C) one another - his
(D) one another - her

30. Diseases caused by germs are called contagious diseases. A contagious disease is _____ passed from one person to _____.
    (A) easy - others
    (B) easily - another
    (C) ease - some
    (D) easy - any

31. Obesity and the heart disease _____ largely preventable.
    (A) they cause are
    (B) it causes is
    (C) they cause is
    (D) it causes are

32. Market prices may move _____ in response to a host of factors causing shifts in supply or demand, or _____ together.
    (A) up or down - both
    (B) in or out - either
    (C) high or low - few
    (D) large or small - several

33. A variety of personal belongings left behind on the subway are taken to the lost and found, but _____ them are never claimed.
    (A) most
    (B) the most
    (C) most of
    (D) almost of

34. The big problem teens face is pressure from friends to smoke or drink. _____ don't want to be social outcasts and _____ are pressured into these bad habits.
    (A) He - furthermore
    (B) We - however
    (C) They - therefore
    (D) It - moreover

35. There are several gases in the atmosphere which trap the heat generated by the sun and prevent _____ from escaping. _____ are known as "greenhouse gases."
    (A) it - It
    (B) them - They
    (C) it - These
    (D) they - These

부사

부사는 동사·형용사 그리고 또 다른 부사를 수식하며, 장소, 시간, 양태, 정도 등에 관한 더 많은 정보를 첨가시켜 준다.
형용사·부사의 정도를 강하게 하기 위하여 'very'를 사용하고, 특별히 강조하기 위하여 'remarkably(현저히, 두드러지게), extremely(몹시, 아주), terribly(몹시, 굉장히), really(정말로), incredibly(믿을 수 없을 정도로)' 등이 쓰인다.

- You *guessed* **right**, but I *guessed* **wrong**.
  네 추측은 맞았지만 내 추측은 틀렸어.
- Everything's *gone* **remarkably** smoothly.
  모든 것이 대단히 잘 돌아가고 있다.

부사의 종류

❶ **양태부사**: 'How'에 대한 응답으로 동작이 어떻게 이루어지는가를 설명
❷ **빈도부사**: 'How often ...?'의 물음에 응답으로 횟수를 나타내는 부사
❸ **초점부사**: 특별히 우리의 관심을 문장의 어느 한 부분에 돌리게 하는 부사
❹ **연결부사**: 문장과 문장을 논리적으로 연결시키는 부사
❺ **문장부사**: 문장 전체를 수식한다.
❻ **관계부사**: 부사와 접속사의 기능을 하는 부사
❼ **장소부사** 등이 있다.

부사의 형태

일반적으로 '형용사 + -ly'의 모양을 갖는다.

❶ **형용사 + -ly**: slow → slowly, grave → gravely 엄숙하게
❷ **-y로 끝나는 형용사는 -y를 i로 하고 -ly를 붙인다**: happy → happily
❸ **-le로 끝나는 형용사는 -ly로 한다**: capable → capably, sensible → sensibly
   예외: true → truly, due → duly, whole → wholly

LESSON 11

01 부사의 형태

1 동일 형태의 부사와 형용사

❶ '-ly'가 붙어 시간을 나타내는 단어는 부사와 형용사로 쓰인다.

daily 매일
monthly 매월, 월마다
yearly 매년
weekly 주간의, 매주 마다
quarterly 연(年) 4회의
nightly 밤의, 밤마다

- The woman who goes shopping in town **weekly** always buys a weekly magazine.
  읍내에 매주 쇼핑가는 그 여자는 항상 주간지를 산다.

- The zoo is open **daily**, from 9am to 5pm.
  동물원은 매일 오전 9시에서 오후 5시까지 개방된다.

❷ 동일 형태의 부사·형용사가 뜻이 달라지는 경우

late 늦은, 지각한; 최근의; 고(故)
늦게, 늦게까지, 밤늦도록
lately 요즈음, 최근

- Please don't be **late** for the meeting. You always come too **late**.
  회의에 늦지 않도록 하십시오. 당신은 항상 너무 늦게 옵니다.

  cf. I've bought a book *lately* about the *late* President.
  나는 고인이 된 대통령에 관한 책 한 권을 최근에 샀다.

well 건강한(in good health) 잘, 훌륭히
cf. look good 잘생기다

- The girl singing **very** well looks **well**.
  노래를 매우 잘 부르는 그 소녀는 건강해 보인다.

hard 근면한(diligent); 단단한; 열심히

- The **hard** worker is a man who works **hard**.
  근면한 일꾼은 열심히 일하는 사람이다.

  cf. John *hardly* works on weekends, but he works very *hard* on weekdays.
  존은 주말에 거의 일을 하지 않지만 평일에는 매우 열심히 일한다.

  '거의 아니다/하지 않다(almost not)'의 뜻인 'hardly'는 'hard'와 혼동하지 말아야 한다. 'hardly'는 일반적으로 수식하는 말 앞에 온다.

  > A : Did many people come? 많은 사람들이 왔어?
  > B : No, **hardly** anybody. 아니. 거의 아무도 오지 않았어.

2 두 개의 형태를 갖는 부사

'late(늦게), lately(최근에 = recently)'처럼 다른 형태를 갖는 부사의 의미 차이에 주의해야 한다.

❶ clear 뚜렷하게, 완전히 맑게 갠(bright); 뚜렷한(distinct), 명백한(obvious)
clearly 똑똑히; 분명히; 의심할 여지없이, 확실히; 밝게 빛나는

- I can't see **clearly** without my glasses, but I can speak **clearest** of all.
  나는 안경 없이 뚜렷하게 볼 수 없지만 누구보다 가장 분명하게 말할 수 있다.

- I always try to speak loud and **clear**.
  나는 크고 분명하게 말하려고 항상 애쓴다. 〈350쪽 병렬구조 참조〉

❷ **slowly** 천천히 ⋯ 도로 교통 표지판에서만 'slow'가 'slowly'의 뜻.

- The road sign says 'Danger! Drive **slow**.' Bob! Please, drive **slowly**.
  도로 표지판에 '위험! 천천히 운전하시오'라고 쓰여 있어. 밥, 천천히 운전해.

❸ **prettily** 곱게(in a pretty way)
  pretty 상당히, 매우(very) 예쁜

- The **prettily** smiling girl played the violin **pretty** well.
  예쁘게 미소 짓던 그 소녀는 바이올린 연주를 매우 잘 했다.

❹ **freely** 자유로이; 무제한으로 (without limit, or restriction)
  free 공짜로, 무료로(without payment); 한가한(not busy)

- You can speak **freely** in front of her – she knows everything.
  너는 그녀 앞에서 마음 놓고 말할 수 있어. 그녀는 모르는 것이 없으니까.

- You can eat **free** in my restaurant whenever you are free.
  네가 시간이 있을 때는 언제든지 나의 레스토랑에서 공짜로 먹을 수 있다.

❺ **sharp** 정각에(punctually); 명석한; 예리한
  sharply 날카롭게; 호되게; 몹시; 빈틈없이

- His express train came in at seven o'clock **sharp**.
  그가 탄 특급열차는 7시 정각에 도착했다.

- She looked at me **sharply** over the top of her glasses.
  그녀는 안경 너머로 나를 날카롭게 쳐다보았다.

❻ **deep** 깊이, 깊게 깊은; 몰두하고 있는; (의미·학문·지식 등이) 심원한
  deeply 깊게, 깊이; 저음으로

  동사의 뜻이 무형인 것에 'deeply', 유형인 것에 'deep'를 사용한다.

- The audience were **deeply** moved by Dr. King's famous speech.
  청중은 킹 박사의 빼어난 강연에 깊이 감동 받았다.

- Breathe **deep**. 심호흡을 하세요.
  = Take a *deep* breath.

audience [ɔ́ːdiəns] 청중
move 감동시키다
speech 연설

breathe [briːð] 숨 쉬다, 호흡하다
breath [breθ] 숨, 호흡; 가벼운 바람

❼ **short** 짧게; 갑자기(suddenly); 작은; (길이·거리·시간 등이) 짧은; 부족한
  shortly 곧바로(soon), 얼마 안 있어   shortly before 직전   shortly after 직후

- The driver stopped **short** when the child ran into the street.
  그 운전사는 아이가 길거리에 불쑥 나타나자 갑자기 멈췄다.

- After cutting my hair **short** I'll be back **shortly**.
  머리를 짧게 깎은 후에 곧 돌아올게.

  cf. Money was *short* in those days. We had to get by on $30 a week.
  그 당시에는 돈이 부족해서 일주일에 30달러로 그럭저럭 지내야만 했어.

get by (필수품만을 살 수 있는 돈을 가지고) 그럭저럭 살아가다

❽ **high** 높이, 높게; 비싸게; 사치스럽게; (속도·물가 등이) 높은; (기분이) 고조된
highly 매우(very much); 높이; 대단히, 몹시, 아주; 격찬하여

- The **highly** skilled technician is **highly** paid.
  매우 숙련된 테크니션은 높은 급료를 받는다.

- He spoke very **highly** of the boy's behaviour.
  그는 소년의 행동을 매우 칭찬했다.

- It's stormy and the sea is running **high**.
  폭풍이 일고 파도가 높다.

  cf. I'm feeling *high*. 기분 끝내 줘.

skilled 숙련된
technician[tekníʃən] 기술자

speak highly of 칭찬하다
behaviour[bihéivjər] 행위

stormy 폭풍의
run high (물결이) 거칠어지다

feel high 기분이 좋아지다

02 부사의 위치(Position of adverbs)

① 형용사·부사 앞에서 수식한다.

- I'm not **absolutely** *positive*.
  전혀 확신 못해요.

- He sings **fairly** *well*.
  그는 노래를 매우 잘해.

absolutely[ǽbsəlù:tli] 완전히
positive 확신하는; 긍정적인

fairly 꽤, 상당히

② 동사 뒤에서 수식한다.

- *Thank* you very **much** for looking after me.
  돌봐 주셔서 매우 감합니다.

- This food doesn't *digest* **easily**.
  이 음식은 소화가 잘 안 돼.

- He *scares* **easily**.
  그는 겁이 많아. / 그는 잘 놀래.

- This job is killing me. I **definitely** *need a* break.
  이 일이 힘들어서 죽을 지경이야. 정말 휴식이 필요해.

동사를 특히 강조하고자 할 때 동사 앞에 올 수 있다.

  cf. I **vaguely** *remember* reading something about her son in the paper.
  신문에서 그녀의 아들에 관한 기사를 읽은 기억이 희미해.

  I **distinctly** *remember* telling you to be home by 10 o'clock.
  너에게 10시까지 집에 돌아오라고 말한 것을 명확히 기억하고 있어.

부사가 동사 앞에 온 이유는 동사(remember)와 동명사(reading/telling) 중 어느 것을 수식하는가를 명확히 하기 위해 부사가 동사 앞에 위치한 것이다.
기억이 잘 안 난다라고 할 때 'vaguely[véigli] 희미하게, dimly 어렴풋이, scarcely[skɛ́ərsli] 거의 …않다'와 같은 부사와 함께 쓰인다. 이와 반대로 기억이 뚜렷하다고 할 때 'distinctly [distíŋktli] 뚜렷하게, vividly 생생하게'가 쓰인다.

look after 보살피다, 돌보다(take care of)

digest ill/well 소화가 잘 안 되다 / 소화가 잘 되다

scare[skɛər] 놀라다; 겁주다, 깜짝 놀라게 하다

definitely 틀림없이, 확실히
break 휴식(interval)

3 장소 부사는 문미에 오며, 'here, there, home, abroad, downtown, inside, outside, upstairs, downstairs'와 같은 장소 부사는 전치사 없이 쓰인다.

- He has gone **abroad**. 그는 해외여행을 갔다.

- I looked for it **everywhere**, but I can find it **nowhere**.
나는 그것을 사방에서 찾아봤지만 어디서도 그것을 찾을 수 없었다.

go/be abroad 해외 여행가다 (= go overseas) abroad 해외에
overseas 해외로, 해외에; 해외의, 해외로 가는

4 'in the morning, last year, next week' 등과 같이 시간을 나타내는 어구는 문장 맨 끝에 오지만, 대조를 나타낼 때 문장 첫머리에 나오는 경우도 있다.

- I played tennis **in the morning. In the afternoon** I went to the movies.
아침에는 테니스를 쳤고 오후에는 극장에 갔다.

- We went to London **last week. This week** we're going to New York.
지난주에는 런던에 갔다 왔고 이번 주에는 뉴욕에 갈 것이다.

5 'every day'는 '매일'이라는 뜻의 부사로 두 단어로 따로 떼어 쓴다. 그러나 'everyday'는 '매일의(daily); 일상의(regularly), 평범한'의 뜻으로 명사를 수식하는 형용사이다.

- Disposing of the household waste **every day** is a constant headache in big cities.
집안 쓰레기를 매일 처리하는 것이 대 도시에서 끊임없는 골칫거리이다.

  eg. everyday life 일상생활

  everyday affairs 일상적인 일

  many everyday expressions in English 영어에 있는 수많은 일상생활의 표현들

dispose 처분하다
household 집안의
waste 쓰레기
constant 끊임없이 계속되는
headache 골칫거리

6 초점 부사(focusing adverb)

'only, simply, particularly [pərtíkjələrli], also'와 같이 우리의 관심을 문장의 어느 한 부분에 돌리게 하는 초점 부사는 수식하는 단어 앞에 오며, 부사의 위치에 따라 의미가 달라진다.

- **Just** sign here. 여기에 그저 서명만 해.
= This is all you have to do.

  cf. Sign **just** here. 바로 이곳에 서명하세요.
= Sign on this particular spot.

- I like **only** the documentary films by which I am **particularly** impressed.
나는 특별히 감명 받은 다큐멘터리 영화만을 좋아한다.

particularly 특히, 특별히
impressed 감명을 받은

- Promotion in the first year is **only** given in exceptional circumstances.
입사 첫해에 승진은 예외적인 상황에서만 단지 주어진다.

promotion 승진
exceptional [iksépʃənəl] 예외적인
circumstance [sə́ːrkəmstæns] 상황

7 문미에 위치하는 부사(구)가 여러 개 있을 때의 어순

❶ '양태·장소·시간 부사'의 순서로 되지만 '장소·양태 부사'는 의미에 따라 바뀔 수 있다.

- Jane sang **perfectly**/**in the town hall**/**last night**.
  제인은 지난 밤 읍내의 홀에서 완벽하게 노래 불렀다.

❷ 같은 종류의 부사인 경우에 의미상으로 '작은 단위 + 큰 단위 순서'로 한다.

- I want to see you **at two o'clock**/**on Saturday**/**this week**.
  나는 이번 주 토요일 2시에 너를 만나고 싶다.

- All of my brothers were born **in Chongro,**/**Seoul,**/**Korea**.
  내 모든 형제들은 한국의 서울시 종로에서 태어났다.

8 문장 부사: 문장 전체를 수식한다.

> honestly 진실로(truthfully) 정말로 (really); 정직하게

- **Honestly**, Tom didn't get the money.
  정말로 톰은 그 돈을 받지 않았다.

  부정어(否定語)는 부정어 우측으로만 영향을 주므로 위문장에서 'honestly'는 'not'의 영향을 받지 않아 '솔직히, 정말로'라는 뜻이 된다. 그러나 아래 문장에서는 부정어의 영향을 받아 'not honestly'가 되어 '정직하지 않게, 즉 부정하게'라는 뜻이 된다.

  cf. Tom didn't get the money *honestly*. 〈양태 부사〉
  톰은 그 돈을 정직하게 받지 않았다. 즉 부정하게 받았다.

> frankly 솔직히, 숨김없이; 솔직히 말해서
> care (부정·의문문에서) ~에 관심을 갖다
> less 적게, 별로
> happen 일어나다

- **Frankly**, I couldn't care less what happens to him.
  솔직히 말해서 그에게 뭔 일이 일어나든 난 별로 관심이 없어.

  'frankly' 다음에 부정적인 내용이 뒤따라온다.

03 양태 부사(adverbs of manner)의 위치

1 방법부사

어떤 일이 어떻게(how) 이루어지는가를 나타내는 방법 부사(adverbs of manner)는 문중(mid-position), 문미(end-position)에 올 수 있으며 위치에 따라 문장의 뜻이 달라지는 경우가 있다. 수동문장에서 양태 부사는 과거분사 앞에 온다. 〈58쪽 08 자동사의 수동 참조〉

> badly 대단히, 몹시; 나쁘게; 서투르게
> injured [índʒərd] (사고나 싸움을 하다가) 다친
> *cf.* wounded [wú:ndid] (전쟁 중에 총·칼에 의해) 부상을 입은

- The man was **badly** injured in the last match.
  그 남자는 지난 시합에서 심하게 상처를 입었다.

- The salesman is **well** spoken of.
  그 판매원은 칭찬을 들었다.(= They speak well of the salesman.)

2 양태 부사의 위치에 따라 문장의 뜻이 달라진다.

① a. He **generously** paid for us all. 그는 관대해서 우리 모두에게 기꺼이 돈을 지급했다.
   = It *was generous of him* to pay for us all.

b. He paid us **generously**. 그는 우리에게 후하게 지불했다.
   = He paid *more than the usual rate*.

② a. He **foolishly** answered the questions. 그는 어리석어서 그 질문에 응답을 했다.
   = It *was foolish of him to* answer the questions.

b. He answered the questions **foolishly**. 그의 대답은 틀렸다.

generously 후하게; 관대하게
generous [dʒénərəs] 후한; 관대한

04 빈도 부사(Adverbs of frequency)

1 빈도 부사의 의미
'How often ...?' 의 물음에 응답으로 횟수를 나타내는 부사를 빈도부사라고 한다.

Once in a while 때때로(occasionally, sometimes)
Once a week. 1주일에 한 번
Once or twice a month. 1달에 한두 번
Quite often. 꽤 자주   Not often. 별로
Never. 전혀   Rarely. 거의 하지 않다
Every day. 매일   Every week. 매주(Once a week)
Every other day. 하루 걸러   Every three days. 3일 마다

2 빈도 부사의 위치

❶ 횟수를 나타내는 'always, sometimes, often' 등과 같은 빈도 부사는 일반 동사 앞에 온다.

A : How **often** do you eat out?
    얼마나 자주 외식을 하나요?
B : We **usually** eat in, but **once in a while** we like to eat out.
    보통 집에서 식사를 하지만 때로는 외식하고 싶어요.

eat out 외식하다(dine out) ↔ **eat in** 집에서 먹다

'once in a while' 과 같이 긴 빈도부사는 문장 끝에 오지만, 'usually' 와 대조를 나타내기위해 문장 첫머리에 나오는 경우도 있다.

❷ 조동사 또는 'be' 동사 다음에, 'have + p.p.' 인 경우에는 'have' 다음에 온다.

• He'll **usually** help me.
  그는 보통 나를 도와주곤 하지.

• She's **often** late for work.
  그녀는 종종 직장에 지각을 한다.

• He's **seldom** late.
  그가 늦게 오는 일은 거의 없다.

• I've **never** been to the U.S.
  나는 미국에 가본 적이 없다.

05 시간 부사

1 'today, this evening, yesterday, last week, next month'와 같은 시간 부사는 전치사 없이 쓰인다.

- I bumped into Sam **last night**. 어제 저녁에 샘을 우연히 만났다.
- I want to visit you **next week**. 다음 주에 너를 찾아가고 싶어.
- "When will the meeting be held?" "**A week from today**."
  "회의는 언제 열리지요?" "다음 주 오늘요(= Today next week.)."

  cf. the day after tomorrow 모레
  the day before yesterday 그저께
  at this time of last year / next year 작년 / 내년 이맘때에

2 ago / before / since

❶ **ago**: 현재를 기준으로 '이전에(formerly)'란 뜻으로 '과거시제'에만 쓰임

- "How long **ago** did he leave?" "(He left) About 10 minutes **ago**."
  "그는 언제쯤 떠났느냐?" "약 10분전에."
- I saw Mary at the beach not long ago .
  얼마 전에 메리를 해변에서 만났다.

❷ **before**: 과거를 기준으로 '그때부터 이전에'
  'before'가 시간의 부사를 동반하지 않고 단독으로 '지금보다 이전에(before now)'란 뜻일 때는 현재완료 또는 과거; '그때보다 전에(before then)'의 뜻일 때는 과거완료와 함께 쓰인다.

- I called (at) his house, but he *had left a* couple of hours **before**.
  그의 집에 들렀으나 그는 두 시간 전에 나가고 없었다.
- I *haven't seen* her **before**.
  나는 이전에 그녀를 본 적이 없다.
- Such a thing never *happened* **before**.
  이런 일이 전에 일어나지 않았다.

❸ **since**: '(완료형의 시제와 함께) 그 후, 그 이래 ~이래, ~부터 내내, ~이후 ~ 이래; (이유를 나타내어) ~이므로, ~한 까닭에'의 뜻으로 완료 시제와 함께 쓰여 '계속 또는 경험'을 나타낸다.

- I have not seen him **since**. 〈부사〉
  그 후 그를 만나지 못했다.
- He went to America ten years ago and has stayed there ever **since**.
  그는 10년 전에 미국으로 갔는데 그 때부터 죽 거기서 머물고 있다.

  cf. I'm hungry. I haven't eaten anything *since* breakfast. 〈전치사〉
  배가 고파. 아침을 먹은 후 지금까지 아무것도 안 먹었어.

  He has been unhappy *since* he left home. 〈접속사〉
  그는 집을 떠난 이래 불행하다.

---

bump into (몸이 부딪히면서) 우연히 만나다

hold (회의 · 모임 등을) 개최하다

eg. **since then** 그 때 이래, 그 때부터

3 already / yet

완료시제에서 'already'는 '이미, 벌써'란 뜻으로 긍정문에 쓰이며 '예상보다 빨라 놀라움'을 나타낸다. 'yet'는 의문문에서 '벌써', 부정문에서 '아직까지'란 뜻으로 쓰인다. 'already'는 보통 'have'와 '과거분사' 사이에 오고 'yet'는 문장 끝에 온다.

> A : Have you gotten your visa? 비자를 받았니?
> B : (I have) **Not** (gotten my visa) **yet**. 아직 못 받았어.

- I've **already** finished the work I had to do.
  나는 해야 할 일을 이미 끝마쳤다.

- The film started five minutes ago, but she hasn't arrived **yet**.
  영화는 5분전에 시작했는데 그녀는 아직까지 도착하지 않았다.

  cf. The film started five minutes ago, but she *still* hasn't arrived.
  'still'은 'not ... yet'의 강조형으로 부정문에서 쓰인다.

4 still

긍정문과 부정문에 모두 쓰이며 '아직, 아직까지는(up to this moment, so far)'의 뜻으로 '예상보다 더딘 것에 놀라움'을 나타낸다.

- He's **still** as fat as always.
  그는 아직도 여전히 뚱뚱해.

- He **still** couldn't understand the explanation.
  그는 그 설명을 아직까지 이해를 못해.

explanation[èksplənéiʃən] 설명; 해명; 해석

5 not ... any more

더 이상 …이 아니다(no longer), 더 이상 …하지 않다(no more)

- You **don't** seem to love me **any more** / **anymore** (美)!
  당신이 이젠 더 이상 날 사랑하지 않는 것 같아요.

- Ann **doesn't** work here **any longer**. She left last month.
  = Ann **doesn't** work here **any more** / Ann **no longer** works here.
  앤이 이곳에 더 이상 근무하지 않아요. 지난달에 그만 두었어요.

- "Do you still smoke?" "I used to smoke, but now **not any more**."
  = I used to smoke, but (I do) **not** (smoke) **any longer**.
  "담배를 계속 피워요?" "전에는 담배를 피웠지만 지금은 더 이상 피우지 않아요."

6 'once'가 포함된 관용 어구

- **Once upon a time** there was a little girl, her name was Alice.
  옛날에 한 작은 여자아이가 있었는데 그녀의 이름은 앨리스였다.

at once 즉시(immediately, without delay)

- Come here **at once**! 즉시 이리 오거라!

eg. all at once 갑자기(suddenly)
just for once 한 번만이라도
once and for all 완전히; 결국
once in a while 가끔(sometimes)

06 정도 부사(Adverbs of degree)

부사 또는 형용사의 정도를 나타내기 위하여 다음과 같은 부사가 쓰인다.

1 a bit / a little: 조금, 약간

- Stay **a bit** longer – it's still early.
  조금 더 놀다가. 아직 이르잖아.

disappointed [dìsəpɔ́intid] 실망한
result [rizʌ́lt] 결과

- I was **a little** (**bit**) disappointed with my test results.
  시험 결과에 약간 실망했어.

'quite a bit / quite a little / quite a few'는 '꽤 많은'의 뜻으로 쓰인다.

2 fairly 꽤, 상당히 a little < fairly < very

- The house has a **fairly** large garden. 그 집에 상당히 큰 정원이 있다.
- My secretary speaks English **fairly** well. 내 비서는 영어를 꽤 잘해.

3 rather: (냉소적이며, 실망 또는 놀라움을 나타낼 때) 다소, 꽤, 상당히

- She's **rather** tall for a ballet dancer. 그녀는 발레 무용가치고는 다소 키가 크다.
  즉 너무 커서 좋지 않다는 의미를 지님.

cf. She's *quite* tall.
즉 키가 꽤 커서 보기 좋다는 의미를 지니며, 'quite'는 부정문에 쓰이지 않는다.

- The weather seemed **quite** nice, but now it has turned **rather** cloudy.
  날씨는 꽤 좋은 것 같았지만 지금은 다소 구름이 끼었다.
  'quite'는 '완전히(completely, absolutely)'의 의미로 '예상보다 더 낳은(better than expected)' 것을 의미한다. 'rather'는 종종 부정적인 단어와 쓰임

4 too의 부정적 느낌과 긍정적 느낌

'too'는 '너무 지나친(excessive), 필요 이상으로(more than necessary)'의 뜻으로 'too much / many'는 부정적인 느낌을 주는 반면에 'very much / many'는 긍정적인 느낌을 준다.

- You drink **too** much beer.
  너는 맥주를 지나치게 마셔.

- That music is **too** loud. Turn the radio down.
  음악이 너무 크니까 라디오 소리 좀 줄여.

- He's **too** old for the job.
  그는 이 일을 하기에는 너무 나이가 들었어.

  'too+형용사+for+사람'은 '~에게 너무 …한'; 'too+형용사+to do'는 '너무나 ~해서 …할 수 없다'라는 부정적인 뜻으로 쓰인다. 〈to부정사 116쪽 참조〉

5 **more than**: (감정을 나타내는 형용사와) 대단히, 참으로(extremely)

- I'll be **more than** happy to serve you. 〈245쪽 비교급 ❸ 참조〉
  당신의 시중을 들게 된다면 더없이 기쁘겠습니다.

serve 시중을 들다, 섬기다, 봉사하다; (음식을) 차리다; 근무하다

07 형용사 · 부사의 강조

1 형용사 · 부사의 강한 정도

형용사 · 부사의 정도를 강하게 하기 위하여 'very'를 사용하고, 특별히 강조하기 위해서는 'extremely 몹시, 아주/terribly 몹시, 굉장히/really 정말로/remarkably 현저히, 대단히/incredibly 믿을 수 없을 정도로' 등이 쓰인다.

- She's **extremely** mature for a nine-year-old girl!
  그녀는 9살짜리 치고는 아주 성숙하다.

- I'm **really** sorry to have troubled you.
  걱정을 끼쳐서 정말로 죄송합니다.

- We'd expected a few glitches, but everything's gone **remarkably** smoothly.
  우리는 몇 가지 사소한 고장을 예상했지만 모든 것이 대단히 잘 돌아가고 있다.

mature [mətʃúər] 성숙한

glitch [glitʃ] (사소한) 고장, 문제점
go (기계 등이) 돌아가다, 작동하다, 움직이다
smoothly 매끄럽게; 유창하게; 평온하게

2 시간 · 장소를 강조하는 부사 'right'

❶ 어떤 위치 · 장소를 정확히(exactly) 나타내기 위하여 'right'가 쓰인다.

> A : Where's the phone book? 전화번호부 어디에 있어?
> B : It's **right** *there*. 바로 저기 있잖아.

- **right** in the middle of the room 방 한가운데에
- **right** behind you 바로 네 뒤에
- **right** in front of you 바로 네 앞에

❷ 'right'가 시간을 나타내는 부사를 강조하여 '즉시(immediately), 지체 없이(without any delay)'란 뜻으로 회화에서 자주 쓰인다. 'right'가 형용사 또는 다른 부사를 수식할 때 앞에서 수식한다는 것에 주의해야 한다.

- Do it **right** *now*. 지금 즉시 그것을 해.

right now 지금 바로, 즉시
(immediately, at this moment)

right on time 꼭 제 시간에
right after breakfast 아침 식사 후 바로

- I must answer that phone, but I'll be **right** *back*.
  전화를 받아야 하지만 곧 돌아 올 거야.(= I'll return immediately.)

  'right away(즉시)' 가 미국 영어에서는 'at once' 또는 'without delay' 로 쓰임

3 'Very' 와 'Much' 의 용법

❶ 'very' 는 형용사 · 부사의 원급을 수식한다.

- He's a **very** *smart* boy. Therefore, he's learned it **very** *quickly*.
  그는 매우 영리한 소년이라 그것을 매우 빨리 배웠다.

❷ 목적어가 없는 현재분사는 형용사적 성질을 지니므로 'very' 로 수식한다.

- Her idea is **very** *surprising*. 그녀의 생각은 매우 놀라워.

- The baseball game was **very** *exciting*. 야구 경기는 매우 신났었다.

  cf. Who is that *continually / loudly* screaming child?
  계속해서 / 크게 울고 있는 저 아이는 누구야?

  현재분사가 동사적 성질을 나타낼 때는 'very' 로 수식할 수 없다.

❸ 'much' 는 동사 · 동사적 성격의 과거분사를 수식하고, 비교급 · 최상급을 강조하기 위하여 쓰인다.

- He *likes* it too **much**. 그는 그것을 너무 좋아한다.

frighten[fráitn] 위협하다
frightened (신체적인 위기를 느껴) 겁을 먹은, 너무 놀란

- He was too **much** *frightened* to speak. 그는 너무 놀라서 말도 할 수 없었다.
  동사적 뜻을 가진 분사 앞에서는 'too' 다음에 'much' 를 덧붙이는 것이 보다 자연스러운 표현이다.

imaginative[imǽdʒənətiv] 상상력이 풍부한

- You're **much** *the most* imaginative (out) of all staff.
  당신은 모든 직원 중에서 상상력이 가장 풍부해.

- "It's **much** *too* cold." "Yes, it's getting **much** *colder* these days."
  "날씨가 너무 추워." "그래, 요즈음은 점점 더 추워지고 있어."

  cf. It's *too much* cold. (x)

  형용사를 수식할 때는 'much too cold' 와 같이 해야 한다. 그 이유는 'much' 는 형용사(cold) · 부사의 원급을 수식하지 못하지만, 'too' 는 형용사 또는 부사를 수식할 수 있고 'much' 는 또 다른 부사 'too' 를 수식할 수 있기 때문이다.

  eg. She talks *much too* fast. 그녀는 너무 빨리 말을 한다.
  These shoes are *much too* small for me. 이 신발은 나에게 너무 작아.

❹ 'very' 로 수식할 수 없는 형용사:
보어로만 쓰이는 'afraid 두려워하는, alike 닮은, ashamed 부끄러워하는, alert 방심 않는, 정신을 바짝 차린, aware 깨닫고, 알고' 등과 같은 서술 형용사는 'much, somewhat' 등으로 수식한다.

distinguish[distíŋgwiʃ] 구별하다
cf. wide / fully awake 완전히 잠이 깬
sound asleep 잠이 푹 든
sound 곤히, 푹
really alive 참으로 활동력이 있는

- His two sons are so **much** *alike* that it's hard to distinguish them.
  그의 두 아들은 너무 닮아서 구별하기가 힘들다.

- This is **much** *different* from that. 이건 저것과는 매우 다르다.

  비교의 뜻을 가진 'superior 뛰어난 / preferable 더 좋아하는 / different ~와 다른' 등과 같은 비교급 형용사는 'much' 의 수식을 받는다.

08　맞장구칠 때 쓰이는 부사: either/too/neither/so

다른 사람과 동의를 나타내거나, 식당·커피숍 등에서 상대방이 주문한 것과 같은 주문을 할 때 같은 표현을 반복하지 않고 응답할 수 있는 방법이 'Me too, So do I, I do, too' 이다. 부정으로 응답할 경우에는 'Neither do I', 'I don't, either' 또는 'Me, neither' 가 쓰인다.

ⓐ A : Honey, I love you.　　　　　B : **So do I**.
　　　허니, 사랑해.　　　　　　　　　　나도 그래요.

ⓑ A : I don't like smoking.　　　　B : **Neither do I**.
　　　난 담배 피우는 걸 싫어해.　　　　　나도 싫어해.

ⓒ A : I've been to America.　　　　B : **So have I**.
　　　미국에 다녀왔어.　　　　　　　　나도 다녀왔는데.

ⓓ A : I am hungry.　　　　　　　　B : **So am I**.
　　　난 배고파.　　　　　　　　　　나도.

ⓔ A : Have a nice weekend!　　　　B : **You too**.
　　　즐거운 주말 되세요!　　　　　　당신도 그러길 바랍니다.

09　동사 기능을 하는 부사

① 동사를 대신하여 쓰이는 부사

'~를 돕다' 라고 할 때 'help' 동사가 쓰이지만, 예를 들어 고장 난 엘리베이터 안에 갇혀 있다든지 화재 현장에 갇혀 있을 때와 같은 '어떤 어려운 상황 또는 위기에서 벗어나게 도와줘요!' 라고 할 때 'Help me out!'.

- Help me **on**. ↔ Help me **off**.
  옷 입는 것 좀 도와줘. ↔ 옷 벗는 것 좀 도와줘.

- Let's drink **off** our worries.
  술이나 마시고 근심 걱정을 잊어버리세.

- Sleep **off** your sorrow/a headache.
  잠이나 자고 슬픔을 잊으세요. / 한숨 자고 나면 머리 아픈 것이 없어질 거야.

- Please, bring it **up**. ↔ Please, bring it **down**.
  가지고 올라오세요. ↔ 가지고 내려오세요.

- Please, let me **out**. ↔ Please, let me **in**.
  밖으로 나가게 해주세요. 안으로 들여보내 주세요.

- Did you check it on your way **out**?
  나가는 길에/나가면서 확인했어?

  'on one's way to' 는 '~로 가는 길에' 라는 뜻이다. 'out, there, home' 과 같은 장소부사가 뒤따라 올 때는 전치사 'to' 가 쓰이지 않는다.

worry 걱정(anxiety), (pl.) 골칫거리

sorrow [sárou] 슬픔
headache 두통; 골칫거리; 귀찮은 사람

2 부사와 전치사의 구별

A : Please **turn on** the light. 불을 켜세요.
B : **Turn** the light **on**? / **Turn** it **on**? 불을 켜라구요?

'동사 + 부사'의 목적어가 대명사인 경우에는 'Turn it on'과 같이 사용되어야 한다. 그러나 '동사 + 전치사'인 경우에는 'Look at me.'가 가능하다.

a. Put **on** your new sweater. = Put your new sweater **on**.
b. Look **at** your new sweater. = Look your new sweater **at**. (x)

문장 a)에서 'on'은 동사를 수식하는 부사이므로 이동이 가능하지만; b)에서 'at'가 이동이 안 되는 것은 전치사는 목적어 앞에 있어야 하기 때문이다.

3 동사에 붙는 부사가 종종 뜻을 이해하는데 도움을 준다.

❶ 예를 들어 'up'은 'increase 증가하다', 'down'은 'decrease 감소하다'의 뜻을 나타낸다. 또한 '기분이 슬프고 우울하다(depressed)'고 할 때 'feel down'이라고 하고, '즐겁고 (cheerful), 신나는 기분'을 나타낼 때 'be / feel up'이 쓰인다.

- I'm **feeling** a bit **down** at the moment.
  지금 약간 저기압이야.

- He's **been** really **up** since getting that job.
  그 직장을 구한 이래 그는 정말로 신나있어.

- Could you **move up** a little, please?
  차 좀 앞으로 빼 주시겠어요.

eg. heat up 가열하다, 다시 데우다   calm down 진정시키다
speed up 속도를 올리다   slow down 속력을 늦추다
cut down (값을) 깎다   go down (물건 값이) 내리다
turn up (램프·가스 등을) 세게 하다, 볼륨을 높이다
turn down (램프·가스 등을) 약하게 하다, 볼륨을 줄이다

❷ 종결·완성·충만 등을 나타내는 강조어로서 동사와 결합하여 '전부, 완전히'라는 뜻으로 쓰인다.

- **Eat up!** (아이들에게 밥을 남기지 말고) 싹 먹어 치워라!

- **Drink up!** 쭉 비워!

- The paper is all **used up**. 이제 종이는 다 써 버렸다.

- Our savings are all **used up**. 예금이 완전히 바닥났어.

10   'almost'와 'barely'의 의미상 차이

'almost'는 '하마터면, 자칫 …할 뻔하여'의 뜻으로 동사의 동작이 실제로 이루어지지 않은 것을 나타내고 'barely'는 '간신히, 겨우'라는 뜻으로 동사의 동작이 가까스로 이루어졌다는 것을 의미한다.

---

at the moment [móumənt]
바로 지금

move up 앞으로 전진 하다
↔ **back up** 뒤로 후진하다

- I **almost** bought a new car. 새 차를 살 뻔했어. (사실은 사지 않았다.)
- I **barely** bought this bike. 나는 이 자전거를 겨우 샀다. (실제로 샀다.)

11   'almost'와 'nearly'의 의미상 차이

'almost'와 'nearly'가 거의 같은 의미로 쓰이지만 'almost'가 미국에서 흔히 쓰이는 반면 'nearly'는 영국에서 흔히 쓰인다.

1 시간 등이 접근해 있음을 나타내어 '거의, 조금 있으면'

- It's **almost** / **nearly** ten o'clock. 조금 있으면 10시가 된다.
- It's **almost** / **nearly** time to have lunch. 거의 점심 먹을 시간이다.

2 'all, every, the whole, always' 등의 앞에 두어 '거의, 대부분'

- **Almost** / **Nearly** all (of) my friends came to the party.
  거의 모든 나의 친구들이 파티에 왔다.

3 'any' 또는 'no, nobody, nothing' 등과 같은 부정어와 'almost'는 함께 쓰일 수 있지만 'nearly'는 함께 쓰이지 않는다.

- **Almost** no one believed him. 거의 아무도 그를 믿지 않았다.

  'Almost no one …'보다는 'Hardly anybody …'가 더 자주 쓰인다.

  cf. Nearly no one believed him. (x)

- She ate **almost** nothing.
  그녀는 거의 아무것도 먹지 않았다.(= She ate hardly anything.)

- **Almost** anything will do.
  거의 어느 것이나 좋습니다.

4 형용사, 부사를 수식하여 '대체로, 거의'

- Dinner is **almost** / **nearly** ready.
  저녁 준비가 거의 다 되었다.

- Winter is **almost** / **nearly** over.
  겨울도 거의 끝났다.

01. 다음 중 어법상 틀리거나 어색한 부분이 없는 것을 고르시오.

(A) The waiter spoke to me very friendly.
(B) Little did I dream that I should never see the girl again.
(C) No explanation was offered, still more an apology.
(D) Jim was so beat that he couldn't walk any farther without rest.

02. 다음 중 문장 전환이 어법상 옳지 않은 것을 고르시오.

(A) Jane works here. Mary works here, too.
   = Jane and Mary both work here.
(B) Neither Sally nor Anne works here.
   = Sally doesn't work here. Anne doesn't work here, too.
(C) You may be right in saying that she is rather stupid.
   = Perhaps you are right in saying that she is rather stupid.
(D) It might rain. Why don't you take your umbrella?
   = It'll probably rain. Why don't you take your umbrella?

03. 다음중 괄호 안의 지시대로 된 표현을 고르시오.

If I were you, (PERSUADE A FRIEND TO DO SOMETHING)

(A) If I were you, I would stop smoking.
(B) If I were you, I should eat less fat and salt, and lose weight.
(C) If I were you, I will not carry my wallet in a back pocket.
(D) If I were you, you ought not to miss this wonderful opportunity.

◎ 다음 대화문의 빈칸에 가장 적절한 표현을 고르시오.

04. A: Mike called me last night.
B: Really? Did he call _____?

(A) collect   (B) collective
(C) to collect   (D) collecting

05. A: How _____ is it to the village?
B: The village is only three miles _____.

(A) far - away   (B) long - away
(C) far - long   (D) wide - long

06. A: Well, I think I should be going now, Mark.
B: _____, Larry. I have to study for an exam.

(A) So am I   (B) Neither do I
(C) Me too   (D) So have I

07. A: Why is Jeff not at work today?
   B: His doctor advised him to take a couple of days _____.
   (A) down
   (B) off
   (C) away
   (D) after

08. A: What do you do to get into shape?
   B: I work _____ for two hours _____.
   (A) off - everyday
   (B) for - every day
   (C) up - everyday
   (D) out - every day

09. A: I'm afraid I'm coming _____ with a cold.
   B: Take care of yourself.
   (A) in
   (B) up
   (C) down
   (D) out

10. A: How about asking her _____ yourself?
   B: That seems a good idea.
   (A) out
   (B) after
   (C) for
   (D) about

11. A: Would you join us for lunch?
   B: Thank you. _____
   (A) My pleasure.
   (B) For pleasure.
   (C) At your pleasure.
   (D) With pleasure.

12. A: Are you going to enter the speech contest?
   B: No, I'm not _____ to speaking in front of a lot of people. It gives me stage fright.
   (A) use
   (B) up
   (C) able
   (D) down

13. A: Did many people come to the benefit match?
   B: No, _____ anybody.
   (A) hard
   (B) hardly
   (C) barely
   (D) few

14. A: Excuse me. Where is the nearest post office?
B: Well, it isn't far from here. First, go down this street to the traffic light. Next, turn right and then, look for the drug store. _____, cross the street and you can't miss it.
(A) Third
(B) Eventually
(C) Endlessly
(D) Finally

15. A: What's the worst thing that ever happened to you?
B: The worst thing was when I broke up with my girlfriend. It almost broke my heart. _____, we made up and got back together.
(A) Luckily
(B) Inadvertently
(C) Respectively
(D) Frankly

◎ 다음 글의 빈칸에 가장 적절한 표현을 고르시오.

16. The couple have split up and are now living _____.
(A) independently
(B) together
(C) bilaterally
(D) harmoniously

17. Julie _____. She left last month.
(A) still doesn't work here
(B) doesn't still work here
(C) no more works here
(D) doesn't work here any longer

18. The new neighbors are very nice. I'm sure we'll get _____.
(A) along
(B) behind
(C) going
(D) nowhere

19. When new products come _____ they certainly go _____!
(A) along - out together
(B) out - up
(C) by - over
(D) up to - through

20. If I were you, I wouldn't buy that car. It's _____ expensive.
(A) far much
(B) too much
(C) much too
(D) very much

21. The factory closed down and he was dismissed from his job. Therefore, he _____ to look out for a job but he had no luck.
(A) tried hard
(B) tried hardly
(C) hardly tried
(D) tries hard

22. The research & development team are _____ working to find a substitute fuel that is energy efficient and _____ feasible.
(A) current - economic
(B) current - economically
(C) currently - economically
(D) currently - economic

23. An ecosystem, such as a tropical rain forest, does not suddenly appear _____.
(A) overnight
(B) overnightly
(C) during overnight
(D) by overnight

24. We'd expected a few glitches, but everything's gone _____.
(A) remarkably smoothly
(B) remarkable smoothly
(C) remarkably smooth
(D) remarkable smooth

25. According to the terms of a new contract all workers are given ten days' paid vacation _____.
(A) annual
(B) annually
(C) biannual
(D) once in a year

26. A rare live performance by the band will begin _____ at seven o'clock.
(A) recently
(B) sometime
(C) presently
(D) promptly

27. The _____ audience applauded _____ at the end of the violin concert.
(A) many - enthusiastically
(B) much - enthusiastic
(C) small - enthusiasm
(D) large - enthusiastically

28. Young women go on diets to lose weight and make themselves slim and _____, they think, more _____.
(A) in other words - attractively
(B) moreover - attractively
(C) therefore - attractive
(D) however - attractive

29. This special sale expires at the end of May, _____ you must act now.
    (A) moreover
    (B) nevertheless
    (C) however
    (D) therefore

30. Smoking weakens the immune system and _____ prolongs the time it takes to recover from illnesses.
    (A) consequently
    (B) nevertheless
    (C) however
    (D) for instance

31. Revenue from sales of a new product comes _____ to a _____ large part of the company's total annual income.
    (A) in - diversely
    (B) with - promptly
    (C) up - relatively
    (D) by - precisely

32. _____ every society now has a money economy based on coins and paper bills of one kind or another.
    (A) Most
    (B) Almost
    (C) Most of
    (D) The most

33. The questions in the second half of the form apply _____ to married men.
    (A) is exclusive
    (B) exclusively
    (C) excludes
    (D) is excluded

34. The employee lounge on the tenth floor is closed _____ until further notice.
    (A) immediately
    (B) temporarily
    (C) approximately
    (D) ambiguously

35. Children are not _____ allowed _____, but in your case I'm prepared to make an exception.
    (A) randomly - along
    (B) urgently - out
    (C) normally - in
    (D) accidently - with

36. Even the biggest problem we face can be _____ if we all put our heads _____.
    (A) solved easily - out
    (B) easily solved - into
    (C) easily solved - together
    (D) solved easily - off

37. Today's meeting will be postponed until this Wednesday morning because the president is _____ abroad on business.
(A) currently
(B) promptly
(C) immediately
(D) concurrently

38. Nobody knows for sure what percentage of the things we buy is made to be thrown away almost _____, but we know that more than 50% of the plastic thrown away every day is packaging.
(A) inadvertently
(B) intentionally
(C) immediately
(D) abnormally

39. I was invited to a dinner party recently. I thought it would be okay to dress _____ , so I wore jeans and a T-shirt. When I got there, all the other guests were dressed up and I felt really awkward. Should I have gone home and got dressed _____?
(A) casual - formal
(B) casual - formally
(C) casually - formerly
(D) casually - formally

40. Anger is a normal and healthy emotion. It is desirable to show anger at certain times and let it out at appropriate times; otherwise, you can develop psychological and physical problems by storing up that anger. What we need to control is too much anger, which can do us great harm. _____, it can give strength, release tension and generate warmth and good feelings.
(A) Positively using
(B) Positive using
(C) Positive used
(D) Positively used

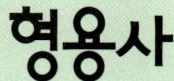

형용사

사람이나 사물의 성질·상태·정도 등을 나타내는 것을 형용사라고 하며, 명사를 수식하는 부가적/한정적 용법과, 보어로 쓰이는 서술적 용법이 있다. 비교급·최상급의 비교 변화를 할 수 있다.
언어란 인간의 감정을 표현하는 수단이다. 우리의 감정·기분을 정도에 따라 다양하게 사용할 수 있는 것이 형용사이다.

> very good 정말 좋은
> great 매우 좋은
> excellent[éksələnt] 훌륭한, 탁월한
> fantastic[fæntǽstik] 끝내 주는
> wonderful 훌륭한, 굉장히 멋진
> splendid (어떤 사람·생각·업적 등이) 뛰어나게 멋진
> marvelous[máːrvələs] ('wonderful'보다 강한 말로, 정말로 감탄했을 때) 훌륭한
> fabulous[fǽbjələs] 매우 좋거나 인상적인(extremely good or impressive)

> A : How about having a drink?
> 술 한 잔 하는 것 어때요?
> B : That's a **marvellous** idea.
> 상당히 좋은 생각입니다.

아래 대화에서 알 수 있듯이 명사의 뜻을 강조하기 위하여 형용사 'complete 완전한, perfect 완벽한, total 완전한, 전혀' 등이 쓰인다.

> S : Have you met each other before?
> 두 분이 서로 인사를 나누었나요?
> M : No, we're **complete** strangers.
> 아니요. 생판 모르는 사람입니다.

LESSON 12

strong (커피가) 진한; (천이) 질긴; (술이) 독한; 힘이 센

currently [kə́:rəntli] 현재(at the present time), 지금

01   형용사의 종류(Kinds of Adjectives)

① 성질 형용사(Qualifying Adjectives)

크기 · 연령 · 모양 · 색채 · 재료 · 기원(origin), 그리고 인간의 개성, 감정 등을 나타내는 것으로 대부분의 형용사가 이에 속한다.

- That **kind**, **black** woman is selling **fine**, **strong** coffee.
  저 친절한 흑인 여자는 좋은 품질의 진한 커피를 팔고 있다.

- Maybe someday there'll be a **smokeless** cigarette, and then everyone will be **happy**.
  아마도 언젠가는 연기 없는 담배가 나올 것이고 그러면 모든 사람이 기뻐 할 것이다.

② 지시 형용사(Demonstrative Adjectives)

말하는 사람(speaker)으로부터 가까운 경우에 'this / these', 먼 경우에 'that / those' 가 쓰인다.

- **That** car of Ann's is much more expensive than any of **these** cars.
  저기 Ann의 차는 이 차들 중 어느 것보다 훨씬 더 비싸다.

③ 고유 형용사(Proper Adjectives): 고유명사로부터 변한 형용사

- That **English** gentleman seems to like **Italian** food.
  그 영국 신사는 이태리 음식을 좋아하는 것 같다.

- The **Spanish** restaurant is currently being remodeled and will reopen at the beginning of next month.
  그 스페인 식당은 현재 리모델링 중에 있고 다음 달 초에 다시 오픈 할 것이다.

나라이름	형용사	개인	복수	국민 전체
America	American	an American	Americans	the Americans
Brazil	Brazilian	a Brazilian	Brazilians	the Brazilians
Canada	Canadian	a Canadian	Canadians	the Canadians
China	Chinese	a Chinese	Chinese	the Chinese
Denmark	Danish	a Dane	Danes	the Danes
England	English	an Englishman	Englishmen	the English
Germany	German	a German	Germans	the Germans
Korea	Korean	a Korean	Koreans	the Koreans
Spain	Spanish	a Spaniard	Spaniards	the Spanish
Italy	Italian	an Italian	Italians	the Italians

02   형용사의 용법(Adjective use)

① 명사를 수식하는 말의 위치(Position of adjectives)

형용사가 명사 앞 · 뒤에서 명사를 꾸며 주는 것을 한정적 용법(attribute use)이라고 한다.

❶ 형용사는 수식하는 단어 앞에 온다.

- That's not a **bad** idea! 꽤 좋은 생각인데!

  'not bad'는 '꽤 괜찮아(quite good)' 또는 '생각보다 좋아(better than expected)'라는 말로 칭찬이나 격려의 의미를 담고 있다.

- "What's wrong?" "I have an **upset** stomach."
  "어디 안 좋아요?" "뱃속이 안 좋아요.(= My stomach is upset.)"

- I've **a little** fever and a cough.
  열이 좀 있고 기침이 납니다.

  열이 좀 있다고 할 때 'have a slight / a little fever', 고열은 'a high fever'라고 한다.

- Students both **honest** and **clever** always succeed.
  정직하고 현명한 학생들은 항상 성공한다.

  상관접속사(both ... and)로 연결된 긴 형용사구는 명사 뒤에 올 수 있다.

  cf. There are empty houses *galore* in the country.
  시골에 빈집이 많이 있다.

  'galore'는 항상 명사 뒤에서 후위 수식한다.

❷ 전치사가 이끄는 형용사구는 수식되는 단어 뒤에 놓인다.

- The book **on the table** is mine.
  식탁 위에 있는 책은 내 것이다.

  = The book (which is) **on the table** is mine.

- The man **near the window** is a doctor.
  창가에 있는 그 남자는 의사이다.

❸ 분사형(分詞形) 형용사구가 수식어를 동반할 때는 명사 뒤에서 수식한다.

'The lady playing the piano'와 같이 분사가 명사 뒤에 있을 때는 '관계대명사 + be'가 생략된 형태로 분사는 '일시적으로 피아노를 치고 있다'는 동사적 성질을 의미하고, 'a handsome-looking guy(잘 생긴 사내)', 'a red-haired girl(빨간 머리 소녀)'와 같이 명사 앞에서 수식하는 분사는 형용사적으로 쓰여 지속적인 성질을 나타낸다.

- The lady **playing the piano** is my girlfriend.
  피아노를 치고 있는 아가씨는 나의 여자 친구이다.

- The picture **painted last year** was sold yesterday.
  작년에 그린 그 그림은 어제 팔렸다.

- His new English grammar book **published at the end of last month** was a huge success.
  지난달 말에 출간된 그의 새 영문법 책은 대 성공작 이었다.

---

upset [ʌpsét] (소화불량 등으로) 뱃속이 불편한; 당황한
stomach [stʌ́mək] 위

fever [fíːvər] 열
cough [kɔ(ː)f] 기침하다
cf. **sneeze** [sniːz] 재채기하다

galore [ɡəlɔ́ːr] 많은

publish 출판하다
huge [hjuːdʒ] (크기·양·정도 등이) 대단히 큰, 거대한(gigantic)
success 성공
a success 성공한 작품·제품·사람

❹ 어미가 '-body, -one, -thing, -where'로 끝나는 부정대명사는 형용사의 후위 수식을 받으며, 'other'의 수식을 받지 못하고 'else'로 수식을 받는다.

> A : Please show me *something* **else**. I want to try on *something* **larger**.
> 다른 것을 보여 주세요. 좀 더 큰 것을 입어보고 싶어요.
> B : Here it is.
> 여기 있습니다.

try on 입어 보다

- *Anyone* **intelligent** can do it.
  현명한 사람이라면 누구나 그것을 할 수 있다.

treat 대접하다; (사람·동물을) 다루다

- She wants to treat me to *something* **nicer** for dinner.
  그녀는 저녁으로 더 좋은 것을 내게 대접하길 원한다.

lately 최근에(recently); 요즈음

- *Nothing* **much** has happened here lately.
  이곳은 요즘에 별일이 없다.

❺ 부사 'as/how/so/too'는 형용사를 수식하고; 형용사 'such/what'는 명사구를 수식하므로 어순에 주의해야만 한다.
as/how/so/too + 형용사 + a/an + 명사:
such/what + a/an + 형용사 + 명사:

task (부과된) 일, 작업; 임무; 고된 일
period [píəriəd] 기간; 시대; 수업시간

- *Such a* **hard** task cannot be done in *so* **short** a period.
  그렇게 힘든 일은 그렇게 짧은 시간 안에 끝낼 수 없다.

- It is *too* **difficult** a problem for *such a* **young** girl to solve.
  그 문제는 그렇게 어린 소녀가 풀기에는 너무 어렵다.

cute [kju:t] 귀여운(charming); 섹시하고 매력적인

- *What a* **cute** girl! 참 귀여운 소녀야!

❻ 명사가 이미 '최상급 형용사, only, last, next'로 수식을 받고 있을 때 '-able, -ible'로 끝나는 형용사는 후위 수식할 수 있다.

take sth as ~이라고 생각하다
insult [ínsʌlt] 모욕
imaginable [imǽdʒənəbəl] 상상할 수 있는

- He took it as *the greatest* insult **imaginable**.
  그는 그것을 최고의 모욕이라 여겼다.

❼ 형용사가 수식 어구를 동반한 경우 후위 수식한다.

- This is a house **larger** *than yours*. 이것은 너의 집보다 큰집이다.
  = This is a house (which is) **larger** *than yours*.

  cf. This is a **larger** house *than yours*. 〈비격식체〉

attempt 시도하다, 꾀하다
deserve ~할 만하다; (칭찬·벌을 받아) 마땅하다

- Students **brave** *enough to attempt* the course deserve to succeed.
  그 과정을 시도해 볼만큼 용감한 학생은 성공할 만하다.

❽ other / else: 'other'는 전위 수식, 'else'는 후위 수식 한다
'other, else'는 '그 외에, 그 밖에'의 뜻으로 '말하는 상대방 또는 앞서 언급된 것을 제외 한다'는 뜻이다. 상대방에게 지금까지 무엇인가 도와준 후에 '도와 드릴 것 또 없어요?' 라고 말하려면

'Is there anything else I can do for you? = Is there any other thing I can do for you?' 라고 말하면 된다. 이런 경우에 간단히 'Is there anything else?' 라고 만해도 된다.

eg. You'll have to borrow *someone* **else's** car.
  소유격에 주의

  A : Did you see Tom? 톰을 만났니?
  B : No. I saw *someone* **else**. 아니. 다른 사람 만났어.
      = I saw *another* man / I saw a *different* man.

- "Let's meet on Sunday." "No. Let's meet some **other** *time*."
  "일요일에 만납시다." "아뇨. 그날 말고 다른 날 만납시다."

- It's too crowded here. Let's go *somewhere* **else**.
  이곳은 너무 만원이니 다른 곳으로 갑시다.

  crowded 붐비는, 만원인
  cf. **overcrowded** 초만원인

- Would you like *anything* **else** to drink?
  다른 것을 마시겠어요?

⑨ **another**: 또 하나의(one more); 또(additional); 다른(different)

  A : Shall we go to **another** restaurant? 다른 식당으로 갈까요?
      = Shall we go to a *different* restaurant?
  B : No. I don't want to go anywhere else. 싫어. 다른 곳에는 가고 싶지 않어.

- I'd like **another** (cup of) coffee. 커피를 한 잔 더하고 싶어요.

- In **another** two days it'll be finished. 이틀만 더 있으면 끝날 거야.

- She is going to have **another** baby. 그녀는 또 임신했어.
  = She's expecting **another** baby.

- Let's talk about that **another** time. 그것에 관하여 다음번에 이야기합시다.

- I hear he's already begun looking for **another** job.
  그는 이미 다른 일자리를 찾기 시작했다던 데요.

⑩ 한정용법으로만 사용되는 형용사

  elder 손위의 **former** 이전의; 전자의 **latter** 후반의; 후자의 **inner** 안의; 마음속의 **outer** 밖의; 외면적인 **lone** (시적인 의미의) 외로운 **mere** 단순한 **sheer** 얇은; 완전한 **upper** 위쪽의, 위편의 **utter** 전적인, 완전한 **sole** 유일한; 독점적인 **wooden** 나무로 된

- My **only** daughter is better than any **other** girl in her class.
  나의 외동딸은 그녀 학급에서 가장 뛰어나다.

  '비교급 + than any other + 단수 명사' 는 '최상급' 의 뜻을 나타냄

- The **drunken** man loves the woman because of her **inner** beauty.
  술에 취한 그 남자는 내면의 아름다움 때문에 그녀를 사랑한다.

  'drunken'은 a drunken driving(음주운전), a drunken quarrel(술에 취해 하는 싸움)과 같이 명사를 꾸며 주는 역할만 하고, 'drunk'는 보어로만 쓰인다.

utter [ʌ́tər] 완전한, 철저한
eg. an utter fool 지독한 바보

- The meeting was an **utter** waste of time.
  그 회의는 완전 시간 낭비였다.

2 보어로 쓰이는 형용사

❶ 주격 보어 · 목적격 보어로 쓰이는 것을 서술적 용법(Predicative use)이라 한다.

1) 목적격 보어: ~을 …한 상태로 있게 하다

make + O + 보어 ~을 …하게 하다

- Making you **happy** is my desire.
  당신을 행복하게 해주는 것이 나의 바램입니다.

make sb small ~를 주눅 들게 하다

- Don't make me **small** in front of everybody.
  모든 사람들 앞에서 나를 기죽이지 말아.

comfortable [kʌ́mfərtəbəl] 편안한(at home)

- Make yourself **comfortable**, please.
  편히 쉬세요.

  손님에게 자기 집에 있듯이 몸과 마음을 편하게 하라고 말할 때 'Make yourself at home, 또는 Make yourself comfortable'이라고 한다.

- That guy makes me so **mad**!
  저 녀석 때문에 미치겠어!

get sb wrong ~를 오해하다
with all one's heart 진심으로

- Don't get me **wrong**. I do love you with all my heart.
  오해하지 마. 너를 정말 진심으로 사랑해.

keep ~을 …한 상태로 있게 하다(5형식); ~한 상태에 있다(2형식)

- Coffee keeps me **awake** at night.
  커피를 마시면 밤에 잠이 안 와.

2) 주격 보어

relax 긴장을 풀다
uptight 마음이 조마조마하고 불안한
help 피하다(avoid)
completely 완전히
on edge 안절부절못하여

S : Relax, will you? Don't be so **uptight**.
진정해요, 네? 그렇게 불안해하지 마세요.

M : I can't help it. This is our first child and I'm completely **on edge**.
어쩔 수가 없어요. 이번이 첫 아이라서 아주 좌불안석(坐不安席)입니다.

I can't help it = It can't be helped.

opinion 의견, 견해
similar 닮은, 유사한
totally 완전히
different from ~과 다른

A : Is your opinion **similar to** hers?
당신 의견은 그녀와 같아요?

B : No, her opinion is totally **different from** mine.
아뇨, 그녀의 의견은 저와 전혀 달라요.

convenient [kənvíːnjənt]
(계획·시간·약속 등에) 편리한

- Let's have lunch on Saturday. Is that **convenient**?
  토요일에 점심 같이 합시다. 시간 괜찮아요?

'convenient' 외에 'be good for / a good time for / suit(형편에 알맞다)' 등이 같은 뜻으로 쓰이고, 반대의 뜻으로 'be bad for / inconvenient / a bad time for' 등이 쓰인다.

- This chair is so **soft**. It's really **comfortable**.
  이 의자는 너무 부드러워. 정말 편해요.

- Sitting on the floor to eat is **uncomfortable** for foreigners.
  식사를 하기 위해 바닥에 앉는 것이 외국인에게는 불편하다

  옷·신발 등이 잘 안 맞는다든지, 의자·침대·소파 등이 딱딱하여 부드럽지 못한 경우에 'uncomfortable'이라고 한다. 두려움·근심 걱정·슬픔등으로 마음이 편하지 못할 때도 쓰인다.

- You're **pregnant**? That's **fantastic**! 임신했다고? 끝내주네요!

- The weather is **awful**. 날씨가 엉망이야.

- I'm **terrible** at tennis. 테니스 실력이 형편없어.

- Be more **specific**, please. 좀 더 구체적으로 말해 주세요.

- The feeling is **mutual**. 이심전심이군.

- That's being **sensible**. 잘 생각 했어요 / 생각 잘 하셨어요.

- (That) Sounds **terrific**. 아주 좋은 생각입니다.

- That blouse is **expensive**, but this shirt is **inexpensive**.
  저 블라우스는 값이 비싸지만 이 셔츠는 비싸지 않다.

  가격(price)이 '비싸다 / 싸다'고 할 때 'high / low'가 쓰이고, 물건(the car, clothes 등)의 가격이 '비싼 / 저렴한' 할 때는 'expensive / inexpensive'가 쓰인다. 또한 물건 값이 싸고 품질도 좋지 않을 때 'cheap'이라 하고, 품질이 좋으며 값도 비싸지 않고, 적당할 때는 'reasonable'하다고 한다.

  eg. The price of this blouse is so *high* that I can't buy it.
  이 블라우스 가격이 너무 비싸서 살 수가 없다.

pregnant [prégnənt] 임신한
fantastic [fæntǽstik] 환상적인

awful [ɔ́:fəl] (날씨가) 좋지 않은, 음식 맛이 엉망인; 매우 재미가 없는

terrible [térəbəl] 형편없는; (음식·서비스 등이) 엉망인

specific [spisífik] 구체적인
(detailed and exact)

mutual [mjú:tʃuəl] 서로의, 상호간의, 공통의

sensible [sénsəbəl] 분별 있는, 현명한

terrific [tərífik] 끝내 주는, 훌륭한
(very great and excellent)

❷ 서술 용법인 보어로만 쓰이는 형용사:

'ablaze 활활 타오르는, adrift 표류하는, alike 서로 같은, ashamed 부끄러워, alive 살아서, alone 외로운, averse 싫어하는, awake 깨어 있는, aware ~을 아는' 등과 같은 형용사는 보어로만 쓰인다.

- "Did you know he was married?" "No, I wasn't **aware of** that."
  "그가 결혼한 것을 알았어?" "아니, 나는 그 사실을 몰랐어."

- He spent three days being **adrift** on his yacht.
  그는 자기 요트로 표류하면서 3일지 보냈다.

- Don't be **afraid of** making a mistake. Very few things are accomplished on the first try.
  실수하는 것을 두려워하지 마라. 처음 시도해서 성취되는 것은 매우 드물어.

adrift 표류하여; (정처 없이) 떠돌아; 빈둥거리는

accomplish [əkámpliʃ] 성취하다
try 시도, 해보기

be afraid of ~을 한다는 생각이 두렵거나 무섭다
be afraid to ~을 하는 것이 두렵다/무섭다

- She wanted to tell him about her feelings but she was **afraid to** do so.
  그녀는 자기의 감정을 그에게 말하고 싶었지만 그렇게 하는 것이 두려웠다.

alike[əláik] 서로 같은, 아주 비슷하여
similar[símələr] 유사한, 비슷한, 닮은

- 'The two boys' dreams are **alike**' means 'They have *similar* dreams.'
  두 소년의 꿈이 비슷하다는 것은 그들이 비슷한 꿈을 갖고 있다는 의미다.

③ 한정·서술용법에 따라 의미가 달라지는 경우
동일한 형용사가 명사를 수식할 때와 보어로 쓰일 때 의미가 달라지는 경우가 있다.

present 현재의(existing, current); 참석한

- The **present** king was **present** at the Olympic Games.
  현재의 왕이 올림픽 경기에 참석했다.

ill 아픈(unhealthy, sick); 나쁜(unpleasant)

- The old man who has been **ill** got **ill** news from his only daughter.
  와병 중인 노인이 외동딸로부터 나쁜 소식을 들었다.

certain 확신하는(likely, assured); 어떤(not known personally)

- It's **certain** that a **certain** pretty lady dropped in on me last night.
  어떤 예쁜 여자가 어젯밤에 나를 방문한 것은 확실하다.

widow[wídou] 미망인, 홀어미
late 늦은, 지각한; 작고한, 고(故)

- The **widow** who was 10 minutes **late** for the meeting always thinks of her **late** husband.
  회의에 10분 지각한 그 과부는 항상 죽은 남편을 생각한다.

④ 형용사의 명사적 용법
'the + 형용사'는 '보통명사의 복수' 또는 '추상명사'로 쓰인다.

- One law for **the rich** and another for **the poor**.
  유전 무죄 무전 유죄(有錢無罪 無錢有罪)

make every effort 온갖 노력을 다하다
assist (남의 일 등을 보조적으로) 돕다

- She always makes every effort to assist **the less able** among us.
  그녀는 우리 중에서 더 처지는 사람들을 도와주려고 항상 모든 노력을 다한다.

profound[prəfáund] 심오한
emotion[imóuʃən] 감정
mystical[místikəl] 신비스러운

- The most beautiful and profound emotion we can experience is the sensation of **the mystical**.
  우리가 체험할 수 있는 가장 아름답고 심오한 감정은 신비함을 느끼는 것이다.

coward[káuərd] 겁쟁이
valiant[væljənt] 용감한
taste of ~을 맛보다; 경험하다
never ... but once 단지 한 번만

- Julius Caesar says, "Cowards die many times before their death; **the valiant** never taste of death but once."
  시저 말에 의하면 "겁쟁이는 여러 번 죽지만, 용감한 자는 오직 한 번 죽는다."

  eg. the supernatural[sù:pərnǽtʃərəl] 초자연적인 것
  the exotic[igzátik] 이국적인 것
  the true 진(眞)
  the good 선(善)
  the beautiful 미(美)
  the Dutch[dʌtʃ] 네덜란드 국민
  the educated[édʒukèitid] 교육을 받은 사람들

5 어미가 -ly로 끝나는 형용사

❶ 구체명사(concrete noun)에 -ly가 붙어 그 명사의 특성을 나타낸다.
cowardly 겁 많은, 소심한(timid) brotherly 형제다운
deathly 죽음 같은; 치명적인 manly 남자다운
motherly 어머니다운 friendly 친한; 친절한

❷ 시간을 나타내는 명사에 -ly가 붙어 부사 / 형용사로 사용되고 있다.
daily 매일 weekly 주간의, 매주 마다
monthly 매월, 월마다 quarterly 연(年) 4회의
yearly 매년 nightly 밤의, 밤마다

- She is often **kind** to me. 그녀는 종종 나에게 친절을 베푼다.
  'kind'는 '(태도·행위가) 친절한, 상냥한'의 뜻이다.

- She is a **kindly** person. 그녀는 (성격이) 친절하고 상냥하다.
  형용사 'kindly'는 사람의 일반적인 성격을 나타낸다.

  cf. Would you *kindly* open the door for me?
  문 좀 열어 주시겠어요?
  부사로 쓰일 때는 정중하게 요청할 때 쓰인다.

  cf. She is often *kindly*. (x)
  'kindly'는 부가적 형용사로만 쓰임.

03 수량 형용사(Quantitative adjectives)

1 'some'과 'any'

❶ 부분(部分)을 나타내는 'some, any'의 용법은 다음과 같다. 'some'은 긍정문에, 'any'는 부정(否定)·의문·조건문에 쓰인다. 또한 복수 명사와 셀 수 없는 명사의 대용어(代用語)로 쓰인다.

A : Did you buy **any** books?
책을 샀어요?
B : Yes, I bought **some** (books), but he didn't buy **any** (books).
네. 나는 몇 권의 책을 샀지만 그는 한 권도 안 샀어요.

단수 명사의 대용어(代用語)는 'one'이 쓰인다.

eg. He has a puppy. And I have *one*, too.
그에게 강아지가 있는데 나도 역시 강아지가 있다.

❷ 의문문이라 하더라도 긍정의 응답이 예상되는(on the assumption of a positive reply) 의문문에는 'some'이 쓰인다.

A : Do you have **some** money? 돈 좀 있어요?
B : Of course, I do. 물론 있지요.

❸ 상대방이 권유를 기꺼이 받아 주길 바라는 마음(I expect you would.)에서 의문문의 형태라도 'some'이 쓰인다.

> A : Would you like **some** coffee? 커피 좀 드시겠어요?
> B : (That's a) Good idea. 좋은 생각입니다.

> S : Would you like (to have) **some** more whisky? 위스키 좀 더 드시겠어요?
> M : ((That) Sounds) Great. 좋습니다.
>   No, thanks. No more for me. I'm driving.
>   됐습니다. 저는 됐어요. 차를 운전하고 갈 거예요.

'No more for me.'는 '더 먹겠느냐'는 상대방의 권유에 정중히 사양하는 표현

❹ '**Do you like coffee?**' 와 '**Do you want any coffee?**'
'**Do you like coffee?**'는 '커피를 좋아 합니까?' 하고 상대방의 기호(嗜好)를 물을 때 쓰이는 표현이다.
이와 같이 기호(嗜好)를 나타내는 동사 'like, 또는 prefer(~을 더 좋아하다)'가 쓰일 때 부분(部分)이 아닌 전체를 대상으로 하므로 'some' 또는 'any'를 사용하지 않는다. 이 예문에서 커피는 '브라질 커피, 콜롬비아 커피' 등 모든 종류의 커피를 의미하는 것이다. 〈163쪽 부정관사와 셀 수 없는 명사 참조〉
'**Do you want some coffee?**'는 '커피 좀 마시겠어요?' 하고 상대방이 권유를 기꺼이 받아 주길 바라는 마음에서 의문문이라 하더라도 'some'이 쓰인 것이라고 앞서 언급했다.
그러면 '**Do you want any coffee?**'는 어느 경우에 쓰이는가? 이 표현은 상대방이 커피를 싫어한다는 것을 알고 있지만 커피 외에는 다른 음료수가 없는 경우 상대방이 'No'라고 응답할 것을 알면서도 물어 보는 말이다.
상대방에게 커피를 권유할 때 '**Do you want some coffee?**' 보다는 '**Would you like some coffee?**'가 보다 정중한 표현이다.

cf. 'Is there *something* to eat?' / 'Is there *anything* to eat?'

'뭔가 맛있는 냄새가 나는데 먹을 것 좀 있어요?' 하고 물어 보는 말이 있다. 이와 같이 먹을 것이 있다고 확신하는 경우에 전자가 쓰이고, 후자는 배고파서 먹을 것이 있는가 하고 그저 물어 볼 때 쓰이는 표현이다.

2 시간과 장소 명사에 'some, any, one'이 붙었을 때의 뜻

❶ 'some day'는 미래의 어떤 때를 의미한다.

- Maybe **some day** I'll be rich!
  아마도 언젠가 나는 부자가 될 거야!

- Let's go to the United States **some day**.
  언제 한번 미국에 갑시다.

❷ 'one day'는 'some day'와 함께 확실하지 않은 미래의 어떤 날을 의미한다. 또한 과거의 어느 날을 의미하기도 한다.

- **One day** I'll buy a boat and sail around the world.
  언젠가 보트를 사서 세계 일주 여행을 할 거야.

- We saw Harry **one day** last week.
  우리는 지난 주 어느 날 해리를 만났다.

❸ 'sometime'은 미래의 어떤 때 또는 기억은 없지만 과거의 어느 때를 나타낸다.

- We'll take a vacation **sometime** in September.
  9월 어느 때 휴가를 할 거야.

- Our school was built **sometime** around 1980.
  우리 학교는 언젠지는 모르지만 1980년경에 지어졌다.

vacation 휴가; 방학
cf. **holiday** 휴가(英)

❹ 'somewhere'는 정확히 어디라고 알지는 못하지만 어느 장소를 말할 때 'some place'와 같은 의미로 쓰이며 부정문과 의문문에는 쓰이지 않는다.

- I've seen that man **somewhere / some place**.
  나는 저 사람을 어디선가 본 일이 있다.

- Let's eat **somewhere** downtown.
  시내 아무데서나 먹읍시다.

- We went **somewhere** today.
  오늘 우리는 어디엔가 다녀왔다.

  cf. Yesterday we didn't go **anywhere**.
  = Yesterday we went *nowhere*.
  우리는 어제 아무데도 가지 않았다.

  I can't go **anywhere** this evening.
  오늘 저녁에는 아무데도 못 갑니다.

  부정문에서는 'not ... anywhere'가 쓰인다.

❺ '어느 곳이던, 언제든' 관계없다고 말할 때 'anywhere'와 'anytime'이 쓰인다.

A : Where shall we eat? 어디서 식사할까요?
B : **Anywhere / Any place** will be all right. 어디라도 좋다.

S : When shall I meet you? 언제 만날까요?
M : **Anytime** will be all right. 언제라도 좋아요.

3 명사를 수식하는 수량 형용사

❶ few / a few + 복수명사: little / a little + 셀 수 없는 명사

'few'는 부정적, 'a few'는 긍정적인 느낌이며 셀 수 있는 복수 명사에 쓰인다.
예를 들어, 사과 3개가 적다는 느낌이 들면 'few apples', 많지는 않지만 적지도 않다는 긍정적 느낌을 가질 땐 'a few apples'라고 한다.

- Only **a few** people went to the game and very **few** people enjoyed themselves.
  단지 몇 사람들만이 그 경기를 보러 갔다. 그런데 그 경기를 즐기는 사람은 거의 없었다.

  cf. a. I have *quite a few* books. 나에게는 꽤 많은 책이 있다.

- I still have *quite a bit* of homework to do. 아직도 할 일이 꽤 많아.

  'quite a few, quite a bit'는 '꽤 많은'의 뜻으로, 'not a few, a good few, a lot of, many'와 같은 뜻으로 쓰인다.

❷ 'little'은 부정적, 'a little'은 긍정적인 느낌으로 셀 수 없는 명사에 쓰인다.

- We eat **little** meat.
  우리는 고기를 거의 먹지 않는다.(= not much)

- We eat **a little** meat.
  우리는 고기를 조금 먹는다.(= a small amount)

  cf. a. There's *hardly any* milk left. 우유가 거의 남지 않았다.

- *Hardly anybody* came to the meeting. 모임에 온 사람들이 거의 없다.
  = Very few people came to the meeting.

  'a little / a few'와 'little / few'는 혼동할 수가 있어 회화체에서 'little / few'는 'hardly any'로 쓰인다.

4 much + 셀 수 없는 명사: many + 복수 명사

명사와 함께 쓰일 때 'much / many'는 부정문과 의문문에 쓰이며, 긍정문에 쓰일 때는 'so, as, too, very'와 함께 쓰인다. 'much / many'와 같은 뜻으로 긍정문에 'a lot of, lots of, a number of(많은)'가 쓰인다.

> A : Is there **much** wine left in that bottle? 병에 술이 많이 남아 있나요?
> B : No, there's only a little, I'm afraid. 아니요. 조금밖에 없는 것 같아요.

get into shape 몸매를 다듬다

- Please get *as* **much** exercise as you can If you want to get into shape.
  몸매를 다듬고 싶으면 가능한 많은 운동을 하세요.

- Thank you *very / so* **much**. 대단히 감사합니다.

- Take *as* **many / much** as you like. 당신이 원하는 만큼 가져가시오.

- You drink *too* **much** whisky. 너는 위스키를 지나치게 많이 마셔.

  'too'는 '너무 지나친(excessive), 필요 이상으로(more than necessary)'의 뜻으로 'too much / many'는 부정적인 느낌을 주는 반면에 'very much / many'는 긍정적인 느낌을 준다.

5 'as much, as many'는 동량(同量)·동수(同數)를 의미하며 'like so many'는 비유법으로 '마치 ~처럼'으로 번역한다.

- My son made ten mistakes in **as many** lines. [동수]
  우리 아들은 열 줄에서 열 개의 실수를 범했다.

not in the least 조금도 …하지 않는

- I wasn't in the least surprised at the news; I'd expected **as much**.
  그 정도는 기대했었기 때문에 그 소식에 조금도 놀라지 않았다. [동량]

- The boys were swimming in the pond **like so many** frogs.
  소년들은 연못에서 (그와 같은 수의) 개구리처럼 헤엄치고 있었다.

6 a great deal of / a (large) number of / a lot of / several

a good deal of / a great quantity of / a large amount of + 셀 수 없는 명사
a good many of / a large number of + 셀 수 있는 복수 명사
plenty of / a lot of / lots of + 복수 명사 / 셀 수 없는 명사
several + 셀 수 있는 복수 명사

명사를 수식하는 형용사 'good, great, large'는 많다는 것을 강조하기 위하여 쓰인다.

- I spent **a great deal of** time preparing for the exams.
  시험 준비에 많은 시간을 보냈다.

- I've got **a lot of** patience, but my wife doesn't.
  나는 인내심이 많지만 나의 부인은 그렇지 않다.

- I want **several** big ones and a few small ones.
  큰 것 너댓개와 작은 것 몇 개를 원해.

quantity [kwάntəti] 양(量), 분량, 수량
several [sévərəl] ('a few' 보다는 많고, 'many' 보다는 적은) 몇몇의 몇 몇, 몇 개 / 사람

patience [péiʃəns] 인내(심)
patient 인내성 / 참을성 있는, 끈기 있는

EXERCISE

01. 다음 중 어법상 틀리거나 어색한 부분이 없는 것을 고르시오.

(A) You sound just like a native. You speak English perfect.
(B) Your English composition is excellent. It has a few grammatical mistakes.
(C) Mary isn't much better, but there's little hope of her getting well.
(D) This document must be kept thorough and neat.

02. 괄호 안에서 문맥에 적합한 것을 고르시오.

(A) The baseball team have had seven (successful, successive) victories.
(B) Are you (able, possible) to finish the work in a week?
(C) My mother is very (economical, economic) and has saved lots of money.
(D) It's very (sensible, sensitive) of you to follow the senior's advice.
(E) The price of this suit is so (high, expensive) that I can't buy it.

03. 다음 중 괄호 안의 지시대로 되지 않은 것은?

Since it's such a beautiful day, (MAKE A SUGGESTION)

(A) Since it's such a beautiful day, why don't we do something outdoors?
(B) Since it's such a beautiful day, we'd like you to join us for a picnic.
(C) Since it's such a beautiful day, how about going to the beach?
(D) Since it's such a beautiful day, do you like coffee?

◎ 다음 대화문의 빈칸에 가장 적절한 표현을 고르시오.

04. A: Can you play tennis this afternoon?
B: I'd love to, but I'm _____ I have to study for the exam.
(A) embarrassed   (B) afraid   (C) surprised   (D) scared

05. A: I'm sorry I lost my temper.
B: _____
(A) That's all right.   (B) You're welcome.   (C) No, thanks.   (D) That's right.

06. A: I lost my job last week.
B: _____.
(A) Too bad   (B) Shame on you   (C) Not bad   (D) Terrific

07. A: Is this where you want to get off?
B: Yes, _____.
(A) don't mention it   (B) anywhere you like
(C) that's a good idea   (D) this is fine

08. A: Where are you from?
B: I'm _____.
(A) an Italian (B) Italy
(C) from Italian (D) Italian

09. A: Is this blouse inexpensive?
B: It is not _____.
(A) worth what did I pay (B) worthy paid
(C) worth what I paid (D) worth of what I paid

10. A: What time shall we make it?
B: Between 10 AM and 1 PM.
A: Be more _____, please. I can't wait all day.
(A) correct (B) reasonable
(C) prompt (D) specific

11. A: How many books does your father have?
B: He owns _____ books.
(A) much (B) a lot of (C) many a (D) a great deal of

12. A: Relax, will you? Don't be so _____.
B: I can't help it. This is our first child and I'm completely _____.
(A) nervous - on order (B) uptight - on edge
(C) embarrassed - out of one's mind (D) amazed - fascinated

13. A: Did Julie say when her baby is _____?
B: Yes, she is expecting it sometime in December.
(A) due (B) born
(C) having born (D) expected

◎ 다음 대화문의 빈칸에 적절하지 않은 표현을 고르시오.

14. Saleswoman: How is the jacket?
Jane : Well, it's _____.
Saleswoman: Would you like to try a larger size?
Jane : Yes, please.
(A) too small (B) a little large
(C) a little tight (D) not very comfortable

◎ 다음 글의 빈칸에 가장 적절한 표현을 고르시오.

15. Due to the mailman's mistake, the registered mail was delivered to the _____ address.
(A) wrong (B) another (C) her (D) correct

16. People who spit on the street make me _____.
(A) awkward (B) illogical
(C) sick (D) proficient

17. All sales are cash only and all sales are _____.
(A) fine (B) fined (C) final (D) financial

18. Business is _____ during the hot summer because almost everyone's on holiday.
(A) active (B) slow (C) shallow (D) lively

19. The insurance company claimed that it was not _____ for damages caused by an act of God.
(A) liable (B) responsible
(C) credulous (D) indulgent

20. My husband said looking at some very _____ girlie stuff was only a matter of curiosity.
(A) beautiful (B) pretty (C) inquisitive (D) provocative

21. Our motorists are _____ for their _____ traffic violations. Many of them do not observe regulations in motion.
(A) notorious - flagrant (B) well-known - fragmentary
(C) distinguished - fragrant (D) famous - flagrant

22. I was _____ with envy when I heard he'd been given the job.
(A) white (B) blue (C) black (D) green

23. It's mandatory for you to have a _____ driver's license with you at all times when you _____ in this country.
(A) valid - drive (B) validity - will drive
(C) valuable - drive (D) valid - will drive

24. The President hinted that the full opening of the beef market was _____.
(A) simultaneous (B) inevitable
(C) illegal (D) exclusive

25. A _____ desk calendar of the electronics company is distributed in a local retail shop.
(A) complimentary (B) complementary
(C) completely (D) competent

26. The promising guy wrote more than ten applications for jobs, but he didn't get a _____ reply.
(A) no any (B) only
(C) single (D) any

27. With recent drops in real estate values, small houses now seem _____ to _____.
(A) capable - homeless (B) predictable - homeless
(C) affordable - the homeless (D) able - the homeless

28. I'm afraid _____ has come up. Therefore, today's meeting will be postponed until tomorrow morning.
(A) urgent something (B) something urgent
(C) something immediately (D) some urgent

29. Please show me _____. I want to try on something larger.
(A) something else (B) other something
(C) something other (D) else something

30. A _____ number of foreign students from _____ fields of study come to universities in this country annually.
(A) much - variety (B) large - various
(C) many - various (D) several - variety

31. _____ reason that makes people less likely to exercise is the boredom of repetition.
(A) Another (B) Other
(C) Different (D) Additional

32. Lots of students are _____ get _____ jobs during their summer and winter vacations.
    (A) eager to - temporarily
    (B) anxiously to - temporarily
    (C) anxious about - temporary
    (D) eager to - temporary

33. As a result of the new employee's _____ sales performance, the company has decided to offer a _____ bonus to him.
    (A) impressively - substantially
    (B) impressive - substantial
    (C) impression - substance
    (D) impressively - substantial

34. Men are also beginning to confess that they are suffering from "_____ shopping", too.
    (A) compulsive
    (B) compulsory
    (C) comprehensive
    (D) competitive

35. The rent is _____ at the end of _____ quarter.
    (A) late - a few
    (B) right - several
    (C) due - each
    (D) able - every

36. The price includes travel and accommodations, but meals are _____.
    (A) extra
    (B) expensive
    (C) reasonable
    (D) delicious

37. If there's something _____ with your new vacuum cleaner, we will replace it with another without _____ charge.
    (A) wrong - additional
    (B) poor - no
    (C) strange - free
    (D) distinctive - extra

38. The car's price is very _____; of course, the deluxe model costs _____.
    (A) reasonable - a lot more
    (B) rational - high
    (C) sensible - much
    (D) expensive - too much

39. The newly opened restaurant provides its customers with a _____ atmosphere and _____ portions.
    (A) please - generously
    (B) pleasure - generosity
    (C) pleased - generous
    (D) pleasant - generous

40. _____ people think that if you eat fruit your chances of getting cancer are much _____.

(A) Several - low
(B) Every - slim
(C) Each - poor
(D) Some - less

41. Any _____ employee, who comes up with an _____ idea of decreasing energy use in the building, will be provided with a substantial bonus.

(A) imagination - affectionate
(B) imaginative - effective
(C) imaginable - affluent
(D) imaginary - consecutive

42. Thanks to a recent influx of _____ workers from the third World into this country, there has been rapid growth in _____ labor industries.

(A) emigrant - manded
(B) emigrate -manualing
(C) immigration - man
(D) immigrant - manual

43. If done _____ and over a long period of time, exercise can help prevent osteoporosis, a _____ process of bone loss that occurs naturally as people age.

(A) regularly - gradual
(B) regularly - gradually
(C) regular - gradually
(D) regular - gradual

44. She has found it _____ to live in _____ surroundings which are close to local amenities such as swimming pools, parks, and cinemas.

(A) convenient - convenient
(B) comfortable - comfortable
(C) convenient - comfortable
(D) comfortable - convenient

45. I have a suggestion for the tyro. Listen to the same composition often, until you can respond to it emotionally. Do not expect to encompass a symphony at first hearing. And do not be discouraged or feel guilty if, while listening to an _____ symphony, your attention wanders. Initially, absorb from it as much as you can – and coast through the rest. There will come a time when the clouds roll away and the landscape lies clearly before you. In music, _____ is the enjoyable. Don't dart from one composition to the next. Stay with it.

(A) familiar - familiar
(B) unfamiliar - the familiar
(C) unfamiliar - unfamiliar
(D) familiar - the familiar

LESSON 13
비교 구문

'strong(힘이 센), stronger(더 힘이 센), the strongest(가장 힘이 센)'의 예에서 볼 수 있는 것처럼 성질·상태의 정도를 둘 내지 여럿 사이에서 비교하여 나타낼 수 있다. 그리고 비교급에는 '비교되는 두 가지 요소의 동등한 정도를 나타내는' 동등 비교, '비교되는 두 가지 요소의 차이를 나타내는' 우등/열등 비교, '셋 이상의 요소에서 정도의 차이를 나타내는' 최상급 등이 있다.

The North Wind said to the Sun, I am very **strong**.
"I am much **stronger than** you. I am by far **the strongest** in the world."
The Sun said "No, no. You're **not so strong as** I."
"Well, I'll show you how strong I am," said the North Wind.

북풍은 자기가 매우 힘이 세다고 태양에게 말했다. "나는 너보다 훨씬 힘이 세지. 나는 세상에서 가장 힘이 세단다." 태양이 말했다. "아냐, 아냐. 넌 나만큼 힘이 세지 않아." "그럼, 내가 얼마나 힘이 센지 보여 주마." 하고 북풍이 말했다.

비교급·최상급에서 형용사의 어미변화

❶ 1음절의 형용사는 원급에 '-er, -est'를 붙인다.

    eg.   small – small**er** – small**est**   old – old**er** – old**est**

❷ '-e'로 끝나면 '-r, -st'만 붙인다.

    eg.   large – large**r** – large**st**   fine – fine**r** – fine**st**

❸ '단모음 + 자음'으로 끝나면 마지막 자음을 겹쳐 쓰고 '-er, -est'를 붙인다.

    eg.   big – big**ger** – big**gest**   cruel – cruel(l)**er** – cruel(l)**est**

❹ '자음+y'로 끝나면 'y'를 'i'로 고치고 '-er, -est'를 붙인다.

    eg.   heavy – heav**ier** – heav**iest**   angry – angr**ier** – angr**iest**

❺ 2음절 이상의 긴 단어는 원급 앞에 'more, most'를 붙인다.

    eg.   beautiful – **more** beautiful – **most** beautiful
           interesting – **more** interesting – **most** interesting

LESSON 13

01 우등 비교(To the higher degree)와 열등 비교(To the lower degree)

둘을 비교해서 한쪽이 성질·상태·크기·정도 등이 '보다 우수하다'는 것을 우등 비교(-er + than)라 하고, '~보다 못하다'는 것을 열등 비교(less + 원급 + than)라 한다.

S : Are you **taller than** he is? 네가 그보다 커?
M : Yes, I am (**taller than** he is). 그래, 내가 더 커. 〈우등 비교〉
　= He is **less tall than** I. 그는 나보다 키가 작아. 〈열등 비교〉

A : He's really photogenic.
　그는 정말 사진을 잘 받아요.
B : Yes, I know. His photo looks **better than** the real man.
　네, 저도 알아요. 그는 실물보다 사진이 훨씬 나아 보여요.

photogenic[fòutədʒénik] 사진이 잘 나오는
photograph[fóutəgræf] 사진

- It's much **better than** yesterday.
  어제보다 날씨가 훨씬 좋아요.

- He is **better paid than** me.
  = I'm **less paid than** he is.
  = I'm not *as well paid as* he is.
  　그는 나보다 월급이 더 많다.
  문법적으로는 'than I'가 옳지만 구어체에서는 'than me'가 자주 쓰인다.

- The movie was **less than** I expected.
  = The movie was **worse than** I expected.
  　그 영화는 기대했던 것보다 못했어요.

- The result was **better than** I had thought.
  = The result was **more than** I had thought.
  　결과는 생각했던 것보다 좋았어요.

economical[ìːkənámikəl] 알뜰한; 절약하는
peaceful[píːsfəl] 평화로운

- Country life is **more economical** and **peaceful than** city life.
  시골 생활은 도시보다 돈이 덜 들고 평화롭다.

far (시간·거리·관계 등이) 먼

형용사의 불규칙 변화

good / well – better – best	many / much – more – most
ill / bad – worse – worst	little – less – least
far – farther – farthest 〈거리〉	far – further – furthest 〈정도〉
late – later 더 늦은 – latest 최신의, 최근의 〈시간〉	
late – latter 나중의, 후반의 – last 마지막의 〈순서〉	

eg. the *last* news 마지막 소식
　the *latest* information on computer 컴퓨터에 대한 최신 정보
　of late 요즘, 최근(recently)
　as *late* as 최근에

238

02 최상급

1 the + 최상급

'~(중)에서 가장 ~하다'라고 할 때 'the + 최상급'의 구문을 쓰는데 부사의 최상급에는 'the'를 쓰지 않는다. 최상급 뒤에 '~(중)에서'의 뜻으로 'of + 복수 명사(집단의 구성원이나 구성 요소)' 또는 범위를 나타내는 'in + 단수 명사(장소나 집단)'가 쓰인다.

> A : What's **the worst thing** that ever happened to you?
> 너에게 가장 나빴던 때는 언제야?
>
> B : **The worst thing** was when I broke up with my girlfriend. It almost broke my heart. Luckily, we made up and got back together.
> 여자 친구와 헤어졌을 때가 그랬었지. 다행히 화해하고 다시 만나게 됐어.

break up 헤어지다(separate)
break one's heart 상심하다
make up 화해하다(reconcile)
get back together 다시 만나다

- Tom is **the smartest** (boy) *of all the boys*. 〈형용사의 최상급〉
  모든 소년들 중에서 톰이 가장 영리하다.

- Mark can run **fastest** *in his class*. 〈부사의 최상급〉
  그의 학급에서 마크가 가장 빨리 달린다.

- **The richest man** *in the world* cannot buy everything.
  세계 최고 부자라도(= even the richest man) 모든 것을 다 살 수는 없다.

  문맥상 양보의 뜻을 지닌 최상급

- The politician is **the last** man to accept a bribe.
  그 정치가는 결코 뇌물을 받을 사람이 아니다.

  'the last ... to do'는 '결코 …할 것 같지 않은'이라는 뜻

politician[pàlitíʃən] 정치가
accept[æksépt] 받다; 인정하다
bribe[braib] 뇌물

2 비교급 · 최상급 강조

'much, (by) far, even, still' 등이 비교급 · 최상급을 강조하는데 쓰인다.

a. She is very pretty, and what is *still* **better**, very generous.
   그녀는 매우 예쁘고, 그리고 더 좋은 것은 매우 관대하다는 것이다.

b. It was *by far* **the best** film that I've seen.
   내가 지금까지 본 것 가운데 가장 훌륭한 영화였다.

c. This is **the best** restaurant *we've ever been in*.
   여기가 우리가 가본 식당 중 가장 좋은 것이야.

d. They produced **the strongest** trousers *ever made*.
   그들은 이제까지 만들어진 것 중에 가장 질긴 바지를 만들었다.

   '(that have) ever (been) made'는 최상급을 강조한다.
   b, c, d)의 이탤릭체 부분은 최상급을 강조함.

what is better 더욱 좋은 것은
generous[dʒénərəs] 관대한, 아량 있는

03 동등 비교

1 'as ... as' 구문

'as ... as' 구문에서 앞의 'as'는 형용사·부사를 수식하는 같은 정도를 나타내는 '정도부사'이고, 뒤의 'as'는 '~만큼의'이라는 뜻을 가진 '접속사·전치사'이다.

> A : Is it hard to study English? 영어 공부하기가 어렵니?
> B : Not **so hard as** you might think. All you have to do is memorize the useful expressions.
> 네가 생각하는 것만큼 그렇게 어렵지 않아. 유용한 표현만 암기하면 돼.

memorize[méməràiz] 암기하다
useful 유용한
expression[ikspréʃən] 표현
all you have to do is + (to) do 단지 … 하면 돼

- She's **as tall as** her mom. 그녀는 엄마와 키가 같다.
  = She's *the same height as* her mom.

- He's **as old as** my sister. 그는 나의 누나와 동갑이다.
  = He's (at) *the same age as* my sister.
  = He and my sister are *of an age*.

guess[ges] 추측
as good as ~나 마찬가지인, 거의

- Your guess is **as good as** mine.
  네 추측은 내 추측이나 마찬가지야 즉 '나도 몰라'

- A miss is **as good as** a mile.
  살짝 빗나간 것은 멀리 벗어난 것과 마찬가지다 즉, 오십 보 백 보야.

- He's **as good as** his word. 그는 언행이 일치하는 사람이야.
  = He does what he has promised to do.

2 동등비교 부정

'~만큼 …하지 않다'의 뜻으로 'not so / as … as'를 사용한다. 동등비교를 부정할 때 'not as … as'보다는 발음상 'not so … as'가 주로 쓰인다.

- He's **not so** tall **as** his sister.
  = His sister is taller than he.
  그는 자기 누나만큼 크지 않다.

- Money **isn't as** important **as** you might think.
  돈은 네가 생각하는 것만큼 중요하지 않아.

used to ~하곤 했다

- He **doesn't** smoke (**as**) **much as** he used to.
  그는 옛날만큼 담배를 많이 피우지는 않아.
  과거의 규칙적인 동작·상태에 쓰인다.

- He**'s not so** clever a man **as** I thought.
  그는 내가 생각했던 것만큼 현명한 사람은 아니야.

③ 배수 비교: 'twice + as ... as / + 비교급 than'

배수 비교는 '동등 비교(as ... as)' 또는 '비교급 than' 앞에 'twice, three times ...'와 같은 배수 부사가 쓰인다. '한 번, 두 번' 할 때는 'once' 또는 'twice'가 쓰인다. 그러나 '세 번' 이상은 'three times, four times ...'가 쓰인다.

- This dress is *twice* **as expensive as** the blue one.
  이 옷값은 저 파란색 옷의 두 배이다.

  = This dress is *twice* **more expensive than** the blue one.

- I paid *half* **as much** for the computer **as** he did.
  나는 그가 산 반값으로 컴퓨터를 샀다.

④ 동등 비교를 사용한 비유법

'as ... as'를 이용한 비유법은 강조용법으로 '매우, 아주, 상당히 …한' 등으로 번역

- Her face went **as white as a sheet**. 그녀의 얼굴은 매우 창백해졌다.

- At the sight, she turned (**as**) **pale as a ghost**. 그 광경을 보고 그녀는 얼굴이 매우 창백해졌다.

  eg. as strong as an ox 매우 힘이 센
  as busy as a bee 매우 분주한
  as wise as Solomon 매우 현명한
  as cool as a cucumber 매우 차분하고 냉정한
  as proud as a peacock 매우 의기양양한

go white 창백해지다
sheet 종이

sight[sait] 광경; 구경거리
turn ~으로 바뀌다
pale[peil] 창백한
ghost[goust] 유령

cucumber[kjúːkəmbər] 오이

proud[praud] 뽐내는
peacock[píːkàk] 공작새

⑤ 동등 비교(원급)를 이용한 최상급의 의미

❶ '~할 수 있는 한 …하게, 또는 가능한 한 …하라'고 할 때 'as ... as possible = as ... as one can'이 최상급의 뜻으로 쓰인다.

　A : How many TVs can you sell by next week?
　　　다음 주까지 몇 대의 TV를 팔 수 있습니까?
　B : **As many as possible**. 가능한 한 많이 (팔겠습니다).
　　　= *As many as I can*.

- He drove **as fast as possible**. 그는 가능한 한 빨리 운전했다.
  = He drove *as fast as he could*.

- Do it **as soon as possible**. 할 수 있는 한 빨리 그것을 해라.
  = Do it *as soon as you can*.

❷ as ... as one can be ~할 수 있는 만큼 …하다

- The aim of life is thought to be **as happy as one can be**.
  인생의 목표는 자기가 행복해 질 수 있는 것만큼 행복해지는 것이라고 생각된다.

- He's as happy as can be. 그는 더할 나위 없이 행복하다.
  = He's **as happy as one can be** happy. 〈원래 문장〉
  = He's as happy as can be happy. 〈동일한 종속절 주어 생략〉
  = He's as happy as happy can be. 〈리듬을 맞추기 위해 주어 자리로 보어 이동〉
  = He's as happy as can be. 〈동일한 주어·보어를 생략〉

  생략된 부분이 무엇이고 어순이 바뀐 이유를 생각해 본다면 문장의 뜻을 정확히 이해하는데 도움이 될 것이다.

❸ as ... as any 어느 것 못지않게, 누구에게도 지지 않는

moderate [mάdərət] 적당한
unwanted 쓸모없는

- Taking moderate exercise every day is **as** good a way **as any** to lose unwanted weight.
  매일 적당한 운동을 하는 것이 불필요한 체중을 줄이는데 어느 것 못지않게 좋은 방법이다.

  부사는 명사를 수식할 수 없으므로 'as + 형용사 + a + 명사'와 같은 어순을 갖는다. 부사 'so, as, too, how'는 수식을 받는 형용사와 붙어 있어야 한다.

  cf. **What a great player** he is! He is **as great a player** as ever lived.
  그는 상당히 훌륭한 선수야! 그는 지금까지의 선수 중 가장 훌륭해.
  'what'은 'a great player'를 수식한다. 즉, 'such, what + a + 형용사 + 명사'의 어순을 갖는다.

❹ Nothing is so ... as ~만큼 그렇게 … 것은 아무것도 없다

precious [préʃəs] 귀중한 (valuable), 중요한

- **Nothing** is **so** precious **as** time. 시간만큼 그렇게 귀중한 것은 아무것도 없다.
  = *Nothing* is *more* precious *than* time.
  = *Time* is *the most* precious thing.

04 주의해야 할 비교 구문

① 동일인/동일물의 성질을 비교할 때 'more'를 사용하며, 'more'는 'rather(오히려)'의 뜻이다.

cute [kju:t] 귀여운
rather than ~라기 보다는 오히려

- Sally is **more** cute **than** pretty. 샐리는 예쁘다기보다는 오히려 귀여운 얼굴이다.
  = Sally is cute *rather than* pretty.

② 'of the two' 또는 내용상 이유를 나타내거나 이유를 나타내는 단어 (for, because)와 함께 사용되는 비교급에 'the'를 붙인다.

behave [bihéiv] 행동하다
polite [pəláit] 공손한
politely 공손하게, 정중히

- John is **the more** polite *of the two boys*.
  존이 그 두 소년 중에서 더 예의바르다.
  = *Of the two boys*, John behaves **the more** politely.
  그 두 소년 중에서 존이 더 예의 바르게 행동한다.

- She didn't answer my letter promptly, which made me all **the more** angry.
  그녀는 곧장 답장하지 않았는데, 그것이 나를 더욱 화나게 했다.

  '답장을 바로 안 한 것이 나를 화나게 한 이유'이므로 'the'가 붙었음.

promptly [prάmptli] 신속히, 지체 없이(without delay), 즉시(immediately)

3 more of a ... than; as much of a ... as; less of a ... than

- He's **more of a** singer **than** I thought (he was).
  그는 내가 생각 했던 것보다 훨씬 노래를 잘한다.

  '잘 못하는(not a good), 대단치 않은'의 뜻을 가진 'not much of a'를 비교급으로 변형시킨 문장들이다. 어떤 문장이던지 원래 구조를 이해하면 변형된 구조를 쉽게 이해할 수 있다.

  eg. The ending of the movie **wasn't much of a** surprise.
  그 영화의 결말은 그저 그랬어.

- He is **as much of a** fool **as** I thought (he was).
  그는 내가 생각했던 정도의 바보다.

- It was **less of a** success **than** I imagined (it would be).
  그것은 내가 상상했던 것보다 훨씬 덜한 성공이었다.

success [səksés] 성공
imagine [imǽdʒin] 상상하다

4 '비교급 + than any other + 단수 명사'는 '최상급'의 뜻을 나타내는 비교급

- Sam had **better** marks **than any other** student in his class.
  = No other student in his class had *better* marks *than* Sam had.
  = Sam had *the best* marks in his class.
  샘은 자기 학급에서 다른 어떤 학생보다 좋은 점수를 받았다.

5 no better than ~나 마찬가지인(almost the same ~ as / as good as)

비교급 앞에 'no'는 'not ~ at all(결코 ~이 아닌)'의 뜻이 되고 형용사가 아닌 부사 역할을 한다. 부사 'no'는 'better'를 완전 부정하여 아래 예문에서 '그 여자는 거지보다 더 나은 것이 결코 없다, 즉 거지만 못하거나 같거나'의 뜻이 된다.

- She is **no better than** a beggar. 그 여자는 거지나 다름없다.
  = She is *almost the same as* a begger.
  = She is *as good as* a beggar.

as good as 거의(almost), 실제로(virtually)

6 no sooner ... than ~하자마자 ...하다

a. He had **no sooner** seen a policeman **than** he ran away.
   그는 경찰을 보자마자 달아나 버렸다.

문장 a)의 원래 문장을 다음과 같이 생각해보자.

He **had** sooner **seen** a policeman than he **ran away**.
도망간 것보다 그는 경찰을 더 먼저 보았다. 〈실제로 쓰이지 않는 문장〉

도망간 것 'ran away'보다 경찰을 먼저 보았기 때문에 과거완료 'had seen'이 쓰인 것이다. 그러나 부정어 'no'가 'sooner'를 완전 부정하여 '달아난 것보다 경찰을 결코 더 먼저 본 것이 아니다'라는 뜻으로 도망간 것과 경찰을 본 것이 거의 동시 동작으로 해석한다.

= **No sooner** *had he seen* a policeman than he *ran away*.
강조하기 위해 부정 어구(no sooner)가 문두에 오면 주어·동사가 도치된다.

= **As soon as** he *saw* a policeman, he *ran away*.
'as soon as'는 동등 비교이기 때문에 주절과 종속절의 시제는 동일한 과거이다.

b. He **had** *no sooner* **sat down** *than* the phone rang.
= **As soon as** he *sat down*, the phone *rang*.
= **No sooner** *had he* sat down than the phone rang.
그가 앉자마자 전화벨이 울렸다.

7 'more / less'와 관련된 중요 표현

① **no more than** 단지(only)
no less than ~만큼(as much as)
not more than 기껏해야(at most)
not less than 적어도(at least)

- He thought women were **no more than** commodities.
  여자란 상품에 불과하다고 그는 생각했다.

  위 문장에서 'no'는 부사로서 'not at all'의 뜻이므로 'more'를 완전 부정하게 되면 'women ≤ commodities'와 같이 생각할 수 있다.

- **No less than** 1000 people came to the farewell party.
  1000명이나 되는 사람이 송별연에 왔다.

  'no less than'은 부정(less)을 부정하여 강한 긍정의 뜻이 되어 '천명 보다 결코 덜 오지는 않았다'는 뜻으로 예상보다 많이 온 것에 놀라움을 나타낸다.

- He has **not less than** a thousand dollars.
  그는 적어도 $1000를 가지고 있다.

- We all respect **no less** a politician **than** Lincoln.
  우리 모두는 링컨과 같은 훌륭한 정치인을 존경한다.

  eg. no less an event *than* a World War
  세계대전과 같은 중요한 사건

② **no more ... than** ~이 아닌 것과 마찬가지로 …가 아니다(= not any more ... than)

- She is **no more** a fool **than** you (are).
  그녀가 바보가 아닌 것은 네가 바보가 아닌 것과 마찬가지다.
  = She is *not* a fool *any more than* you are.
  = She is *not more* foolish *than* you are.

- A home without love is **no more** a home **than** a body without a soul is a man.
  사랑이 없는 가정이 가정이 아닌 것처럼 영혼이 없는 육체는 인간이 아닌 것과 같다.

❸ **more than** (부사적으로) 매우(very) **more than a little** (부사적으로) 매우
'more than' 은 감정을 나타내는 형용사와 '대단히, 참으로' 라는 뜻으로 쓰인다.
'more than a little' 은 잘난척하는 태도를 보여주는 표현

- The store is **more than** happy to deliver goods to your home.
  그 상점은 가정으로 상품을 배달 해주게 되어 매우 만족해한다.

❹ **more or less** 거의(almost, nearly), 대략(about, approximately)

- The job is **more or less** finished.
  그 일은 거의 끝났다.

8 이중비교

한 문장에 두 가지 비교급을 사용할 경우 접속사를 사용해야만 한다.

- He's **as** tall **as** or even **taller than** I.
  그는 키가 나와 비슷하다. 아마 나보다 더 클지도 모른다.

  'I' 는 동등비교와 우등비교의 공통관계

- He's **as** rich **as** I, **if not richer**.
  더 부유하지는 않지만 그는 나만큼 부유하다

- Today is **as** cold **as** yesterday, **if not colder**.
  더 춥지는 않지만 오늘은 어제만큼 춥다.

9 compared with / relative to

'compared with / relative to' 와 함께 비교구문을 사용할 때는 'than ...' 이하, 또는 'of all' 을 나타내지 않는다.

- **Compared with** the other students, Mark is the most studious.
  다른 학생들과 비교해볼 때 마크가 가장 열심히 공부한다.

- **Compared with** those of thirty years ago, the automobiles of today are mechanically more complex, but driving them requires less skill.
  30년 전의 자동차와 비교해 볼 때 오늘날의 자동차는 기계적으로 더 복잡하기는 하지만 운전하는데 기술은 덜 요구된다.

compare[kəmpɛ́ər] 비교하다
mechanically[məkǽnikəli] 기계적으로

complex 복잡한
require[rikwáiər] 요구하다
skill 기술

10 절대비교

비교하는 대상이 분명하거나 대상 없이 비교하는 것

- The **younger** generation should strive for a peaceful unification.
  젊은 세대는 평화통일을 위하여 분투노력해야만 한다.

generation[dʒénəréiʃən] 세대
strive[straiv] 노력하다, 애쓰다
unification[jùːnəfikéiʃən] 통일

regular 정기적인; 규칙적인
donation [dounéiʃən] 기부금
charity [tʃǽrəti] 자선 단체; 자선(심)
nonprofit 비영리적인
rely [rilái] 의지하다
contribution [kàntrəbjúːʃən] 기부(금)

- The **upper** class should make regular donations to charities and nonprofit groups that rely on contributions.
  상류층은 자선 단체와 기부금에 의존하는 비영리 단체에 정기적으로 기부를 해야만 한다.

11 '부정어 + 원급 / 비교급'을 이용한 최상급의 의미

A : How are you doing? 어떻게 지내?
B : **Couldn't be better**. 아주 잘 지내.

Couldn't be better. 가정법 과거로 '더 이상 좋을 수가 없다'는 'best'의 뜻.

- I have **never been happier** (than now). 지금이 가장 행복해.
  = I am *happiest* now.

- I've **never** slept **better**.
  '잠을 더 잘 자본적이 결코 없었다'는 말은 '숙면을 했다'는 뜻

proud 자랑스러운, 뽐내는

- I **couldn't be prouder**.
  나는 더 이상 자랑스러울 수가 없어요.
  가정법 과거형으로 '더 이상 자랑스러울 수가 없다.'는 말로 최상급의 뜻.

opinion [əpínjən] 의견, 견해 (view)

- In my opinion, movies **have never been worse**.
  나의 견해로는 영화들이 요즘보다 더 나빴던 적은 없었어요.
  'have never been worse (than now)'는 '지금보다 더 나빴던 적은 결코 없었다' 즉, '가장 나쁘다(worst)'는 뜻

  cf. That jacket *has seen better days*. Why don't you get a new one?
  그 재킷은 낡았어. 새것을 하나 구하시죠?
  '그 재킷도 새것이었던 때가 한번은 있었다.' 즉 지금은 낡았다는 뜻

- I have **never** seen a **larger** cow than this in my life.
  = This is *the largest* cow that I've ever seen in my life.
  이것은 내가 지금까지 본 중에 가장 큰 소이다.

- **No (other) city** in this country is **larger than** Seoul.
  서울보다 더 큰 도시는 이 나라에 없다.

  No (other) + 단수 명사 + 비교급 + than

  = *No (other) city* in this country *so large as* Seoul.
  서울만큼 그렇게 큰 도시는 이 나라에 없다.

  No (other) + 단수 명사 so / as + 원급 + as

  = Seoul is *larger than any other city* in this country.
  이 나라에 다른 어떤 도시보다 서울이 크다.

  비교급 + than any other + 단수 명사

  = Seoul is *the largest city* in this country.
  이 나라에서 서울이 가장 큰 도시이다.

12 **점층 비교법:** 등위 접속사 'and'를 사용하여 점차로 증가, 감소하는 것을 나타낸다.

- The weather is getting **colder and colder**.
  날씨가 점점 더 추워지고(= increasingly colder) 있다.

- Modern communication seems to be getting **faster and faster**.
  현대 통신은 더욱 더 빨라지고 있는 것 같아.

communication[kəmjùːnəkéiʃən] 통신; 교통(수단); 의사전달

13 **the + 비교급, the + 비교급:** ~하면 할수록, 더욱 …하다

S : Do you want a big house?
   큰집을 원하세요?
M : Yes, **the bigger**, **the better**.
   네, 크면 클수록 더 좋아요.
S : But **the smaller** it is, **the less** it will cost to heat.
   하지만, 작으면 작을수록 난방비는 적게 들 거야.

A : When's a good time to go?
   언제가 가기에 좋습니까?
B : **The sooner**, **the better**.
   빠르면 빠를수록 더욱 좋습니다.

- **The more** haste, **the less** speed.
  서두를수록 일이 더뎌진다.

haste[heist] 서두름, 급함(hurry)
hasten 서두르다; 재촉하다

- **The more, the better**.
  다다익선(多多益善).

- **The more** plastic you own, **the more** chance you'll lose track of your spending.
  신용카드를 더 많이 소지하면 할수록 지출 내역을 잊어버릴 가능성이 더 커집니다.

plastic 신용카드(a credit card)
lose track of ~을 잊어버리다

  cf. No dinner, no dessert.
    저녁을 먹지 않으면 후식을 안 줄 거야.
  No homework, no TV.
    숙제를 안 하면 TV를 못 보게 할거야.
  'the + 비교급, the + 비교급'을 이용한 유사 표현들이다.

14 **라틴계 비교급**

라틴계 비교급: 라틴 계통 단어의 비교급은 than이 아니라 전치사 to를 사용한다.

superior[səpíəriər] ~보다 우수한   inferior[infíəriər] ~보다 열등한
prior[práiər] ~보다 앞선   junior[dʒúːnjər] 손아래의
senior[síːnjər] 손위의   major[méidʒər] ~보다 중요한

> A : Would you like some coffee for dessert?
> 후식으로 커피 하겠어요?
> B : No, thank you. I **prefer** ice cream (**to** coffee).
> 아니요, 아이스크림을 먹었으면 해요.
> = I'd *rather* have ice cream (*than* coffee).

'prefer A to B (B 보다 A를 더 좋아하다)'는 선택적인 것을 나타냄

- Men consider themselves **superior to** women.
  = Men consider themselves *better than* women.
  남자들이 그들 자신을 여자보다 더 우월하다고 생각한다.

- I am two years **junior to** you.
  = I am two years *younger than* you.
  나는 너보다 2살 어리다.

- My son **prefers** walking **to** riding when he goes to school.
  내 아들은 학교 갈 때 차를 타는 것보다 걷는 것을 좋아한다.

- 57 percent of the men who were surveyed **preferred** brains **over** good looks and 83 percent **preferred** a pleasant personality **over** good looks.
  표본조사에 참가한 57%의 남자들은 잘 생긴 외모보다는 지능을 선호했고 83%는 잘 생긴 외모보다 상냥한 성격을 선호했다.

전치사 to를 사용하는 것이 옳지만 일부 영·미인들이 'over'를 사용하기도 한다.

15 비교급을 쓰지 못하는 형용사

'perfect 완벽한; matchless 경쟁상대가 없는; unique 유일한; full 가득한; empty 빈; round 둥근; square 정사각형의' 등은 비교급·최상급에 쓰이지 않는다. '둥근'이라는 형용사에 비교급을 사용할 수 없는 이유는 '더 둥글다'라는 것은 전에 '둥글지 않다'는 것을 의미할 것이다. '더 비어있다'라는 말은 전에 '비어있는 상태가 아니다'라는 것을 의미 하기 때문에 비교급을 사용하지 않는 것이다.

- This stamp's **unique**; all others like it have been lost or destroyed.
  이 우표는 일하다; 이와 같은 종류의 그 밖의 모든 우표는 손실되었거나 훼손되었다.

- It's **perfect** nonsense to say you're 200 years old.
  네가 200살이라고 하는 것은 완전히 말도 안 되는 소리야.

  cf. They want to become *a more perfect* couple.
  그들은 보다 더 완벽한 부부가 되고 싶어 한다.

'unique'는 '유일한(the only one of its type)'의 뜻이므로 상대가 없어 비교급을 사용할 수 없고, 'perfect'는 '더 나아질 여지가 없는, 최상의, 결점이 없는'의 뜻이므로 비교급을 사용할 수 없지만 인간의 욕망은 끝이 없어 일부 사용되는 경우가 있으나 문법적으로 옳다고 할 수 없다.

05 부사의 비교

형용사의 비교와 같지만 부사의 최상급에는 'the'가 붙지 않는다.

- Clinton, who behaves even **worse than** his younger brother, behaves far **worst** to his brothers and sisters.

  그의 어린 동생보다 더 비뚤어진 행동을 하는 클린튼은 그의 형제자매들 중 가장 비뚤어진 행동을 한다.

- I can dance **beautifully**, and can dance much **more beautifully than** my mother, who can dance by far **most beautifully** of her friends.

  나는 아름답게 춤출 수 있다. 그리고 내 어머니보다도 훨씬 더 아름답게 춤출 수 있다. 그런데 나의 어머니는 자기 친구들 중에서 가장 아름답게 춤을 춘다.

behave [bihéiv] 행동하다
behavior [bihéivjər] 행동, 행실

01. 다음 중 어법상 틀리거나 어색한 부분이 없는 것을 고르시오.

(A) This computer is more superior than that one.
(B) The more it is dangerous, the more I like it.
(C) As soon as he had seen a policeman, he ran away.
(D) Seoul is larger than any other city in this country.

02. 다음 중 문장 전환이 어법상 옳지 않은 것을 고르시오.

(A) Men consider themselves superior to women.
  = Men consider themselves better than women.
(B) She is no better than a beggar.
  = She is almost the same as a begger.
(C) He's as good as his word.
  = He always does what he has promised to do.
(D) He's not so tall as his sister.
  = His sister is less tall than he is.

03. 다음 중 괄호 안의 지시대로 되지 않은 것은?

If you're not doing anything this Friday, (EXTEND AN INVITATION)

(A) If you're not doing anything this Friday, why don't you drop in on me?
(B) If you're not doing anything this Friday, how about joining us for dinner?
(C) If you're not doing anything this Friday, would you care to see a movie with me?
(D) If you're not doing anything this Friday, would you give me a ride home?

04. 주어진 속담과 그 해석이 일치하지 않는 것을 고르시오.

(A) As you sow, so shall you reap.
  = If you behave well, good things will happen to you; if you behave badly, bad things will happen to you.
(B) Strike while the iron is hot.
  = Doing something over and over again is the only way to learn to do it well.
(C) A drowning man will clutch at a straw.
  = When you're desperate, you'll look for anything that might help you, even if it cannot help you very much.
(D) None but the brave deserve the fair.
  = Only a courageous and gallant man deserves a beautiful woman; only the best deserves the best.

◎ 다음 대화문의 빈칸에 가장 적절한 표현을 고르시오.

05. A: Would you like some coffee?
B: No, thanks. I prefer _____.
(A) some milk to some coffee
(B) some milk than some coffee
(C) milk to coffee
(D) milk than coffee

06. A: Mark is really _____.
B: Yes, I know. His photo looks _____ than the real man.
(A) photogenic - better
(B) a picture - best
(C) picturesque - good
(D) portable - more

07. A: Is it hard to study English?
B: _____ All you have to do is practice.
(A) Studying English is not so hard that you might think.
(B) Not so hard as you might think.
(C) To study English is not so hard that you will think.
(D) No as hard as you might think.

08. A: What time do you usually return home?
B: No _____ than 7.
(A) latter
(B) early
(C) late
(D) later

◎ 다음 대화문의 빈칸에 적합하지 않은 표현을 고르시오.

09. A: Could I borrow some money?
B: Sorry, but _____.
(A) I'm penniless
(B) I'm flat broke
(C) I have no money
(D) it's up to you

10. A: How are you doing?
B: _____
(A) Couldn't be better.
(B) I've never been happier.
(C) Can't complain.
(D) I can't be more.

◎ 다음 글의 빈칸에 가장 적절한 표현을 고르시오.

11. The exam was a piece of cake – _____ we expected.
   (A) more easy that
   (B) more easier than
   (C) much easier than
   (D) very easier as

12. I cannot put up with your poor manners _____.
   (A) no longer
   (B) any longer
   (C) not longer
   (D) anything longer

13. His parents' graduation gift cannot be compared with _____ that was given to him at the time.
   (A) any present
   (B) some presents
   (C) any other present
   (D) presents of all

14. No sooner _____ than dad waved his hat slowly in welcome.
   (A) he had appeared
   (B) did he appear
   (C) had he appeared
   (D) he appeared

15. The sky in autumn appears to be _____, with the white fleecy clouds against the blue sky.
   (A) high than usual
   (B) high than usually
   (C) higher than usual
   (D) higher than usually

16. The more we know about suicide, the better _____ potential victims seek another alternative.
   (A) we are ability to help
   (B) able we are helped
   (C) we are able to help
   (D) able we are to help

17. My new laptop can process information _____ more quickly than my old computer.
   (A) very
   (B) further
   (C) much
   (D) many

18. No one would deny that most parents in this country are _____ than obsessed with their children's English education.
   (A) better
   (B) sooner
   (C) less
   (D) more

19. E-mail has become _____ way to communicate with _____ since the middle of the 1990s.
  (A) the popular - the others
  (B) most popular - people
  (C) the most popular - each other
  (D) the more popular - one another

20. _____ than 10% of adults exercise four or more times a week and more than half quit within six months of starting an exercise program.
  (A) Few   (B) Less
  (C) Fewer   (D) Several

21. Finishing the remodeling of the restaurant on schedule turned out to be _____ difficult than the owner _____.
  (A) much - expected   (B) many - expected
  (C) by far - expected   (D) more - had expected

22. Owing to the fact that the SM electronics company offers substantial incentives to its employees, the company's laptop computer production is always _____.
  (A) high than it is expected   (B) higher than they expected
  (C) high than they expected   (D) higher than expected

23. Companies are coming to realize that globalization involves _____ more than merely learning English. It _____ a complete change in attitude.
  (A) much - involves   (B) many - makes
  (C) as - needs   (D) by far - will

24. We can _____ longer compete in the low-end market and must change our strategy to produce high value-added products.
  (A) much   (B) still
  (C) even   (D) no

25. The contamination of our world is not alone a matter of mass spraying. Indeed, for most of us this is of _____ importance than the innumerable small-scale exposures to which we're subjected day by day.
  (A) small   (B) mass
  (C) great   (D) less

26. Please forward a letter of self-introduction no _____ than 5p.m. to my e-mail, which I will check as _____ as I return to the office.
(A) better - good
(B) sooner - far
(C) later - soon
(D) earlier - well

27. A domestic appliance manufacturer strongly recommends that customers clean their air-conditioner's filters _____.
(A) as frequent as possible
(B) as frequently as possible
(C) as frequently as they are
(D) as frequent as they can

28. The north wind said to the sun, I am very strong. "I am much stronger than you. I am by far the _____ in the world." The sun said "No, no. You're not so _____ as I." "Well, I'll show you how strong I am," said the north wind.
(A) strong - strong
(B) stronger - stronger
(C) strongest - strongest
(D) strongest - strong

29. In some Latin American countries as many as half of all maternal deaths are abortion-related, said Abou-Zahr. "The tragedy is all the _____ because abortion-related deaths are entirely preventable," she added.
(A) great
(B) greater
(C) greatest
(D) more

30. If fortune drives the master forth as an outcast in the world, friendless, and homeless, the faithful dog asks no _____ privilege than _____ of accompanying him to guard against danger, and fighting against his enemies.
(A) high - privilege
(B) higher - that
(C) highest - such
(D) height - fortune

LESSON 14
관계사

관계대명사는 2문장을 연결하는 '접속사 + 대명사'의 역할을 겸용한다. 관계대명사 앞에 있는 명사를 선행사라고 하며, 선행사는 관계대명사가 이끄는 절의 수식을 받는다. 따라서 관계 대명사절은 형용사 기능을 한다.

관계사의 형태: 선행사의 종류와 관계 대명사절 안에서의 선행사의 역할에 따라 관계대명사의 형태가 달라진다.

선행사 \ 격	주격	목적격	소유격
사람	who	whom	whose
사물	which	which	whose / of which

LESSON 14

01 관계대명사의 역할

공통된 요소가 있는 2문장을 연결하는 데 쓰이는 관계대명사는 '접속사 + 대명사'의 역할을 한다. 관계대명사 앞에 있는 명사를 선행사라고 하며, 선행사는 관계대명사가 이끄는 절의 수식을 받는다. 따라서 관계 대명사절은 형용사 기능을 한다.

❶ 주격

a) I have a friend. b) He went to a social gathering.

a + b)   I have *a friend* **and** *he* went to a social gathering.

⋯→ I have *a friend* **who** went to a social gathering.
　　　선행사 ↑_____｜　　'a friend'를 수식하는 형용사절

사교모임에 다녀온 한 친구가 있다.

❷ 소유격

• I have *a friend*. **And** *his* father is a famous politician.
⋯→ I have *a friend* **whose** father is a famous politician.
　　　선행사 ↑_____｜　　'a friend'를 수식하는 형용사절

자기 아버지가 유명한 정치가인 한 친구가 있다.

❸ 목적격

• He is *the guy*. **And** I've loved *him* more than 2 years.
⋯→ He is *the guy* **whom** I've loved (＿＿) more than 2 years.
　　　선행사 ↑_____｜　　'the guy'를 수식하는 형용사절

그는 내가 2년 이상 사랑해온 남자야.

'him'을 관계대명사 'whom'으로 바꾼 후 자기 문장 앞으로 이동하면 된다. 관계사는 자기 문장의 맨 앞으로 이동한다. 주어인 경우에는 주어 자리가 맨 앞자리이기 때문에 이동하지 않는다.

위 예문 ❸에 (　)를 해 놓은 것은 원래 'loved'의 목적격 관계대명사 'whom'이 있던 자리지만 앞으로 이동하고, 지금은 빈자리라는 것을 표시하기 위한 것이다.

02 관계대명사의 용법

① 관계대명사의 제한적 용법(Defining relative clauses)

'I like people'이라고 하면 '좋아하는 사람의 범위'가 너무 막연하다. 그러나 'I like people who are reliable.'이라고 하면 '신뢰할 수 있는 사람만을 좋아 한다'는 뜻이 되므로 좋아하는 사람의 범위가 한정된다. 이와 같이 선행사의 범위를 한정해 주거나 새로운 정보를 제공해 주는 용법을 제한적 또는 한정적 용법이라 한다.

다시 말해서, 관계대명사는 어떤 낱말(a person, thing)에 구체적인 또는 새로운 정보를 제공하고자 할 때 쓰인다. 예를 들어 'a person who buys something from a store'라는 설명이 있으면 'a customer'라는 것을 유추할 수 있을 것이다.

• The people **who** live in my hometown are very thrifty.
내 고향에 살고 있는 사람들은 매우 검소하다.

• I don't like people **who** leave things all over the place.
물건을 사방에 늘어놓는 사람을 난 싫어해.

---

reliable [riláiəbəl] 믿을 수 있는, 신뢰성 있는(can be trusted / depended on)

hometown 고향
thrifty [θrífti] 검소한

leave ~한 채로 놔두다; 떠나다(go away); (학교·직장 등을) 그만두다

- An ecologist is a person **who** studies the environment.
  생태학자는 환경을 연구하는 사람이다.

- Never travel with a friend **who** deserts at the approach of danger.
  위험이 다가올 때 도망가는 친구하고 여행하지 말아라.

2 관계대명사의 계속적 용법(Non-defining relative clauses)

형용사 구실을 하는 제한적 용법과는 달리, 계속적 용법은 관계대명사 앞에 쉼표(comma)가 있으며, 등위절, 또는 종속절 구실을 한다. 즉 앞의 내용에 대한 부가적인 설명을 하게 되므로 앞에서부터 계속해서 내려서 번역한다. 계속적 용법은 그 의미에 따라 접속사(and, but, because 등) + 대명사로 해석할 수 있다. 회화에서는 쓰이지 않는 문어체이다.

- She introduced me to her husband, **whom** I hadn't met before.
  = She introduced me to her husband, *and* I hadn't met *him* before.
  그녀는 그녀의 남편에게 나를 소개했는데, 나는 그와 인사를 나눈 적이 없었다.

- His house, **for which** he paid a million dollars, is now worth 2 million.
  그의 집은 백만 달러를 주고 샀는데, 지금은 2백만 달러의 가치가 있다.

3 제한적 용법과 계속적 용법의 의미상 차이

제한적인 용법과, 계속적인 용법으로 상당한 뜻의 차이가 나타난다.

① a. The woman has six daughters **who** are beautiful and cultivated.
   그 부인은 아름답고 교양이 있는 6명의 딸이 있다.

  b. The woman has six daughters, **who** are beautiful and cultivated.
   그 부인은 6명의 딸이 있는데, 그들 모두가 아름답고 교양이 있다.

② a. I'll wear no clothes **that** will distinguish me from my friends.
   나는 친구들과 구별되는 옷을 입지 않겠다.

  b. I'll wear no clothes, **which** will distinguish me from my friends.
   나는 옷을 입지 않을 것인데, 그러면 나의 친구들과 구별될 것이다.

03 관계대명사 that 용법

관계대명사 'that'는 소유격이 없고, 제한적인 용법에만 쓰이며 전치사와 함께 쓰지 않는다. 회화체에서 관계대명사 'who, which' 대신에 'that'가 흔히 쓰인다.
그러나 다음과 같은 경우에 반드시 관계대명사 that를 써야 하는 것이 표준 어법이다.

1 선행사가 최상급 형용사 또는 서수(the first, the second)의 수식을 받을 때

A : What would you like to talk about?
  무슨 얘길 하고 싶어요?
B : *The first thing* **that** comes to your mind.
  제일 먼저 생각나는 걸 얘기해요.

- She is *the prettiest girl* **that** I know.
  그녀는 내가 알고 있는 가장 예쁜 소녀이다.

- She's *the best secretary* **that** has ever worked here.
  그녀는 이곳에 근무한 비서 중 이제까지 없었던 가장 훌륭한 여자이다.

secretary [sékrətèri] 비서
ever (비교·최상급 뒤에서) 지금까지 (없을 만큼)

② 선행사가 'the last, the next, the very, the only, the same, all, every, some, any, no, none, little, few'의 수식을 받거나 '-thing'으로 끝나는 단어일 때

- There's *something* (**that**) I want to tell you.
  얘기하고 싶은 것이 있어요.

- He is not *the same man* **that** he was two years ago.
  그는 2년 전의 그와는 다른 사람이 되어 있다.

- Is there *anyone* there **that** speaks English?
  그곳에 영어하는 사람 있어요?

- *All the people* (**that**) you invited are coming.
  네가 초대한 사람들 모두 올 거야.

③ 의문사가 선행사 일 때

- *Who* **that** has common sense can violate such traffic regulations?
  상식이 있는 사람이라면 누가 이러한 교통법규를 어기겠는가?

common 공통의; 보통의, 평범한; 흔히 일어나는; 일반적인
violate [váiəlèit] 어기다
traffic [trǽfik] 교통의
regulation [règjəléiʃən] 법규

④ 선행사가 '사람 + 사물' 또는 '사물 + 사람'일 때

- The child enumerated *the people and the things* **that** amused her.
  그 아이는 자기를 즐겁게 해 주었던 사람과 물건을 열거했다.

  = the people and the things **which** / the things and the people **who**

  선행사가 '사람 + 사물 / 사물 + 사람'일 때 근접의 원리(the principle of proximity)에 의해 관계대명사는 바로 앞에 있는 선행사와 일치하거나 'that'를 사용한다.

enumerate [injú:mərèit] 열거하다
amuse [əmjú:z] 즐겁게 하다

04   선행사의 뜻에 따른 관계대명사의 선택

관계대명사가 이끄는 형용사절은 앞에 있는 명사(선행사)를 꾸며 주므로 선행사와 성(性)과 수(數)가 일치해야 하고, 선행사가 사람·사물이냐에 따라 'who' 또는 'which'가 결정된다.

- Mark has *a fine character* **which** he inherited from his dad.
  마크는 자기 아버지로부터 물려받은 좋은 성격을 가지고 있다.

- John is *a strange character* **who** dislikes parties.
  존은 파티를 싫어하는 이상한 사람이야.

- Robert is now *a famous personality* **who** is often interviewed on TV.
  로버트는 이제 종종 TV에서 인터뷰도 하는 유명한 인기 연예인이야.

- Clinton has *a strange personality* **which** repels many people.
  클린턴은 많은 사람에게 혐오감을 주는 이상한 성격을 가지고 있어.

character [kǽriktər] 성격, 품성; 특이한 사람; 등장인물
inherit [inhérit] (체격·성질 등을) 물려받다; 상속하다
dislike 싫어하다

personality [pə̀:rsənǽləti] 유명한 사람; 성격; 인간성

repel 혐오감 / 불쾌감을 주다

- They accused him of being *a traitor*, **which** he was.
  그들은 그가 배신자가 된 것을 비난했는데, 그는 그러한 사람이었다.

  선행사가 사람이라 하더라도 성격·자질을 나타낼 때는 **which**를 사용한다.

  cf. John is a great politician, and no one doubts *it*.
  존은 훌륭한 정치가인데 정치가의 자질을 의심하는 사람은 아무도 없다.

accuse [əkjúːz] ~에 대해 …를 비난하다
traitor [tréitər] 반역자, 역적; 배신자

05 선행사를 포함한 관계대명사 What

선행사를 포함한 관계대명사 'what'는 'the thing(s) that, all that'의 뜻을 지니고, '~하는 것'으로 해석된다. 'what'이 명사절을 이끌기 때문에 주어·목적어·보어로 쓰인다.

1 명사적 용법

A : Is the sales clerk kind?
점원이 친절해?

B : Yes, she helped me pick out **what** I wanted.
그래. 그녀는 내가 원하는 것을 고르도록 도와주었어.

clerk [kləːrk] 점원
pick out 고르다(choose)

❶ 주어

- **What** I want most is this true love of ours.
  내가 가장 원하는 것은 우리들의 이런 진실한 사랑입니다.

- **What** I like most is swimming.
  내가 가장 좋아하는 것은 수영이다.

❷ 보어

- This is not **what** I asked for. 이것은 내가 부탁한 것이 아닌데요.

- It's just **what** I wanted (to have). 내가 꼭 갖고 싶어 하던 거예요.

- This is just **what** I needed. 이것이 바로 내가 필요로 했던 거야.

- It's just **what** I had in mind. 제가 마음속에 갖고 있던 겁니다.

- That's exactly **what** I was thinking. 제가 생각하는 것이 바로 그것입니다.

❸ 목적어

- I can't tell **what** you said. 당신이 말한 것을 알아들을 수가 없다.

tell = understand

- Give him **what** you bought at the department store.
  = Give him *the things that* you bought at the department store.
  백화점에서 네가 산 것을 그에게 주어라.

cf. Ask him *what* he bought at the department store.
그가 백화점에서 무엇을 샀는지 그에게 물어 봐라.

'ask, inquire' 등의 동사 다음에 **what**는 '무엇'으로 번역되는 의문대명사.

owe sb an apology for ~에게 …에 대해 사과하다 apology [əpálədʒi] 사과	• If I were you, I would listen to **what** she says. 너라면 그녀가 말하는 것을 귀담아 들었을 텐데. • I owe you an apology for **what** I said. 제가 말한 것에 사과드립니다.

2 관용적 표현

what is better 더욱 좋은 것은
cultivated [kʌ́ltəvèitid] 교양 있는(refined)

• She is very pretty, and **what is still better**, very cultivated.
그 여자는 매우 예쁜데 더 좋은 것은 매우 교양 있다는 것이다.

what one is 현재의 상태·신분·인격
what one has 소유하고 있는 것, 재산
used to be (과거의) 상태
different from ~와 다른

• I'm not **what I used to be**. 지금은 과거의 내가 아니야.
= I am not **what I was**. = I am different from **what I was**.

• Reading is to the mind **what** exercise is to the body.
독서와 정신에 대한 관계는 운동이 신체에 대한 관계와 같다.
= **What** exercise is to the body, reading is to the mind.
= *Just as* exercise is to the body, *so* is reading to the mind.
A is to B what C is to D A의 B에 대한 관계는 C의 D에 대한 관계와 같다

two-faced 두 얼굴을 가진, 표리부동한, 위선적인

• **What is more surprising**, she is two-faced.
= **What's more surprising** is that she is two-faced.
더욱 놀라운 것은 그녀가 이중인격자라는 사실이다.

significant 중대한, 의미심장한
significance [signífikəns] 의의(意義), 중요성

cf. what is called = what you/we call 소위
what is worse 더욱 나쁜 것은
what's most significant of all 가장 중대한 것은

06 의사 관계대명사: As, But, Than

원래 접속사인 것이 선행사를 가짐으로써 관계대명사 구실을 하는 것을 의사 관계대명사라 하며 선행사 앞에 'as, such, the same'이 올 때 관계대명사는 'as'를 사용한다.

avoid 피하다
do sb good ~에게 이롭다
↔ do harm 해가되다

• Avoid *such* persons **as** will do you more harm than good.
= Avoid those persons *who* will do you more harm than good.
네게 이득(利得)보다 해를 끼치는 그러한 사람을 피하라.

democratic 민주적인
society [səsáiəti] 사회
opportunity [àpərtjú:nəti] 기회

• In a democratic society, girls have *the same* opportunity **as** boys.
민주 사회에서 여자들은 남자들과 같은 기회를 갖는다.

• Young boys and girls shouldn't have *more* money **than** is needed.
어린 소년 소녀들은 필요 이상의 돈을 가져서는 안 된다.

tear [tiər] 눈물
sight [sait] 광경, 모습

• There was *not* a man **but** had tears in his eyes at the sight.
그 광경을 보고 눈물을 글썽거리지 않은 사람은 하나도 없었다.
부정어가 있는 선행사를 갖는 'but'는 'that ~ not'의 뜻으로 이중부정을 하므로 강한 긍정의 뜻
= There was not a man *that* did*n't* have tears in his eyes at the sight.

07 복합 관계사(Compound relatives)

복합 관계사는 '관계대명사 + ever'의 형태로 선행사를 포함하고 있으며, 주어와 목적어로 쓰이는 명사적 용법, 형용사적 용법, 양보 절을 유도하는 부사적 용법이 있다.

> A : What time do you want me to give you a call?
> 몇 시에 전화하길 바래?
> B : **Whenever** you give me a call is fine with me.
> 전화를 언제 하던 난 괜찮아.

1 명사적 용법: 선행사를 포함하고 있으며, 주어와 목적어로 쓰인다.

- **Whoever** comes will be welcomed.
  = *Anyone who* comes will be welcomed.
  오는 사람은 누구든지 환영받을 것이다.

- Help yourself to **whatever** you want.
  = Help yourself to *anything* (*that*) you want.
  마음에 드는 것 마음껏 드세요.

- Order **whatever** you like.
  = Order *anything* (*that*) you like.
  네가 좋아하는 거 뭐든지 주문해.

- Give the red rose to **whoever** wants it or to **whomever** you love most.
  = ... to *anyone who* wants / ... to *anyone whom* you love
  빨간 장미를 갖고 싶어 하는 사람이나 네가 가장 사랑하는 사람에게 주어라. 〈20번 문제 해설 참조〉

- **Whoever** has to deal with young children soon learns that too much sympathy is a mistake.
  = *Anyone who* has to deal ...
  어린아이를 다루어야 하는 사람은 아이에게 너무 많은 동정심은 잘못이라는 것을 곧 알게 된다.

2 형용사적 용법

- When you're older you can watch **whatever** film you like.
  나이가 들면 네가 좋아하는 영화는 어느 것이나 볼 수 있어.

- You may read **whatever** / **whichever** book you like most.
  네가 가장 좋아하는 어떤 책을 읽어도 된다.

  'whatever'와 'whichever'의 차이: 전자는 막연한 것 중에서 선택을 하는 경우이고 후자는 주어진 것 중에서 선택을 하는 것이다.

3 부사적 용법: 양보 절을 유도한다.

- **Whenever** you are free you can drop in on me.
  = *at any time when* you are free
  한가할 때는 언제나 들려도 돼.

---

help yourself to 마음 놓고 드세요; 마음 놓고 ~하라

deal with 다루다
sympathy [símpəθi] 공감; 동정; 조문(弔問)

drop in on ~에게 잠깐 들르다

trust [trʌst] 신뢰하다; 맡기다; 신뢰, 신용

- Don't open the door, **whoever** comes.
  - = *no matter who* comes

  누가 온다 하더라도 문을 열지 마시오.

- Don't trust him, **whatever** he says.
  - = *no matter what* he says

  그가 무슨 말을 한다 해도 그를 믿지 마시오.

- I'll call you tonight **whatever** happens.
  - = *no matter what* (happens)

  어떤 일이 있어도 오늘 저녁에 꼭 전화할게.

confess 고백하다
pray 기도하다
will 의지
resist 견디다, 이겨내다; ~에 저항하다

- I want to confess. Father, I've fallen in love, and **however** hard I pray, my feelings are stronger than my will to resist.
  - = ... *no matter how* hard

  고백하고 싶어요. 신부님, 저는 사랑에 빠졌어요. 그리고 아무리 기도해도 내 감정은 사랑을 이겨내려는 나의 의지보다 강렬합니다. 〈영화 'Agnes of God' 중에서〉

08 to 부정사 또는 분사로 대신할 수 있는 관계사절

① 선행사가 'the first / the last / the only / 최상급'으로 수식을 받는 경우 부정사로 대신할 수 있다.

farewell [fɛ́ərwél] 작별, 고별; 송별의, 결별의
farewell party 송별회

- He was *the last man* **that** left the farewell party.
  - = He was the last man *to leave* the farewell party.

  그가 송별회 모임을 마지막으로 떠난 사람이었다.

② 의무·당연성·가능성을 나타내는 관계사절은 to 부정사로 대치할 수 있다.

- I have lots of work **that I must** do.
  - = I have lots of work *to do*. 해야 할 일이 많다.

- The child has a lot of books **that he can** read.
  - = The child has a lot of books *to read*.

  그 아이는 읽을 수 있는 많은 책을 갖고 있다.

③ 관계사절이 진행형·수동인 경우 'who / which + be'가 생략되면 분사가 명사를 수식하는 형용사구로 축소된다. 즉, 분사가 형용사처럼 명사를 수식한다.

- Did you see a boy (who is) **waiting for me outside**?

  밖에서 나를 기다리고 있는 소년을 봤니?

neglect [niglékt] 돌보지 않고 관심 없이 내버려 두다, 소홀히 하다

- I met a young man (who was) **neglected by his parents**.

  부모가 관심을 보이지 않는 한 젊은이를 만났다.

product [prɑ́dəkt] 제품, 상품
recyclable [ri:sáikələbəl] 재활용할 수 있는
material [mətíəriəl] 재료

- We sell new products (which are) **made from recyclable materials**.

  재활용품으로 만들어진 신상품을 우리는 판매한다.

4 관계절 속의 동사가 습관, 계속적인 행위, 또는 소망을 나타낼 때 분사로 대치할 수 있다.

- Boys **who attend** this school must wear uniforms.
  이 학교에 다니는 소년들은 교복을 입어야 한다.
  ⋯→ Boys *attending* this school must wear uniforms.

attend 참석하다
attend school 등교하다
uniform 교복

09 관계대명사의 생략

타동사·전치사의 목적격 관계대명사는 생략이 가능하다. 'There is, Here is, It is ~ that'의 구문에서 관계대명사를 생략하는 것은 구어체이며, 생략하지 않는 것이 표준 어법으로 보다 바람직하다.

- Have you found the keys (**which**) you lost?
  잃어버린 열쇠를 찾았어요?

- The man (**whom**) Jane is going to marry is Robert.
  제인이 결혼할 사람은 로버트야.

- He is one of the greatest players (**that**) there are in the world.
  그는 세상에서 가장 훌륭한 선수 중의 한 사람이다.

10 관계대명사와 전치사

1 전치사와 관계대명사가 함께 사용되는 것이 가장 바람직한 표준 어법이다.

- How about dropping by the office at **which** Mary works?   ⓐ
  　　　　　　　　　　　　　　　 where Mary works?　　ⓑ
  　　　　　　　　　　　　　　　 that Mary works at?　　ⓒ
  　　　　　　　　　　　　　　　 which Mary works at?　ⓓ
  　　　　　　　　　　　　　　　 (　　) Mary works at?　　ⓔ
  메리가 근무하는 사무실에 잠깐 들르는 것이 어때?

  위 다섯 표현 중에서 ⓐⓑ가 가장 문법적이다. ⓑ처럼 전치사 사용에 혼동이 없는 관계부사를 사용한 문장이 자연스럽게 자주 쓰인다. ⓒⓓ도 쓰이고 있지만 표준 어법은 아니다. 그리고 ⓔ는 비문법적이지만 쓰이고 있다.

2 회화체에서 전치사와 떨어져 있을 때 'whom' 대신에 'who'가 자주 쓰이지만 '전치사 + 관계 대명사'인 경우에는 반드시 'whom'이 쓰인다.

- They are the girls **who** I work with.   그들이 나와 함께 근무하는 여자들이야.
  = They are the girls *with* **whom** I work.

  cf.　A : I went to the movies.
  　　 B : Oh? *With* **whom**? / Oh? **Who** *with*? 〈의문 대명사〉

look up to 존경하다(respect)
↔ **look down on** 경멸하다

③ 전치사구(in front of(~앞에))인 경우 관계대명사와 결합하지 않고 뒤에 둔다.

- This is the house **which** he stood *in front of*.
  이 집이 그가 앞에 서 있던 집이다.

④ 'look up to(존경하다(respect)), look for(찾다)' 등과 같은 타동사구의 일부인 'to' 또는 'for'는 관계대명사와 결합할 수 없다.

- Tell me the person **whom** you *look up to* most.
  네가 가장 존경하는 사람을 말해 봐.

- This is the book **which** I am *looking for*.
  이것이 내가 찾고 있는 책이야.

  cf. This is the book *for* **which** I am *looking*. (x)

  위 문장이 틀린 이유는 'the book'이 '타동사구 look for'의 목적어이지 'for'의 목적어가 아니기 때문이다. 이와는 달리 "Where do you live?"라는 물음에 부사구 "In that house"라고 응답해야 한다.

11 관계부사

관계부사의 용법: '장소+where, 시간+when, 이유+why, 방법+how'

1 형용사적 용법: '접속사+부사'로 선행사를 수식

- This is *the village* **where** I was born. 이곳이 내가 태어난 마을이다.
  = This is **where** I was born. 〈명사적 용법〉
  = This is the village *in which* I was born.

  'where = in/on which, when = during which, why = for which, how = in which' 와 같이 관계부사를 '전치사+관계대명사'로 바꾸어 사용할 수 있다.

play a trick on ~를 속이다

- April Fool's Day is *a day* **when** people play tricks on friends.
  만우절은 친구를 놀려 주는 날이다.

- That's *the way* (**how**) love goes. 사랑은 원래 그런 거잖아요.

  how와 **the way**는 둘 중의 하나를 생략해서 쓴다.

depressed[diprést] 우울한; 풀이 죽은

- Don't be so much depressed. That's *the way* (**how**) it goes.
  그렇게 풀이 죽어 있지 마. 세상일이 다 그런 거잖아.

2 명사적 용법과 부사적 용법

❶ 명사적 용법: 선행사가 생략되고 보어로 쓰이는 것을 명사적 용법이라 한다.

  A : Is this **where** you want to get off? 여기가 내리려고 하는 곳이야?
  B : Yeah, this is fine. 응, 여기가 좋아.

- Is this **where** she was born? 이곳이 그녀가 태어난 곳이야?
- Is that **why** they came? 그것이 그들이 온 이유야?
- Do you know **why** we are arguing?
  우리가 왜 언쟁을 하고 있는가를 너는 아니?

  'the reason why'와 같은 표현은 말이 중복되는 느낌을 주므로 되도록 피하고, 'the reason for which'와 같은 표현은 거의 쓰이지 않는다.

argue 논쟁하다, 말다툼하다(speak angrily to each other)

❷ 부사적 용법: 동사를 수식한다.

- Throw it **where** you wish. 네가 원하는 곳으로 던져라.
- I can't stand it **when** people blow smoke in my face.
  얼굴에 담배 연기 내뿜는 것을 난 참을 수 없어.
- They moved **where** the climate was milder.
  그들은 기후가 온화한 곳으로 이사했다.

can't stand 참을 수 없다

climate[kláimit] 기후; (비유적으로) 환경, 분위기
mild (날씨가) 온화한

12   What is that house of which the roof is blue? (x)

대부분의 영어 참고서에 등장하는 문장이지만 문법적으로 옳지 않다. 그 이유는?

① a. What is **that house**?   b. The roof of **the house** is blue.

위 두 문장을 결합할 때 공통되는 부분이 'the house'이므로 둘째 문장의 'the house' 자리에 'which'를 삽입하면 아래와 같이 올바른 문장이 된다.

⋯▸ What is that house the roof of **which** is blue?

② a. What is **that house**?   b. **Its** roof is blue.

위 두 문장을 결합할 때 문장 b)의 'its'가 'that house'를 대신하는 소유격이므로 'Its roof'를 'whose roof'로 전환하면 아래와 같이 올바른 문장이 된다.

⋯▸ What is that house **whose roof** is blue?

③ What is that house of which the roof is blue?

③과 같은 문장은 문법적으로 옳지 못한 문장이다. 그 이유는 다음과 같다.

첫째, 관계대명사가 타동사 · 전치사의 목적어 또는 보어인 경우에만 문장 앞으로 이동하는 것이다. 주어인 경우에는 그 자리가 맨 앞자리이기 때문에 이동을 하지 않는다.

둘째, 이동을 할 경우에는 문장의 구성 요소(주어 = the roof of which)가 한 단위로, 즉 주어 전체(the roof of which)가 이동을 해야지 주어의 한 부분(of which)만 이동한 것은 잘못된 것이다.

그러나 문장 ③에서 'the roof of which'가 주어 자리, 즉 맨 앞자리이기 때문에 이동 할 필요가 없음에도 불구하고 무의식적으로 관계사는 앞으로 이동을 해야 된다는 원칙에 따라 일부 사람들에 의해 사용되고 있지만 문법적으로는 틀린 것이다.

예를 들어 아래 문장이 틀리는 이유는 동사구(look for(~을 찾다))의 한 부분인 'for'가 관계대명사 앞으로 이동했기 때문이다.

eg. This is the dictionary *for* **which** I am *looking*. (x) 〈2번 문제 해설 참조〉

④ This is her explanation, **the meaning of which** I don't know (   ).

위 예문의 'the meaning of which'는 괄호에서 이동한 것이다. 〈17번 문제 해설 참조〉

dictionary[díkʃənèri] 사전
explanation[èksplənéiʃən] 설명; 해명
meaning 의미

01. 다음 중 어법상 틀리거나 어색한 부분이 없는 것을 고르시오.

(A) That is beautiful is not always good.
(B) John is a strange character who dislikes parties.
(C) Whoever that breaks this law deserves a fine.
(D) He is the only one of the boys who are not stupid.

◎ 다음 대화문의 빈칸에 가장 적절한 표현을 고르시오.

02. A: Is this the dictionary _____?
B: Yes, it is.
(A) which you're looking for
(B) for which you're looking
(C) what you're looking for
(D) for that you're looking

03. A: What's the name of the man _____?
B: David Neil.
(A) you borrowed his car
(B) which car you borrowed
(C) whose car you borrowed
(D) his car you borrowed

04. A: Is there any particular dessert you want to have?
B: _____ you select is all right with me.
(A) Whatever   (B) Whatsoever   (C) Whichever   (D) That

05. A: Oh, excuse me, waiter.
B: Yes, ma'am.
A: This is not _____ I asked for.
B: Oh, I'm sorry. I'll bring this back and get you _____ you ordered.
(A) what - that   (B) what - what   (C) which - which   (D) that - that

06. A: That scarf that your boyfriend got you for your birthday was really nice.
B: I suppose so, but _____.
A: What do you mean?
B: Well, I was expecting an engagement ring.
(A) it was a far cry from what I wanted
(B) this is just what I needed.
(C) it's just what I had in mind.
(D) it's just what I wanted to have.

07. 다음 대화문의 빈칸에 적합하지 않은 표현을 고르시오.
A: Can you manage tonight for our gathering?
B: I'm sorry. _____
(A) I'm tied up.
(B) I'm quite a bit behind in my work.
(C) All right with me.
(D) I'm on a very tight schedule.

◎ 다음 글의 빈칸에 가장 적절한 표현을 고르시오.

08. I owe you an apology for _____ I said.
(A) who (B) that
(C) which (D) what

09. John is now a famous personality _____ often interviewed on TV.
(A) who (B) who is
(C) which (D) what is

10. The boss always does his best to provide a pleasant working atmosphere for the employees, _____ leads to high productivity.
(A) who (B) whom
(C) that (D) which

11. American parents are more likely to steer their kids into baseball or basketball, _____ the guys are making seven figures.
(A) which (B) when
(C) who (D) where

12. Smoking harms the health of other people nearby _____ inhale the toxic fumes generated by the smoker.
(A) where (B) whom
(C) which (D) who

13. I didn't believe them at first but in fact everything _____ was true.
(A) which they said (B) that they said
(C) what they said (D) what was saying

14. _____ determines a good meal varies from country to country.
(A) That (B) Which
(C) What (D) Who

15. _____ mattered most was the mutual respect _____ they had for each other.
(A) What - what (B) That - that
(C) What - that (D) That - what

16. In accordance with the condition of use, _____ has already been sent to you, you should immediately pay the remainder of the balance.
(A) a copy
(B) of which
(C) of which a copy
(D) a copy of which

17. Look it up in the dictionary whenever you meet any strange word the meanings _____ you don't know.
(A) of which
(B) which
(C) of that
(D) that

18. Man has a desire to express things _____ into words. The graphic arts – such as painting and sculpturing help to satisfy this desire.
(A) that cannot be put
(B) which cannot put
(C) which we cannot be put
(D) what can't be put

19. Scientists monitored the sleep patterns of some people _____ complained _____ very bad insomnia.
(A) whom - about
(B) what - with
(C) who - on
(D) that - of

20. A complimentary ticket for the theater will be provided to _____ donates his or her blood.
(A) whomever
(B) whoever
(C) whatever
(D) whichever

21. Any employee _____ wishes to resign is asked to give at least a month's _____ to the human resources department.
(A) who - notify
(B) which - notice
(C) that - notice
(D) that - notify

22. I returned the faulty radio to the shop _____ I bought it and _____ a refund.
(A) which - asked for
(B) that - applied for
(C) where - got
(D) where - demand

23. On flights _____ smoking is allowed, it is _____ in the lavatories, aisles and while the no-smoking sign is illuminated.
(A) where - prohibited
(B) which - prohibiting
(C) when - prohibiting
(D) that - prohibited

24. Psychologists have discovered _____ the most stressful professions are those _____ involve danger and extreme pressure and those that carry a lot of responsibility without much control.
(A) that - that
(B) which - which
(C) who - who
(D) that - who

25. I can't make up my mind whether to marry a young attractive lady _____ I love or a rich old maid _____ I don't care for at all.
(A) who - whom
(B) whoever - whomever
(C) whom - whom
(D) whom - who

26. Nobody wants to pay this kind of fine. but there are some things _____ you can't get _____.
(A) who - together
(B) which - well
(C) that - around
(D) what - over

27. The money _____ a benefit concert raised will go to _____ charities.
(A) that - vary
(B) who - variable
(C) that - various
(D) which - variety

28. People needed a more practical system of exchange, and various money systems developed based on goods _____ the members of a society recognized as having value.
(A) what
(B) who
(C) which
(D) of which

29. We mustn't think about _____ in the past. Instead, we must prepare for the future.
(A) what we are
(B) what we was
(C) what we were
(D) what I was

30. Of all the characteristics of ordinary human nature envy is the most unfortunate; not only does the envious person wish to inflict misfortune on others and do so _____ he can with impunity, but he is also himself rendered unhappy by envy. Instead of deriving pleasure from _____, he derives pain from what others have.
(A) wherever - what he has
(B) whomever - which he has
(C) whatever - that he has
(D) whenever - who he has

LESSON 15
마음을 표현하는 법

말하는 사람의 '심적 상태(心的 狀態)'를 서술하는 방법(方法)'을 간략하게 법(法)이라 한다.

법의 종류
직설법 ①: 있는 사실을 그대로 표현하는 것
명령법 ②: 상대방에서 무엇을 하라고 지시, 충고, 제안하는 것
가정법 ③: 실제로 일어나지 않는 상황이지만, 그러한 상황이 일어났으면 하고 바라거나 일어날지도 모른다고 상상할 때, 또는 비현실적이거나 일어날 것 같지 않은 것을 나타낼 때 사용되는 표현 방법.

① 직설법, ② 명령법, ③ 가정법의 구조가 포함된 이솝우화

"My friend," said the Wolf, ① **"the grass is short and dry up there**. ② **Come down here where the grass is long and tender."** "Thank you, my friend," said the Goat. "But I'll stay here. ③ **I would rather** eat dry grass **than** be eaten by a wolf."

"여보게 친구" 하고 늑대가 말했다. "그곳에는 풀이 짧고 말라 있겠지. 풀이 길고 부드러운 이곳으로 내려오게." "고맙네, 친구" 하고 염소가 말했다. "그러나 나는 여기 머물겠네. 늑대에게 잡아먹히기 보다는 차라리 마른 풀을 먹는 편이 낫겠네."

L·E·S·S·O·N 15

01 명령법(Imperative)

누군가에게 뭔가를 요청할 때 'please'를 사용하는 것이 예의바른(polite) 어법이다. 특히 상대방을 잘 모르는 경우에 'please'를 사용하지 않고 'Stop talking.', 'Don't talk.'와 같이 직접 명령을 한다면 매우 무례한(impolite) 일이고 상대방을 당황케 한다. 자기보다 나이가 어린 사람에게도 'please'를 붙여 'Please don't talk.'와 같이 말하면 분위기가 부드러워진다. 좀 더 예의를 갖추어 법조동사와 함께 사용하면 부드럽고 상대방에게 예의를 갖춘 표현이 된다.

① 반말보다는 부드러운 요청을 하기 위하여 'please' 또는 조동사를 사용한다.

- **Please** take your coat off. 코트를 벗으세요.

take off (몸에서 옷·모자·안경 등을) 벗다

- **Please** drop me off over there. 저 쪽에 내려 주세요.

drop sb off (차에서) 하차시키다

- **Phone** me at 7: 00. 저에게 7시에 전화하세요.
  ⋯▶ **Would** you phone me at seven?

- **Sit down** and **relax**. 앉아서 편히 쉬시오.
  ⋯▶ **Would** you sit down and relax?

relax [riláeks] 편하게 쉬다

- "**Would** you like a cup of coffee?" "White for me, **please**."
  "커피마시겠어요?" "저는 크림만 넣어주세요."

② 상점·커피숍·식당 등에서 원하는 물건을 주문할 때

- Two black coffees, **please**.
  블랙커피 2잔 주세요.

- (A) Single to London, **please**.
  런던행 표 하나 주세요. cf. round-trip ticket 왕복표(영) a return ticket(미)

- Something for a headache, **please**.
  머리 아픈데 먹는 것 주세요.

  cf. "Could I have some water?" "**Please** do."
  "물 좀 마실까요?" "네, 드세요."

  상대방이 제안한 것을 받아들이며(when accepting an offer) 고마운 마음을 나타낼 때 'Yes' 대신에 'Please'가 종종 쓰인다.

02 가정법

실제로 일어나지 않는 상황이지만, 그러한 상황이 일어났으면 하고 바라거나 일어날지도 모른다고 상상할 때, 또는 비현실적이거나 일어날 것 같지 않은 것을 나타낼 때 사용되는 표현 방법을 가정법이라고 한다. 가정법 과거와 가정법 미래가 들어있는 유머를 보자.

- A very tall and lanky man said to his friend, "**If I were** as fat as you are, I **would** hang myself." "Well," said the friend, "**if I should** decide to take your advice I'**ll** use you for the rope."
  키가 매우 크고 호리호리한 사람이 친구에게 "내가 자네만큼 뚱뚱했더라면 나는 자살했을 텐데."라고 말했다. "글쎄, 만일 내가 자네의 충고를 받아들이기로 결정했다면 나는 (자살할 때) 자네를 밧줄로 쓸 거야."

lanky [lǽŋki] 홀쭉한
hang oneself (목매) 자살하다
decide [disáid] 결정하다

1 가정법 과거

현재사실에 반대되는 것을 가정한 것과; 현재 가능성이 없는 상황 또는, 미래 일을 언급한다. 조동사는 문장의 뜻에 따라 선택된다.

형태: If + S + 과거 동사 ..., S + would / could / should + 동사 원형 ...

> S : **If** I **were** only 5 years younger!
> 단지 5살 만 젊다면!
>
> M : Lighten up! Age is only a state of mind.
> 기운 내! 나이는 단지 마음의 상태일 뿐이야.

lighten up 힘을 내다(cheer up)

- **If** I **had** much money now, **I'd** buy the beautiful villa on the hill.
  내가 지금 돈이 많다면 나는 언덕 위의 아름다운 빌라를 살 텐데.
  ···▶ As I don't have much money now, I can't buy ... 〈직설법〉

- **If** you **could** trade places with someone for a day, who **would** it be?
  누군가와 하루 동안 자리를 맞바꿀 수 있다면 누구였으면 좋겠어?

trade 교환하다 무역; 거래
place 장소, 입장, 처지

- Where **would** you go **if** you **had** the chance to live in another country?
  다른 나라에 살 수 있는 기회가 있다면 어디로 가고 싶어?

- **If** I **were** you, I **would** jump at the chance of a job like that.
  내가 너라면 그와 같은 직장의 기회를 기꺼이 받아들였을 텐데.

jump at 기꺼이 받아들이다

친구 간에 충고할 때 'If I were you / in your shoes, I would ...' 가 쓰인다.

- I was a victim of physical and mental abuse from my stepfather. I contemplated running away, but feared the consequences **if** I **were found**.
  저는 의붓아버지로부터 육체적 · 정신적 학대를 받은 피해자였습니다. 저는 몰래 도망가려고 생각도 해보았지만 발각된다면 그 결과가 두려웠습니다.

victim [víktim] 피해자
physical [fízikəl] 신체적
mental 정신적
abuse [əbjúːz] 학대
stepfather [stépfɑːðər] 계부
contemplate [kɑ́ntəmplèit] 생각하다
fear 두려워하다
consequence [kɑ́nsikwèns] 결과

2 가정법 과거완료

과거에 일어날 수도 있는 일이지만 일어나지 않은 일, 즉 과거의 사실에 반대되는 것 또는 과거의 상황을 마치 있었던 일처럼 꾸며서 이야기 할 때 쓰인다.

형태: If + S + had + p.p.~, S + 조동사의 과거형 + have + p.p.

- **If** I **had known** where you were, I **would have told** you the news.
  어디 있었는지 알았더라면 그 소식을 너에게 말해 줄 수 있었는데.

- **If** he **had apologized**, you **should have done** so too.
  그가 사과를 했다면 너도 역시 사과를 했어야만 했어.
  = **Had** he **apologized**, you **should have done** so too.

apologize [əpɑ́lədʒàiz] 사과하다

'If' 가 생략되면 주어 · 동사가 도치된다.

3 혼합 가정법

혼합 가정법은 과거 행동의 결과가 현재에 미치는 것을 말하며 if 조건절(먼저 일어날 동작)과 귀결절(동작 · 상태 · 현재의 결과)의 동사 시제가 다른 경우를 말한다.

well 건강한

a. "Alas! **If** he **had** only **taken** my advice, he **might be** well and happy now," said the frog, as he turned sadly towards home.
아이! "그가 내 충고를 받아들였다면 지금은 건강하고 행복하게 살 텐데." 집으로 발길을 돌리며 개구리가 슬프게 말했다. 〈이솝우화 내용 중에서〉

amount[əmáunt] 양(量)
grow 성장하다; 차차 ~이 되다
fat 뚱뚱한

b. **If** you **had seen** the amount of food he ate for breakfast this morning, you **would understand** why he has grown so fat.
오늘 아침 그가 먹은 식사의 양을 네가 만일 보았더라면 그가 그렇게 뚱뚱해진 이유를 이해할 텐데.

c. I should have turned right at the traffic lights. **If** I **had turned** right, we **wouldn't be** lost.
신호등에서 오른쪽으로 돌았어야 했는데. 우회전 했더라면 길을 잃지 않았을 텐데.

should / ought to + 완료'는 과거 행동에 대한 후회 또는 사과를 나타냄.

shy[ʃai] 소심한, 수줍어하는
confront[kənfrʌ́nt] ~와 맞서다, 대항하다; ~에 직면하다

d. **If** he **weren't** so shy, he **would have confronted** you already.
그렇게 소심하지 않다면 그는 너에게 벌써 대들었을 텐데.
= As he is so shy, he didn't confront you. 〈직설법〉

예문 a, b, c)와는 달리 조건절은 주어의 현재 성격을 나타내므로 가정법 과거가 쓰인 것이고, 귀결절은 과거의 동작을 나타내므로 가정법 과거완료가 쓰인 것이다.

4 가정법 미래

어떤 일이나 말에 대하여 조심하며, 자신이 없거나 매우 불확실한 경우에 가정법 미래를 사용하며 형식은 조건절에 'were to' 또는 'should'를 사용한다.

- **If** she **should** phone, tell her I'm out.
  = *Should* she phone, tell her I'm out.
  (그녀가 전화를 안 하겠지만) 만일 전화하면, 내가 외출중이라고 그녀에게 말해요.

접속사 'If'가 생략되면 주어와 동사는 도치된다.

- I don't think it will happen, but **if** it **should happen**, what **shall** we **do**?
  그는 일어나지 않을 거라고 생각하지만 만일 일어난다면 우린 어떻게 하지?

accomplish[əkámpliʃ] 성취하다 (achieve), 달성하다

- **If** the sun **were to rise** in the west, I **would not change** my mind to accomplish my plan.
  해가 서쪽에서 뜬다 해도 내 계획을 이루려는 내 결심은 변하지 않을 것이다.

5 그 밖의 'If 절'의 뜻을 담고 있는 전치사·접속사·부사

❶ **Without / But for** ~이 없었더라면
= If it were not for... / If there were no... 〈가정법 과거〉
= If it had not been for.... 〈가정법 과거완료〉

- Honey, happiness **wouldn't be** happiness **without** you.
  허니, 당신이 없는 행복은 행복이 아닐 거요. 〈영화 'Notting Hill' 중에서〉
  = Honey, happiness **wouldn't be** happiness **if it were not for** you.

break down 고장 나다, 망가지다
on time 정각에(punctually)

- The car broke down. **Without / But for** that we **would have been** on time.
  차가 고장 났어. 고장만 나지 않았어도 우리는 정각에 도착할 수 있었을 텐데.
  = **If** the car **had not broken down** we **would have been** on time.

❷ 'but / save / except / only (that)' ~다음에 직설법 시제가 오며 'if ... not'의 뜻이다.

- He would have said no **but** he was afraid.
  = He would have said no **if he had not been afraid**.
  그가 두려워하지 않았더라면 '아니요' 라고 말했었을 텐데.

- I would have helped him, **but (that)** I didn't have the money.
  = I would have helped him **if I had had the money**.
  내게 돈이 있었더라면 그를 도왔을 텐데.

❸ otherwise: 그렇지 않으면(if ... not)

- I used my calculator; **otherwise** I'd have taken longer.
  = I used my calculator; **if I hadn't used my calculator**, I'd have ...
     직설법(사실을 진술)   가정법 과거완료
  계산기를 사용했는데 그렇지 않았으면 시간이 더 걸렸을 거야.

❹ '주어로 쓰인 명사구·부사구·부정사' 등이 가정 조건의 뜻을 담고 있는 경우

- **A man of sense** would be ashamed of such behavior.
  분별 있는 사람이라면 그런 행동을 부끄러워할 텐데.
  = **If he were a man of sense** he would be ashamed of such behavior.
  = **If he were sensible** he would be ashamed of such behavior.

- What would you have done **in my place**?
  네가 나의 입장이었더라면 어떻게 했겠어?
  = What would you have done **if you had been in my place**?

- I could have solved the problem **with your easy explanation**.
  당신이 쉽게 설명했더라면 그 문제를 풀 수 있었을 텐데.
  = I could have solved the problem **if you had explained it easily**.

- I'd be glad **to see you**. 너를 만났더라면 반가웠을 텐데.
  = I'd be glad **if I saw you**.

calculator[kǽlkjəlèitər] 계산기
otherwise[ʌ́ðərwàiz] 그렇지 않으면; 다른 점에서는

sense 분별력; 감각, 느낌
ashamed[əʃéimd] 부끄러워하는
behavior[bihéivjər] 행동

place 입장, 처지; 장소; 지위, 신분

solve 풀다
problem 문제
explanation[èksplənéiʃən] 설명

03 중요한 가정법 구문

① '(It's) About time + 주어 + 과거 동사'의 구문은 '이전에 벌써 되었을 일이 이제 이뤄졌다'는 뜻으로 '화가 났거나, 조소하는 분위기'를 나타낸다. 'about time'은 적절한(proper), 알맞은(appropriate) 때, 또는 제때(right time)가 된 것을 나타낸다.

- It's *about time* you **had** your hair cut! 머리 좀 깎아야 겠다.

- Isn't it *about time* we **were** going? 갈 시간 된 거 아냐?

- (It's) *About time* you **were** married. 네가 결혼할 적당한 나이야.

- It's *high time* you **were** married.

  'about time'은 결혼 적령기임을 나타내는 반면에, 'high time'을 사용하면 '결혼 시기가 지났다는 것'을 강조하는 것이다.

부정사를 사용하여 'It's time to ...' '~할 때'를 나타내기도 한다.
a. It's *time for us to* have lunch. 점심 먹을 시간이야.
b. The voters felt it was *time for* a change. 유권자들은 변화를 가져야 할 때라고 생각했다.

② 'as if / as though'는 현재의 비현실적인 것(unreality), 일어날 것 같지 않은 것(improbability), 의심(doubt)을 나타냄.

- He talks **as if** he **knew** where she was.
  = *In fact he doesn't know* where she was.
  그녀가 어디 있는지 아는 것처럼 그는 말한다.

- He orders me about **as if I were** his wife.
  = He orders me about *but I am not* his wife.
  내가 마치 자기 부인처럼 나에게 이래라 저래라 그는 명령한다.

- He looked **as if** he **had seen** a ghost.
  = *But / In fact he hasn't seen / didn't see* a ghost.
  그는 마치 귀신을 본 것처럼 보였다.

- He felt **as though** he **were** stepping back into the past.
  그는 마치 과거의 세계로 되돌아가는 듯한 느낌이었다.

  cf. It sounds **as though** she *has been* really ill. 〈회화체〉
  목소리를 들어보니 그녀는 정말로 아팠던 것 같다.

  as though / if 절 안에서는 가정법이 쓰이지만 회화체에서는 직설법도 씀

- Most of the weekend he's out with his friends and I get a bit lonely. I'm starting to feel **as if** my husband **were** a complete stranger to me.
  대부분의 주말에 남편이 친구들과 외출하고 나면 나는 좀 외로워지죠. 마치 전혀 낯선 사람 같은 생각이 들기 시작해요.

③ what if ...?

'What if ...?'는 'What will happen if ...? / What would be the result if ...?'의 뜻으로 '~하면 어쩌지?; ~하면 어떨까 / 어떤 결과가 될까?'로 해석한다.

- **What if** more of the Amazon forest is cut down?
  = **What** (will happen) **if** more of the Amazon forest is cut down?
  아마존의 삼림이 더 이상 잘려 나간다면 어떻게 될까?

- **What if** we move the picture over here? Do you think it'll look better? 〈제안을 할 때〉
  = **What will be the result if** we move the picture over here?
  그림을 이쪽으로 옮기면 어떨까요? 더 나아 보일 것 같아요?

---

voter [vóutər] 투표자

ghost [goust] 귀신, 유령

step back into ~로 되돌아가다
past 과거

be out 외출 중이다
lonely 고독한
feel as if ~와 같은 생각이 들다
complete 완전한

4 I wish that + 가정법

'I wish' 다음에 절(節)이 올 경우 현재 또는 과거의 가망성이 없는 소원을 나타내며 'if only'나 'I would rather' 다음에 절(節)이 올 경우에도 마찬가지의 뜻이다.

❶ 실현 가망성은 없지만 지금 당장 어떤 특별한 상황이 일어났으면 하고 바랄 때

- **I wish I were** taller! (불가능하지만) 키가 좀 더 컸으면 좋겠어!
- **I wish I were** 10 years younger. 10년만 젊어졌으면 좋겠어.
- **I wish I knew** the answer (but I don't know it).
  정답을 알았으면 해. (그러나 난 정답을 몰라.)

❷ 미래에 어떤 일이 이루어졌으면 하는 소망

- I **wish** that you **would** come. (너는 원치 않지만) 네가 와 줬으면 하고 나는 바래.
- I **wish** that you **could** come.
  (뭔 일이 있어서 못 오겠지만 올 수 있다면) 네가 와 줄 수 있기를 바래.

  법조동사(would, could 등)는 인간의 마음의 상태를 나타내므로 그 뜻을 정확히 알아야 사용할 수 있는 것이다.

- **If only** I **could** give up smoking. = *I wish I could* give up smoking.
  담배를 끊었으면 해.

- I **wish** I **could have** my own house.
  앞으로 내 소유의 집이 있었으면 좋겠어.

  cf. I **wish** I **had** my own house. 〈현재의 소망〉
  지금 내 소유의 집이 있었으면 좋겠어.

❸ 어떤 사람의 현재하고 있는 행동 또는 버릇을 불평불만 할 때

- I **wish** he **wouldn't drop** his cigarette ash on the carpet!
  그가 카펫트에 담뱃재를 떨어뜨리지 않으면 좋겠어!

  = Why does he always drop his cigarette ash on the carpet?

- She **wished** (**that**) he **wouldn't drop** his cigarette ash on the carpet.
  그가 카펫트에 담뱃재를 떨어뜨리지 않았으면 하고 그녀는 투덜거렸다.

  = She complained that he (always) dropped his cigarette ash on the carpet.

❹ I wish that + 가정법 과거완료

과거 일에 대한 유감·후회를 나타낼 때 'I wish I had + p.p.'가 쓰이며, 'If only I had + p.p.'와 'I ought to / should + 완료' 구문도 '과거의 행동에 대해 후회를 나타낸다.

- I **wish** I **had been** content with the golden egg each day.
  매일 낳는 그 황금 달걀에 만족했었더라면 좋았을 텐데.

  = *I'm sorry I wasn't* content with the golden egg each day.

- I **wished** that you **had helped** me at that time.
  네가 그때 나를 도왔더라면 좋았을 텐데.

  = *I was sorry you didn't* help me at that time.

ash 재; (pl.) 유골, 유해

complain [kəmpléin] ~에게 불평하다(express dissatisfaction), 투덜거리다

content 만족한; 만족시키다(satisfy)

- **I wish I had listened** to my mother's advice.
  엄마의 충고를 귀담아 들었어야만 했는데.
  = **If only I had listened** to my mother's advice.
  = **I should have listened** to my mother's advice. 〈85쪽 참조〉

04 직설법과 가정법의 차이

1. 'wish, want, hope' 동사가 부정사를 목적어로 가질 때 직설법으로 같은 뜻이다.
   - **I want to / hope to / wish to** see you soon. 곧 뵙기를 바랍니다.

2. 'wish' 동사 다음에 명사가 오면 직설법으로 '~을 빌다, 바라다'의 뜻
   - **I wish** you a Merry Christmas / luck / success / a nice trip.
     즐거운 크리스마스가 되길 / 행운을 / 성공을 / 즐거운 여행을 하길 바랍니다.

3. 'hope'는 직설법으로 단순한 미래 희망을 나타내며, 'hope' 뒤에는 현재시제 또는 미래시제가 쓰인다.
   - **I hope** (that) you *have* a nice time in our country.
     우리나라에서 즐거운 시간 보내시길 바랍니다.
   - **I hope** everything *turns out* the way you want next year.
     명년에는 모든 일이 원하는 대로 이루어지길 바랍니다.
   - **I hope** (that) your life *will be* full of good things all the year round.
     금년 내내 좋은 일로 충만하세요.

4. 'hope'와는 달리 'wish' 동사가 'that절'을 목적어로 할 때는 '실현될 수 없는 소망을 나타내는' 가정법의 뜻이다. 'want'는 'that절'을 목적어로 할 수 없다.

   ① a. **I hope** (that) you *will be* happy. 〈직설법〉
      (너의 현재 기분을 알 수 없지만) 네가 행복하길 바래.

   　b. **I wish** (that) you *could be* happy. 〈가정법〉
      (너의 현재 기분이 우울하거나 기쁘지 않은데) 네가 행복해졌으면 해.

   ② a. **I hope** you *will help* me.
      (도와 줄 거라고 생각하기에) 네가 도와주길 바래.

   　b. **I wish** you *would help* me.
      (지금까지 네 행동으로 보건대 도와줄 것 같지는 않지만) 날 도와주길 바래.

   ③ a. **I hope** you *will come* tomorrow.
      (내일 올 수 있는지 없는지는 모르지만) 네가 내일 오기를 바래.

   　b. **I wish** you *would come* tomorrow.
      네가 내일 와 주었으면 좋겠어.

      네가 올 수 없어서 서운함을 나타냄

05 단순조건과 가정법 〈319쪽 접속사 03-③ 참조〉

if를 사용한 단순 조건문과 if를 사용한 가정법 아래 두 문장을 비교해보자.

a. **If** it **rains** we'll stay at home. 〈단순 조건〉
비가 오면 집에 머물 거야.

b. **If** it **should rain** we'll stay at home. 〈가정법 미래〉
만에 하나라도 비가 오면 집에 머물 거야.

a)는 단순 조건문장으로 '(비가 올지 안 올지 모르는 가능성에서) 만일 비가 온다면';
b)는 가정법 미래로 '(비가 안 올 거라 생각하지만) 그래도 만일 비가 온다면'이라는 뜻이다.

① 단순조건

단순 조건은 문장 a)와 같이 미래에 있을 수 있는 상황; b)와 같이 일상적으로 흔히 일어날 수 있는 일; c)와 같이 현재 가능한 상황 등을 말할 때 쓰인다.

a. **If** you **promise** not to tell anyone else, I'll tell you how much I paid for it.
다른 어느 누구에게도 말하지 않기로 약속하면 얼마주고 샀는지 알려줄게.

조건 부사절에서 현재시제로 미래를 나타낸다.

b. **If** I **give up** smoking, I will probably gain weight.
담배를 끊으면 아마 체중이 불어 날거야.

c. **If** you **don't want** to watch TV, please turn it off.
TV를 보고 싶지 않으면 꺼 버리세요.

promise [prάmis] (구두·서면 상으로) ~할 것을 약속하다

gain weight 체중이 늘다
lose weight 체중을 줄이다

turn off (TV·전기·가스·수도 등을) 끄다, 싫어하다; 흥미를 잃다

② 가정법

a, b)와 같이 실제 사실과 반대되거나; c, d)와 같이 실제로 일어나지 않는 상황이지만, 그러한 상황이 일어났으면 하고 바라거나 일어날지도 모른다고 상상할 때 가정법이 쓰인다.

a. **If** your husband **were** here, he would know what to do.
당신 남편이 여기 있었더라면 무엇을 해야만 하는지 그는 알 텐데.

b. **If** they **passed** a law against smoking, people **would be** healthier.
금연 법을 통과했더라면 국민들이 좀 더 건강해질 텐데.

c. **If** I **won** $10 million in a lottery, I **might** quit my job.
1,000만 달러 복권에 당첨된다면 난 직장을 그만둘 거야.

d. **If** the teacher **gave** me an A by mistake on a test, I **might** not tell anybody.
선생님이 실수로 A학점을 주셨더라도 나는 누구에게도 말하지 않았을 거야.

against [əgénst] ~에 반대하여; ~을 해치거나 상처를 줄 목적으로; ~을 퇴치하기 위하여; ~에 맞지 않는; ~을 배경으로 하여
win (경마·복권 등에서) 돈을 따다 / 당첨되다
lottery [lάtəri] 복권 (뽑기); 추첨
quit [kwit] (직장·학교 등을) 떠나다

01. 다음 중 어법상 틀리거나 어색한 부분이 없는 것을 고르시오.

    (A) If he had taken my advice, he would have been better off today.
    (B) He did his best; otherwise he could not do it.
    (C) The home doctor insisted that my father stop smoking.
    (D) He would have said no but he were afraid.

02. 주어진 두 문장의 뜻이 같지 않은 것을 고르시오.

    (A) Without your assistance, it would have been impossible to finish the job.
        = If you had not assisted me, it would have been impossible to finish the job.
    (B) But for water, no plants and no animals could live.
        = If there were no water, no plants and no animals could live.
    (C) He was not careful, so the car accident occurred.
        = If he had been more careful, the car accident would not have occurred.
    (D) If I were you, I would jump at the chance of a job like that.
        = As I followed you I might get out of a job like that.

03. 다음 대화에서 괄호 안의 지시대로 된 표현을 고르시오.

    A: Would you mind if I parked here?
    B: (REFUSES PERMISSION)
    (A) Certainly not.   (B) Not at all.
    (C) No. Go ahead.   (D) I'd rather not.

◎ 다음 대화문의 빈칸에 가장 적절한 표현을 고르시오.

04. A: Shall I stay here?
    B: I'd rather you _____ with us.
    (A) come   (B) came   (C) go   (D) will go

05. A: You finally made it, didn't you?
    B: Yes, _____ I would not have succeeded.
    (A) but your help   (B) but for your help
    (C) but that your help   (D) thanks to your help

06. A: Where have you been?
    B: I got caught in traffic; _____ I would have been here sooner.
    (A) although   (B) only if
    (C) therefore   (D) otherwise

07. A: What can I do for you?
B: If you _____ see Mary, give her my regards.
(A) should (B) must
(C) would (D) could

08. A: Oh boy! Breakfast's all ready.
B: Well, it's about time you _____. Everyone else has already eaten.
(A) get up (B) got up
(C) gotten up (D) to get up

◎ 다음 대화문의 빈칸에 적합하지 않은 표현을 고르시오.

09. A: If there's something wrong with the shirt, _____
B: Certainly.
(A) may I bring it back later? (B) can I get a refund?
(C) can I exchange a refund, please? (D) may I demand a refund?

10. A: I'm quitting school as soon as possible.
B: If I were you _____.
(A) I wouldn't do that (B) I'd give it a second thought
(C) I'd give it lot of thought (D) I wouldn't think twice before doing that

◎ 다음 글의 빈칸에 가장 적절한 표현을 고르시오.

11. They are very kind to me. They treat me _____ their own son.
(A) like I am (B) as if I am
(C) as if I was (D) as if I were

12. I wish I _____ a car. It would make life so much easier.
(A) have (B) had
(C) will have (D) have had

13. I decided to stay at home last night. I would have gone out if I _____ so tired.
(A) wasn't (B) weren't
(C) wouldn't have been (D) hadn't been

14. Mary would have gone with George to Chicago except she _____ no time.
(A) has had
(B) had
(C) had had
(D) has

15. The manager of the accounting department is already on the wrong side of his forties. It's about time he _____ himself a wife and settled down.
(A) finds
(B) should find
(C) found
(D) had found

16. Through worldly loss he came to an insight into spiritual truth to which he might _____ have been a stranger.
(A) nevertheless
(B) however
(C) otherwise
(D) moreover

17. It would have been impossible to develop vaccines for diseases such as smallpox and polio _____ animal research.
(A) through
(B) without
(C) beyond
(D) despite

18. If the United States had built more homes for poor people in 1955, the housing problems now in some parts of this country _____ so serious.
(A) wouldn't be
(B) is not
(C) will not have been
(D) wouldn't have been

19. If you _____ the amount of food that she ate for breakfast this morning, you would understand why she has grown so stout.
(A) see
(B) saw
(C) have seen
(D) had seen

20. A very tall and lanky man said to his friend, "If I _____ as fat as you are, I would hang myself." "Well," said the friend, "if I _____ decide to take your advice I'll use you for the rope."
(A) am - could
(B) was - might
(C) were - should
(D) had been - would

21. I was a victim of physical and mental abuse from my stepfather. I contemplated running away, but feared the consequences _____.
(A) If I will be found
(B) If I will find
(C) if I were found
(D) if I should found

22. Perhaps you heard grown-ups say, "I wish I _____ that at school.," or "I wish I had more education." Why do you suppose they feel that way? Perhaps it's because they think life _____ more interesting, or they might have had better jobs, if they had learned just a little more or a little better.
(A) learned - might have been
(B) learned - would have been
(C) have learned - had been
(D) had learned - might be

23. The most important element in any culture is language, not only for day-to-day communication, but for preserving the community from generation to generation. Individuals die, but the culture which flows through them is all but immortal. _____ words the flow of culture would cease, and the culture wither away.
(A) With
(B) Without
(C) But
(D) For

24. It infuriates me when men (whether they are dates or not), casual acquaintances or co-workers think I should feel complimented when they say, "You'd be much prettier without your glasses." I am sometimes tempted to say, "And you'd be even more handsome _____ a little more hair on your head."
(A) With
(B) Without
(C) But
(D) For

25. The purpose of education is to hand down the cultural heritage of the race. _____ each generation would have to spend its valuable time reinventing the wheel, writing "Hamlet", or splitting "the atom." Education focuses the accumulated wisdom of the past on the vexing problems of the present in order to make a better future possible.
(A) Otherwise
(B) Therefore
(C) However
(D) Moreover

LESSON 16
전치사

전치사는 (동)명사 · 대명사 앞에 위치하여 장소 · 시간 · 방법 등을 나타낸다. '전치사 + 명사'로 형태는 전치사구이지만 명사를 수식하고 보어로 쓰이는 형용사 기능과, 동사 · 형용사를 수식하는 부사 기능을 한다.

❶ 명사를 수식하고 보어로 쓰이는 형용사 기능을 한다.

- He is a boy **of great talent**.
  ↑ 'boy'를 수식하는 형용사구
  그는 매우 재능 있는 소년이다.

- The boy is cute and **in good health**.
  보어로 쓰인 형용사구
  그 소년은 귀엽고 매우 건강하다.

❷ 동사 · 형용사를 수식하는 부사 기능을 한다.

- The boy playing **in the park** is never afraid **of making mistakes**.
  ↑ 부사구('playing'을 수식)   ↑ 부사구('afraid'를 수식)
  공원에서 놀고 있는 그 소년은 실수하는 것을 두려워하지 않는다.

- **After graduation**, I tried to get a job. 〈부사구〉
  졸업 후에 나는 취업하려고 노력했다.
  cf. = *After I graduated*, I tried to get a job. 〈부사절: after는 접속사〉

- We had dinner **after / before their arrival**. 〈부사구〉
  그들이 도착한 후에 / 도착하기 전에 우리는 저녁을 먹었다.
  = We had dinner *after / before their arriving*. 〈부사구〉
  = We had dinner *after / before they arrived*. 〈부사절〉

LESSON 16

far from ~로부터 먼
far from it 그런 일은 결코 없다 / 어림도 없다
miserable [mízərəbəl] 비참한
eg. **by car** 자동차로
cf. **in my car** / **in a car**
    by train 기차로
cf. **on the 6.45 train** 6시 45분 기차로

01 전치사의 목적어

전치사의 목적어는 명사·대명사·동명사·명사절이 된다.

> S : Are you happy here?
> 이곳에서 행복해?
> M : No, far **from** *it*; I've never been so miserable in my life.
> 당치도 않아. 내 생애에 이렇게 불행해 본적은 결코 없어.

a. I always go **to** *school* **with** *her* **on** *the 8 o'clock bus*.
   나는 항상 그녀와 함께 8시 버스로 학교에 간다.

   '교통·통신 수단'을 나타낼 때 전치사 'by'가 쓰이지만 한정사(관사 또는 소유격)가 붙었을 때는 'by'가 쓰이지 않는다.

b. How **about** *going* fishing?
   낚시 가는 것 어때요?

c. John will not work **except** *when he is happy*.
   존은 마음이 즐거울 때만 일을 한다.

grow up 성장하다
far (거리가) 먼

d. I grew up in a little country town not far **from** *here*.
   이곳에서 멀지 않은 작은 시골 마을에서 자랐어요.

   'here'는 'from'의 목적어로 명사

far from (being) easy
= very difficult

e. The problem is far **from** *easy*.
   그 문제는 (쉬운 것과는 거리가 멀다) 결코 쉽지 않아.

take it for granted ~을 당연한 일로 생각하다(believe that sth is true)

f. Most guys take it **for** *granted* that beautiful girls already have boyfriends.
   대부분의 사내들은 예쁜 여자들은 이미 남자 친구가 있을 것이라는 것을 당연한 일로 받아들이고 있다.

far from ~로부터 먼(a long way from being), 결코 …이 아닌(not at all), ~하기는커녕(instead of)

g. I'm far **from** *satisfied* with the result.
   그 결과에 결코 만족하지 않아.

   f, g의 분사(granted/satisfied)가 전치사(for/from)의 목적어가 아니고 분사 앞에 수동조동사 'being'이 생략된 것이다. 그러므로 전치사의 목적어는 분사가 아닌 동명사 '(being) granted/(being) satisfied with.'

h. How do you think of my puppy? (x)

   '우리 강아지를 어떻게 생각해요?' 라는 우리말을 영어로 할 때 많은 사람들이 우리말 '어떻게'를 그대로 영어로 옮겨 'How'를 사용하게 된다. 물론 틀린 표현이다. 대부분의 선생님들도 관용적 표현이므로 'How'가 아닌 의문대명사 'What'를 사용하라고 한다. 그러나 여러분이 앞서 배운 동사구 'think of/look upon/regard/consider A as B(A를 B로 생각/간주하다)'를 잠깐만 생각해 보자!

   ① <u>You</u>　<u>think of</u>　<u>my puppy</u>　<u>as *how*</u>? (x)
   　　S　　　V　　　　O　　　　O.C

   ② You think of my puppy **as** *what*?
   　→ What do you think of my puppy?

   전치사의 목적어가 보어로 쓰이는 예문을 공부했고, 또한 전치사의 목적어는 '명사·대명사·동명사'라고 배웠다.

   위 질문의 원래 문장을 ①과 같이 가정해 볼 때 전치사 'as'의 목적어로 의문 부사 'how'가 쓰인 것은 잘못이다. 왜냐하면 전치사의 목적어로 '(대/동)명사' 만 쓰일 수 있기 때문에 의문 부사 'How' 대신 의문대명사 'What'를 사용해야 옳은 것이다.

그러므로 ②와 같은 원래 문장에서 의문사는 문장 앞으로 나간다는 원칙 때문에 'What'가 앞으로 이동하면서 전치사 'as'는 생략된 것이다. 그리고 의문문에서 주어·동사가 도치될 때 'think of'가 일반 동사이므로 조동사 'do'가 삽입된다. 중요한 것은 '전치사의 목적어로 명사'만 쓰인다는 것이다.

02 전치사의 의미(Prepositional meanings)

1 시간을 나타내는 전치사

❶ 시간을 말할 때 쓰이는 about / around / to / after / past

- **About / Around** 3: 00. 3시쯤 됐어요.
  3시 전후를 말함
- It's close **to** 3: 00. 3시가 거의 됐어.
- (It's) Five **to** six / Five fifty five. 5시 55분입니다.
- It's a quarter **of / to** 12. 15분전 12시입니다. (美)
- It's a quarter **to** 12. (英)
- It's a quarter **after / past** 12. 12시 15분입니다. (美)
  cf. It's a quarter **past** 12. (英)

  'to'는 '특정한 일이나 시간의 전(前)'을, 'after, past'는 '~이후'를 뜻한다. 일반적으로 '6시' 라고 정각을 말할 때만 '6 o'clock'과 같이 'o'clock'이 쓰이지만, '6시 5분.'이라고 할 때는 'Five after six.'와 같이 'o'clock'이 쓰이지 않으며 'o'clock'은 'of the clock'의 줄임 말이다.

about 대략(approximately, roughly)
around 약, ~쯤(美)

close (시간적으로) 가까운

quarter[kwɔ́ːrtər] ¼; 15분; 25센트; (pl.) 숙소

❷ 시각과 휴일(Christmas, Easter, weekend)의 기간을 나타내는 at

> A : When are you supposed to return home? 언제 귀국할 예정입니까?
> B : **At** the end of September. 9월말입니다.

어떤 기간이나 일의 처음을 'at the beginning of(~의 초에)', 끝을 'at the end of(~의 말에)' 라고 하고, '도중에, 중순에' 라고 할 때 'in the middle of'가 쓰인다.

at 3 o'clock 3시에　　　　　　at dawn 동틀 녘에
at noon 정오에　　　　　　　at sunset 해질녘에
at midnight 한밤중에　　　　　at Christmas 크리스마스에
at the weekend 주말에(英) *cf.* on the weekend(美)
at the end of this month/the match 이 달 말에 / 경기가 끝날 무렵에

be supposed to ~할 예정이다 (be expected to)

❸ 요일과 특정한 날에 **on**

on Sunday　　　　　　　　　on 4 March 1952
on my birthday　　　　　　　on Christmas Day

- I'm going to Seoul **next Sunday**. 다음 주 일요일에 서울에 갈거야.

  때를 나타내는 명사 앞에 'this, last, next, every' 등의 형용사가 있으면 전치사를 사용하지 않음.

- I met the sexy girl **on** Friday night.
  그 매력적인 아가씨를 금요일 저녁에 만났다.

- Let's meet **on** the morning of May the first.
  5월 1일 아침에 만납시다.

  어느 달, 주의 날짜 앞에 'on'이 쓰인다.

❹ 년·계절·월·기간을 나타내는 in

in 1996   in Spring
in March   in the morning
in (the) future 장래에   in the 21st century 21세기에
in the past 과거에   in the Middle Ages 중세에
in the middle of the week / the exam 주중 / 시험 중에

❺ 기간을 나타내는 전치사와 때를 나타내는 전치사

1) 기간을 나타내는 'How long'으로 질문 받았을 때의 응답

> S : How long have you loved each other? 서로 사랑한지 얼마나 되었나요?
> M : **Since** last year / (**For**) My whole life! 지난해부터 / 내 평생 동안!

'since'는 '계속을 나타내는 완료형의 동사'와 함께 쓰이며 '~이래, ~부터 (내내)'라는 뜻이며, 'for'는 기간을 나타낸다.

- (**For**) More than four years. 4년 이상.

- **Since** the beginning of the year. 금년 초부터.

2) 'When'으로 질문 받았을 때 기간이 아닌 시점(時點)을 나타내는 전치사구로 응답한다.

get/come to+V ~하게 되다

> S : When did you get to know your wife?
>   부인을 언제 알게 되었어요?
> M : **During** our school years. / **In** the 1990s.
>   재학 중에 / 1990년대에 (알게 되었어요).

- "When is your lunch hour?" "Usually **between** 1:00 and 2:00."
  "점심시간이 언제죠?" "보통 1시에서 2시 사이입니다."

- "When will you be back?" "**In** a week / Seven days from now."
  "언제 돌아옵니까?" "일주일 후에 / 지금부터 7일 후에"

'during the vacation'과 'for the vacation'의 의미상 차이
'how long'에 대한 응답은 그 기간 전체를 나타내는 전치사 'for / through + 명사'를 사용한다.
'when'에 대한 응답은 그 기간 일부를 나타내는 전치사 'during / in + 명사'를 사용한다.
즉 'for the vacation'은 방학 전체(all through the vacation)를, 'during the vacation'은 방학 기간의 일부(at some during the vacation)를 나타낸다.

2 시간과 관련된 표현

❶ 'in'은 '~후에, ~지나서'의 뜻으로 미래의 시간을 의미함.

- "Is the heater on?" "Yes, it is. It'll feel warmer **in** a minute."
  "난방 / 히터 들어와요?" "네, 들어와요. 조금 있으면 따뜻해질 거예요."

- "I'll meet you at seven." "OK, but please be **on time**."
  "7시에 만나러 갈게." "알았어, 하지만 제시간에 와."

- "Are you sure you can do it **in time**?" "No sweat!"
  "너 시간에 맞게 할 수 있니?" "우습지! 식은 죽 먹기야."

  'in time'의 주어는 사람만 가능하지만 'on time'의 주어는 사람·사물 둘다 가능하다.

- I was just **in time** for the bus.
  나는 버스 시간에 딱 맞게 왔다.

  cf. It'll be finished **within** five minutes.
  5분 내로 끝마치게 될 거야.

❷ 'until'은 '동작·상태의 계속'을 의미하고 'by'는 '동작의 완료'를 나타냄

- **Until** now I have always lived alone.
  지금까지 언제나 독신으로 살아왔다.

- I'll let you know the result **by** Monday.
  월요일까지는 결과를 알려 드리죠.

❸ 'off'는 (아프거나 휴가로) 근무를 하지 않거나 학교에 가지 않는 것을 의미하고, 'on'은 그 반대의 뜻이다.

A : Are you **off** duty this Saturday?
이번 토요일 비번이야?

B : No. I have to be **on** duty. Sunday's my only day **off**.
아니. 근무해야만 해. 내가 쉬는 날은 일요일뿐이야.

❹ 그 밖의 시간과 관련된 표현

(a)round the clock 하루 종일(all day and all night without stopping)
for a second 잠깐만(for a minute / for a moment)
out of season (과일 야채 등이) 철이 지난, 한물 지난(out of time)
in season 한창인, 제철 때에.
in (season) and out of season (때를 가리지 않고) 언제든지, 끊임없이

3 장소 및 위치를 나타내는 전치사

❶ **on**: (평면적인 바닥) ~의 표면에, ~위에

- "What floor do you live **on**?" "**(On)** The third."
  "몇 층에 살아요?" "3층에 살아요."

  '어느 아파트에 살아요?(Which apartment do you live in?)'할 때는 전치사 'in'이 쓰이고, '몇 층에 살아요?'라고 할 때는 'on'이 쓰이는 것에 유의.

---

on (기계·전기 장치가) 켜 있는 상태
in a minute 곧(in a moment = in a second = in an instant)

on time 정각에(punctually)

sweat [swet] 땀(perspiration), 힘들고 재미없는 일
in time (예정된) 시간 전에, 늦지 않게(not late)

within (기간·거리가) ~이내에

hang ~을 걸다(hang-hung-hung)
below ~의 아래에

on ~을 따라서(= along)

- Mother hung a picture below the clock **on** the wall.
  어머니는 벽에 걸린 시계 밑에 그림을 하나 거셨다.

  cf. My house is *on* the Thames.
  내 집은 템즈 강변에 있어.

❷ **over:** ~의 (바로) 위에, 즉 수직 관계 / **above:** ~의 위를 포함하여 널리 위쪽에

- The light is hanging **over** the desk and there is a clock **above** the desk.
  책상 위에 전등이 달려 있고, 책상 위에 시계가 걸려 있다.

❸ **under:** ~의 바로 밑에; ~ 미만인; ~의 지시·통제 받는(controlled by)

- I put the box **under** the desk.
  나는 책상 밑에 상자를 두었다.

illegal 불법의(against the law)
↔ **legal** [líɡəl] 적법한, 법률에 의한

- From July of this year it became illegal in our country for anyone **under** 18 to smoke cigarettes or drink alcohol.
  금년 7월부터 우리나라에서 18세 미만인 사람은 누구라도 담배를 피우거나 술을 마시는 것이 불법이 되었다.

- He is **under** me. 나는 그의 직속 상사이다.
  = I'm his immediate superior.

  cf. I don't want anyone *over* me, telling me what to do.
  나에게 시키기만 하는 상사는 누구라도 싫어.

❹ **opposite:** ~의 맞은편에, 반대쪽에, 마주하고 있는(facing)

- There is a book store **opposite** the bank.
  은행 맞은편에 서점이 있다.

familiar [fəmíljər] (여러 번 봐 왔거나 들어본 적이 있어) 쉽게 알아볼 수 있는

- The guy sitting **opposite** me looks very familiar.
  내 맞은편에(나와 마주보고) 앉아 있는 그 사내는 어디서 많이 본 것 같다.

❺ **by / beside:** ~옆에 / **near:** ~가까이(close to)

- He's standing **by / beside** the door.
  그는 문 옆에 서 있다.

- She's sitting **near** me. 그녀는 내 가까이 앉아 있다.
  = She's sitting *next to* me.

besides ~외에

  cf. There were five students *besides* me.
  나 말고도 다섯 학생이 더 있었다.

❻ **between:** ~ (둘) 사이에

- Ann is **between** Tom and Bill.
  앤은 탐과 빌 사이에 있다.

- This is just **between** you and me.
  이것은 너와 나 사이에 일이야. 즉 이건 비밀이야.

- My fat woman-teacher always eats something sweet **between** classes.
  뚱뚱한 우리 여선생님은 휴식 시간에 언제나 단 것을 먹는다.

    cf. You shouldn't eat *between* meals. 간식을 먹지 않는 게 좋아.
    There is a house *among* the trees. 숲 속에 집이 한 채 있다.

among (셋 이상의) 사이에, 가운데에

❼ behind: ～뒤에 ↔ in front of: ～앞에

- Mary is **behind** Tom; Tom is **in front of** Mary.
  메리는 탐 뒤에 있고 탐은 메리 앞에 있다.

    cf. behind schedule 예정보다 늦게 ↔ ahead of schedule 일정보다 먼저
    behind in / with (집세 또는 일·공부 등이) 밀려있는

    eg. I'm quite a bit **behind in** my work. 일이 꽤 밀려 있어.
    cf. at the back of the book 책 뒤에
    a room *at the back of* the house 그 집의 뒷방

❽ across: ～을 가로질러 / through: ～을 지나

- They went **across** the grass and we went **through** the grass.
  그들은 풀밭 위를 가로질러 갔고, 우리는 풀숲을 헤치고 갔다.

    'through the grass'는 긴 풀(long grass)을 뜻하며 '풀숲을 헤치며' 란 뜻이다.

❾ 'to, onto, into'는 목적지(destination)로의 이동을 의미하고 'at, on, in'은 위치(position)를 의미함.

- When Sam climbed **onto** the roof, his wife was sleeping **on** the roof.
  Sam이 지붕 위로 올라갔을 때 그의 부인은 그 위에서 잠을 자고 있었다.

- Mary dived **into** the water while Johnson was swimming **in** the water.
  존슨이 물속에서 수영하는 동안 메리는 물속으로 다이빙을 했다.

4 소유(having): of, with, without

속성·특징을 나타내는 추상명사인 경우에 'of / with'는 'having(소유)' 의 뜻. 전치사의 목적어가 'courage'와 같이 추상명사인 경우에는 'of / with'를 사용하고, 'a red nose'와 같이 구체 명사인 경우 'with'만이 쓰인다.

- He's a man **of** / **with** courage. 그는 용기 있는 사람이다.
    = He's a man *having courage / who has courage / a courageous* man.

- The woman has a daughter **with** a red nose.
  그 부인에게는 빨간 코를 가진 딸이 있다.
    = ... has a *red-nosed* daughter / a daughter *who has a red nose*.

- Life **without** dreams is just like a house **without** windows.
  꿈이 없는 인생은 마치 유리창이 없는 집과 마찬가지이다.

be on a diet 식이 요법 중이다
cf. **go on a diet** 다이어트를 시작하다

on (수도·가스·기계·전기 등이) 켜진 ↔ **off** 멈춘, 끊어진

relief (걱정 등의) 제거, 안심
out of one's mind 제정신이 아닌

5 상태를 나타내는 전치사: on / out of

❶ 'on'은 '~상태로, ~하고 ~중에'의 뜻으로 상태를 나타낸다.

- "Would you like some pie?" "No, thanks. I'm **on** a diet."
  "파이 좀 드시겠어요?" "됐습니다. 다이어트 중입니다."

  cf. TV is *on* but nobody seems to be watching it.
  TV는 켜 있는데 아무도 보지 않는 것 같아.

❷ 'out of'는 '~의 안에서 밖으로; (~의 상태에서) 떨어져서, ~을 벗어나서, ~이 없어서; ~중에서(from among)' 등의 뜻

> S : Your wife is **out of** danger now.
> 당신 부인이 이제 위험에서 벗어났어요.
> M : What a relief! I've been **out of** my mind with worry.
> 다행이군요! 걱정이 돼서 제 정신이 아니었어요.

out of the world 비길 데 없는, 매우 훌륭한(wonderful, extremely good)
out of place (어떤 자리에) 어울리지 않는(awkward), 불편한
out of stock 품절된, 물건이 다 떨어진(not available) *cf.* **sell out** 품절 되다
out of breath 숨이 차는(breathless)
out of work 실직한(unemployed)
out of the question 불가능한(impossible), 생각할 수 없는(unthinkable)
out of line 받아들이기 어려운(unacceptable), 용납하기 어려운
out of woods 위험하거나 곤란한 상황에서 벗어난

6 수단·방법의 'by'

❶ '교통·통신 수단'을 나타낼 때 전치사 'by'가 쓰인다.

> S : How are you going to get to the office? 무얼 타고 출근하실 거죠?
> M : **By** car/**On** foot. 자동차로/걸어서 갈 겁니다.

how는 '출근하는 방법' 즉 교통수단을 묻는 의문 부사

confirm [kənfə́ːrm] 확인하다
cf. **reconfirm** (예약을) 재확인하다

- Did you confirm the booking of the hotel room **by** phone?
  전화로 호텔 방 예약을 확인했어요?

by phone 전화로(on the phone)
contact 전화나 서신으로 연락하다

- I'll contact you **by** email / telephone.
  메일 / 전화로 연락할 게.

❷ 'by + -ing'는 '~함으로써'의 뜻으로 수단·방법을 나타냄.

confuse 헷갈리게 하다
wrong 엉뚱한; 틀린, 잘못된

- My mom confused the whole family **by getting** the wrong tickets.
  엄마가 엉뚱한 표를 구입함으로써 우리 가족은 혼란스러웠다.

- You can only achieve success **by working** hard.
  열심히 일함으로써 단지 성공할 수 있어.

cf. You can only achieve success **through** hard work.

'by'와 'through'는 '~함으로써(by means of)'의 뜻으로 수단을 나타내는 전치사지만 'by' 다음에는 동명사; 'through' 다음에는 명사가 오는 것에 주의해야 한다.

7 첨가(添加): besides

'besides'는 긍정문에서 앞서 언급된 내용을 지지하거나 첨가(addition)되는 정보를 도입할 때 '~외에(in addition to, as well as)'의 뜻으로 쓰이며, 'in addition to + 동명사'와 동일한 의미이다. 부정·의문문에서 'besides'는 '제외하고(except)'의 뜻이다.

> A : Making things is fun, isn't it?
> 물건을 만드는 것이 재미있죠, 그렇죠?
>
> B : Yes. And **besides** being fun, it's interesting, too.
> 네, 그리고 즐거울 뿐만 아니라 재미도 있어요.

- Fifty boys took the exam **besides** Bob and no one passed **besides** Dick.
밥을 포함해서 50명의 소년이 시험을 쳤는데, 딕을 제외하고는 합격한 사람이 없다.

- **Besides** being useful, studying English is fun, too.
영어를 공부하는 것은 유용한 것 외에 재미도 있어.

  cf. In addition to being devoted to their masters, dogs also perform valuable services.
  개들은 주인에게 헌신할 뿐만이 아니라 값진 봉사도 합니다.

  = Dogs are devoted to their masters. They also perform valuable services.

devoted [divóutid] 헌신적인
master 주인
perform 실행하다
valuable [vǽljuːəbəl] 귀중한, 값진

8 찬성·지지: for / with 반대: against

> A : Are you **for** or **against** the plan? 너는 그 계획에 찬성이냐 반대냐?
> = Do you support or oppose the plan?
>
> B : I'm all **for** it. 난 무조건 찬성이야.

for/with 지지·찬성하는(in favor of, in support of)
against ~에 반대하는(in opposition to), ~에 맞지 않는

- It's prudent to go **with** rather than **against** the tide of public opinion.
여론의 시류에 반대하는 것보다는 오히려 따르는 것이 신중한 것이다.

- There were 20 votes **for** her and 7 **against** her.
그녀에게 찬성 20표 반대 7표가 있었다.

prudent [prúːdənt] 신중한, 분별 있는
go with the tide 시류에 따르다
rather than ~라기 보다는 오히려
tide 그 시대의 풍조, 경향
public opinion 여론

- She is **against** seeing him. 그녀는 그를 만나고 싶어 하지 않는다.
  = She does not want to see him.

against the law 불법의(illegal)
against one's will 강제로, 본의 아니게

9 'for'의 의미

❶ 목적 · 용도

crush [krʌʃ] 분쇄하다
garlic [gáːrlik] 마늘

> A : What's this thing used **for**? 이것은 뭐하는데 쓰이는 겁니까?
> B : That's used **for** crushing garlic. 그것은 마늘을 찧는데 쓰입니다.

for fun 재미로(for pleasure)
cf. in fun 농담으로

- What do you do **for** fun?
  재미로 하는 일이 뭐죠?

on display 진열된, 전시 중
display 진열하다 진열, 전시 (exhibition)
for sale 팔려고 내놓은
eg. A house for sale. 팔 집
Not for sales. 비매품

- This picture is only on display; it's not **for** sale.
  이 그림은 단지 진열해 놓은 것이지 팔려고 내놓은 것이 아닙니다.

❷ 적합 · 대상

recommend 추천하다; ~을 권하다(advise)
promotion [prəmóuʃən] 승진; 판촉

- The manager has been recommended **for** promotion.
  부장은 승진에 적합한 사람으로 추천을 받았다.

- books **for** children 어린이용 책
- a hat **for** girls 소녀용 모자
- a dress **for** the occasion 그 자리에 어울리는 옷

❸ 교환 · 금액으로(as the price)

cost ~의 비용이 들다
for nothing 공짜로
(= without payment, free)

> A : How much did your computer cost?
>   컴퓨터 얼마 주고 샀어요?
> B : It didn't cost me a cent. I got it **for** nothing.
>   1원도 안 들었어요. 공짜로 구했어요.

- I gave him a record **for** his stamps.
  나는 그의 우표와 교환으로 음반을 한 장 주었다.

- I bought this book **for** $5.
  나는 이 책을 5달러 주고 샀다.

fine 벌금을 과하다

  cf. He was fined *for* drunken-driving.
    그는 음주운전으로 벌금을 물었다.(= The driver was fined for being drunk.)

  'for'는 '~에 대한 벌칙' 또는 '이유'를 나타낸다.

❹ 목적(Purpose) · 목표(Goal)

1) 마음먹은 목적지로 향할 때 'run / start / head' 동사와 함께 'for'를 사용

- Bob set out **for** New York and he did everything **for** money.
  Bob은 뉴욕으로 출발했다. 그리고 돈을 벌기 위해 무슨 일이든 했다.

- Where are you headed **for**? 어디 가니?
  cf. The children went *to* Seoul.
  'to'는 목적지에 도착하는 것을 말함.

2) 의중(意中)에 있는 사람을 나타낼 때: for

- Jane made a sweater **for** her daughter.
  제인은 딸을 위해 스웨터를 떴다.

  cf. She presented a ring *to* her mom. 그녀는 엄마에게 반지를 선물했다.

  실제로 받는 사람을 나타낼 때는 'to'가 쓰인다.

❺ (다른 사람 또는 예상될 수 있는 것과 비교해 볼 때) ~치고는, ~로서는

- You look young **for** your age.
  나이에 비해 젊어 보이십니다.

- He's not bad **for** a beginner.
  그는 초보자치고는 꽤 괜찮아.

- It's quite warm **for** January.
  일월 날씨치고는 제법 따뜻해.

10 범위 · 한계

'beyond'는 '정도(程度) 또는 한계(限界)를 넘어선' 이라는 뜻.

- I'm afraid cooking is **beyond** me.
  요리는 자신이 없어요.

- He's living **beyond** his income.
  = He's spending more than he earns.
  그는 분에 넘치는 생활을 한다.

- What he said is **beyond** my understanding.
  그의 말은 나는 이해할 수 없다.

be beyond sb ~에게 너무 어려운 (too difficult for sb), ~로선 할 수 없다

income 수입 ↔ **outgo** 지출 (expenditure)

11 비교 전치사 'like'

사람 · 행동 등의 비교(comparison) · 닮음(resemblance)을 나타낼 때 전치사 'like'는 '~와 같이, ~처럼, ~을 닮은'의 뜻이다.

❶ 비교: like ~와 같이, ~처럼

- He swam **like** a fish and climbed **like** a monkey.
  그는 물고기처럼 헤엄을 쳤고 원숭이처럼 나무에 올라갔다.

- He worked **like** a slave. 그는 매우 열심히 일을 했다.

  He ≠ a slave

- He spoke **like** a lawyer. 그는 변호사처럼 말했다.

  He ≠ lawyer
  변호사는 아니지만 말하는 방법이 변호사를 닮았다는 뜻

  cf. He spoke *as* a lawyer. 그는 변호사로서 말했다.

  He = lawyer

calm [kɑ:m] 침착한
smart 영리한; 세련된

❷ 닮음: like ~을 닮은

다른 사람의 성격(character)을 물을 때 'be like'를 사용하고 외모(appearance)를 물을 때 'look like'가 쓰인다.

> A : What's he **like**?
> 그 사람 성격이 어때?
> B : He's very calm and smart.
> 그는 매우 침착하고 영리해.

- I have a car **like** yours. 내 차는 네 것과 비슷해.
  = My car is similar to yours.
- **Like** father, **like** son. 부전자전(父傳子傳).

12 출신(出身)·출처·기원·유래: from

> A : Are you **from** London?
> 런던 태생인가요?
> B : Well, I'm originally **from** Newcastle, but I live in London now.
> 저, 본래는 뉴캐슬 태생이지만 지금은 런던에 살고 있어요.

- This music is **from** one of Mozart's operas.
  이 음악은 모차르트 오페라 중의 일부분이다.
- Do you know where the information came **from**?
  그 정보가 어디서 나왔는지 알아?

13 종사(從事): over

'~을 하면서, ~을 마시면서, ~을 먹으면서'라고 할 때 'over'가 쓰인다.

> A : Let's discuss it **over** a cup of coffee.
> 커피나 한잔하면서 얘기하지요.
> B : O.K. Why don't we stop in here at this place?
> 좋아요. 여기 잠깐 들르지요.

stop in 잠깐 들르다

14 재료(材料): of, from, with

재료(Material)·성분(Ingredient)을 나타내는 전치사: 'of'는 물리적 변화, 즉 형태 변화만을 나타낸다. 'from'은 화학적 변화, 즉 재료의 성질 변화를, 'with'는 재료가 주요 성분임을 나타낸다.

- The carpenter of steel made the desk (**out**) **of** wood.
  강철과 같은 그 목수는 나무로 책상을 만들었다.

  eg. a heart *of* stone 무정한 사람 〈비유〉

- Beer is made **from** hops. 맥주는 호프로 만들어진다.
  cf. Hops are made *into* beer. 〈결과〉

- This cake is made **with** lots of eggs.
  이 과자는 계란을 많이 넣고 만든 것이다.

15 결과(Result), 반응(Reaction): to

a. **Much to my surprise**, she tore the letter **to pieces**.
매우 놀랍게도 그녀는 그 편지를 조각조각 찢어 버렸다.

'to + 감정·추상명사'로 감정적 반응을 나타낸다.
to my regret 유감스럽게도   to my delight 매우 기쁘게도
to my relief 한시름 놓게   to my annoyance 난처하게도

b. The boy was moved **to tears** by the sad TV drama.
그 소년은 슬픈 TV드라마에 감동되어 눈물을 흘렸다.

c. I'm bored **to death**. 지루해 죽겠어.

d. I'm worried **to death**. 걱정되어 죽겠다.

e. I laughed myself **to death**. 우스워 죽을 뻔했어.

실제로 죽은 것이 아니라 보어 또는 동사를 강조한 나머지 허풍을 떨 때 쓰이는 표현이다.

f. He was starved *to death*. 그는 굶어 죽었다.

c, d, e)문장처럼 어떤 상태·정도를 강조하는 표현과는 달리 'starved(굶어서), burned(불에 타서), beaten(맞아서), frozen(얼어서), crushed(밟혀서), choked(질식해서), sentenced(사형 선고를 받아서)' 등과 같은 '과거분사 + to death'가 쓰이면 '~해서 죽어 버렸다'는 결과를 나타낸다. 즉 과거분사(starved)는 '굶어 죽은 상태'를, 현재분사(starving)는 '배고파 죽어 가고 있다'는 과장된 표현인 것이다.

cf. I'm *starving to death*. 배고파 죽겠다.

move 감동 시키다; 동의하다 움직임; 조치, 수단

bored 지루한, 지루함을 느끼는

03 전치사의 생략(Omission of preposition)

영어의 모든 명사는 주어·(타동사·전치사의) 목적어·보어로 쓰이는데 그렇지 않은 경우에는 전치사가 생략된 채 부사적으로 사용된 것이다.

1 시간의 전치사 'on, during, in, for'

'last, next, this, that, some, any' 등이 결합된 시간 부사구에서 전치사 'on, during, in, for'가 생략된 채 명사구가 부사 역할을 한다. 이러한 부사구를 부사격 대격(對格)이라 한다.

- I saw her **last Thursday**, but I can't see her **this week**.
  지난 목요일에 그녀를 만났지만, 이번 주에는 그녀를 만날 수 없다.

- Edison thought one must live **a thousand years** in order to read all the books in the library. So he read very eagerly, **day and night**.
  사람이 도서관에 있는 모든 책을 읽기 위해서는 엄청난 시간을 살아야 한다고 에디슨은 생각했다. 그래서 그는 밤낮을 가리지 않고 열심히 책을 읽었다.

- We stayed there **three months / all night (long)**.
  우리는 그곳에서 3개월 / 온 밤을 머물렀다.

  cf. I haven't spoken to her *three months*. (x)
  나는 3개월간 그녀에게 말하지 않았다.

  동사가 상태를 나타내는 경우에 전치사 생략이 가능하지만 'spoken to'와 같이 동작동사인 경우에는 생략이 안 된다.

2 기간·거리의 전치사 'for'

- She and I walked **four kilometers** hand in hand this morning.
  그녀와 나는 오늘 아침 손을 잡고 십리를 걸었다.

3 상황·방법의 전치사 'with, in'

- A man sitting on the sofa, **pen in hand**, told me, "Do it **this way**."
  손에 펜을 들고 소파에 앉아 있는 한 남자가 '그것을 이렇게 해'라고 나에게 말했다.

  'with a pen in his hand'는 부대 상황을 나타내는 부사구로 전치사 'with'가 생략된 채 부사로 쓰여야 되기 때문에 명사의 속성을 유지해주는 관사와 소유격을 동시에 생략해야만 한다. 그 이유는 관사 또는 소유격 다음에 항상 명사가 오기 때문이다.

- A woman's going to the well **(with a) water-pot on (her) head**.
  한 아낙네가 물 항아리를 이고서 우물가로 가고 있다.

- I hope everything turns out **(in) the way** you want it to next year.
  명년에는 모든 일이 원하는 대로 이루어지길 바랍니다.

4 정도의 전치사 'by'

- I am **forty years** old, **180cm** tall.
  나의 나이는 40세이고, 키는 180cm 이다.

  위 예문에서 '(by) forty years'는 보어 'old'를 수식하는 정도를 나타내는 부사구인데 전치사 'by'가 생략되고 남은 명사구 'forty years'는 보어 'old'를 꾸며 주는 부사구 노릇을 한다.

- The wall is **five feet** wide. 벽의 넓이는 5피트다.

  부사구 '(by) five feet'는 정도를 뜻하는 전치사 'by'가 생략된 채 'wide'를 꾸며 주는 부사구 노릇을 한다.

04 전치사의 선택에 따라 명사·동사의 뜻이 달라지는 경우

1 전치사에 의해 뒤따라오는 명사의 뜻이 달라지는 경우

- Bring me *a chair* to sit **in**. 안락의자 하나 가져오세요.

  전치사 'on'은 평면적, 'in'은 공간적 의미를 나타내므로 'on the chair'는 팔걸이가 없는 보통 의자이고 'in the chair'는 팔걸이가 있는 안락의자이다.

- They are sitting **on** the grass / **in** the grass.

  'on'은 표면(평면)을 나타내므로 'on the grass'는 풀이 짧음을 암시하고, 'in'은 공간을 나타내므로 'in the grass'는 풀이 길게 자란 것을 뜻한다.

  cf. She is sitting *in the lawn*. (x)

  잔디란 짧은 풀을 의미하기 때문에 'on the lawn'이라고 해야 옳다.

- My car has been damaged **by** / **with** the branch of a tree.

  전치사 'by'는 수단을 나타내므로 '자연 현상인 바람 때문에 부러진 나뭇가지에 의한 손상'을, 도구를 나타내는 'with'가 쓰이면 '자연 현상이 아니고 사람이 나뭇가지를 이용한 손상'을 뜻한다.

damage [dǽmidʒ] (물건·건강 등을) 손상을 시키다

2 전치사에 따라 동사의 의미가 달라지는 경우

❶ 'shout, throw, run' 등의 동사 다음에 전치사 'at'를 사용하면 '공격할 목적으로 …을 하다' 뜻이 되고 'to'를 사용하면 '방향'을 나타낸다.

- She got very angry and started **shouting at** me.

  그녀는 매우 화가 나서 나에게 고함을 지르기 시작했다.

- She **shouted to** me from the other side of the street.

  길 건너편에서 그녀는 나에게 (내가 들을 수 있도록) 큰 소리로 말했다.

- She got suddenly furious and **ran at** me with a bread knife.

  그녀는 갑자기 난폭해져서 빵 자르는 칼을 갖고 나에게 달려들었다.

furious [fjúəriəs] 성난, 격노한 (very angry); (속도 등이) 맹렬한

- My puppy is **running to** me.

  우리 강아지가 나에게 달려오고 있다.

❷ dream about ~를 꿈꾸다, 꿈속에서 보다
dream of ~을 하거나 또는 ~이 되는 것을 꿈꾸다, 상상하다

- Last night I **dreamed about** you.

  어젯밤 꿈속에서 너를 보았어.

- I **dreamed of** being rich.

  부자가 되는 상상을 했어.

- He **dreams of** one day becoming a famous pianist.

  그는 언젠가는 유명한 피아니스트가 될 것이라고 생각한다.

❸ remind sb about ~에게 …을 잊지 않게 해 주다
remind sb of ~에게 …을 연상시키다

- I'm glad you **reminded** me **about** the gathering. I had completely forgotten it.

  모임을 기억나게 해줘서 나는 기뻐. 모임을 깜빡 잊었었어.

- Julie **reminds** me **of** myself when I was her age.

  줄리를 보면 내가 그만할 때 내 모습이 생각나.

complain ~에게 불평하다; 투덜거리다
breathe [briːð] 호흡하다; (공기 등을) 들이마시다

complaint [kəmpléint] 고소; 불평; 병(illness)

locate [loukéit] (건물 등의 위치를) 알아내다

failure [féiljər] 실패
a failure 실패한 사람 / 물건

❹ **complain about** (불만·짜증스러운 것을) 불평하다, 투덜거리다(grumble)
complain of (몸이 아프거나 신체 어딘가 통증이 있어) 호소하다

- He **complained** to the manager of the restaurant **about** the food.
  그는 식당 지배인에게 음식에 대해 투덜댔다.

- She's been **complaining of** difficulty in breathing.
  그녀는 호흡곤란을 호소하고 있다.

❺ **look into** (~의 원인을) 조사하다(examine causes of)
look sth up (어떤 정보를 책·사전 등에서) 찾다
look for (잃어버린 것 등을) 찾다, (필요하거나 원하는 것을) 구하다

- The police have received the complaint, and they're **looking into** it.
  경찰은 고소를 접수하고 그것을 세밀하게 조사하고 있다.

- **Look up** the strange word in the dictionary.
  모르는 단어는 사전에서 찾아라.

- Jane is **looking for** a new job.
  제인은 새 일자리를 구하는 중이다.

  cf. We had some trouble *locating* your new house.
  너의 이사 간 집을 찾느라고 애 좀 먹었어.

❻ **hear about** (결혼·취직·입원 등의 소식에) 관하여 듣다
hear from (보통 서신을 통해) ~로부터 소식을 듣다(receive news from sb)
hear of (어떤 사실 또는 사람이나 물건의 존재)에 관하여 듣다

> A : Have you **heard from** Jane recently?
>   제인으로부터 최근에 소식 들었어?
> B : Yes, I got a letter from her a few days ago.
>   응. 며칠 전에 그녀로부터 편지를 받았어.

- I look forward to **hearing from** you.
  소식 듣기를 학수고대하고 있습니다. (편지 끝말로 쓰임)

- Did you **hear about** the party? – It was a complete failure.
  파티에 관해 들었어? 완전히 엉망으로 끝났어.

  a + 추상명사 = 보통명사

- I've never **heard of** anyone doing a thing like that.
  그와 같은 것을 하는 사람이 있다고 들어본 적이 없어.

❼ **think about** 곰곰이 생각하다(ponder), 고려하다(consider), 결정하기 전에 신중히 생각하다
think of 생각해 내다, 어떤 생각·이름·제안 등이 떠오르다(come to mind)

> A : Dad, will you buy me a new bike? 아빠, 새 자전거 사주시겠어요?
> B : Well, I'll have to **think about** it. 글쎄, 생각 좀 해봐야 겠어.

- I can't **think of** the name of the hotel. If it occurs to you, let me know.
  호텔 이름 생각이 안 나. 생각나시거든 알려 주세요.

  occur[əkə́ːr] 머리에 떠오르다; (사건 등이) 일어나다

- Whenever I see white roses, I **think of** my wedding.
  흰 장미를 볼 때마다 내 결혼식이 생각나.

  = My wedding comes to mind at the sight of white roses.

  = White roses remind me of my wedding.

- They are still trying to **think of** a name for the baby.
  그들은 아기 이름을 지으려고 계속 생각하고 있다.

  ~에 대한 의견(opinion)을 물어 볼 때는 'What do you think of / about ...?' 둘 다 가능하다. 상대방에게 제안·권유를 할 때 가장 많이 쓰이는 다소 격의 없는(informal) 표현으로 'How about -ing?(~하는 것이 어때요?)'와 함께 'What about -ing?(~하는 것이 어때요?)'가 쓰인다.

    A : Do you ever **think about** growing old?
    늙는다는 것에 대해서 생각해본 적이 있으세요?

    B : I try not to. It's too depressing.
    생각을 안 하려고 합니다. 너무 우울해져서요.

  depressing 우울하게 하는

01. 다음 중 어법상 틀리거나 어색한 부분이 있는 것을 고르시오.

(A) Don't worry about it. There's nothing to worry about.
(B) Man differs from animals in that he can think and talk.
(C) It was agreed to that they would meet again soon.
(D) We're very grateful for you to all you've done for us.

02. 주어진 두 문장의 뜻이 같지 않은 것을 고르시오.

(A) He paid me an unexpected short visit.
   = He dropped by me.
(B) She is too beautiful for words.
   = Her beauty is beyond description.
(C) There's something wrong with the tractors and there are no spare parts.
   = The tractors are out of order and there are no spare parts.
(D) Are you for or against the plan?
   = Do you support or oppose the plan?

◎ 다음 대화문의 빈칸에 가장 적절한 표현을 고르시오.

03. A: How did you do it?
B: _____

(A) No, I didn't.   (B) I'm fine, thanks.
(C) By loosening the screws.   (D) No later than tomorrow.

04. A: This is not so easy. Are you really _____ to this?
B: I don't feel _____ to going to work today.

(A) able - up   (B) apt - able
(C) over - able   (D) up - up

05. A: Mrs. Bradley, your child is _____ danger now.
B: Thank God! I've been _____ my mind with worry.

(A) in - in   (B) out of - out of
(C) out - out   (D) into - into

06. A: This song reminds me _____ my ex-boyfriend.
B: Shall I turn _____ the volume?

(A) of - up   (B) for - on
(C) with - on   (D) on - off

07. Salesgirl: Is there anything I can help you _____ or are you just browsing?
    Customer: Not right now, thanks. I'm just looking _____.
    (A) for - for
    (B) with - around
    (C) with - for
    (D) with - up

08. A: Have you any of the blue shirts in stock?
    B: Sorry, we're _____ stock in that item, but it's on order.
    (A) out of
    (B) for
    (C) on
    (D) in

09. A: Are you going to the funeral?
    B: Yes. I'm _____ now.
    (A) on my way to there
    (B) by the way there
    (C) on my own there
    (D) on my way there

10. A: Who is Mark Perry?
    B: I've no idea. I've never heard _____ him.
    (A) about
    (B) from
    (C) after
    (D) of

11. A: Help yourself _____ some steak.
    B: No thank you. I'm afraid I'm not very keen _____ meat.
    (A) to - on
    (B) with - to
    (C) to - by
    (D) for - for

12. A: I'll bet you got a hundred-dollar a month raise.
    B: How did you know?
    A: It was a _____ in the dark.
    B: You hit it right _____.
    (A) shade - in the face
    (B) shot - on the nose
    (C) hit - on the face
    (D) light - in the nose

◎ 다음 글의 빈칸에 가장 적절한 표현을 고르시오.

13. I'm not very good _____ repairing things.
    (A) at
    (B) for
    (C) in
    (D) about

14. Keep those medicines _____ the reach of children.
(A) without
(B) from
(C) far
(D) out of

15. _____ your instructions, we will send the goods.
(A) On receipt of
(B) When we receive of
(C) When we'll receive
(D) On receive of

16. I pay my rent _____.
(A) by the quarter
(B) in quarterly
(C) by a month
(D) in a month

17. We'd like you to accept this gift _____ a small token of our gratitude.
(A) with
(B) for
(C) as
(D) to

18. I've made up my mind to be financially independent _____ my parents.
(A) on
(B) from
(C) of
(D) with

19. Vitamin D is produced on your skin _____ the effect of sun rays, then absorbed into your body.
(A) in
(B) by
(C) for
(D) on

20. There is no defeat except from within; no really insurmountable barrier _____ our own inherent weakness.
(A) if
(B) despite
(C) unless
(D) save

21. Fred is away at the moment. I don't know exactly when he's coming back but I'm sure he'll be back _____ Monday.
(A) by
(B) until
(C) to
(D) at

22. We travelled _____ the 6:45 train, which arrived at 8:30.
(A) in
(B) on
(C) by
(D) to

23. The accident was my fault, so I had to pay for the damage _____ the other car.
(A) of　　(B) for　　(C) to　　(D) on

24. Why were you so unfriendly _____ Mark? Have you had an argument _____ him?
(A) to - to
(B) for - with
(C) to - with
(D) with - with

25. A soldier is required to wear his uniform _____ duty. _____ duty he may wear the same clothes as any civilian.
(A) on - Off
(B) on - On
(C) off - Off
(D) off - On

26. We're going to make _____ renovations to the employee lounge _____ the seventh floor next spring.
(A) extensive - on
(B) extensively - in
(C) extensively - on
(D) extensive - in

27. Some of the protesters continued their protests _____ the end of the massive candlelight rally.
(A) even though
(B) even after
(C) although
(D) even if

28. Future medical research is dependent on the use _____ animals.
(A) of　　(B) by　　(C) from　　(D) to

29. The company hopes to return to _____ this year.
(A) profit
(B) profitability
(C) profitable
(D) profited

30. The management hopes to increase profits _____ high production costs.
(A) by reduction
(B) by reducing
(C) to reduce
(D) through reducing

31. From July of this year it became illegal in our country _____ anyone _____ 18 to smoke cigarettes or drink alcohol.
(A) for - for
(B) for - under
(C) of - over
(D) by - from

32. The manufacturers will have to repair the car without charge because it is still _____ warranty.
(A) in
(B) under
(C) during
(D) for

33. Company regulations prohibit all the workers _____ going out _____ personal reasons during working hours.
(A) from - for
(B) for - from
(C) for - for
(D) by - by

34. In considering people _____ jobs, we give preference to those _____ some experience.
(A) for - for
(B) for - with
(C) with - for
(D) with - with

35. Owing to a sharp rise _____ demand during the hot summer, production of the deluxe air-conditioner models will increase _____ the beginning of July.
(A) in - in
(B) during - during
(C) in - at
(D) of - by

36. _____ a few days of serious negotiation on importing U.S. beef, representatives from both countries finally came to an agreement on the dispute settlement.
(A) Followed
(B) Following
(C) Follow
(D) Follower

37. In accordance _____ the terms of your contract, your starting salary is $25,000 per year and you will get a wide range of benefits including 30 days' annual paid vacations.
(A) to
(B) for
(C) with
(D) by

38. The rent is due _____ the 10th of every month unless the 10th falls _____ a weekend. In that case, it'll be collected the following Monday.
(A) on - on
(B) in - in
(C) at - at
(D) by - by

39. When I made a reservation _____ the name of Baker, I was told that we would be accommodated in an air-conditioned room _____ a balcony and a private bathroom.
(A) in - in
(B) with - with
(C) in - with
(D) with - in

40. Our quality sofas and sofabeds can _____ the color and design of your choice.
(A) be ordered in
(B) be ordered by
(C) order to
(D) order as

41. If you're not satisfied with your purchases, return the goods _____ a week _____ replacement.
(A) within - for
(B) in - with
(C) for - for
(D) out of - with

42. A large number of immigrant workers _____ countries are working in a variety of manual labor industries.
(A) from variety
(B) from various
(C) by variety
(D) by various

43. The "greenhouse effect" refers _____ the rise in average temperatures resulting from increased amounts of carbon dioxide in the atmosphere.
(A) as
(B) to
(C) by
(D) for

44. Son, when you go to school, spend your time with serious students; don't hang around with people who go to parties all the time. A man is known _____ the company he keeps.
(A) to
(B) as
(C) by
(D) with

45. North Korea started a war _____ us about half a century ago. It pretends to be friendly to us, but we're sometimes afraid of its being an aggressor again.
(A) for
(B) against
(C) by
(D) of

LESSON 17
접속사

문장의 구성요소인 단어와 단어, 구(句)와 구(句), 절(節)과 절(節)을 연결해 주는 것을 접속사라 한다. 문법상 대등한 관계에서 연결된 것을 등위 접속이라 하고; 문장의 한 구성 요소, 즉 목적어·보어·형용사·부사의 기능을 하는 것을 종속 접속이라고 한다. 구(句), 절(節)은 단독으로 쓰이지 못하고 문장의 한 구성요소 기능을 한다.

우리가 언어활동을 하는데 단순한 하나의 단문보다는 대부분이 중문 또는 복잡한 구조인 복문으로 구성된다.

말하고자 하는 내용과 이미 앞에서 말한 내용과의 관계를 논리적으로 연결함으로써 글의 흐름을 매끄럽게 해주는 것이 연결어이다. 접속사, 접속부사(however, thus, nevertheless, otherwise, etc.), 일부 전치사구(for example, of course, in fact, on the other hand, etc.) 따위가 전형적인 연결어 구실을 한다.

아래 문장은 'Putting off ...(S) is(V) admitting ...(C)' 로 구성된 간단한 2형식 문형이지만 2개의 종속 명사절과 2개의 부사구 때문에 복잡하게 보일 수 있다.

- Putting off till tomorrow what should be done today is admitting to one's self that one is lazy.
  오늘 해야만 할 일을 내일로 미루는 것은 게으르다는 사실을 자신에게 시인하는 것이다.

  ① what should be done today 〈'putting off'의 목적어로 쓰인 명사절〉
  ② that one is lazy 〈'admitting'의 목적어로 쓰인 명사절〉
  ③ till tomorrow 〈동명사 'putting off'를 수식하는 부사구〉
  ④ to one's self 〈'admit'를 수식하는 부사구〉

L·E·S·S·O·N 17

01 등위접속사(Coordinate conjunction): and, or, but

하나 이상의 단문이 'and, or, but'와 같은 등위접속사로 연결되어 있는 것을 중문(Compound sentence)이라한다.

1 연결접속사

❶ 두 어구의 중요성이 대등하여 'and'는 'also, in addition to'의 뜻으로 단순히 연결·첨가하는 의미만 있다.

- We were cold **and** hungry.
  = We were *both* cold **and** hungry.
  우리는 춥고 배가 고팠다

- He has a house, **and** has a nice car, too.
  = *Besides* having a house, he has a nice car.
  = *In addition to* having a house, he has a nice car.
  = He has a house, and *also* has a nice car.
  그는 집이 있고 멋진 자동차도 있다.

❷ 음식에 첨가의 뜻으로 쓰인다.

- Bread **and** butter is my favorite.
  버터 바른 빵(bread spread with butter)이 내가 즐겨 먹는 것이다.
  eg. bacon *and* eggs 베이컨에 달걀 반숙을 얹은 요리

❸ 'come, go, try' 동사 다음에 목적을 나타내는 to부정사 대신에 'and'가 쓰인다.

- Come **and** see me. 놀러와.
  = Come *to* see me. = Come see me. 〈회화체〉

- Come **and** have coffee with me. 커피 마시러 와.

- Go **and** get me a hammer, please. 가서 망치 좀 가져 오세요.

- Try **and** get here before 2 o'clock. 2시 전에 이곳에 도착하도록 해봐.

❹ 같은 어구를 반복하여 강조할 때

- We waited for hours **and** hours. 몇 시간이고 우리는 기다렸다.

- I really **and** really love you. 정말, 정말 당신을 사랑해.

❺ 명령문에서 'and'는 '~하라, 그러면 …할 것이다'의 뜻과, 어떤 결과 또는 설명하려 할 때

- Water the seeds **and** they will grow. 씨앗에 물을 줘라. 그러면 싹이 틀 거야.

- Go straight ahead, **and** you'll see a big house.
  똑바로 가면 커다란 집이 눈에 띌 거야.
  = *If you go straight ahead*, you'll see a big house.

---

favorite [féivərit] 더 좋아하는 사람·사물; 마음에 드는, 좋아하는

a gin and tonic 진토닉 칵테일 한잔

grow 싹트다; 성장하다, 자라다

- Come to me, all of you who are tired from carrying heavy loads, **and** I will give you rest. ⟨MATT 11: 28⟩
  무거운 짐으로 피곤한 자들아 다 내게로 오라. 그러면 너희를 쉬게 하리라.

load 무거운 짐; (비유적으로) 부담, 수고
rest 휴식; 나머지

2 선택접속사

❶ 명령문 또는 'must / had better'를 포함한 충고 · 경고 다음에 'or'는 '그렇지 않으면'의 뜻이다.

- Turn the heat down **or** the cake will burn.
  = *If* you *don't* turn the heat down, the cake will burn.
  불을 줄이지 않으면 케이크가 타겠다.

turn down (TV · 전기 · 가스 · 수도 등을) 줄이다(reduce); 거절하다 (reject)

- You'd better run **or** you're going to be left behind.
  뛰어가는 게 좋겠어. 그렇지 않으면 뒤처지게 될 거야.

be left behind 뒤처지게 되다, 뒤에 남다

- My future husband will have to agree to a marriage of two equal partners – **or** I'll stay single.
  미래의 남편이 동등한 두 동반자 / 배우자로서의 결혼을 받아들이지 않는다면 저는 독신으로 있을 겁니다.

agree to 동의하다(accept)
marriage [mǽridʒ] 결혼
equal [íːkwəl] 동등한
stay (어떤 상태로) 있다, ~인 채로 있다(remain)

❷ 부정문 다음에 'and not'의 뜻으로 쓰인다.

- He never smokes **or** drinks. 그는 술과 담배를 안 한다.

- She can't read **or** write. 그 여자는 읽을 수도 쓸 수도 없다.

❸ '즉 다시 말해서(that is (to say))'의 뜻으로 다른 표현으로 설명하려 할 때

- Carpooling, **or** sharing a ride to work allows us to save on gas.
  카풀, 즉 차를 함께 타고 직장에 가게 되면 휘발유 낭비를 줄일 수 있다.

- I've encountered nothing on Apollo 15, **or** in this age of space and science that dilutes my faith in God.
  나는 아폴로 15호 선상에서, 즉 다시 말해서 우주 과학의 시대에서 하느님에 대한 나의 신념을 약화시키는 어떤 것도 만난 적이 없다

carpool 자가용차를 합승하다
share 함께 하다
ride (말 · 차 등에) 태움
allow+O+부정사 ~할 수 있게 되다
save 낭비를 줄이다
encounter [enkáuntər] (새로운 것, 위험한 것 등을) 우연히 만나다
space 우주
dilute [dilúːt] ~의 힘 · 효력 등을 약하게 하다
faith [feiθ] 신념

❹ 선택 접속사 'or'는 '둘 중의 하나'
either A or B A 또는 B, 양자택일 / neither A nor B A도 B도 아니다

- Are you coming **or** not? 올 거야 안 올 거야?

- Call at 3 or 4 o'clock, then **either** Bob **or** I will answer the phone. If **neither** Bob **nor** I answer the phone, give me a call at night.
  3시나 4시에 전화하면 Bob이나 내가 전화를 받을 거야. 만일 Bob 이나 내가 전화를 받지 않으면 밤에 전화해.

3 반의 접속사

'but, although, however'는 앞서 언급한 내용과 대조(對照: contrast)를 나타낼 때 쓰인다.

- Hong Kong is very exciting, **but** it's pretty crowded.
  = **Although** Hong Kong is very exciting, it's pretty crowded.
  홍콩이 매우 신나는 나라이기는 하지만 사람들이 너무나 붐빈다.

crowded 붐비는, 만원인
cf. overcrowded 초만원인

- Tom is small **but** strong, and his wife is intelligent **but** lazy.
  톰은 키가 작지만 힘이 세고, 그의 부인은 똑똑하지만 게으르다.

intelligent 영리한, 총명한
lazy 게으른, 일하기를 싫어하는

4 상관 접속사

2개 이상의 단어가 서로 떨어져 하나의 접속사 역할을 한다. 상관 접속사로 연결되는 두 어구(語句)는 동일 구조여야 한다.

❶ not only A but also B A뿐만 아니라 B도(= B as well as A)

- I love **not only** myself **but also** her.
  = I love her *as well as* myself.
  나는 나 자신뿐만 아니라 그녀 역시 사랑한다.

- He was kind **as well as** sensible.
  = *In addition to* being sensible, he was kind.
  그는 사리가 분별할 뿐만이 아니라 친절하다

sensible 분별 있는, 현명한
in addition [ədíʃən] to ~외에

❷ both / at once A and B A도 B도, 둘 모두

- **Both** drinking **and** smoking are prohibited here.
  이곳에서는 음주와 흡연이 금지되어 있다.

- Students **both** honest **and** clever always succeed.
  정직하고 현명한 학생들은 항상 성공한다.

prohibit [prouhíbit] 금지하다

❸ not A, but B A가 아니고 B

- **Not** Steve, **but** Julie supports the family.
  스티브가 아니라 줄리가 가족을 부양한다.

support [səpɔ́ːrt] 부양하다

- They think of their hobbies **not** as a means of earning a living **but** as a matter of personal interest.
  그들은 그들의 취미를 생활비를 버는 수단으로서가 아닌 개인적 관심의 문제로 생각한다.

  cf. None *but* the brave deserve the fair.
  용감한 자만이 미인을 차지할 수 있다.

  the + 형용사 = 보통명사

think of A as B A를 B로 생각하다
means 수단
earn 벌다
earn a living 생활비를 벌다
matter (관심·고찰의) 문제
personal 개인의, 개인적
interest 관심, 흥미
deserve (언행(言行)이 칭찬·격려·축하 등을) 받을 만하다
fair [fɛər] 아름다운
the brave 용감한 사람들
the fair 미인

02 종속절의 종류: 명사절·형용사절·부사절

복문(Complex sentence)은 하나의 주절과 하나 이상의 (다른 문장의 일부인) 종속절로 이루어진다. 종속절은 문장의 한 구성 요소인 주어·목적어·보어·부사·형용사 기능을 한다.

1 명사절(節)

'that, if, whether' 등은 명사절을 이끄는 접속사로서 문장의 주어·보어·목적어 역할을 한다. 관계대명사 'what' 또한 명사절을 유도한다. 〈259쪽 what용법 참조〉

❶ 주어로 쓰인 명사절

- It's a good thing (**that**) **we made a reservation**. 〈진주어〉
  예약하기를 잘했어.

- **Whether he does it or not** makes no difference to the decision-making process.
  그가 그것을 하든 안 하든 의사 결정 과정에는 아무런 차이가 없다.

- **What you say** may well be true.
  네가 말하는 것이 사실일지도 몰라.

it's a good thing ... ~하길 잘 했어, ~한 것이 운이 좋았다
reservation[rèzərvéiʃən] 예약
make a reservation 예약하다 (reserve)
difference[dífərəns] 차이
decision-making 의사결정의
process 과정

❷ 목적어로 쓰인 명사절

- I *doubt* **that she will get the job**.
  그녀가 직장을 구할 것 같지가 않아.

- I'll *see* **if she's at home**.
  그녀가 집에 있는가를 알아볼게요.

- May I try this on to *see* **if it fits**?
  크기가 맞는지 알아보려고 이 옷 좀 입어 볼까요?

- I couldn't *remember* **whether you took sugar in your coffee or not**.
  당신이 커피에 설탕을 넣는지 안 넣는지 잊었어요.

  'if / whether'는 'ask, know, see, remember, wonder'의 목적어 명사절을 유도

doubt (사람·말을) 의심하다 의심, 의혹

❸ 보어로 쓰인 명사절

- It seems **that Mary has a bad cold**.
  메리가 독감에 걸린 것 같아.

- This is just **what I was looking for**.
  이것이 바로 내가 찾던 거야.

❹ 동격으로 쓰인 명사절

앞에서 언급된 어구를 부연 설명하는 것을 동격(apposition)이라 한다. 명사인 경우에 성·수·격이 일치해야 하며, 'the news / the fact / the idea / the evidence' 등은 동격을 유도하는 명사들이다.

a. *The news* **that** he was injured has shocked me.
   └ 동격 ┘
   그가 부상당했다는 소식으로 난 충격을 받았다.

injure[índʒər] (전쟁이 아닌 우연한 사고로) 상처를 입히다

b. *The news* that *he brought* has shocked me.
   그가 전한 / 들려준 소식으로 난 충격을 받았다.

문장 a, b)가 겉으로 보기에는 유사해 보이지만 문장 b)의 'that'는 관계대명사이므로 'which'로 바꿔 사용할 수 있지만, 문장 a)의 동격 접속사 'that'는 'which'로 바꾸는 것이 불가능하다. 접속사가 이끄는 절 a)의 'He was injured.'는 완전한 독립문장으로 홀로 쓰일 수 있다. 하지만 'that'가 관계대명사인 b)의 'He brought'에는 동사의 목적어가 없어 불완전한 문장이다.

c. I agree with *the old saying* **that** absence makes the heart grow fonder.
   "떨어져 있을 때 더욱 좋아지는 법"이라는 옛말에 나는 동의한다.

old saying 격언
absence 떨어져 있음, 부재; 결석
fond 좋아하는

2 형용사절: 관계사절은 이탤릭체 명사를 수식하는 형용사 기능을 한다.

- *The lady* **whom I have loved** is called Puppy.
  내가 지금까지 사랑해 온 아가씨는 이름은 퍼피이다.

- Tell me *the first thing* **that comes to your mind**.
  제일 먼저 생각나는 걸 나에게 얘기해봐.

- This is *the village* **where I was born**.
  이곳이 내가 태어난 마을이다.

come to mind 생각이 떠오르다
(ring a bell, come up with)

3 부사절

부사절을 이끄는 접속사에는 'though(양보), because, since(이유), while, when, before(시간)' 등이 있으며 부사 역할을 한다.

❶ 목적을 나타내는 부사절

목적을 나타내기 위해서 'so / in order that ~ can / may / will(~하기 위해서)' 이 사용된다.
목적을 보다 명확히 나타내기 위해서 'to 부정사'를 이용한 'so as to / in order to'를 사용한다.

- We left early **so (that)** we **could** get there on time.
  정시에 도착할 수 있도록 우리는 일찍 떠났다.

  주절의 시제(left)가 과거이므로 'could'가 쓰였다.

  = We left early *in order / so as to* get there on time.

get 도착하다(arrive); 받다(obtain); 이해하다

- Paul disguised himself **lest** that he **(should)** be recognized.
  폴은 남이 알아보지 못하도록 변장을 했다.

disguise[disɡáiz] 위장 / 변장하다
lest that ~ (should) ~하지 않기 위하여

- Bob works hard **in order that** he **may** not fail the test.
  = Bob works hard **for fear** that he **should** fail the exam. 〈복문〉
  = Bob works hard *so as / in order not to* fail the exam. 〈단문〉
  밥은 시험에 떨어지지 않으려고 열심히 공부한다.

for fear that ~ should ~하지 않기 위하여

❷ 결과를 나타내는 부사절:

'so ~ that S + can't' 는 '너무 ~해서 …할 수 없다'의 뜻으로 결과를 나타낸다.

- I'm **so** busy **that I can't** cook dinner.
  = I'm *too* busy *to* cook dinner.
  너무 바빠서 저녁을 할 수가 없어요.

- The coffee is **so** hot **that** I can't drink it.
  = My coffee is *too* hot *to* drink.
  내 커피는 너무 뜨거워서 못 마시겠어.

immediately[imí:diitli] 즉시
contented 만족한

- We paid him immediately, **so (that)** he left contented.
  그에게 돈을 즉시 지불했더니 그는 만족하여 떠났다.
  = We paid him immediately, *and so* he left contented.

  'so (that)(그래서)'는 '결과'에 사용되지만, '목적'과 혼동될 수 있으므로 명확히 하기위해 'and'를 삽입하기도 한다.

cf. We paid him immediately *so* (*that*) he *would* leave contented.
그가 만족하여 떠날 수 있도록 그에게 돈을 즉시 지불했다. 〈목적〉

- He told us **such** a funny story **that** we all laughed.
  = He told us **so** funny a story **that** we all laughed.
  그가 아주 재미있는 이야기를 해서 우리는 모두 웃었다.

  'so'는 형용사 'funny'만을 수식하고, 'such'는 명사구 'a funny story'를 수식함.

  cf. Smoking is a bad habit. *Therefore* if you don't smoke, don't start.
  흡연은 좋지 못한 습관이다. 그래서 담배를 피우지 않는다면 배우지마.

  'so'는 두 문장을 하나로 연결해 주는 역할을 하지만, 'as a result, therefore, that's why'와는 보통 문장이 분리되어 쓰인다.

❸ 이유를 나타내는 부사절:

'since, as, because, for'는 모두 동작이나 상태에 대한 이유를 나타내는 데 사용할 수 있다. 이유를 나타내는 부분이 문장에서 가장 중요할 때는 because를 사용한다. 일반적으로 이유를 나타내는 종속절은 뒤에 온다.

1) because

'because'는 주절과 종속절의 관계에 있어서 직접적인 이유를 나타내지만 'for'는 간접적인 이유 또는 이유가 나중에 생각나서 말할 때 사용하며 문두에 오지 않는다. 'why'에 대한 응답으로 'for'를 사용할 수 없다.

- I stayed at home **because/as/since** it was too dangerous to go out.
  밖에 나가는 것이 너무 위험해서 나는 집에 있었다.

- He's thin **because** he doesn't eat enough.
  많이 먹지 않아서 그는 말랐다.

thin 홀쭉한; 얇은; 가느다란; (수프 등이) 묽은; (나무·털이) 드문드문한

- Why am I leaving? I'm leaving **because** I'm FED UP!
  왜 떠나느냐고? 넌더리가 나서 떠나는 거지.

  대문자는 강조 표시

feed (어린이·동물에게) 먹을 것을 주다
be fed up 싫증나다; 질리다

- Do not despise a man **because** he is poor.
  가난하다고 해서 사람을 경멸하지 마라.

- **Now that** you mention it, I do remember the incident.
  네가 말하니까 그 사건이 정말 기억나네.

despise[dispáiz] 경멸하다(look down upon)
because (부정어와 함께) ~하다고 해서
now (that) ~때문에(because)
mention[ménʃən] 언급하다
incident[ínsədənt] 사건

- Mary is in Seoul, **for** she phoned me from there.
  서울에서 전화한 것을 보니 메리는 서울에 있어.

- It's morning, **for** the birds are twittering.
  새가 지저귀는 것을 보니 아침이군.

  새가 지저귄다고 아침이 되는 것은 아니기 때문에 'for(왜냐하면 …이니까, ~한 걸 보니)' 대신 'because'를 사용할 수 없다.

twitter[twítər] (새가) 지저귀다; 짹짹 울다; 재잘재잘 지껄이다

2) **as / since**

이미 이유가 잘 알려져 있는 경우나, 또는 그 이유가 문장의 나머지 부분보다 덜 중요한 경우에는 'as, since'를 쓴다. 'since'가 'as'보다 더 격식을 갖춘 것이다.

- **As** it is raining again, we'll have to stay at home.
  다시 비가 내리고 있으므로 우리는 집에 머물러야 할 것이다.

- **Since** you can't answer the question, we'd better ask someone else.
  네가 그 질문에 대답하지 않으므로 다른 사람에게 물어 보는 것이 좋겠다.

  cf. I*'ve lived* here **since** I was born. 〈접속사〉
  태어난 이래 이곳에 살고 있다.

  "How long have you been out of work?" "**Since** last year." 〈전치사〉
  "실직한지 얼마나 됐어요?" "지난해부터요."
  'since' 앞에 'I *have been* out of work'가 생략되었다.

  I *have* not *seen* him **since**. 〈부사〉
  그 후 그를 만나지 못했다.

  'since'는 접속사·전치사·부사의 세 가지로 쓰이며, '~한 이래, ~한 후 지금까지(from then until now)'의 뜻으로 완료 시제와 함께 쓰여 '계속 또는 경험'을 나타내며, since가 이끄는 종속절은 과거형이 쓰인다.

❹ 양보 부사절

양보 접속사 'although / (even) though'는 '~함에도 불구하고'의 뜻으로 주절의 내용과 대조(contrast)를 나타낸다.

- He got the job **though** he had no qualifications.
  = He got the job *in spite of* his being unqualified.
  아무런 자격이 없어도 그는 일자리를 구했다.

- **Although** it was dangerous, he decided to do it.
  위험하더라도 그는 그것을 하기로 결심했다.

- Pretty **as / though** she is, the woman is very wicked. I've never met such a wicked woman before.
  얼굴이 아무리 예뻐도 그 여자의 마음은 사악하다. 이렇게 심술궂은 여자를 전에 만나본적이 없다.

- Child **as** he is, he's a good speaker of French.
  = **Though** he's a child, he's a good speaker of French.
  그는 어린아이일지라도 불어를 매우 잘한다.

  접속사 'as / though' 앞에 명사·형용사·부사 또는 동사를 사용하여 양보의 뜻을 나타내며, 명사 앞에 관사를 사용하지 않는 것에 주의해야 한다.

❺ 시간 부사절

1) 'as soon as, after, before, until, when'과 같은 시간 접속사는 언제 무슨 일이 일어났는가를 나타내는 문장을 연결해 준다.

- Don't speak **while** (you're) eating. 음식을 먹을 때 말을 하지 마라.

  'while, if, as, when' 등으로 유도될 때 '주어 + 동사'가 종종 생략됨.

---

in spite of ~에도 불구하고
qualification [kwɑ̀ləfəkéiʃən] 자격
unqualified [ʌ̀nkwɑ́ləfàid] 자격이 없는

dangerous 위험한
decide [disáid] 결심하다(make up one's mind)

wicked [wíkid] 사악한, 나쁜, 불쾌한(= bad); 심술궂은

- I'm going to the movies **after** I do my homework.
  숙제를 한 후에 극장에 갈 거야.

- I'll wait **until** you are ready.
  준비될 때까지 기다릴게.

  시간·조건의 부사절에서는 미래를 현재 동사로 하는 것에 주의해야 한다.

  eg. I'm going to the movies *after I'll* do my homework. (x)

- We hadn't met each other for twenty years, but I recognized the man **the moment** I saw him.
  우리는 20년 동안 만나지 못했지만, 나는 그를 보는 순간 그를 알아보았다.

  'the moment / the minute / the instant; immediately / instantly'와 같은 명사·부사는 '~하자마자(as soon as)'의 뜻으로 접속사 구실을 한다.

  cf. As soon as I arrived home, I was asked to go on another errand.
  집에 도착하자마자 한 번 더 심부름을 가라는 부탁을 받았다.

recognize[rékəgnàiz] (전에 보았거나, 들었거나, 경험했기 때문에) 알아보다

errand[érənd] 심부름
go on an errand 심부름 가다

2) 접속사 'after, before, until'은 전치사로도 쓰여 뒤에 명사 또는 동명사를 목적어로 취하여 간단히 표현하는 방법이 회화에서 자주 쓰인다.

  A : When did you study Korean?
  한국어를 언제 공부했어요?
  B : **Before** I came to Korea. = *Before coming to Korea.*
  한국에 오기 전에요.

- I'll call you **after** I finish my work.
  = *After finishing my work*, I'll call you.
  일을 끝마친 후에 전화할게.

- Wash your hands **before** you eat.
  = Wash your face *before a meal*.
  식사 전에 손을 씻어라.

- I want to take a trip around the world **before** I die.
  = *Before dying*, I want to take a trip around the world.
  죽기 전에 세계 일주 여행을 하고 싶다.

❻ 양태부사절

양태 접속사 'as'는 '~이 …한 / …하는 것과 같이, ~와 마찬가지로'의 뜻으로 방법을 나타낸다.

- Do **as** I tell you. 내 말대로 해래(= Do as I say.)

- Leave the table **as** it is. 지금 있는 대로 식탁을 그대로 둬.(즉 건드리지 마.)

- Ecosystems mature, just **as** people do, from infants to adults.
  꼭 사람들이 유아에서 어른으로 성숙하는 것과 마찬가지로 생태계는 성숙한다.

  'do'는 'mature'를 대신하는 대동사

mature[mətjúər] 성숙하다 성숙한
just as 마치 / 꼭 …처럼
infant[infənt] 유아
adult[ədʌ́lt] 어른(grown-up)
ecosystem[íːkousìstəm] 생태계

03 접속사의 의미

1 'when'과 'as'

'when'은 주절과 종속절의 행동이 거의 동시에 일어나거나, 또는 처음 행동 뒤에 다음 행동이 뒤따라 일어날 때 'when'이 쓰인다. 그러나 첫 번째 행동이 끝나기 전에 다음 행동이 일어나는 경우는 'as'가 쓰인다.

- **When** she pressed the button, the elevator stopped.
  그녀가 버튼을 눌렀을 때 승강기는 멈췄다.

- Shut the door **when** you go out.
  나갈 때 문을 닫아라.(= Shut the door after you.)

- **As** I left the house, I remembered the key.
  집을 떠나려 했을 때 나는 열쇠 생각이 났다.

  즉, 아직 떠난 것이 아니라 현관에 있다는 뜻이며, 'When I left ...'는 집을 떠난 뒤에 생각이 났다는 뜻이다.

2 'if'와 'when'

❶ 현재의 조건을 표현할 때 'if'와 'when'은 같은 의미로 쓰인다.

- **If/When** it snows, this road always gets blocked.
  눈이 오면 이 길은 항상 막혀.

  '눈이 오면 항상 길이 막히는 것'이 사실이므로 'if / when' 둘 다 쓰인다.

- She glares at me **if/when/whenever** I go near her desk.
  그녀의 책상 가까이 가면 그녀는 나를 노려본다.

glare [glɛər] 증오의 눈으로 보다

- Please contact me **if/when** you come to Korea.
  한국에 오실 때 연락 주세요.

contact (전화나 서신으로) 연락하다; 접촉하다, 만나다; 교신하다

❷ 가능성을 나타낼 때 'when'이 쓰이지 않는다.

- Don't worry **if** I'm late.
  내가 늦더라도 걱정 하지마.

  cf. Don't worry *when I'm late.* (x)

  '늦을 수 있다'는 것은 가능성이지 사실이 아니므로 'when'을 쓰지 못함.

❸ 어떤 일이 일어나는 것을 확신할 때 'when'이 쓰인다.

- I'm going to be an actress **when** I grow up.
  나는 커서 배우가 될 거야.

  성장한다는 것은 확실한 사실이므로 'if'를 사용하지 못한다.

3 단순조건 'If' 와 가정법 'If'

❶ 단순조건 'If' : 일상적으로 흔히 일어날 수 있는 일

- **If** I get a phone call when I'm in bed, I never answer it.
  잠자리에 들었을 때 전화가 오면 난 절대 안 받아.

- **If** I stop smoking, I might start chewing my nails again.
  담배를 끊으면 아마도 다시 손톱을 물어뜯기 시작 할 거야.

answer (노크·벨·전화 등에) 응답하다; (질문 등에) 대답하다

chew [tʃuː] (음식 등을) 씹다
nail [neil] 손톱

❷ 단순조건 'If' : 현재 가능한 상황을 말할 때

A : How do you feel about the movies they're making now?
  요즘 제작되는 영화에 대해서 어떻게 생각하세요?

B : **If you ask me**, movies today are just too full of sex, violence and dirty language.
  내가 생각하는 바로는 요즘 영화는 성, 폭력, 지저분한 말로만 가득 찼어요.

if you ask me 내가 보는 / 생각하는 바로는
full of ~으로 가득한
violence [váiələns] 폭력
dirty 더러운
language [lǽŋgwidʒ] 언어

❸ 단순조건 'If' : 과거에 흔히 일어나는 일

- **If** the teacher asked me a question, I would always try to answer it.
  선생님이 질문을 하면 언제나 대답을 하려고 노력했어.

- **If** my mother was feeling tired, I usually prepared the meal.
  엄마가 피곤해 하시면 보통 내가 식사를 준비했지.

prepare [pripɛ́ər] 준비하다
meal 식사

❹ 단순조건 'If' : 미래에 있을 수 있는 상황
'if' 절의 내용이 미래일지라도 현재시제를 쓴다.

- **If** I *get* a scholarship, I will go to college next year.
  장학금을 받게 되면 내년에 대학갈 거야.

scholarship [skάlərʃip] 장학금

❺ 가정법 'If' : 현재 가망성 없는 상황(Unlikely situations): 가정법 과거

A : What **would** you do **if** you **won** $10 million in a lottery?
  1,000만 달러 복권에 당첨된다면 뭣하겠어요?

B : **If** I **won** $10 million, I **would sail** around the world.
  1,000만 달러 복권에 당첨된다면 난 세계 일주를 할 거야.

lottery [lάtəri] 복권 (뽑기); 추첨

❻ 과거에 일어날 수도 있지만 일어나지 않은 상황: 가정법 과거완료

- **If** I had studied harder, I would have passed the test.
  더 열심히 공부를 했었더라면 시험에 합격했었을 텐데.

4 'unless' 와 'if ... not'

❶ 'unless' 는 가능성에 대해 쓰이며, 가정법에는 쓰이지 않는다.

- **Unless** the doctors operate immediately, she'll die.
  의사가 즉시 수술하지 않으면 그녀는 죽을 것이다.

operate [άpərèit] 수술하다
immediately [imíːdiitli] 즉시

idiot [ídiət] 바보(a very foolish person), 천치, 얼간이

- **Unless** he's a complete idiot, he'll understand.
  완전한 얼간이가 아니라면 그는 이해할 것이다.

❷ 'if ... not'은 가정법에 쓰인다.

- **If** he weren't such an idiot, he would understand. 〈가정법 과거〉
  그 정도의 바보가 아니라면 그는 이해했을 텐데.

- She would not have died **if** the doctors hadn't operated immediately. 〈가정법 과거완료〉
  의사들이 즉시 수술하지 않았더라면 그녀는 죽었을 텐데.

❸ 가정법이 아닌 단순 조건 문장에는 'unless, if ... not' 둘 다 쓰임.

- Come tomorrow **unless** I phone.
  = Come tomorrow **if** I **don't** phone.
  전화하지 않으면 내일 와.

04　I'm sure that he'll come here tonight.

위 예문의 'that절'은 명사절인가, 부사절인가? 명사절이다. 그 이유는 다음과 같다.

= I'm sure of his coming here tonight. 〈단문〉
⋯▶ I am sure of the fact that he'll come here tonight. 〈복문〉
　　　　　　　사실　└ 동격 ┘　그가 오늘밤 올 것이다

즉, 전치사(of)의 목적어는 'the fact'이고 'that절'은 'the fact'와 동격 명사절이다. 그러므로 위 예문에서 'that절'은 형용사 'sure'를 수식하는 부사절이 아니라 'the fact'와 동격 명사절인 것이다. 복문에서 종종 'of the fact'가 생략되기 때문에 표면상으로는 'sure'를 수식하는 부사절로 오해를 불러일으킬 수 있다. 그러나 전치사가 생략되지 않고 'the fact'를 대명사 'it'로 받아서 'I am sure of it that he'll come here tonight.'와 같이 쓰이기도 한다.

- You may depend **upon** *it that he'll come here tonight*.
  그가 오늘밤에 여기에 올 것이라는 사실을 믿어도 돼.

- See **to** *it that the letter will reach him by the end of this week*.
  그 편지가 이번 주말까지 그에게 도착하도록 하시오.

see to it that ~하도록 주선하다, 꼭 …시키다
identification [aidèntəfikéiʃən] 신원 확인, 신분증

- Please see **to** *it that no* one comes in without identification.
  신원 확인 없이는 아무도 들어오지 못하게 하세요.

- I'm unsure (**of**) *what I should say*.
  내가 무슨 말을 해야 하는지 모르겠어.

  cf. It is unclear of what they would do. (x)
  그들이 무엇을 하려 하는지 명확하지 않다.(= What they would do is unclear.)

위 문장에서 'what they would do'는 진주어이므로 전치사 'of'가 불필요 한 것이다.

05 연결어

말하고자 하는 내용과 이미 앞에서 말한 내용과의 관계를 논리적으로 연결함으로써 글의 흐름을 매끄럽게 해주는 것이 연결어이다.

❶ 앞서 언급된 내용을 지지·강조하거나 첨가(addition)되는 정보를 도입할 때

moreover 더욱이
in addition [ədíʃən] 게다가, 그 위에
besides 그 밖에, 게다가
furthermore [fə́:rðərmɔ̀:r] 더군다나, 그 위에
what's more 그 위에 또, 더군다나
above all 무엇보다도

❷ 어떤 놀라운 정보를 첨가하거나, 앞서 언급한 내용과 대조(contrast)를 나타낼 때

nevertheless [nèvərðəlés] 그럼에도 불구하고
however 그러나(but)

❸ 언급된 내용을 요약하여 논리적인 결과(consequence)를 나타낼 때

therefore [ðɛ́ərfɔ̀:r] 그 결과, 그런 까닭에(for that reason)
consequently [kánsikwəntli] 따라서, 그 결과로서(as a result)
in conclusion [kənklú:ʒən] 결론적으로, (논의·진술을) 마침에 즈음하여
to sum up 요약해보면

❹ 예시를 나타낼 때

for example / for instance 예를 들어
and so on / and so forth 등등
in particular [pərtíkjələr] 특히, 상세히
such as ~과 같은
including ~을 포함해서

❺ 부연설명 할 때

that is (to say) 즉, 말하자면
in other words 달리 말해서

❻ 몇 가지 사항을 열거할 때

first(ly), second(ly), third(ly)... 첫째, 둘째, 셋째…
in the first place, in the second place 첫째로, 둘째
on the one hand ... on the other hand 한편으로는 … 또 다른 한편으로는
for one thing ... and for another (thing) 한 가지는 … 또 한 가지는

EXERCISE

01. 다음 중 어법상 틀리거나 어색한 부분이 없는 것을 고르시오.

(A) Woman as she was, Mary had no difficulty getting such a good job.
(B) When in Rome, do like the Romans do.
(C) That John will agree or not doesn't matter.
(D) Sam is too clever that he can solve the sophisticated puzzle.

02. 다음 중 문장 전환이 잘못된 것은?

(A) Not only Julie but also Steve is honest.
   = Steve as well as Julie is honest.
(B) In spite of his poverty he always works with a happy heart.
   = Despite he is poor, he always works with a happy heart.
(C) However hard it may be, it may become easy through practice.
   = There's nothing so hard but becomes easy through practice.
(D) Soon Mary became aware of the danger.
   = It was not long before she became aware of the danger.

◎ 다음 대화문의 빈칸에 가장 적절한 표현을 고르시오.

03. A: Can you come to the party tonight?
B: _____ I'll come to your house at seven.

(A) Well done! (B) By the way.
(C) So what! (D) Sure thing!

04. A: I think the movie is too violent.
B: _____ I think about it, that sounds valid.

(A) Because of (B) Despite
(C) Now that (D) That

05. A: Is it all right if I bring my friend to your party?
B: _____.

(A) Sure. Go ahead (B) Yes, I do
(C) It's very kind of you (D) Thanks a lot

06. A: How do most Korean immigrants in the U.S do _____ maintaining their language and customs is concerned?
B: Actually, most of the adults manage to keep up their language and cultural practices, but their children don't.

(A) as far as (B) because
(C) as good as (D) although

◎ 다음 대화문의 빈 칸에 적합하지 않은 표현을 고르시오.

07. A: _____, how about going to an opera?
B: Sounds great. What time does it start?
(A) If you're not busy tonight
(B) If you're tied up tonight
(C) If you don't have any other plans
(D) If you're free tonight

08. A: Have you met my brother?
B: _____
(A) Not as far as I remember.
(B) Beats me. I haven't got a clue.
(C) I think so. But his name doesn't come to mind.
(D) No, we're complete strangers.

◎ 다음 글의 빈칸에 가장 적절한 표현을 고르시오.

09. I couldn't sleep _____ very tired.
(A) although I am   (B) despite I was
(C) despite of being   (D) in spite of being

10. Please remove all your laundry _____ the light _____.
(A) when - will go out   (B) if - flashes
(C) if - turn off   (D) because - go out

11. The inflation rate is beginning to rise _____ the economy expands.
(A) though   (B) that
(C) despite   (D) as

12. We see things differently according _____ we are rich or poor.
(A) to   (B) by
(C) as   (D) with

13. You should insure your car _____ stolen.
(A) in case it will be   (B) if it will be
(C) in case it is   (D) if it is

14. The club is exclusive to members. You _____ you're a member.
 (A) can't go in if
 (B) can't go in only if
 (C) can't go in unless
 (D) can go in unless

15. I'll be in Canada next week. I hope to see Steve _____ there.
 (A) while I will be
 (B) while I am
 (C) when I'll be
 (D) during I am

16. _____ the pay and the conditions are good, and his firm treats him well, Mark would very much like to change his job.
 (A) Although
 (B) Since
 (C) Because
 (D) For

17. They think of their hobbies not as a means of earning a living _____ as a matter of personal interest.
 (A) but
 (B) and
 (C) or
 (D) also

18. _____ there is no longer a definite type of work for the different sexes, men and women often specialize in the same type of work.
 (A) Although
 (B) Despite
 (C) Still
 (D) Since

19. They know the painting is a forgery. _____, they know who painted it.
 (A) Moreover
 (B) However
 (C) Such as
 (D) Despite

20. We really can't afford to buy new equipment at present. _____, we need to invest to keep up with our competitors.
 (A) Furthermore
 (B) Moreover
 (C) Therefore
 (D) Nevertheless

21. Offices can easily become more environmentally-friendly by, _____, using recycled paper.
 (A) what's more
 (B) for instance
 (C) therefore
 (D) consequently

22. Marriage is an important event that calls for reflection. _____, you should give it long and careful consideration.
    (A) Nevertheless
    (B) However
    (C) Furthermore
    (D) Consequently

23. It deals with matters of social policy; _____, everything from housing to education.
    (A) what's more
    (B) in addition to
    (C) in conclusion
    (D) that is to say

24. Many people invest in mutual funds when they either do not understand _____ do not have time to follow the stock market.
    (A) nor
    (B) but
    (C) or
    (D) and

25. All applicants must file their petitions by this Saturday, _____ risk not having their applications considered.
    (A) and
    (B) but
    (C) or
    (D) so

26. _____ or not we succeed in completing this project depends _____ the team effort of our staff.
    (A) If - off
    (B) While - by
    (C) Whether - on
    (D) Either - in

27. _____ your new vacuum cleaner _____, return the goods within a month for replacement.
    (A) If - malfunctions
    (B) When - malfunction
    (C) Although - will malfunction
    (D) Since - malfunctions

28. A mistake is proof _____ you had enough confidence to try to do something.
    (A) which
    (B) that
    (C) what
    (D) how

29. If you really want to buy this car, you'd better make a deposit _____ we _____ hold it for you.
    (A) so - need
    (B) so - can
    (C) enough - ought
    (D) much - should

30. Customs clearance for perishable goods takes _____ they often spoil before being released.
(A) so long whether
(B) such long that
(C) so long that
(D) so long if

31. An ecosystem develops over decades or centuries. Ecosystems mature, _____ people do, from infants to adults.
(A) just like
(B) just as
(C) just because
(D) that

32. The employee doesn't qualify for maternity leave _____ she hasn't been in her job long enough.
(A) although
(B) when
(C) because
(D) whether

33. _____ of a long and bitter conflict between employers _____ workers, the MS electronics company closed down and my father was dismissed from his job.
(A) Because - and
(B) Due to - and
(C) Owing to - or
(D) As a result of - but

34. _____ the Christmas season has ended, shoppers are afraid of a rapid drop in sales.
(A) Now that
(B) Owing to
(C) Because of
(D) However

35. A lot of people scoff at superstitions _____ they consider such beliefs to be unscientific. And yet, lots of scholars believe some superstitions have a scientific basis.
(A) although
(B) but
(C) despite
(D) because

36. To apply for this job, forward email to syb5941@hanmail.net _____ contact us through our company's Web Site.
(A) or
(B) and
(C) through
(D) if

37. _____ I got through customs I jumped in a taxi.
   (A) As good as
   (B) As well as
   (C) As far as
   (D) As soon as

38. Previously purchased items can be exchanged _____ they come with their receipts _____ a month of purchase.
   (A) if - in
   (B) because - for
   (C) when - within
   (D) since - out of

39. We are constantly impressed and surprised at craftsmen's creativity as _____ as the high quality of their workmanship.
   (A) far
   (B) good
   (C) well
   (D) long

40. _____ money in itself may not suffice to make people grand, it is difficult to be grand without money. _____, money made is the accepted measure of brains. A man who makes a great deal of money is a clever fellow; a man who does not, is not.
   (A) Because - Nevertheless
   (B) Since - But
   (C) If - However
   (D) Although - Furthermore

일치와 화법

한 문장을 구성하는 주어와 동사의 수(數)는 일치되어야 하며, 종속절의 시제 또한 주절의 영향을 받는다. 이처럼 문장의 각 구성요소는 서로 밀접하게 연결되어 있기 때문에 수·인칭·시제 등이 상호간에 일치하지 않으면 논리적으로 부자연스런 문장이 된다.

일치는

❶ 주어와 주격보어, 목적어와 목적격 보어 사이의 성(性)·수(數)·격(格)의 일치

❷ 주어와 재귀대명사, 소유격, 부가 의문문의 대명사 일치,

❸ 주어와 동사의 수(數)가 일치되어야 하는 것을 통틀어 말한다.

화법이란 다른 사람의 말이나 생각을 인용하고자 할 때 사용하는 방법으로 기본적인 규칙을 바탕으로 영작 수준에 해당하는 감정 표현법이므로 주의해서 익혀야 한다.

LESSON 18

agreement 일치, 동의
cultivated [kʌ́ltəvèitid] 세련된, 교양 있는

choose 선택하다
carefully 신중히

angel 천사
consider ~라고 생각하다

medicine [médəsin] (병의 치료를 위한) 약

01 일치(Agreement)

① 주어와 대명사

주어와 재귀대명사, 부가 의문문, 소유격, 주격·목적격 보어가 일치해야 한다.

- **I** find **myself** in agreement with Sam. 〈재귀대명사 일치〉
  나는 내 자신이 Sam과 생각이 같다는 것을 알았어.

- **The boy** is very cultivated, isn't **he**? 〈부가 의문문: 대명사 일치〉
  그 소년은 매우 교양이 있지요, 그렇죠?

- **One** should choose **one's** friends carefully. 〈소유격 일치〉
  친구는 신중히 선택해야만 한다.

- My child is **an angel**. And I consider all children **angels**. 〈보어 일치〉
  내 아이는 천사와 같다. 그래서 나는 모든 아이를 천사라고 생각한다.

  cf. *My only hope* for the future is *my children*.
  'my hope ≠ my children'처럼 보어 관계가 성립이 되지 않으므로 '나의 유일한 장래 희망은 내 자식들에게 있다'와 같이 해석한다.

② 주어와 동사

❶ 'all'이 셀 수 있는 명사를 의미하면 복수취급 / 'all'이 셀 수 없는 명사를 의미하면 단수취급

- **All** of the people (whom) you invited **are** coming.
  네가 초대한 사람들은 모두 올 거야.

- **All** of the toys **were** broken. 장난감 모두가 부서졌다.
  'of' 이하 명사가 보통명사의 복수인 경우에 동사는 복수 취급한다.

- **All** of the food **was** delicious. 모든 음식이 맛있었다.

- **All** I want **is** a new bike. 내가 원하는 것은 새 자전거이다.
  = **What I want** is a new bike.

- I'm very sick. **All** I do **is** take medicine. 매우 아파서 나는 단지 약만 먹을 뿐이다.
  'All I do + is (to) 동사 원형' ~은 …할뿐이다

❷ 동사에 가까운 명사와 수(數)를 일치시킨다는 인접 원리(隣接 原理)에 따른다.

- A year and a *half* **has** passed since we got married.
  우리가 결혼한 지 일 년 반이 지났다.

  cf. One and a half years **have** passed since we got married.
  'a year and a half = one and a half years'는 같은 '1년 반'이란 기간을 나타내지만 인접 원리에 따라 동사에 인접한 명사와 수를 일치시킨다.

❸ 'every, each, neither'는 단수 명사를 한정하는 형용사로 쓰이고, 대명사로 쓰일 때 동사도 단수형을 쓴다.

- *Each* boy and girl **is** honest. 모든 소년 소녀가 하나같이 정직하다.

- *Neither* answer **is** correct. 어느 대답도 옳지 않다.

- *Neither* he *nor* I **am** stupid. 그도 나도 바보가 아니다.

  'either A or B; neither A nor B'는 B명사에 동사의 수(數)를 일치시킴

- *Each* of us **has** a company car. 우리 각자는 회사 자동차를 갖고 있다.

- *Neither* of the men **realizes** that smoking cigarettes is too dangerous.
  그 사람 둘 다 담배를 피우는 것이 너무 위험하다는 사실을 깨닫지 못하고 있다.

  동사에 가까운 명사와 수를 일치시킨다는 인접 원리에도 불구하고 'neither of + 복수 명사'에서 'neither'에 수를 일치하여 단수형태가 표준 어법이다.

  cf. **Neither** of my parents *have* a car. 부모님 두 분 모두 자동차가 없다.

  회화체에서는 'neither'를 복수 취급하기도 한다.

❹ 'Not only A but also B = B as well as A (A뿐만 아니라 B도)'는 B명사에 동사의 수(數)를 일치시킴

- *Not only* my sister *but also* my brothers **are** very diligent.
  = My brothers *as well as* sister **are** very diligent.
  나의 누나뿐만이 아니라 형들도 근면하다.

❺ 'and'로 연결되어 있더라도 하나의 개념으로 사용되면 단수 취급한다.

- The *painter and composer* **is** my uncle.
  화가이자 작곡가인 저 분은 나의 삼촌이다.

  [painter and composer]는 한 사람의 두 가지 자질(資質)을 의미한다.

- *Bread and butter* **is** my favorite.
  버터를 바른 빵이 내가 좋아하는 것이다.

- *What you say* and *do* **is** your own business.
  너의 언행(言行)은 네 자신의 일이다.

  'What you say and do'는 2개의 동사가 'and'로 연결되어 있지만 하나의 명사절이기 때문에 단수 취급한다.

  cf. *What I say and what I think* **are** my own business.
  내가 말하고 생각하는 것은 나의 일이다.

  'What I say and what I think …'는 '말하는 것과 생각하는 것'이라는 2개의 명사절로 연결되어 복수 취급한다.

❻ a number of 많은(many) / the number of ~의 (총)수

- *A number of boys* **are** counting the number of *the cars* which **are** passing by.
  많은 소년들이 지나가는 자동차의 수를 세고 있다. 〈135쪽 11번 문제 해설 참조〉

- *The number* of the customers **is** large.
  고객의 수가 많다.

---

stupid [stjúːpid] 바보스런 (foolish), 어리석은

realize [ríːəlàiz] 깨닫다
cigarette 담배
dangerous 위험한

diligent 근면한

composer [kəmpóuzər] 작곡가

favorite [féivərit] 좋아하는 사람/물건

customer [kʌ́stəmər] 고객

Three miles is as far as they can walk.
3마일의 거리가 그들이 걸을 수 있는 정도이다.
위 예문에서 주어는 'Three miles'와 같이 복수인데 동사는 'is'로 되어 있다. 단수로 취급하는 이유는 무엇인가?

= **The distance** of three miles is as far as they can walk.
위와 같은 원래 문장에서 'Three miles'와 'distance(거리)'가 동격으로 중복되는 느낌을 피하기 위해 'The distance of'가 생략된 것이다. 그러나 원래 문장의 주어가 'The distance'이기 때문에 동사는 당연히 'is'가 된다.

eg. a. (*The amount of*) One hundred dollars **is** all I have.
내가 가지고 있는 모든 것은 100달러에 달한다.

b. (*The period of*) Ten years **is** a long period of his life.
10년이란 기간은 그의 생애에서 긴 기간이다.

period [píəriəd] 기간

3 시제 일치

❶ 주절의 동사가 현재일 때, 종속절에는 어느 시제나 올 수 있다.

- He **thinks** that she **is** studious.
그녀가 공부를 열심히 한다고 그는 생각한다.

- He **says** that he **saw** her.
그는 그녀를 보았다고 말한다.

- I **hope** that he **will** get well soon.
나는 그가 곧 낫기를 바란다.

❷ 복문에서 주절의 동사가 과거로 바뀌면 종속절도 과거시제로 바뀐다.

- When'll they come?
  ⋯ I **asked** when they **would** come.
  그들이 언제 올 건지 물어 보았다.

- Is she your sister?
  ⋯ I **wondered** if she **was / is** your sister.
  그녀가 네 누나인지 궁금해.

- What time is it now?
  ⋯ I **asked** you what time it **is** now.
  몇 시냐고 물어 봤어.

간접화법에서 시제일치에 의해 종속절이 과거시제로 되지만 '그녀가 너의 누나라는 것은 사실이고, 현재의 시간을 묻는 것'이므로 현재시제를 사용하기도 한다.

❸ 주절의 동사가 과거로 되면 종속절의 '과거'는 '과거 또는 과거완료'가 된다.

- I went to the pet shop.
  ⋯ She **said** she **went / had been** to the pet shop.
  그녀는 애완동물 가게에 다녀왔다고 말했다.

❹ 주절의 동사가 과거로 바뀌면 종속절의 '현재완료'는 '과거완료'가 된다.

- I **have** just **bought** a new car.
  ⋯▸ He **said** he **had** just **bought** a new car.
  자동차를 새로 막 샀다고 그는 말했다.

❺ 주절의 동사가 과거로 바뀌면 종속절의 'must'는 'had to'가 된다. 그러나 종속절의 'would, should, could, might'는 바뀌지 않는다.

- Julia said "I **must** go."
  ⋯▸ Julia **said** she **had** to go.
  줄리아는 가야만 한다고 말했다.

❻ 시제 일치의 예외

시제 일치에 의해 주절이 현재일 때 종속절에는 어느 시제나 올 수 있지만 주절이 과거일 때는 종속절에 과거/과거완료(대과거)가 온다. 그러나 변하지 않는 과학적·수학적 사실·진리·격언·속담·현재의 습관 등은 주절 동사의 시제에 관계없이 언제나 현재시제로 쓰이며, 역사적 사실은 언제나 과거시제로 쓰인다.

- Columbus **proved** that the earth **is** round. 〈과학적 사실〉
  콜럼버스는 지구가 둥글다는 것을 입증했다.

  prove[pru:v] ~임을 증명/증명하다; ~으로 입증이 되다

- He **said** that he **gets** up at six all the year round. 〈습관〉
  그는 1년 내내 6시에 일어난다고 말했다.

- He **told** us that the Korean War **broke** out in 1950. 〈역사적 사실〉
  한국동란이 1950년에 일어났다고 그는 우리에게 말했다.

  break out (전쟁·화재·폭동 등이) 일어나다

  전달 동사는 'tell or say' 중 어느 동사를 사용하든 관계없지만 'tell' 동사는 간접 목적어를 반드시 필요로 하지만 'say' 동사는 간접 목적어를 필요로 하지 않는다.

02 화법(Narration)

① 직접 화법과 간접 화법(Direct and Indirect Speech)

다른 사람의 말이나 생각을 인용하고자 할 때 두 가지 방법이 있는데, 그대로 따옴표(" ") 안에 넣어 전달하는 직접 화법과, 그리고 그 말을 자기 입장에서 다른 사람에게 전달하는 것을 간접 화법이라 하며 주로 구어체에서 쓰인다.

- My teacher says to me, "You are very smart." 〈직접 화법〉
  ⋯▸ My teacher **tells** me (that) **I am** very smart. 〈간접 화법〉
  선생님은 내가 매우 똑똑하다고 말씀하셔.

- She said "I'm tired." 〈직접 화법〉
  ⋯▸ She **said** that **she was** tired. 〈간접 화법〉
  그녀는 피곤하다고 말했다.

2 화법 전환

직접 화법을 간접 화법으로 바꾸는 데는 다음과 같은 규칙이 있다.

❶ 인용 부호(" ")를 없애며 'say ⋯ say'로, 'say to ⋯ tell'로 바꾸고 동사 다음 접속사 'that'로 시작한다.

❷ 인칭대명사, 지시대명사, 부사구를 상황에 따라 바꾸며

❸ 시제는 주절의 동사와 일치시킨다.

eg. She said, 'I didn't recognize you.'
⋯ She *said* / *explained* that she **hadn't recognized** me.
그 여자는 나를 알아보지 못했다고 해명했다.

주절의 동사가 과거로 되면 종속절의 '과거'는 '과거 또는 과거완료'가 된다.

❹ 직접화법에서 간접 화법으로 바꿀 때 바뀌는 어구

today ⋯ that day ago ⋯ before
this ⋯ that these ⋯ those
here ⋯ there now ⋯ then
yesterday ⋯ the day before / the previous day
tomorrow ⋯ the next day / the following day
last week ⋯ the week before / the previous week

eg. Kate said, "We're leaving for Canada **tomorrow**."
⋯ Kate said they were leaving for Canada **the next day**.
케이트는 다음날 그들이 캐나다로 떠날 것이라고 말했다.

cf. At breakfast this morning she said, 'I'll be very busy **today**.
⋯ At breakfast this morning she said she would be very busy **today**.
오늘 아침 식사 때 그녀는 오늘 매우 바쁠 것이라고 말했다.

직접화법에서 간접 화법으로 바뀔 때 'today ⋯ that day'로 바꾸는 것이 절대적인 것은 아니다. 만일 전하는 때와 장소에 따라서 원래 문장을 그대로 전달해야 되는 경우가 있다. 예를 들어 어떤 사실을 같은 날, 같은 장소에서 전달하게 되면 'today'가 'that day'로 바뀌지 않고 그대로 사용하게 된다.

3 평서문 · 가정법의 간접 화법 전환

> Ann : Would you wait half an hour? 30분 정도 기다려 주겠어요?
> Tom : All right. 좋아요.
> ⋯ Tom **agreed to wait**.
> ⋯ Tom **said he would wait**.

- Sam said, "She is coming this week."
⋯ Sam said that **she was** coming **that week**.
'이번 주에 그녀가 올 거야'라고 샘은 말했다.

---

recognize[rékəgnàiz] (전에 보았거나, 들었거나, 경험했기 때문에) 알아보다

previous[príːviəs] 이전의, 앞의

- "If I had the tools I could mend it," John said.
  - ⋯▸ John said that if **he** had the tools **he** could mend it.
    '도구가 있었더라면 내가 그것을 고칠 수 있었는데' 라고 존이 말했다.

  직접화법이 간접 화법으로 전환할 때 가정법의 시제 변화는 없고 인칭만 바뀌게 된다.

tool 도구, 연장
mend (부서진 것 등을) 수선하다, 고치다

4 의문문의 간접 화법

❶ 피전달문에 의문사가 있는 경우 전달 동사를 'ask / inquire / wonder' 등으로 바꾸고 어순은 '의문사 + 주어 + 동사' 가 된다. 〈19쪽 간접 의문문 참조〉

- The nurse **said to** me, "**How do you feel?**"
  - ⋯▸ The nurse **asked** me **how I felt**.
    간호사는 내 건강이 어떤지 물었다.

- Sam said, "Who is she? and where does she live?"
  - ⋯▸ Sam **asked who she was** and **where she lived**.
    샘은 그 여자가 누구이고 어디에 사는가를 물었다.

- A policeman said, "What have you got in your bag?"
  - ⋯▸ A policeman **inquired** (me) what **I had** in **my** bag.
    한 경찰관이 내가 가방 안에 무엇을 가지고 있는가를 물었다.

inquire [inkwáiər] 질문하다(ask), 탐구하다; 조사하다

❷ 피전달문에 의문사가 없는 경우 어순은 'if / whether + 주어 + 동사' 가 된다.

- He **said**, "Shall I lock the car or leave it unlocked?"
  - ⋯▸ He **asked if / whether he** should lock the car or leave it unlocked.
    그는 자동차 문을 잠가야 되는 지 그냥 놔둬야 되는지 물었다.

- She said, "Do you know Bill?"
  - ⋯▸ She **asked if / whether I knew** Bill.
    그녀는 내가 빌을 아는가를 물어 보았다.

- He asked her "Do you smoke?"
  - ⋯▸ He **asked if she smoked**.
    그는 그녀에게 담배를 피우는가 물었다.

whether [hwéðər] (명사절을 이끌어) ~인지 어떤지, (양보 부사절을 이끌어) ~이든지 아니든지

5 명령문(Commands)의 간접 화법

명령문을 간접 화법으로 바꿀 때 전달 동사는 내용에 따라 'tell, order 명령하다, warn 경고하다, remind 일러주다, encourage 격려하다' 등이 쓰이며 명령문의 동사를 'to부정사' 로 바꾼다.

- Mother said, "Get up, Tom."
  - ⋯▸ Mother **told** Tom **to get up**.
    엄마가 톰에게 일어나라고 말했다.

- I said, "Don't swim out too far, boys."
  - ⋯▸ I **warned / told** the boys **not to swim out** too far.
    나는 소년들에게 너무 멀리 떨어져서 수영하지 말라고 말했다.

  부정 명령문은 'not to 부정사' 의 형태로 바꾼다.

remind sb to ~에게 …하도록 일러주다

c. "Honey, don't forget to order the wine," said Jane.
→ Jane **reminded** her husband **to order** the wine.
Jane은 남편에게 술 주문하는 것을 잊지 않도록 알려 주었다.

encourage 격려하다
encouragingly [enkə́:ridʒiŋli] 고무적으로

- "Try again," said Ann's friends encouragingly.
→ Ann's friends **encouraged** me **to try** again.
Ann의 친구들이 나에게 다시 시도하도록 격려해 주었다.

6 제의(Offers) · 제안(Suggestions)의 간접 화법

제의 · 제안을 나타낼 때 전달 동사는 'ask, request 요청하다, offer 권하다, 제안하다 , suggest 제안하다'가 쓰인다.

- He said to me "Oh, do stay for dinner."
= He **asked me to stay** for dinner.
더 있다가 저녁 먹고 가라고 그는 나에게 부탁했다.

offer (~하겠다고) 말하다; ~을 권하다, 제공하다; 제안하다

- She said, "Shall I bring you some tea?"
→ She **offered to bring** me some tea.
'차 좀 드릴까요?' 라고 그녀는 말했다.

7 충고(Advice)의 간접 화법

충고를 나타낼 때 전달 동사는 'advice' 가 쓰인다.

- "If I were you I'd stop smoking", I said.
→ I **advised** him **to stop** smoking.
나는 그에게 담배를 끊으라고 충고했다.

친구 간에 충고를 할 때는 'If I were you, I would …' 가 쓰인다.

8 감탄문(Exclamations)의 간접 화법

감탄문을 간접 화법으로 바꿀 때는 문장의 의미를 파악한 다음 원래의 뜻에 가깝도록 해야 한다. 전달 동사는 'cry out, shout, exclaim with delight / horror' 등으로 바꾸고 감탄문을 평서문으로 한다.

- He said, "How beautiful you are!"
→ He **said** that **she was very beautiful**.
그는 그녀가 매우 예쁘다고 말했다.

cf. He **exclaimed** she *is* very beautiful.
그는 그녀가 매우 예쁘다고 탄성을 질렀다.

그녀가 예쁜 것은 사실이므로 회화에서는 종종 현재시제를 쓴다. 그리고 시제 일치 때문에 주절 동사가 과거이므로 과거시제를 쓸 수 있다.

exclaim [ikskléim] (기쁨 · 놀람 · 비난 등을 나타내기 위해) 큰 소리로 말하다
terrible [térəbəl] 무서운, 소름끼치는; (음식 · 서비스 · 시설 등이) 형편없는

- She said, "What a terrible idea!"
→ She **exclaimed** that **it was a very terrible idea**.
'매우 끔찍한 생각이야' 라고 그녀는 말했다.

- She said, "Thank you!"
  ⋯ She **thanked me**.
  '고마워' 라고 그녀는 말했다.

- He said, "Good luck!"
  ⋯ He **wished me good luck**.
  '행운을 빌어' 라고 그는 말했다.

- He said, "Merry Christmas!"
  ⋯ He **wished me a merry Christmas**.
  '즐거운 성탄절이 되시길 바랍니다.' 하고 그는 말했다.

01. 다음 중 어법상 틀리거나 어색한 부분이 없는 것을 고르시오.

(A) Two thirds of the area are under water.
(B) More than one member has protested against the proposal.
(C) The two guests have arrived, but neither of the guests are welcome.
(D) The number of the men who stop smoking are noticeably increasing.

◎ 다음 중 화법 전환이 잘못된 것을 고르시오.

02. (A) She asked "Where's my coat?"
⋯▶ She asked where was her coat.
(B) He said, "Congratulations!"
⋯▶ He congratulated me.
(C) She said, "Can you swim?" and I said, "No."
⋯▶ She asked if I could swim and I said I couldn't.
(D) Ann: Would you lend me another $10?
Tom: <u>No, I won't lend you any more money.</u> 〈밑줄 친 부분〉
⋯▶ Tom refused to lend her any more money.

03. (A) Sam said to me, "Don't forget to call me up."
⋯▶ Sam told me not to forget to call him up.
(B) He said. "Let's meet at the theater."
⋯▶ He ordered meeting at the theater.
(C) "You should read the instructions," said the doctor.
⋯▶ The doctor advised me to read the instructions.
(D) "No," said the guy. "I found it earlier than you, so this is mine."
⋯▶ The guy shook his head and told that he had found it earlier than I, so that was his.

04. 주어진 속담과 그 해석이 일치하지 않는 것을 고르시오.

(A) One law for the rich and another for the poor.
= Rich people are sometimes able to escape without punishment when they commit crimes, while poor people are usually punished.
(B) The child is father of the man.
= People's personalities form when they are children.
(C) It never rains but it pours.
= When one thing goes wrong, everything starts to go wrong.
(D) The grass is always greener on the other side of the fence.
= People always think that the other circumstances really are not any better.

◎ 다음 대화문의 빈칸에 적합하지 않은 표현을 고르시오.

05. A: I wonder what the result is going to be like.
　　B: I don't have the _____ idea.
　　(A) faintest　　　　　　　　(B) foggiest
　　(C) slightest　　　　　　　　(D) funniest

06. A: Is it interesting to study English?
　　B: That's rather hard.
　　A: _____ And you can speak English well.
　　(A) Keep it up.　　　　　　　(B) Don't worry, stick to it.
　　(C) Don't give up.　　　　　　(D) Hold on.

◎ 다음 글의 빈칸에 가장 적절한 표현을 고르시오.

07. Our teacher told us that honesty _____ the best policy.
　　(A) was　　　　　　　　　　(B) is
　　(C) will be　　　　　　　　　(D) can be

08. No one besides his closest friends _____ he can do the work.
　　(A) think　　　　　　　　　　(B) thinks
　　(C) have thought　　　　　　(D) thought

09. It is the change in traditional life-styles that _____ many anthropologists.
　　(A) alarm　　　　　　　　　　(B) alarming
　　(C) have alarmed　　　　　　(D) alarms

10. The most beautiful and most profound emotion we can experience _____ the sensation of the mystical.
　　(A) be　　　　　　　　　　　(B) are
　　(C) is　　　　　　　　　　　 (D) will be

11. A number of boys _____ counting the number of the cars which _____ passing by.
　　(A) are - is　　　　　　　　　(B) is - is
　　(C) is - are　　　　　　　　　(D) are - are

12. If you're with strangers and want to smoke, you should always ask _____.
(A) that it's bad
(B) if it's all right
(C) that it's OK
(D) when it is fine

13. At least one of the quiz show contestants _____ from the audience.
(A) were chosen
(B) was chosen
(C) choose
(D) had chosen

14. Three years _____ since I was promoted to senior manager.
(A) is passed
(B) have passed
(C) was passed
(D) passed

15. Columbia Pictures _____ a series of large-scale labor disputes.
(A) have recently undergone
(B) has recently undergone
(C) is undergone recently
(D) has recently been undergone

16. The shift in population from rural to urban areas _____ more or less world-wide.
(A) has become
(B) have become
(C) is become
(D) become

17. The number of employees _____ from fifty to twenty due to the restructuring of the company.
(A) were reduced
(B) was reduced
(C) has reduced
(D) have reduced

18. The audience at the piano concert _____ enormous and the audience _____ enjoying every minute of it.
(A) was - was
(B) was - were
(C) were - was
(D) were - were

19. Almost a third of the energy used in the developed countries _____ for heating, cooling and lighting buildings. The contribution to carbon dioxide emissions _____ even higher. Yet even passive solar systems can provide 60-70% of a building's energy needs – with no CO2 emissions at all.
(A) are - are
(B) is - is
(C) are - is
(D) is - are

20. Rapid urbanization and industrialization have caused severe air pollution, traffic congestion, noise, and solid waste disposal problems in major urban areas. Use of cleaner fuels _____ air quality somewhat, and new restrictions on automobile and industrial emissions will help offset expected growth in vehicles and industrial facilities. Noise, congestion, and production of solid waste _____ still increasing.

(A) have improved - is
(B) has improved - are
(C) have improved - are
(D) has improved - is

LESSON 19
생략·강조·도치·병렬 구조·구조의 이중성

대화를 나누는 쌍방 간에 어떤 낱말이 없더라도 이해를 할 수 있을 때 그 낱말이 생략될(understood) 수 있다. 외국인과 대화를 나눌 때 완전한 문장으로 응답하지 않고 반복되는 부분을 생략하게 되면 실수할 가능성이 줄어들게 된다. 예를 들어 'What did you buy?'라는 물음에 'I bought a bike.'라고 길게 대답하다 보면 동사의 시제 또는 어순이 틀릴 가능성이 많아지게 되고 또한 중복되는 단어를 듣는 상대방도 지루하게 되므로 그저 간단하게 상대방이 알고 싶어 하는 'What'에 대한 응답으로 'A bike.'라고 간단히 응답하면 상대방도 알고 싶어 하는 것에 대하여 만족할 것이고 훌륭한 영어가 될 수 있으므로 생략된 표현으로 연습하는 것이 필요하다.

S : Ann! (There's a) **Telephone** (for you)!
앤! 전화 왔어요!
M : I'm sorry I can't come to the phone right now.
지금 전화를 받을 수 없어 죄송합니다.

S : Paul, you have a phone call! 폴, 전화 왔어요!
M : **Coming!** 지금 곧 갑니다!

'Coming!'은 'I'm coming!'의 줄임 말로, 진행형을 사용하여 '지금 곧 동작이 이루어 지고 있음'을 나타낸다. 또한 'Okay. I'll be right there(알았어요. 곧 갈게요)'도 같은 뜻으로 쓰인다.

LESSON 19

01 생략(Ellipsis): 응답은 짧게 하라

1 주어가 생략되는 경우

> A : (Do you) **Want to come along**? 같이 갈래?
> B : (That) **Sounds Great**! 좋았어!

동사(sounds)도 생략하고 "Great"만 사용해도 좋다.

- "May I use your bike?" "(You) **Feel free**." "자전거 좀 쓸까요?" "마음 놓고 쓰세요."
- "How's it going?" "(I) **Can't complain**." "어떻게 지내요?" "좋아요. 만족해요."
- "How did they do it?" "(It) **Beats me**."
  "그들이 그것을 어떻게 했어요?" "잘 모르겠어요.(= I can't understand.)"
- (It) **Sounds like a boring day**. 말하는 걸 들어보니 지루한 하루였던 것처럼 들리네.
- (I) **Had lunch with her**. 그녀와 점심 먹었어.

2 (조)동사가 생략되는 경우

- I want my egg (to be) **fried**. 내 계란은 후라이로 해 주세요.
- She had some money (be) **stolen**. 그녀는 돈을 도난당했어.
- The task (having been) **done**, we went out to the coffee shop. 〈문어체〉
  = *As the task had been done*, we went out to the coffee shop. 〈회화체〉
  일이 끝났기에 우리는 커피숍으로 갔다.

의미는 없고 기능만을 하는 부정사의 수동 조동사((to) be), 분사구문의 완료조동사(having been) / 진행조동사(being)는 문장의 간결성 때문에 생략할 수 있다.

- She is far from (being) **blue**. 그 여자는 결코 우울하지 않다.

3 '주어 + 동사 + (목적어)'가 생략되는 경우

> A : This is the best restaurant we've ever been in.
>   여기가 우리가 가본 식당 중 가장 좋은 것이야.
> B : **No two ways about it**. The food is fantastic.
>   두말하면 잔소리지. 음식 맛 끝내 줘!

'(There are) No two ways about it'는 상대방의 말에 강하게 맞장구치는 표현으로, '그렇게 말고는 달리 생각해 볼 길이 없다.' 또는 '어떤 반대도 있을 수 없다.'라는 뜻

- "(Have you) **Got it**?" " Of course." "알겠어요?" "물론이죠."
- "Thank you for helping me." "(It was) **My pleasure**."
  "도와주셔서 감사합니다." "도와 드린 것이 저의 기쁨입니다."

'My pleasure. / It was a pleasure. / The pleasure is mine.'은 상대가 고마움을 표시할 때 응답으로 쓰이는 표현이다.

---

complain [kəmpléin] 불평하다
beat [bi:t] 모르다

boring 따분한, 지루한

task 고된 일, 작업; 임무

far from 조금도 …하지 않다(not at all)
blue 우울한(depressed)

in 안으로, 들어가서
fantastic [fæntǽstik] 굉장히 좋은

pleasure [pléʒər] 기쁨, 즐거움
pleasant 즐거운; 호감이 가는

- "Do you mind if I smoke?" "Well, **I'd rather** (you did) **not** (smoke)."
  "담배를 피워도 괜찮습니까?" "글쎄요, 안 피웠으면 합니다."

  mind (부정·의문문에서) 싫어하다, ~에 반대하다

- "How's it going?" "(I'm) **Not so hot.** / **Not too bad**."
  "요즘 재미가 어때요?" "별로야(Not very good.) / 나쁘지 않아요, 괜찮아요."

- "(Would you like a cup of) **Coffee**?" "(I'd like it) **Black, please.**"
  "커피 마실래요?" "블랙으로 해 주세요."

- "Is he a good driver?" "(No, he is) **Far from it**."
  "그가 운전을 잘해?" "결코 아니야."

  far from 조금도 ~하지 않다 (not at all)

  'Far from it.'는 '운전을 잘하느냐?'의 물음에 그렇지 않다는 것을 강조하기 위하여 쓰이며 'Certainly not / Not at all.'의 뜻이다.

- (Are you) **Tired of city living**? 도시 생활에 싫증이 나세요?

  tired of ~에 싫증난, 물린

- (There's) **No doubt** (about it).
  그것에 의심할 여지가 없지요. 상대방의 말에 공감을 나타내는 표현

- (Do you have) **Any idea**? 무슨 생각났니?

- (I wish you a) **Merry Christmas**! 즐거운 크리스마스가 되길 바랍니다!

  'Merry Christmas!'는 'I wish you a merry Christmas!'의 줄임 말이다. 또한 'Good morning.'도 'I wish you a good morning.'의 줄임 말로 날씨가 좋던 안 좋던 간에, 부부 싸움을 하고 출근한 아침일지라도 '당신에게 좋은 아침이 되길 바란다.'는 뜻이다.

- (It's) **No sweat**. 걱정 말아요.

  sweat [swet] 땀; 힘들고 재미없는 일

  상대방의 부탁 등을 어려움(difficulty)없이 땀 흘리지 않고 쉽게(easily) 할 수 있다는 뜻으로 자주 쓰인다.

4 부사(구)만 쓰이는 경우

S : Have you finished the work? 일을 끝마쳤니?
M : (I have) **Not** (finished) **yet**. 아직 못 끝냈어.

'Yes' 또는 'No' 대신에 'Not anymore. / Not yet.'와 같은 응답 요령을 익혀야 한다.

- "Do you still smoke?" "(I do) **Not** (smoke) **anymore**."
  "아직도 담배를 피우나요?" "이젠 피우지 않아요."

- "Where do you live?" "(I live) **Not far from here**."
  "어디에 사세요?" "여기에서 멀지 않아요."

  far 먼, 멀리 멀리(에)

- "Do you let your kids go around alone at night?" "**Absolutely not!**"
  "밤중에 아이들만 돌아다니게 놔두시나요?" "물론 안 되지요!"

  absolutely [ǽbsəlùːtli] 완전히, 틀림없이; (상대방의 말에) 그렇고 말고요

- "How long will you be gone on vacation?" "**Not long**."
  "휴가는 얼마 동안입니까?" "길지 않아요."

- "Are you through with the newspaper?" "**In a minute.**"
  "신문 다 보셨어요?" "조금 있으면 됩니다."

  be through with ~을 끝내다; ~와 관계가 끝나다(break up)

- "What time do you come home?" "(I come home) **Around 5:30**."
  "몇 시에 집에 옵니까?" "5시 30분경에 옵니다."

- "How long have you known each other?" "**For ages.**"
  "두 분이 얼마나 오랫동안 아셨나요?" "오래됐어요."

- "Will you come?" "**With pleasure.**"
  "오시겠어요?" "기꺼이 가죠."

- "How often do you go out?" "**Once in a while.**"
  "얼마나 자주 외출합니까?" "가끔 하죠."

- "How do you get to work?" "**By bus.**"
  "직장에 뭣타고 출근합니까?" "버스로 갑니다."

- "How do you feel?" "**Very well, thank you.**"
  "기분이 어때요?" "매우 좋습니다. 감사합니다."

- "What time do you usually get home?" "**No later than 7.**"
  "보통 몇 시에 집에 돌아옵니까?" "늦어도 7시까지는 귀가합니다."

no later than ~보다 절대 늦지 않게, ~까지(by)

5 질문의 응답에서 반복되는 어구는 생략이 가능하다.

> S : How are you feeling now? 지금 몸이 어때요?
> M : (I'm feeling) **Much better than before**. 전보다 훨씬 좋아요.

'much'는 'even, still, far' 등과 함께 비교급을 강조함. "전보다 안 좋아요."라고 할 때 "Worse than before."라고 하면 된다. 병이 호전되었느냐(Are you any better?)는 안부에 "전보다 더하지도 덜하지도 않아(no more or less ill than before), 이전과 같아, 변함없어"라고 말할 때 "About the same."이라고 한다.

- I love you more than (I love) **him**. 그보다 너를 더 사랑해.

- I love you more than **he** (loves you). 그가 너를 사랑하는 것보다 내가 너를 더 사랑해.

- I can't see you today, but **I can** (see you) tomorrow.
  오늘 널 만날 수 없지만 내일은 가능해.

- "Are you taller than your mom?" "**Yes, I am** (taller than my mom)."
  "네가 엄마보다 커?" "그래, 내가 더 커."

6 'as, though, if, when, while' 등으로 유도될 때 '주어 + 동사'가 종종 생략된다.

- This is important **if** (it is) **true**. 사실이라면 이것은 중요해.

- Come here **as soon as** (it is) **possible**. 가능한 한 빨리 이리 와.

- **When** (I was) young, I used to go to church. 어렸을 때 나는 교회에 다녔다.

- **Though** (he is) **poor**, he is very generous. 가난해도 그는 남에게 매우 후하다.

- I like listening to the radio **while** (I'm) **driving to work**.
  출근하면서 라디오를 듣는 것을 좋아해.

possible 가능한

used to (과거 습관) ~하곤 했다

generous [dʒénərəs] 인심이 후한, 관대한

02 강조(Emphasis)

강조란 문장의 한 부분을 더 중요하게 하는 것을 말하며, 회화에서는 억양(intonation)이 높아지거나, 목소리가 커지고 모음이 더 길어진다.

1 글로 쓸 때는 대문자나 이탤릭체로 쓰거나 밑줄 또는 굵은 글씨로 강조를 나타낸다.

- Give it to ME! 그것을 나에게 줘!
- This is *the last* opportunity. 이번이 마지막 기회야.
- Nobody loves me! 나를 사랑하는 사람이 아무도 없구나!
- **Jane** phoned me yesterday? Jane이 어제 나에게 전화했다고?
  = Was it **Jane** who phoned yesterday?
  = It was **Jane** who phoned, not somebody else.
  전화를 한 사람은 다른 사람이 아니라 제인 이었다.

동사를 제외한 주어·목적어·부사(구) 등을 강조할 때 'It is / was + 강조할 대상 + that ...'의 형태를 취한다.

cf. a. **Was it** *yesterday* **that** Jane phoned?
  Jane이 전화를 한 것이 어제라고?
  b. **It was** *not until then* **that** I found out the very truth.
  그 때가 되어서야 비로소 바로 그 진실을 알았다.

opportunity [àpərtʃúːnəti] 기회 (chance)

find out (이름·주소·전화번호 또는 몰랐던 사실 등을) 알아내다

2 동사 강조의 'do': 동사를 강조할 때에는 조동사 'do, does, did'를 동사 앞에 쓴다.

- **Do** come in! You're quite wrong. – She **does** love you!
  어서 들어와! 네가 오해하고 있어. 그녀는 너를 정말 사랑해!
- Jane **did** phone me yesterday. (전화나 방문한 것이 아니라) 제인이 어제 전화했어.

3 명사 앞에 'all, every, 최상급이 있을 경우, imaginable, possible, conceivable 등은 강조하기 위해 명사 뒤에서 수식한다.

- She tried *every* means **conceivable** to get in touch with you.
  그녀는 당신과 연락하기 위해 생각할 수 있는 모든 수단을 기울였다.

conceivable [kənsíːvəbl] 생각 / 상상할 수 있는; 있을 법한
get in touch with ~와 접촉하다 (contact); 편지나 전화로 연락하다

4 'really(정말로), certainly(확실히), definitely(확실히), particularly(특히), so, such'와 같은 부사는 구어체에서 강조어로 흔히 사용된다.

- Thank you **so** much. It was **such** a lovely party. I really enjoyed it.
  매우 고맙습니다. 정말 훌륭한 파티였어요. 아주 즐거웠습니다.
- Thank you very much **indeed**.
  정말로 대단히 감사합니다.
- What I like is her style, **particularly** her beautiful manners.
  내가 좋아한 것은 그녀의 몸차림인데, 특히 아름다운 그녀의 예절이다.

out of breath 숨을 헐떡거리는

moan [moun] 신음하다
on and on 계속해서(without stopping, continuously)
over and over (again) 여러 번 (many times), 반복해서(repeatedly)

blind 분별없는, 맹목적인

5 동일한 단어를 반복하여 강조를 나타내기도 한다.

- He **ran and ran** until out of breath. 그는 숨이 찰 때까지 계속 뛰었다.
- It rained for **hours and hours**. 여러 시간 동안 계속해서 비가 내렸다.
- He kept moaning **on and on**. 그는 계속해서 신음하고 있었다.
- I've told you **over and over** (again) not to do that.
  그것을 하지 말라고 너에게 여러 번 말했지.
- She has been a **blind, blind** fool. 그녀는 지금까지 엄청난 바보였어!

  cf. There are *doctors and doctors*. 훌륭한 의사와 그렇지 못한 의사가 있다.
  반복 할 때 반대의 뜻, 특히 'good and bad' 관계를 나타내기도 한다.

on earth (부정을 강조하여) 전혀, 도무지; (의문사를 강조하여) 도대체

work 작동하다, 움직이다

6 'in the world, on earth'는 의문문, 부정문, 최상급과 함께 강조를 나타낸다.

- What **on earth** do you mean? 도대체 무슨 소리를 하는 거야!
- There's no reason **on earth** why it shouldn't work.
  그것이 작동되지 않는 이유를 도무지 알 수가 없네.
- To them housework was the most important activity **in the world**.
  그들에게 가사 일은 이 세상에서 가장 중요한 활동이었다.

03 도치(Inversion)

'주어 + 동사 + (목적어) + (보어)'의 어순이 영어의 어법인데, 동사·목적어·보어 등이 주어 앞으로 이동하는 것을 도치라 한다. 아래 문장은 주어를 수식하는 형용사(관계부사)절이 너무 길어 도치된 구조이다.

drag [dræg] 억지로 데려가다
bored 지루해하는
fed-up-looking 불만스러워 보이는

- **Gone seem to be the days** when women dragged their bored and fed-up-looking men around shopping malls. 〈25번 문제 해설 참조〉
  부인들이 그들의 지루해 하고 불만스러워 보이는 남편을 쇼핑센터 여기저기로 / 이곳저곳으로 데리고 다니던 그 시절은 사라진 것 같다.

1 의문문에서는 주어·동사가 도치하지만 감탄문에서는 도치하지 않는다.

- Who **did you** see? 누굴 보았니?
- **Did you** see Mary? 넌 Mary를 봤니?

  cf. What a pretty girl *she is*! 얼마나 예쁜 소녀인가!

2 장소 부사가 문두에 오거나, 'only'로 문장이 시작될 때

- *On the stairs* **was sitting a small girl**. 계단에 작은 소녀가 앉아 있었다.
  = There was a small girl sitting on the stairs.

- *Only this morning* **did I** realize what was going on.
  오늘 아침에야 비로소 나는 무슨 일이 일어나고 있는지 깨달았다.
  = I realized what was going on only this morning.

3 가정법에서 접속사 'if'가 생략된 경우

- **Had I** known what was going to happen, I'd never have left her alone.
  무슨 일이 일어날지 알았더라면 결코 그녀를 혼자 내버려두지 않았을 텐데.
  = If I had known what was going to happen, I'd never have left her alone.

4 'so, neither, nor'로 맞장구치는 표현에서

A : I love you very much. 난 너를 무척 사랑한다.
B : **So do I**. 나도 그래.

S : Do you smoke a lot? 담배를 많이 피워?
M : I don't smoke many cigarettes. **Nor do I wish to**.
많이 피우지 않아. 피우고 싶지도 않아.

5 부정(否定) 어구가 포함된 목적어 또는 부사구가 문두에 올 때 주어·동사가 도치된다.

- *Not a single book* **had he** read that month.
  그 달에 그는 한 권의 책도 읽지 않았다.

- *Under no circumstances* **can we** accept the proposal.
  어떤 일이 있어도 우리는 그 제안을 받아들일 수 없다.

  cf. *Really good meals* they serve at that hotel.
  저 호텔에서는 정말로 맛있는 식사를 제공해.

  부정 어구가 없는 목적어가 문두에 올 때는 도치되지 않는다.

6 직접화법에서 피전달문이 앞에 오고 전달문의 주어가 명사일 때는 '동사 + 주어'의 어순을, 주어가 대명사일 때는 '주어 + 동사'의 어순을 각각 취한다.

- "Who's paying?" **shouted the fat man**. "You are," **I answered**.
  "누가 계산하나요?" 하고 그 뚱뚱한 사람이 외쳤다. "당신이오." 하고 내가 응답했다.

- "I love you very much," **whispered Jane** / **she whispered**.
  "당신을 매우 사랑해요." 하고 제인이 속삭였다.

7 보어가 문두에 나오는 경우

- *Happy* **is he** who is reconciled with his lot. 자기 운명에 만족하는 사람은 행복하다.
  주어를 수식하는 형용사절이 너무 커서 도치된 것이다.

04 병렬 구조(Parallelism)

등위접속사 'and, or'로 연결되는 구문에서 동일한 문법적 구조를 좌우에 갖는 것을 병렬구문(parallelism)이라 한다.

1 형용사 · 명사 연결

- The guy looked **lonely, despondent** and **miserable**.
  그 사내는 외롭고, 의기소침하고, 비참해 보였다.

- I always try to speak **loud** and **clear**.
  나는 크고 분명하게 말하려고 항상 애쓴다.

  형용사 'clear'가 'loud and clear'와같이 등위 접속될 때는 부사로 쓰인다.

  eg. fair and square 떳떳하게, 공정하게
  short and sharp 갑자기

- My dad always stressed the importance of **honesty**, *and* **punctuality**.
  나의 아버지는 정직성과 시간의 엄수의 중요성을 언제나 강조하셨다.

lonely 외로운, 쓸쓸한
despondent[dispάndənt] 의기소침한, 낙담한
miserable[mízərəbl] 비참한

stress 강조하다
importance 중요성
honesty 정직, 성실
punctuality[pÀŋktʃuǽləti] 시간 엄수

2 동명사 · 부정사 연결

- She enjoys **swimming** and **dancing**.
  그녀는 수영하고 춤추는 것을 즐긴다.

- She likes **listening** and **to sing**. (x)
  부정사와 동명사의 의미가 다르기 때문에 병렬연결 안 됨.

- Try **to drink** warm milk *or* **to eat** cheese *or* **tuna**.
  따뜻한 우유를 마시거나 치즈나 참치를 먹도록 해라.

  첫 번째 'or'는 'Try to drink warm milk or to eat'에서 부정사 연결, 두 번째 'or'는 'to eat cheese or tuna'에서 명사 연결

3 명사구 연결

- He told me **what to do** and **how to do it**.
  그는 나에게 무엇을 해야 하고 그것을 어떻게 하는가를 말했다.

- She told me **what to do** and **how I should do** it. (x)
  문법 구조가 다른 '명사구' + '명사절'의 연결은 옳지 않음

4 "either ... or/neither ... nor/not only ... but also/both ... and"와 같은 상관 접속사로 연결되는 두 어구(語句)는 동일 구조여야 한다.

- *Both* **drinking** *and* **smoking** are prohibited here.
  이곳에서는 음주와 흡연이 금지되어 있다.

prohibit[prouhíbit] 금지하다

05 공통 구문

공통구문은 문장을 간결하게 하기 위한 것으로 어떤 낱말이 없더라도 이해를 할 수 있을 때 그 낱말이 생략 될(understood) 수 있다.

- Passions *weaken*, but habits *strengthen*, **with age**.
  열정은 나이를 먹어가며 약해지지만, 습관은 나이와 더불어 강해진다.

  'with age'가 동사 'weaken'과 'strengthen'을 수식하는 부사지만 문장을 간결하게 하기위해 생략된 것이다.

  = ... *weaken* **with age**, but habits *strengthen* **with age**

- Mary has and will always be genial to her friends.
  Mary는 자기 친구들에게 지금까지 상냥했고 앞으로도 항상 상냥할 것이다.

  = Mary has (**been genial**) and will always be genial to her friends.

- The next Ice Age is still in the distant future, and our present growing concern is for the climate during the coming *hundreds*, rather than *thousands*, **of years**.
  다음 빙하시대는 아직은 먼 미래의 일이지만 현재 우리의 점증하는 걱정은 수천 년 이라기보다는 다음 수백 년 동안의 기후에 관한 (걱정인) 것이다.

  ... is (**the concern**) for ... hundreds (**of years**) ... thousands **of years**

  'is'의 보어가 생략되었고, 'of years'는 'hundreds'와 'thousands'에 공통으로 연결

passion [pǽʃən] 열정
weaken [wíːkən] 약해지다
strengthen [stréŋkθən] 강해지다

genial [dʒíːnjəl] 상냥한(cheerful); (날씨가) 쾌적한

distant 먼; (닮은 정도가) 먼
present 현재의
growing 점점 커 가는
concern 걱정, 염려
climate 기후
coming 다가오는
rather than ~라기보다는 오히려

06 구조상의 이중성(Ambiguity)

단어, 구 또는 문장이 하나 이상의 의미를 나타내는 것을 이중성이라 한다.

- He is sitting on the bench by **the bank**.
  a. 그는 은행 옆에 있는 벤치에 앉아 있다.
  b. 그는 제방 옆에 있는 벤치에 앉아 있다.

- I **decided on the train**.
  a. 기차를 타고 가면서 (뭔가를) 결정했다. ⋯→ (= decided (something) on the train)
  b. 기차를 타고 가기로 결정했다. ⋯→ (= decided on the train)

- **Flying planes** can be dangerous.
  a. 날아다니는 비행기는 위험할 수 있다. ⋯→ planes (which are) flying 〈현재분사〉
  b. 비행기를 띄우는 (이륙하는) 것은 위험할 수 있다. ⋯→ flying planes 〈동명사〉

- The police arrested the robber **in the park**.
  a. 경찰이 강도를 공원에서 체포했다. ⋯→ arrested in the park 〈부사구〉
  b. 경찰이 공원에 있는 강도를 체포했다. ⋯→ the robber in the park 〈형용사구〉

bank 은행; 제방, 둑

01. 다음 중 어법상 틀린 문장을 고르시오.

   (A) No sooner had he sat down than the phone rang.

   (B) Jane neither smokes nor alcohol.

   (C) Really good meals they serve at that Italian restaurant.

   (D) "Anything else I can help you with?" "I guess not. Thanks anyway."

02. 주어진 두 문장의 의미가 같지 않은 것을 고르시오.

   (A) No parking here.
      = Parking is not allowed here.

   (B) "What time do you usually get home?" "No later than 7."
      = "What time do you usually return home?" "Earlier than 7."

   (C) It's a very attractive offer, and I'm tempted to accept.
      = It's a very attractive offer, and I would like to accept, but am not sure if I should.

   (D) Lge room. Avail immed. No furniture. Good for student or single working person. $50 / mo. Call 010-8982-5941.
      = There's a large room. It is available immediately. There's no furniture. It is good for a student or a single working person. The rent is $50 per month. Call at 010-8982-5941.

03. (A) "I am going to the United States." "What for?" 〈밑줄 친 부분〉
      = What are you going to the United States for?

   (B) Good morning!
      = I wish you a good morning!

   (C) Sincerely yours.
      = I treat you sincerely.

   (D) Mary has and will always be genial to her friends.
      = Mary has been and will always be genial to her friends.

04. 생략된 부분을 채워 완전한 문장으로 만드시오.

   (A) "Have you met my brother?" "Not as far as I remember."

   (B) "Do you still smoke?" "Not anymore."

   (C) Nice seeing you.

   (D) "Do you mind if I smoke?" "Well, I'd rather not."

   (E) "Have you finished the work?" "Not yet."

◎ 빈 칸에 의미상 적합한 단어를 고르시오.

05. Drama is to intermission as conflict is to _____.
   (A) frugal (B) intervention
   (C) truce (D) reconciliation

06. Frugal is to waste as infallible is to _____.
   (A) save (B) prosper (C) err (D) criticize

07. Spot is to immaculate as name is to _____.
   (A) famous (B) anonymous (C) illuminate (D) unilateral

08. 주어진 속담과 그 해석이 일치하지 않는 것을 고르시오.
   (A) Rome wasn't built in a day.
      = It takes a lot of time to achieve something important.
   (B) When in Rome, do as the Romans do.
      = Adapt yourself to the customs of the places you visit.
   (C) Tomorrow is another day.
      = Don't put off until tomorrow what you can do today.
   (D) All that glitters is not gold.
      = Not everything that appears attractive actually is.

◎ 다음 대화문의 빈칸에 가장 적절한 표현을 고르시오.

09. A: Are you all right now?
   B: _____ I still have to see my doctor once a week.
   (A) No problem. (B) Not exactly.
   (C) Why should I? (D) That's the way.

10. A: _____ you're so late?
   B: Because of a traffic jam.
   (A) How about (B) What about
   (C) How come (D) What do you say

11. A: Could you give me a hand with this table?
   B: No _____.
   (A) sweat (B) caution
   (C) concord (D) independence

12. A: Care for a drink?
B: I'm tied up tonight. I'll take _____.
(A) the invitation (B) your kind hospitality
(C) a rain check (D) it

13. A: Would you like some more whisky?
B: No, thanks. _____. I'm driving.
(A) I don't like it (B) Why not
(C) No more for me (D) Go right ahead

◎ 다음 글의 빈칸에 가장 적절한 표현을 고르시오.

14. The President neither denied nor _____ the rumor that he had been involved in the scandal.
(A) confirm (B) confirmed (C) confirmation (D) confirms

15. The front desk clerk didn't say anything until _____.
(A) speaking to anybody (B) spoken to
(C) she spoke to (D) she was spoken by somebody

16. Never once _____ apologized or shown any sign of remorse.
(A) he has (B) he has been
(C) has he (D) is he

17. Last night a bus that was carrying more than 75 passengers overturned, killing three passengers and _____ twenty.
(A) injured (B) injures
(C) injuring (D) to injure

18. _____ is used to ask somebody to indicate when one should stop pouring a drink or serving food for them because they have enough.
(A) 'Say no more' (B) 'Say when'
(C) 'No thank you' (D) 'Try a bit'

19. The requested increase of charges, _____, will be effective January first of next year.
(A) if they are approved (B) if approved
(C) if it'll be approved (D) if approval

20. Delivery cost not _____.
   (A) includes
   (B) included
   (C) including
   (D) is included

21. Workers' _____ and motivation have a direct impact on productivity.
   (A) satisfied
   (B) satisfy
   (C) satisfaction
   (D) satisfying

22. The receptionist at the dental clinic answers the phone and _____ patient's appointments.
   (A) responds
   (B) questioning
   (C) charged
   (D) arranges

23. Sail into *Simply Sofas* during this special offer and _____ upwards of 10% on all our quality sofas.
   (A) to save
   (B) saving
   (C) saved
   (D) save

24. _____ is a brochure including an itinerary.
   (A) Attach
   (B) Attachment
   (C) Attaching
   (D) Attached

25. _____ seem to be the days when women dragged their bored and fed-up-looking men around shopping malls.
   (A) Gone
   (B) Going
   (C) Go
   (D) To go

26. Fresh orange juice should be refrigerated after opening and _____ within three days.
   (A) drinking
   (B) drink
   (C) drunk
   (D) should drink

27. It was the _____ decline in sales in the previous quarter _____ impelled the management to make the change.
   (A) sharp - which
   (B) sharply - who
   (C) sharp - that
   (D) shape - what

28. Insomniacs often think that they have been awake far longer than they _____.

(A) they have really
(B) they been really awake
(C) they have really been awake
(D) they really have

29. The workshop aims to improve the corporate image and _____ sales for the new product.

(A) increasingly
(B) increasing
(C) increased
(D) to increase

30. Money is used _____ or selling goods, for measuring value and for storing wealth.

(A) to buying
(B) for buying
(C) to buy
(D) for buy

31. Vicky took the defective cell phone back to the shop and _____ a refund.

(A) claim
(B) demanded
(C) will apply for
(D) asks for

32. The views _____ at the public education forum showed an overwhelming need for changes in English teaching policies.

(A) expressing
(B) expressed
(C) to express
(D) expresses

33. The next Ice Age is still in the distant future, and our present growing concern is for the climate during the coming hundreds, rather than thousands, of _____.

(A) miles
(B) weathers
(C) years
(D) climates

34. Some professional athletes demonstrate admirable skill in playing their game, but their life off the field is not very admirable and, in some cases, shocking and even _____.

(A) crime
(B) a crime
(C) criminal
(D) criminals

35. _____ some have labeled alcoholism as the most devastating socio-medical problem faced by human society short of war and malnutrition.

(A) No wonder
(B) Small wondered
(C) Little wonders
(D) Not wondering

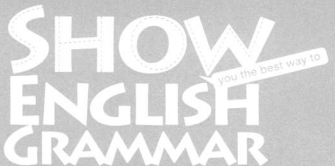

www.hongikmediaplus.co.kr

동양books
www.dongyangbooks.com

SHOW ENGLISH GRAMMAR
you the best way to

이 책 한 권으로 문법·회화·독해·어휘를 통째로 삼켜라!

주입식 문법서가 아닌 생각하며 공부할 수 있는 SHOW ENGLISH GRAMMAR는 영어의 기본기를 확실하게 다지기 위한 필독서로 TOEFL, TOEIC, TEPS 및 고시까지 각종시험을 완벽하게 대비할 수 있습니다. '영어는 문법·회화·어휘·독해를 따로따로 하는 것보다 동시에 학습하는 방법이 가장 효과적'이라는 원리를 따른 학습서입니다.

★ 기본기를 다질 수 있는 핵심 문법 내용 제시
★ 단순 암기가 아닌 이해 위주의 완벽한 해설
★ 일상 회화나 작문을 위한 실용적 예문 제시
★ 혼자서도 공부할 수 있는 자세한 구문분석과 어휘 설명
★ 토익·토플·텝스 등 공인 영어시험을 위한 문법 지침서 역할
★ 문법의 확인학습을 위한 실전문제 수록

www.hongikmediaplus.co.kr

SHOW ENGLISH GRAMMAR
you the best way to

영문학 박사 **신융빈** 저

*실전 영문법 바이블

정답과 해설

Grammar의 기본 개념과 원리 이해로
진정한 영어실력자로 거듭나다!

www.hongikmediaplus.co.kr

동양books
www.dongyangbooks.com

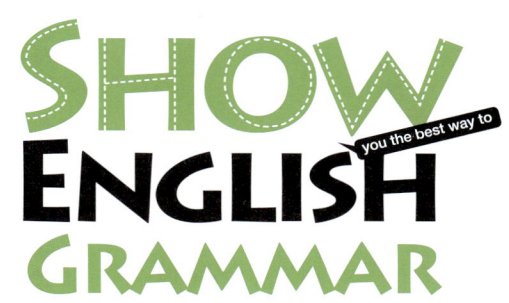

SHOW ENGLISH GRAMMAR
you the best way to

정답과 해설

LESSON 01 • 2
LESSON 02 • 10
LESSON 03 • 19
LESSON 04 • 26
LESSON 05 • 32
LESSON 06 • 38
LESSON 07 • 47

LESSON 08 • 57
LESSON 09 • 64
LESSON 10 • 73
LESSON 11 • 80
LESSON 12 • 89
LESSON 13 • 99
LESSON 14 • 105

LESSON 15 • 112
LESSON 16 • 118
LESSON 17 • 126
LESSON 18 • 133
LESSON 19 • 137

LESSON 01 문장의 구성

01. (D)	02. (C)	03. (B)	04. (C)	05. (B)	06. (C)	07. (C)	08. (B)	09. (C)	10. (B)
11. (B)	12. (D)	13. (B)	14. (D)	15. (D)	16. (A)	17. (A)	18. (A)	19. (B)	20. (D)
21. (C)	22. (B)	23. (B)	24. (C)	25. (D)	26. (C)	27. (A)	28. (B)	29. (C)	30. (A)
31. (B)	32. (B)	33. (C)	34. (C)	35. (A)	36. (C)	37. (D)	38. (C)	39. (C)	40. (D)

01.

어휘 enchanting 매혹적인 strange 모르는; 낯선

해설 (A) 'hope' 동사가 'to부정사'를 목적어로 가질 때는 주어와 부정사의 의미상 주어가 일치할 때뿐이다. 일치하지 않을 때는 'I hope that you'll introduce the enchanting lady to me.'와 같이 'that 절'을 목적어로 해야만 한다. 또한 'introduce(소개하다); explain(설명하다); confess(고백하다); suggest(제안하다)' 등은 'S + V + O + 부사구(to sb)'의 형태를 가진다.
(B) 'look for'는 '(잃어버린 것 등을) 찾다'의 뜻이므로 문맥상 옳지 않고, '(필요한 정보를 얻기 위해 책의 페이지를 넘겨 가며) 찾아보다'의 뜻인 'look up'으로 바꾸어야 한다.
(C) 다른 문장의 일부인 종속절로 쓰인 간접 의문문은 원래 문장 'We sleep why?'에서 주어·동사의 도치 없이 의문사만 문장 앞으로 이동하면 된다.
(D) 'discuss(의논하다)'의 의미상 목적어는 'something'이고 'with'는 'you'와 함께 부사구를 이루므로 읽을 때도 '... I'd like to discuss / with you alone'과 같이 읽어야 한다.

번역 (A) 그 매혹적인 아가씨를 나에게 소개시켜 주길 바래.
(B) 영어를 공부할 때 사전에서 모르는 단어를 찾도록 노력해라.
(C) 잠을 왜 자는가보다 잠이 무엇인지 말하는 것이 더 쉽다.
(D) 로버트! 너하고만 이야기하고 싶은 중요한 것이 있어.

02.

해설 성격(character)을 묻는 표현을 고르는 문제인데 (A)는 '직업' (B)는 '외모' (D)는 '표정'을 묻는 질문이므로 지시 사항과는 거리가 멀다.

번역 A: 스미스와 얘기를 해봐. 네가 그를 좋아할 거라고 난 생각해.
B: (성격에 대하여 묻는다) 그 사람 성격은 어때?

03.

해설 'here / there' 다음 의 어순을 알아보는 문제이다.
'Here + 동사 + 명사'와 'Here + 대명사 + 동사'의 어순이 쓰이므로 (A)(C)는 옳지 않다. (D)가 대화문에는 적합하지 않지만 '너의 엄마는 늘 여기에 오신다'라는 말로 현재 시제를 사용하여 '습관'을 나타낸다.

번역 A: 저의 엄마가 어디에 계신지 말씀해 주시겠어요?   B: 마침 여기 오시는군요.

04.

어휘 What do you say to ...? ~하는 것이 어때요?

해설 제안에 대한 응답 표현을 알아보는 문제이다.
'Why not?'은 부정(否定)하는 것이 아니라 '좋지, 그러지, 물론이죠!'의 뜻으로 제안(suggestion)에 동의(agree)할 때 쓰인다.

번역 A: 이봐. 커피 한 잔하는 것이 어때?   B: 좋지.

05.

어휘 Why don't we ...? ~하는 것이 어때?   (That's) Not a bad idea. 꽤 좋은 생각이야.

해설 제안에 대한 응답으로 가장 적합한 것을 고르는 문제이다.
'not bad'는 '예상보다 좋거나 훨씬 좋은(good or better than one expected)'의 뜻이다. 이중부정으로 강한 긍정의 뜻을 나타내며 구어체에서 제안에 대한 응답으로 자주 쓰인다.

번역 A: Dark's Diner로 점심 먹으러 가는 것 어때?   B: 좋아요. / 꽤 좋은 생각이야.

06.

어휘 **pity** 애석한 일, 유감스러운 일 **see sb off** ~를 전송하다

해설 '기차로 가기로 결정했어요.' 라는 (B)의 마지막 말로 미루어 보아 상대방의 말을 유추할 수 있다.
(A)처럼 의문사로 물을 때 'Yes' 또는 'No'로 응답하지 않는다.

번역 A: 떠나야 하다니 유감스럽군요. B: 떠나는 것이 얼마나 유감스러운지 모르겠어요.
A: 비행기로 갑니까? B: 아니요. 기차로 가기로 결정했어요.

07.

어휘 **cash** 현금 **(It) Beats me.** 모르겠어요.

해설 선택 의문문은 'Yes / No'로 응답하지 않으므로 '카드' 또는 '현금'으로 지급 방법을 나타내는 것이 빈 칸에 적합하다. 미국인들은 현금 대신 신용카드(credit card)나 수표(check)를 많이 사용하기 때문에, 물건 값을 지불하기 전에 상점 주인이 'Cash(현금) or charge(외상)?' 또는 'Cash or check(수표)?'라고 묻는다.

번역 A: 신용카드로 해도 되나요, 아니면 현금으로 원하세요? B: 신용카드가 좋습니다.

08.

어휘 **catch on** 이해하다 **(understand) get the picture** 이해하다

해설 'picture'는 '상황 내지는 정세'라는 뜻이고, 'get'은 '이해하다'이므로 'I got the picture.'는 '무슨 말을 하고 있는 건지 전후 사정을 잘 알겠다.'는 뜻이다.

번역 A: 이해했어요? B: 물론입니다. 매우 잘 알겠어요.

09.

어휘 **be up to** (어떤 일의 결정이) ~에게 달려 있다

해설 간접 의문문의 어순과 문장 구조를 알아보는 문제이다.
다른 문장의 한 부분으로 쓰이는 간접 의문문의 어순은 '의문사 + S + V'이기 때문에 (A)(B)는 옳지 못하며 (B)는 목적어가 없기 때문에 또한 잘못된 것이다. (D)는 목적어 'it'가 있는데 의문대명사 'what'가 쓰인 것은 잘못된 것이고, 대화문에서 무엇을 할 것인지는 나타나 있기 때문에 모순이 된다.

번역 A: 차고 페인트칠은 언제 할까? B: 언제 할 것인가는 네 형편에 따라 결정할 문제야.

10.

어휘 **turn down** (소리 등을) 낮추다 ↔ **turn up** (소리 등을) 키우다 **shame** 부끄러움, 수치 **relief** 안심; (고통·부담 등의) 경감 **So what?** 그래서 어떻다는 말인가?

해설 대화문을 통해 안도감을 나타내는 표현을 알아보는 문제이다.
고통 거리가 제거되거나 부담되던 상황이 끝났을 때 안도감을 나타내는 표현이 'What a relief!(정말 다행이에요! / 어휴 살았네!)'이다.

번역 A: 이웃집 사람들한테 전축 소리를 낮추라고 말했어요.
B: 그것 잘됐군. 그들이 음악을 너무 크게 틀어놔서 생각도 제대로 할 수 없었어.

11.

어휘 **duty** 의무, 임무 **overseas** 해외에서 **a man of one's word** 약속을 잘 지키는 사람 **a man of few words** 말수가 적은 사람

해설 쉽사리 놀라거나 충격을 받지 않고 대부분의 상황을 처리할 수 있을 만큼 인생 경험이 많은 사람(a person with a lot of experience of life)을 가리켜 'a man of the world'라고 한다. '해외 근무를 하고 나더니 아주 성숙했지'라는 상대방의 말이 없다면 (D)도 빈 칸에 적합할 수 있다.

번역 A: 톰이 해외 근무를 하고 나더니 아주 성숙해졌지?
B: 정말 그래. 그가 떠날 때 소년이었는데 이젠 달인이 돼서 돌아왔어.

12.

어휘 **favor** 호의, 친절, 특별한 배려 **depend on** ~에 달려 있다

해설 'Sure'와 (D)의 'Of course'가 같은 뜻이므로 중복해서 쓰지 않는다. 또한 간접의문의 어순이 옳지 않다. (C)는 직접의문문. 간접의문문은 (A)와 같은 어순이 되어야만 한다.

번역 A: 부탁 좀 할까요?   B: 좋아요.
(A) 원가에 달렸죠. (B) 가능하다면 들어 드리죠. (C) 뭔데요?

13.

어휘 appreciate 고맙게 여기다   With pleasure. 기꺼이 해 드리죠, 좋고 말구요

해설 상대방이 도와준 것에 고마움을 표할 때 그에 대한 응답 표현을 알아보는 문제이다.
(A)(C)(D)는 감사에 대한 응답으로 적합한 표현이지만 (B)의 'With pleasure.'는 '상대방의 부탁·제안에 '기꺼이(willingly) 응하겠다.'는 응답으로 쓰이므로 빈 칸에 적합하지 않다.

번역 A: 지난 주말에 도와준 것 정말로 고맙게 생각해.
B: (A) 별거 아냐. (C) 언제든지 도와줄 게. (D) 도움이 되었다니 기뻐.

14.

어휘 keep ~을 …한 상태로 있게 하다(5형식); ~한 상태에 있다(2형식); (어떤 상태·동작을) 계속하다; 간직하다; (상품을) 갖추어 놓다; (규칙·법 등을) 지키다
in good shape 상태가 좋은   physically 육체적으로 ↔ mentally 정신적으로

해설 5형식의 문장으로 주어와 목적어가 동일한 경우에 목적어는 재귀대명사가 되고, 'in good shape'의 형태는 전치사 구이지만 보어 구실을 하는 형용사구이다. 그리고 5형식의 요소를 모두 갖춘 'S + V + O + O.C'의 구조가 되어 있으므로 형용사구를 수식하는 부사가 필요하다.

The boss   keeps   himself   in good shape,   physically and mentally
    S   V   O   O.C   부사구

번역 사장님은 항상 육체적으로 정신적으로 좋은 상태를 유지하고 있다.

15.

어휘 technical 기술상의; 공업의; 전문적인   fault 결함(failure)   reveal (숨겨졌던 것을) 드러내다; 폭로하다(disclose); 나타내다   cf. conceal 숨기다
mechanic 수리공(repairman)   a trial run 시운전, 시험 작동

해설 주어가 'a+명사'이고 동사가 '상태'를 나타내는 경우 'There + 동사 + 주어' 구문을 사용한다. 문제의 원래 문장 'a technical fault was revealed'에서 주어가 'a technical fault'이고 동사가 상태 동사 'was revealed'이므로 장소 부사 'there'가 문장을 유도하며, 주어·동사가 도치하게 된다. 동사 'reveal'은 타동사이므로 목적어가 없는 (A)(C)는 옳지 않다.

번역 자동차 수리공이 중고차를 시운전 했을 때 기계적 결함이 드러났다.

16.

어휘 leave ~을 ~한 상태로 놓아두다   unsaid (생각은 하지만) 말하지 않은

해설 (D)와 같은 원래 문장 'nothing should be left unsaid'에서 주어가 부정 대명사 'nothing'이고 동사가 '상태 동사(be left)'이므로 장소 부사 'there'가 문장을 유도하며, 주어·동사가 도치하여 'there should be nothing left unsaid'가 된다. 이중 부정으로 강한 긍정의 뜻이 되어 '말하지 않고 남겨두는 것이 아무것도 없는 게 좋아 / 비밀이 없다'는 뜻이다.

번역 우리는 가까운 친구야. 그러니 우리 사이에 모든 것을 털어놓고 지내는 것이 좋아.

17.

어휘 fall 하락; 낙하; 가을(美); 떨어지다; (눈·비 등이) 내리다; 넘어지다; (물가 등이) 하락하다; (어떤 상태에) 빠지다; ~이 되다   unemployment 실직자의 수; 실업, 실직 실업 상태   the second quarter 2분기

해설 문제 15/16번과 동일한 구조에서 주어가 되는 명사를 선택하는 문제이다. 'fall'이 명사로 여러 가지 의미를 갖고 있지만 본 문제에서는 '하락, 감소'의 뜻이다. cf. autumn 가을(英)

번역 2분기에 실업자의 수에 하락이 있었다.

18.

어휘 profit (금전상의) 이익(money gained in business), 돈벌이; 이점; 이익을 보다   the name of the game 가장 중요한 것   profitable 유익한, 이로운; 유리한   profitably 유리하게, 유익하게   profitability 흑자운영, 수익성, 이익률

해설 모든 문장의 주어는 명사이어야 하며 주어와 동사는 수(數)가 일치해야만 한다. 동사가 'is'이면 (D)도 정답.

번역 업계에서는 이윤을 남기는 것이 가장 중요하다.

19.

어휘 **adjust** (점차 새로운 환경에) 익숙해지다; (기계 등을) 조절하다, 맞추다

해설 동사 구조와 지칭 관계를 나타내는 대명사를 알아보는 문제이다.
'adjust to'는 조금씩 변화를 이루어 '~에 적응, 순응 또는 익숙해지다'라는 뜻이므로 (A)(C)는 전치사 때문에 옳지 못하고 (D)의 'the way (which) it is'에서 대명사 'it'는 'things'를 대신하는 것이므로 복수 대명사 'they'가 되어야 옳다. 'the way (which) they are'는 '사물이 있는 그 방법'이란 말로 '현재의 상황'이란 뜻이다.

번역 어떤 일들이 원하는 대로 되지 않으면 현 상황에 적응하라.

20.

어휘 **whether or not** 어느 쪽이든, ~인지 어떤지   **the deceased** 고인   **donation** 조의금; 증여; 기부(making a gift of money)   **sign** 서명하다   **book** 조객록(弔客錄)

해설 두 가지 가능성을 도입 할 때 쓰이는 표현이 'Whether or not'이다. 그러므로 'Whether I knew the deceased or not' 또는 'Whether or not I knew the deceased'의 구조가 되어야 옳은 표현이 된다. 따라서 (A)의 구조는 옳은 구조가 아니다. (B)에서 동사의 목적어는 명사·대명사·동명사이어야만 한다. 따라서 'knew'의 목적어가 과거분사이기 때문에 옳지 못하다. 'the + 과거분사'는 명사 역할을 한다. (C)는 어순이 틀린 것이다.

번역 고인을 알았던 몰랐던 간에 조의금을 내지 않아도 조객록(弔客錄)에 서명을 해야만 합니까?

21.

어휘 **customer** (상점이나 식당의) 고객   **private** 사적인, 개인적인; 비밀의   **record** 기록, 등록; 경력, 이력; 성적   **strictly** 엄격히, 엄밀히 말해서(precisely)   **confidential** 은밀한, 비밀의(intended to be kept secret)

해설 5형식 문장을 수동으로 전환된 구조를 알아보는 문제이다.
동사 'keep'은 '~을 …한 상태로 있게 하다(5형식) / ~한 상태에 있다(2형식)'의 뜻으로 쓰인다. 문제는 5형식 구조를 수동으로 한 것이다.

<u>We'll</u> <u>keep</u> <u>customers' private health records</u> <u>strictly confidential</u>. 〈능동문〉
　S　　　V　　　　　　　　O　　　　　　　　　　　　　O.C

번역 고객들의 건강 기록은 엄격히 비밀이 지켜질 것입니다.

22.

어휘 **special** (식당의) 특별 메뉴; (짧은 시간에 평상시보다 저렴한 가격으로 판매하는) 특별 할인품; 특별한 사람/사물; 호외; 임시 열차/버스; 특별한; 특히 친한; 전문·전공의; 유별난   **available** 입수할 수 있는(can be obtained); 이용할 수 있는(can be used, valid); 만나거나 ~와 이야기 할 시간이 있는(of people free to see or talk to people)   **particular** 특정한; 특별한; 상세한; (신중하게 고르며 쉽게 만족하지 않고) 까다로운   **usually** 보통, 일반적으로   **usual** 평소의, 일상의, 한결같은; 보통의

- Are there still seats **available**? 좌석이 아직 남아있나요?
- I'm not **available** right now. 지금 매우 바빠서 …할 수 없습니다.
  = I can't answer the phone right now. 지금은 전화를 받을 수 없습니다.
  = I'm not free to see you. 지금은 만날 수 없어요.
  = I'm not free to talk to you. 지금은 이야기 할 시간이 없어요.

해설 문장구성을 알아보는 문제이다. 문장은 주부와 술부로 구성된다.
빈 칸에 필요한 것은 동사 'is'의 주어가 될 수 있는 명사이다. 명사로 쓰인 'a special'은 식당에서 보통은 사먹을 수 없는 '특별메뉴'라는 뜻이다.

<u>A special</u> in a restaurant <u>is</u> <u>a meal</u> that is available on a particular day <u>which is not</u> …
　　S　　　　　　　　　　　　V　　　C ↑ 　두 관계대명사 절은 보어 'a meal'을 수식한다.　 보어 수식

번역 식당에서 특별메뉴는 보통은 사먹을 수 없는 특별한 날에만 사먹을 수 있는 식사이다.

23.

어휘 **shift** 이동, 변천, 변화; (근무의) 교체, 교대; 임시변통; 이동하다; 이동시키다   **toward** ~쪽으로, ~의 방향으로   **largely** 대부분(mostly), 주로(mainly); 크게, 충분히   **due to** ~때문에(caused by, as a result of, because of)   **economic** 경제의; 경제학의   **social** 사회적(인)   **gain** 이익, (pl.) 수익, 돈벌이 (원하거나 필요로 하는 것을); 얻다(obtain), 획득하다; (시계가) 더 가다   **recent** 근래의, 최근의   **decade** 10년간

해설 첫 번째 빈 칸에는 'economic 경제의; 경제학의'과 'economical (돈·시간·노력 등을 낭비하지 않는) 알뜰한; 절약하는'의 의미 차이를 알아보는 문제이고, 두 번째 빈 칸에는 '수십 년 동안'이라고 기간을 나타내므로 완료시제가 적합하다.

번역 '혼자 사는 방향으로의 변화는 최근 몇 십년 동안 여성들이 경제적으로 얻은 것 (즉, 돈)과 사회적으로 얻은 것(즉, 사회적 지위)이 주로 원인이 되고 있다.'고 피터 프랜시스는 말한다.

24.

어휘 rally (정치적·종교적) 집회, 대회 oppose 반대하다(be against, be opposed to); 맞서다, 대항하다 opposition 반대; 야당 opposed ~에 반대하는, 대항하는; 대립된 schedule 일정; 시간표 be scheduled to do/for + 명사 …하기로 예정되어 있다

해설 명사를 수식하는 수량 형용사와 주어·동사의 수(數)를 알아보는 문제이다.

Several street rallies (which are) opposing the U.S. beef import are scheduled for …
　　　　　　S　　↑ 　 미국 쇠고기 수입을 반대하는 ('street rallies'를 꾸며주는 분사)　　　　V

'several'은 'street rallies'를 수식하는 수량형용사로 복수 명사 앞에 온다. 'a single/every/any' 다음에는 항상 단수 명사만이 온다. '어느 것/사람이라도'라는 양보의 뜻인 'any'는 각각의 뜻으로 형태는 단수지만 복수의 뜻을 가진다. 'any other'는 복수 명사와 쓰인다.

● **Any** child would know that. 어떤 아이라도 그것을 알거야.
● Are there **any other** comments? 그 밖의 다른 코멘트가 있어요?

번역 미국 쇠고기 수입을 반대하는 몇몇 거리 집회가 주말로 예정돼 있다.

25.

어휘 issue ~호, ~판; 문제, 논쟁(점); 주제; (정치·경제·사회상의) 문제(점), 현안 current 현재의; 통용되고 있는 variety 다양함(diversity), 가지각색의 것; 변화; 종류 a variety of 여러 가지의, 다양한 article 기사, 논설; 조항; 물품, 품목; (pl.) 계약, 규약 the full opening 전면 개방 both A and B A도 B도, 둘 모두 violent 폭력적인(aggressive), 격렬한 candlelight 촛불 rally (정치적·종교적) 집회, 대회

해설 (B)(D)의 'contains(담고 있다; 포함하다)/deals with(다루다)'는 첫 번째 빈 칸에 적합한 동사들이다. 'and'와 상관 접속되는 'both'가 두 번째 빈 칸에 적합하다.

번역 한 시사 잡지 5월호는 쇠고기 시장 전면 개방과 폭력적인 촛불집회에 대한 다양한 기사를 싣고 있다.

26.

어휘 recent 근래의, 최근의 household 가정, 가족 census 조사; 인구 조사 bureau 국(局); 사무소 find + O + C ~임을 알다, ~라고 생각하다 individual 개인(a single human being); 개인의; 각기 다른(separate) partner 배우자; 상대; (남자) 친구

해설 동사 'find'의 구조를 알아보는 문제이다. 아래 구조를 참조하도록 한다.

found more individuals living alone or with a partner without children in 2000
　V　　　　O　　　　　O.C

번역 최근 미국 가정 연구에서 미국 인구 조사국은 1990년보다 2000년에 보다 많은 사람들이 혼자 살거나 자녀가 없는 배우자와 살고 있다는 것을 알게 되었다.

27.

어휘 single 단 하나의, 유일의, 혼자의; 미혼의(not married), 독신의; 일편단심의; 한 개, 한 사람, 1인용의 방; 침대; 식탁; 독신자 single parent 편친(片親), 혼자의 부모 single mom 미혼모, 모자 가정의 모친, 편모 successfully 성공적으로 raise (자신을 돌볼 수 있을 때까지 아이를) 돌보다, 기르다; (위로) 올리다; (물가 등을) 올리다; (문제 등을) 일으키다; (돈을) 모으다; 올림; 임금 인상 on one's own 혼자(alone), 혼자 힘으로; 관리·감독 없이(without being helped or supervised) owe ~에게 빚지고 있다; 은혜를 입고 있다 awe 경외심, 두려움

해설 동사의 의미와 관용적 표현을 알아보는 문제이다. 첫 번째 빈 칸에는 목적어 'children'이 있으므로 능동형인 'raising'이 적합하다. 'rise'는 자동사 이므로 빈 칸에 옳지 않다.

번역 제니퍼 말에 의하면 미국의 천이백만 싱글 부모들이 그들 혼자 힘으로 자식들을 성공적으로 키우고 있다.

28.

어휘 purpose 목적(aim) staff 직원 discuss (문제 해결 등을 위해 여러 각도로 검토해) 논하다; ~에 관하여 이야기하다 run 영업하다; 경영하다(be in charge of); 정기적으로 운행하다, 다니다; (기계 등이) 돌아가다, 작동·가동하다(operate); 계속 공연되다 efficient (시간·노력 등을 낭비하지 않고) 효율적인; 능력 있는, 유능한 efficiently 효율적으로, 능률적으로 effective 유효한, (바라는 대로) 효과적인

해설 부사의 기능과 간접의문문에서 어순을 알아보는 문제이다.
'efficiently'는 동사 'run'을 수식하고, 'how'는 'efficiently'를 수식하는 의문부사이다. 수식어와 수식 받는 단어는 인접(隣接)해 있어야만 한다. 부사는 수식받는 또 다른 부사 앞에 위치한다. 동사를 수식할 때는 동사 뒤에 위치한다.

① <u>the company</u> <u>is running</u> <u>how efficiently</u> 〈원래문장〉
    S   V   부사구

② to discuss *how efficiently* **the company is running**. 〈간접 의문문〉

의문사는 자기 문장 앞으로 이동하며, 이동할 때는 피수식어와 동시에 이동해야만 한다.

번역 주간 직원 회의의 목적은 회사가 얼마나 효율적으로 운영되고 있는가를 토론하는 것이다.

29.

어휘 **offer** 특별세일(special offer); 제공; 제안; (자진해서) 제공하다; 제의·제안하다   **available** 이용할 수 있는(can be used); 입수할 수 있는(can be obtained); 만날 수 있는   **exclusively** 오로지 …만(only); 배타적으로; 독점적으로   **established** 단골의, 확립된, 기정의; 안정된, 자리 잡은; 만성의   **exclude** 제외하다, 배제하다 ↔ **include** 포함하다   **exclusion** 제외, 배제   **exclusiveness** 배타성

해설 문장구성의 주요소와 선택적인 수식어를 알아보는 문제이다.

<u>This offer</u> <u>is</u> <u>available</u> <u>exclusively</u> <u>to our established customers</u>.
    S   V   C   부사   부사구

부사 'exclusively'는 부사구를 수식하는 강조 부사로 선택적이다. 주어·목적어·보어로만 쓰이는 명사 (A)(D)는 문장 내에서 하는 역할이 없으므로 부적합하다. 이미 보어가 있기 때문에 형용사(B)도 빈 칸에 적합하지 않다.

번역 이번 특별세일은 우리 단골고객만 이용할 수 있습니다.

30.

어휘 **production** 생산   **cost** 비용   **major** 주요한   **financial** 재정상의, 금융상의   **financially** 재정적으로   **finance** 재정, 재무; (pl.) 재원; 투자하다, 자금을 조달하다   **concern** 관심사; 염려(anxiety), 걱정(worry); 관계; 관계하다; 걱정하다   **concerned** 걱정하는; 관심을 가지는   **concerning** ~에 관한(about)   **lots of** 많은   **CEO** 최고 경영자(chief executive officer)

해설 명사 앞에 올 수 있는 단어를 알아보는 문제이다.

항상 '관사+(형용사)+명사' 이기 때문에 빈 칸에 명사가 필요하다. 그러므로 (C)(D)는 정답에서 제외된다. 또한 명사를 수식하는 것은 형용사이므로, 명사 앞에 부사가 온 (B)도 옳지 않다.

번역 높은 생산 비용은 많은 최고 경영자들에게 중요한 재정상의 관심사이다.

31.

어휘 **research** (장기간에 걸쳐 새로운 사실을 알아내려고 면밀하고 조직적으로 하는) 연구, 조사   **researcher** 연구자, 조사자   **enable** (사물이 사람에게) ~을 할 수 있게 하다   **develop** (기술·자원을) 개발하다, 발전시키다; 성장하다(grow)   **treatment** 치료; 대우   **treat** 치료하다(cure); 대하다, 다루다   **disease** 병, 질병   **heart disease** 심장병   **depression** 우울증, 의기소침

해설 동사 'enable'은 'enable + 사람 + to부정사'와 같은 구조를 갖는다. 사람을 주어로 하지 않고 '~이 사람에게 …을 할 수 있는 능력·기회를 주다'라는 뜻이다. 우리말은 항상 사람을 주어로 하기 때문에 무생물이 주어인 경우 목적어인 사람을 주어로 해석해야 자연스런 우리말이 된다. 'enable'의 주어는 무생물이지만, 'able'의 주어는 사람만 쓰인다.

Animal research has **enabled researchers to** develop treatments
··· *Researchers* have **been able to** develop treatments *thanks to* animal research

번역 동물 연구 덕분에 연구자들은 예를 들어 심장병과 우울증 같은 많은 질병에 대한 치료법을 개발할 수 있게 되었다.

32.

어휘 **annual** 1년의, 해마다의, 1년에 한 번의   **profit** (금전상의) 이익(money gained in business), 돈벌이; 이점·이익을 보다   **rise** 증가하다, 증대하다; 일어서다; (연기가) 오르다; (해·달이) 떠오르다; 값이 오르다   **thanks to** ~덕분에, 덕택에, ~때문에

해설 (D)의 'raise'는 '~을 올리다'라는 타동사인데 목적어가 없어 첫 번째 빈 칸에 적합하지 않다. 반면에 자동사 'rise'는 '증가하다, 증대하다'라는 뜻으로 과거형인 'rose'가 옳은 표현이다. (A)의 'roses'는 명사로 '장미'라는 뜻이므로 문제와 전혀 관계가 없다.

<u>Our company's annual profits</u> <u>rose</u> <u>by 30 percent</u> <u>thanks to online sales</u>.
              S   V   (정도) 부사구   (원인) 부사구

번역 온라인 판매 덕분에 우리 회사의 연간 이익이 30% 정도 증가했다.

33.
어휘 **adult** 성인(grown-up) **dosage** (약의 1회분) 복용량 **under six years old** 6세 미만의 아이들 **physician** 내과 의사 **consult** ~의 의견을 듣다, 조언을 구하다; 진찰을 받다; (사전·서적 등을) 참고하다 **consultant** 의논 상대; (회사 따위의) 컨설턴트 **consulting** 전문적 조언을 주는, 의논 상대의; 진찰을 위한 **consultation** 상담, 의논; 자문; 진찰을 받음; (책 따위를) 참고하기

해설 본 문제는 '부사구 + (주어) + 동사 + 목적어'의 3형식 문장이다. 조언하는 명령문이므로 주어는 생략되었고 빈 칸에 문장의 기본 요소인 동사가 필요하다.

번역 6세에서 12세까지의 어린이에게 성인 용량의 절반을 먹이십시오. 6세 미만의 유아인 경우는 주치의와 상담하십시오.

34.
어휘 **package** 종합 정책 **provide** 제공하다 **further** 그 이상의(additional, more) **bailout** (정부 자금에 의한) 기업 구제 **likely to** ~할 것 같은(possible), 있음직한(expected) **reverse** 뒤집다 **in the long run** 결국에는, 긴 안목으로 본다면

해설 동사의 수, 부사의 위치와 지칭 관계를 알아보는 문제이다.
문제에서 'that simply ... banks'는 'package'를 수식하는 형용사절이고 주어는 'banks'가 아니라 'a package'이므로 동사는 'is'가 되어야 옳다. 부정어 'not'은 be동사 다음에 와야 하며 다른 부사(too)의 수식을 받지 못한다. 그리고 부사 'too'는 수식받는 단어(likely) 앞에 와야 한다. 소유격 'its'는 'South Korea'를 지칭한다. 'too ... to 너무나 ~해서 …할 수 없다'는 부정의 뜻이지만 부정어 'not'와 결합하여 이중부정으로 강한 긍정의 뜻을 나타낸다.

번역 은행에 더 많은 구제 금융을 제공하는 정책은 장기적인 안목에서 본다면 한국이 안고 있는 여러 가지 문제들을 뒤집을(즉 해결할) 수 있을 것 같다.

35.
어휘 **pack** (고기·생선 등을 보존하기 위해) 저장하다; ~을 꽉 채우다, 메우다 **widely** 널리, 두루, 광범위하게 **wide** 넓은, 광범위한 **widen** 넓히다 **method** (특히 많은 사람들이 알고 사용하는 조직적인) 방법, 수단, 절차 **preservation** 저장, 보존 **preserve** 저장하다, 소금·설탕에 절이다; 보존하다; 보호하다 **prior** ~보다 앞선, 중요한, 앞의 **prior to** ~보다 전에, 먼저 **can** (식품을) 통조림으로 만들다; (통조림의) 깡통 **canned** 통조림 한 **refrigeration** 냉장, 냉동 **refrigerator** 냉장고 **refrigerate** (식료품을) 냉장·냉동하다

해설 보어가 'method(방법)'이기 때문에 주어는 'Packing' 또는 'To pack'이 옳다. (C)의 'packed meat'은 '저장된 고기'이므로 '방법'이 될 수 없다. '과거에 널리 사용되었던 방법'이고 주어가 일반인이므로 동명사가 옳다. 부정사는 주어가 구체적이어야 하고, 현재 또는 미래를 나타내므로 적합하지 않다. 두 번째 빈 칸에는 부사 'widely'의 수식을 받는 수동형용사 'used'가 적합하다.

<u>Packing meat in salt</u> <u>was</u> <u>the most widely used method of preservation</u> <u>prior to canning</u>...
　　　　S　　　　　　　V　　　　　　　　　　C　　　　　　　　　　　　　　부사구

번역 소금에 고기를 저장하는 것이 통조림과 냉동 이전에 가장 널리 사용된 저장 방법이었다.

36.
어휘 **in accordance with** ~에 따르면 **regulation** 규칙, 법규; 조절 **single** 단 하나의, 혼자의; 미혼의(not married), 독신의; 한 사람; 1인용의 방·침대; 독신자 **baggage** (서류 가방·handbag·옷 등을 넣는 큰 가방과 같은) 여행용 가방·휴대품 *cf.* **luggage**(英) *cf.* **carry-on bag** (기내로) 휴대할 수 있는 가방 **item** 품목; 상품, 물건, 항목, 조목, (목록에 있는) 것; 신문 기사의 1항 **exceed** (한도·권한·예상을) 넘다, 초과하다, ~보다 뛰어나다

해설 전치사의 목적어는 명사이므로 첫 번째 빈 칸에 (B)(D)는 옳지 않다. 부정문에서 'any, ever'는 항상 부정어 다음에 위치해야 된다. (A)의 'any not'이 'not any'로 바뀌면 정답이 된다.

번역 항공사 규정에 따르면 수하물 하나가 30kg의 무게 제한을 초과할 수 없습니다.

37.
어휘 **number** ~에 번호·숫자를 매기다; 세다; 수; 번호 **numberless** 셀 수 없는, 무수한 **consider** ~라 생각하다, 고려하다 **considerate** 사려 깊은 **floor** 마루; (건물의) 층; 최저 가격 *eg.* **go through the floor** (가격이) 바닥을 치다 **meal** 식사(breakfast, lunch, supper, brunch (아침 겸 점심)) **seat** 앉히다; 착석시키다; (수동으로) 자리 잡다; 좌석, 의자; 지정석, 예약석

해설 첫 번째 빈 칸에 적합한 것은 아래 구조를 참조한다. 두 번째 빈 칸에는 13이라는 숫자가 '불행'을 의미하므로 '주어를 제외한 12명과 함께 앉지 않는다.'라는 뜻이 되어야 한다. 'other'는 '그 외에, 그 밖에'의 뜻으로 '말하는 상대방 또는 앞서 언급된 것을 제외한다.'는 뜻으로 정답이 된다.

... don't have <u>a floor</u> **(which is)** numbered 13
　　　　　　　　　층　↑　　　　13이라는 번호가 매겨진

번역 미국에서 7은 행운의 숫자로, 13은 불행으로 생각된다. 대형 건물에는 13이라는 번호가 매겨진 층이 없다. 일부 사람들은 다른 12명과 함께 식사를 하려 하지 않는다.

38.

어휘 **choose** 선택하다　**right** 가장 적합한(most suitable)　**career** (지금하고 있거나 평생 직업으로 갖고 싶은) 직업　**job** (일반적으로 쓰이는) 직업　**reason** 이유　**try to** ~하려고 애를 쓰다　**find out** 찾아내다　**talent** 재능

해설 의문사가 명사절로서 다른 문장의 일부가 될 때 이를 간접 의문문이라 하며 특히 어순 '의문사 + S + V'에 주의해야 한다. 간접 의문문 'what our talents are'와 'how we can use them'은 명사절로 'find out'의 목적어이다.

번역 최상의 직업을 찾는 것이 매우 중요하다. 우리 대부분은 인생의 많은 부분을 직장에서 보낸다. 그런 이유 때문에 우리는 우리의 재능이 무엇이고 어떻게 그 재능을 이용할 수 있는가를 찾아내려고 노력해야만 한다.

39.

어휘 **nutrition** 영양(물); 영양 공급·섭취　**nutrient** 영양소, 자양물　**nutritious** 영양분이 풍부한(nourishing)　**expert** 전문가　**recommend** ~을 권하다(advise), 권장하다; 추천하다　**source** 공급원; 출처; 근원, 원천; 제공된 자료　**DHA** (물고기 기름 속에 존재하는) 오메가-3 지방산(docosahexaenoic acid)　**heart-healthy** 심장을 튼튼하게 해주는　**benefit** 유익한 것; 혜택

해설 주어를 수식하는 형용사절, 오메가 3에 대한 정보를 제공하는 형용사절과, DHA를 부연 설명하는 동격어구 때문에 복잡해 보인다. 주어는 'one'이기 때문에 동사는 'is'가 적절하다.

<u>One of the reasons</u> (why) nutrition experts recommend eating fish twice a week <u>is</u> that
　　　S　　　　　↑　　영양 전문가들이 일주일에 두 번 생선을 먹도록 권장하는　　　V　C

they <u>are</u> a good source of <u>DHA</u>, an omega-3 fat that has heart-healthy benefits.
　　　　　　　　　　　　　└ 동격 ┘　　심장을 튼튼하게 해주는데 유익한 것을 가진

'fish'가 종류를 뜻하면 복수 취급하므로 대명사 'they'가 쓰인 것이다. 정답을 (B) 또는 (D)로 선택하면 안 된다. 그 이유는 'that절'이 'recommend'의 종속절인 경우에만 영향을 받기 때문이다.

번역 영양 전문가들이 일주일에 2번 생선을 먹도록 권장하는 이유 중 하나는 생선이 심장을 튼튼하게 해주는데 유익한 것이 들어있는 오메가3 지방인 DHA의 상당한 원천이기 때문이다.

40.

어휘 **be proud of** ~을 자랑하다, ~에 만족하다　**far** (비교급 강조) 훨씬　**drugstore** 약국(美)　**cf. chemist** (英)　**sultry** 찌는 듯이 더운　**weather** 날씨　**clerk** 점원　**reach** (~을 잡으려고) 손을 뻗다; ~에 도착하다　**counter** 계산대　**shake** 흔들다(shook – shaken)　**disappointed** 실망한　**recover** 회복하다　**shock** 충격

해설 첫 번째 빈 칸에는 '~에 비해서'라는 뜻의 전치사 'for'가 필요하고, 두 번째 빈 칸에는 결과를 나타내는 과거분사 'disappointed'가 적합하다. 'came home'이라는 동사가 있기 때문에 (A)의 동사는 옳지 않고, (B)의 현재분사는 능동형이므로 목적어가 필요하다. (D)의 'disappointed'는 결과를 나타내는 주어의 상태를 설명하는 분사 구문으로 볼 수 있고, 또한, 추가보어(Curme, Syntax, p.30), 동격(Jespersen, Essential §9.63)으로 보기도 한다.

- He came home (being) **sick**. 그는 몸이 아픈 채 집에 왔다.
- He died (being) a **beggar**. 그는 거지로 죽었다.

→ 할머니는 "(It's) Going to be ninety-one today(오늘 (화씨) 91도가 될 겁니다)."의 뜻으로 말했고, 점원은 "(I'm) Going to be ninety-one today(나는 오늘 91세가 됩니다)."의 뜻으로 알아들었기 때문에 할머니가 충격을 받으셨다.

번역 연세에 비해 훨씬 젊어 보이는 것을 78세 되신 나의 할머니는 자랑스러워하신다. 어느 여름날 할머니는 약국에 들어가셨다. 그리고 찌는 듯 한 무더위에 대하여 말씀하시며 점원에게 "오늘은 91도가 될 거에요."라고 말씀하셨다. 점원은 판매대 위로 손을 뻗어 할머니의 손을 흔들며 "생신을 축하드립니다!"라고 말했다. 할머니는 실망하신 채 집에 돌아오셔서 그 충격으로부터 벗어나실 때까지 일주일 동안 누워계셨다.

LESSON 02 동사의 구조와 의미

01. (D)	02. (D)	03. (A)	04. (D)	05. (B)	06. (C)	07. (C)	08. (C)	09. (A)	10. (A)
11. (C)	12. (C)	13. (C)	14. (C)	15. (C)	16. (D)	17. (A)	18. (C)	19. (C)	20. (A)
21. (D)	22. (A)	23. (A)	24. (A)	25. (D)	26. (B)	27. (A)	28. (D)	29. (C)	30. (C)
31. (B)	32. (D)	33. (A)	34. (D)	35. (D)	36. (A)	37. (C)	38. (C)	39. (D)	40. (C)
41. (B)	42. (A)	43. (C)	44. (C)	45. (B)					

01.
어휘 **remind sb of** (어떤 닮은 점 때문에) ~을 생각나게 하다 **succeed in -ing** ~을 하는데 성공하다 **explain** 설명하다 **origin** 기원 **language** 언어 **lie - lay - lain - lying** ~에 놓여 있다 **lay(- laid - laid - laying)** ~에 …을 놓다 **must+have+p.p.** ~했음이 틀림없다 **hurt** ~에게 아픔을 주다 **a great deal** 상당히, 매우

해설 (C) '책상 위에 놓여 있는'이라고 할 때 타동사 'laying'이 아닌 자동사 'lying'이 쓰인다.
(D) 동사 'hurt'는 현재·과거·과거분사가 동일형이므로 이 문장은 틀린 부분이 없다.

번역 (A) 흘러간 대중가요를 들으면 고등학교 시절이 생각난다.   (B) 언어의 기원을 설명해 낸 사람은 아무도 없다.
(C) 책상 위에 놓여 있는 컴퓨터에 손을 대지 마시오.   (D) 그 꼬마는 매우 아팠음에도 울지 않았다.

02.
어휘 **scholarship** 장학금; 학문 **express** 표현하다, ~로 표시하다; 명백한; 고속의 **doubt** 의심, 의혹; 불확실함; (사람·말을) 신용하지 않다, 의심하다 **doubtful** 의심스러운 **doubtfully** 의심스럽게 **slim** (가망 등이) 아주 적은(low, poor), 희박한; 호리호리하고 매력적이며 몸매가 늘씬한

해설 '가능성에 의아심을 나타내는 표현'이 요구되는 질문이다. 그런데 (A)는 '그녀가 할 수 있는 것이 아무것도 없어'와 같이 무능력을 나타내고 (B)는 '세상 돌아가는 것이 그런 거야' (C)는 '전혀 모르겠어'의 뜻이므로 '의심 또는 불확실함'을 느끼는 표현과는 거리가 멀다.

번역 A: 수잔이 장학금을 받을 것 같아?   B: (미심쩍어 한다) 가능성이 매우 희박해.

03.
어휘 **taste** 맛을 보니 ~하다; 기호, 취미, 취향; (미(美)·패션·음악 등을 판단할 수 있는 상당한) 심미안; 식견, 시음; 맛, 미각 **sour** (우유 등이) 상한, (부패해서) 신 맛이 나는; 시어진; 나쁜, 불법의; 까다로운; 부루퉁한 시큼한 것; 신맛; 시어지다; 까다롭게 만들다

해설 'look, smell, seem, sound' 등의 불완전 자동사는 항상 보어를 필요로 한다.

번역 A: 이 우유 맛이 어때, 존?   B: 아, 약간 맛이 상한 것 같아.

04.
어휘 **hire** (일시적으로) 고용하다(engage); (자전거·차 등을) 빌리다 **cf. rent** (美) **cf. employ** (정식 직원으로) 고용하다 **Come off it!** 그만해 둬! **retire** (정년 등으로) 퇴직하다, 은퇴하다; 물러가다, 물러나다(withdraw) **dismiss** (공식적인 또는 법적인 용어로) 해고되다(let sb go); 깨끗이 잊어버리다; 해산하다 (disperse) **dismissal** 면직, 해고; 해산

해설 'work out(결국 ~이 되다(turn out))'은 'fine, well, good, all right' 등과 같은 단어를 보어로 하여 '좋은 결과를 맺다'의 뜻을 나타낸다.

번역 A: 저 여자를 고용한 것은 잘못이라고 생각해.   B: 그만해 둬! 저 여자는 잘 해낼 거야.

05.
어휘 **Bottoms up!** (남은 술을 들고) 술자리를 끝내다 **Sure thing!** (어떤 제안에) 물론, 틀림없어 **It was nothing at all.** (감사에 대한 응답) 별 것 아닙니다.

해설 '청춘을 돌려 다오' 하는 상대방의 고민에 응답 표현을 알아보는 문제이다.
'Lighten up'은 친구가 어떤 일로 고민하며 우울해 하고 있을 때 심각하게 생각하지 말라고(not to be so serious about) 격려해 주는 말로 '힘을 내(Cheer up), 걱정 마(Don't worry.)'라는 뜻이다.

번역 A: 내가 단지 5년만 젊다면.   B: 기운 내! 나이는 단지 마음의 상태일 뿐이야.

LESSON 02

06.
어휘 invite sb to ~를 …에 초대하다 weekend 주말 willing to 기꺼이 …하는

해설 'come'은 1인칭이 있는 곳, 즉 말하는 사람 쪽으로 '오다' 또는 상대방(2인칭)이 있는 쪽으로 '가다'라는 뜻이다. 반면에 'go'는 항상 3인칭 쪽으로 '가다'라는 뜻. 우리말로 '너의 사무실로 곧 갈게'라고 말할 때 동사 'go'를 사용하지 않고 'come'을 사용하는 것에 주의해야 한다. 대화문에서 'Thank you.'라고 한 말로 봐서 초대에 응답한 것이므로 초대한 상대방 쪽으로 간다는 말이 빈 칸에 적합하다. 'bring'과 'take'의 쓰임도 'come / go'와 마찬가지이다.

- Everyone who **comes** should **bring** a ticket with him. 오는 사람은 누구나 표를 가져와야만 한다.
- I'll **come** to you right now. 지금 너 있는 곳으로 곧 갈게.
  = I'll be with you in a minute. / I'll be there soon.
- I'll **come** to Seoul tomorrow. See you then. (on the phone) (전화상으로) 내일 서울 갈 거야. 그때 봐.
- I'll **go** to Seoul tomorrow. (to friends next to me) (옆에 있는 친구들에게) 내일 서울 갈 거야.
- **Take** an umbrella with you when you **go out**. It might rain later. 외출할 때 우산을 가져가거라. 나중에 비가 내릴지 모르니까.

번역 A: 이번 주에 우리 집 저녁 식사에 초대하고 싶어요.　　B: 감사합니다. 가고 싶어요.

07.
어휘 borrow (나중에 되돌려 주기로 하고) 빌리다 lend ~에게 빌려주다 rent (방·집·자동차·사무실 따위를) 빌리다 cf. charter (배·비행기 등을) 전세 내다

해설 돈·책·연필 등과 같이 이동 가능하며 잠깐 빌렸다가 되돌려 줄 수 있는 것을 빌릴 때 'borrow'가 쓰인다. 비격식체에서 'use'도 자주 쓰인다.

번역 A: 뭐가 필요해요?　　B: 펜에 잉크가 떨어졌는데, 좀 빌릴 수 있을까요?

08.
어휘 come to mind 머리에 떠오르다 look sth up (필요한 정보를 책·사전 등에서) 찾다 look for (잃어버린 것을) 찾다 look into (사건 등의 원인을) 조사하다

해설 동사의 의미와 이어(二語)동사의 구조와 의미를 알아보는 문제이다.
이어 동사의 목적어가 명사일 때는 'Please look up the number.' 또는 'Please look the number up.'가 가능하다. 그러나, 목적어가 대명사일 때는 'Please look it up'와 같이 '동사와 부사' 사이에 대명사가 있어야만 한다.

번역 A: 팀의 전화번호 좀 알려주겠어요?
B: 죄송합니다. 지금 당장 생각이 안 나네요. 전화번호부에서 찾아봐요. 등록돼 있을 겁니다.

09.
어휘 most likely 아마(probably), 십중팔구 cf. more likely to ~할 가능성이 많은 another 다시, 또 하나의(additional)

해설 '~하는데 ~시간이 걸리다'라고 할 때 아래와 같이 두 문형이 쓰인다.

a. take + (사람) + 시간 + to부정사　　It took me one hour to finish the work.
b. take + 시간 + for + 사람 + to부정사　　It took one hour for me to finish …

번역 A: 시험을 끝마치려면 몇 분이나 더 필요해요?　　B: 아마 10분 더 걸릴 겁니다.

10.
어휘 cop 경찰 signal 신호; 신호하다 legal 합법적인 ↔ illegal 불법의 pull over (잠깐 볼일이 있거나 주변 경관을 구경하기 위해, 또는 앰블런스 등이 지나가도록) 길가로 차량을 잠시 정차하다 pull up (신호등에서(at the traffic-lights)) 자동차를 멈추다 park (얼마 동안) 차를 세워 놓다, 주차하다 pull through (중병 등을) 이겨내게 하다

해설 어휘 설명 참조

번역 A: 왜 경찰이 길가로 차를 세우도록 신호를 하는 거야?　　B: 내가 법적 제한 속도 이상으로 빨리 차를 몰아서 그래.

11.
어휘 work off (울분 등을) 풀다 work for 계속 일하다 work out (문제를) 풀다; 몸매를 다듬기 위해 운동하다 work over (계산 등을) 다시 하다 too … to do 너무나 …해서 ~할 수 없다

해설 'work out'의 목적어 'this'를 가주어 자리로 이동한 구조이다. 〈117쪽 참조〉

번역 A: 왜 그렇게 열심히 공부하니?　　B: 너무 어려워 이 문제를 풀 수가 없어.

12.

어휘 must have + p.p. ~했음이 틀림없다   call sb (up) ~에게 전화하다   ask out 데이트를 신청하다   hear from ~로부터 소식을 듣다
hear about ~에 관하여 듣다

해설 전화를 받거나(pick up the phone), 누군가 찾아왔을 때(when someone is at the door) 누구인가 알아보다 할 때 동사 'answer'가 쓰인다.

번역 A: (A) 그에게 데이트 신청했어?　　　　　　　　(B) 그에게서 소식 들었어?
　　　(C) 그에게 전화했어?　　　　　　　　　　　　(D) 그에게 이메일을 보냈어?
　　B: 그래, 그런데 아무도 안 받아. 그가 외출했음이 틀림없어.

13.

어휘 turn down 거절하다(reject)   turn off (라디오 · TV 등을) 끄다; 흥미를 잃게 하다   put out (담배 · 불 등을) 끄다
put off 미루다(postpone); 취소하다(cancel)

번역 A: 여기서 담배를 피우지 않았으면 합니다. 이곳은 금연 구역입니다.
　　B: 알았습니다. 담배 불을 끄지요.

14.

어휘 on vacation 휴가중   off (아프거나 휴가로) ~에 가지 않는   step out 잠깐 외출하다   be back 돌아오다(return)   get home from work 퇴근하다

해설 대화문에서 '그가 곧 돌아 올 것이다'라고 했기 때문에 (C)의 'step out(잠깐 외출하다(go out for a short time))'이 빈 칸에 적절한 표현이 된다.

번역 A: 박선생님 있어요?
　　B: 죄송합니다.
　　　그분은 ((A) 휴가 중입니다. (B) 오늘 비번입니다. (C) 잠깐 나가셨어요. (D) 귀가하셨습니다.) 하지만 곧 돌아오실 겁니다.

15.

어휘 fantastic 환상적인(extremely good, excellent), 멋진   excellent 탁월한(very good), 우수한, 뛰어난

해설 "How do you like …?"는 "어떻게 좋아하는가?"라는 뜻이 아니라 "~은 어때요? / ~을 어떻게 할까요?"하고 상대방의 의견을 묻는 표현이므로 자기의 생각을 응답하면 된다. 의문사로 시작되는 의문문에 (C)와 같이 'Yes' 또는 'No'로 응답하지 않는다.

번역 A: 그 중국 영화를 어땠어요?
　　B: (A) 신났어 (B) 꽤 괜찮았어. (C) 네, 그것을 매우 좋아합니다. (D) 썩 잘된 영화라고 생각했어.

표현연구

집에 찾아온 손님에게 커피를 대접할 때 손님의 커피 기호를 모르면 다음과 같이 물어 보면 된다.

- How would you like your coffee? 커피를 어떻게 해 드릴까요?(= How do you like your coffee?)
- How do you usually drink your coffee? 보통 커피를 어떻게 드세요?

위와 같은 물음에 아래와 같이 대답하면 된다.
White for me, please. 저는 크림만 넣어 주세요.
(I'd like it) Black, please. 블랙으로 해 주세요.
With sugar, please. 설탕만 넣어 주세요.
With cream, please. 크림만 넣어 주세요.
I'll take only a little sugar. 나는 설탕만 조금 넣을래.
With sugar and cream, please. 설탕과 크림을 넣어 주세요.
A spoonful of cream and a lump of sugar, please. 크림 한 스푼과 각설탕 하나 넣어 주세요.
I'll take it as it comes. 주는 대로(어떻게 해주든) 마실게요.

'black coffee'는 설탕의 유무에 관계없이 크림이 안 들어간 커피(coffee with no milk added)를 말하며, 'white coffee'는 크림이 들어간 커피(coffee with milk added)를 말한다. 'regular coffee'는 설탕과 크림이 모두 들어간 커피를 말한다. 'Wake up and smell the coffee.'는 '어떤 이의 진실이나 현실을 좀 깨달아라.'고 말할 때 쓰인다.

16.
해설 (A)는 보어 'fine' 앞에 'be' 동사가 없으므로 옳지 않다. (B)(C)는 타동사이므로 목적어가 필요하다. (D)에서 'do'의 뜻이 '충분하다 (be enough)'이므로 빈 칸에 적합하다.
- These shoes won't **do** for climbing. 이 신발은 등산에 적합하지 않아.

번역 두 장을 복사할 필요가 없어. 하나면 족해.

17.
어휘 **staff** (학교 · 회사의) 직원 **hand in** 제출하다(submit) **strategy** (전체적인) 작전 계획, 전략, 전술 **strategic** 전략상의; 전략상 중요한
set the deadline 마감일을 정하다 **hand out** 배포하다 **give in** 굴복하다(surrender, yield) **set out** 시작하다

the deadlines **(which are) set by the president**
　　　　　　↑　　　　사장이 정한　　　형용사절

해설 동사구의 의미를 알아보는 문제이다.

번역 모든 직원은 사장이 정한 마감일까지 마케팅 전략 보고서를 제출해야만 한다.

18.
해설 'be' 동사 다음에 진행(be + -ing), 수동(be + 과거분사) 또는 보어가 오기 때문에 (A)는 옳지 못하고 (B)의 'listen to (~에 귀를 기울이다, 귀담아 듣다)'는 목적어가 없어서 빈 칸에 적합하지 않다. (D)의 'hear'는 무의지(無意志)동사이므로 진행형으로 쓰이지 않으며 목적어도 없기 때문에 문맥에 적합하지 않다. (C)의 'be all ears'는 '상대방이 말하는 것을 관심을 갖고 열심히 듣겠다(listen eagerly)'는 의미로 빈 칸에 옳은 표현이다.

번역 무슨 일이 일어났는지 말해 봐. 귀담아 듣고 있어!

19.
어휘 **unsatisfactory** 불만스런 **precise** 정확한(exact), 까다로운 **precisely** 정확히(exactly) **needs** 필요한 것 *cf.* **daily needs** 일용품
seldom 좀처럼 …않다 **coincide** 일치하다 **coincidence** 동시 발생, 일치, 부합

해설 동사의 정확한 의미를 알면 빈 칸에 적합한 단어를 쉽게 고를 수 있는 문제이다.
(A)의 'concur(동의하다; 동시에 일어나다)'는 의미상 적합하지만 과거시제 'concurred'가 되어야 한다. (B)의 'consider(어떤 결정 · 이해를 위해 잘 생각하다)', (D)의 'console(위로하다)'은 의미상으로 빈 칸에 적합하지 않다. 그러나 (C)의 'coincide(일치하다 (be exactly the same as sth else))'는 주어진 문장에 의미상으로 올바른 표현이 된다.

번역 사람들이 꼭 필요로 하는 것들이 다른 사람들이 가져온 물건과 좀처럼 일치하지 않기 때문에 물물교환은 매우 만족스럽지 못한 제도였다.

20.
어휘 **rejuvenate** 원기를 회복하다; 다시 젊어지게 하다(renew) **juvenile** 소년/소녀의, 젊은, 어린이다운 **release** ~을 풀어 주다, 놓아주다, 석방하다; (빚을) 면제하다; (영화를) 개봉하다; ~을 배출/방출하다; (폭탄을) 투하하다; 해방, 석방; 발표; 개봉 영화 **replicate** 복제하다(reproduce)

해설 빈 칸에 알맞은 동사를 선택하기 위해서는 정확한 의미를 알아야만 한다.
(A)의 'rejuvenate'는 '더 젊어지고 보다 활기차게 보이게 하거나 그런 기분이 들게 하다(make sb/sth look or feel younger or more lively)'라는 뜻이므로 빈 칸에 가장 적합하다. (C)의 'relax'는 '일이나 노력/수고를 한 후에 편하게 쉬다(rest after work or effort), 편안하게 느끼고 걱정을 하지 않다(feel calm and comfortable and stop worrying)'의 뜻으로 빈 칸에 적합하지만 'help' 동사 다음에 '원형 부정사' 또는 'to부정사'가 와야 하기 때문에 문법적으로 옳지 않다.

번역 힘든 하루 일과를 마친 후에 오랫동안 뜨거운 물로 목욕을 하고 나면 원기가 회복된다.

21.
어휘 **coupon** 우대권, 경품권 *cf.* **two for one coupon** 둘이 먹을 수 있는 식권 **entitle** ~에게 …할 권리를 주다 **purchase** (주택 · 토지 등 비싸며 덩치가 큰 물건을) 사다, 구매하다 **charge** 요금 · 대금을 청구하다 **purge** (마음 · 몸을) 깨끗이 하다

해설 동사 'entitle'은 '무엇을 하거나, 받거나 가질 수 있는 공식적인 권리를 주다'라는 뜻이므로 빈 칸에 적합하다.

번역 우대권을 갖고 계시면 다음 구매 때 10센트 할인 혜택을 받으시게 됩니다.

22.

어휘 **vegetable** 야채 **tend to** ~하는 경향이 있다 **according to** ~에 따라서 **weather** 날씨 **fluctuate** 변동하다(change) **oscillate** (마음·의견 등이) 흔들리다, (시계추처럼) 진동하다 **sway** (폭풍이 큰 나무 등을 전후좌우로) 흔들다 **swing** (매달린 것이 일정한 점을 축으로 앞뒤로 또는 뱅글뱅글 규칙적으로) 움직이다, 흔들리다

해설 주어진 문맥에 알맞은 동사를 고르는 문제로 동사 'fluctuate'는 '(등급·속도·가격 등이) 변동하다(vary), 오르내리다(rise and fall)'의 뜻을 지니고 있으므로 빈 칸에 적합하다.

번역 채소 가격은 날씨에 따라 오르내리는 경향이 있다.

23.

어휘 **staff** (학교·회사의) 직원 참모의; (간부) 직원의 **corporation** (법인으로서 인정받고 있는) 큰 (주식) 회사 **management** 경영, 지배, 취급 (정관사(the)와 함께 쓰여 '경영진, 관리부'를 의미함) **leadership** 지도력 **cooperation** 협력, 협동 **cooperate** 협력하다, 협동하다 **communication** 의사소통; (정보·소식·아이디어·감정 등의) 전달 **vital** 매우 중요한; 생명의; 생기가 넘치는; 치명적인; (pl.) 심장·폐같은 기관들; 핵심 **managerial** 경영의, 관리의 **quality** 특징(characteristic); 품질; 성질, 특성; 자질

해설 동사 'think of(look upon/consider/regard) A as B'는 'A를 B로 생각하다'라는 뜻으로 5형식의 구조를 갖는다. 첫 번째 빈 칸 다음에 전치사 'of'가 있어 (A)의 'think'만이 정답이 된다.

번역 성공한 기업에 근무하는 모든 직원들은 훌륭한 지도력과 협력을 성공적인 회사의 가장 중요한 경영의 특징으로 생각한다.

24.

어휘 **technician** 기술자; 기교가 **figure out** (해결책을 찾을 때까지 어떤 문제나 상황 등에 대하여) 찾아내다, 알아내다, 생각하다; ~을 이해하다(understand); 계산하다 **glitch** (기계 등의) 돌연·사소한 고장 **cause** ~의 원인이 되다; 결과를 초래하다 **fill out** 빈자리를 메우다, 기입하다(complete) *cf.* **fill in** (美) **get by** (필수품만을 살 수 있는 돈을 가지고) 그럭저럭 살아가다(squeeze by) **keen on** ~을 몹시 하고 싶어 하는(eager); ~을 매우 좋아하는

해설 2어동사의 의미를 알아보는 문제이다. 〈어휘 설명 참조〉

번역 그 기술자는 프로그램 고장의 원인이 무엇인지 알아낼 수 있었다.

25.

어휘 **let sb know** ~에게 ···을 말해주다/알려주다 **come up** 예기치 않게 뭔 일이 생기다, 나타나다(happen / occur unexpectedly) **come by** (어디 가는 길에) 잠깐 들르다, 지나가다(pass) 획득하다(gain, acquire, obtain) **come across** (사람·물건을) 뜻밖에 만나다; 우연히 발견하다 **come upon** 우연히 마주치다(meet, find by chance) **tab** 계산서

해설 2어동사의 의미를 알아보는 문제이다. 〈어휘 설명 참조〉

번역 갑자기 무슨 일이 생기면 알려줘.

표현연구

Let me ... 상대방에게 자청해서 어떤 일을 해겠다고 할 경우에 쓸 수 있는 표현

- Let me help you with your baggage. 제가 짐을 좀 들어드리죠.
- Let me tell you something. 뭔 얘기를 해줄게.
- Let me drive you home. 제 차로 모시겠습니다.(= Let me take you in my car.)
- Let me show you around. 제가 안내해 드리죠.
- Let me walk you home. 제가 댁까지 바래다 드리겠습니다.
- Let me pick up the tab. 내가 계산서를 받을게. 즉, 내가 살게.

26.

어휘 **accept** (기꺼이 또는 고맙게 생각하며) 받아들이다; 수납하다(honor); 인정하다 **apology** 사과, 사죄 **apologize** 사과하다(say that one is sorry), 사죄하다 **apologetic** 변명의; 사죄의, 미안해하는 **delay** 지연, 지체; 늦추다; 연기하다(postpone; put off) **regret** 후회하다; 유감으로 생각하다 **offer** 제공·제출하다; 제의·제안하다; 제공; 제안

해설 문맥에 적합한 동사의 의미를 알아보는 문제이다.
형용사 (A)는 목적어를 가질 수 없고 (C)(D)는 의미상 빈 칸에 적합하지 않다.

번역 지연시킨 것에 대한 제 사과를 받아주세요.

27.

어휘 **excursion** 소풍, (많은 사람이 함께 하는) 짧은 여행   **reserve** 예약하다; 지정하다; 남겨 두다   **reservation** 보류; 예약   **prior** ~보다 앞선, 중요한; 앞의   **prior to** ~보다 전에, 먼저   **arrival** 도착   **arrive** 도착하다; ~에 도달하다; ~이 나오다(be served, be brought)

해설 수동문에서 동사의 의미상 목적어를 알아보는 문제이다.
수식어구가 길어 동사의 주어가 혼동될 수 있지만 아래와 같이 주어를 수식하는 수식어구를 따로 분리하면 간단한 구조로 정답을 찾기가 수월하다. 동사 앞에 있는 'by air' 때문에 정답을 (C)(D)로 착각할 수 있는 문제이다. 'one'이 철자로는 모음으로 시작하지만 발음기호는 자음 [w]로 시작한다.

<u>A one-day excursion</u>   <u>need not</u> <u>be reserved</u>   <u>prior to your arrival</u>
　S (동사의 의미상 목적어)　　　　　　　V　　　　　　부사구

번역 그랜드 캐년에 비행기로 당일치기 여행은 (공항에) 도착하기 전에 예약할 필요가 없습니다.

28.

어휘 **first-aid** 응급치료·처치; 구급(용)의   **instructor** 교사, 지도자; (대학의) 전임 강사   **demonstrate** 실제로 해 보이다; 증명하다, (실험에 의해) 설명하다; 데모를 하다   **bandage** 붕대를 감다   **wound** (전쟁 중에 총·칼에 의한) 상처, 부상; 부상을 입다   **amaze** 깜짝 놀라게 하다, 자지러지게 하다   **encourage** 용기를 주다, 격려하다; 권하다; 조장하다   **tolerate** 허용하다; 관대하게 다루다; 참다

해설 올바른 동사의 의미를 알아보는 문제이다.
동사 'demonstrate'는 '~을 하는 방법을 보여주다(show and explain how something works or a way of doing something)'라는 뜻으로 빈 칸에 적합하다.

번역 응급처치 강사가 상처에 붕대를 감는 올바른 방법을 보여주었다.

29.

어휘 **prestigious** 명성 있는(reputable)   **prestige** 명성, 신망   **law firm** (법률적인 일(legal services)을 전문으로 하는) 법률 회사   **seek** 찾다(look for, try to find), 구하다; ~하려고 노력하다; 얻으려고 애쓰다   **bright** 영리하고 장래가 촉망되는; 빛나는, 밝은   **grad** 졸업생(구어체)   **entry level** (피고용자에게 경험과 기술을 익히는) 초급 단계의, 초보적인   **entry** 들어감, 입장, 참가, 출전; 참가자   **level** 수준, 단계; 표준   **position** 직책, 직(職), 근무처; 중요한 지위   **inquire** 질문하다(ask), 탐구하다

해설 문맥에 올바른 동사의 선택을 알아보는 문제이다.
자동사 'look(~처럼 보이다)'는 'for'와 결합하여 'look for'가 되면 '~을 찾다'의 뜻으로 빈 칸에 적합하다. (B)(D)는 의미상 빈 칸에 적합하지 않다.

번역 명성 있는 법률회사에서 초급 직(職)에 알맞은 장래가 밝은 대학 졸업생을 찾고 있음.

30.

어휘 **production** 생산   **cost** (생산에 필요한) 비용, 원가; (돈·시간·노력 등의) 희생, 손실; ~의 비용이 들다; (노력·시간 따위가) 걸리다   **manufacturing** 제조업의   **manufacture** (공장에서 대규모로) 제조하다   **sector** (사업·무역 등의) 부문, 분야; (활동) 영역   **lead to** (어떤 결과에) 이르게 하다

해설 동사구의 의미를 알아보는 문제이다.
'lead to'는 '(어떤 결과에) 이르게 하다'라는 뜻으로 'result in'과 같은 의미가 된다. (A)의 'have'가 'to'와 결합하면 'have to+do(~해야만 하다)'의 뜻으로 빈 칸에 적합하지 않다. (B)의 'bring'도 빈 칸에 적합하지 않다. (D)의 'result in (어떤 결과를) 초래하다'는 정답이 될 수 있지만 빈 칸 다음에 전치사 'to' 때문에 옳지 않다.

번역 제조업 분야에서 고(高) 생산비용은 결과적으로 상점에서 높은 가격으로 이어진다.

31.

어휘 **fee** 요금; 보수; 사례금; 병원비; 수업료(a school/tuition fee); 입장료   **include** 포함하다   **including** ~을 포함하여(with)   **inclusion** 포함   **inclusive** (~을) 포함한, 함께 넣은   **eg. Delivery cost not included.** 배달료별도   **delivery** 배달   **access** 이용; 접근; 면회; 접근 방법; 접근하다(approach)   **access to** ~을 이용·출입할 수 있는 권리   **conclude** (이야기·모임 등이) 끝나다; (전제에 의거하여) 결론을 내리다   **precede** 먼저 일어나다, 앞장서다; ~에 선행하다; ~에 앞서다, 우선하다   **seclude** (사람을) ~에서 떼어놓다, 차단·격리하다

해설 동사의 의미를 알아보는 문제이다. 〈어휘 설명 참조〉

번역 헬스클럽 회비에는 수영장은 물론 사우나 이용이 포함됩니다.

32.

어휘 **discount store** 할인 매장   **take over** 좌지우지하다(control everything); 점유하다; (사업 따위를) 넘겨받다   **retail** 소매; 소매하다; 소매의; 소매로   **retailer** 소매상인; 소매점   **cf. wholesale** 도매의, 대규모의; 도매   **take off** 비행기가 이륙하다 ↔ **land** 착륙하다(touch down)   **take up** 흡수하다; 다시 시작하다; 배우다; (시간·장소 등을) 차지하다   **take out** (콘텍스 등을) 빼다(remove), 꺼내다; 버리다; 데리고 나가다

해설 2어 동사의 관용적 표현을 알아보는 문제로 어휘 설명 참조.

번역 대규모 할인 매장이 소규모 소매 시장을 좌지우지하고 있다.

33.
어휘 **ask for** 요구하다(request) **extra** 별도의, 특별한; 추가 요금으로의; (신문의) 호외; 특별한 것 **induce** 유발하다, 야기하다, 일으키다; ~을 하도록 권유하다 **motivation** (어떤 일을 하게 하는 강한) 욕망, 목적, 동기부여 **increase** 늘리다, 증가하다 **increasing** 점점 증가하는 **seduce** (옳지 않은 것을, 또는 나쁜 일을 하도록) 부추기다; (젊은 사람을) 유혹하다, 꼬드기다 **reduce** 감소하다, 줄어들다; (비용·체중·생산 등을) 줄이다(lessen) **produce** 생산하다; 연출하다; 제작하다; (집합적) 농산물

해설 동사의 의미를 알아보는 문제로 어휘 설명 참조.

번역 영업팀원들은 월 판매량을 증가시키기 위한 동기부여를 유발할 수 있는 특별 보너스를 요구해왔다.

34.
어휘 **someday** 언젠가, 훗날 **be able to** ~할 수 있다 **human** 인간의 **language** 언어 **respond to** ~에 응답·대답·반응하다 **respond** 응답·대답하다; (자극에) 반응하다 **response** 응답, 답장, 반응 **respondent** 응답자; 응답하는, 반응하는 **answer** (질문 등에) 대답하다; (노크·벨·전화 등에) 응답하다, 응답하러 나가다 **reply to** (말이나 글로) 응답하다; (질문·요구 등에) 회답·대답하다; 말대꾸하다

해설 동사의 정확한 의미와 올바른 쓰임을 알아보는 문제이다.
(A)의 'answer'는 완전타동사라 전치사 'to'가 필요 없다. (B)의 'reply to(~에 응답하다)'는 의미상 빈 칸에 적합하지만 빈 칸 앞에 'to'가 있으므로 동사 원형이 쓰여야 옳다. (C) 또한 부정사 다음 명사가 올 수 없기 때문에 옳지 않다.

... able to understand ... and (may be able) **to** respond **to** it.

➡ 반복되는 어구 'may be able'은 생략된다. 첫 번째 'to'는 부정사로 동사원형이 뒤이어 오지만 두 번째 'to'는 전치사로 (동)명사가 뒤따라온다.

번역 언젠가는 컴퓨터가 인간의 언어를 이해하고 그것에 응답하게 될 수 있을지도 모른다.

35.
어휘 **renovate** 수리하다(put back into good condition by repairing); 새롭게 하다 **close down** 폐쇄하다(stop operating permanently); 방송을 끝내다 **recession** 경기 후퇴, 불경기(depression) **dismiss** (공식적인 또는 법적인 용어로) 해고하다(let sb go); 깨끗이 잊어버리다; 해산하다 *cf.* **lay off** (일거리가 많지 않을 때 일시적으로) 해고하다 **fire** (무능하거나 좋지 못한 일을 했기 때문에) 해고하다 **let sb go** 해고하다(dismiss) **get the ax / be axed** (큰 잘못을 하거나 무능력하다고) 해고하다 **flourish** (장사·사업 등이) 번창하다(prosper); 성장하다(grow) **expand** 확대하다, 확장하다; 퍼지다; 팽창하다 **reject** 거절하다, 거부하다; (불량품 등을) 받아들이지 않다, 퇴짜 놓다

해설 문맥에 적합한 동사 의미를 알아보는 문제이다.
문장 속에 불경기라는 말 때문에 '번창하다', '확장하다'라는 뜻의 (A)(B)는 빈 칸에 적합하지 않다. (C)의 'reject'는 '(요구·제의 등을 적대심을 가지고) 거절하다'라는 뜻이다.

번역 불경기 때문에 새로 수리한 이탈리아 식당이 문을 닫게 되어 요리사는 일자리를 잃게 되었다.

36.
어휘 **applicant** 응모자, 신청자 **post** 지위, 직(職); 기둥, 말뚝 **fill out** (이름 등 요구되는 사항을 서식에) 기입하다(complete)(美) **application** 신청; 지원서 **form** 서식, (기입) 용지; 형태(type); 형식, 형성하다(shape) **fill up** 가득 채우다(make sth completely full)

해설 2어동사의 의미와 대명사를 알아보는 문제이다.
'fill in / fill out'은 '요구되는 이름·주소 등 상세한 것을 서식에 기입하다'라는 뜻이다. 대명사는 주어 'Applicants'를 가리키는 'their'가 빈 칸에 옳다.

<u>Applicants</u> <u>for the sales manager's post</u> can <u>fill out</u> <u>their application form</u>
   S   ↑____ 판매 부장직에 적합한(형용사구)   V   O

번역 판매 부장직 지원자들은 온라인으로 지원서에 기입할 수 있습니다.

37
어휘 **enhance** 향상하다, (가치·질·능력·매력 등을) 높이다; 늘리다, 더하다 **productivity** 생산성, 생산력 **quarter** 분기 **owing to** ~ 때문에(because of) **incentive** (생산성 향상을) 장려하는 것, 격려금; 장려, 격려하는 **payment** 지불 금액; 지급; 납부 **payment by result** 능률급 **provide** 제공하다(offer); 준비하다 **employee** 직원 **increase** 늘리다, 증가하다 ↔ **decrease** 감소하다(diminish) **improve** 향상시키다(make sth better), 개량·개선하다 **own** (특히 법적 권리에 의해서) 소유하다(possess), 고백하다(confess)

🔎 **해설** 문맥에 맞는 동사 의미를 알아보는 문제이다.
　빈 칸에 'increase / improve / enhance' 모두 의미상으로는 적합하지만 'productivity'라는 목적어가 있음에도 (A)(B)는 수동형이 되어 옳지 않고, (D)의 'own'은 문맥에 적합하지 않다.

📘 **번역** 직원들에게 제공하는 생산성 향상 장려금 때문에 그 작은 회사는 2분기에 30% 정도 생산성을 향상시켰다.

38.

📗 **어휘** **pay** (임금 등을) 지불하다; 유익하다, 이롭다　**payment** 지불(액)　**purchase** 구입품; 구입; 구매하다　**item** 상품, 물건; 항목, 조목, (목록에 있는) 것, 품목　**order** 주문하다; 명령하다; 순서; 주문, 명령; 질서, 규칙; 정돈; 계급　**deliver** 배달하다; 인도하다, 넘겨주다; (연설을) 하다; (애기를) 분만하다

🔎 **해설** 동사구의 관용적인 표현을 알아보는 문제이다.
　'돈을 지불하다'라고 할 때 'make payment' 또는 'pay money'라고 한다. 문제의 주어자리에 'payment'가 있을 땐 동사로 'pay'가 아니라 'make'가 쓰인다는 것에 주의해야 한다. (A)(D)의 'pay / make' 다음에 목적어가 없으므로 (B)(C)와 같이 수동이 되어야 한다. 조동사 다음에는 항상 동사 원형이 쓰이고, 시간·조건 부사절에서는 미래를 현재 시제로 나타내는 것에 주의해야 한다.

📘 **번역** 온라인으로 주문한 물건이 배달되기 전에 구매 물품 대금이 납부되어야만 한다.

39.

📗 **어휘** **guarantee** 보증하다, (서면으로) 약속하다, 책임지다　**faulty** 고장 나거나 결함이 있는(defective)　**replace** (새것 또는 더 좋은 것·사람으로) 교환하다(exchange); 제자리에 놓다; 복직시키다; ~을 대신하다　**replacement** 교체자; 교환　**warranty** (품질 등의) 보증(서); 담보　**under warranty** 보증 기간 중인　**free of charge** 무료　**consume** (시간·에너지·상품 등을) 소비하다; 다 마셔/먹어 버리다　**revise** 개정하다; 교정(校訂)하다; 수정하다　**prepare** 준비하다, 예습하다; 각오를 갖게 하다

🔎 **해설** 3형식 문장의 수동과 동사의 의미를 알아보는 문제이다.
　동사의 대상(對象)인 목적어가 주어자리에 있으므로 수동관계이다. 중요한 것은 동사의 정확한 의미를 알아야 한다는 사실이다.
〈어휘 설명 참조〉

📘 **번역** 결함이 있는 어떤 부품도 보증 기간 중에는 무료로 교체될 것이라고 HD자동차회사는 보증해왔다.

40.

📗 **어휘** **reservation** 예약; 보류　**celebrate** 축하하다; 찬양하다　**celebration** 축하(회)　**anniversary** (매년 돌아오는) 기념일　**congratulate** 축하하다　**congratulation** 축하　**memorial** 기념행사; 기념물, 기념관; 기념의; 추도의　**promote** 조장하다; 격려하다; 승진시키다; 촉진하다; (광고를 통해) 판촉 하다

🔎 **해설** 동사의 의미를 알아보는 문제이다.
　'~을 축하하다'라고 말할 때 'congratulate on / upon'이라고 하기 때문에 (A)는 적합하지 않고, (B)(D)의 의미는 어휘 설명 참조.

📘 **번역** 우리 부모님의 결혼 기념을 축하하기 위해 내일 저녁 중국 식당에 예약했다.

41.

📗 **어휘** **regulation** 조절; 규칙　**prohibit** ~하는 것을 금지하다　**prohibition** 금지　**personal** 개인의; 본인이 직접 하는; 신체의, 용모의　**notify** ~에게 통지하다; 통고하다, 공고하다　**avoid** (불쾌한 것이나 위험한 일을) 피하다, 회피하다　**renovate** 수리하다(put back into good condition by repairing)

🔎 **해설** 동사의 의미와 용법을 알아보는 문제이다.
　동사 'prohibit'는 'prohibit sb from'과 같은 구조로 '(법률(law)·규칙(rule))에 의해 어떤 행동하는 것을) 금지시키다'라는 뜻으로 쓰인다.

📘 **번역** 회사규정에는 모든 직원들이 근무시간에 사적인 이유로 외출하지 못하게 하고 있습니다.

42.

📗 **어휘** **technician** 기술자; 기교가　**acknowledge** 인정하다(admit), 자인하다; (편지 등을 받았음을) 통지하다; 고마움을 표하다; (몸짓·표정 등으로 ~을) 알아차렸음을 알리다　**incorrectly** 부정확하게, 올바르지 않게　**install** 설치하다, 비치하다; 취임시키다　**proclaim** 선언·공포하다; 발표하다(announce); 명확히 보여주다; 드러내다(reveal)　**exaggerate** 과대하게 말하다, 과장하다, 허풍떨다; 지나치게 강조하다　**charge** 비난하다; ~에게 (의무·책임 등을) 지우다; (세금 등을) 부과·청구하다

🔎 **해설** 정확한 단어의 뜻을 알아보는 문제이다. 〈어휘 설명 참조〉

📘 **번역** 그 기술자는 새로 설치한 네트워크가 잘못 되었다는 것을 인정했다.

43.

📗 **어휘** **advertising** (집합적으로) 광고　**advertise** 광고하다, 선전하다　**inform** ~에게 …에 관한 사실을 알려주다; 정보를 주다　**consumer** 소비자　**product** 상품, 제품　**available** 입수할 수 있는(can be obtained); 이용할 수 있는(can be used, valid)　**instruct** (실용적인 지식 등을) 가르치다; (구체적으로) 지시하다　**suggest** ~을 제안하다; 암시하다, 넌지시 말하다　**provide** 제공하다

해설 동사의 정확한 의미를 알아보는 문제이다. 〈어휘 설명 참조〉

번역 광고는 시장에서 구입 가능한 신상품에 관하여 소비자에게 알려준다.

44.

어휘 **attack** 발병 **bring on** (병이) 나게 하다 **presence** 존재 **produce** (결과 등을) 일으키다, 초래하다; 생산하다; 공연·연출하다; 농산물 **temporary** 일시적인 **immunity** 면역성 **remedy** (병·상처 등을) 고치다, 치료하다; 개선하다, 보수하다; 치료, 치료법 **cure** (육체적·정신적 질병을) 치료하다; 치료해서 건강을 회복하다 **treat** (의료 수단을 통해서) 치료하다(try to cure by medical means)

해설 동사의 정확한 의미를 알아보는 문제이다.
 'produce'의 뜻을 '생산하다'로만 알고 있다면 정답을 고를 수 없다. 문제에서 'produce'는 '특별한 결과를 초래하다(cause a particular result), ~을 야기 시키다(cause)'의 뜻으로 쓰인 것이다.

<u>An attack</u> <u>(which is) brought on</u> <u>produces</u> <u>a immunity</u>
   S   ↑__~함으로써 생기는 (형용사절)   V   O

➡ 관계대명사 절이 수동인 경우 'which+be'를 생략하면 분사가 명사를 수식하는 형용사구가 된다. 즉, 분사가 형용사처럼 명사를 수식한다.

번역 체내에 독감 바이러스가 존재함으로써 생기는 질병은 일시적인 면역성을 가져온다.

45.

어휘 **drop** 하락, 감소(decrease) **productivity** 생산성 **unemployed** 실직된(out of a job, out of work) **purchasing power** 구매력 **purchase** (주택·토지·주식 등 비싸며 덩치가 큰 물건을) 사다 **go down** 하락하다(reduce, decrease, drop) **compete** 경쟁하다 **be forced to** 어쩔 수 없이/억지로 ~하다 **force**+O+**to do** ~가 …을 하도록 강요하다 **close** 닫다, 폐쇄하다 **suffer** 곤란에 처하다, 고통을 받다 **employee** 고용인, 종업원 *cf.* **employer** 고용주 **goods** 상품 **services** 용역

해설 문맥에 적합한 동사를 고르는 문제이다.
 (A)의 'enable'은 '~에게 …할 수 있는 능력을 주다'라는 뜻으로 빈 칸에 적합하지 않다. '생산성 하락'이 원인이고 '근로자들이 실업자가 된 것'은 결과를 나타낸다. 이처럼 원인이 결과를 초래한다고 할 때 동사는 (B)의 'cause'가 쓰인다. (C)는 명사라 옳지 않다.

① **A drop in productivity causes workers *to become* unemployed**
 생산성 하락이 근로자들이 일자리를 잃게 되는 원인이 된다

➡ 'cause + O + to do'는 '~이 …하는 원인이 되다, ~의 결과를 초래하다'라는 뜻

② **Companies find it *harder* to compete**
 회사들은 경쟁하기가 더욱 힘들다는 것을 알게 되었다

➡ 'find + O + O.C'는 '경험을 통해 ~임을 알다(discover sth by experience)'라는 뜻이며, 'it'는 가목적어, 'to부정사'는 진목적어

번역 생산성 하락으로 근로자들은 실업자가 되고, 화폐 가치 또는 구매력은 떨어지는 결과를 초래한다. 회사들은 경쟁하기가 더욱 힘들다는 것을 알게 되고, 일부 기업은 어쩔 수 없이 폐업하게 될지도 모른다. 많은 근로자들이 일자리를 잃게 되어 사회는 매우 어려운 상황에 처하게 된다. 또한 상품과 용역의 생산은 더욱 적어지게 된다.

LESSON 03 초점과 태

01. (C) (has been disappeared → has disappeared)	02. (D)	03. (C)	04. (B)	05. (B)	06. (B)
07. (A)	08. (A)	09. (B)	10. (C)	11. (D)	12. (C)	13. (A)	14. (C)	15. (B)	16. (D)
17. (C)	18. (A)	19. (D)	20. (D)	21. (A)	22. (D)	23. (D)	24. (C)	25. (A)	26. (B)
27. (D)	28. (C)	29. (C)	30. (C)	31. (C)	32. (C)	33. (A)	34. (C)	35. (B)

01.

어휘 **mystery** 신비, 불가사의 **explain** 설명하다 **serious** 심각한 **pollution** 오염 **solve** 풀다, 해결하다 **wallet** 지갑 **disappear** 사라지다, 없어지다

해설 (C)의 자동사 'disappear'는 수동이 안 된다. 'must + 완료'는 과거 사실에 대한 확실한 추측을 나타낸다.
(D) 재료가 형태의 변화가 없는 물리적 변화를 겪으면 'of', 재료의 성질 변화가 생기는 화학적 변화를 나타낼 경우에는 'from'이 쓰인다. 그리고 'into'는 결과를 나타내는 전치사이다.

번역 (A) 불가사의는 설명될 수 없는 어떤 것이다.
(B) 심각한 오염 문제인데 어떻게 해결될 수 있을지 난 모르겠어.
(C) 내 지갑이 없어졌어. 도둑맞은 게 틀림없어.
(D) 종이는 나무로 만들어지고, 폐지는 다시 새 종이로 만들어진다는 사실을 여러분 모두는 알고 있다.

02.

어휘 **report** 보도하다 **drown** 물에 빠뜨리다, 익사시키다 **look up to** 존경하다(respect) **pay attention to** 관심을 가지고 보거나 듣다 **stupid** 어리석은

해설 (A) 익사한 것은 과거(어제)이고 보도는 현재 된 것이다. 즉 주절은 현재이고 종속절이 과거인 복문을 단문으로 전환할 경우 완료 부정사를 사용한다.
(B) 능동문에서 원형 부정사인 목적 보어가 수동문에서 to부정사가 된다.
(C) 수동문으로 바뀔 때 동사구(looked up to)는 함께 이동을 해야만 한다.
(D) 부정어(not)는 항상 'any' 또는 'ever' 앞에만 와야 하므로 틀린 것이다.

번역 (A) 보도에 따르면 한 소년이 어제 익사했다. (B) 나의 아버지는 옳은 것을 내가 행하도록 하셨다.
(C) 그는 훌륭한 정치가로 존경을 받는다. (D) 바보스런 일에 주의를 기울이는 사람은 아무도 없다.

03.

어휘 **call off** 취소하다(cancel) **kid** (상대방을 웃기려는 말이나 행동을 할 때 쓰이며) 놀리다, 조롱하다 아이, 어린이; 새끼 염소 **kidnap** (아이를) 유괴하다

해설 'call sth off'는 '행사·약속 등을 취소하다'라는 타동사이다. 그런데 대화문에 취소 대상이 주어 자리에 있으므로 수동이 되어야 한다.

번역 A: 마지막 수업은 휴강이야. B: 놀리는 거지?

04.

어휘 **stand** (부정문에서) 참다 (→ 'can't stand'의 목적어는 (동)명사) **talk about behind one's back** 남몰래 이야기하다

해설 동명사의 수동과 의미상 주어 '소유격' 관계를 알아보는 문제이다.

① I just can't stand <u>others'</u> <u>talking about</u> <u>me</u> <u>behind my back</u>. 〈능동문〉
　　　　　　　　　　　 S　　　　　 V　　　　 O　　　 부사구

'stand'의 목적어 'others' talking about me behind my back'를 수동으로 하면 ②와 같이 된다. 수동으로 할 때 'me'는 동명사의 의미상 주어 소유격 'my'가 된다. 하지만 주절의 주어와 일치하므로 생략된다.

② I just can't stand (**my**) being talked about me behind my back.

(C)(D)의 경우 'my back'이 'being talked about'의 목적어가 아님. 〈어휘 참조〉

번역 A: 왜 그래?
B: 아, 아무것도 아냐. 나 몰래 내 얘기하는 것을 난 참을 수가 없어.

05.

어휘 mention ~에 대해 언급하다 pay 월급 raise 인상 detail 세부, 세목; (pl.) 상세한 것, 세부 묘사; 상세히 말하다(describe fully), 열거하다 leave ~을 ~한 상태로 놓아두다 unsaid (생각은 하지만) 말하지 않은

해설 동사 'leave'는 '~을 ~한 상태로 놓아두다'라는 뜻으로 '(You had) Better leave(V) the details(O) unsaid(O.C.).'를 수동으로 한 것이 'The details are better *left unsaid*.' 이다.
eg. Some things are better *left unsaid*. 어떤 것들은 말하지 않고 그대로 두는 게 좋아.

번역 A: 회의 중에 왜 월급 인상에 대해서 아무도 언급하지 않았지?
B: 지금 당장은, 상세한 것은 말하지 않고 그냥 놔두는 것이 좋겠어.

06.

어휘 rude (상대방의 기분을 무시하고 행동하여) 무례한, 버릇없는 obnoxious 밉살스러운, 불쾌한 insult 모욕하다, 무례한 짓을 하다 Same here. (상대방의 말에 동의하여) 나도 마찬가지다. (식당에서) 같은 것으로 주세요.

해설 ~에게 당한 기분·느낌이 들 때 수동 분사가 보어로 쓰인다.

번역 A: 그 사람 정말 무례하고 불쾌하게 하더군. 모욕당한 기분이었어.
B: 나도 마찬가지야.

07.

어휘 blind date (소개에 의한) 서로 모르는 남녀간의 데이트, 미팅, 소개팅 show up (어느 장소에) 나타나다 stand sb up ~를 바람맞히다 humiliating 쪽팔리는, 굴욕적인 humiliated 창피한(ashamed), 쪽팔린(shamefaced)

해설 '30분이나 기다렸지만 그녀가 안 나타났어'라는 말을 보면 '바람맞았다'라는 표현이 빈 칸에 적합할 것이다. (B)의 'stand by'는 '곁에 있다, 대기하다 등'의 뜻이므로 빈 칸에 적합하지 않다. (C)는 시제가 틀렸고, (D)의 '나도 또한 나타나지 않았다'라는 말은 '얼마나 쪽팔렸는지 넌 모를 거야!'라는 말과 대치되기 때문에 빈 칸에 적합하지 않다. 'too'는 긍정문에 쓰인다.

번역 A: 왜 화가 났어?
B: 어제 저녁에 미팅갔다 온거 알지. 글쎄 말이지, 30분이나 기다렸지만 그녀가 안 나타났어. 날 바람맞혔어. 얼마나 쪽팔렸는지 넌 모를 거야!

08.

어휘 I bet ~라고 생각해 feel left out (모임 등에서) 환영받지 못하고 소외당한 느낌·생각이 들다, 무시되는 생각이 들다 community (큰 사회 가운데서 공통의 특징을 가진) 집단, 사회 be used to + (동)명사 ~에 익숙하다 actually 실제로, 정말로(really), 사실은 by oneself 혼자서(alone) for oneself 혼자 힘으로

해설 어휘 설명 참조

번역 A: 네가 우리 지역에서 외톨이란 생각을 하지 않아 내가 기쁜 생각이 들어.
B: 그런데 사실은 영국에 있을 때 혼자 사는 데에 익숙해 있었어.

09.

해설 'by + 사람'; 'in + 장소'가 된다.

● Wine is made **by French / in France**. 포도주는 프랑스인에 의해서 / 프랑스에서 만들어진다.

번역 치즈는 이탈리아인에 의해서 만들어진다.

10.

어휘 be supposed to ~하기로 되어 있다; ~해야 하다(should, have a duty); ~하다던데 castle 성, 성곽 haunt 귀신(ghost) 등이 출몰하다

● You're not **supposed to** smoke here. 이곳은 금연입니다.
● The castle **is supposed to** be haunted. 그 성에서 귀신이 나온다고 하던데.

번역 기차는 11시 30분에 도착 예정이었지만 1시간 연착했다.

11.

어휘 help 동사가 '피하다(avoid), 억제하다'의 뜻일 때는 'can't'와 함께 쓰여 '~하지 않을 수 없다'는 뜻 satisfy 만족시키다 situation 상황

해설 타동사 'satisfy'는 타동사이므로 목적어를 필요로 하고 만족을 받는 것이 사람이어야 하는데 주어가 사람이기 때문에 수동으로 되어야 한다. 그리고 'help' 동사가 동명사를 필요로 하기 때문에 (D)가 적절한 표현이다.

번역 우리 모두는 현재의 경제 상황에 만족하지 않을 수 없다.

12.

어휘 **deposit** 예금; 적립금; 착수금, 계약금   **of** (동격(同格) 관계) ~라(고 하)는   **refund** 환불하다(give sb one's money back)   **contract** (법적 효력을 가진 서면) 계약; 계약서   **cancel** (예약 등을) 취소하다; (계획·예정·시합 등을) 중지하다

해설 완전타동사 'refund / cancel'의 목적어가 주어자리에 있기 때문에 'be + 과거분사'의 형태를 가져야 한다. 'is'의 주어는 'deposit'이고, 'deposit'와 'a million dollars'는 동격관계이다.

The deposit of a million dollars is not refunded ...
    S   └ 동격 ┘   V
           백만 달러라는

번역 건물 계약이 취소되면 백만 달러라는 계약금은 되돌려 받을 수 없습니다.

13.

어휘 **credit** 신용; 영예; 학점; 신용하다   **creditable** 신용할 수 있는   **limit** 한도, 한계; 제한   **limited** 한정된   **off limits** 출입금지   **exceed** 초과하다; ~보다 뛰어나다   **exceeding** 대단한, 지나친   **by** ~만큼, ~정도만큼 (➔ 정도를 나타냄)   **to the present day** 오늘까지   **expose** (햇빛·바람·비 등에) 쐬다, 노출시키다(uncover); (죄·비밀 등을) 폭로하다   **expel** 쫓아내다, 몰아내다; 제명하다; 추방하다   **expect** (실현되리라고) 예상하다, (당연한 것으로서) 기대하다

해설 완료수동형과 동사 의미를 알아보는 문제이다.
'(과거부터) 5월 19일 오늘까지'라고 기간을 나타내므로 현재완료의 아래구조가 된다.

[has been 〈완료〉+ be exceeded 〈수동〉] ⋯ has been exceeded 〈현재완료수동〉

번역 귀하의 신용한도액은 5월 19일 오늘까지 1,000달러 이상 초과되었습니다.

14.

어휘 **property** 재산, 자산; 농장, 토지; 성질, 특성; 소유(권)   **lost property** (분실물 센터에 보관중인) 분실물 *cf.* **lost-and-found** (office) 분실물 센터   **claim** (유실물을) 찾아가다; (권리 등을) 요구·청구하다(demand)   **discard** (더 이상 사용하지 않는 것·악습·생각 등을) 버리다(throw out or away)

해설 3형식 구조의 수동변형을 알아보는 문제이다.
동사 'is claimed'와 'be discarded'의 주어는 동일한 'lost property'이다.

Lost property that is never claimed even after three months will be discarded.
    S   └ 결코 찾아가지 않는 (형용사절) ┘   동사를 수식하는 부사구   V

번역 3개월 이후에도 결코 찾아가지 않는 분실물들은 처분 될 것입니다.

15.

어휘 **firmly** 굳게, 확고히; 단호히   **establish** (선례·습관·명성 등을) 확립하다; 입증하다; 설립하다(set up)   **as** (보어를 이끌어서) ~으로(서), ~이라고   **leading** 이끄는; 유명한, 일류의; 주요한   **brand** 상표   **brand name** 상표명   **brand-new** 신상품의

해설 5형식 문장의 수동태와 과거분사를 수식하는 부사와 보어로 쓰인 전치사를 알아보는 문제이다. 문제와 같은 문장은 능동문을 생각하기 힘들고 'be established as(~으로서 자리를 잡다)'를 관용적 표현으로 암기하는 것이 좋다.

● She **is** now firmly **established** in business **as** an art dealer. 그녀는 업계에서 미술품 거래인으로서 확실히 자리를 잡았다.

번역 "*Show English*"는 도서 시장에서 유명한 상표중 하나로 이젠 확고히 자리를 잡았다.

16.

어휘 **enroll** 등록하다(register), 명부에 기재하다; 입학시키다; 병적에 올리다(enlist)   **enrollment** 기재, 등록(registration); 입학   **enrollment fees** 등록비   **advise** 조언하다; ~하도록 권하다   **be advised to** ~하시기 바랍니다   **expect** (실현되리라고) 예상하다, (당연한 것으로서) 기대하다   **elementary** 기본이 되는, 초보의   **course** (학습·교육) 과정, 강좌, 과목; 진로, 진행   **be filled to capacity** 꽉 차다   **capacity** 수용 능력; (생산·이해·학습 등의) 능력

해설 '주절 + 종속절'의 복문을 수동으로 전환시킨 구조를 알아보는 문제이다.
복문이기 때문에 복잡해 보인다. 주절 동사 'advise'와 종속절 동사 'expect'가 수동 전환된 구조로 주절은 간단한 3형식문장의 수동변형이다. 복문 수동 변형과정은 본문 53쪽 문법 설명 참조.

We advise early enrollment as we expect that this English course will be filled ...
 S   V   O   S   V   O

번역 이번 초급 영어과정이 정원이 꽉 찰 것으로 예상되므로 일찍 등록하도록 권합니다.

17.
어휘 cafeteria 셀프서비스 하는 식당(restaurant) employee 직원, 종업원 locate ~에 위치하다, 자리 잡다; (건물 등의 위치를) 알아내다, 찾아내다

해설 수(數)의 일치, 수동과 전치사의 의미를 알아보는 문제이다.
문장에서 주어는 5층에 위치한 'cafeteria'이므로 동사는 'is'; 전치사 'on'은 평면적, 'in'은 공간적 의미를 나타낸다. 'floor((건물의) 층; 마루)'는 평면적인 층을 뜻하므로 전치사 'on'이 쓰인다.

번역 직원용 식당은 본관 5층에 있다.

18.
어휘 carriage (일반적) 차, 탈것; (철도의) 객차; 유모차; 운반; 몸가짐, 자세 strictly 엄격히, 엄밀히 말해서(precisely) prohibit (법률(law)·규칙(rule)에 의해) 금지하다 permit ~하도록 허락/허가하다

해설 3형식 수동문과 병렬구문을 알아보는 문제이다.
등위 접속사(and, or, but)로 연결되는 어구(語句)는 동일구조 이어야만 한다. 'be' 동사 다음에 'be + 과거분사 / be + 진행형'이 있지만 타동사 'prohibit' 다음에 목적어가 없는 것으로 봐서 과거분사가 빈 칸에 옳다. 'but' 다음에 반복되는 어구 'smoking is'가 생략 되었다.

번역 이 객실에서는 흡연을 엄격히 금하지만 흡연실에서는 허용됩니다.

19.
어휘 according to ~에 따르면(in accordance with) term (지불 가격·계약 등의) 조건; (한정된) 개념, 말, (전문 분야 등의) 용어; 기간; 학기(英) contract 계약, 계약서; 계약하다; 수축하다; 줄어 들다 contractor 계약자 employment 고용; 직업 paid vacation 유급휴가 annually 매년(once a year); 해마다 annual 해마다의, 1년에 한 번의

해설 4형식 구조의 수동태와 보류목적어.
직접목적어(ten days' paid vacation)가 그냥 남아 있어 능동문처럼 보일 수 있지만 간접목적어(all workers)가 수동 주어로 된 구조이다. 이처럼 2개의 목적어가 있는 4형식 구조의 수동에서 하나의 목적어는 수동주어가 되고 남은 목적어를 보류목적어라 한다.

According to the terms of the ... contract ...　all workers　are given　ten days' ...
　　　　회사 고용계약 조건에 따르면 (부사구)　　　　　S　　　　V　　　보류목적어

번역 회사 고용계약 조건에 따르면 모든 직원들에게 매년에 10일간의 유급휴가가 주어진다.

20.
어휘 employee 직원, 고용인, 종업원 be required to ~해야만 하다 require 요구하다(demand), 필요로 하다; (법·규칙 등이) ~하도록 명령하다 notify ~에게 통지하다; 통고·공고하다 division 부(部); 분할; 분배; 분열 unavailable 근무하지 못하는, 결근하는(not to be present) available 입수할 수 있는; 이용할 수 있는; 만나거나 ~와 이야기 할 시간이 있는

해설 4형식 문장의 수동문 변형과 조건절의 시제를 알아보는 문제이다.
직접목적어가 to부정사인 4형식 문장에서 간접목적어를 주어로 수동전환을 했다. 조건절에서는 미래시제를 현재동사로 나타내는 것에 주의해야만 한다.
　… They require all employees to notify the manager of his division … 〈능동문〉

번역 2일 이상 근무할 수 없다면 모든 직원들은 자기 부장에게 통보해야만 합니다.

21.
어휘 enrollment 등록(registration); 입학 enroll 등록하다(register) investment 투자, 출자; 출자액 invest 투자하다 investor 투자자; 수여자 limit 제한·한정하다; 한도, (참을 수 있는) 한계, 극한, 범위; 극한을 넘은 사람 advise 조언하다; ~하도록 권하다 be advised to ~하시기 바랍니다 reservation 예약 in advance 미리

해설 문맥 연결상 종속절과 주절에서 수동 전환이 이루어진 문장이다.
종속절은 3형식 구조의 수동이고, 주절은 직접목적어가 to부정사인 4형식 문장에서 간접목적어를 주어로 수동전환을 했다. 'people'은 항상 복수 취급.

Because　enrollment　in the safe investment seminar　is limited,
　　　　　　S　↑　　　안전한 투자 세미나에 (형용사구)　　　V

interested people　are advised　to make a reservation one week in advance
　　S　　　　　　V　　　　　직접 목적어로 부정사의 명사적 용법

번역 안전한 투자 세미나의 등록이 제한되어있기 때문에 관심 있는 분들은 일주일 전에 예약하시기 바랍니다.

22.

어휘 **increase** 증가, 상승; 번식; 인상; 늘리다, 증가하다 **crop** 농작물; 수확, 수확하다, 거둬들이다 **cause** ~의 원인이 되다; 결과를 초래하다(bring about); 야기 시키다(lead to); (어떤 일이 일어나게 하는 또는 결과를 초래하는) 원인 **prolong** (시간·공간적으로) ~을 늘이다, 길게 하다(lengthen) **drought** 가뭄

해설 3형식 문장의 수동구조를 알아보는 문제이다.
동사 'cause'의 뜻은 '~이 …를 야기 시키다, ~이 …의 원인이 되다'이다. 그러므로 원인이 주어자리에 오면 능동관계, 결과가 주어 자리에 오면 수동관계이다.

… The prolonged drought causes the increase in the price of crop. 〈능동문〉

번역 곡물 가격의 상승은 그 나라에 오랜 가뭄 때문이다.

23.

어휘 **passenger** 여객, 승객; 탑승객 여객(용)의 **request** 요청하다, 부탁하다; 구하다, 신청하다; 요청, 요구 **at the urgent request of** ~의 간청에 의해 **on request** 신청하는 대로 곧 **lean** 기대다 **out of** ~의 밖으로

해설 기본적인 3형식 문장의 수동 전환과 전치사구를 알아보는 문제이다.
'request'는 목적어를 필요로 하는 완전 타동사이다. 문제에 목적어가 없는 것으로 봐서 수동문의 주어가 된 것이므로 동사는 'are requested'의 형태가 되어야 한다.

번역 승객들은 창밖으로 몸을 내밀지 않기를 바랍니다.

24.

어휘 **reschedule** 예정을 다시 짜다 **request** 요청하다, 부탁하다; 구하다, 신청하다 **as (it was) requested (by you)** 요청하신대로

해설 기본적인 3형식 문장의 수동 전환과 생략된 표현을 알아보는 문제이다.
동사의 목적어가 주어자리에 있다는 것은 수동을 의미하므로 동사구조는 'be + 과거분사'의 형태가 되어야 하고, 생략된 표현은 뜻을 정확히 알기 위해 원래 문장을 생각해 볼 수 있다.

번역 의사 선생님과 10시 30분 귀하의 약속은 요청하신 대로 9월 19일 오후 3시로 재조정되었습니다.

25.

어휘 **application** 신청; 지원서; 적용, 응용; (약 등을) 바름 **process** (문서 등을) 처리하다(deal with); (식품을) 가공·처리하다

해설 3형식 구조의 미래 수동 전환을 알아보는 문제이다.
수동으로 전환할 때 조동사는 그대로 쓰인다. 'next morning'은 미래를 뜻하는 부사이므로 미래 조동사와 함께 쓰여야만 한다.

… They will process my son's application for an American visa next morning. 〈능동〉
　　S　　　V　　　　　　　　O　　　　　　　　　　　　시간 부사

번역 내 아들의 미국 비자 신청서는 내일 아침에 공식 처리될 것이다.

26.

어휘 **postpone** (어떤 문제가 발생하거나 어려움 때문에) 미루다(delay), 연기하다(put off) **currently** 현재(at the present time), 지금 **current** 현재의 *eg.* **current English** 시사/일상 영어 **the current price** 시가(時價) **abroad** 해외에, 외국으로(in or to a foreign land) **on business** 출장 중

해설 시제와 함께 수동태를 알아보는 문제이다.
'연기되는 대상(對象)'인 'today's meeting'이 주어 자리에 있으므로 수동으로 전환되어야 하고, '이번 주 수요일까지'라는 말은 미래를 뜻하므로 미래 조동사가 필요하다.

번역 사장님이 현재 해외 출장 중이라 오늘 회의가 이번 주 수요일까지 연기될 것입니다.

27.

어휘 **despite** ~에도 불구하고(in spite of) **benefit** 혜택(advantage); (개인 또는 집단의 행복·복지에 연결되는) 이익; 자선공연·경기 **attend** 참석하다; 시중들다; 보살피다 **attend to** (환자 등을) 간호하다, 돌보다 **be (very) well attended** 참석자들이 많았다(many people are there) **poorly** 부족하게, 충분하지 않게; 가난하게; 서툴게 **badly** 불충분하게; 심하게, 몹시; 나쁘게; 서투르게(poorly); 슬퍼하는; 몸이 아픈

해설 수동과 부사의 뜻을 알아보는 문제이다.
기본적인 3형식 구조이지만 부사 형태가 각각 다르다. 전치사 'despite(~에도 불구하고)'는 '대조(contrast)'를 나타낼 때 쓰이므로, '비가 왔음에도 참석자들이 많았다'와 같이 긍정적인 내용이 뒤따라야 한다. 'poorly / badly'는 '충분하지 않게'라는 부사로 '참석자들이 많지 않다'라는 뜻이므로 빈 칸에 적합하지 않다. '~에 참석하다'와 같은 우리말 때문에 전치사 'to'를 생각하게 되는데 'attend / marry / discuss' 등은 완전타동사이므로 전치사 없이 목적어를 갖는다는 점을 주의해야 한다.

번역 비에도 불구하고 자선 공연에 참석자들이 많았다.

28.

어휘 **upcoming** 다가오는(coming up); 곧 생길, 이윽고 나타날·공개될　**budget** 예산; 운영비; 생활비　**R&D** 연구개발(research and development)　**expect** (실현되리라고) 예상하다, (당연한 것으로서) 기대하다; ~을 것이라고 생각하다　**increase** 늘리다, 증가하다 ↔ **decrease** 감소하다

해설 목적어가 절(節)인 문장의 수동변형을 알아보는 문제이다.〈53쪽 참조〉

번역 내년 연구 개발을 위한 예산이 20% 정도 증가할 것으로 예상된다.

29.

어휘 **application** 신청; 지원서　**apply for** (회사 등에 일자리를) ~을 신청·지원하다　**take sth into consideration** ~을 고려·참작하다(consider)　**consideration** 숙고(reflection), 고려　**consider** (결단이나 행동 전에) 잘 생각하다; ~을 …으로 간주하다; 고려하다　**requirement** 필요조건, 자격　**position** 근무처, 직책; 위치; 직위; 입장　**meet** 충족시키다(satisfy); (우연이든 약속에서든 사람을) 만나다

해설 3형식 구조의 수동태로 목적어가 수동주어로 된 구문이다. 조건 부사절에서는 미래를 현재동사로 나타내고, 주어는 'all the requirements'이므로 동사는 'are met'가 된다.

…→ We will **take any application** into our fullest consideration 〈능동문〉

…→ unless he doesn't **meet all the requirements** for the position 〈능동문〉

번역 그 근무처(직책)에 맞는 자격 요건들이 충족되지 않으면 지원서는 고려되지 않을 것입니다.

30.

어휘 **regret** 유감, 후회; 슬픔; 유감으로 생각하다, 후회하다; 슬퍼하다　**it is with regret that …** ~이라니 유감(천만)이다 〈문어체〉 = **it is (much) to be regretted that …** *cf.* **we are sorry that …** 〈회화체〉　**formal** 공식; 형식적인; 모양의 ↔ **informal** 비공식의; 격식 차리지 않는　**notice** 통고, 통지; 주의, 주목; 게시　**notify** ~에게 통지·공고하다　**account** 계좌, 거래, 계산; 신용거래; 설명; 고려하다, 생각하다　**close** 폐쇄하다(close down); 감다, 닫다; 마감하다; 가까운; 닫힌; 닫은

해설 3형식 구조의 기본적인 수동 변형으로 아래와 같다.

we **have closed** your account 〈능동〉 → your account **has been closed**

It is with regret that we now give you a formal notice　that your account …
　　　　　　　　　　　　　　　　　　　공식 통지　└ 동격 ┘ 귀하의 계좌가 폐쇄되었다는

→ 'that' 이하는 'a formal notice'를 부연 설명하는 동격 명사절

번역 귀하의 계좌가 폐쇄된 것을 공식 통고하게 되어 유감입니다.

31.

어휘 **guest** (호텔·가정에 초대받아 잠시 머무는) 손님; (방송의) 특별 출연자　**advise** ~에게 알리다; 조언하다　**advice** 충고, 조언; 알림, 통지　**policy** 방침, 경영 관리; 정책　**deposit** 예치금, 적립금; 예금; (돈 따위를) 맡기다; 예치하다　**on arrival** 도착하는 대로 곧　**arrival** 도착　**settle accounts** 계산을 하다　**settle** 청산·지불하다; 결정·해결하다　**account** 계산, 계좌, (신용) 거래, 설명, 중요성; 고려하다, 생각하다　**on departure** 떠날 때　**departure** 출발; 이탈　**depart** 떠나다

해설 행위자가 중요치 않은 공지사항은 흔히 수동문이 쓰인다. 주절의 수동은 간단하지만 종속절의 수동은 복잡하다. 종속절 'it(가주어)+for(부정사의 의미상 주어)+to부정사(진주어)'의 구조에서 'for guests(S) to pay(V) the first night's deposit(O)'를 수동으로 하면 'for the first night's deposit to be paid'와 같이 된다.

…→ it is our hotel policy for guests to pay the first night's deposit … 〈종속절의 능동문〉
　　S　V　　C　　　　의미상 주어　　　　진주어

번역 도착당일 첫날밤의 예치금을 지불하시고, 떠날 때 요금을 계산하는 것이 호텔 경영 방침이라는 것을 손님들께 알려드립니다.

32.

어휘 **check** 수표; 저지, 억제; 대조; 확인하다; 저지하다; 대조·검사하다　**accept** 받아들이다; 수납하다; 인정하다　**support** 확인하다(confirm); 지지하다, 지원하다; 입증하다　**valid** 법적으로 유효한; 확실한, 타당한; 정당한　**validity** 타당성　**unless** ~하지 않으면(if ... not)　**up to** ~까지

해설 주절과 조건절의 수동을 알아보는 문제이다.

→ We cannot accept checks unless a valid Banker's Card supports them up to $100.
　　S　　　　V　　O　　　　　　S　　　　　　　V　　　O　부사구

- unless (**they are**) supported ... 수표 조회가 안 되면(= *if they are not supported ...*)
→ 'as, unless, if, while'로 시작되는 부사절에 '주어·동사'가 종종 생략됨.

번역 유효한 은행 카드로 100달러까지 확인되지 못하면 수표는 받을 수 없습니다.

33.

어휘 **expect** (실현되리라고) 예상하다, (당연한 것으로서) 기대하다 **expectation** 기대, 예상 *eg.* **beyond expectation** 기대 이상으로
expectancy 예상, 기대 *eg.* **life expectancy** 평균 수명 **be expected to~** (당연히) ~하리라고 예상·기대되다
surge (물가 등이) 급등하다(surge up); 큰 파도가 일다; 파도처럼 밀려오다 **surging** 상승세를 타고 있는

해설 아래와 같은 복문을 수동으로 전환한 것이다.

> They expect that the third quarter profits will surge by 40% at Disney.
> = It is expected that the third quarter profits will surge by 40% at Disney.
> = The third quarter profits are expected to surge by 40% at Disney.

번역 디즈니에서 3분기 이익이 40% 정도 급등할 것으로 예상된다.

34.

어휘 **keep people's accounts** 예금 계좌를 정리하다 **account** 예금 계좌; 계산, 평가, 고려; 외상; 설명하다; 생각하다; 설명하다 **up to date** 오늘까지
check 확인하다, 조사하다; 저지하다, 방해하다; (웃음·눈물·분노 등을) 억제하다; 저지, 검사, 점검; 수표; (상점·식당의) 계산서 **information** 정보
inform ~에게 …에 관한 사실을 알려주다; 정보를 주다 **exchange** 교환; 거래소 교환하다, 서로 바꾸다; 교역하다; 환전하다 **exchange rates** 환율
Stock Exchange 증권거래소

해설 문제에서 'are used to'가 '~하는데 익숙하다(be used to + (동)명사)'로 착각하지 말아야 한다. 'computers are used to keep'
를 능동으로 하면 'they use computers to keep'가 된다. 그러면 '(in order) to keep'는 부정사의 목적을 나타내는 부사구라는
것을 알게 될 것이다. 그러므로 'computers are used / to keep ...'과 같이 끊어서 읽어야 한다.

번역 은행에서 컴퓨터는 당일까지의 고객의 예금 계좌를 정리하고, 환율을 확인하고 거래에 대한 정보를 얻기 위하여 사용된다.

35.

어휘 **auto(mobile) part** 자동차 부품 **collide with** ~와 충돌하다 **collide** (움직이고 있는 물건·사람이) 충돌하다; (의견이) 일치하지 않다 **collision** (차량·비행기·배 등의) 충돌 **injure** (전쟁이 아닌 우연한 사고로) 상처를 입히다 **injury** (사고 등에 의한) 부상, 상처; 손상
cf. **wound** (전투 등에서 총·칼에 의한) 상처, 부상 **vehicle** (사람·물건을 나르는 자전거·자동차 같은) 차량; 수송 수단; 매개물, 전달 수단 **damage** 손해를 입히다; (건강을) 해치다; (명예를) 손상을 시키다; 손해, 손상 (pl.) 배상금 *eg.* **do/cause damage** 손해를 입히다 **seriously** 몹시; 진지하게; 진정으로 **serious** (상황·문제가) 심각한, 중대한; 진심의; 진지한, 엄숙한 **seriousness** 중대함; 심각성 **resident** 주민, 거주자; 전문의(醫); 수련자; 거주하는; 고유의 **suspect** ~에게 혐의를 두다; ~이 아닌가 의심하다; 용의자, 혐의자 **be suspected of** ~에 대한 혐의를 받다 *cf.* **suspect sb of** ~에게 …에 대한 혐의를 두다 **arrest** (불법적인(illegal) 일을 했기 때문에) 체포하다; 체포, 검거 *eg.* **under arrest** 수감되어 **make an arrest** 체포하다

해설 수동문에서 양태부사의 위치와 수동 시제를 알아보는 문제이다.
동사만을 수식하는 'how'의 응답으로 사용되는 방법/양태 부사 'seriously'는 수동문에서 (B)(D)와 같이 수동 형용사 앞으로 이동
해야만 한다.
'since (~한 이후, ~이래)'가 있는 주절의 시제는 완료 시제이다. 문제에서 '지난 토요일 이후 사고 당일 어제까지 신호등이 고장 나
있었다.'고 보도(reported)한 것이 과거이므로 두 번째 빈 칸에는 과거완료가 되어야 한다.

번역 자동차 부품을 싣고 가던 한 트럭이 어제 오후 5시 25분에 스쿨버스와 충돌했다. 부상자는 없었지만 2대의 차량이 많은 손상을 입었다. 지역 주민들 말에 따르면 길모퉁이에 있는 교통 신호등이 지난 토요일 이래 고장 나 있었다. 그 트럭 운전자는 음주운전 혐의를 받고 있지만 그는 체포되지 않았다.

LESSON 04 법 조동사

01. (C)	02. (A) <he had heard → he heard>	03. (B)	04. (A)	05. (B)	06. (C)	07. (A)
08. (B)	09. (C)	10. (A)	11. (D)	12. (A)	13. (C)	14. (A)	15. (A)	16. (A)	17. (D)
18. (B)	19. (B)	20. (A)	21. (C)	22. (C)	23. (B)	24. (B)	25. (A)	26. (C)	27. (C)
28. (A)	29. (B)	30. (B)

01.

어휘 fat 지방 lose weight 체중을 줄이다 make haste 서두르다 lest ~ should ~하지 않도록 insist 강력히 요구하다

해설 (A) '의사 선생님이 지방과 소금을 덜 먹고 체중을 줄이라고 했다'면 의사의 충고이므로 종속절에 'could'를 'should(~하는 것이 옳다)'로 바꾸어야 한다.
(B) 'used to'는 어떤 일의 발생 횟수나 기간을 나타내는 부사와 함께 쓰이지 않으므로 'I went/have been to the United States of America three times.'와 같이 해야 한다.
(D) 'insist' 등과 같은 '주장·명령·요구·제안'을 나타내는 동사의 종속절에 should가 오지만 종종 미국 영어에서는 should를 생략하고 동사원형을 쓴다.

번역 (A) 의사 선생님은 지방과 소금을 덜 먹고 체중을 줄이라고 하셨어.
(B) 난 미국에 3번 다녀왔다.
(C) 서울 가는 마지막 버스를 놓치지 않으려고 그들은 서둘렀다.
(D) 주치의는 나의 아버지께 담배를 끊으시도록 강력히 요구했다.

02.

어휘 at all 전혀(부정문); 도대체(의문문); 조금이라도(조건문) necessary 꼭 필요한

해설 (A) 'may have + p.p'는 과거 행위에 대한 추측을 나타내므로, 추측을 나타내는 부사 'Perhaps' 또는 'Probably'와 함께 쓰일 때는 과거 시제가 쓰인다.

= *Perhaps* he **heard** it from ... / = *It's possible* that he **heard** it from ...

(B) 'How should I know the secret?'는 수사 의문문으로 서술문을 강조하기 위하여 쓰임.
(C) 상대방에게 '~해 드릴까요?'라고 제안할 때 자주 쓰이는 표현이 'Shall I ...?'이다. 같은 표현으로 'Do you want me to ...?'가 쓰인다.
(D) was not necessary to do = needn't have done ~할 필요가 없었다

번역 (A) 아마도 그는 책으로부터 그것을 들었을 거야.
(B) 내가 그 비밀을 어떻게 알겠어? 난 그 비밀을 전혀 몰라.
(C) 커피 좀 드릴까요?
(D) 이렇게 바보스런 짓을 할 필요가 없었지만 그녀는 했던 것이다.

03.

어휘 drowsy (과식했거나 약을 먹어) 졸음이 오는, 졸리는

해설 (A)의 'Do you like coffee?'는 상대방의 기호(嗜好)를 물어 보는 표현으로 '일부분'을 나타내는 'some'을 'coffee'에 붙이지 않는다. (C)의 올바른 표현은 'Do you want me to get you some coffee?'이다. 제안(suggestion)을 할 때 (D)와 같이 쓰이지 않고 (B)와 같이 말해야 한다.

● Do you want **some** coffee? 커피 좀 드릴까요? 〈권유〉

번역 A: 정말로 졸려.   B: 뜨거운 커피 좀 갖다 드릴까요?

04.

어휘 plenty 많음, 가득, 풍부; 많은; 충분히 plentiful 많은, 풍부한 plenty of 많은, 충분한('lots of'와 함께 '양(量)'과 '수(數)'에 모두 쓰인다)

해설 'must'의 부정(否定)은 의무감(obligation)이 없다는 뜻으로 'don't have to/don't need to(~할 필요가 없다)'가 쓰인다.

● You **don't have to/don't need to/needn't** go there. 그곳에 갈 필요가 없어.

번역 A: 오늘 저녁까지 일을 끝마쳐야 합니까?   B: 아뇨, 그럴 필요 없어요. 시간이 충분해요.

05.

어휘 wonder ~이 아닐까 / ~인가하고 생각하다　answer the phone 전화를 받다

해설 Jim이 전화를 받지 않은 이유로 '샤워를 하고 있다'고 확실한 추측을 할 때는 'must be(~임에 틀림없다)'가 쓰인다. 'cannot be(~일 리 없다)'가 쓰이면 전화를 받지 않는 이유가 되지 않는다.

번역 A: 짐이 왜 전화를 안 받지?　　　　　　　　　　B: 지금 샤워를 하고 있음이 틀림없어.

06.

어휘 not ... at all 전혀 …하지 않다　except 제외하고　used to 전에는 …이었다

해설 대화문에 '예전에 머리카락이 더 많았다'라는 상태를 나타내는 조동사 'used to(전에는 …이었다(과거의 상태); ~하곤 했다(과거의 규칙적인 습관)'가 필요하다. 'hair'는 물질명사로 셀 수 없는 명사이지만, 흰머리 몇 개라고 할 때는 복수로 쓰인다.

번역 A: 흰머리 몇 개 빼고는 전혀 변한 것이 없어요.　　B: 오, 그럴 리가. 전에는 머리카락이 더 많았죠.

07.

어휘 accounting 회계(학), 경리　department 부(部), 국(局); (대학의) 과(科)

해설 대화문을 통해 비교 구문 내에서의 시제를 알아보는 문제이다.
'used to'는 과거의 규칙적 습관 및 상태 또는 반복적으로 행한 동작을 나타낸다. 그러나 종속절인 'than' 이하에서는 시간 부사 'now'가 있기 때문에 현재의 습관을 나타내는 현재 동사가 쓰여야 한다. 'he smokes'라고 해도 되지만 주절에 이미 'smoke'라는 단어가 나와 있기 때문에 반복을 피하여 대동사를 사용한 것이다.
→ 'would'는 불규칙적 습관을 나타냄

번역 A: 회계부장은 담배를 너무 많이 피워.　　　　　B: 맞아. 하지만 지금보다 예전에는 더 많이 피우곤 했지.

08.

어휘 be supposed to ~해야 하다(should); ~하기로 되어 있다　lower 낮추다, 내리다(reduce); 아래쪽의　low (키·온도·가격 등이) 낮은; (신분이) 낮은　lowly (신분 등이) 낮은; 초라한　first of all 무엇보다도　cut down on 양을 줄이다　good (수·양적으로) 충분한　workout 몸매를 다듬기 위해 하는 운동　at least 적어도

해설 'be supposed to (~해야만 하다)' 다음에는 동사 원형이 필요하다. 두 번째 빈 칸에는 상대방에게 충고·조언할 때 쓰이는 조동사 'ought to / should(~하는 것이 옳다, 최선책이다)'가 필요하다.

번역 A: 콜레스테롤 수치를 낮추려면 어떻게 해야 하죠?
B: 우선 첫째로 지방질 음식을 줄이고 최소한 일주일에 3번 충분한 운동을 하세요.

09.

어휘 call sb names ~를 욕하다　playmate 놀이 친구　would ~하고 싶다(wish to)

해설 대화문을 통해 법 조동사의 의미를 측정하는 문제이다.
'남에게 대접받고자 하는 대로 행하라(누가복음 6장 31절)'라는 황금 룰인 'Do to others as you would be done by (others)'에서 'would'는 '~하고 싶다(wish to)'는 소망을 나타낸다.

번역 A: 친구들을 욕하지 마라.
B: 왜?
A: '남에게 대접받고자 하는 대로 행하라'는 황금 룰을 따라야만 해.

10.

어휘 binoculars 쌍안경　pull up 끌어올리다　can't be ~일 리 없어　must be ~임에 틀림없어

해설 'binoculars'란 멀리 있는 물체를 보다 가까이 있는 것처럼(making distant objects seem nearer) 보는 쌍안경이므로 확실한 추측을 할 수 있어 'can't be(~일 리 없어)'와 'must be(~임에 틀림없어)'가 올바른 표현이다.

번역 앤: (쌍안경으로 보면서) 비행기가 보트에서 사람들을 끌어올리고 있어!
톰: 비행기일 리가 없어. 그것은 헬리콥터가 분명해.

11.

어휘 tied up 매우 바쁜　a rain check 초대 등의 연기　previous 이전의, 앞의　appointment (장소·시간의) 약속　cf. promise (어떤 일을 하기로 한) 약속

해설 (A)(B)(C)는 상대방의 초청을 정중히 거절하는 표현들이지만 (D)는 상대방이 하고 있는 말을 잘 알고 있음을 나타내는 표현으로 맞장구 칠 때 쓰인다.

번역 A: 오늘 저녁 식사에 초대해도 되겠습니까?
B: (A) 그러고 싶지만 오늘 저녁은 매우 바빠요. 다음 기회로 하는 것이 어때요? (B) 초대해 주셔서 감사합니다만 선약이 있습니다. (C) 그러고 싶지만 할 수가 없어요. (D) 제가 생각하는 것이 바로 그것입니다.

12.
해설 'may, might, could'는 현재 또는 미래의 가능성·추측을 나타낼 때 쓰이고, 'can'은 의문·부정에서만 가능·추측을 나타낸다. 'should'는 '앞으로 일어날 일을 합리적으로 예측하는 경우'에 쓰인다. (C)(D)다음에는 동사가 필요하다.

번역 전화벨이 울리고 있어. 팀일 거야.

13.
해설 가능성에 쓰이는 조동사를 알아보는 문제이다.
미래의 가능한 일에 대해 쓰이는 'may' 또는 'might'가 옳다. 'will'은 주어의 확신을 나타내지만, 'probably, perhaps'와 함께 쓰이면 가능성을 나타낸다.

번역 외출할 때 우산을 가져가거라. 나중에 비가 내릴지 모르니까.

14.
어휘 **in order to** ~하기 위하여(= so as to, with the intention / purpose of doing sth) **staff** (학교·회사의) 직원 **be on the staff** 직원·부원·간부이다

해설 문장을 언뜻 보면 헷갈리지만 생략된 어구를 보충하면 쉽게 이해할 것이다.

= The boss says he will do all (that) he can (do) (in order) to help all ....
　　　　　　　　　S　　　V　　O↑　　그가 할 수 있는 (형용사절)　　(목적을 나타내는 부정사의 부사적 용법)

번역 모든 직원을 도와주기 위해 그가 할 수 있는 모든 것을 할 것이라고 사장은 말한다.

15.
어휘 **division** 부(部); 분할; 분배; 분열 **obstinate** 고집 센, 일부러 고집을 피우는 **counsel** 충고(advice), 의논, 상담; 조언하다(advise), 권하다 **counselor** 고문, 상담역 **counseling** 상담, 카운슬링 *cf.* **pig-headed** 타인의 충고를 무시하고 어리석게 행동하는 **stubborn** (타인이 비이성적이라고 해도) 고집을 부리는; 다루기 어려운, 말을 안 듣는 **willful** (어린아이가) 제 마음대로의, 일부러 심술부리는 **headstrong** (충고를 무시하고) 제멋대로 하는, 억지 쓰는

해설 주절의 보어 'obstinate'로 미루어 보아 종속절에 조동사는 '고집·거절'을 나타내는 'would'로 유추할 수 있다.
● Whatever you may say, I **won't** do it. 네가 무슨 말을 해도 그것을 안 하겠어.
● He **wouldn't** take any money. 그는 돈을 받으려 하지 않았다. 〈과거의 고집〉

번역 우리 부장은 고집이 너무 세서 내 충고를 들으려 하지 않았다.

16.
해설 '조동사 + 완료'는 과거 사실에 대한 추측·후회·유감·원망의 뜻을 나타낸다.
문제에서 'lucky'라는 말로 유추해 보면 그는 죽지 않았다. 그러므로 과거의 가능성을 나타내는 (A)가 빈 칸에 적합하다. (B)의 과거 사실에 대한 확실한 추측을 나타내는 'must + 완료'는 '그가 죽었음에 틀림없다'는 말이 되어 'lucky'라는 단어와 모순되므로 옳지 않다. 더욱이 '그가 죽었다'라고 단정한 (C)(D)도 옳지 않다.

번역 그 젊은이는 다행이었다. 그는 죽을 뻔했다.

17.
어휘 **require** ~하라고 요구하다(demand) **be required to** ~해야만 하다 **return** 되돌려 주다 **cut in half** 반으로 자르다 **for security** 안전을 위해서 **before doing so = before returning your credit card**

해설 'for security(안전을 위해서)'라는 말을 미루어 보면 당연히 반으로 잘라야 한다는 것을 유추할 수 있다. 그러므로 '당연성 또는 의무'를 나타내는 조동사 'should'가 쓰여야 하며 타동사 'cut'의 의미상 목적어가 'it(= your credit card)'이므로 수동이 되어야 옳다.

번역 신용카드를 반환하시기를 바랍니다만 반환하시기 전에 안전을 위해서 반으로 잘라 주셔야 합니다.

18.
어휘 trap ~에 갇히다, 가두어두다(hold); 덫으로 잡다; 덫, 올가미; 속임수, 계략   burn (불)타다   get out 빠져 나오다   by+-ing ~함으로써

해설 'capable'은 '~을 할 수 있는'의 뜻이지만 부정사와 함께 쓰이지 않고 'of'와 함께 쓰이므로 빈 칸에 적합하지 않다. 문제에 'were'가 있으므로 (C)(D)의 조동사는 빈 칸에 옳지 않다.
어느 한 순간의 특별한 능력(a particular ability)을 발휘하여 무엇을 실제로 달성했을 때 'was able to' 또는 'managed to'가 쓰인다.

● He **was able to / managed to** escape by climbing onto the roof.   그는 지붕 위로 올라가서 탈출할 수 있었다.

번역 그의 모든 가족은 불타는 자동차 안에 갇히게 되었지만 유리창을 부수고 빠져 나올 수 있었다.

19.
어휘 a lot of 많은   recommend ~을 권하다(advise), 권장하다; 추천하다   high in ~의 함유량이 많은

해설 'recommend(권하다)와 같은 동사의 종속절에 'you (should) eat'와 같이 미국 영어에서 'should'를 생략하고 동사의 원형을 쓴다. 〈79쪽 ❸번 참조〉
'when you begin to get sick'와 같은 시간 부사절은 미래를 현재 동사로 한다.

번역 몸이 아프기 시작하면 비타민 C가 많이 함유된 과일을 먹도록 많은 의사들이 권유한다.

20.
어휘 require 요구하다(demand), 필요로 하다; (법 · 규칙 등이) ~하도록 명령하다   be required to ~해야만 하다   staff (학교 · 회사의) 직원; (군대의) 참모   attend 참석하다; 시중들다; 주의하다; 보살피다   outing 소풍, 야유회   schedule 일정; 시간표; (보통 be scheduled to do / for + 명사) ~하기로 예정되어 있다

해설 'require(요구하다, 규정하다)와 같은 동사의 종속절에 'all staff (should) attend'와 같이 '요구 · 주장 · 명령 · 제안' 등을 나타내는 동사의 종속절에 should가 오지만 미국 영어에서는 should를 생략하고 동사의 원형이 쓰인다.

<u>staff</u> <u>attend</u> <u>the company spring outing</u> (which is) scheduled for
  S   V   O   └─── ~으로 예정된(춘계 야유회) (형용사절)

➡ 관계대명사 절이 수동 · 진행형인 경우 'who / which + be'를 생략하면 분사가 명사를 수식하는 형용사구가 된다. 즉, 분사가 형용사처럼 명사를 수식한다.

번역 모든 직원들은 4월 20~21일로 예정된 바닷가에서 있을 회사 봄 야유회에 참석이 요구됩니다.

21.
어휘 accordance 조화, 일치   in accordance with ~에 따라서, ~과 일치하여   policy 방침, 정책; 경영, 관리   recommend ~을 권하다(advise), 권장하다; 추천하다   valuable (pl.) 귀중품(보석 · 귀금속 등); 귀중한, 소중한   spare 여분의, 남아돌아가는   deposit (돈 등을) 맡기다; (은행에) 입금하다; 예금; 예치금, 적립금, 계약금   reception 접수구; 환영회   receive 받다; 맞아들이다   leave 남기다; (책임 · 결정을) ~에게 맡기다; ~한 상태로 놓아두다; 떠나다(go away)

해설 동사 'deposit'의 목적어 'valuables and spare cash'가 동사 앞에 있다는 것은 수동관계를 의미한다. 또한 'recommend ~을 권하다(advise)'와 같이 '권유 · 주장 · 명령 · 요구 · 제안' 등을 나타내는 동사의 종속절에서는 should를 생략하고 동사의 원형이 쓰인다.

… **recommended** … that cash (**should**) be … and (**valuables and spare cash**) (**should**) not (**be**) left …

➡ 반복되는 어구 생략

번역 우리 호텔 방침에 따라 귀중품과 여분의 현금을 접수구에 맡기시고 객실에 남겨두지 않도록 권합니다.

22.
어휘 forward (편지 · 메일 등을) 보내다(send); 나아가게 하다, 진척시키다   demand 요구하다(require), (명령조로) 강력히 요청하다; 요구; 수요   attend 참석하다; 시중들다; 주의하다; 보살피다   attendance 출석; 참석자수; 시중   attendant 시중드는 사람, 수행원; 따라 다니는, 부수적인   attend to (환자 등을) 간호하다, 돌보다; 처리하다(deal with); 시중들다 (➡ **attend**(~에 참석하다) / **marry**(~와 결혼하다) / **approach**(~에게 접근하다, 다가오다) / **greet**(~에게 인사하다) / **discuss**(~에 관해서 토의하다) 등은 전치사를 필요로 하지 않는 완전 타동사이므로 주의해야 한다.)

해설 동사의 정확한 의미와 'demand' 동사의 어법을 알아보는 문제이다.
우리말로 '~에 참석하다'하면 전치사 'to'를 생각하게 된다. 그러나 'attend'는 전치사 없이 사용되는 완전 타동사이다. 동사 'demand'와 같이 '요구 · 주장 · 명령 · 제안' 등을 나타내는 동사의 종속절에 should가 오지만 미국 영어에서는 should를 생략하고 동사원형이 쓰인다.

번역 부장은 자기 부서 전 직원에게 월요일 회의에 참석할 것을 요구하는 메일을 보냈다.

23.
어휘 **serve** (음식을) 차려 내다; 봉사하다 **reverse** 뒤집다, 바꾸다 **order** 순서

해설 '아무런 생각 없이 남자아이들에게 먼저 주고, 그 다음에 여자아이들에게 주었다'라고 했다. '아무런 생각 없이(without thinking)'라는 말을 유추해볼 때 '과거에 한 행동에 후회 또는 유감'을 나타내는 (B)의 'should have reversed'가 빈 칸에 적합하다.

번역 무심코 나는 먼저 남자아이들에게 주고 그리고 나서 여자아이들에게 주었다. 그 순서를 바꾸었어야 했는데.

24.
어휘 **entirely** 아주, 완전히 **possibility** 가능성 **earthquake** 지진 **dine out** 외식하다 **rule out** ~을 배제하다(exclude), 제외시키다(eliminate) **turn out** 쫓아내다; 결국 ~임이 드러나다 **let out** (공기 등을) 빠지게 하다; (비밀 등을) 누설하다

해설 조동사의 의미와 동사구의 의미를 알아보는 문제이다.
'mustn't'는 '강한 금지'; 'cannot'은 '가능성의 부정'; 'may not'은 '추측 또는 가능성의 부정'; 'won't'는 '고집 또는 거절'을 나타낸다. (C)의 'may not'이 첫 번째 빈 칸에 적합할 수 있지만 동사의 뜻이 적합하지 않다.

번역 이 나라에서 지진이 일어날 가능성을 완전히 배제할 수는 없다.

25.
어휘 **manager** (각 부서의) 책임자, 지배인, 경영자 **division** 부(部) **divide** (보통 배분 등을 목적으로) 나누다, 분할하다; 사이를 갈라놓다 **run** (어떤 상태가) 되다, ~이 돼버리다 **run late** 지각하다 **because of ~** 때문에 **traffic** 교통의 **congestion** 혼잡, 과잉, 밀집 **arrive soon** 곧 도착하다 **late** 늦은, 지각한; 작고한, 고(故); 말기의; 최근의; 늦게

해설 조동사의 의미와 불완전 자동사 쓰임을 알아보는 문제이다.
'~일지도 모른다'는 '가능성'을 조동사 'may, might, could'가 나타낸다. 'should'는 '앞으로 일어날 일을 합리적으로 예측'하는 경우에 쓰인다. 그러나 불완전 자동사 'run (어떤 상태가) 되다'의 보어로 쓰일 수 있는 것은 'late' 밖에 없다.

번역 교통 혼잡 때문에 부장은 늦고 있지만 곧 도착할 것이다.

26.
어휘 **would rather ~ than** ~보다는 차라리 ~하고 싶다 **rather** 오히려, 어느 쪽인가 하면, 그보다는 …한 쪽이 낫다; 다소, 패, 상당히 **miserable** 비참한

해설 (A)의 'prefer'는 비교급에 쓰이지만 동명사 또는 부정사를 목적어로 하기 때문에 빈 칸에 적합하지 않다. (B)의 'ought'는 부정사와 함께 쓰이고 비교급에 쓰이지 않는다. (D)의 'wish'는 부정사와 함께 쓰이므로 빈 칸에 적합하지 않다. (C)의 'would'는 소망을 나타내는 것으로 'wish to'와 같은 뜻이다. 첫 번째 'and'는 'work hard and become rich'를 연결하고, 두 번째 'and'는 'rich and miserable'을 연결한다.

번역 열심히 일을 해서 부자가 되고 비참해지는 것보다는 차라리 행복해지고 즐거운 시간을 갖고 싶어.

27.
어휘 **passenger** 여객, 승객; 탑승객 **reconfirm** 재확인하다 **confirm** 확인하다; ~이 사실임을 입증하다 **reservation** 보류; 예약 **reserve** 예약하다; 지정하다; 떼어 두다, 남겨 두다 **at least** 적어도 **in advance** 미리, 앞서서, 사전에; 선금으로 **advance** 진보; 승진; 선금; (앞으로) 나아가게 하다; 승진시키다; 승진하다 **contact** (전화나 서신으로) 연락하다; 접촉하다, 만나다; 고객과의 접촉; 교제, 연락 **forward** (편지·메일 등을) 보내다; 나아가게 하다, 진척시키다

해설 승객들이 예약을 확인하기 위해 전화(call)를 하거나 연락(contact)을 하는 것은 당연히 해야만 한다. 이와 같이 당연성 또는 의무를 나타낼 때 조동사 'should'가 쓰인다.
(A)의 'had better'는 의무감을 주는 표현이므로 고객들에게 사용할 수 없다. 부모가 자식에게 또는 선생님이 학생들에게 사용할 수 있는 표현이다. 자기보다 연장자에게 사용해서는 안 된다. (D)의 'ought'는 부정사와 함께 쓰이므로 빈 칸에 적합하지 않다.

번역 예약을 재확인하기 위해 승객들은 적어도 3일전에 미리 항공사에 전화를 해야만 합니다.

28.
어휘 **yet** 그럼에도 불구하고(nevertheless); (부정문에서) 아직 **would** (강한 소망을 나타내어) ~하고 싶은(wish to) **cling to** ~을 꽉 잡다, 집착하다 **desperately** 필사적으로 **think nothing of** ~을 대수롭지 않게 생각하다 **waste** 낭비하다; 낭비; (pl.) 쓰레기

해설 'desperately'는 '필사적으로'라는 뜻으로 '적극적으로 삶에 집착하려 한다'는 문맥을 유추할 수 있으므로 '강한 소망'을 나타내는 조동사가 빈 칸에 적합하다.

① it is more (than money) – it is life:
  i) 대명사 'it'은 'time'을 가리키고, 'more' 다음에 'than money'가 생략된 것이다. 생략된 부분을 이해할 수 있다면 보다 쉽게 의미 파악을 할 수 있을 것이다.
  ii) 댓쉬(dash)는 'it is more than money'를 부연 설명하기 위하여 쓰인 것이다.

② many who would cling desperately to life think nothing of wasting time
   S   필사적으로 삶에 집착하려는   V   O

[번역] 시간은 돈이라고들 흔히 말한다. 그러나 시간은 돈보다 더 중요한 것이다. 다시 말해서 시간은 생명인 것이다. 그럼에도 불구하고 필사적으로 삶에 집착하려 하는 많은 사람들이 시간 낭비를 대수롭지 않게 생각한다.

29.

[어휘] require 요구하다(demand), 필요로 하다; (법·규칙 등이) ~하도록 명령하다   access 접근, 면회; 접근 방법; 이용   give access to ~에의 출입을 허용하다   disabled 불구가 된   the disabled 신체장애자들 (➡ the + 형용사·과거분사 = 복수명사)   go further 더 많이 적용되다, 확대 적용되다   goods 시설물, 도구; 상품   offer (자진해서) 제공하다; 제출하다

[해설] 'require ~을 요구하다'와 같이 '요구·권유·주장·명령·제안' 등을 나타내는 동사의 종속절에서는 should를 생략하고 동사의 원형이 쓰인다. 'give easy / good access to'는 '~에 쉽게 이를 수 있다(be able to reach another place easily)'라는 뜻으로 'easy'는 동사를 수식하는 것이 아니라 명사 'access'를 수식한다. 'to use'의 목적어 'Goods and services'를 강조하기 위해 주어자리로 이동한 것이다. 〈117쪽 부정사 ⑥ 참조〉

Goods and services offered within those buildings be easy for disabled people to use
      S   건물 내에서 제공되는   V   C   부정사의 의미상 주어

[번역] 법에서는 공공건물은 신체장애자들이 쉽게 접근할 수 있도록 요구하고 있다. 하지만 법은 그보다 더 많이 적용된다. 건물 내에 제공되는 여러 가지 시설물과 서비스를 장애인들이 사용하기에 용이해야만 한다.

30.

[어휘] receptionist (호텔·병원 등의) 접수 계원   startle 깜짝 놀라게 하다   nun 수녀   storm (화가 나서 또는 난폭하게) 뛰어 나가다   examining room 진찰실   turn up 나타나다   happen (일·사건 등이) 일어나다   examine 진찰하다   pregnant 임신한   exclaim 큰 소리로 말하다   reply 응답하다   cure 치료하다   hiccup (보통 pl.) 딸꾹질

[해설] 추측(Prediction)을 나타내는 표현을 알아보는 문제이다.
'~임에 틀림없다'라는 뜻으로 확실한 추측을 나타낼 때는 'must be', '~일 리가 없다'는 뜻의 확실한 부정을 나타낼 때는 'cannot be'가 쓰이고, '~일지도 모른다'라는 뜻으로 반 정도의 가능성을 나타낼 때는 'may be'가 쓰인다. 문장에서 '수녀가 임신을 할 리가 없다'고 확실한 가능성을 나타내야 하므로 (B)가 빈 칸에 적합한 것이다.

[번역] 한 수녀가 진찰실로부터 씩씩거리며 뛰쳐나와 돈도 지불하지 않고 떠났을 때 병원의 수납 계원은 깜짝 놀랐다. 의사가 나타나자 그녀는 무슨 일이 있었는가 물었다. "글쎄 말이야, 수녀를 진찰하고 그녀가 임신을 했다고 말했지." "선생님! 그럴리 없어요."라고 수납 계원은 외쳤다. "물론 아니지, 그러나 그것 때문에 수녀의 딸꾹질을 확실히 고쳤지."라고 그는 응답했다.

LESSON 05 시제

01. (C)	02. (B)	03. (D)	04. (B)	05. (A)	06. (A)	07. (C)	08. (B)	09. (C)	10. (D)
11. (D)	12. (C)	13. (C)	14. (D)	15. (B)	16. (C)	17. (B)	18. (B)	19. (C)	20. (D)
21. (B)	22. (A)	23. (C)	24. (D)	25. (B)	26. (A)	27. (C)	28. (C)	29. (D)	30. (C)
31. (B)	32. (D)	33. (B)	34. (B)	35. (A)					

01.

해설 (A) 'remember/ask/know/not sure if ... (~인지를 기억하다/물어보다/알다/모르다)'와 같이 목적어로 쓰인 명사절의 미래는 조동사를 사용하므로, 'it rains → it will rain'; 그러나 시간·조건 부사절의 미래는 현재 동사로 하므로 'it will do → it does' 와 같이 고쳐야 한다.
(B) 과거를 나타내는 부사 'ago'는 완료 시제에 쓰이지 않는다. 'have finished' → 'finished'
(C) 'resemble' 동사가 'more and more'와 함께 쓰일 때는 진행형이 가능하다.
(D) 대등 접속사로 연결된 문장에서는 동일 시제가 되어야 한다. 'didn't' → 'hasn't (seen a lion)'

번역 (A) 비가 올지 난 모르겠지만 비가 온다면 난 안에 있을 거야.   (B) 난 숙제를 30분전에 끝마쳤어.
(C) Bob은 점점 자기 엄마를 닮아 가고 있다.   (D) 난 사자를 본 적이 있지만 엄마는 본 적이 없다.

02.

어휘 mother-in-law 장모   pass away 죽다(die)   no sooner ... than ~하자마자(as soon as)   go red 얼굴이 붉어지다   flushed 홍조를 띤; (기쁨 등으로) 흥분한

해설 (A) = She died two years ago. = Two years have passed since she died.
'since(~한 이래)'가 있는 주절은 완료형의 동사; 'for two years'와 같이 기간을 나타내는 부사구는 완료시제와 함께 쓰인다. '죽다'라는 동사 'die'는 완료시제가 없다. 죽는다는 것은 심장이 멈추는 순간이기 때문에 과거시제만 쓰인다. 그러나 형용사 'dead'는 '죽은 상태'를 나타내므로 완료 시제가 쓰일 수 있다. 진행형은 죽은 것이 아니다. 또한 과장해서 비유법으로 쓰인다.
- **I'm dying for** a cigarette.   담배 피우고 싶어 죽겠어.
- **I'm dying to** hear what happened.   원 일이 있었는지 몹시 듣고 싶어.

(B) 문제에서 부사로 쓰인 'no'는 'not~at all(전혀 ~이 아닌)'의 뜻으로 'sooner'를 완전 부정하여 '얼굴이 붉어진 것보다 결코 그녀를 더 먼저 본 것이 아니다'라는 뜻으로 '얼굴이 붉어진 것과 그녀를 본 것'이 동시 동작으로 해석된다. 그리고 문장 전환을 할 때 동등 비교(as soon as)이기 때문에 'As soon as the boy **saw** her, he **became** flushed.'처럼 주절과 종속절의 시제는 동일한 과거로 쓰인다. 또한 'no sooner'와 같은 부정어로 시작하는 글은 주어·동사가 도치된다.
(C) 'had hoped/expected + 부정사'는 to부정사의 뜻을 이루지 못한 것을 나타낸다.
(D) '현재완료 결과'로 '잃어버린 자전거를 지금까지 찾지 못했다'는 뜻을 지니고 있다.

번역 (A) 그의 장모가 죽은지 2년이 되었다.   (B) 그 소년은 그녀를 보자마자 얼굴이 붉어졌다.
(C) 영국에 가고 싶었지만 갈 수 없었다.   (D) 나의 아들은 자전거를 잃어버렸다.

03.

해설 'I'm sorry'는 상대방의 제안을 거절(refusal)할 때 쓰인다. 그러므로 갈 수 없는 이유로 'now(지금)' 때문에 (D)의 현재 진행형이 빈 칸에 적합하다.

번역 A: 와서 술 한 잔해요.   B: 미안하지만 일하는 중이라 지금 갈 수가 없어요.

04.

해설 상대방에게 '건강이 지금 어떠한가?(How do you feel now?/How are you feeling now?)' 또는 '지금 건강이 괜찮아요?'라고 물어볼 때 현재 또는 'Are you feeling all right/okay?(지금은 괜찮아요?)'와 같이 진행형이 쓰인다. (A)는 의문문의 어순이 잘못 되었고, (C)는 의문문이므로 조동사 'do'가 필요하다. (D)의 과거 시제는 'now'와 쓰이지 않기 때문에 빈 칸에 적합하지 않다.

번역 A: 지금 몸이 어때요?   B: 전보다 훨씬 좋아요.(= (I'm feeling) Much better ...)

05.

해설 생일 파티에 오라는 제의를 받았을 때 순간적으로 결정(a sudden decision)을 하게 된다. 이와 같이 즉석 제의에 순간적인 응답을 할 때는 'be going to'가 아닌 'will'의 축약형 ''ll'이 쓰인다. (B)와 같이 'be going to'를 사용하면 초대받기 전에 나의 부인을 데 려오기로 결정했다는 의미가 되므로 옳지 않다.

● That bag looks heavy. I'll help you with it. 가방이 무거워 보이는군요. 내가 도와 드리지요. 〈순간적으로 결정한 제안〉

[번역] A: 내 생일 파티에 오세요.　　　　　　　　　　　B: 좋아요. 내 부인도 함께 갈게요.

06.
[해설] 'this week, this evening, today' 와 같은 현재와 관련된 부사와 함께 일정한 기간에 일어나는 일에 대해서 말할 때 현재진행형이 쓰인다.

　　eg. A: You're working hard today. 오늘 열심히 일을 하시는군요.
　　　　B: Yes, I have a lot to do. 예. 할 일이 많습니다.

[번역] A: 줄리가 이번 주에 근무합니까?　　　　　　　B: 아뇨, 그녀는 지금 휴가 중입니다.

07.
[어휘] **package** 짐, 소포, 꾸러미　**let/leave sb/sth alone** (보통 명령법에서) 상관하지 않고 그대로 내버려두다, 간섭하지 않다　**manage** ('can, could, be able to' 와 함께 쓰여) (어려운 일을) 해내다: 먹을 수 있다(eat); ~할 시간이 있다(have time for)

[해설] 상대방의 제의에 응답하는 표현을 알아보는 문제이다.
　　'도와 드릴까요' 라는 상대방의 제의에 (A) '나 좀 내버려둬', (B) '내 짐에 손대지 마', (D) '필요 없어요' 는 상대방을 당황케 하는 예의 바르지 못한 표현이므로 빈 칸에 적합하지 않다. 비록 상대방의 도움이 필요 없더라도 (C)와 같이 말하는 것이 예의바른 표현이다.

[번역] A: 그 짐들을 도와 드릴까요?　　　　　　　　　　B: 됐습니다. 내가 할 수 있어요.

08.
[해설] 동사 'come' 과 'go' 의 뜻을 알아보는 문제이다. 〈해설 11쪽 6번 참조〉
　　진행형 (I'm) Coming!' 은 '지금 곧 행동으로 옮긴다.' 는 뜻으로 '전화를 받으러 갈 때; 현관 벨소리에; 식사하라고 부르는 소리에' 응답할 때 쓰인다.

[번역] A: 존! 전화 왔어요!　　　　　　　　　　　　　　B: 지금 곧 갑니다!

09.
[어휘] **expect** ~가 올 것이라고 믿다 / 생각하다　'should' 는 추측 또는 가능성을 나타냄　**no later than** ~까지(by)　**be expecting (a baby/child)** 임신하다　**any moment now** 곧

● How soon **is** she **expected** back? 그녀가 언제 돌아올 것 같아요?
● When **is** he **expected** to be back? 그가 언제 돌아올 것 같아요?

[번역] A: 그녀가 몇 시에 돌아올 것 같아요?
　　B: (A) 3시까지는 돌아올 거예요.　　　　　　　　(B) 확실히 모르지만 5분 있으면 돌아올 겁니다.
　　　 (C) 그녀는 또 임신했다.　　　　　　　　　　　(D) 곧 돌아옵니다.

10.
[어휘] **sunny-side up** 태양이 솟아 있는 모양의 계란 후라이

[해설] '커피를 어떻게 해 드릴까요?' 라는 물음에 (A)(B)(C)와 같이 응답하면 된다. (D)는 '계란을 어떻게 해드릴까요?(How would you like your egg?)' 라는 물음에 대한 응답이다.

[번역] A: 커피를 어떻게 해 드릴까요?
　　B: (A) 주는 대로(어떻게 해주든) 먹겠어요.　　　　(B) 저는 크림만 넣어 주세요.
　　　 (C) 진한 블랙으로 주세요.　　　　　　　　　　(D) 한 쪽만 익혀 주세요.

11.
[해설] 'he's just come back(방금 막 들어왔다)' 는 말로 보아 앞선 동작은 단순 과거(went)가 쓰여야 한다. 완료 시제가 쓰이면 '지금도 돌아오지 않았다' 는 뜻이 되므로 (A)(B)(C)는 문맥에 맞지 않는다.

[번역] 그는 점심 먹으러 나갔다가 지금 막 들어왔다.

12.
[해설] '(It's) About time + 주어 + 과거 동사' 또는 '(It's) About time + 주어 + should' 의 구문은 적절한(proper), 알맞은(appropriate) 때, 또는 제때(right time)가 된 것을 나타낸다. '어떤 사람에게 ~을 하라고 말하다' 라고 할 때 'have / get + 목적어 + 과거분사' 의 구문이 쓰인다. 이 때 'get' 와 'have' 중 어느 것을 사용하던지 의미상의 차이는 거의 없다.

● **About time** you **should** get your hair cut.

[번역] 머리 깎을 때가 됐군. 네 머리가 이제 귀를 덮고 있어.

13.
[어휘] **used to** ~하곤 했다 〈과거의 규칙적인 습관〉 **be used to + -ing** ~에 익숙하다 **not any more** 더 이상 …하지 않는(no longer)

[해설] '지금은 더 이상 담배를 피우지 않는다(I don't (smoke) any more)'고 말하는 것으로 보아 '전에는 담배를 피웠다(I smoked regularly in the past)'는 (C)의 표현이 빈 칸에 적합하다. (B)는 'was used to smoking'으로 해야 옳다.

[번역] 전에는 담배를 많이 피우곤 했지만 더 이상 피우지 않는다.

14.
[어휘] **average** 평균의, 보통의; 평균하다; 평균치, 보통 수준; 표준 **earning** (pl.) 소득, 수입 **earn** (일해서) 돈을 벌다(get money by working); (명성 등을) 획득하다 **go up** 상승하다(rise) **over** ~에 걸쳐, ~동안 죽

[해설] 소득이 한 순간에 오른 것이 아니라 '지난 6개월에 걸쳐 상승했다'라는 말이므로 빈 칸에 알맞은 동사의 형태는 기간을 나타내는 완료 시제가 쓰여야 한다.

[번역] 지난 6개월 동안 평균 소득이 30% 정도 상승했다.

15.
[해설] 빈도 부사 'once or twice a week(일주일에 한두 번)'는 현재 시제와 함께 쓰여 반복적인 습관을 나타내고, 빈도 부사(usually)의 위치는 동사 앞이다. '~하러 가다'라고 할 때 'go -ing'형이 쓰인다. *eg.* go shopping / driving / mushroom-hunting 쇼핑 / 드라이브 / 버섯 따러 가다

[번역] 나는 보통 일주일에 한두 번 내 여자 친구와 수영하러 간다.

16.
[어휘] **recognize** (전에 보았거나 들었던 것을) 알아보다 **at once** 즉시

[해설] 과거완료 용법을 알아보는 문제이다.
키 큰 남자를 알아본 것은 과거(recognized)이고, 그 전에 만나본 적이 있기 때문에 빈 칸에 과거완료 'had seen'이 되어야 한다.

[번역] 전에 그를 본적이 있기 때문에 키 큰 남자를 즉시 알아보았다.

17.
[어휘] **up to** (어떤 일의 결정이) ~에게 달려 있는, ~의 책임인, ~에게 맡겨져; (보통 의문·부정문에서) ~할 능력이 있는, ~에 알맞은 **do the asking** 데이트를 신청하다 **ask out** 데이트 신청하다 **discouraged** 낙담한, 풀이 죽은 **date** 데이트(의 약속), 데이트 상대자

- It's **up to** you. 결정은 네 맘대로야. / 너에게 달려 있어.
  = It's your decision. = It's for you to decide. = You must decide.
- Everything is **up to** you. 모든 것은 당신에게 달려 있어요.
- I'm not **up to** drinking tonight. 난 오늘밤 술을 못 마시겠어요.

[해설] 관용적 표현과 과거와 현재를 연결해 주는 현재완료를 알아보는 문제이다.
'over six months'와 같이 기간을 나타내는 부사구('for ~동안', 'since ~이래', 'so far 지금까지(up to the present)')는 완료 시제와 함께 쓰인다. 과거를 기준으로 한 16)번 문제와는 달리, 17)번 문제는 주절 동사가 'is getting'과 같이 현재를 기준으로 하기 때문에 빈 칸에 현재완료가 필요하다. (A)의 'able'은 사람을 주어로 하므로 첫 번째 빈 칸에 적합하지 않다. '낙담하고 있다(very discouraged)'는 말을 유추해볼 때 (B)와 같이 부정 'hasn't had'가 두 번째 빈 칸에 적합하다.

[번역] 요즘은 데이트를 신청하는 것이 여자들에게 달려 있습니까? 나의 딸은 6개월 동안 데이트 한 번 못해 본 탓에 매우 낙담하고 있습니다.

18.
[어휘] **forget** 잊다, 망각하다 **don't forget to** 꼭 …하다(be sure to) **hand in** 제출하다(give, submit)

[해설] 시간·조건 부사절의 미래는 현재 동사로 한다.

[번역] 퇴근 전 모든 보고서를 꼭 제출하기 바랍니다.

19.
[어휘] **since** (주절은 완료형의 동사와 함께) ~이래; (이유를 나타내어) ~이므로, ~한 까닭에; ~이래, ~부터 내내, ~이후; 그 후, 그 이래 **since then** 그 때 이래, 그 때부터 **get in touch with** ~와 접촉하다 **out of sight, out of mind** 안보면 멀어진다 **evidently** 분명히, 명백히

[해설] 'since'는 '~한 이래, ~한 후 지금까지(from then until now)'의 뜻으로 현재 완료와 함께 쓰여 '계속 또는 경험'을 나타낸다.

■ 번역) 내가 이사 간 이래 나의 옛날 친구들과 연락이 없어. 안보면 멀어진다는 말은 분명해.

20.

■ 어휘) **outstanding** 두드러진, 뛰어난(excellent), 월등하게 뛰어나 눈에 띄는(easily noticed) **manufacturing** 제조업의 **manufacture** (공장에서 대규모로) 제조하다; 제조 **creativity** 창조성, 독창력 **create** 창작·창조하다; ~을 야기하다(cause); 고안하다 **creative** 창조적인; 독창적인 **creatively** 창조적으로, 독창적으로 **creator** 창조자; 창작가; 고안자 **creature** 창조물; 생물, 동물

■ 해설) 종속절이 'since(~한 이래, ~한 후 지금까지)'로 시작될 때 주절은 현재 완료가 쓰인다. 두 번째 빈 칸에는 형용사의 수식을 받는 명사가 필요하다. 어휘 설명 참조.

■ 번역) 그의 아들은 제조업 회사에 입사 이래 뛰어난 독창력을 보여주고 있다.

21.

■ 어휘) **reduce** 감소하다, 줄어들다; (비용·체중·생산·크기 등을) 줄이다(lessen, lower) **reduction** 감소, 절감, (값을) 내림 **cost-reduction** 비용 절감 **consumption** 소비 **consume** 소비하다; 다 마셔 / 먹어 버리다 **consumer** 소비자 **under** (작업·고려) 중인; ~의 바로 밑에; (수량·나이 등이) ~미만의 **under discussion** 토론 중(being talked about) *cf.* **under warranty** 보증 기간 중인

■ 해설) 주어와 동사의 수(數)일치, 시제 및 전치사의 의미를 알아보는 문제이다.
주어는 'tax'가 아니라 'plans'라는 것에 주의해야 한다. 지금(now)을 기준으로 일주일 동안(for a week)이라는 기간이 있으므로 현재완료가 되어야 한다.

New government plans for reducing the consumption tax have been under discussion ...
‾‾‾‾‾‾‾‾‾‾‾‾‾‾‾‾‾‾‾‾   ↑‾‾‾‾‾‾‾‾‾‾‾‾‾‾‾‾‾‾‾‾‾‾‾‾‾‾‾‾ ‾‾‾‾‾‾‾‾ ‾‾‾‾‾‾‾‾‾‾‾‾‾‾‾‾
 S   소비세를 줄이려는(형용사구)   V   C

■ 번역) 소비세를 줄이려는 정부의 새로운 계획이 지금 일주일 동안 토론 중에 있다.

22.

■ 어휘) **technique** (어떤 일을 하는 특정한) 방법; 솜씨; (예술·스포츠 등의) 기법, 연주법 **detect** (좋지 않은 것을) 발견하다; 알아채다, 간파하다 **error** 실수, 틀림; 잘못된 생각 **manufacturing** 제조(업)의 **process** 과정 **replace** ~을 대신하다(take the place of)

■ 해설) 현재 진행 수동의 시제를 알아보는 문제이다.
'currently(현재(at the present time), 지금)'의 뜻으로 보면, (D)는 과거 시제이므로 빈 칸에 적합하지 않다. 동사가 필요한 빈 칸에 (B)와 같은 분사는 적합하지 않다. (C)에서 'currently'가 과거분사 앞에 오고, 'are'가 'is'로 바뀌면 정답으로 가능하다. (A)의 현재진행수동 형태가 정답으로 가장 적합하다. 지금 '대체되고 있다'는 '진행'을 강조하기 위해 진행 조동사 'being' 앞에 'currently'가 있는 것이다.

동사구조: [is being 〈진행〉 + be placed 〈수동〉] ⋯ is being placed 〈현재진행수동〉

eg. Two major changes are **currently** being considered. 두 주요한 변화를 지금 고려중에 있다.

■ 번역) 제조과정에서 실수를 탐지하는 옛날 방법이 새로운 방법으로 현재 대체되고 있다.

23.

■ 어휘) **mall** (다양한 종류의 상점들이 몰려있는) 상점가(shopping mall) **decrease** 줄다, 감소하다; (힘 등이) 쇠약해지다; ~을 감소시키다; 감소 **rapidly** 빠르게, 재빨리, 신속히 **rapid** (속도가) 빠른, 신속한; 민첩한 **slow** 침체한, 활기가 없는, 불경기의; (속도가) 느린; (시계가) 늦게 가는, 둔한, 이해가 늦은 **season** 계절; 철; 한창 때, 한물; ~에 맛을 내다, 양념을 하다; 적응시키다, 길들이다 **seasoned** 양념한; 길든, 경험이 많은, 노련한 **enhance** 향상하다, (가치·질·능력·매력 등을) 높이다; 늘리다, 더하다 **increase** 늘리다, 증가하다 ↔ **decrease** 감소하다(diminish) **go up** 올라가다(rise) ↔ **go down** (값이) 내려가다(fall), 하락하다

■ 해설) 'be' 동사 다음에 '진행형(be + -ing)·수동형(be + p.p.)'이 쓰인다. 두 가지 형태가 가능하지만 '비수기(slow season)와 함께 판매가 향상, 증가 된다'는 (A)(B)(D)는 의미상 빈 칸에 적합하지 않다.

■ 번역) 비수기 시작과 함께 쇼핑몰에 판매가 급속히 떨어지고 있다.

24.

■ 어휘) **property** 특성, 속성 **moderate** 적당한 **recognize** 인정하다 **excessive** 지나친, 과도한, 무절제한 **curse** 저주, 재앙, 재난

■ 해설) 과거와 현재를 연결해 주는 현재완료의 의미를 알아보는 문제이다.
'몇 백 년 동안' '포도주의 특성'이 인정되고 있기 때문에 기간을 나타내는 완료가 쓰인다. (B)(C)에서는 타동사 'recognize'의 목적어가 없어 옳지 못하다. 'health-giving properties'가 'recognize'의 의미상 목적어이기 때문에 (A)(D)와 같이 수동이 되어야 한다. 주어는 'moderate wine drinking'이 아니라 'health-giving properties'이기 때문에 (D)가 빈 칸에 적합하다.

■ 번역) 알맞게 포도주를 마시면 건강을 준다는 특성이 수백 년 동안 인정되어 왔다. 하지만 과음은 인간사회에 해독(害毒)이 된다.

25.
어휘 hijack (비행기 등을) 공중 납치하다　terrorist 폭력주의자　blow up 폭파하다

해설 'blow up'은 자동사 '폭발하다(explode)' 및 타동사 '폭발시키다'로 쓰인다. 문제에서 비행기를 납치한 테러리스트들에 의해 폭발된 것으로 유추할 수 있기 때문에 수동이 되어야 한다. (A)는 납치된 것이 과거(was hijacked)인데 폭발된 것이 그보다 앞선 과거완료이기 때문에 정답으로 옳지 않다. 현재 시제는 '습관·진리·사실' 등에 쓰이므로 (C)도 정답이 될 수 없다. (D)에서 동사 'have'는 항상 'have + p.p'의 형태로만 쓰인다. (B)의 'has been blown up'은 현재완료 수동으로 '완전히 폭파된' 결과를 나타낸다.

번역 New York에서 3일전에 테러리스트에 의해 납치된 비행기는 폭파되었다.

26.
어휘 cure (육체적·정신적 질병을) 치료하다; 치료해서 건강을 회복하다; 치료제·법; 치료; (문제의) 해결법　curable 치료할 수 있는, 고칠 수 있는

해설 미래의 어느 주어진 시점 '2050년' 까지의 '감기 치료제를 찾아낼 것이다' 라는 미래 완료 시제가 빈 칸에 적합하다.

번역 2050년까지 과학자들은 감기 치료제를 찾아낼 것이다.

27.
어휘 business 거래, 매매, 장사　undergo 겪다　immense 엄청난　evolution 발전; 진화론　appear 갑자기 나타나다(show up, turn up); ~처럼 보이다　appearance 출현, 출연; 풍채, 용모　*cf.* disappear 사라지다, 자태를 감추다; 없어지다

해설 '선사시대 이전' 이라는 과거를 명백히 나타내는 부사가 있으므로 과거 시제가 필요하다.

번역 거래는 선사 시대 이전에 최초로 등장한 이래로 엄청난 변화를 겪어 왔다.

28.
어휘 cost 비용　go up 상승하다(rise)　take action 조치를 취하다

해설 갑자기 생활비가 10% 정도 올랐다고 생각할 수 없다. 정부가 조치를 취하기 이전부터 몇 개월에 걸쳐 올랐다고 가정할 수 있으므로 완료시제가 쓰이고, 정부가 조치를 취한 것이 과거이므로 빈 칸에는 과거완료시제가 적합하다.

번역 정부가 어떤 조치를 취하기 전에 10% 정도 생활비가 치솟았다.

29.
어휘 hide 숨기다, 감추다　wealth 재산　vineyard 포도밭　search (감추어진 것을) 찾다　bury 묻다　treasure 보물

해설 아들이 생각한 시점(時點)은 과거(thought)이고 아버지가 그 이전에 보물을 포도밭에 묻는 것을 완료했기 때문에 'had buried' 가 정답이 된다. 기준 시점이 현재면 현재완료, 기준 시점이 과거면 과거완료라고 한다.

번역 내 재산을 포도밭에 숨겨 놓았다. 그것을 찾아라. 그것이 내가 너희에게 주어야 하는 모든 것이다. 아들들은 아버지가 포도밭에 보물을 묻어 놓았다고 생각했다.

30.
어휘 long 오랫동안; 길이가 긴; 시간이 오래 걸리는; ~을 하고 싶어 열망하다　establish 입증·증명하다; 확립하다, 설립하다; 제정하다　harm 해치다; 해(害); 손해　harmful 해로운　harmless 무해한; 악의 없는　do the smoking 흡연을 하다　those who do the smoking 흡연자(= smokers)

해설 'long' 은 'for a long time' 의 뜻으로 기간을 나타내므로 완료시제가 쓰여야 하고, 'that' 이하 사실이 입증되었다는 뜻이므로 수동이 되어야 한다. 'that' 이하가 진주어이고, 'it' 은 가주어이다.

번역 흡연이 담배를 피우는 사람의 건강에 해롭다는 사실은 오랫동안 입증되어 왔다.

31.
어휘 initial 처음의; 머리글자　initiate 시작하다(start, begin); 가입시키다　projection 추정(guess), 예상, 계획된 것; 투영　quarterly 분기별　figure (pl.) (구체적인) 양, 숫자, 계산, 모양; 몸매; 중요한 인물; 그림; ~하다고 생각·판단하다; 계산하다　exceed (한도·권한·예상을) 넘다, 초과하다, ~보다 뛰어나다　with a month still remaining 아직 한 달 남았음에도　remain 남다, 남아 있다; 체류하다; ~한 상태로 있다; (pl.); 유물, 유적

해설 'already' 는 '이미, 벌써' 란 뜻으로 긍정문에 쓰이며 '예상보다 빨라 놀라움' 을 나타낸다. 'already' 는 보통 'have' 와 '과거분사' 사이에 온다. (A)는 능동으로 타동사 'exceeded' 의 목적어가 없어 옳지 않다. 주어 'projections' 가 복수인데 동사가 'has' 인 (C)는 옳지 않다.

● "Do you want a coffee?" "No, I've **already** got one thanks."
　"커피 한 잔 할래?" "아냐, 벌써 한 잔 마셨어. 고마워."

번역 아직 한 달 남았음에도 분기별 판매량이 처음 추정을 이미 초과했다.

32.

어휘 **complete** (부여된 일·작업 등을) 끝마치다(finish), ~을 완벽하게 만들다; 전부 갖추다; 완전한, 완벽한, 흠잡을 데 없는 **on schedule** 예정(시간)대로(on time) *cf.* **ahead of** ~보다 먼저(early, in advance) **turn out** 결국 ~임이 드러나다(prove), (결과적으로) ~이 되다 **more difficult than** ~보다 더 어려운 **owner** 임자, 소유주 *cf.* **co-owner** 동업자 **expect** (실현되리라고) 예상하다, (당연한 것으로서) 기대하다; ~올 것이라고 믿다 / 생각하다

해설 과거완료를 알아보는 문제이다.
과거완료는 'had + p.p.'의 형태로, 리모델링을 끝내는 것이 어렵다고 드러난 시점이 과거(turned out)이고, 주인이 리모델링이 끝날 것이라고 예상했던 시점은 그 이전이기 때문에 과거완료가 쓰인 것이다.

번역 예정대로 식당 리모델링을 끝마치는 것은 주인이 생각했던 것보다 더 어려운 것으로 드러났다.

33.

어휘 **industrial** 산업의 **revolution** 혁명 **primary** 제 1차의(first), 근본적인, 기초적인 **source** 근원, 원천; 공급원; 출처; 제공된 자료 **source of energy** 에너지원(energy source) **other than** ~외에(apart from) **human** 사람의, 인간의; 인간적인 **muscle** 근육 **manual** 손의, 손으로 하는, 육체를 쓰는; 소책자; 안내서 **manually** 손으로, 수공으로 **labor** (육체적·정신적으로 고생이 심한) 일, 노동; 수고 **manual labor** 육체노동 **such ... as** ~같은 **coal** 석탄

해설 'since'는 '~한 이래, ~한 후 지금까지(from then until now)'의 뜻으로 현재 완료와 함께 쓰여 '계속성'을 나타낸다. 문제의 주어는 동사 앞에 있는 'labor'가 아니라 'sources'이다.

<u>Since ...</u>, <u>the primary sources of energy</u> , <u>other than ... labor</u> , <u>have been</u> <u>such fossil fuels</u> as
부사구　　　　　　　S　　　　　　　　　　　부사구　　　　　　V　　　　　　C

번역 산업 혁명 이후, 인간의 힘과 손으로 하는 육체노동 외의 1차 에너지원은 석유, 석탄, 천연가스 같은 화석 연료였다.

34.

어휘 **as a result of** ~의 결과로서; 때문에(because of) **result** (행동·사건 때문에 생기는) 결과; 결과로서 일어나다 **effect** 영향; 효과; 결과 **effectively** 효과적으로 **greenhouse effect** 온실 효과(대기 중의 가스층(특히 이산화탄소)이 열의 우주 공간으로의 방사를 막아 온실처럼 지표의 온도가 더워지는 현상을 말한다.) **temperature** 온도, 기온; 체온 **go up** 올라가다(rise), 상승하다 **by 0.5°** = half a degree/(zero) point five degree (→ 'by'는 '정도'를 나타냄) **sea level** 해수면 **level** 높이; 수준, 표준; 평균수준

해설 'go up'은 자동사이므로 수동이 되지 않는다. 세계 기온이 'this century(금세기)' 동안 상승한 것이므로 완료시제가 쓰여야 한다. 'already'는 '이미, 벌써'란 뜻으로 긍정문에 쓰이며 '예상보다 빨라 놀라움'을 나타낸다. 'already'는 보통 'have'와 '과거분사' 사이에 온다.

번역 이런 온실효과의 결과로서 세계의 온도는 금세기에 이미 0.5° 정도 상승했고 해수면은 10cm 상승했다.

35.

어휘 **garlic** 마늘 **onion** 양파 **item** 품목, 항목; (신문 등의) 기사 **mixed review** 엇갈린 평가 **review** 재검토; 복습, 논평 **credit** 신용; 영예; 신용하다; (어떤 좋은 성질·특성 등을) 가지고 있다고 믿다 **benefit** 효능 **have nothing to do with** ~와 무관하다 **taste** 맛 **odor** 냄새 **reduce** 줄이다 **risk** 위험 **stomach** 위 **cancer** 암

해설 불변의 진리·격언·과학적 진술 또는 수학적 진술은 현재시제를 사용한다.
문제에서 과거부터 현재까지의 마늘과 양파의 효능에 대해 언급하고 있다. '한 새로운 연구가 ~을 보여주고 있다'와 같은 과학적 진술은 현재시제가 쓰인다. 목적어 'that'절이 있으므로 (B)의 수동은 옳지 않다. 주어가 3인칭 단수이므로 (D)도 옳지 않다.

① <u>Garlic and onions</u> , <u>food items that have often received ...</u>, <u>have been credited</u>
　　　　S　　　　　　　'Garlic and onions'를 부연 설명　　　　　　　V

② <u>with a benefit that has nothing to do with taste or odor.</u>
　　②번 전체는 동사 'credited'를 수식하는 부사구이며, 'that' 이하는 'benefit'을 수식하는 형용사절

번역 이 나라에서는 종종 엇갈린 평을 받아 오던 식품 품목들인 마늘과 양파가 중국에서는 맛이나 냄새와는 무관한 효능이 있는 것으로 간주되어 왔다. 새로운 한 연구는 마늘과 양파가 위암의 위험을 줄여 준다는 것을 보여주고 있다.

LESSON 06 부정사

01. (B)	02. (A)	03. (B)	04. (B)	05. (C)	06. (A)	07. (B)	08. (B)	09. (A)	10. (B)
11. (B)	12. (D)	13. (A)	14. (B)	15. (B)	16. (C)	17. (C)	18. (A)	19. (A)	20. (B)
21. (D)	22. (B)	23. (A)	24. (C)	25. (A)	26. (C)	27. (B)	28. (C)	29. (D)	30. (B)
31. (C)	32. (D)	33. (C)	34. (A)	35. (C)	36. (A)	37. (D)	38. (C)	39. (D)	40. (D)

01.

어휘 **report** 보도하다 **kidnap** 유괴하다 **do nothing but** 단지 …하다 **complain** 불평하다 **all day** 하루 종일 **lock** (문을) 잠그다 **ability** 능력 **communicate** (소식·생각 등을) 교환하다

해설 (A) 유괴는 어제 된 것이고 보도는 현재 된 것으로 복문으로 하면 'It is reported that Dennis was kidnapped yesterday'와 같다. 즉 주절은 현재이고 종속절이 과거인 복문을 부정사를 사용하여 단문으로 할 경우 완료 부정사를 사용해야 하므로 'to be kidnapped'를 'to have been kidnapped'로 해야 한다.
(C) 'remember + 동명사'는 과거의 일을, 'remember + 부정사'는 미래의 일을 각각 나타낸다. '문을 잠근 것이 확실하다'라고 말했기 때문에 'to lock'를 'locking'으로 해야 한다.
(D) 부정사의 형용사적 용법은 능력 또는 당위성을 나타내므로 문제에서는 능력을 나타내는 부정사(to communicate)로 해야 한다. '~을 할 수 있는 능력'이라고 할 때는 항상 'an ability to do'가 쓰인다. 현재분사는 '~하는'이라는 진행의 뜻을 나타낸다.

번역 (A) 데니스가 어제 유괴되었다고 보도되었다.
(B) 그 부인은 하루 종일 불평만 했다.
(C) 문을 잠근 것이 확실해. 문을 잠근 것을 분명히 기억해.
(D) 그는 사람들과 서로 이야기할 수 있는 능력을 잃었다.

02.

어휘 **break up with** ~와 헤어지다 **go abroad** 해외에 가다 **enable + O + to do** ~에게 (힘·능력·권한 등을) 부여하다, ~할 수 있게 하다 **cultivated** 교양 있는

해설 (A) 주절은 현재이고 종속절은 과거인 경우 단문으로 전환 할 때 종속절은 'Julie seems to have been pretty in her youth.'처럼 완료 부정사가 된다. 그러나 주절과 종속절의 시제가 같은 경우에는 단순 부정사가 된다. 단순 부정사는 본동사와 같은 시제를, 완료 부정사는 본동사보다 먼저 일어난 일을 나타낸다.
◉ It **seems** that Tim **is** idle. ⋯→ Tim seems to be idle. 팀이 게으른 것 같아.
(B) 'difficult, easy, hard, impossible, natural' 등과 같은 형용사는 사람을 주어로 하지 않는다. 그러므로 종속절의 주어 'they'는 부정사의 의미상 주어 'for them'이 된다.
cf. **They** are natural to break up with each other. (X)
(C) = He's **able to** go abroad thanks to his wealth / He's wealthy **enough to** go …
(D) 〈53쪽 목적어가 절인 문장의 수동 참조〉

번역 (A) 줄리는 어렸을 때 예뻤던 것 같아.
(B) 그들이 서로 헤어지는 것은 당연하다.
(C) 그는 부유해서 해외에 갈 수 있다.
(D) 사람들은 메리가 교양 있다고 생각한다.

03.

어휘 **accept** (기꺼이) 받아들이다; 수납하다(honor); 인정하다(agree or approve) **apology** 사과 **apologize** 사과하다(say that one is sorry) **delay** 지연, 지체; 늦추다; 미루다, 연기하다 **forgive** 용서해 주다 **out of one's mind / not be in one's right mind** 제정신이 아닌(lose one's mind), 미친 **get on one's bad side** ~의 신경을 거스르다, ~의 분노를 사다

해설 (B)는 '그런 건 잊어버리세요. 별일 아네요.'라는 뜻으로 상대방의 사과를 받아들이는 한편 그를 안심시킬 때 쓰는 표현이다. 또한 감사의 말을 받아들일 때도 사용할 수 있다.

번역 A: 지연시킨 것에 대한 사과를 받아 주세요.
B: (그녀를 용서해 준다) 그런 건 잊어버려요.
(A) 천만에요. (C) 넌 제정신이 아니었어! (D) 내 눈밖에 나는 일을 하지마.

04.
어휘 pick up 사다(buy)　a (good) bargain 의외로 싸게 산 물건 ↔ a bad bargain

해설 (A)(C)(D)외에 미국인들은 종종 'It was a steal!' 또는 'What a steal!(그것 참 싸구나! / 참 싸게 사셨군요!)'라고 말한다. (B)는 '그것을 도난당했다'는 뜻이다.

번역 A: 이 노트북 얼마 줬니?　　　　　　　　　　B: 염가 판매할 때 구입했는데, 하도 싸서 거저야.

05.
해설 타인의 물건을 사용하거나 빌리는 경우 양해를 구하게 되는데, 이때 쾌히 승낙하는 표현이 바로 "Be my guest.(마음대로 쓰세요.)" "Please go ahead." 등이 있다.

번역 A: 전화 좀 써도 됩니까?　　　　　　　　　　B: 그럼요. 어서 쓰세요.

06.
어휘 declare (세관에서 과세품을) 신고하다; 선언하다; 분명히 하다　custom (pl.) 세관; (지역사회에서 전통이기 때문에 오랫동안 행해지고 있는) 관습
prohibit (법률(law)·규칙(rule)에 의해 어떤 행동하는 것을) 금지하다　article 물품, 품목; 기사, 논설; 조항

해설 부정사의 형용사적 용법은 '의무·당연성·능력·가능성' 등을 나타낸다.
= Do you have anything **that you must** declare for customs?
형용사로 쓰이는 현재분사는 '~하는'이라는 진행의 뜻; 과거분사는 '~되어진, ~된'이라는 수동의 뜻이 있다.

번역 A: 세관에 신고해야 할 물건 있습니까?
B: 없습니다. 금지품목이 하나도 없습니다. 단지 사용하던 컴퓨터뿐입니다.

07.
어휘 let one's hair down 맘 놓고 편안하게 행동하다

해설 'I don't have ...'가 부정문이기 때문에 대명사는 'anything'이 되어야 한다. (B)에서 부정대명사는 후위 수식을 받는다. 이 때 '형용사+부정사'의 어순이 되어야 한다. 그 이유는 문법적으로 '작은 단위'가 항상 앞서기 때문이다.

번역 A: 파티에 가는 거야?
B: 하지만 입고 갈 만한 옷이 하나도 없어.
A: 걱정 마. 그저 편안하고 즐겁게 놀아.

08.
해설 가목적어와 강조하기 위하여 이동된 진목적어의 관계를 알아보는 문제이다.
형용사 'difficult, easy, hard, impossible, tough' 등은 'it'을 주어로 한다. 이런 구조에서 부정사의 목적어 또는 전치사의 목적어는 'it' 자리로 이동할 수 있다. 빈 칸에는 'It was difficult to answer them.'에서 'them'을 강조하기 위하여 아무런 의미가 없는 가주어 'it' 자리로 이동한 (B)가 올바른 문장이다.

번역 A: 선생님이 많은 질문을 하셨어?　　　　　　B: 그래, 그런데 질문에 대답하기가 어려웠어.

09.
어휘 too ... to 너무나 ~해서 …할 수 없다　mend 고치다(repair)　call sb up ~에게 전화하다　apologize 사과하다　"Why don't you ...?"는 제안·권유를 할 때 쓰임

해설 'to부정사'와 연결되는 어구를 알아보는 문제이다.
'so'는 'so ... that' 구문에 쓰이고, 'enough'는 형용사·부사 뒤에서만 수식한다. 'too ... to'는 부정의 뜻과 'never'가 결합하여 이중부정으로 강한 긍정의 뜻을 나타낸다.

번역 허물 고치기를 꺼려하지 말고, 그에게 전화해서 사과를 해 봐.

10.
어휘 promise (구두·서면상으로) ~할 것을 약속하다, ~에게 …을 줄 것을 약속하다; (어떤 일을 하겠다는) 약속　cf. appointment (시간·장소 등의) 약속

해설 'to' 부정사를 부정할 때는 그 앞에 'not'를 놓는다. (D)가 빈 칸에 옳지 않은 이유는 시제일치 때문이다. 'won't'를 'wouldn't'로 고치면 올바른 표현이 된다.

번역 지금 가야만 해. 늦지 않기로 약속을 했어.

11.
해설 '~을 허락하다(allow)'의 뜻인 'let'은 목적어 다음에 동사원형이 쓰인다. 그러나 'allow, permit' 동사도 '~에게 …을 허락하다'의 뜻이지만 목적어 다음에 'to부정사'가 온다. 〈해설 43쪽 27/28번 참조〉

번역 그녀는 자기 아이들이 강가에서 놀지 못하도록 할 것이다.

12.
어휘 host (초대한 집의) 남자주인 hostess 여자 주인 should (상대방에게 충고·조언할 때) ~하는 것이 옳다, 최선책이다

해설 'remember(기억하다), forget(잊다)'와 같은 동사 다음에 동명사는 이미 전에 일어난 과거의 일을, 부정사는 앞으로 일어날 일을 각각 나타낸다. '떠날 때 감사의 말을 잊지 말라'고 했기 때문에 'to 부정사'가 쓰여야 한다. 그리고 시간, 조건 부사절에서는 미래 시제 대신 현재 시제가 쓰인다.

번역 떠나올 때 주인에게 감사하다고 인사하는 것을 잊지 마세요. 그 다음날 전화를 걸어 한 번 더 고맙다고 말하는 게 좋습니다.

13.
어휘 client (변호사·회계사·광고회사 등 전문 직업인으로부터 조언이나 서비스를 의뢰하는) 고객 cf. customer (식당·상점을 찾는) 손님, 고객 apply 신청하다; 응용하다, 적용하다 application 신청, 지원서 in writing 서면으로, 써서 writing 쓰기, 집필, 저술; 저술업; 필적; 작품 extend 연장/확장하다; (손·발을) 뻗다; (은혜·친절 등을) 베풀다; 늘어나다 extension 확장; 연장 extensive 광대한; (지식이) 해박한

해설 부정사의 수동과 3형식 구조의 수동 변형을 알아보는 문제이다.
'ask'는 부정사를 목적어로 가질 수 있고, 'want' 동사는 부정사를 목적어로 한다.

① We ask clients **to apply** in writing ⋯→ Clients are asked to apply in writing
➤ 4형식 구조에서 간접목적어를 수동 주어로 한 것이다.

② ⋯→ ... if they want **to extend** their credit, and you didn't do this 〈능동문〉

번역 신용거래 연장을 원하시면 서면으로 신청하시도록 고객여러분께 요청을 했습니다. 그런데 귀하는 이것(서면으로 신청하는 것)이 되지 않았습니다.

14.
어휘 recently 얼마 전에; 최근에 (➤ 'recently'가 완료에서는 '최근에(lately)'라는 뜻이고, 과거 시제에서는 '얼마 전에(not long ago)'라는 뜻) trip 여행 have no way of ~할 방법이 없다 get home 집에 도착하다 eager 열망하는; 간절히 하고 싶어 하는

● He's **eager for** success. 그는 성공을 간절히 바란다.
● He's **eager** for you **to meet** his friends. 네가 그의 친구들을 만나보길 그는 간절히 바란다.
➤ 'for you'는 'to meet'의 의미상 주어

해설 '~을 열망하는, ~을 간절히 하고 싶어 하는'의 뜻을 가진 'eager'의 주어는 사람만이 쓰이고, 'It'을 주어로 하지 않는다. 그러나 'awkward 어색한; 불편한, difficult, easy, hard, impossible 불가능한, pleasant 즐거운, tough 힘든, 고달픈' 등은 사람을 주어로 하지 않는다.

번역 얼마 전에 여행을 갔다 돌아왔는데 공항에서 집에 갈 방법이 없었다. 헨리에게 전화를 했더니 그는 기꺼이 나를 자동차로 데리러 올 것처럼 보였다.

15.
어휘 timid (자신과 용기가 없어) 소심한; (언동 등이) 머뭇거리는, 수줍어하는

해설 'be afraid of'는 '~한다는 생각 / ~할까봐 언제나 두려워하다', 'be afraid to'는 '지금 …하는 것이 두렵다'의 뜻이다. 대등접속사 'but'으로 연결된 문장에서는 시제가 동일해야 하므로 (A)(D)의 'is'를 'was'로 해야 옳다. (C)에서는 'doing'의 목적어가 없어서 옳지 않다.

● Don't **be afraid of** making a mistake. 실수할까 하는 생각을 두려워하지 마라.

번역 그 소심한 사내는 자기 감정을 그녀에게 말하고 싶었지만 그렇게 하는 것이 두려웠다.

16.
어휘 million 백만 try + to부정사 ~하려고 노력하다 (= make an effort) try + 동명사 ~을 시험 삼아 해보다(experiment), 어떤 일이 일어나는가 알아보려고 ~을 하다 quit (해가 되는 것을) 멈추다; (직장·학교 등을) 떠나다(leave), 버리고 가다 about 대략(approximately, roughly); (동사와 함께) 여기저기에, 이리 저리로; (➤ 'do'는 'quit smoking'을 대신하는 대동사)

해설 'try'는 목적어로 부정사와 동명사 둘 다 가능하지만 '담배를 끊으려고 노력하다'라는 뜻이므로 부정사가 쓰여야 한다. (D)로 할 경우 동사가 없어 옳지 않다. 'quit'은 항상 동명사만을 목적어로 갖기 때문에 (A)(B)는 옳지 않다.

번역 매년 수백만 명의 사람들이 담배를 끊으려고 노력하지만 단지 3% 정도만이 담배를 끊는다.

17.
어휘 **forget** 잊다, 망각하다 ↔ **remember** 기억하다 **duty** (도덕적·법적으로 해야 하는) 의무(responsibility), 임무, 직무; (pl.) 관세 **kindness** 친절 **a kindness** 친절한 행위(kind action) **crime** 범죄 **a crime** 어리석은 일; 유감스러운 일; 불명예스러운 행위

해설 부정사의 병렬구조와 명사의 전용을 알아보는 문제이다.
(A)(C)의 동명사, 부정사는 주어로 쓰일 수 있다. 그러나 등위접속사 'or'의 오른쪽에 부정사 'to show'가 있으므로 (C)가 첫 번째 빈 칸에 적합하다. 〈어휘 설명/명사 167쪽 참조〉

번역 친절한 행위에 대해 (고마움을 표시하는) 의무를 잊거나 감사를 표시하지 않는 것은 유감스러운 일이다.

18.
어휘 **benefit** 혜택(advantage); (행복·복지에 연결되는) 이익; 자선공연·경기 **raise** (돈을) 모으다; (물가 등을) 올리다; (문제 등을) 일으키다; (아이를) 돌보다, 기르다 **charity** 자선 단체; 친절과 동정(sympathy); 자선 **intend** ~할 작정이다; 의도하다

해설 'to부정사'만을 목적어로 갖는 동사에 대해 알아보는 문제이다.
동사 'intend'는 항상 to부정사를 목적어로 갖는다. 빈 칸 다음에 목적어 'money'가 있어서 수동인 (D)는 적합하지 않다.

번역 자선 경기는 자선 단체를 위한 돈을 모으기 위하여 마련된 것이다.

19.
어휘 **considerable** (정도·양이) 상당한, 꽤 많은; 중요한 **discussion** 토론, 검토, 심의 **discuss** (여러 각도로 검토해) 의논하다 **import** 수입(품) ↔ **export** 수출 **agreement** 협정, 약속, 계약; 일치; 조화 **decide** 결정하다(make a decision), 결심하다(make up one's mind), 생각 후 결론을 내리다 **accept** (기꺼이 또는 고맙게 생각하며) 받아들이다; 수납하다; 인정하다 **offer** 제의, 제안; 제공; 특별세일; (자진해서) 제공하다; 제출하다; 제의·제안하다

해설 '소망·미래에 대한 관심' 등을 나타내는 'decide'와 같은 동사는 'to부정사'만을 목적어로 갖는다. 목적어 'our offer'가 있으므로 수동인 (D)는 옳지 않다.

번역 새로운 쇠고기 수입 협정에 대하여 상당한 논의를 마친 후에 그들은 우리의 제안을 받아들이기로 결정했다.

20.
어휘 **failure** 실패; 부족, 결핍(deficiency); 쇠약 ↔ **success** 성공 **comply** (명령·규칙·요구에) 따르다(obey a command, rule, request); 동의하다 **government** 정부; 통치 **govern** (국가·국민 등을) 통치하다; 지배·관리하다 **safety** 안전, 무사 **safe** 안전한 **safely** 안전하게, 무사히 **regulation** 규칙, 법규, 조절 **regulate** 규제하다, 통제·단속하다; 규정하다; 조절하다 **result in** (어떤 결과를) 초래하다 cf. **result from** ~에서 기인·유래하다 **prosecution** 기소, 고발 **prosecute** (연구·조사 등을) 해내다, 수행하다; 기소하다, 구형하다 **prosecutor** 실행하는 사람; 검사

해설 'fail to ~하지 못하다'의 동사가 명사로 바뀌었을 때도 해석은 같은 의미이다. 자동사 'comply'가 전치사와 결합하여 'comply with (규칙·법 등을) 따르다'의 뜻으로 목적어를 가질 수 있는 타동사구가 되었다. (D)의 'comply'는 자동사이므로 수동이 안 된다.

번역 정부의 안전규칙을 따르지 않으면 기소당하는 결과를 초래할 것이다.

21.
어휘 **favor** 호의, 도움을 줄 수 있는 행위 **let** ~하게 내버려두다 **struggle** (~을 성취하는데 어려움이 있더라도) 매우 열심히 노력하다

해설 '지각·사역 동사 + O + 원형동사'의 구조를 알아보는 문제이다.

<u>the biggest favor</u> <u>(that) parents can do their children</u> <u>is</u> <u>to **let** them **struggle**</u>
S ↑ 부모들이 자기 자식들에게 해줄 수 있는 (형용사절) V C

번역 부모가 자식에게 해줄 수 있는 가장 큰 도움은 어려움이 있더라도 그들이 조금이나마 열심히 노력할 수 있도록 해주는 것입니다.

22.
어휘 **work** 직장 **go to work** 출근하다 **dependent** 부양가족, 식객; 의지하고 있는 **provide for** 부양하다(support) **free** 자유로운; 한가한, 할 일이 없는; 무료의

해설 부정사의 형용사적 용법을 알아보는 문제이다.
진행의 의미가 있는 현재 분사와는 달리 to부정사의 형용사적 용법은 '의무·당연성·가능성'을 나타낸다. 아래와 같이 관계대명사를 이용하여 같은 의미를 나타낼 수 있다.

= Since he has no work to go to and no dependents **that he must provide for**, ...

● I have lots of work **to do**. = I have lots of work **that I must do**. 해야 할 일이 많이 있다.

번역 출근할 직장도, 부양할 가족도 없기 때문에 Sam은 항상 한가하다.

23.

어휘 **ability** (타고난 또는 노력에 의한) 능력 **able** ~을 할 수 있는(can), 능력이 있는 **fluent** 유창한, (특히 외국어를) 잘 하는 **fluently** 유창하게, 거침없이 **regard** 주시·주목하다, 주의하다; ~으로 생각하다, ~을 …로 간주하다(consider); 주목, 주의; 마음 씀; (pl.) 안부 **be highly regarded** 우대받다 **position** 직(職), 근무처; 위치, 장소; 직위, 신분; 입장, 태도

해설 부정사의 관용적 표현을 알아보는 문제이다.
'~을 할 수 있는 능력'이라고 할 때는 항상 'an ability to do'가 쓰인다.

⦿ The new employee has got a remarkable **ability to** get things done.
그 신입 사원은 일을 처리하는 놀라운 능력을 갖고 있다.

번역 이 직(職)에는 중국어를 유창하게 말하는 능력을 우대합니다.

24.

어휘 **effort** 노력, 수고; (어떤 일을 하기 위한) 육체적·정신적 힘; 시도; 노력의 결과 **make every effort** 갖은 노력을 다하다 **make an effort / make efforts** 노력하다, 애쓰다 **deal with** 해결하다(succeed in solving), 처리하다, 다루다; 대처하다(cope with) **issue** 문제, 논쟁(점), 주제; (정치·경제·사회상의 문제(점), 현안; 발행(물) **raise** (문제 등을) 일으키다, 제기하다; (위로) 올리다; (물가 등을) 올리다; (자신을 돌볼 수 있을 때까지 아이를) 돌보다, 기르다; 조달하다, 돈을 모으다; 올림; 조달; 임금 인상

해설 명사 수식 한정어와 부정사의 형용사적 용법을 알아보는 문제이다.
'several + 복수명사'이기 때문에 (B)는 옳지 않다. 아래 능동문을 보면 'to deal with'는 'every effort'를 수식하는 부정사의 형용사적 용법이므로 동사 원형인 (A)(D)는 옳지 않다.

We're making every effort to deal with the issue you raised at the last meeting.
 S   V   O   └─ 그 문제를 해결할 수 있는 ─┘   지난 회의에서 제기했던 (형용사절)

번역 지난번 회의에서 당신이 제기했던 문제를 해결할 수 있는 모든 노력이 이루어지고 있습니다.

25.

어휘 **hard** 어려운; 부지런한(diligent); 단단한; 열심히; 어렵게; 많이 **come by** (노력해서) 획득하다, 얻다(gain, acquire, obtain) **these days** 요즈음 *cf.* **those days** 그 당시 **pass by** 옆을 지나다; (들르지 않고) 지나치다; 무시하다(disregard) **go by** (지나는) 길에 들르다 **get by** (필수품만을 살 수 있는 돈을 가지고) 그럭저럭 살아가다

해설 가주어·진주어 구문을 알아보는 문제이다.

= **It's** hard to come by **jobs** these days.

위와 같은 구조에서 'come by'의 목적어 'jobs'를 강조하기 위해 가주어 자리로 이동한 문장이다. 그러므로 'jobs'를 동사의 목적어로 해석한다. 〈부정사 117쪽 참조〉

번역 요즘에 일자리를 구하기가 힘들다.

26.

어휘 **purpose** 목적; 의지; 용도, 효과; 요점, 취지; 의도하다 **discuss** (문제 해결 등을 위해 여러 각도로 검토해) 논하다; ~에 관하여 이야기하다 **advertising** (집합적으로) 광고 **strategy** (전체적인) 작전 계획, 전략, 전술 **increase** 늘리다, 증가하다 ↔ **decrease** 감소하다(diminish) **aggressive** 공격적인, 싸우기를 좋아하는(ready or likely to attack or quarrel); 적극적인 **aggressively** 적극적으로, 과감하게; 공격적으로 **quarterly** 분기별(의) **substantially** 실질적으로; 상당히

해설 부정사의 명사적 용법과 동사의 의미를 알아보는 문제이다.
(A)의 과거분사 'developed'는 (전략을) 개발하다 라는 뜻으로 의미는 적합하지만, 빈 칸 다음에 목적어가 있으므로 'to develop'와 같이 능동으로 써여야 올바른 표현이 된다. (B)의 'tell'은 4형식 동사로 간접목적어가 필요하므로 옳지 않다. (C)(D)와 같이 부정사와 동명사가 보어로 쓰이지만, 'discuss'는 완전타동사로 전치사 'about'이 필요치 않으므로 (D)는 옳지 않다.

동명사·부정사는 명사적 용법인 보어·주어·목적어로 쓰일 수 있다. 그 차이점은: to부정사의 의미상 주어는 대부분 누구인지 구체적이며, 특정한 행위·동작이 이루어지는 시점이 현재를 기준으로 현재 또는 미래를 나타낸다. 그러나 동명사는 행위·동작이 이루어지는 시점이 과거를 기준으로 하며 격언·취미·습관 등 일반적인 행위·사실을 나타내고, 주어가 일반인인 경우가 흔하다. 문제에서 부정사의 의미상 주어는 일반인이 아닌 '회사 직원'이라는 것을 알 수 있고, 오늘 회의 목적이라고 했으므로 회의를 하는 시점이 오늘이므로 부정사 사용이 옳다.

번역 오늘 회의 목적은 분기별 판매량을 실질적으로 늘리기 위해 좀 더 적극적인 광고 전략을 토론하는 것입니다.

27.

어휘 **let** ~하게 하다, (~.을 하도록) 허락하다: (유료로 집·건물·토지 등을) 세주다 (→ 'Let me …'는 상대의 허락을 구한다는 뜻이 내포돼 있으므로 공손한 어감을 준다.) **apologize** 사과하다(say that one is sorry) **apologize for** ~에 대해 사과하다 **apology** 사과, 사죄 **break one's promise** 약속을 어기다 **allow** ~에게 하는 것을 허락·허용하다, ~하게 내버려두다: (~에게 돈·시간을) 주다 **permit** ~에게 …하도록 허락·허가하다 **forgive** (처벌을) 용서하다, 화를 내지 않다

해설 사역동사와 일반 동사의 쓰임을 알아보는 문제이다.
'let / allow / permit' 동사는 같은 의미로 쓰이지만 아래와 같은 구조를 갖는다.

let + O + 동사 원형 / allow · permit + O + to부정사

(D)의 'forgive'는 'apologize'와 같은 의미이므로 빈 칸에 적합하지 않다.

- **Forgive me for** having broken a promise. 약속을 지키지 못한 것을 용서해 주십시오.

번역 제가 약속을 어긴 데 대해 사과드립니다.

28.

어휘 **allow + O + to부정사** ~에게 …을 허락하다 **lecture** 강의 **especially** 특히

해설 'allow, advise, forbid, permit' 동사 다음에 목적어가 사람이면 부정사, 사람이 목적어가 없으면 동명사가 뒤따라온다. 문제의 'allow' 동사를 수동으로 하면 아래와 같다.

① **Smoking** is not allowed … ② the students are not allowed **to smoke** …

번역 죄송합니다. 강의실에서 흡연이 허용되지 않습니다. 특히 강의실에서 학생들이 흡연하는 것 또한 허용되지 않습니다.

29.

어휘 **application** 신청; 지원서 **minimum** 최소, 최소·최저한도 **a minimum of effort** 최소한의 노력 **take** (시간이) 걸리다 **process** (문서·의뢰서 등을 공식으로) 처리하다(deal with); (식품을) 가공·처리하다 **embassy** 대사관; 대사 및 대사관 직원 **ambassador** 대사 **staff** (학교·회사의) 직원; (군대의) 참모 참모의; (간부) 직원의

해설 'take' 동사가 '~하는데 …시간이 걸리다'의 뜻으로 아래 두 가지 구조를 가진다.
It takes + (사람) + 시간 + to부정사 / It takes + 시간 + for + 사람 + to부정사 문제를 이해하기 위하여 다음과 같은 문장 전환과정을 살펴보자.

a. <u>It</u> <u>takes</u> <u>a week</u> **for the Embassy staff** **to process** <u>Visa applications</u>.
   S   V   O   부정사의 의미상주어   V   O

b. It takes a week **for Visa applications to be processed by the Embassy staff**.

c. **Visa applications** take a week to be processed by the Embassy staff.

→ 원래 a)와 같은 문장에서 to부정사를 수동으로 하면 b)와 같은 수동문장이 된다. 수동문 b)에서 to부정사의 의미상 주어를 강조하기 위해 가주어 자리로 이동하면 c)와 같은 구조가 된다.

번역 비자 신청서는 대사관 직원이 처리하는데 최소한 1주일이 걸린다.

30.

어휘 **make up one's mind** 결정하다(decide) ↔ **change one's mind** 마음을 바꾸다 **serve** (음식을) 차려 내다; 섬기다; 봉사하다, 시중들다; 군 복무하다 **guest** (초대되어 대접을 받는) 손님; (방송 등의) 특별 출연자

해설 부정사의 형용사적 용법을 알아보는 문제이다.
아래 구조에서 보는 것처럼 부정사는 목적어를 수식하는 형용사 구실을 한다.

Did <u>you</u> <u>make up</u> <u>your mind</u> <u>to serve guests what food at a party</u>?
    S   V   O   ↑ 손님들에게 무슨 음식을 차려낼까 (부정사의 형용사적 용법)

위와 같은 구조에서 의문사 'what food'는 자기 문장 앞으로 이동해야만 하므로 'what food to serve guests at a party'와 같은 어순이 된 것이다.

번역 파티에서 손님들에게 어떤 음식을 대접할지 결정했어요?

31.

어휘 according to ~에 따르면 result (어떤 행동·원인으로 인한) 결과(outcome) survey 표본조사; 조사; 바라다 봄; 측량 customer (상점이나 식당의) 고객 satisfaction 만족 ↔ dissatisfaction 불만, 불평 division 부(部); 분할; 분배; 분열 coming year 내년 advertising (집합적) 광고 strategy (전체적인) 작전 계획, 전략

해설 (A)(B)(D)는 부정사 'to do'의 목적어가 없어 잘못된 표현이다. 그러나 (C)의 'what'은 'to do'의 목적어이므로 올바른 표현이다. 아래 예문 a)와 b)를 살펴보자.

a. I know **how to go there** / **why to go there** / **who to go there** / **when to go there**.
   그곳에 가는 방법 / 그곳에 가는 이유 / 그곳에 누가 가는지 / 그곳에 언제 가는지 난 알아.

b. I don't know **why to do**. (X)

→ 문장 a)의 '의문사 + 부정사'는 모두 옳은 표현이지만 b)는 옳지 않다. 그 이유는 타동사 'do'의 목적어가 없기 때문이다. 'I don't know why to do it.'과 같이 동사 'do'의 목적어가 있으면 올바른 문장이 된다.

번역 고객만족도에 대한 설문조사 결과에 따라 마케팅부는 내년 광고 전략으로 해야 할 일을 결정하게 될 것이다.

32.

어휘 prior to ~보다 전에, 먼저 prior ~보다 앞선, 중요한 staff (학교·회사의) 직원 print out ~을 인쇄하다, 출력하다 agenda 의사일정, 협의 사항; 비망록, 메모장 hand out 배포하다(distribute), 나눠주다(give out) participant 참가자; 참가하는

해설 'have + 목적어 + 동사 원형'의 구조를 알아보는 문제이다.
'have + O + 원형부정사'는 '~를 시켜서 …하게 하다'라는 뜻으로 아래와 같은 구조로 3형식 구조가 사역동사 'have' 안에 있으므로 'print out'은 원형이 되고, 'print out'의 목적어가 있으므로 능동형이 되어야만 한다.

<u>have</u> <u>one of the staff</u> <u>print out</u> <u>the agenda</u>
              S   V   O

번역 회의 전에 직원 한 명을 시켜 회의 일정을 프린트해서(컴퓨터로 출력해서) 모든 참석자들에게 주세요.

33.

어휘 find + O + O.C (경험을 통해) ~임을 알다, ~라고 생각하다 put sb through sth ~을 경험하게 하다, ~을 받게 하다 staff 직원 at least 적어도 training (특정 분야에서의 실제적인) 교육, 연수 have + O(사람) + 원형부정사 ~를 시키서 …하게 하다

해설 '가목적어 + O.C + 진목적어'와 'have + O + 원형부정사'의 구조를 알아보는 문제이다.
진목적어는 부정사와 동명사가 쓰이므로 (A)(B)(C)가 첫 번째 빈 칸에 적합하다. 두 번째 빈 칸에는 사역 동사의 목적어가 사람인 경우에는 목적보어가 동사 원형이 쓰이므로 정답은 (C)가 된다.

번역 사장은 신입사원들이 업무를 시작하기 전 신입사원들에게 적어도 한 달 간의 연수를 시키는 것이 도움이 된다는 사실을 알았다.

34.

어휘 modern 최신의(up-to-date); 현대식의(contemporary) technology (과학·생산) 기술 cf. technique (예술·스포츠 등의) 기법; 연주법; 화법 coin-operated 동전 투입식의, 자동판매의 possible 가능한; 있음직한 possible customer 확실하지는 않지만 앞으로 고객이 될 수 있는 사람 vending machine 자동판매기 vendor 노점상, (특히) 행상인 dispense 만들어주다(mix and give out); 분배하다(distribute) unusual 별난; 희귀한, 몹시 기이한 not just 단지 ~이 아닌 soft drink 청량음료

해설 'it(가목적어) … for(부정사의 의미상 주어) … to(진목적어)구문'에서 진목적어의 형태를 알아보는 문제이다. 동명사의 의미상 주어는 소유격을 사용하기 때문에 (B)(D)는 두 번째 빈 칸에 적합하지 않다.

<u>has made **it** possible</u> <u>**for** coin-operated vending machines</u> <u>**to** dispense</u>
        가능하게 했다   동전 투입식 자동판매기가   만들어주는 것

번역 현대 기술 덕분에 동전 투입식 자동판매기가 그저 사탕과 청량음료가 아닌 별난 것들을 (재료를 혼합해서) 만들어주는 것을 가능하게 했다.

35.

어휘 corporation 법인, 주식회사, 대기업 domestic 가정의; 가정적인; 사육되어 길들여진(tame); 국산의(homemade) appliance (cooker·washing machine 등과 같은 가정의) 전기기구 instruct (공식으로) ~을 하라고 지시하다(officially tell sb what to do); 가르치다 court 법원, 법정; 궁중; 마당, 안뜰 recall (결함 상품을) 회수하다; 회상하다; 소환하다; 회상; (결함 제품의) 회수 pressure 압력, 압축; 압박, 강요 pressure cooker 압력솥 quarter 분기; ¼; 15분; 25센트; 지역, 방면; (pl.) 숙소 quarterly 분기별

[해설] 직접 목적어가 to부정사인 4형식 구조를 알아보는 문제이다.

The courts have instructed the corporation to recall all of the pressure cookers it sold in
　　S　　　　　V　　　　　　　IO　　　　　　　　　　DO　　　　　　　　　　　↑~에 판매한

동사 'instruct'는 '~에게 …을 하라고 공식으로 말하다'라는 뜻으로 위와 같은 4형식 구조(instruct sb to do sth)를 갖는다. 위와 같은 구조에서 간접목적어를 수동문 주어로 전환한 것이 주어진 문제이다. 빈 칸 다음에 목적어가 있음으로 (D)와 같은 수동은 옳지 않다.

[번역] MS가전제품 회사는 3분기에 판매한 모든 압력솥을 회수할 것을 법원에 의해 지시받았다.

36.

[어휘] **try to** ~하려고 노력하다(make an effort)　**develop** 발전시키다; (기술·자원을) 개발하다　**ability** 능력　**deserve** (칭찬·축하·벌을 받아) 마땅하다 (should be rewarded or punished), ~할 만하다, 받을 가치가 있다(be worthy of)　**deservedly** 당연히, 마땅히

[해설] 동사 'deserve'는 부정사를 목적어로 한다. 구문이 좀 복잡하지만 구문분석 참조.

① Nobody that will not try to help other people … deserves to have friends.
　　S　↑　　'nobody'의 범위를 한정해 주는 형용사절　　　V　　　O

② that will not try to / help other people develop their abilities 〈형용사절〉
　　　　　　　　　　　　　　　S　　　　　V　　　O
　　　V　　　　　　　O　　O.C ➡ help + O + 동사 원형(美)
　노력하지 않는　　　/다른 사람들이 그들의 능력을 개발하도록 도움을 주려고

➡ 'develop' 동사의 주어는 'other people,' 목적어는 'their abilities'이며, 'their'는 'other people'을 가리킨다. 'another'는 단수 명사 앞에만 쓰인다.

[번역] 다른 사람들이 그들의 능력을 개발하는데 도움을 주려고 노력하지 않는 사람은 누구라도 친구를 가질 자격이 없다.

37.

[어휘] **for** ~을 위해, ~을 추구하기 위해　**live for** ~을 추구하기 위해 살다　**have nothing left to live for** 삶의 목적이 아무것도 남아있지 않다

[해설] (A)(C)는 타동사 'leaving'의 목적어가 없어서 옳지 않다. 자동사 'live'는 장소를 나타내는 전치사 'at/in', 또는 목적을 나타내는 전치사 'for'가 필요하므로 (B)(C)도 옳지 않다. 'nothing'은 'for'의 의미상 목적어이다.

● The guy who lives **in** an apartment lives **for** his work. 아파트에 사는 그 사내는 자기 일을 삶의 목적으로 생각한다.
● After she died he had nothing to live **for**. 그녀가 죽은 후에 그는 삶에 목적이 없었다.

➡ 'I think that …'과는 달리 'I am afraid that …'는 부정적이거나 바람직하지 않은 내용을 이야기 할 때 또는 반갑지 않은 내용을 전하거나, 다른 사람과 동의하지 않을 때 쓰인다.

[번역] 삶의 목적이 없다고 생각한다면 당신이 정말로 늙은 것입니다.

38.

[어휘] **join** 한 패가 되다, 합치다　**defeat** 격퇴하다, 격파하다　**separate** 분리하다, 갈라지다; 별거시키다; 독립하다; 다른(different), 따로따로의(individual), 격리된(existing apart)　**separately** 따로 따로, 갈라져; 개별적으로

[해설] 비교적 짧은 문장이지만 다소 복잡한 구조를 갖고 있다. 원래 아래와 같은 구조에서 'defeat'의 목적어 'people who join together as a group'이 가주어 자리로 이동했고, 'than' 이하는 원래 문장 'it would be hard to defeat them separately'에서 'defeat'의 목적어 'them'을 강조하기 위하여 가주어 자리로 이동한 후, 반복되는 'hard to defeat'를 생략하면 위에 주어진 문제의 형태가 된다. 〈부정사 117쪽 참조〉

= It is much harder **to defeat people** who join together as a group **than it would be hard to defeat them separately.**

위 문장은 'United we stand, divided we fall.(뭉치면 살고 헤어지면 죽는다.)'를 설명한 문장이다.

[번역] 개별적으로 사람들을 격퇴하는 것보다 한 집단으로 뭉쳐 있는 사람들을 격퇴하는 것이 훨씬 더 어렵다.

39.

[어휘] **give an impression** ~라는 인상을 주다　**impression** 인상, 느낌, 생각　**average** 보통의, 평균의　**male** 남성 ↔ **female** 여성　**good for** ~에게 어울리는, 적합한　**guy** 사내　**take it for granted** ~을 당연히 받아들이다　**therefore** 그래서(so), 그런 까닭에　**ask out** 데이트를 청하다　**attractive** (성적으로) 매혹적인　**approach** 접근하다

해설 'want' 동사는 부정사만을 목적어로 갖는다. 'be' 동사의 보어로 부정사와 동명사가 가능하지만, 등위접속사 'and' 다음에 부정사가 있으므로 두 번째 빈 칸에는 부정사가 적합하다.

① ... women (that) I see give the impression that average male isn't good ...
　　　　S　└── 내가 만나는 ──┘　V　　　O　└ 동격 ┘ (impression을 부연 설명하는) 동격절

➔ 첫 번째 'that'은 동사 'see'의 목적어 구실을 하는 관계대명사이고, 두 번째 'that'은 '~라는 인상'이라는 'impression'을 부연 설명하는 동격 접속사이다.

② but the best way to approach that girl is to be brave and to do it yourself.
　　　　　S　└── ~에 접근할 수 있는 ──┘　V　　　　　C

➔ 'to approach'는 'the best way'를 수식하는 형용사적 용법이고, 'to be brave and to do it'은 'is'의 보어로 명사적 용법이다.

번역 제가 본 대개의 미녀들은 보통 남성들에게는 어울리지 않는다는 인상을 줍니다. 또한 대부분의 사내들은 예쁜 여자들은 이미 남자 친구들이 있다는 것을 당연하게 받아들이고 있다. 매력적인 여자에게 데이트를 청하고 싶으면, 그런 여자에게 접근하는 최선책은 용기를 가지고 직접 접근하는 것입니다.

40.

어휘 route (우유·신문 등의) 구역; 수단; 통로　quit 그만두다, 멈추다　produce 농산물; 제품　be about to 막 …하려고 하다　list 조목조목 대다, 목록에 싣다　logical 논리적인, 합당한　reason 이유　voice 목소리　call 외치다　out 큰소리로　lettuce 상추　talk back 말대꾸하다

해설 "농산물 트럭을 운전하기 위하여 (스쿨버스 운전하는 것을) 곧 그만 둘 것이다."라는 뜻이므로 '(in order) to drive'와 같이 부정사의 목적을 나타낸다. 'quit'의 목적어는 '동명사'가 오는 것이 옳지만 목적어 'driving a school-bus'가 생략된 형태이다. 마지막 줄에 '상치, 토마토'라는 말로 유추해볼 때 두 번째 빈 칸에는 '농산물 트럭'임을 알 수 있다. 'produce'가 동사 외에 명사로 '농산물'이라는 뜻에 유의해야 한다. 또한 부정관사 다음에 to부정사가 오지 않는다.

번역 학교버스 운전기사인 나는 내가 늘 태우고 다니는 아이들에게 농산물 트럭을 운전하기 위하여 곧 그만둘 것이라는 사실을 말했다. 몇몇 학생들은 내가 왜 그만두는가에 대하여 물었다. 내가 그만두게 된 합당한 이유, 즉 '여행을 할 수 있고 월급을 더 많이 받는다.'와 같이 조목조목 말하려 했다. 바로 그때 뒷좌석에서 한 어린이의 목소리가 큰 소리로 들렸다. "난 알아요! 상추와 토마토는 말대꾸를 하지 않잖아요."

LESSON 07 분사

01. (B)	02. (A)	03. (B)	04. (A)	05. (C)	06. (A)	07. (C)	08. (C)	09. (C)	10. (C)
11. (A)	12. (D)	13. (D)	14. (A)	15. (D)	16. (C)	17. (C)	18. (C)	19. (B)	20. (A)
21. (B)	22. (B)	23. (A)	24. (D)	25. (B)	26. (A)	27. (B)	28. (A)	29. (B)	30. (C)
31. (B)	32. (D)	33. (D)	34. (C)	35. (B)	36. (C)	37. (B)	38. (B)	39. (B)	40. (A)

01.

어휘 **compare A with B** A를 B와 비교하다 **stupid** 바보스런(foolish), 어리석은(silly); 바보, 얼간이, 멍청이 **stupidity** 어리석음; (pl.) 어리석은 짓·소리 **be satisfied with** ~에 만족하다 **response** 응답, 답장, 반응 **respond** 응답·대답하다; (자극에) 반응하다 **respondent** 응답자; 응답하는; 반응하는

해설 (A) 'When we compare her with her younger brother, ...'를 분사구문으로 변형하면
  ⋯→ When she is compared with her younger brother, ... 〈수동문〉
  ⋯→ (Being) Compared with her younger brother, ... 〈분사 구문: 132쪽 참조〉
(B) = One should always get up from a meal **when one feels** one could eat ...
(C) 'Bill went home (being) satisfied with my response ...'에서 'being'이 생략된 분사 구문
(D) 감정 동사는 그 동사의 느낌을 받을 때 수동형이 쓰임 〈130쪽 참조〉

번역 (A) 남동생과 비교해 볼 때 메리는 그렇게 둔하지 않다.
(B) 조금 더 먹을 수 있다는 생각이 들 때 자리에서 항상 일어나야만 한다.
(C) Bill은 자기를 사랑한다는 나의 응답에 만족해하면서 집으로 갔다.
(D) 줄리는 부모로부터 크리스마스 선물을 받고 기뻐했다.

02.

어휘 **refuse** (마음 내키지 않아 직접적으로) 거절하다(unwilling to accept), 거부하다 **permission** 허락 **permit** ~하도록 허락/허가하다 **actually** 실제로, 정말로(= really), 사실은 실제로 **actual** 현실의, 실제의 **turn down** 거절하다(refuse, reject); 줄이다(reduce)

해설 허락을 얻으려 하는 상대방에게 거절할 때 (A)와 같은 표현이 쓰인다. 주의 할 것은 'would rather' 다음의 종속절에 동사의 과거형 'didn't'가 쓰인다는 것이다. (B)의 'If I were you, I would ...'는 친구 간에 충고를 할 때 쓰이는 표현이다. 거절 할 때 (A)와 같은 표현 외에 'No, you shouldn't.(아니오, 안돼요.)'와 같은 표현도 쓰인다.
  ● Would it be all right with you **if I smoked**? 담배를 피워도 좋습니까?
  → 가정법이기 때문에 'if' 다음에 '동사의 과거형'이 쓰인 것에 주의해야 한다.

번역 A: 이곳에서 담배를 피워도 됩니까?
B: (A) 실은 안 했으면 합니다. (B) 내가 너라면 이곳에서 담배를 피우지 않을 거야.
  (C) 내가 알 바가 아닙니다. (D) 난 거절당했어.

03.

어휘 **politician** 정치가 **agreement** 계약; 협정 **sign** 서명하다 **employee** 직원, 근로자 **satisfy** 만족시키다 **be over** 끝나다 **spectator** 관중, 구경꾼, 관객 **disperse** 흩어지다, 헤어지다

해설 (A) 분사 구문을 부정할 때는 분사 앞에 부정어(not, never)를 놓는다.
(B) 분사 구문 'Having been born'에서 'having been'이 생략된 형태이다.
  If he **was born** in better times, ⋯→ If he **had been born** in better...
  과거 행동의 결과가 현재에 미치는 혼합 가정법 예문으로 if 조건절은 '과거에 태어난 상태'를 주절은 '현재의 결과'를 나타내므로 조건절은 과거완료가 된다.
(C) 문제와 같은 분사 구문 외에 아래와 같이 접속사를 사용하여 생각할 수도 있다.
  ⋯→ The agreement was signed, **and** all the employees being satisfied.
  ⋯→ The agreement was signed **because** all the employees were satisfied.
(D) 'The baseball game being over, ...'에서 'being'이 생략된 것이다.
  ● **Dinner being over**, my family watched TV. 저녁식사가 끝나서 나의 가족은 TV를 시청했다.

번역 (A) 그것을 하는 방법을 몰라서 그는 그것이 될 수 있는 방법을 나에게 물었다.
(B) 그가 더 좋은 시대에 태어났더라면 그는 지금보다 훌륭한 정치가가 되었을 텐데.
(C) 계약이 끝나서 모든 직원들은 만족했다.
(D) 야구 경기가 끝났을 때 모든 관중들은 흩어져 집으로 갔다.

04.

해설 'fry(기름으로 튀기다)'는 타동사이므로 목적어를 필요로 한다. 그러나 목적어 'them(= eggs)'이 'fry'의 의미상 주어 자리에 있으므로 'I want them to be fried.'와같이 수동이 된 후 'to be'가 생략된 (A)가 올바른 표현이다. 다른 사람이 아니고 '바로 당신이 후라이를 해주길 바란다'라고 할 땐 'I want you to fry them.'과 같이 능동으로 말하면 된다. 그러나 '계란을 어떻게 해 드릴까요?'라는 물음에는 능동문이 아니라 수동형인 'fried'가 옳다.

번역 A: 계란을 어떻게 해 드릴까요?
B: 후라이로 해 주세요.

05.

어휘 **delicious** 맛있는   **medium** 중간의, (고기 따위가) 중간 정도로 구워진   **well done** 잘했어!; (고기 등을) 잘 구운   **cheap** 값이 싼

해설 어떤 일을 잘했다고 격려·칭찬할 때 'Well done!' 외에 '(That's a) Good job!, Fine job!, Excellent!, Very good!'과 같은 표현이 회화에서 자주 쓰인다.

번역 A: 잘 만들었어, 제인! 애플파이 맛있었어.
B: 그렇게 말해 줘서 고마워.

06.

어휘 **bore** 지루하게 하다, 따분하게 하다; 구멍을 뚫다

해설 인간의 감정을 나타내는 'bore, embarrass 당황하게 하다, satisfy 만족시키다, surprise 놀라게 하다' 등과 같은 동사는 사람이 주어일 때 현재분사와 과거분사를 보어로 사용할 수 있다. 감정 표현을 하는 인간과는 달리 무생물은 감정 표현을 나타낼 수가 없으므로 주어가 무생물인 경우에는 현재분사만을 사용한다. 〈분사 130쪽 참조〉

번역 A: 따분한데 그 영화나 보러갈까?   B: 아냐. 그 영화 지루해.

07.

어휘 **end up (in) -ing** ~에 이르다, 결국 ~으로 끝나다   **divorce** 이혼(하다)   **You don't mean it.** 농담하지 마. (→ 상대방이 하는 말이 너무 과장된 것 같을 때 쓰인다.)

해설 'end up (in)'은 '(어느 장소·상황·상태 등에) 이르다'의 뜻으로, (A)는 타동사 'divorcing'의 목적어가 없어 정답으로 옳지 않다. 문제에서 주어가 'Their marriage'이므로 'Their marriage ended up in divorce.'와 같이 전치사 다음에 명사가 쓰인 (C)가 정답이 된다. 주어가 사람인 경우에는 'Alley and Vicky ended up (in) divorced.'와 같이 수동이 되어야 한다. (D)도 'ended up in divorcement'와 같이 쓰이면 정답으로 가능하지만 (C)가 보다 자연스런 표현이다. 'divorce'는 동사와 명사 동일 형태의 단어이다.

번역 A: 그들의 결혼이 이혼으로 끝났어.   B: 농담이겠지!

08.

어휘 **police** 경찰 (→ 집합명사로 항상 the와 함께 쓰이며 복수의 뜻)   **finally** 마침내   **murderer** 살인자   **tip off** 어떤 일에 대하여 미리 정보를 주다   **tell off** 잔소리하다, 책망하다   **run off** 도망가다   **take off** 할인하다

해설 'they'는 'the police'를 가리킨다. 빈 칸 다음에 목적어가 없고 'by someone'이 있는 것으로 볼 때 수동관계인 것을 유추할 수 있다. 어휘 설명 참조.

번역 A: 경찰이 마침내 살인범을 잡았다고 하던데.
B: 아, 그건 누군가가 사전에 경찰에게 제보해 주었기 때문이야.

09.

어휘 **resumé** 이력서   **attach** 첨부하다, 붙이다; ~에 애착을 갖게 하다; ~에 소속·부속시키다   **attached** 첨부된; 사랑하는   **attachment** 첨부(파일); 부착; 애착, 애정   **the attached document** 첨부 서류 (→ 이메일에 첨부하는 것은 'attachment', 편지 안에 동봉하는 것은 'enclosure'라고 한다.)

해설 'attach'는 '~을 첨부하다, ~을 붙이다'라는 타동사이므로 (B)와 같이 현재분사를 사용하지 못하고 '첨부된'의 뜻인 과거분사가 빈 칸에 적합하다. 아래와 같은 수동구조에서 'which was'가 생략되고 과거분사가 형용사처럼 명사 'file' 앞으로 이동된 것이다.

• I got the file **which was attached**.

번역 A: 이력서를 받았어요? 이메일로 보냈어요.   B: 네. 첨부 파일로 받았어요.

10.

어휘 acupuncture 침술, 침 요법 do/work wonders 커다란 효과를 보다, 좋은 결과를 가져오다 wonder 경이, 놀라움

해설 대화의 시제가 과거이기 때문에 현재(have)가 쓰인 (A)(D)는 옳지 못하다. 허리를 다쳐 침을 맞은 것이므로 'have + 목적어 + 과거분사'의 형태를 가져야 한다.

해석 A: 야, 난 너 허리를 다쳐서 걸을 수 없을 줄 알았는데.
B: 그랬었지. 하지만 침을 맞고 허리에 아주 좋은 효과를 얻었어.

11.

어휘 keep one's fingers crossed 행운을 빌다

해설 (B)(C)(D)는 시험을 보거나 길 떠나는 사람에게 '행운 또는 성공을 빌겠습니다'의 뜻이지만, (A)는 '시험 등에 떨어진 사람에게 다음에는 더 좋은 행운이 있기를 빈다'는 뜻으로 쓰인다.

해석 A: 내일 LA 타임지 취업 인터뷰가 있어.   B: 행운을 빌게요.

12.

어휘 find + O + O.C ~이 어떻게 된 것을 알게 되다 missing (있어야 할 곳에) 없는, 보이지 않는, 분실한; 부족한 laptop (computer) 노트북 컴퓨터

해설 분사 구문의 주어는 주절의 주어와 일치할 때만 생략이 가능하다. 즉 '사무실에 돌아온 것은 노트북 컴퓨터가' 아니라 사람이기 때문에 주절의 주어가 사람인 (D)가 옳다.

= When I returned to the office, I found the laptop missing.

해석 사무실에 돌아왔을 때 나는 노트북 컴퓨터가 없어진 것을 알았다.

13.

어휘 quietly 조용히, 얌전하게 chew (음식을) 씹다

해설 접속사 없이 두 개의 동사가 쓰이지 않는다. 그러므로 (A)(C)는 정답에서 제외된다. (B)의 'closing'은 타동사이므로 목적어가 필요한데, 목적어가 동사 앞에 있으므로 수동관계가 된 (D)가 올바른 표현이다. 분사가 주절의 동사와 동시에 또는 부수적으로 나타내는 동작 또는 'with + 목적어 + 분사(형용사 · 부정사 · 부사)'의 형태로 주어의 어떤 동작 · 상태에 부가적으로 나타내는 것을 부대 상황이라고 한다.

● Don't stand **with your arms crossed**. 팔짱을 끼고 서 있지 마라.

해석 입을 다물고 씹으며 음식을 조용히 먹어라.

14.

어휘 have done ~을 끝내다(능동) cf. be done ~이 끝나다(수동) as usual 여느 때처럼(as is usual), 평소와 같이 than usual 평소보다 usual 평소의, 일상의, 한결같은; 보통의; 여느 때의 그것 (술, 음식 등); 평소의 건강 상태 usually 보통, 일반적으로 unusual 이상한, 유별난

해설 분사 구문과 관용 어구 표현을 알아보는 문제이다.
원래 문장에서 문제와 같은 문장으로 변형되는 과정을 알아보자.

As the homework had been done, I went to bed as usual. 〈원래 문장〉
… *The homework having been done*, I went to bed as usual. 〈분사 구문〉

위 분사 구문에서 완료 및 수동 조동사 'having been'을 생략하면 문제와 같아진다. 'than usual'은 'I went to bed earlier than usual.(여느 때보다 일찍 잠자리에 들었다.)'와 같이 비교급에 쓰인다.

해석 숙제가 끝났기 때문에 평소와 같이 자러 갔다.

15.

어휘 listen to 귀를 기울이다 repeat 반복하다, 되풀이하다 repetition 반복 exactly 정확하게, 정확히 말해서; 틀림없이, 바로, 꼭 exact 정확한

해설 문제에서 'some things'가 'repeated'의 대상인가 행위자인가를 생각해보라.
동사 앞에 있는 명사가 동사의 행위자이면 능동, 동사의 대상이면 수동 관계이다.

you'll hear them repeat some things exactly

➔ 'them'은 'hear'의 목적어와 'repeat'의 의미상 주어 구실을 한다

위 구문에서 'them(S) repeat(V) some things(O)'를 수동으로 하면 아래와 같이 된다.

⋯ you'll hear **some things (be) repeated** exactly

수동으로 바꾼 후 아무런 뜻이 없는 수동 조동사 'be'를 생략하면 주어진 문제가 된다.

[번역] 매시간 뉴스에 귀를 기울이면 반복되는 뉴스들을 정확하게 듣게 될 것이다.

16.

[어휘] unceasing 끊임없는(incessant), 부단한   cease 멈추다, 중지하다   effort (어떤 일을 하기 위한) 육체적·정신적 힘, 노력, 수고; 노력의 결과   price (~을 얻기 위한) 대가; (물건의) 값, 가격   success 성공   unquenchable (욕망 따위를) 누를 수 없는   unabridged 생략하지 않은, 완전한(complete)   unwary 부주의한(not wary, heedless), 조심 않는, 방심하는(not alert)

[해설] 주어진 문맥에 알맞은 단어를 고르는 문제이다.
'성공의 대가(對價)'로 생각할 수 있는 것은 '지속적인(continuing all the time) 노력'뿐이다. 그러므로 빈 칸에 적합한 것은 '지속적인'의 뜻을 가진 (C)의 'unceasing'이다.

[번역] 끊임없는 노력은 성공을 얻는 대가이다.

17.

[어휘] guy 사내, 녀석, 놈   grant ~을 인정하다, 시인하다(admit)   take it for granted ~을 당연한 일로 생각하다(believe that sth is true)

[해설] 전치사의 목적어로 분사가 가능한가?

Most guys take it for granted that beautiful girls already have boyfriends.
    S   V   O   O.C   'it'은 가목적어이고 'that' 이하는 진목적어

전치사의 목적어로 (동)명사가 쓰여야 된다. 그러면 (B)(D) 중 하나가 되어야 되지만 'grant'가 타동사이므로 목적어가 없어 옳지 못하다. 그러면 (C)는 어떤가? 분사는 전치사의 목적어가 될 수 없다면 과거분사 앞에 'being'이 생략되었다는 것을 유추할 수 있어야 한다. 왜냐하면 수동이 되기 위해서는 'be + p.p.' 구조가 되어야만 하기 때문이다. 이 때 'be'가 전치사의 목적어로 동명사 'being'이 되었지만 의미 없이 단지 수동 조동사 기능을 하기 때문에 생략된 것이다.

[번역] 또한 대부분의 사내들은 예쁜 여자들은 이미 남자 친구가 있을 것이라는 것을 당연한 일로 받아들이고 있다.

18.

[어휘] apologize 사과하다, 사죄하다   apologize for ~에 대해 사과하다   apology 사과, 사죄   apologetic 변명의; 사죄의, 미안해하는   temporary 일시적인, 잠깐 동안의, 덧없는   temporarily 당분간, 임시로   inconvenience 불편(한 일), 폐(가 되는 일)   cause inconvenience 폐를 끼치다   cause (걱정, 폐 등을) 끼치다, ~의 원인이 되다; 결과를 초래하다(bring about)

[해설] 'cause inconvenience'는 '폐를 끼치다'라는 뜻이다. 동사의 목적어가 동사 앞에 있을 땐 수동관계가 되어야 한다. 관계대명사 절이 수동·진행형인 경우 'which / who + be'를 생략하면 분사가 명사를 수식하는 형용사구가 된다. 즉, 분사가 형용사처럼 명사를 수식한다.

... for the temporary inconvenience (which was) caused by these building works.
                일시적 불편함   ↑   이 건물 공사로 끼쳐드린 (형용사절)

[번역] 이 건물 공사로 일시 폐를 끼쳐드린 것에 사과드립니다.

19.

[어휘] revenue 소득, 수익; 고정 수입; (국가의) 세입(the total income of a state)   generate 낳다; (전기·열 등을) 발생시키다; (결과·상태 등을) 야기하다   increase 늘리다, 증가하다 ↔ decrease 감소하다(diminish)   be on the increase 증가하고 있다(be increasing)

[해설] 분사의 형용사적 용법을 알아보는 문제이다.
'which was'가 생략되고 과거 분사가 주어를 수식하고 있다. (A)(C)(D)는 능동형으로 목적어가 없어 옳지 않다. 'by online sales'는 '온라인 판매에 의하여'란 뜻이다. 전치사 'by'는 '~에 의하여'란 뜻으로 수동문에서 '행위'를 나타낸다.

[번역] 온라인 판매에 의하여 생긴 수입이 증가하고 있다.

20.

[어휘] domestic 가정의; 가정적인, 살림꾼인; 사육되어 길들여진(tame); 국산의(homemade)   appliance (가정용) 전기기구   domestic appliance 가전제품   proud to ~하게 되어 기쁜   offer (자진해서) 제공하다; 제의·제안하다   valued 소중한, 귀중한   customer 고객   unbelievable 믿을 수 없는, 거짓말 같은   discount 할인(reduction)   refrigerator 냉장고   display (상점에 팔 물건을) 진열하다; (공공장소에 그림·역사적으로 중요한 물건을) 전시하다; 게양하다   showcase 진열장, 쇼 윈도우   exhibit 전시하다   exhibition 전람, 전시(회)

해설 분사의 형용사적 용법을 알아보는 문제이다.
타동사의 현재분사 (B)(C)는 목적어가 없어 옳지 않다. 'is proud' 가 있으므로 동사 'see' 가 필요하지 않고, 목적어가 없어 (D)도 빈 칸에 적합하지 않다.

offer　its customers　an unbelievable discount on its refrigerators　(which are) displayed
　V　　　I.O　　　　　D.O 냉장고에 믿기지 않는 할인을　　　　　↑　　~에 진열돼있던

번역 오직 오늘만 소중한 고객 분들께 진열장에 진열돼있던 냉장고를 거짓말 같은 할인을 해 드릴 수 있게 되어 저의 Ward 가전제품 상점은 기쁘게 생각합니다.

21.

어휘 **prime** 제 1의; 으뜸의, 주요한; 훌륭한; 전성기; 청춘 (시대); 처음　**minister** 장관, 목사, 성직자　**a prime minister** 국무총리, 수상　**attend** 참석하다; 시중들다; 주의하다; 보살피다　**a dinner** 공식 만찬(a formal occasion when an evening meal is eaten, often to celebrate something)　**hold** (모임 · 회의 등을) 열다, 개최하다, (식을) 올리다, 거행하다; 손에 들다, 잡다, 떠받치다, (재산 · 직업 · 지위 등을) 가지다, 용량이 ~이다; 수용하다; 생각하다, 주장하다; 멈추게 하다　**in one's honor** 경의를 표하기 · 축하하기 위하여

해설 명사 전용과 분사의 형용사적 용법을 알아보는 문제이다.
'dinner' 는 'meal(식사: breakfast, lunch, supper, brunch(아침 겸 점심))' 의 한 부분으로 저녁 식사를 의미한다. 동사가 '먹다' 의 뜻이 아니고 'attend(참석하다)' 가 쓰인 것으로 봐서 식사가 아니라, '(~를 축하하기위해 저녁식사가 제공되는) 공식 만찬 행사' 를 의미하는 'a dinner' 가 옳다.

The prime minister　attended　a dinner　(which was) held　in his honor.
　　　S　　　　　　V　　　　　O　↑　　열린 (형용사절)　　부사구

번역 그를 축하하기 위해 열린 공식 만찬 행사에 총리가 참석했다.

22.

어휘 **goods** 상품(merchandise), 제품　**order** 주문하다; 정리 · 배열하다; 명령하다　**deliver** 배달하다; 인도하다, 넘겨주다; (연설을) 하다; (애기를) 분만하다　**receipt** 인수, 영수; 영수증　**payment** 지불(액)　**on receipt of payment** 일단 돈이 입금되면(= once / immediately after the money is received)

해설 분사의 형용사적 용법과 전치사의 의미를 알아보는 문제이다.
'order' 의 목적어가 주어자리에 있기 때문에 수동관계인 (B)가 옳다. (C)(D)는 동사의 목적어가 없어 빈 칸에 적합하지 않다. 분사는 관계대명사가 이끄는 형용사절이 축소되어 분사가 형용사 구실을 하고, 전치사 'on' 은 '~하는 즉시(immediately after), 일단 ~하면(once), ~하자마자(as soon as)' 의 뜻이다.

= Goods (which were) **ordered** online will be delivered **once the money is received**.

번역 인터넷으로 주문하신 상품은 돈이 입금되는 즉시 배송될 것입니다.

23.

어휘 **publish** 출판하다; 발표하다, 공표 하다　**huge** (크기 · 양 · 정도 등이) 대단히 큰, 거대한(gigantic), 엄청나게 큰(very large)　**success** 성공　**a success** 성공한 사람 · 제품　**succeed** 성공하다

해설 명사를 수식하는 형용사의 관계를 알아보는 문제이다.
명사를 수식하는 것은 형용사 · 형용사구 · 형용사절뿐이다. 관계대명사가 이끄는 형용사절이 축소된 과거분사가 '~된' 의 뜻으로 주어를 수식한다. (B)(C)는 능동관계이므로 목적어가 없어 옳지 않다. (D)의 부정사도 형용사적으로 쓰이지만 '~할 수 있는; ~해야만 하는' 의 뜻이므로 빈 칸에 의미상으로 적합하지 않다.

His book　(which was) **published** last month at the end of last month　was　a huge success
　S　　↑　　지난달 말에 출판된('which was' 가 생략된 채 주어를 수식하는 형용사구)　　V　　　　C

번역 지난달 말에 출간된 그의 새 영문법 책은 대 성공작이었다.

24.

어휘 **customer** (상점이나 식당의) 고객　**regular customer** 단골 고객　**refund** 환불하다(give sb one's money back); 환불금, 환불(repayment)　**domestic** 가정의; 가정적인, 살림꾼인; 사육되어 길들여진(tame); 국산의(homemade)　**appliance** (cooker · washing machine 등과 같은 가정의) 전기기구; 도구, 장치(device)　**bring in** ~을 가지고 오다　**receipt** 영수증; 수령, 받음　**along with** ~와 함께, 같이　**faulty** 고장 나거나 결함이 있는　**product** 상품, 제품

해설 관계대명사 절이 수동 · 진행형인 경우 'who / which + be' 를 생략하면 분사가 명사를 수식하는 형용사구가 된다. 즉, 분사가 형용사처럼 명사를 수식한다.

Any customer (that is) wishing to refund their domestic appliances must bring in the receipt
  S (선행사)   가정용 전기기구를 환불하고 싶은 (형용사절)   V   O

번역 가정용 전기기구를 환불하고자 하는 고객은 고장난 상품과 함께 영수증을 가져와야만 한다.

25.

어휘 **practical** 실용적인(useful rather than attractive); 실제적인 **appeal** 매력이 있다(attract); ~의 마음에 들다; 간청하다(make an urgent request) (마음에) 호소하다; (법률·여론 등에) 호소하다; 항소하다; 매력(attraction); 애원 **appealing** 매력적인(attractive); 호소를 하는 듯한 **recyclable** 재활용할 수 있는 (can be used again) **recycle** 재활용하다 **recycling** 재활용 **recycled** 재활용된 **material** 재료; 옷감; 교재 내용; 물질의, 물질적인 **bring** ~를 …로 오게 하다 **customer** 고객 **tiny** 아주 작은(very small)

해설 감정동사의 현재분사와 과거분사의 쓰임을 알아보는 문제이다. 〈130쪽 참조〉
명사를 꾸며주는 것은 형용사이므로 (B)(C)가 가능하다. 그러나 '~의 관심·흥미를 끌다, ~의 마음에 들다'와 같은 뜻을 가진 인간의 감정동사 'appeal'의 과거분사는 무생물을 수식하지 못한다. 그리고 타동사의 현재분사는 의미상 목적어를 가지므로 'products which appeal customers(고객의 관심을 끄는 상품들)'란 뜻이 된다.

products made from recyclable materials bring customers from all over the nation to this tiny
  S   재활용 재료로 만들어진   V   O   (출처) 부사구   장소 부사구

번역 재활용할 수 있는 재료들로 만들어진 실용적이고 매력적인 상품들은 이 작은 가게로 전국 각지의 손님을 불러 모은다.

26.

어휘 **in short** 간단히 말해서 **constructively** 유용하게, 도움이 되게 **channel** (어떤 방향으로) 돌리다 **achieve** 성취하다 **far more than** ~보다 훨씬 더(→ 'far'는 비교급을 강조함 **dream** ~라고 꿈꾸다, 상상하다) **possible** 가능한 **key** (해결의) 열쇠 **release** 배출, 방출

해설 분사구문에서 양태부사의 위치를 알아보는 문제이다.

① if/when it is constructively channeled → **constructively channeled**
  → 부사절이 축소된 분사구문은 부사 역할을 한다. 그러므로 부사 'constructively'가 부사 역할을 하는 'channeled' 앞에 위치해야만 한다.

② it can **help** you *achieve* 그것은 당신이 …을 성취하는데 도움을 줄 수 있다
  → 'help' 동사는 미국 영어에서 목적 보어로 원형 동사를 갖는다. it = stress

③ 'channeling'은 'is'의 보어로 쓰인 동명사

번역 간단히 말해서 스트레스는 에너지이고, 도움이 되는 쪽으로 방향을 돌리면 당신이 가능하리라 상상했던 것보다 훨씬 더 많은 것을 성취하는데 도움을 줄 수 있다. 열쇠는 에너지 배출 방향을 어느 쪽으로 하느냐 하는 것이다.

27.

어휘 **weigh down** (책임·심려로) 내리누르다, 짓누르다 **mass** 다수, 다량 **a mass of** 많은 **trivial** 하찮은, 사소한 **detail** 사소한 일 **fortunate** 다행스러운; 행운의 **lose** 잃다 **charm** 매력 **three-quarters** 4분의 3 **intelligence** 지성; 지능

해설 원인의 분사구문을 알아보는 문제이다.
(A)(C)(D)는 능동형으로 목적어가 없어 빈 칸에 적합하지 않다. 아래 변형과정을 참조.

① As she gets weighed down by a mass of trivial details, a housewife is …

② **Getting weighed down** by a mass of trivial details, a housewife is …

→ ①에서 접속사와 주절의 주어와 동일한 'she'를 생략한 후 'gets'를 분사 'Getting'으로 고치면 분사 구문 ②가 된다. ②에서 아무런 의미가 없는 수동 조동사 'Getting'을 생략하면 빈 칸에 적합한 형태가 된다.

번역 많은 자질구레한 일로 짓눌려서 가정주부가 만일 자기의 모든 매력과 지성의 4분의3을 곧 잃지 않게 된다면 다행이다.

28.

어휘 **owing to** ~때문에(because of) **strict** (사람이 법률 등에) 엄격한, (타인에 대해서) 엄한 **strictly** 엄격히, 엄밀히 말해서 **government** 정부; 통치 **govern** (국가·국민 등을) 통치하다; 지배·관리하다; (사람·행동 등을) 좌우하다 **regulation** 규제, 규칙, 법규; 조절 **industry** 산업, 공업, 제조업; 근면 **industrial** 산업의 **inspect** (결함의 유무 등을) 자세히 조사하다, 검사하다 **inspector** 검열자; 검열관 **frequently** 종종, 빈번히(very often or many times) **frequent** 자주 일어나는, 빈번한 **freeze** 얼리다 (무가 부다) 동결하다; 간담을 서늘하게 하다 **freezer** 냉동 장치; 냉장고 **frozen** 언, 냉동의 **freezing** 어는, 몹시 추운; 냉동 **processed food** 가공 식품 **low-fat food** 저 지방 음식 **fast food** (즉석에서 먹거나 갖고 갈 수 있는 햄버거·치킨 같은) 간이 음식 **junk food** (지방·설탕이 많이 들어간 도너츠·아이스크림 같은) 스낵 **the natural food for young babies** 유아용 자연식

해설 명사를 수식하는 분사를 알아보는 문제이다.
과거분사 (A)는 '냉동된'의 뜻으로 'frozen food'는 '냉동식품'이란 뜻이 되어 빈 칸에 적합하다. 현재분사 (B)는 의미상 목적어를 필요로 하기 때문에 빈 칸에 적합하지 않다. (C)의 동사는 명사를 수식할 수 없다. 명사 수식어로 부정사를 사용할 수 없기 때문에 (D)는 빈 칸에 적합하지 않다.

해석 식품산업에 대한 정부의 엄격한 규제 때문에 냉동식품 회사는 자주 점검을 받는다.

29.

어휘 **release** 발표하다, 공개하다 **performance** 실적, 성과 **reveal** 나타내다, 가리키다 **rapid** (속도가) 빠른, 신속한; 민첩한 **fall** 하락, 감소; 낙하; 가을 (美) **trade** 거래, 매매; 무역 **figure (pl.)** (공식적 정보에 의한) 구체적인 양(amount); 계산, 숫자; 모양; 몸매 **the first quarter** 1분기
eg. the latest trade figures 최근 무역거래 양
unemployment figures 실업자 수

해설 일부 과거분사는 '부사 + 분사'와 같이 부사와 결합되어야만 쓰이는 경우가 있다.
- a **newly/recently released** film 새로/최근 개봉한 영화
- a **well-read** person (책을 많이 읽어) 박식한 사람
- a **well-paid** job 월급을 많이 받는 직업
- a **well/recently-built** house 잘/최근에 지은 집
- a **much-travelled** son 여행 경험이 많은 아들
- a **ready-made** suit 기성복

(D)의 'released reports(발표된 보고서)'는 '언제'라는 물음이 야기되므로 정확한 의미 전달이 되지 않는다. (A)의 'Recently releasing'은 옳지 않다. 왜냐하면 타동사의 현재분사는 의미상 목적어를 가지는데 'reports'가 의미상 목적어이므로 'reports which were recently released'와 같은 수동구조가 되어야 한다. 그 다음 'which were'가 생략된 후 'recently released'가 명사 앞으로 형용사의 자격으로 이동한 것이다. (C)처럼 수식어와 피수식어 사이에 부사가 삽입될 수 없다.

해석 회사의 실적에 관해 최근 발표된 보고서에 따르면 1분기 거래 양(量)에 가파른 하락이 있음을 나타내고 있다.

30.

어휘 **catch -ing** (~하는 것을) 발견하다(find, discover) **minor** 미성년; 부전공 **shopkeeper** (작은) 가게 주인(storekeeper(美)) **fine** 벌금을 과하다; 벌금; 훌륭한, 멋진; 아주 건강한; (날씨가) 갠, 맑은 **at least** 적어도 **as much as** ~만큼 **up to** ~까지 **send to prison** 수감하다(imprison) **prison** 교도소 **final** 마지막의; (결정·동의 등이 확정되어) 바꿀 수 없는(that cannot be changed); 최종적인, 결정적인; 결승; 학기말 시험 **as well as** ~와 동시에, 뿐만 아니라 ~도 **as soon as** ~하자마자, ~하자 곧, ~하는 대로 **as good as** 거의(nearly, almost), 실제로(virtually), ~나 마찬가지인(the same~as)

해설 'be' 동사는 'be + V-ing(진행형)'; 'be + p.p(수동)'과 'be + 보어'의 구조로 쓰인다.
문제에서 (A)는 'be + V-ing'의 구조로 진행형이다. 'fine'이 동사로 쓰일 때 '벌금을 과하다'이므로 목적어가 없어 빈 칸에 적합하지 않다. (C)는 수동으로 빈 칸에 적합하다. (B)(D)는 'be + 보어'의 구조이다.

- if (**he or she is**) caught selling ~을 팔다가 들키면

→ 부사절이 'though, if, while' 등으로 유도될 때 종종 '주어 + 동사'가 생략됨

해석 미성년에게 담배나 술을 팔다가 경찰에 적발되면 상점주인은 적어도 $2,500달러만큼 벌금을 내거나 만 1년간 옥살이를 하게 된다.

31.

어휘 **encourage** 고무하다(give confidence), 용기를 주다(give support), 격려하다(give hope to) **encouraged** 고무된, 자신이 있는(confident) **encouraging** 힘을 북돋아 주는 **report** 성적표; 보고서 **school report** 학교 성적 **decide** 결심하다(make up one's mind), 결정하다(make a decision) **apply for** (회사 등에 일자리를) ~을 신청하다, 지원하다 **post** 직(職); 말뚝; 초소; 우체국 **secretary** 비서; 서기; 사무관, 서기관

해설 분사구문을 알아보는 문제이다.
분사구문이란 부사절을 부사구로 축소한 분사로 시작하는 부사구를 말한다.

<u>Because she was encouraged by her school report</u>, <u>Jane decided to apply for</u> ... 〈원래문장〉
　　　　　　　부사절　　　　　　　　　　　　　　주절

→ ① 부사절의 접속사(Because)를 생략하고; ② 부사절과 주절의 주어가 동일한 경우 부사절의 주어를 생략한다. ③ 그리고 나서 동사의 원형에 -ing을 붙이면 아래와 같은 분사 구문이 된다.

Being encouraged by her school report, Jane decided to apply for ...
이때 수동 조동사 'Being'은 의미가 없어 생략하면 문제와 같은 분사구문이 된다.

해석 학교 성적에 고무되어 제인은 엘리오트의 비서직에 지원하기로 결심했다.

32

어휘 **manufacture** (공장에서 대규모로) 제조하다 **add** (다른 것에) 더하다, 추가하다; 덧붙여 말하다 **a handling charge** 거래 수수료 **advertise** 광고하다, 선전하다

해설 아래구조에서 괄호안의 목적어(TV)는 관계대명사로 전환되어 문장 앞으로 이동된 후 생략되었다.

sending us the TV (that) we(S) saw(V) (TV) advertised(O.C).
TV에서 광고되는 것을 본

번역 광고에서 본 TV를 배달해 주는데 제조회사는 10%의 거래 수수료를 추가했다.

33.

어휘 **employee** 직원 **receipt** 영수증; 수령, 인수, 영수 **sign** 서명하다 **accounting** 회계(학), 경리 **department** 부, 부문, 국(局), (대학의) 학부, 과(科)

해설 'have + O + p.p' 의 구조를 알아보는 문제이다.
목적어 'receipts' 가 'signed' 의 대상이므로 수동관계가 되어야만 한다.

번역 직원들은 모든 영수증에 회계부장의 서명을 받아야만 한다.

34.

어휘 **available** 전화를 받을 수 있는, 만나거나 ~와 이야기 할 시간이 있는; 입수할 수 있는(can be obtained); 이용할 수 있는 **answer** (노크·벨·전화 등에) 응답하다 / 응답하러 나가다; (질문 등에) 대답하다 **forward** (편지·메일 등을) 보내다, 전송하다, 보내다; 나아가게 하다, 진척시키다 **answering service** 자동 응답 서비스 **answering machine** 자동응답기

해설 'have + 사물 + p.p' 과 'have + 사람 + 동사원형' 의 구조를 알아보는 문제이다.
35)번과 동일한 구조지만 목적어가 대명사 'them' 인데, 'them' 을 사람으로 생각하여 정답을 (A)로 착각하지 말아야 한다. 'them' 은 'calls(전화)' 를 가리키므로 정답은 (C)가 된다.

번역 사무실에서 전화 받을 사람이 없을 때 걸려오는 전화를 자동 응답 서비스에서 받도록 해 놓고 있다.

35.

어휘 **instruction** (사용) 설명서; (학교 등에서 하는) 교육; (pl.) 명령, 지시 **provide** 제공하다(offer); 해결책을 제시하다; 준비·대비하다; 공급하다(supply) **package** 포장; (크고 무거운) 꾸러미, 짐; (라디오·TV의) 일괄 프로; (여행사의) 일괄 알선 **able** ~할 수 있는(can), 뛰어난 능력이 있는(capable) **put sth together** ~을 조립하다(assemble) **on one's own** 혼자(alone), 혼자 힘으로, 자력으로, (경제적으로) 독립한

해설 분사가 포함된 부대상황과 관용 어구를 알아보는 문제이다.
'with + 목적어 + 분사(형용사·부정사·부사)' 의 형태로 어떤 동작·상태에 부가적으로 나타내는 것을 부대 상황이라고 한다. '~한 대로, ~하고, ~한 채, ~하면서' 와 같이 해석된다. 동사 'provide' 가 타동사이고 제공된 대상이 주어 자리에 있음으로 수동이 되어 과거분사가 첫 번째 빈 칸에 적합하다.

번역 포장에 주어진 설명서대로 혼자서 침대를 조립할 수 있습니다.

36.

어휘 **staff** (학교·회사의) 직원(employee) **workshop** (참가자가 실습을 행하는) 연수회, 연구 집회; 일터, 작업장 **by far** 'much, even, still' 등과 함께 '훨씬' 의 뜻으로 비교급·최상급을 강조한다. **majority** 다수, 대다수, 대부분, 과반수 ↔ **minority** 소수; 소수민족 **participate** 참여·관여하다; ~의 기미가 있다 **participation** 관여, 참여 **participant** 참가하는; 참가자 *eg.* **a participation show** 시청자 참가 프로

해설 37)번과 동일한 구조를 알아보는 문제이다.
'with + 목적어 + 분사' 의 구조로, 동사 'participate' 가 자동사이고 빈 칸 앞에 있는 명사가 동사의 대상이 아닌 행위자이므로 능동관계인 현재분사가 빈 칸에 적합하다.

- Sales at the malls are increasing rapidly **with the Christmas season beginning**.
  크리스마스 시즌 이 시작하면서 쇼핑몰 매출이 매우 빠르게 증가하고 있다.

번역 지난 토요일의 직원 연수회는 대다수 직원들의 참여로, 금년에 가장 성공적인 것이었다.

37.

어휘 **wear** (옷을) 입다, (반지를) 끼다 **decide** 결심하다 **remove** (반지 등을) 빼다(take off), 없애다 **avoid** 피하다 **embarrass** 당황하게 하다 **keep -ing** (어떤 상태나 동작을) 계속하다 **see someone** ~와 데이트하다(date with), ~를 사귀다 **serious** 진지한, 심각한 **marriage** 결혼 **happen** (일·사건 등이) 일어나다(occur)

🔑 감정동사의 현재분사와 과거분사의 쓰임을 알아보는 문제이다. 〈130쪽 참조〉
명사를 꾸며주는 것은 형용사이므로 (A)(B)가 가능하다. 그러나 '~를 당황케 하다'와 같은 뜻을 가진 인간의 감정동사 'embarrass'의 과거분사는 무생물을 수식하지 못한다. 그리고 타동사의 현재분사는 의미상 목적어를 넣어 해석해야 'the question which embarrasses me(나를 당혹케 하는 질문)'처럼 자연스런 우리말이 된다.
두 번째 빈 칸에는 분사 구문의 부대 상황으로 주절 동사의 동작·상태에 동시 또는 부수적인 상황을 나타내는 현재분사 'hoping'이 적합하다.

I kept **seeing** Mike for 3 years, / **hoping** (that) he'd get serious ...
마이크와 계속 데이트를 해 왔다 / 그가 진지하게 생각하길 바라면서

📘 그가 준 다이아몬드 반지를 3년 동안 끼고 있은 후에 제 가족과 친구들로부터, "언제 결혼할 거야?"라는 나를 곤혹스럽게 하는 물음을 피하려고 손가락에서 그 반지를 빼기로 마음먹었다. 저는 마이크가 결혼에 대해 진지하게 생각하길 바라며 3년 동안 그와 데이트를 계속해 왔지만 결코 그런 일은 일어나지 않았다.

38.

📗 **effective** 유효한, 효력이 있는; (바라는 대로) 효과적인 **effective immediately** 즉시 효력이 발생하여 / 유효하여 **interest** (pl.) 이익; 이자; 관심, 흥미; 중요성 흥미를 일으키게 하다, ~의 관심을 끌다 **rate** 율(率), 비율, 요금; 속도; 등급; 평가하다; 어림되다; ~으로 간주되다 **increase** 늘리다, 증가하다 ↔ **decrease** 감소하다(diminish) **effect** 영향, (바라는 결과를 가져오는) 효과; 결과 **effectively** 효과적으로; 유효하게 **efficiently** 효율적으로, 능률적으로

🔑 형용사가 부사적으로 쓰이는 용법을 알아보는 문제이다.
41번 문제에서처럼 분사 'being'이 생략된 채 형용사가 부사처럼 종종 쓰인다. 본 문제는 형용사가 부사적으로 쓰이는 분사구문의 변이(變異)형태로 분사의 의미상 주어를 꼭 집어내기 어려운 경우도 있다. 이해를 돕기 위해 아래와 같이 한 문장으로 다시 고쳐 썼다.

= The increased interest rate will be effective from 1st April.
= The increase of the interest rate will be effective from 1st April.

표현연구

유리 분사(Unattached Participle)
분사구문에 있어서 분사의 의미상 주어가 주절의 주어와 아무런 관련이 없을 때 이런 것을 유리 분사(遊離分詞)(unattached participle) 또는 현수분사(懸垂分詞)(dangling participle)라고 한다.
다음 예문에서도 분사의 의미상 주어가 없지만 의미상 주어를 유추해볼 수 있다.

● **Thus loaded**, our progress was slower. (차에) 이렇게 짐이 적재되어 있어서 우리의 전진이 더 늦었다
   = **The truck being thus loaded**, our progress was slower.
   load (차량·배에) 짐을 싣다 **progress** 전진(advancement); 진보; 발전

📘 4월 1일자로 효력이 발생하여 이율이 1% 정도 상승할 것입니다.

39.

📗 **unaware** 알지 못하는, 눈치 채지 못하는 *cf.* **be aware of** ~을 알다 **different time** 시차 **zone** 지역 **ticket agent** 매표직원 **inquire** 묻다, 탐구하다 **reservation** 예약 **hang around** 서성거리다, 배회하다 **that thing = airplane** **take off** 이륙하다 ↔ **land** 착륙하다

🔑 형용사가 부사적으로 쓰이는 용법을 알아보는 문제이다.
문제에서 'unaware'는 형용사이므로 분사·부정사로 쓰이지 않는다.
분사구문은 현재분사로 시작된다. 과거분사인 경우에는 'being / having been'이 생략된 경우이다. 그러나 아래 문장에서 ①의 부사절을 분사구문으로 하면 ②와 같이 된다. ②에서 'Being'은 조동사가 아니므로 생략할 수 없지만 유추현상으로 종종 생략된 채 형용사가 부사 역할을 한다.

① <u>As he was unaware that two cities were in different time zones,</u> <u>a man inquired ...</u>
                         이유 부사절   주절

② **(Being) Unaware** that two cities were in different time zones, a man inquired ...
   The agent **did so** = The agent **repeated that**
   매표직원은 대답을 반복했다.

📘 두 도시의 시차가 다르다는 사실을 알지 못했기 때문에 한 남자는 공항에서 비행기 시간표를 물었다.
"오후 1시에 떠나서 1시 1분에 도착합니다."라고 매표원이 말했다.
"다시 한 번 말씀해 주시겠어요?"라고 그 남자가 물었다. 그 직원은 대답하고 나서 "예약하시겠습니까?"라고 물었다. "아니오, 하지만 좀 기다렸다가 비행기가 이륙하는 것을 보려고 합니다."라고 그는 말했다.

40.

어휘 **a number of** 많은　**case** 사건　**report** 보도하다　**teenager** 10대　**duplicate** 모방하다　**violent** 과격한　**act** 행위　**previously** 이전에
in fact 사실, 실제로　**instance** 경우　**victim** 희생자　**take legal action against** ~에 법적 조치를 취하다　**claim** 주장하다
responsible for (~을 돌보거나 관리할) 책임이 있는; ~의 원인이 되는　**brutal** 잔인한　**attack** 공격　**youngster** 젊은이, 소년
admit 시인하다, 인정하다　**copy** 모방하다　**method** 방법　**assault** 폭행

해설 '관계대명사 + 진행형 또는 수동'인 경우 'who/which + be'를 생략하면 분사가 명사를 수식하는 형용사구가 된다. 분사가 목적어·보어·부사를 동반할 때는 동사적 성질이 강하므로 명사 뒤에서 형용사처럼 명사를 수식한다.

① ... teenagers/(who were) **duplicating** a violent act ...
　　10대들 / 과격한 행위를 모방하는

② ... a violent act/(which was) previously **seen** on television ...
　　과격한 행위 / TV에서 전에 방영된

③ ... program/(which was) **shown** during the hours when children were
　　프로그램 / 어린이들이 시청하는 시간에 방영된

④ ... the method of assault/(which was) **shown** on the program.
　　폭행 방법 / 프로그램에서 보여준

분사구문의 부대 상황: 주절의 동사와 동시에 또는 부수적으로 나타나는 상황을 말한다.

　　the parents of a victim took legal action against a TV network,/**claiming** ...
　　한 희생자의 부모들이 TV방송국에 법적 조치를 취했다 / …라고 주장하면서

번역 TV에서 전에 방영된 과격한 행위를 모방하는 어린아이와 10대들이 저지른 많은 사건들이 보도되어 왔다. 실제로, 한 사건의 경우에, 어린이들이 시청하는 시간에 방영된 프로그램이 그들의 9살난 딸을 잔인하게 공격한 원인이라고 주장하면서, 한 희생자의 부모들이 TV방송국에 법적 조치를 취했다. (폭력행위에 관련된) 세 아이들은 프로그램에서 보여준 폭행 방법을 그들이 모방했다고 시인했다.

LESSON 08 동명사

01. (B)	02. (D)	03. (B)	04. (B)	05. (B)	06. (C)	07. (C)	08. (B)	09. (A)	10. (C)
11. (B)	12. (D)	13. (D)	14. (D)	15. (D)	16. (B)	17. (C)	18. (B)	19. (B)	20. (C)
21. (A)	22. (C)	23. (D)	24. (B)	25. (C)	26. (D)	27. (A)	28. (B)	29. (B)	30. (D)

01.

어휘 cannot help + -ing ~하지 않을 수 없다 sympathize 동정·위로하다, 조의를 표하다; 공감하다 beg for ~을 구걸하다 scold (화나서) 꾸중하다, 꾸짖다 confess to + -ing ~을 했다고 자백하다 finally 마침내, 드디어 get used to + -ing ~에 익숙해지다 urgent 매우 중요하거나 즉시 조치를 취해야 하는 industrial 산업의 cf. industrious 근면한 reduce (가격·비용·체중·생산·크기 등을) 줄이다(lessen, lower)

해설 (A) 'cannot help + -ing' 구문에서 'help'는 '피하다(avoid)'의 뜻으로 동명사를 목적어로 하므로 'to sympathize → sympathizing'으로 해야 한다.
(B) = (Because he was) Scolded by his teacher, John finally confessed to having stolen …
분사구문 'Scolded by his teacher'의 위치는 문두, 문미, 또는 문중에 가능하다.
(C) 'get used to'에서 'to'는 전치사이므로 'drive'를 동명사 'driving'으로 바꾸어야 한다.
(D) 'reducing'은 보어로 쓰인 동명사이며 타동사의 동명사는 목적어를 가질 수 있기 때문에 전치사 'of'를 없애야 한다.

번역 (A) 돈을 구걸하는 그 소녀를 동정하지 않을 수 없다.
(B) 선생님께 꾸중을 들은 존은 그 책을 훔쳤다고 마침내 자백했다.
(C) 제인이 영국에 왔을 때 그녀는 좌측으로 운전하는 것에 익숙해야만 했다.
(D) 산업 도시에서 절실히 필요한 것은 공기 오염을 줄이는 것이다.

02.

어휘 deny 부정하다, 거절하다(refuse to allow sb to do sth) remind sb of (어떤 닮은 점 때문에) ~을 생각나게 하다 never … without ~하면 반드시 …하다 mind (의문문·부정문에서) ~을 꺼려하다, 싫어하다

해설 (A) 동명사의 부정은 동명사 앞에 부정어(not)를 놓는다.
(B) 종속절의 시제(met)가 주절의 시제(denies)보다 앞선 경우 단문으로 바꿀 때 완료 동명사 'having met'이 쓰인다.
(D) 다음 세 문장의 의미상 차이는 무엇일까?

a. Would you mind **my smoking**? (= Would you mind if I smoked here?)
b. Do you mind **if I smoke**?
c. Do you mind **my smoking**?

문장 a, b)는 '담뱃불을 붙이기 전에 피워도 되는가를 요청할 때' 쓰이는 문장으로 두 문장은 거의 같은 뜻이다. a)는 가정법 과거이고 b)는 단순 조건 문장으로 미래를 현재로 나타낸 것이다. 가정법으로 쓰인 문장 a)가 단순 조건 b)보다 겸손한 표현이다. 문장 a, b)와는 달리 c)는 '담배를 이미 피우고 있는 데 다른 사람이 들어왔을 때 그 사람에게 담배 피우는 것을 꺼려하는지 물을 때' 쓰이는 표현이다. 이처럼 동명사는 동작이 과거에 일어난 것을 의미한다.

번역 (A) 그가 시험에 합격하지 못할 거라고 생각해.
(B) 나를 만났던 것을 그는 부인한다.
(C) 네 부인만 보면 내 여자 친구 생각이 난다.
(D) 담배를 피워도 좋습니까?

03.

어휘 when it comes to -ing ~하는 것이라면 thumb 엄지손가락 all thumbs 손재주가 없는, 서투른, 미숙한(awkward, clumsy)

● **When it comes to speaking English**, you can't beat Mr. Kim. 영어 회화라면 김군이 최고야.

해설 동명사의 관용적인 표현을 알아보는 문제이다.
'when it comes to' 구문의 'to'는 전치사이므로 동명사를 목적어로 한다. 재귀대명사 'yourself'는 주어를 강조한 것이다.

번역 A: 개집을 네가 직접 만들었어?
B: 아니야. 물건을 만드는 것이라면 재주가 메주야.

04.

해설 'Nice meeting you.' 와 'Nice to meet you.' 의 차이를 알아보는 문제이다.
(B)의 '(It's been) Nice meeting you.' 는 처음 만났다가 헤어지면서 하는 인사로 '만나서 즐거웠습니다.' 의 뜻으로 'I've enjoyed talking with you.' 와 같은 말이다. (D)의 'Nice to meet you.' 는 처음 만났을 때, '만나서 반갑습니다.' 라는 말로 'It's my pleasure to know you.(뵙게 되어 기쁩니다.)' 와 같은 뜻이다. (C)는 처음 소개받았을 때 하는 인사말이다.

번역 A: 저, 가 봐야겠습니다. 멋진 파티였습니다.
B: 만나서 즐거웠습니다.

05.

어휘 **introduce** 소개하다　**pleasure** 즐거움

해설 소개를 받았을 때 응답하는 표현을 알아보는 문제이다.
(A)에서 'Thank you.' 라는 말은 필요 없으며 시제는 현재가 되어야 한다. (C)에서 'happy' 의 주어는 반드시 사람이 되어야 하기 때문에 옳지 못하다. (D)는 헤어질 때 쓰이는 표현이다.

번역 A: 당신을 내 여자 친구 Vicky에게 소개하고 싶습니다.
B: Vicky, 당신을 만나게 되어 기뻐요.

06.

어휘 **go out for a drive** 드라이브 가다　**all the way** 도중에, 내내　**by the way** (화제를 바꿀 때) 그런데　**by all means** (제안의 응답으로) 좋고 말구요　**by no means** 결코 ~하지 않다

해설 상대방의 제안에 대한 응답으로 (C)는 적합하지만, (A)(B)(D)는 뜻이 전혀 다른 표현이다.

번역 A: 오늘 저녁 퇴근 후에 드라이브 가는 것 어때요?
B: 좋고 말구요. / 그러시죠.

07.

어휘 **kill** 죽이다; 죽이려 들다; 분노하다; (뭔가 할 일을 찾으며 시간을) 보내다▶ 신체 부위의 통증이 심해서 '아파 죽겠어.' 라고 말하거나, 또는 '추워 죽겠어.' 라고 허풍을 떨 때 'kill' 동사의 진행형을 사용한다.)
● My back/heat is **killing** me.　허리가 아파 / 더워서 죽겠어.
definitely (동의·긍정의 표현으로) 확실히(certainly, surely), 틀림없이, 그렇고 말구; (부정문에서) 절대로 ~이 아니다　**break** (일·수업 등의 사이에 갖는 또는 무엇을 먹기 위한) 휴식(interval); 행운; (재능을 보일) 기회; 깨뜨리다; (약속·법규 등을) 어기다, 위반하다

해설 'stop' 의 목적어가 필요한가 아니면 부사구가 필요한가를 알아보는 문제이다.
'stop' 은 '하던 일을 끝내다(finish an activity)' 의 뜻이고 동명사를 목적어로 갖는다. 대화문에서 'stop' 의 목적어는 생략되었고, (C)의 부정사(to take a break 휴식을 갖기 위해는) 부사적 용법의 목적 '~하기 위해서' 가 빈 칸에 적합하다. (A)(B)는 '휴식을 멈추다' 라는 뜻이므로 '일이 힘들어서 정말 휴식이 필요하다' 라는 말과 대치되므로 빈 칸에 적절하지 않다. (D)의 'give me a break(나를 한 번 봐주다)' 는 대화와 아무런 관계가 없다.

번역 A: 이 일이 힘들어서 죽을 지경이야. 정말 휴식이 필요해.
B: 그래. 휴식을 갖기 위해 일을 정말로 일을 멈추는 게 좋겠어.

08.

어휘 **mind** (부정·의문문에서) 싫어하다, 꺼리다, ~에 반대하다　**turn on** (TV·라디오·전기·가스·수도 등을) 켜다; ~에 관심이 있다; 흥분시키다　**turn up** (소리 등을) 키우다; 나타내다(appear, show up), 불쑥 오다　**turn off** 끄다, 잠그다; 혐오감을 느끼다, 싫어하다; 흥미를 잃다　**turn down** 줄이다(reduce); 거절하다(refuse, reject); 줄이다

해설 'mind' 동사는 동명사를 목적어로 갖기 때문에 (A)(D)는 빈 칸에 적절하지 못하며 '너무 덥다' 고 말하는 것으로 보아 (B)가 빈 칸에 적절한 표현이 된다.

번역 A: 에어컨 좀 세게 틀어 주겠어요? 너무 더워요.
B: 물론이죠.

09.

어휘 **crash** 속성의　**crash diet** 단기간에 많은 체중을 줄이려는 다이어트　**do sb good** ~에게 효과가 있다(have any effect), 좋아지다(improve)　**work out** 몸매를 가꾸기 위해 운동하다　**regularly** 규칙적으로　**weight** (몸)무게, 부담, 무거운 짐, 압력, 중요성, 영향력, 무겁게 하다, 압박하다
lose weight 살을 빼다 ↔ **put on weight** 살이 찌다　cf. **take off weight** 살을 빼다

해설 문장의 주어가 될 수 있는 것은 명사·대명사·동명사·부정사
방법을 나타내는 부사구 (B)(C)는 문장의 주어가 될 수 없기 때문에 옳지 못하고, (D)에서 동명사를 수식하는 것은 부사이므로 'regularly'가 되어야 옳다.

번역 A: 한 달에 5kg을 빼기로 맘먹었어.
B: 어휴. 줄이야. 속성으로 체중 감량을 위한 다이어트는 몸에 전혀 도움이 안 돼! 규칙적으로 운동하는 것이 살을 빼는데 훨씬 좋은 방법이라구.

10.

어휘 heat 가열하다; 뜨거워지다; 데우다; 흥분하다; 열, 더위; 격렬; 한창 때   heat (up) 다시 데우다   take the heat out of ~의 흥분의 열기를 식히다
require 요구하다(demand), 필요로 하다; (법·규칙 등이) ~하도록 명령하다   involve 감싸다, 말아 넣다; 포함하다(include), 수반하다; 몰두시키다, 열중시키다   enable (사물이 사람에게) ~을 할 수 있게 하다

해설 'need' 동사가 무생물을 주어로 하고 동명사를 목적어로 가질 땐 수동의 뜻(= It needs to be heated.)이 된다.

번역 음식이 매우 식었어. 좀 데워야겠어.

11.

어휘 appreciate 고맙게 여기다; 이해하다; 올바르게 인식하다; ~의 가치를 평가하다   keep sth a secret ~을 비밀로 하다, ~을 비밀로 덮어두다
secret 비밀, 기밀; 비법, 비결

해설 동명사의 의미상 주어와 동명사를 목적어로 하는 동사를 알아보는 문제이다.
'appreciate(~을 고맙게 생각하다)', avoid(피하다), deny(부인하다), fancy(~하고 싶다), suggest(제안하다), not mind(개의치 않다)' 등은 항상 동명사만을 목적어로 갖는다. 그리고 동명사의 의미상 주어는 소유격이 원칙이지만 회화체에서는 목적격도 쓰인다.

- I don't **fancy going out** this evening. 오늘 저녁은 외출하고 싶지 않아.
- I don't **mind being kept** waiting. 기다리게 해도 괜찮아.

번역 그것을 비밀로 해 준 것에 감사드립니다.

12.

어휘 the police (집합적) 경찰(→ 복수취급)   look for (잃어버린 것을) 찾다; 구하다(try to find)   counterfeit 모조의, 가짜의; 가짜; 모조품
counterfeit illness 꾀병   have much difficulty (in) -ing ~하는데 많은 어려움이 있다   distinguish 식별하다(recognize), 구별하다; ~의 특징이 되다; ~으로 유명해지다   distinguish A from B A와 B를 구별하다(tell / know A from B)   genuine 가짜가 아닌 진짜의(real), (혈통이) 순수한 진실된(true), 믿을 만한(authentic)

해설 동명사가 들어가는 관용 어구와 대명사 용법을 알아보는 문제이다.
'~하는데 애를 먹다'라고 할 때 'have a difficulty / some trouble / a hard time (in) -ing'형의 관용 표현이 자주 쓰인다. '어려움 또는 애를 많이 먹었다'라고 할 때는 명사 앞에 'lots of, great, much' 등이 쓰이고 그렇지 않다고 할 때는 'no, little' 등이 쓰인다.
셀 수 있는 명사는 대명사 'one'으로 대신할 수 있지만 셀 수 없는 명사 'money'는 'one'으로 대신 할 수 없다.

번역 경찰은 위조 화폐를 찾고 있지만 진짜와 가짜 돈을 구별하는데 많은 어려움이 있다.

13.

어휘 suffer from ~으로 고통을 받다   insomnia 불면증   insomniac 불면증 환자   have trouble (in) -ing ~하는데 어려움이 있다
asleep 잠이 들어

해설 관용어법과 불완전 자동사의 용법을 알아보는 문제이다.
'have trouble (in) -ing'는 '~하는데 어려움이 있다'는 뜻으로 동명사 (B)(D)가 빈 칸에 가능하지만, 동사 'fall'은 '(어떤 상태가) 되다'라는 뜻의 불완전 자동사로 (D)와 같이 보어를 필요로 한다.

People (who are) suffering from insomnia have trouble falling asleep
                                                   V   C
              불면증으로 괴로워하는   잠드는데 어려움을 겪고 있다

번역 불면증으로 괴로워하는 사람들은 밤에 잠드는데 어려움을 겪고 있다.

14.

어휘 regret + -ing ~한 것을 후회하다   regret to + 원형 ~하는 것이 유감스럽다

- I **regret** *to say* the experiment was a failure. 그 실험이 실패했다는 것을 전하게 되어 유감스러워.

해설 복문 ①을 단문 ②로 전환할 때 시제와 부정어 'not'의 위치에 주의해야 한다.

① I regret that I **didn't work** harder while young. 〈복문〉

② I regret **not having worked** harder while young. 〈단문〉

복문을 단문으로 전환할 때 주절과 종속절의 시제가 동일한 경우에 단순 동명사가 되는 반면, 주절과 종속절의 시제가 다를 경우, 다시 말해서, 열심히 일하지 않은 것은 과거(didn't work)이고, 그 사실을 지금 후회하기(regret) 때문에 완료 동명사가 쓰여야 한다. 그리고 부정사·분사와 마찬가지로 동명사를 부정할 때는 동명사 앞에 부정어를 놓는다.

번역 젊었을 때 더 열심히 일하지 않았던 것이 후회스러워.

15.

어휘 **part-time job** 시간제로 일하는 직장 *cf.* **full-time job** 전일 근무하는 직장 **forget** 잊다, 기억을 못하다(fail to remember) **exact** 정확한 **amount** 총액

해설 동명사와 부정사를 목적어로 가질 때 가질 때 의미상 차이를 알아보는 문제이다.
'remember + 동명사'는 '이미 전에 일어난 과거의 일'을, 'remember + 부정사'는 '앞으로 일어날 미래의 일'을 각각 나타낸다.

ⓐ Don't **forget to remember** me and my love. 나와 나의 사랑을 잊지 말아 주세요.

번역 아르바이트로 돈을 받은 것을 기억은 하지만 정확한 액수는 기억이 안나.

16.

어휘 **promote** 증진하다; 조장하다; 격려하다; 승진시키다; 판촉 하다 **daily** 날마다(every day); 매일의(everyday) **physical** 신체적, 육체적인 ↔ **mental** 정신적인(spiritual), 지능의 **A as well as B** B뿐만 아니라 A도 **emotional** 정서적, 감정의 **well-being** 안녕, 건강

해설 동사 'promotes'의 주어가 될 수 있는 것을 알아보는 문제이다.
(동)명사는 문장의 주어가 될 수 있으므로 (A)(B)(C) 모두 주어로 가능하다. 그러나 (A)는 완료시제 이므로 'daily'가 아니라 '기간'을 나타내는 부사가 동반되어야 한다. '운동하는 것은 건강을 촉진시켜 준다'는 일반적인 사실을 나타낼 때는 단순 동명사를 사용한다. 또한 운동을 매일 한다고 하는 부사 'daily'가 있으므로 (C)의 단순 동명사가 빈 칸에 적절하다. (B)의 'Those who exercise(매일 운동하는 사람들)' 역시 주어 역할을 할 수는 있지만 동사가 'promotes'와 같이 단수로 되어 있어 빈 칸에 적합하지 않다.

번역 매일 운동하는 것은 모든 연령층의 사람들에게 정서적·육체적 건강을 촉진시켜 준다.

17.

어휘 **repair** (자동차·시계·기계류 등을) 수리·수선하다; 수리, 수선 **cost** (생산에 필요한) 비용, 원가; (돈·시간·노력 등의) 희생, 손실 **minimum** 최소, 최소한도 **a minimum of ten cigarettes a day** 하루 최소 담배 열 개비 **minority** 소수, 소수파; 소수민족 **minor** 중요치 않은; (18세 미만의) 미성년자; 부전공; 단조 **margin** 가장자리; 매매 차익, 이문; (시간·득점 등의) 차

해설 동명사의 용법과 명사의 의미를 알아보는 문제이다.
타동사의 동명사는 목적어를 가질 수 있으므로 (A)처럼 전치사 'of'가 필요하지 않다. (C)(D)가 첫 번째 빈 칸에 가능하고, 'a minimum of'가 '최소한' 이라는 뜻으로 두 번째 빈 칸에 적합하다.

번역 당신 차를 수리하는데 최소 500달러의 비용이 들 겁니다.

18.

어휘 **outstanding** 두드러진, 뛰어난(excellent), 월등하게 뛰어나 눈에 띄는(easily noticed) **commit oneself to + (동)명사** ~에 전념하다, ~에 몸을 맡기다 **develop** (기술·자원을) 개발하다; 발전시키다; 현상하다; 성장하다(grow) **cure** 치료(제·법); (문제의) 해결법; (육체적·정신적 질병을) 치료하다 **lung** 폐 **cancer** 암 **breast cancer** 유방암 **get cancer** 암에 걸리다

해설 'commit oneself to + (동)명사'라는 관용적인 표현을 알지 못한다면, to부정사로 착각하여 (A)를 정답으로 고를 수 있는 문제이다.

표현연구

부정사처럼 보이지만 전치사이기 때문에 동명사 사용에 유의

● **be accustomed to + (동)명사** ~에 익숙해지다(= be used to + (동)명사)
● **devote oneself to + (동)명사** ~에 전념하다, 몰두하다
● **look forward to + (동)명사** ~하기를 손꼽아 기다리다(anticipate), 간절히 바라다
● **object to + (동)명사** ~에 반대하다
● **take to + (동)명사** ~이 버릇이 되다, 습관이 되다(start doing sth as a habit)

🔵 그 뛰어난 한국 과학자는 폐암 치료제를 개발하는데 전념해왔다.

19.

🟢 object 반대하다(oppose); 물건; 물체; 대상; 목적, 목표   contribute (금품 등을) 기부하다; 기여·공헌하다; 제공하다   promote 향상하다; 촉진하다; 격려하다; 승진시키다; (광고를 통해) 판촉 하다   welfare 복지, 후생; 복지 사업   on welfare 생활 보호를 받아   nation (전체) 국민; 국가   nationalism 민족주의   nationality 국적; 국민성

🟡 부정사처럼 보이지만 전치사로 쓰이는 용법을 알아보는 문제이다.
'object to+(동)명사 ~에 반대하다'와 'contribute to+(동)명사 ~에 기여/공헌하다'의 'to'가 to부정사인지 전치사인지 헷갈리는 경우가 있다. 이런 표현은 한 덩어리로 암기하는 것이 좋다.

🔵 흡연을 반대하는 그 사람이 국민복지 향상에 공헌해 왔다.

20.

🟢 congressman 연방 의회 의원(美)   prohibit (법률(law)·규칙(rule)에 의해 어떤 행동하는 것을) 금지하다   public 공공의; 공립의; 공적인; 공공연한; 국민, 사회, 일반 사람들

🟡 관용적 표현을 알아보는 문제이다.
동사 'prohibit'는 'prohibit sb from ~가 …하는 것을 금지시키다'와 같이 금지를 의미하는 전치사 'from'과 함께 쓰이는 것에 주의해야 한다.

🔵 의원들은 많은 공공장소에서 흡연을 금지하는 법을 통과시켰다.

21.

🟢 staff (학교·회사의) 직원; (군대의) 참모; 막대기, 지팡이   welcome 환영받는; 마음대로 ~할 수 있는; 환영, 환대; 환영의 인사; 환영하다

● You're welcome to stay here whenever you like.
있고 싶을 땐 언제나 이곳에 마음대로 머물러도 됩니다.

join 결합하다(combine); 함께 ~하다, 참가하다, 구성원이 되다; 군에 입대하다   occasion 경우, 때; 특별한 일, 행사; 기획   celebrate 축하하다; 찬양하다   celebration 축하(회)   colleague 직장 동료(associate), 동업자

🟡 관용표현과 동명사의 용법을 알아보는 문제이다. 'be welcome to'는 '(권유·초대할 때) ~하시기 바랍니다; 마음대로 …할 수 있다'의 뜻으로 쓰이고, 두 번째 빈 칸에 전치사의 목적어로 (동)명사가 필요하므로 두 번째 빈 칸에는 (A)(C)(D)가 가능하다. 그러나 동명사는 목적어를 가질 수 있지만 명사 'celebration'은 목적어를 가질 수 없어 정답은 (A)뿐이다.

🔵 우리 동료의 자기 부서장 승진 축하 행사에 전 직원이 참여하시기 바랍니다.

22.

🟢 put off 미루다(postpone)   admit 시인하다   lazy 게으른, 일하기를 싫어하는(unwilling to work)   cf. idle 한가한; (할 일이 없어) 빈둥거리는

🟡 동명사와 부정사의 용법을 알아보는 문제이다.
동명사와 부정사가 명사적 용법인 주어·보어로 쓰일 수 있다. 그러나 문제에서 일반적인 사실을 언급하고 보어로 동명사가 쓰였기 때문에 대칭을 이루기 위해 빈 칸에 동명사가 적합하다. 〈152쪽 동명사 용법 참조〉
주어진 문제는 'Putting off … (S) is(V) admitting … (C)'으로 구성된 간단한 2형식 문형이지만 종속절과 부사구 때문에 복잡하게 보일 수 있다. 다음 구조를 보면 쉽게 이해될 것이다.

<u>Putting off till tomorrow what should be done today</u> <u>is</u> <u>admitting to one's self that one is lazy</u>.
S ('till tomorrow'는 부사구 'what ~ today'는 'putting off'의 목적어)   V   C ('to ~ self'는 부사구 'that이하'는 'admitting'의 목적어)

➜ 'Putting off'는 주어, 'admitting'은 보어로 쓰인 동명사이지만, 동사의 성질을 그대로 지니고 있어 목적어와 부사를 가지고 있다.

🔵 오늘 해야 할 일을 내일로 미루는 것은 게으르다는 사실을 자신에게 시인하는 것이다.

23.

🟢 put off 미루다   afraid of ~을 두려워하는   very (명사를 강조하여) 바로 그   turn down 거절하다(refuse, reject); (TV·전기·가스·수도 등을) 줄이다(reduce)

🟡 동명사의 용법과 동작 수동/상태 수동 관계를 알아보는 문제이다.
전치사의 목적어는 (동)명사를 필요로 한다. 그러므로 (A)(C)(D)만이 가능하다. 그러나 문제에서 (A)의 'being turned down'은 '이미 거절당했다'는 상태 수동을 의미하므로 의미상 적합하지 않다. 빈 칸에 적합한 것은 '거절당하게 될까봐'라는 동작 수동을 나타내는 (D)가 빈 칸에 적합하다.

(C)는 'turning down'의 목적어도 없고 의미가 부적절 하다. 〈59쪽 상태/동작 수동 참조〉

<u>Most of us</u> <u>put off</u> <u>asking for the very things</u> <u>we most want</u>
　　　S　　　　V　　　　　　　O　　　　　　　↑— 우리가 가장 원하는 (형용사절)

번역 우리는 거절당하는 것이 두렵기 때문에 우리가 가장 원하는 바로 그것을 요구하는 것을 우리 대부분은 뒤로 미룬다.

24.

어휘 **considerate** 남을 헤아릴 줄 아는, 사려 깊은(thoughtful)　**refrain** 그만두다, 삼가다, 자제하다; 후렴, (시나 노래의) 반복(구)　**lecture** 강의, 강연, 훈계; 강의하다, 강연하다; 훈계하다

해설 동명사의 관용적 표현을 알아보는 문제이다.
'refrain from -ing'은 '~을 삼가다'라는 뜻이므로 빈 칸에는 적합한 것은 (B)이다.

● The sign on the wall says "Please **refrain from smoking**."
　벽에 있는 표지에 "흡연을 삼가주세요."라고 씌어있다.

번역 다른 사람을 생각해서 강의 중에 휴대폰을 삼가주십시오.

25.

어휘 **total** 전체의, 총계의; 합계하다　**totally** 완전히; 전혀　**number** 수; 번호; 다수 세다　**a number of** 많은　**jobless** 실업의(unemployed)　**job** 직업
(▶ 명사에 '-less'를 붙여 '~이 없는(without)'의 뜻의 형용사를 만든다. eg. **homeless** 무주택의 **meaningless** 의미가 없는 cf. **priceless** 매우 귀중한)
rise (수치·물가 등이) 상승·증가하다; (해·달이) 떠오르다　**restructure** 재구성하다, 개조하다　**restructuring** 구조조정　**industry** 산업; 근면
industrial 산업의　**industrious** 근면한　**take place** 발생하다, 일어나다(occur, happen); (모임 등이) 개최되다(be held)

해설 형용사의 명사화와 동명사의 보통명사화를 알아보는 문제이다.
전치사의 목적어로 (동)명사만이 허용됨으로 (A)(D)는 빈 칸에 적합하지 않다. 'the+형용사 = 보통 명사'로 쓰인다. 'the+동명사'는 보통명사가 되어 목적어를 가질 수가 없기 때문에 목적격 전치사 'of'를 사용한 (C)가 정답이다.

번역 동양에서 실업자의 총수는 이미 백만을 넘었고 기업의 구조조정이 일어나고 있기 때문에 실업자가 계속 증가하고 있다.

26.

어휘 **modern** 현대의　**research** (새로운 사실을 알아내려 하는) 연구　**establish** 입증·증명하다　**moderate** 적당한(reasonable), 삼가는　**meal** 식사
reduce (양·크기·가격·무게 등을) 줄이다(lessen, lower)　**risk** 위험　**disease** 질병 cf. **heart attack** 심장마비(heart failure)

해설 동명사의 보통명사화와 전치사의 의미를 알아보는 문제이다.
동명사가 형용사 'moderate'의 수식을 받을 때 보통명사가 된다. 이때 동명사는 다른 보통명사처럼 목적어를 가질 수가 없어 (D)와 같이 목적격 전치사 'of'가 필요하다. 두 번째 빈 칸에는 '정도(程度)를 의미하는 전치사 'by'가 필요하다.

번역 적포도주를 식사와 함께 적당히 마시면 심장병이 발병할 위험성을 40% 정도 줄일 수 있다는 것이 보다 최근의 연구에서 입증되었다.

27.

어휘 **climatic** 기후상의; 풍토상의　**change** 변화, 교환; 잔돈(small coins); 거스름돈　**natural** 자연의, 천연의; 타고난　**naturally** 천성적으로; 저절로
phenomenon 현상; 사건; 놀라운 일·사람　**phenomenal** 놀라운　**excessive** 지나친, 과도한　**excess** 초과, 과잉; 무절제　**exceed** 초과하다; ~보다 뛰어나다　**burn** (불)타다; (불)태우다　**fossil** 화석; 시대에 뒤진 사람 / 물건　**fuel** 연료　**magnitude** (규모·중요성의) 크기, 거대함; 중요성
unprecedented 전례 없는

해설 동명사의 보통명사화와 전치사의 의미를 알아보는 문제이다.
소유격 다음에는 명사가 뒤이어 온다. 그러므로 동명사 'burning'은 보통명사화 되어 목적어를 가질 수 없어 목적격 전치사 'of'를 사용하여 목적어를 가지게 된다. 그러므로 빈 칸에는 명사를 수식하는 형용사 (A)가 정답이다.

번역 기후의 변화는 자연현상이지만 인간이 지나치게 화석연료를 사용함으로써 인간사에 전례 없는(unheard-of) 엄청난 기후변화를 일으킬지도 모른다.

28.

어휘 **reactive** (자극에) 민감한, 반응적인　**react** 반응을 보이다　**get caught up in** ~에 말려들다, 휩싸이다　**moment** 순간　**mean** 의도하다, 마음속에 품고 있다　**regret** 후회하다　**stop** (움직임·진행·작동을) 멈추다(put an end to the movement, progress, operation), (어떤 행위를) 끝내다(end, finish an activity)

해설 'stop'의 목적어는 (동)명사가 되어야 한다. 그러나 문맥을 보면 앞서 언급된 동사의 목적어 'doing things I later regret'가 생략되었다는 것을 유추할 수 있다. 그러므로 빈 칸에 적합한 것은 'stop'의 목적어가 아니다. 아래 구조를 참조.

= if only I <u>had stopped</u> **(<u>doing things I later regret</u>)** <u>(in order) to think about it</u>
　　　　　　　　V　　　　　　　　　　O　　　　　　　　부정사의 부사적 용법의 목적

번역 (어떤 자극에) 민감한 반응을 보이는 것은 너무 쉽다. 당신은 그 순간에 말려들게 된다. 당신은 자신이 마음에 없는 말을 한다. 당신은 나중에 후회할 것들을 한다. "아, 그것(민감한 반응을 보인 것)을 생각하기 위해 (나중에 후회하게 될 일을) 멈추었더라면 나는 그런 식으로 반응하지 않았을 텐데!"라고 당신은 생각한다.

29.

어휘 make sb sick ~를 역겹게 만든다, 혐오감을 주다(disgust) claim 주장하다 right 권리 matter (관심·고찰의) 문제 choice 선택 dear 사랑하는, 귀여운 deteriorate (품질·건강이) 나빠지다(become worse) addict (마약 등의) 중독자; 중독 시키다, (나쁜 버릇 등에) 빠지다 become addicted to + (동)명사 ~에 중독되다

해설 동명사의 관용적인 표현을 알아보는 문제이다.
'addict oneself to / be addicted to + (동)명사'는 '~에 빠지다, 중독되다'라는 뜻으로 'to'가 부정사가 아닌 전치사이므로 (동)명사를 목적어로 한다. 그러므로 (B)가 정답이 된다.

- He **addicted himself to** gambling and his wife **is addicted to** drinking.
  그는 도박에 빠졌고 그의 부인은 술에 중독되어 있다.

번역 사람들은 담배를 피울 권리가 있다는 담배 회사의 주장 때문에 나는 구역질이 난다. 그것은 선택의 문제가 아니다. 흡연에 중독되었기 때문에 사랑하는 가족들의 건강이 나빠지는 것을 나는 보아 왔다.

30.

어휘 cheat 속이다 by -ing ~함으로써 admit (상대방이 옳다고 완전히) 인정하다, 시인하다 there is no use -ing ~해 봐야 소용이 없다 fight against ~에 대항해서 싸우다 nature 자연 may as well (~할 바에야) ~하는 것이 낫다 gracefully 우아하게, 품위 있게 symphony 교향곡 life 인생, 삶 grand 웅대한; 멋진 finale 피날레; 끝악장, 종곡 peace 평화 serenity 평온, 고요함 spiritual 영적인 contentment 만족

해설 'stop'의 뜻은 '움직임·진행·작동을 멈추다(put an end to the movement, progress, operation)' 또는 어떤 행위를 끝내다(end, finish an activity)'라는 뜻이다. 문제에서 'grow old(늙어가다)'는 'stop'의 목적어가 되어 '늙어가는 진행을 멈추다'라는 뜻이 된다. 전치사도 (동)명사를 목적어로 갖는다. 〈157쪽 29번 문제에서처럼 'stop'의 목적어가 생략될 수 있기 때문에 항상 'stop' 다음에 명사만 생각하면 안 된다.〉

번역 어느 누구도 늙는 것을 멈추게 할 수는 없다. 사람은 자기가 늙어 가고 있다는 것을 시인하지 않음으로써 단지 자신을 속일 수는 있다. 자연에 대항해서 싸워 봐야 아무런 소용이 없기 때문에 사람은 곱게 늙어 가는 것이 좋을 것이다. 인생의 교향곡은 평화와 고요함 그리고 영적인 만족감을 느끼면서 멋지게 끝나야만 한다.

LESSON 09 관사와 명사

01. (D)	02. (C)	03. (B)	04. (C)	05. (C)	06. (D)	07. (A)	08. (C)	09. (B)	10. (C)
11. (B)	12. (B)	13. (C)	14. (D)	15. (C)	16. (C)	17. (C)	18. (A)	19. (B)	20. (C)
21. (B)	22. (C)	23. (B)	24. (B)	25. (D)	26. (B)	27. (D)	28. (A)	29. (C)	30. (A)
31. (A)	32. (D)	33. (A)	34. (A)	35. (B)	36. (C)	37. (D)	38. (C)	39. (A)	40. (A)
41. (A)	42. (B)	43. (A)	44. (A)	45. (B)					

01.

어휘 **by the way** (화제를 바꿀 때) 그런데 **in one's late sixties** 60대 후반에 **presider** 사회자 **manner** 방법; (pl.) 예절, 예의 **hurt** 감정을 상하게 하다(offend)

해설 (A) 식사 명에 관사가 없지만 형용사의 수식을 받을 때 관사가 붙는다. 철자상으로 모음이지만 발음기호는 자음 [j]로 시작하기 때문에 'a'를 사용한다. <good dinner → a good dinner/an U-turn → a U-turn>
(B) 시간·수량의 단위를 나타낼 때 정관사를 사용한다. <by a month → by the month>
(C) 복합 명사를 사용할 때 앞에 있는 명사는 항상 단수 형태가 쓰인다. <shoes maker → shoe maker/in his late sixty → in his late sixties >

번역 (A) 집에 가서 맛있는 저녁 먹읍시다. 그런데 여기서 U턴을 할 수 있어요?
(B) 시골에 살고 있는 그 부인은 월급을 받는다.
(C) 이 구두장이는 60대 후반이다.
(D) 사회자의 좋지 못한 예의 때문에 청중들의 기분이 상했다.

02.

해설 병원에서 의사 선생님이 'Where does it hurt?' 또는 'Where are you hurting?' 하고 물으면 아픈 부위를 가리키며 'I have a pain here' 또는 'Just here' 라고 대답하면 된다.

번역 A: 어디가 아파요?
B: (통증 있는 곳을 보여준다) 바로 여깁니다.

03.

어휘 **vote** 투표로 선출하다(elect); 투표·선거하다 **call for** ~할 필요가 있다 **celebration** 축하, 축하회 **promotion** 승진 **concentration** 집중 **opportunity** 기회

해설 대화문을 통해 대화에 알맞은 명사의 선택을 알아보는 문제이다. '회사에서 올해의 세일즈맨으로 선정됐다'는 말에 맞장구를 칠 수 있는 표현이 'This calls for a celebration' 이다. 'celebration' 은 '특별하고 즐거운 행사를 함으로써 주인공을 즐겁고 기쁘게 해줄 수 있는 모임'을 말한다.

번역 A: 내가 회사에서 올해의 세일즈맨으로 선정됐어.
B: 정말 멋진 일이에요! 축하회라도 열어야겠는데요.

04.

어휘 **identification** 신원 확인 **long distance** 장거리 **coincidence** 우연의 일치

해설 관련된 두 가지가 놀랍거나 예기치 않게 놀라운 상황에서 일어날 때, 예를 들어 어느 날 만난 친구가 자신과 똑같은 옷을 입었다거나 동일한 곳으로 여행을 간다고 할 때 'What a coincidence!' 라고 말하면 된다. 'What a good idea!' 는 제안에 대한 응답으로 쓰이는 표현이다.

번역 A: 다음 주에 난 런던에 갈 거야. B: 우연의 일치네! 나도 그래.

05.

해설 'No way'는 '강한 반대나 거절 또는 믿기 어려운 일이나 놀라움을 나타낼 때' 쓰인다.
● **No way** am I going to help him. 절대로 그를 도와주지 않을 거야.
● "She's 45?" **"No way!"** "그녀가 45세라고?" "믿을 수가 없어!"

번역 A: 이것 좀 도와주시겠어요? B: 절대로 안 돼. 스스로 해야 돼!

06.

어휘 **be not much of sth** ~은 별로다, 대단한 것은 아니다
- I'm **not much of a singer**, but I'll try one. 노래를 잘 못하지만 한 곡 해볼게.

해설 'surprise'란 갑작스럽거나 예상하지 못했던(unexpected) 일이 일어남으로써 생기는 감정을 말한다. 그러므로 'The ending wasn't much of a surprise.'는 영화의 결말이 예상치 못했거나 놀라울 게 없는 짐작했던 대로(all too predictable)였다는 뜻이다.

번역 A: 영화 어땠어요? B: 결말이 그저 그랬어요.

07.

어휘 **remember to do** ~할 것을 기억하다 *cf.* **remember doing** ~한 것을 기억하다 **slip one's mind** ~을 깜빡 잊다(forget)
come to mind 기억나다 **out of one's mind** 정신 나간, 미친 **keep sth in mind** ~을 명심하다

해설 빵처럼 셀 수 없는 명사의 수(數)를 표현하는 방법. '빵을 사 오는 것 잊지 않았지요?'라는 물음에 (B)(C)(D)는 빈 칸에 전혀 어울리지 않는 표현이 된다. 또한 (B)(C)는 주절이 과거인데 종속절이 현재 시제로 되어 있어 잘못이다.

번역 A: 빵을 사기로 한 거 기억하고 있었어요? B: 내가 깜빡 잊어버렸다고 생각했어요?

08.

어휘 **spill** 엎지르다, 흘리다 **wipe off** 닦아 내다 **right** 곧바로 **deal** 대우; 대접; 거래
- It's **a deal**! 그것으로 결정하자!

해설 대화문에서 상대방의 사과에 응답 표현을 알아보는 문제이다.
'(It's) No big deal.'은 '그거 별로 아냐(not really important, not serious), 대단한 일 아니에요(not a big problem).'의 뜻으로 사과의 말이나 감사 표현을 받아들일 때 쓰는 구어 표현이다. 실수한 사람이 사과해 올 때 그것을 받아들이면서 용서의 뜻을 표할 때는, 그 일은 그다지 중요치 않거나 큰 문제 아니니 걱정할 것 없다는 의미를 내포한다.

번역 A: 차 탁자에 음료수를 흘려서 죄송합니다. B: 대단치도 않은데요, 뭐. 제가 바로 닦아낼 게요.

09.

어휘 **stranger** 처음 보는 사람; 어떤 장소에 생소하거나 익숙하지 못한 사람, 낯선 사람 (→ 명사의 뜻을 강조하기 위하여 형용사 'complete 완전한, total 완전한, 전혀' 등이 쓰인다. '이거 얼굴 잊겠어요. / 참으로 오랜 간만이군요.'라는 말도 'You're quite a stranger.' 또는 'You're a complete / total stranger.'와 같이 하면 된다.)

해설 'Have you met each other before?(전에 서로 인사 나눈 적이 있습니까?)'라는 물음에 응답 표현을 알아보는 문제이다. (A)(C)는 주어가 복수인데 보어가 단수이기 때문에 옳지 않다. (D)는 '우리는 이곳에 초행입니다'라는 뜻이므로 빈 칸에 적합하지 않다.

번역 A: 우리가 인사 있었나요? B: 아뇨. 완전히 초면입니다.

10.

어휘 **quite** 아주, 완전히(completely), 전혀 **satisfaction** 만족 **refund** 환불(repayment); 환불하다 **proficiency** 능숙함

해설 'mean'은 '의도하다(intend), 마음속에 품고 있다(have in mind as a purpose)'의 뜻으로 'I mean you no~'는 다소 격식을 차린 표현으로 상대방이 자신의 의도를 오해하지 않도록 할 때 쓴다. 그래서 이 표현의 no 다음에는 흔히 'disrespect(무례, 실례), evil(악의), harm(해로움)' 등이 오게 된다.

번역 A: 쟈니야, 내 새로 산 블라우스 어떻게 생각하니?
B: 글쎄요, 브라운 아줌마, 실례를 범할 생각은 아니지만 그것은 부인 연배의 사람에게는 그다지 맞지 않아요.

11.

어휘 **break off** (결혼·약혼 등을 파기하고) 헤어지다 **engagement** 약혼 **absolutely** (상대방에게 동의를 강조할 때) 그렇고 말구요, 맞아요

해설 'I got it straight from the horse's mouth.'를 직역하면 '말의 입으로부터 직접 들었다'가 되는데, 이 표현은 경마(horse racing)에서 유래된 것으로 '우승할 말이 자기가 우승할 것이라고 나에게 직접 말해 줬다(the horse personally told me it would win)'는 뜻에서 유래된 것이다.

- A: How did you find out about it? 어떻게 알았어요?
  B: (I heard it) **By word of mouth**. 소문으로 알았지요.

번역 A: 낸시가 짐과 정말로 파혼했어? 믿어지지 않는데. 확실해?
B: 그럼. 낸시한테서 직접 들은 소식이야.

12.
어휘 **pass away** 죽다(die) **sympathy** 조문(弔問); 동정 **consolation** 위로, 위안 **console** 위로하다 **comfort** (괴로움·슬픔 등을) 위로
donation 기부; 조의금

해설 형용사구 'of help'는 'helpful(도움이 되는)'의 뜻으로 보어로 쓰일 수 있지만 'help'만으로는 보어가 될 수 없다. 'consolation' 과 'comfort'는 동의어로 'sympathy'의 보어로 쓰일 수 있다.

번역 A: 어머니가 돌아가셨다는 얘기를 들었어요. 조의를 표합니다. 어떤 방법으로든 제가 도움이 되겠어요?
B: 감사합니다. 애도해 주시는 것만으로도 큰 위로가 됩니다.

13.
어휘 **a (little) bit** 좀, 다소, 약간 **upset stomach** 배탈 **in good / poor condition** (어떤 물건 또는 건강) 상태가 좋은 / 나쁜
in a good mood 행복한 상태의

해설 관용적인 표현을 알아보는 문제이다.
'under the weather' 하면 '컨디션이 좋지 않거나 기분이 우울한 것(feeling slightly ill or depressed)'을 의미한다.
- You look a bit **under the weather**. 얼굴이 별로 안 좋아 보이는데.

번역 A: 오늘 기분 어때요? B: 컨디션이 별로 안 좋아요. 배탈이 났어요.

14.
어휘 **on the ball** 새로운 **idea** 방법·경향 등을 아는, 유능한 **comment** (어떤 문제·서적·인물·상태에 대한) 설명, 논평, 해설 *cf.* **remark** 의견·판단 등을 간단히 말하거나 적은 것 **observation** 관찰·경험에 의거해 충분히 생각한 의견·판단

해설 관용적인 회화 표현을 알아보는 문제이다. 경기에 임하는 선수는 항상 공의 움직임을 주의 깊게 살펴야 한다. 이와 같이 정신을 바짝 차리고(very attentive) 활기 있게 움직이는(very lively) 사람을 가리켜 'He is **on the ball**.'이라고 말한다. 이것은 일상생활에서도 마찬가지로, 순발력·감각·최신지식으로 무장되어 어떤 일에 부닥쳐도 능히 해낼 수 있는 사람을 말할 때도 쓰인다.

번역 A: 난 말이야, 자니 카슨을 제일 좋아해. 매일 밤(Tonight Show에서) 그가 하는 말은 정말 참신하거든.
B: 그래. 네 말이 맞아. 그는 항상 최신 뉴스를 소재로 이야기해.

15.
어휘 **quite a** 굉장한, 상당히, 제법 **quite a bit / quite a little** 어지간히, 꽤 많이 **imagine** 상상하다, 생각하다; 가정하다
dedicate 전념하다; (시간·노력 등을) 바치다 **entire** 전체 / 전부의; 완전한(complete) **entirely** 아주, 완전히(completely), 오로지
- You can say that again. 맞아요, 바로 그대로야. 당신 말이 옳아(That's right.)
  → 다른 사람과 의견이 완전히 일치한다고 말할 때 'You're totally correct. / (There's) No doubt (about it). / I agree with you completely. / (You are) Absolutely (right).'와 같은 뜻으로 쓰인다.

해설 관사의 위치와 형용사의 명사적 용법을 알아보는 문제이다. 'quite + a / the + 명사'는 '굉장한, 상당히, 제법'의 뜻으로 감탄과 경외심(awe)을 나타낸다. 주의를 요하는 것은 관사의 위치이다. 'dedicate to + (동)명사(~에 전념하다)'와 같이 'to'가 전치사 이므로 동명사를 목적어로 한다. 'the + 형용사 = 보통명사의 복수'의 뜻을 가지므로 'poor'는 'poor people'을 의미한다.
- She's **quite a beauty**. 그녀는 대단한 미인이야.
- He's **quite the little gentleman**. 그는 제법 훌륭한 꼬마 신사야.
- He knows **quite a bit** about it. 그는 그것에 대해 꽤 많이 알고 있다.

번역 A: 테레사 수녀는 굉장 여자야.
B: 네 말이 맞아. 전 생애를 가난한 사람 돕는 데 바치는 것을 생각해 봐.

16.
어휘 **takeout** 식당에서 사가지고 가는 음식; 사가지고 가는 음식을 파는 식당

해설 5분이기 때문에 'minutes'와 같이 복수가 되어야 하고, -s로 끝나는 복수의 소유격은 어포스트로피(apostrophe)만을 사용한다. 또한 아주 가까운 거리에 있다는 것을 강조하기 위하여 'within a stone's throw / only a stone's throw away(돌을 던지면 닿을 거리, 가까운 곳에(very close))'와 같은 표현이 쓰인다.
- "Is your house far from here?" "No, it's **only a stone's throw away**."
  "네 집이 이곳에서 멀어?" "아냐, 매우 가까워."
- The cottage is **just within a stone's throw** from the sea.
  그 오두막집은 바닷가로부터 아주 가까운 곳에 있다.

번역 테이크아웃 중국 식당은 우리 집에서 걸어서 5분 거리에 있다.

17.

어휘 reflect on ~을 깊이 생각하다(think deeply about sth) 'I see ...'는 전에 몰랐던 사실을 새삼 알게 되었을 때 쓰인다. **admirable** 훌륭한
treatment 다루는 방법

해설 문제에 이미 동사 'has always been'이 있으므로 (A)는 부적합하다. (B)에서는 명사(father)와 명사(treatment)를 연결해주는 전치사 또는 소유격이 필요하다. (D)에서 소유격 다음에는 항상 명사가 뒤이어 오므로 문법적으로 옳지 않다.
아래 구조에서 알 수 있듯이 빈 칸에는 주어로 쓰인 명사구가 필요하다.

... (that) how admirable **my father's treatment of me** has always been.
　　　　　　　　C　　　　　　　　　S　　　　　　　　　　　V

→ 'my father's treatment of me'의 명사구에서 소유격은 각각 주격과 목적격을 나타내므로 'the way that my father treated me'와 같이 다시 고쳐 쓸 수 있다.

번역 나의 어린 시절을 깊이 생각해 보면, 나의 아버님이 나를 다루시는 것이 항상 얼마나 훌륭했었는가 하는 것을 이제야 알게 되었다.

18.

어휘 **process** (문서 등을 공식으로) 처리하다(deal with); (식품을) 가공·처리하다 **information** 정보; 통지; 지식(knowledge) **in seconds** 몇 초 내에

해설 셀 수 없는 명사와 수동관계를 알아보는 문제이다.
'information / advice / equipment / furniture' 등과 같은 명사들은 복수 형태도 없고 관사도 붙지 않는다. 이런 명사의 양(量)을 나타내는 아래와 같은 표현을 암기해야 한다.

- **a lot of** information 많은 정보
- **several pieces of** information 몇 가지 정보
- **a bit of** information 약간의 정보
- **some / any** information 약간의 (긍정문 / 의문·부정문에서)
- **all sorts of useful** information 온갖 종류의 유용한 정보

번역 컴퓨터가 정보를 처리하면 수백만 개의 정보가 몇 초 내에 처리될 수 있다.

19.

어휘 **in accordance with** ~에 따라서, ~과 일치하여 **accordance** 조화, 일치 **term** (지불 가격 따위의) 조건; (한정된) 개념, 말, (전문 분야 등의) 용어; 기간 **contract** (법적 효력을 가진 서면) 계약; 계약서 **employment** 고용; 직업 **employ** 고용하다, (사람을) 쓰다 **give three months' notice** 3개월 전에 통지하다 **notice** 통지; 게시; 주목; (오감(五感), 또는 마음으로) 깨닫다; 주목하다 **notify** ~에게 통지하다; 통고하다, 공고하다 **intend** ~할 작정이다; 의도하다 **intention** 의도, 목적; 의향 **quit** (직장·학교 등을) 떠나다(leave(英)); 그만두다(give up)
norm (일반적으로 받아들여지는 사회적 행동) 규범

해설 소유격과 명사의 뜻을 알아보는 문제이다.
단수형의 소유격은 'month's'와 같이 어포스트로피(apostrophe)(') 다음에 's'를 첨가하지만, 복수형의 소유격은 'months''와 같이 아포스트로피(') 다음에 's'를 첨가하지 않는다. 그리고 소유격 다음에는 항상 명사가 뒤따라온다.

번역 고용계약 조건에 따라 퇴사할 의향이 있으면 귀하는 3개월 전에 통지해야만 합니다.

20.

어휘 **produce** (집합적) 농산물; 생산하다; 제시하다; 공연·연출하다; (결과 등을) 일으키다; 초래하다; 제작하다 **product** 농산물·광물; 상품; 결과
vary (어떤 요인에 따라) 변하다, 변화하다; (크기·양·세기 등이) 다르다; 다양하게 하다 **reasonable** 값이 적당한, 품질이 좋고 값도 생각만큼 비싸지 않은
shooting-up 급등하는, 치솟는

해설 적합한 명사 수식어를 알아보는 문제이다.
'적당한 가격'이라는 'reasonable price'와, '치솟는 가격'이라는 'shooting-up price'는 올바른 표현이지만 문맥상으론 적합하지 않다. (D)의 '소비자 물가(consumer prices)'에는 '계절에 따라 변하는 것과, 계절에 영향을 받지 않는 것'을 포함하는 포괄적인 의미를 지닌 반면에, '농산물 가격'은 계절에 보다 민감하게 변하는 것으로 더 구체적이므로 (C)가 정답이 된다.

번역 농산물 가격은 계절에 따라 변한다.

21.

번역 **global** 지구의 **environment** 환경 **protect** 보호하다 **coming** 다가오는 **century** 세기 **genuine** 진정한, 진실된; 믿을 만한
cooperation 협력, 협동 **cooperate** 협력·협동하다 **cooperative** 협력적인, 협동의 **corporation** (법인으로서 인정받고 있는) 큰 (주식) 회사
separation 분리, 이탈; 별거 **operation** (기계 등의) 운전, 작동; 수술; (사업 등의) 운영, 경영

해설 명사의 뜻을 올바르게 알지 못한다면 정답을 고르기 어려울 것이다. 또한 철자가 유사한 (B)(C)의 올바른 발음과 철자를 익히는 것이 중요하다.

번역 지구의 환경은 진정한 국제 협력을 통하여 다음 세기 동안에 단지 보호받을 수 있다.

22.

어휘 **custodian** (건물 등의) 관리인　**retire** (정년 등으로) 퇴직·은퇴하다; 물러가다　**hold** (모임·회의 등을) 열다, 개최하다, (식을) 올리다, 거행하다; 손에 들다, 잡다, 떠받치다, (재산·직업·지위 등을) 가지다, 용량이 ~이다; 수용하다; 생각하다; 주장하다; 멈추게 하다　**honor** 경의, 존경; 명예, 영광; 존경하다; ~을 대금으로 받다(accept)　**do sth in one's honor** 경의를 표하기 / 축하하기 위하여 …을 하다(to show respect to)　**serve** 섬기다; 봉사하다, 시중들다; (음식을) 차려 내다; 군 복무하다

해설 명사의 전용과 다양한 뜻을 가진 동사 'hold'에 대해 알아보는 문제이다.
주로 저녁에 먹는 식사 'dinner'에 관사를 붙여 'a dinner'라고 쓰일 땐 '(~를 축하하기위해 저녁식사가 제공되는) 공식 만찬(a formal occasion when an evening meal is eaten, often to celebrate something)'이라는 뜻이 된다. 'a dinner'가 '공식 만찬 행사'라는 뜻으로 쓰였기 때문에, '모임·회의 등을 열다 / 개최하다'라는 뜻의 'hold' 또는 'give' 동사가 쓰인다. (A)(B)는 동사가 능동형이라 옳지 않고, (B)(D)는 명사가 보통명사화 되지 않아 '식사'라는 뜻이므로 빈 칸에 적합하지 않다.

번역 건물 관리인이 회사에 30년 근무한 후에 퇴직했을 때 그를 축하하기 위한 공식 만찬 행사가 열렸다.

23.

어휘 **walk of life** 직업　**disappointment** 실망　**precede** 앞서가다　**failure** 실패; 부족, 결핍(deficiency); 쇠약　**failure to do** ~하지 못하는 것　**fail** 실패하다, ~을 하지 못하다　**fail to do** ~하지 못하다 ↔ **not fail to** 반드시 ~하다　**crime** (법률상의) 범죄　*eg.* **commit a crime** 죄를 짓다　**criminal** 범죄의 (중죄를 짓거나 여러 차례의 죄를 지은) 범인　**hardened criminal** 상습범　**common criminal** 좀도둑

해설 명사의 전용을 알아보는 문제이다.
추상명사 'crime'에 'a'가 붙으면 보통명사가 되어 '어리석은 일; 유감스러운 일; 불명예스러운 행위'라는 뜻이 된다. 반복되는 어구 'a crime'이 'is' 다음에 생략되었다.

Failure is not a crime. <u>Failure to learn from failure</u> <u>is</u> (a crime).
　　　　　　　　　　　　　　S　　　　　　　　　　　　　V　　　O

● It would be **a crime** to spend such a beautiful day inside - let's go for a long walk somewhere.
　　이렇게 화창한 날 집안에 처박혀 있는 것은 어리석은 일이야. 어디로 오랜 산책이나 가자구.

번역 어떤 직업에서도 실망이 성공을 앞서가곤 한다. 월터가 말했듯이 "실패, 즉 성공하지 못하는 것이 어리석은 일이 아니다. 실패로부터 배우지 못하는 것이 어리석은 일이다."

24.

어휘 **competition** 경쟁, 솜씨 겨루기　**competitor** 경쟁자　**compete** (경기·대회·시험 등에) ~와 경쟁하다(with); 어깨를 나란히 하다　**competitive** 모든 일에서 남보다 더 잘하려고 하는, 경쟁적인　**failure** 실패　**a failure** 실패작; 실패한 사람; 실패한 계획

해설 한정사 다음의 품사와 명사 전용을 알아보는 문제이다.
'Sony's'의 "s"를 '소유격' 또는 'Sony is' 어느 것으로 보느냐 하는 문제이다. 첫 번째 빈 칸 다음에 동사 'thought'가 있으므로 '생각하다'의 주어는 '사람'이어야 하고, 'Sony is'가 아닌 소유격이므로 명사가 뒤 따라 온다. 두 번째 빈 칸에는 주어가 '워크맨' 상품이므로 '실패작(품)'을 의미하는 'a failure'가 된다. 〈167쪽 참조〉

번역 소니의 경쟁사들은 그 워크맨이 실패작이 될 것이라고 생각했기 때문에, 처음 1년 동안은 아무런 경쟁도 없었다.

25.

어휘 **generous** 푸짐한, 아낌없이 주는; 너그러운　**portion** (음식의) 1인분, 몫; 한 조각, 일부(part)　**two portions of meat** 고기 2인분　**hospitality** 환대, 후한 대접(friendly and generous treatment); 친절　**hospitable** (손님들에게) 친절한, 호의로써 맞이하는　**hospitality industry** (호텔·레스토랑 등의) 서비스업

해설 문장 내에 적합한 명사의 선택을 알아보는 문제이다.
동사 'serve'의 뜻과 'restaurant'의 뜻을 유추하면 빈 칸에 적합한 단어를 고를 수 있다.

번역 저 새로 오픈한 이탈리아 식당에서는 음식을 아주 듬뿍 줘요.

26.

어휘 **supervisor** (담당) 감독관, 상사, 관리자　**supervision** 감독, 관리　**supervise** (사람·업무 등을) 관리·감독하다, (규칙·법률에 기초해) 관리·감독하다　**recommend** 추천하다; ~을 권하다(advise), 권장하다; 추천하다　**recommendation** 추천, 추천장; 권고, 충고　**on the recommendation** ~의 추천에 의하여　**promote** 승진시키다; 조장하다, 격려하다; 촉진하다; (광고를 통해) 판촉하다　**promotion** 승진; 촉진, 판촉; 판촉 상품; 증진　**promoter** 후원자; 흥행업자

68

LESSON 09

문장의 주어로 적합한 명사와 수동관계를 알아보는 문제이다.
첫 번째 빈 칸에는 '추천하다(recommend)'의 주어로 명사인 (B)(D)의 '감독관(supervisor)'이 적합하다. 두 번째 빈 칸에 동사 '승진시키다(promote)'의 목적어가 없으므로 능동형인 (A)(D)는 옳지 않다.

감독관은 마이클을 그의 부서 부장으로 승진되도록 추천했다.

27.

spirit 정신, 마음; (육체를 떠난) 영혼; 용기; (정신상으로 본) 사람; (pl.) 기분 **in spirits** 활기차게, 의기양양하게 ↔ **out of spirits** 침울하여, 풀이 죽어 **in good/high spirits** 명랑한 기분 좋은 ↔ **in low/poor spirits** 기가 죽어, 맥이 빠져 **manner** 방법; 태도; (pl.) 예절; 풍습, 습관 **well-mannered** 예의가 바른, 공손한

- I can't come to your wedding, but I'll be there in **spirit**.
  네 결혼식에 참석할 수는 없지만 마음만은 그곳에 있을 거야.
- That's the **spirit**! 잘 한다/힘을 내!
  → 상대방의 행위나 태도 또는 연주·연기·공연을 칭찬하거나, 용기, 열의에 대해서 격려해 주는 표현이다. 이와 비슷한 표현으로 'Keep it up.(계속해 봐 (Continue))' 또는 'Don't give up.(포기하지 마.)' 등이 쓰인다.

복수가 되면 뜻이 달라지는 명사에 대해 알아보는 문제이다.

항상 명랑한 그녀는 고대 이집트 사람들의 예의범절과 관습에 관한 책을 썼다.

28.

good 상당한, 충분한 **knowledge** 지식, 아는 것 **math** 수학 **potential** 잠재적인, (현재 실현되지 않고 있으나) 장차 가능성이 있는, 잠재적인 **not A, but B** A가 아니고 B **apply** (규칙을) 응용하다, 적용하다

추상명사 'knowledge'는 셀 수 없는 명사이다. 그러나 'a good knowledge'에서 부정관사 'a'는 'one'의 뜻이 아니라 부분을 의미하는 'some'의 뜻으로 쓰인 것이다. 지식이라는 전체집합에서 수학에 대한 지식이라는 부분집합을 나타낸 것이다. 그러므로 복수로 사용할 수 없다.

- Mary speaks **a good English**, but her dad speaks **a dialectal English**.
  Mary는 표준어를 쓰지만 그녀의 아버지는 방언을 사용한다.
- He speaks **good English**. (= He speaks English well/is a good speaker of English.)
  그는 영어를 잘 한다.
  → 영어라는 전체집합은 두 부분집합, 즉 표준어(a good English)와 방언(a dialectal English)으로 나누어질 수 있다. 셀 수 없는 명사에 'a good English'와 같이 부정관사를 사용하면 'a/an'은 'some'의 뜻으로 부분(部分)을 나타낸다. 즉 부분집합을 나타내며 복수로 사용할 수 없다.

수학에 상당한 지식을 갖고 계신 나의 선생님이 아는 것은 힘이 아니라 그것이 응용되기 전에는 단지 잠재력일 뿐이라고 우리에게 말씀하셨다.

29.

membership 회원임 **application** 신청; 지원서 **process** (문서 등을) 처리하다(deal with); 가공·처리하다 **portion** (음식의) 1인분, 몫

수량형용사와 수동관계를 알아보는 문제이다.
(A)의 수량 형용사 'a number of'는 '많은(many)'의 뜻이므로 'three'와 함께 쓸 수 없다. (B)의 'amount'는 양(量)을 나타내는 명사와 함께 쓰이며, 부정관사 'a'와 함께 사용할 수 없다. 'a minimum of'는 '최소(한)의'의 뜻으로 '셀 수 있는/셀 수 없는 명사'에 함께 쓰인다. 수동관계는 〈부정사 48쪽 문제 30번 해설 참조〉

- **a minimum of** effort 최소한의 노력
- **a minimum of** ten cigarettes a day 하루에 최소 담배 열 개비
- fall to **a minimum of** 10°C 기온이 최소 10°C까지 떨어지다

귀하의 회원 신청서는 처리되는데 최소 2~3일이 걸릴 겁니다.

30.

membership 회원임, 회원이 된 상태 **membership card** 회원증 **dispatch** (편지·초청장 등을) 보내다(send); (특별한 목적으로) 보내다, (군대 등을) 급파하다 **receipt** 수령, 받음; 영수증 **receive** 받다, 접수하다 **reception** 환영회; 접대 **on receipt of** ~을 받는 즉시, ~을 받자마자 **complete** (부여된 일·작업 등을) 끝마치다(finish), ~을 완벽하게 만들다, 전부 갖추다; 완전한, 완벽한, 흠잡을 데 없는; 전부의, 전부 갖춘 **application** 신청; 지원서 **form** 서식, (기입) 용지; 형태(type); 형식 **memorandum** (기억되어야 할) 비망록, 메모 **memorial** 기념물, 기념관; 기념의; 추도의

적합한 명사의 의미를 알아보는 문제이다. 단어 설명 참조.

완성된 신청서를 받는 즉시 귀하의 회원증이 발송될 것입니다.

31.
어휘 **more than** ~이상의 **billion** 10억(one thousand million) **worth** ~의 값만큼의 분량, ~어치; ~의 가치가 있는, ~할 만한 가치가 있는 **worthy** 가치 있는, 존경할 만한 **worthwhile** 할 보람이 있는 **worthy of** ~하기에 마땅한, ~에 어울리는, ~에 알맞은 **product** (공장에서 생산되는) 상품, 산물; 작품; 결과

해설 소유격 다음에는 명사가 필요하고 명사는 목적어를 가질 수 없으므로 목적격 'of'가 필요하다. 400억 달러이므로 'dollars'처럼 복수가 되고, –s로 끝나는 복수의 소유격은 어포스트로피(apostrophe)만을 붙인다.

번역 지난해에 50억 이상의 카탈로그가 미국인들에게 우송되었고, 400억 달러 이상의 상품이 그들로부터 구매되었다.

32.
어휘 **immigrant** (타국에서의) 이주자 ↔ **emigrant** (타국으로의) 이주민 **escape** ~에서 벗어나다(become free); 달아나다(get away from) **poverty** 가난; 결핍 **hunger** 굶주림 **political** 정치적인 **religious** 종교적인; 신앙심이 깊은 **oppression** 압박; 억압 **oppress** 압박하다, 학대하다 **oppressive** 압제적인, 가혹한 **opposition** 반대; 야당 **posterity** 자손, 후세 **prosperity** (재정적) 번영, 번창

해설 동사 'come into'가 쓰였으므로 '타국에서 들어오는 이주민'이라는 뜻이 첫 번째 빈 칸에 필요하고, 'most + 복수명사'의 형태로 쓰인다. 이민자들이 조국을 떠나는 원인이 되는 명사가 빈 칸에 적합하다.

번역 대부분의 이민자들은 빈곤이나 굶주림을 벗어나기 위해, 또는 정치적, 종교적 압박을 피해 미국으로 왔다.

33.
어휘 **clearance** 재고 정리; 지워버림, 제거 **clear** 깨끗이 치우다; 맑아지다; 맑은; 명백한, 명석한; 이해된 **purchase** 구매하다; 구매, 사들임 **goods** 상품 **usual** 평소의, 보통의, 일상의 **price** 값, 가격 **discount** 할인; 할인하다

해설 'sale'이 동사와 명사로 쓰이므로 혼동할 수 있지만 빈 칸 앞에 'a'가 있으므로 명사로 쓰인 것이다. 명사 앞에 형용사가 올 수 있지만 의미상 빈 칸에 적합하지 않다. 문맥상으로 빈 칸에 적합한 것은 (A)이다.

a clearance sale **to purchase goods at a lower than usual price**, **at a discount of 40%**
재고 정리 대매출 ↑ 평소 가격보다 저렴하게 상품을 구매할 수 있는 (부정사의 형용사적 용법)   at a lower ... price를 부연설명

번역 이번 행사는 40% 할인하여 평소 가격보다 저렴하게 상품을 구매할 수 있는 재고 정리 대매출입니다.

34.
어휘 **promotion** 판촉, 판촉 상품; 승진 **give away** ~에게 무료로 주다 **complimentary** 무료의(free), 우대의; 칭찬의 **pair** (신발·장갑·안경·가위·바지 등과 같이 어느 한 쪽이 없으면 다른 한 쪽이 전혀 기능을 발휘할 수 없는) 한 쌍, 한 벌; 한 쌍의 남녀, 부부; 한 쌍이 되다; 결혼하다 / 시키다

해설 쌍으로 된 명사의 표현 방법을 알아보는 문제이다.
'a pair of'는 'shoes / gloves / glasses / scissors / trousers' 등과 같이 쌍으로 된 명사를 셀 때 쓰인다. 두벌의 바지라고 할 때는 'two pairs of trousers'와 같이 'pair'도 복수로 한다. 그러나 문제에서는 'one'의 뜻인 'a'가 있기 때문에 (A)가 빈 칸에 적합하다.

번역 판촉활동의 일환으로 그들은 매 공휴일마다 무료로 선그라스를 주고 있다.

35.
어휘 **vegetarian** 채식주의자(**veggie / veggy**(美)) **live on vegetables** 채식하다 **vary** ~에 변화를 주다; (크기·양·세기 등이) 다르다; (어떤 요인에 따라) 변하다 **nut** (호두 등과 같은) 견과 **pulse** (집합적) 콩류 **grain** 곡식 **vinegar** 식초; 활기, 원기; 찡그린 얼굴·표정 **have got a lot of vinegar** 활력에 차 있다 **veterinarian** 수의사 **versatile** (능력·재능이) 재주가 많은, 만능인; 다용도의

해설 문맥에 적합한 명사를 알아보는 문제이다. 단어 설명 참조

번역 채식주의자들은 견과, 콩, 곡식들로 그들 식사에 변화를 줄 수 있다.

36.
어휘 **owing to** ~ 때문에 **tooth decay** 충치 **decay** 부패, 썩음 **recommend** ~을 권하다(advise), 권장하다; 추천하다 **go for / have a check-up** 건강검진을 받다 **dental** 이빨의; 치과(용)의 **dentist** 치과의사 **dental clinic** 치과

해설 빈도부사와 부정관사의 의미를 알아보는 문제이다.
'한 달에 한번'이라고 할 때 'once in a month'라고 생각할 수 있지만 수 있지만 부정관사 'a / an(~마다(per))'에 전치사 'in'의 의미가 포함되어 있어 전치사는 쓰이지 않는다. 'her tooth decay'는 충치가 여러 개 일 수 있지만. 'her decayed tooth'는 하나의 충치를 의미한다.

➡ '한 달에 한두 번'이라고 할 때 'Once or two times a month'라고 하지 않고 'Once or twice a month'라고 한다.

번역 충치 때문에 엄마는 한 달에 한 번 치과 검진을 받도록 권유받았다.

37.

어휘 **extra** 추가 (요금으로)의(additional), 특별한; 임시의; 가외의, 규격 외의 **charge** (상품 또는 서비스에 대한) 요금; 화물; 관리; 담당; 책임; 비난; 고발

> **표현연구**   요금에 대한 관련 어휘
>
> - **fee** 요금; 보수; 사례금; 병원비(a medical fee); 수업료(a school/tuition fee); 입장료(admission/entrance fee) conference fee 회의 입장료
> - **rent** 집세, 임대료; (집·전화·자동차 등을 일정 기간) 빌리다
> - **rental** 임대료; 자동차를 빌리는 비용; 임대 업무
> - **fare** (비행기·기차·버스·택시 등의) 요금; 음식, 식사   *eg*. the taxi fare 택시 요금
> - **toll** 통행세, 통행료; 사용료; (만종·조종 등을) 울리다; 요금으로서 징수하다
> - **tollgate** 통행료 징수소
> - **toll-free** 요금 무료의, 수신자 부담의
> - **free of charge** 요금을 받지 않고   at no additional/extra charge 추가 요금 없이
> - **make a charge for** ~의 요금을 받다/징수하다
> - **travel cost/expense** 여행 경비

해설 빈 칸에 적합한 명사를 선택하는 문제이다.
빈 칸에는 'is made'의 주어가 될 수 있는 명사가 필요하다. 그러나 (A)(B)는 부사구이기 때문에 주어로서 적합하지 않다. (C)는 명사이지만 'toll'의 뜻이 빈 칸에 적합하지 않다. '~의 요금을 받다'라고 할 때 'make a charge for'와 같이 동사 'make'가 쓰인다. 'make(V) a charge(O) for'와 같은 관용적 표현에서 목적어가 수동 주어가 된 구조이다.
- **No changes** need **be made.** 어떤 것도 바꿀 필요가 없다.
- **Every effort is made** to do ... ~을 하기 위해 모든 노력을 기울이다

번역 추가 서비스료는 받지 않습니다.

38.

어휘 **beauty salon** 미장원(beauty shop) **charge** (상품 또는 서비스에 대한) 요금; 화물; 관리; 담당; 책임; 비난; 고발 **rather** 다소, 꽤, 상당히(fairly, quite); 오히려; ~이기는커녕 **or rather** 더 정확히 말하자면

해설 'charge/price'를 주어로 해서 '비싸다 또는 싸다'라고 할 때 보어는 'high/low'가 쓰이고, '가격·값이 적당하다'라고 할 때 'reasonable'이 쓰인다. 물건을 주어로 해서 '비싸다 또는 싸다'라고 할 때는 'expensive/cheap'가 쓰인다.

번역 미장원 요금이 다소 비싸다.

39.

어휘 **reserve** 예약하다; 지정하다 **reservation** 예약 **on** ~하면 즉시, ~하자마자 **payment** 지불(액) **pay** (임금 등을) 지불하다 **deposit** 예치금, 계약금; 예금; (특정한 장소에) 놓다; (돈 등을) 맡기다; 입금하다 **charge** (상품 또는 서비스에 대한) 요금; 화물; 관리; 담당; 책임; 비난; 고발 **allowance** (정기적) 수당, 급여액; 용돈; 공제, 할인; (허가되는) 한도

해설 문맥에 적합한 명사의 뜻을 알아보는 문제이다. 어휘 설명 참조.

번역 약간의 예치금을 내면 바로 방을 예약할 수 있습니다.

40.

어휘 **several** (a few보다는 많고, many보다는 적은) 몇몇의; 몇몇, 몇 개; 몇 사람 **business** (제품을 팔거나 용역을 제공하는 직원 몇 명의) 상점 **close down** 폐쇄하다 **recession** (일시적인) 경기 침체(slump) **recess** 휴식; (의회의) 휴회; 은거지 **recipe** (음식의) 조리법; (약제 등의) 처방 **session** (의회·회의 등의) 개회 중; 회기; 수업 시간

해설 명사를 수식하는 수량 형용사와 문맥에 적합한 명사를 고르는 문제이다.
'several + 복수명사', 'a little/a large amount of + 셀 수 없는 명사'와 같이 쓰인다. 정확한 단어의 뜻은 어휘 설명 참조. 〈229쪽 형용사 2-6) 참조〉

번역 경기 침체로 몇몇 상점들이 폐업했다.

41.

어휘 **come into** 상속하다(inherit), (재산 등을) 물려받다　**fortune** 많은 돈, 재산(wealth); 행운; (인생 속에서 일어나는 좋고 나쁜 일) 운명　**fortunate** 다행스런; 행운의, 운이 좋은(lucky)　**fortunately** 다행히도　**pass away** 죽다(= die / go away / go (up) to heaven)

해설 문맥에 적합한 명사와 동사의 의미를 알아보는 문제이다. 어휘설명 참조.

번역 모친이 돌아가셨을 때 로버트는 많은 재산을 상속받았다.

42.

어휘 **presence** 참석; 있음; 풍채, 태도　**request** 요청하다, 부탁하다; 구하다, 신청하다　**sanitation** (공중)위생　**a sanitation worker** 환경 미화원　**forum** (어떤 특정한 주제에 대하여 의견·생각 등을 주고받는) 공개 토론 장소; 재판소, 법정; (여론 등의) 비판, 판가름, 공개 토론회; (TV·라디오의) 토론 프로; (신문 등의) 토론 란　**present** 선물; 현재; 증정하다, (선물로) 주다; 제출하다; 현재의; 참석한　**conference** 공식 회의(large formal meeting); 회담, 협의　**presentation** 증여, 수여, 증정; 수여식; 제출

해설 소유격 다음에, 주어로서 필요한 것은 명사이며 '참석'을 의미하는 'presence'가 적절하다.

번역 국제 공중위생 포럼에 귀하가 참석해주시길 요청하는 바입니다.

43.

어휘 **hip-hop** 흑인으로부터 시작된 음악과 춤, 패션, 그리고 그들의 철학과 생각이 뭉친 문화　**no longer** 더 이상 …이 아닌　**limit** 제한·한정하다　**culture** 교양; 문화　**fascinate** 매혹하다, 반하게 하다　**teens** 10대(-teen으로 끝나는 13–19세에 이르는 청소년)　**youth** 젊음, 청춘; 젊은이들　**freedom** (통제를 받지 않는) 자유, 해방

- **in one's last teens** 19세 때에
- **in/out of teens** 10대에 / 를 지나서
- **in one's early/late teens** 10대 초반에 / 후반에
- **pass/enter one's teens** 10대를 지나다 / 13세가 되다

해설 십대를 가리킬 때 'teens'와 같이 복수로 쓰인다. 두 번째 빈 칸에는 선행사가 'teens'이므로 관계대명사 'who / that'이 가능하다.

번역 힙합은 더 이상 흑인들에게만 국한되지 않는다. 그것은 젊음과 자유를 누리는 도처의 십대들을 매혹시키는 새로운 류의 문화가 되었다.

44.

어휘 **foot** 피트(12인치, 30.48cm)　**escape** 탈출하다, 도망가다　**enclosure** 우리　**yet** (의문문에서) 벌써, 이미; (부정문에서) 아직까지　**locate** 위치를 알아내다

해설 '명사 + 명사'인 경우, 앞에 있는 명사는 형용사 역할을 하므로 언제나 단수형이다. 두 번째 빈 칸에는 '등위접속사 and로 연결된 앞 문장의 주어와 일치시키기 위해 수동'이 되었다.

= A Bengali tiger escaped from ... and (he) has not yet been located

- a **six-foot-tall boy** 키가 6피트 되는 소년
- a **nine-year-old girl** 아홉 살 소녀
- a **goods train** 화물 열차 ➡ 'goods'는 복수형이 아님

번역 6피트나 되는 벵갈산 호랑이 한 마리가 시립 동물원 우리를 빠져 탈출했고 아직까지 소재 파악이 되지 않고 있다.

45.

어휘 **benefit** 자선공연·경기; 혜택(advantage); (행복·복지에 연결되는) 이익　**perform** (연극을) 공연하다(act), (음악을) 연주하다　**performer** 연주자·연기자　**performance** 연기·연주·마술; 실행; 성과, 업무 능력　**hold** (모임·회의 등을) 열다, 개최하다, (식을) 올리다, 거행하다; 손에 들다, 잡다　**raise** (돈을) 모으다; (위로) 올리다; (물가 등을) 올리다; (문제 등을) 일으키다　**need** 빈곤, 궁핍　**in need** 빈곤한, 궁핍한　**for free** 무료로

해설 '관사 / 형용사 + 명사'이므로 두 빈 칸에 명사가 필요하다. 어휘 설명 참조.

A benefit concert　is　a musical performance　(which is) held　(in order) to raise ...
　　　S　　　　　　V　　　　　C　　　　　　　t＿＿ 열리는　　　~을 모금할 목적으로

번역 자선 공연은 가난한 사람들을 위해 돈을 모금하기 위하여 열리는 음악 공연으로, 그 공연에서 연주자들은 무료로 연주한다.

LESSON 10 대명사

01. (D)	02. (B)	03. (C)	04. (A)	05. (D)	06. (B)	07. (D)	08. (B)	09. (C)	10. (B)
11. (B)	12. (B)	13. (D)	14. (C)	15. (B)	16. (A)	17. (C)	18. (C)	19. (A)	20. (C)
21. (D)	22. (C)	23. (D)	24. (C)	25. (C)	26. (C)	27. (D)	28. (C)	29. (B)	30. (B)
31. (D)	32. (A)	33. (C)	34. (C)	35. (C)					

01.

[어휘] **conquer** 정복하다; 공략하다; (명예를) 획득하다; (고난·역경을) 이겨내다, 극복하다 **conqueror** 정복자, 승리자 **conquest** 정복 **impression** 인상, 감명; 느낌, 생각 **make an impression on** ~에게 인상을 주다, ~을 감동시키다

[해설] (A) 주어의 행위가 자신에게 돌아오는 경우 재귀대명사가 쓰인다. <him → himself>
(B) 대명사는 형용사의 후위 수식을 받는다. <present those → those present>
(C) 'one's own, 서수' 다음에 대명사 'one'을 쓸 수 없다. <the second one → the second>
  ● The old woman treated the child as if he were **her own**.
    그 할머니는 그 아이를 마치 자신의 아이처럼 다루었다.
(D) 'one'은 'a true friend'를 나타내는 대명사이고 'in'은 동일성(identity)을 뜻하는 전치사이므로 '예수 = 진실한 친구'의 관계를 나타낸다.

[번역] (A) 자신을 정복하는 자가 가장 위대한 정복자이다.
(B) 킹박사의 유명한 연설은 참석한 사람들에게 강렬한 인상을 주었다.
(C) 첫 번째 문제를 풀었으니까 두 번째 문제를 풀도록 노력해 봐.
(D) 진실한 친구를 원한다면 예수가 진실한 친구라는 것을 알게 될 것이다.

02.

[어휘] **be/mean everything to sb** ~에게 가장 중요한 사람 또는 물건이다 **not ... at all** 전혀 …하지 않은(anything but)
have nothing to do with ~와 관련이 없다(have no relation with) **have something to do with** ~와 관련이 있다 **depiction** 묘사
far from …하지 않은 **satisfactory** 만족스러운 **leave nothing to be desired** 매우 만족스럽다 ↔ **leave much/a lot/something to be desired** 만족스럽지 않다

[해설] 문장 (B)의 'not ... at all'은 '전혀 …하지 않은(anything but)'의 뜻이지만 'nothing but'은 '단지, ~에 불과한(only)'라는 뜻으로 주어진 두 문장이 반대의 뜻이 된다. 그러므로 같은 뜻이 되게 하려면 'nothing'을 'anything'으로 바꾸어야 한다.
  ● He is **anything but** helpful. 그는 전혀 도움이 되질 않아.
  ● **Nothing but** a miracle can save him now. 기적이 일어나야만 지금 그를 구할 수 있다.
  → 'but'은 전치사로 '~을 제외하고(except)'의 뜻이므로 '기적을 제외하고 어느 것도 지금 그를 구할 방법이 아무것도 없다'는 뜻이지만, 'nothing but'을 합쳐 '단지(only)'의 뜻으로 해석하면 된다.

[번역] (A) 당신은 나에게 매우 중요한 사람이요.   (B) 새로 지은 그 다리는 전혀 안전하지 않아.
(C) 나는 그 스캔들과 아무런 관련이 없다.   (D) 그녀가 새를 묘사한 것은 만족스럽지 못하다.

03.

[해설] 대화문을 통해 부정대명사 'one'의 용법을 물어 보는 문제이다.
대화에서 '영업용 택시를 잡으면 타고 가겠다'는 뜻으로 어떤 특정한 명사를 지칭하지 않고 불특정 명사 'a taxi'를 나타내므로 'it'이 아닌 'one'이 올바른 표현이다.
  ● I bought a bike for me, but I gave **it** to my son. 내가 타려고 자전거를 한 대 샀지만 아들에게 주었다.

[번역] A: 버스로 갈 거야 택시로 갈 거야?   B: 택시를 잡을 수 있으면 택시로 갈 거야.

04.

[어휘] **feel like + (동)명사** ~하고 싶다(have a wish for, want) **after all** 어쨌든, 결국 **suit** ~에 어울리다; ~의 마음에 들다 **suit oneself** 마음대로 / 제멋대로 하다

[해설] 주어가 행한 동작이나 행위가 주어 자신에게 돌아오는 경우에 재귀대명사가 쓰인다. 대화문 (B)는 명령문이므로 빈칸에는 생략된 주어 'you'의 재귀대명사가 필요하다.

[번역] A: 어쨌든 외출하고 싶지 않아.   B: 알았어. 네 멋대로 해!

05.

어휘 be out 외출하다 message 전언 (→ 전화를 걸었을 때 당사자가 없는 경우가 있다. 이 때 우리는 흔히 '메모를 남기시겠어요?'라고 한다. 그러나 영어에서는 'message(전언)'라는 단어가 쓰인다. 전언을 남기는 경우에는 'leave a message'라고 하고 전언을 받는 경우에는 'take a message'라고 한다.)

해설 전화상에서 '나는 …입니다'라고 말할 때 'This is …'라고 한다. 전화를 받았을 때 상대방이 찾고 있는 사람이 바로 자기 일 때 '(This is Mark Perry) Speaking.'과 같이 말한다.

번역 A: 죄송하지만 그녀는 지금 외출 중인데 전하실 말씀 있으세요?
B: 네.
A: 저는 Mark Perry인데, 조금 늦겠다고 그녀에게 전해 주세요.

06.

어휘 put one through college (학비가 없어서 공부를 계속할 수 없는 학생들이 안심하고 학업에 전념하도록) 학비를 대주다
put oneself through college 고학해서 대학을 졸업하다   go through (고난·경험을) 겪다   get through with ~을 끝내다, ~을 해버리다

해설 '대학 학비는 어떻게 냈지?'라는 물음에 '대학을 졸업했다'고 하는 (C)는 동문서답이므로 빈 칸에 옳지 못하고 '고학해서 대학을 졸업했다'는 (B)가 올바른 응답이 될 수 있다.

번역 A: 대학 학비는 어떻게 냈지?   B: 내가 일을 해서 학비를 벌었지.

07.

어휘 feed (사람 또는 동물에게) 먹을 것을 주다   by oneself 홀로(alone)   for oneself 자력으로(without others' help)

해설 스스로 음식을 먹을 수 없는 '환자·아기 또는 동물에게 먹을 것을 주다'라고 할 때 'feed' 동사가 쓰인다. 대화문에서 '아기에게 우유를 먹였어요?'라는 물음의 응답에 'No, he can …'과 같이 '능력'을 나타내는 조동사 'can'이 쓰인 것으로 봐서 '혼자 자기 힘으로 먹을 수 있다'는 뜻이 빈 칸에 적절하다.

번역 A: 아기에게 우유를 먹였어요?   B: 아뇨. 혼자서 먹을 수 있어요.

표현연구 himself or itself?

'baby'는 (재귀)대명사 'he/himself' 또는 'it/itself' 중 어느 것이 옳은가?

● The baby can't feed **itself** yet. 그 아기는 아직 혼자 먹을 수가 없다.

아기 또는 동물을 대명사로 나타낼 때 'it'으로 표시하는 것이 일반적이다. 그러나 그 아기 또는 동물의 성(性)을 이미 알고 있을 때는 'he' 또는 'she'로 나타낸다. 즉, 남의 집 아기나 동물의 성을 구별하기가 어렵다. 하지만 가족과 친인척인 경우에는 성을 알기 때문에 성에 따라 대명사를 사용한다. 친구가 데리고 온 애완동물의 성을 알고 싶으면 'Is it a he or a she?(암놈이야 숫놈이야?)'라고 물으면 된다.

08.

어휘 for anything (부정·의문문에서) 절대로, 결코   cf. for nothing 공짜로(for free)

● I wouldn't do that **for anything**. 어떤 일이 있어도 그건 하지 않을 겁니다.
● I wouldn't give it up **for anything**. 어떤 일이 있어도 포기하지 않을 거야.
● You don't get something **for nothing**. 공짜란 없는 법이야.

해설 어떤 모임·파티 등에 올 수 있는가 물음을 받았을 때 '꼭 갈 수 있다'라는 표현을 강조해서 쓰이는 표현이 'I wouldn't miss it for anything.'이다. 'miss'는 '맞히지/잡지/만나지/보지 못하다'라는 부정의 뜻을 지닌 동사로 의지를 나타내는 조동사 'would'의 부정과 함께 강한 긍정을 나타낸다.

번역 A: 이번 토요일 파티에 오실 수 있으세요?
B: 어떤 일이 있어도 꼭 갈 겁니다.

09.

해설 바쁘거나 몸의 컨디션이 좋지 않을 때 정신이 깜빡하는 경우가 있다. 이런 경우에 우리말로 '정신이 없어/내 정신이 아니야'라고 말할 때 'I'm not (feeling) myself today.'라고 한다.

번역 A: 오늘 내 생일을 잊었어요?
B: 여보, 미안해요. 오늘 정신이 없어. 하루 종일 너무 바빴어요.

10.

어휘 now that ~이니까(since, because)   relaxed 마음이 편안한, 긴장이 풀린   for sure 틀림없는, 분명한(for certain, without doubt, certainly, surely)
get away from ~로부터 벗어나다   pressure 압박, 압력   another 다른(different)

해설 정신적으로나 신체적으로 소생된(renewed) 기분이 들 때 미국인들은 'I feel like a new person.' 또는 'I feel like another person.'이라고 한다. 단순히 '기분 좋다'는 표현인 'I feel good.'보다 뜻이 강하다.

번역 A: 출근을 안 하니까 자네는 보다 느긋해 보이는군.
B: 그건 확실해. 사무실의 스트레스를 벗어나니까 전혀 다른 사람이 된 기분이야.

11.

어휘 **try on** 입어 보다 **see if** ~인가를 알아보다 **fit** (치수·모양이) ~에게 꼭 맞다(be the right size and shape for sb)

● How does it **fit**? 어때요? 잘 맞아요?

해설 (M)의 대화가 '몸에 맞는지 이 블라우스를 입어 봐요.'라고 한 것으로 보아 (S)의 대화는 '옷이 크던지, 작던지'간에 몸에 잘 맞지 않는다는 말을 했을 것이다. 그러나 (B)는 꼭 맞는 크기라고 했기 때문에 빈 칸에 적절하지 못하다.

번역 S: (A) 내겐 너무 커요. 좀 작은 것을 보여주겠어요?   (B) 이것이 꼭 맞는 것 같아요.
(C) 치수가 좀 큰 것으로 보고 싶군요.   (D) 잘 맞지 않아요.
M: 몸에 맞는지 이 블라우스를 입어 봐요.

12.

해설 'one another'는 '둘 이상' 'each other'는 '둘 사이'에 '서로, 상호간에'라는 뜻으로 쓰인다. 문제에서 'He and I' 즉, 두 사람을 나타내므로 'each other'가 빈 칸에 적절하다.

번역 그와 나는 좋은 친구 사이이다. 우리는 서로 오랫동안 사귀어 왔다.

13.

해설 문제에서 'but'는 대조를 나타내는 접속사이므로 부정을 뜻하는 대명사가 빈 칸에 적합하다. 그러므로 'all'은 옳지 않고, 긍정문에만 쓰이는 'both'는 적합하지 않다. 'either'는 부정문에 쓰이는 대명사이므로 옳지 않다. 그리고 두 사람에게 물어 보았다고 했으므로 'neither'만이 빈 칸에 적절하다.

번역 정거장으로 가는 길을 두 사람에게 물어 보았지만 그 누구도 몰랐다.

14.

해설 'a friend of my friends'의 명사구에서 명사의 반복을 피하기 위해 앞의 명사 'a friend'를 대명사로 바꾸면 'one of my friends'가 된다. 또는 뒤의 중복되는 명사 'friends'를 생략하고 소유 형용사 'my'를 소유 대명사 'mine'으로 바꾸면 'a friend of mine'이 된다. (B)의 'a friend of my'는 옳지 않다. 그 이유는 전치사는 항상 (대)명사를 목적어로 하기 때문이다. 그러므로 (C)가 올바른 표현이다. (D)에서 'of'는 '~중에'라는 뜻이므로 'my friends'가 되어야 한다.

번역 토요일에 결혼식에 갈 거야. 친구가 결혼하거든.

15.

어휘 **decide** 결정하다, 생각 후 결론을 내리다 **decision** 결정 **decisive** 결정적인, 단호한 ↔ **indecisive** 결단력이 없는, 우유부단한

해설 'marry(결혼하다)'의 목적어는 반드시 사람이 되어야 하므로 의문대명사 'whom'이 빈 칸에 적합하다. 그러나 회화체에서는 목적격 대신 주격인 'who'가 흔히 쓰인다. 'marry'는 완전타동사이므로 전치사 'with'는 필요 없다.

번역 자녀들이 누구와 결혼할 것인지를 부모들이 보통 결정한다.

16.

어휘 **drunken driver** 음주 운전자 **cf. novice driving** 초보 운전 **novice** 초보자 **potential** (현재는 실현되지 않고 있으나) 장차 가능성이 있는, 잠재적인 **murderer** 살인자 **deal with** 해결하다, 처리하다, 다루다

해설 앞서 언급된 명사를 가리키는 대명사의 관계를 알아보는 문제이다.
'as'는 '~로서'의 뜻이고 'such'는 '그러한 사람/물건/일'을 뜻하는 대명사로 앞서 언급된 'murderers'를 가리킨다.

번역 음주 운전자들은 살인 가능성이 있는 사람들이며 가능성 있는 살인자로 다루어야만 한다.

17.

어휘 **abortion** 인공 유산, 낙태 **perform** 실행하다 **inadequate** 불충분한, 부적당한 **technique** 기술 **unhygienic** 비위생적인 **condition** 상황, 사정 **medical** 의학의, 의사의 **supervision** 감독

해설 'most'는 형용사 또는 대명사로 쓰인다. 대명사로 쓰일 때 'most of' 다음에 '정관사 또는 소유격' 같은 한정사가 반드시 붙어야 한다. 'almost'는 '거의, 대부분'의 뜻을 가진 부사로 'all, every, the whole, always' 등과 같은 부사 앞에 쓰인다.

- **Most of** his story is not true. 그의 이야기 대부분은 진실이 아니다.
- **Most of** the passengers were killed in the accident. 승객 대부분이 사고로 죽었다.
- **Almost** all the students were present. 거의 모든 학생이 출석했다.

[번역] 비위생적인 여건 하에서 그리고 의사의 감독 없이 충분치 못한 기술을 이용하여 대부분의 낙태는 이루어진다.

18.

[어휘] **afford** ~할 여유가 있다 **original** 원형, 원본(the earliest form of sth), 독창적인 사람; 최초의(first), 고유의, 독창적인(creative) **purchase** 구매하다 **replica** 모조품 **exposed** (~에) 알려진, 노출된, 드러난 **forger** 위조범, 위조자

[해설] (A)는 주어(Those) 하나에 동사(are/like)가 두 개이므로 옳지 않다. (B)는 주어가 3인칭 단수 'The one'이므로 동사는 'likes'가 되어야 한다. (D)는 선행사(Those)가 사람인데 관계대명사가 'which'가 쓰였으므로 옳지 않다.

Those who are unable to afford an original of a great artist   like   to purchase ...
  S ↑_____위대한 미술가의 진품을 살 여유가 없는 (형용사절)   V   O

[번역] 위대한 미술가의 진품을 살 만한 여유가 없는 사람들이 이미 세상에 알려진 모조 화가의 작품을 사고 싶어 한다.

19.

[어휘] **physician** 의사 **be aware of** ~을 알다 **symptom** (병의) 징후, 증상 **life-threatening** 평생 위협적인 **mental** 정신적 ↔ **physical** 육체의 **illness** 질병 **sign** 징후, 전조

[해설] 동등 비교(as ... as)구문이기 때문에 앞서 언급된 'physicians'를 지칭하는 'they'가 주어인 (A)가 빈 칸에 옳다. 반복되는 형용사 'aware'가 생략되었다.

= ... as they are (aware) of signs of physical illness

[번역] 신체적 질병의 징후를 아는 것만큼 평생 위협적인 정신 질병의 증상을 의사들은 알아야만 한다.

20.

[어휘] **must be** ~임에 틀림없다 (➡ 확실한 추측을 나타냄) **catch** 속임수(trick), 함정 **ad** 광고(advertisement) **for nothing** 공짜로 **for anything** (부정·의문) 절대로, 결코

[해설] 대명사의 관용적인 표현을 알아보는 문제이다. 어휘 설명 참조

[번역] 이 신문 광고 어딘가에 함정이 있는 것이 틀림없어. 공짜로 얻는 게 없거든.

21.

[어휘] **leave** 남기다 **nothing but** 단지(only) **therefore** 그래서(so), 그 결과(as a result), 그런 까닭에(for that reason) **support oneself** 자활하다 **anything but** ~이외는 무엇이든, 결코 ~이 아니다

- She is **anything but** bright. 그녀는 머리가 영 좋지 않다.
- I'll do **anything but** that. 그 이외의 일이라면 무엇이든 하겠으나, 그것만은 못하겠다.

[해설] 관용 어구와 재귀대명사의 재귀 용법을 알아보는 문제이다.
'leaving nothing but'에서 'but'은 '~을 제외한(except)'의 뜻이므로 '작은 집 한 채를 제외하고 아무것도 남기지 않은 채'라는 뜻이다. 'leaving ...'은 분사구문의 부대상황으로 '~을 남긴 채'와 같이 해석한다. 'therefore'는 앞서 언급된 내용을 요약하여 결과를 나타낸다. 두 번째 빈 칸에는 주어가 'he'이므로 재귀대명사는 'himself'가 옳다.

[번역] 존슨의 부모님은 조그만 집 한 채를 남긴 채 돌아가셨다. 그래서 그는 스스로 벌어서 먹고 살아야만 한다.

22.

[어휘] **be qualified for** ~에 적임자다, ~을 할 수 있는 자격·권리·능력이 있다 **overseas** 해외의; 해외로 가는; 해외로, 해외에서 **overseas travel** 해외여행 **apply** 신청·지원하다; (규칙을) 적용하다, 적합하다, 알맞다; 뿌리다, 살포하다 **apply for** (회사 등에 일자리를) ~을 신청하다, 지원하다

[해설] 대명사의 의미와 수(數)를 알아보는 문제이다.
'anyone'은 '어느 누구라도(any person regardless of who they are)'의 뜻으로 모든 사람을 다 포함한다. 빈 칸 다음에 동사가 'is'이므로 (A)(B)는 제외된다. (D)의 'everything'은 사람이 아니므로 적합하지 않다.

Anyone that is qualified for overseas travel   can apply for this job.
  S ↑_____해외여행에 자격이 있는 (형용사절)   V   O

[번역] 해외여행에 결격사유가 없는 사람이면 누구라도 이 직종에 지원할 수 있습니다.

23.

어휘 **allow** ~에게 하는 것을 허락·허용하다, ~하게 내버려두다 **demilitarize** 비무장화하다 **demilitarized zone** 비무장 지대(D.M.Z.) **zone** 지대, 지역, 구역; (도시 안의) 지구, 지역 **the school zone** 학교 구역 **a residence zone** 주택 지구 **a no-parking zone** 주차 금지 구역 **prior** 사전의; ~보다 앞선, 중요한 **prior to** ~보다 전에, 먼저 **consent** 동의, 허가, 승낙; 동의하다(agree), 찬성하다 **charge** 담당, 책임; 요금; 화물 **in charge of** ~을 담당하는, 책임지는

해설 대명사와 부정어의 의미를 알아보는 문제로 '부정어(not)는 항상 'any / ever' 앞에만 와야 하므로 (A)(C)는 옳지 않다. (B)의 'somebody'는 긍정문에만 쓰이므로 옳지 않다. 〈수동 56쪽 참조〉

번역 어느 누구도 담당자의 사전 승낙 없이 비무장 지대에 들어가는 것이 금지된다.

24.

어휘 **ask out** 데이트를 청하다 **attractive** (性적으로) 매혹적인(alluring) **approach** 접근하다, 다가오다, 가까이 가다; 가까워지다; (~을 다루는) 방법; 접근

해설 재귀대명사의 강조용법을 알아보는 문제이다.
문장 내에 대/명사가 'you'와 'the girl'만이 있으므로 정답은 (A)이거나 (C)이다. '용기를 갖고 여자에게 접근할 사람'은 주어 'you'이고, 주어를 강조하기 위하여 재귀대명사를 사용한 것이다.

번역 매력적인 여자에게 데이트를 청하고 싶으면, 그런 여자에게 접근하는 최선책은 용기를 가지고 직접 접근하는 것이다.

25.

어휘 **employee** 직원 **find + O + C** ~라고 생각하다 **accommodate** 적응시키다(adjust); (머무르거나 살거나 또는 일할 자리를) 제공하다 **acclimate oneself to** ~에 익숙해지다 **surrounding (pl.)** (사람을 둘러싼 모든) 환경; 상황

해설 재귀대명사의 관용적 표현을 알아보는 문제로 주어가 'employees' 즉 3인칭 복수이므로 (C)가 빈 칸에 적합하다.

번역 일부 신참 근로자들은 새로운 작업환경에 적응하기가 힘들다고 생각한다.

26.

어휘 **conduct oneself** 행동하다, 처신하다 **manner** 방법; 태도; (pl.) 예절; 풍습, 습관 **serve at tables** 식사 시중을 들다(serve food) **hospitable** (손님들에게) 친절한, 호의로써 맞이하는, (환경이) 좋은, 쾌적한 **hospitality** 친절, 환대, 후한 대접 **hostile** 적의 있는; 반대하는; (기후 등이) 맞지 않는

... when serving at tables = when **they are** serving at tables

➤ 'when, while, if, as, though' 등으로 유도될 때 '주어 + 동사'가 종종 생략된다.

해설 재귀대명사의 관용적 표현을 알아보는 문제로 〈180~181쪽 참조〉

번역 그 스페인 식당 주인은 모든 종업원들이 손님들 식사 시중을 들 때 친절한 태도로 행동하라고 항상 말한다.

27.

어휘 **identify** (신분 등을) 밝히다; 확인하다(show or prove); 동일시하다(consider sth to be the same as sth else) **identical** 동일한(the same) **identity** 동일함, 동일성; 신원; 독자성, 주체성, 본성 **identification** 신원 확인; 동일시

해설 재귀대명사의 일반 용법을 알아보는 문제이다.
동사의 주어와 목적어가 동일한 경우 목적어를 재귀대명사화 한다. 'identify oneself'는 '자신의 이름을 알려주거나 자신이 누구인지 증명하다(give one's name or prove who he is)'라는 뜻이다.

번역 경찰관은 자기 신분을 밝히고 우리의 도움을 청했다.

28.

어휘 **be sure to** 잊지 말고 꼭 …해라(don't forget to) **confidence** 신용, 신임(feeling of trust); 자신(trust in one's own ability) **confident** 확신하는; 자신 만만한 **confidently** 확신을 갖고 **confidential** 은밀한, 비밀의; 속사정을 털어놓을 수 있는, 친한; 신임이 두터운, 심복의 **self-confident** 자신 있는 (having confidence in oneself) **unilateral** 일방적인 ↔ **bilateral** 쌍방간의, 양쪽이 있는

해설 재귀대명사의 일반 용법과 올바른 형용사의 쓰임을 알아보는 문제이다.
동사의 주어와 목적어가 동일한 경우 목적어를 재귀대명사화 한다. 형용사는 어휘 설명 참조.

번역 직장 면접을 보러갈 때 반드시 자신 있는 태도로 자신을 소개 하십시오.

29.

어휘 **employer** 고용주 **employee** 직원, 종업원 **employ** 고용하다, (사람을) 쓰다 **support** (어렵고 힘들 때) 도와주다; 지지하다; 후원하다; 먹여 살리다, (가족을) 부양하다; 지탱하다; 버팀; 도움, 지지, 후원; 원조 **take pride in** ~에 긍지를 가지다, ~에 만족하다

해설 'each other'는 두 사람 사이, 'one another'는 셋 이상 일 때 쓰인다. 다음 예문을 보자.
- Sam and Bob helped **each other**. Sam과 Bob은 서로를 도왔다.
  = Sam helped Bob and Bob helped Sam.

→ 'one another'는 '각자 또는 다른 사람들을 (…하다)'라고 할 때 쓰인다. 둘 관계일 때는 'each other'가 쓰이지만 셋 이상일 때는 구별 없이 쓰이기도 한다. 그러므로 첫 번째 빈 칸에는 'each other / one another' 둘 다 가능하다. 두 번째 빈 칸에는 'who'의 선행사가 'employees'이므로 소유격은 'their'가 되어야 한다.

번역 고용주들은 어렵고 힘들 때 서로를 도와주고, 자기 일에 긍지를 가지는 직원을 찾는다.

30.

어휘 disease (병명이 분명한 것, 전염병, 또는 의학 연구의 대상이 되는) 질병 cause ~의 원인이 되다; 야기 시키다 germ 세균 contagious (접촉) 전염성의 easy 쉬운; 안락한; 마음이 편안한 easily 손쉽게; 마음 편히, 느긋하게 ease 마음 편함, 쉬움, 용이함; 완화하다; 마음 편하게 하다 another 다른 것 · 사람(a different thing / person); 또 하나의 것, 또 한 사람; 또 하나의(one more); 다시, 또(additional); 다른(different) one thing and another 이런 저런 일

해설 부사의 쓰임과 대명사를 알아보는 문제이다.
과거분사를 수식할 수 있는 것은 부사뿐이므로 (B)가 정답이 된다. '이 사람 저 사람에게'라고 할 때 'one person to another'라고 한다.

Diseases (which are) caused by germs are called contagious diseases.
　S　↑─── 세균이 원인이되는 (형용사절)　　V　　　　C

번역 세균이 일으키는 질병들은 전염병이라고 불린다. 전염병은 쉽게 이 사람 저 사람에게 옮겨진다.

31.

어휘 obesity 비만, 비대 obese (의학 용어) 뚱뚱한, (건강이 좋지 않을 정도로 지나치게) 살찐 disease (병명이 분명한 것, 전염병, 또는 의학 연구의 대상이 되는) 질병 cause (어떤 일이 일어나게 하는 또는 결과를 초래하는) 원인; 주장, 운동; 대의, 큰 목적; ~의 원인이 되다; 결과를 초래하다(bring about); 야기시키다(lead to) largely 대부분(mostly), 주로(mainly), 크게, 충분히 preventable 막을 수 있는, 예방할 수 있는 prevent ~을 저지하다, (어떤 일이 일어나지 못하도록) 막다(stop); 예방하다 preventive 예방적인; 예방법 · 책

해설 대명사와 수(數)의 일치를 알아보는 문제이다.

Obesity and the heart disease it causes are largely preventable.
　　　　S　　　　↑── 비만이 야기하는　V　　　　C

→ 대명사 'it'은 'obesity'를 가리키고, 문장의 주어는 '비만과 (비만이 원인이 되는) 심장질환' 즉, 복수이므로 동사는 'are'가 쓰인 것이다. 그러나 'it causes'가 수식하는 것은 'the heart disease' 뿐이다.

번역 비만과 비만이 원인이 되는 심장 질환은 대부분 예방할 수 있다.

32.

어휘 response 대응, 반응; 응답, 답장 in response to ~에 대응하여 host 많은 사람 · 떼, 다수, 사회자; (연회 등의) 남자주인 a host of 다수의 factor 요소, 요인 causing ~을 야기 시키는 shift 변동 supply 공급 ↔ demand 수요; 요구 on demand 청구(요구)가 있는 즉시

해설 부사 'down / up'의 뜻을 알아보는 문제이다.
부사 'down'은 '(가격 · 율 · 지위 · 인기 · 기분 등이) 떨어져, 내리어, 가라앉아; (위에서) 아래로'의 뜻이고, 'up'은 정반대의 뜻이다. ups and downs (길의) 오르내림, 기복(起伏); 변동, 성쇠 또한 '기분이 우울하거나 저기압이다'라고 할 때 'depressed(우울한)'의 뜻으로 'feel down'; 반면에 '즐겁고(cheerful), 신나는(excited) 기분을 나타낼 때'는 'feel / be up'이 쓰인다.
'up / down'의 기본적 의미가 'up 위(쪽)으로, 위에 / down 아래(쪽)으로'이다. 그러므로 'move up or down'은 '오르락내리락 하다'라는 뜻이 된다. 첫 번째 'or'는 '수요와 공급'의 선택이고, 두 번째 'or'는 '수요 · 공급 중 하나 또는 두개 모두' 중의 선택을 의미한다. 그러므로 두 번째 빈 칸에는 수요와 공급 둘 다를 의미하는 'both'가 적합하다.

... factors (which are) causing shifts in supply **or** demand, **or** both together.
　　　　↑── 변동을 야기하는 (형용사절)

번역 시장가격은 공급 또는 수요, 또는 양자 모두의 변화를 야기시키는 많은 요인들에 따라 상승하거나 하락할 수 있다.

33.

어휘 variety 다양함(diversity); 변화; 종류 a variety of 여러 가지의, 다양한 personal 개인의; 본인이 직접 하는 belonging (pl.) 소지품, 소유물 leave sth behind 잊고 오다, ~을 남기고 가다; ~을 남기고 죽다 lost-and-found 분실물 센터 cf. lost property office(英) claim (유실물을) 찾아가다; (권리를) 주장하다, 요구하다 almost (시간을 나타내어) 거의, 조금 있으면; ('all, every' 등의 앞에 두어) 거의, 대부분 the most successful 가장 성공한 사람들 (→ the + 형용사 = 보통명사) get the most for ~에 대해서 최대로 얻다

LESSON 10

🔹 유사한 단어와 'most'의 쓰임을 알아보는 문제이다. 'most'는 '대부분; 대개의 사람들 (many/much의 최상급) 가장 큰/많은; 대개의, 대부분의 (much의 최상급) 가장 많이, 매우' 등과 같이 다양하게 쓰인다. 문제에서 대명사 'them'과 함께 쓰일 수 있는 것은 (C)의 'most of'이다. (B)는 최상급에 쓰인다. (D)는 어휘 설명 참조.

- **Most** of his story *is* not true. 그의 이야기 대부분은 사실이 아니다.
- It was afternoon and **most** of the shops *were* shut. 오후라 대부분의 상점들은 문을 닫았다.

➡ of 뒤의 명사가 복수이면 동사는 복수로, 단수 명사이면 단수로 취급함

personal belongings (which were) left behind in the subway are taken to the lost and found,
       S   ↑_____ 지하철에 남기고 간 (형용사절)   V   부사구

🔹 잊고 지하철에 두고 간 다양한 개인 소지품들이 분실물 센터로 보내지지만 대부분은 주인을 찾지 못한다.

34.

🔹 **teen** (pl.) 10대(代)(-teen으로 끝나는 13-19세) **problem** 고민, 문제 **pressure** 압력, 강요; ~에게 ~를 하도록 강요하다 **be pressured into** 강요에 못 이겨 ~에 빠져들다 **face** ~에 직면하다 **social** 사회의, 사교적인 **outcast** 버림받은 사람, 왕따 **therefore** 그래서(so), 그런 까닭에(for that reason) (➡ 앞서 언급된 내용을 요약하여 논리적인 결과(consequence)를 나타낼 때 쓰인다.)

🔹 대명사와 연결어를 알아보는 문제이다.

동사가 'don't/are'이므로 (A)(D)의 'He/It'은 빈 칸에 적합하지 않다. 문제에서 10대들의 고민을 언급하고 있으므로 'teens'를 대신하는 대명사 'They'가 적합하다. 두 번째 빈 칸에는 '사회적 왕따 당하기 싫어서'라는 내용으로 유추해볼 때 '결과'를 나타내는 'therefore'가 적합하다.

The big problem teens face is pressure from friends to smoke or drink.
    S   ↑___ 형용사절 V   C   'pressure'를 수식함

🔹 10대들이 직면한 중대한 문제는 친구들로부터 담배를 피우고 술을 마시라는 압력인 것이다. 그들은 친구들로부터 왕따 당하는 것을 원치 않는다. 그래서 강요에 못 이겨 이런 좋지 않은 습관에 빠져드는 것이다.

35.

🔹 **several** 몇몇의, 몇 개의, 몇 사람의; 몇몇, 몇 개: 몇 사람 **atmosphere** 대기(지구를 둘러싸고 있는 가스); 공기; 분위기 **trap** 가두어두다(hold), ~에 갇히다; 올가미, 함정, 덫 **heat** 열, 더위; 난방(비) **generate** 발생시키다(produce); 낳다, 산출·생기게 하다; 초래하다 **prevent** 막다, 방해하다; 예방하다 **prevent ... from** ~하지 못하게 하다 **escape** 탈출하다, 도망가다(get away from), ~에서 벗어나다 **be known as** ~로 알려져 있다
cf. **be known to** ~에게 알려지다

🔹 지시대명사를 알아보는 문제이다.

첫 번째 빈 칸에는 'the heat'를 가리키는 'it'이 적합하다. 두 번째 빈 칸에는 'several gases'를 가리키는 'They' 또는 'These'가 적합하다.

... several gases which trap the *heat* (which is) generated by the sun
     몇 가지 가스 ↑____ 열을 가두어 두는 ↑____   태양에 의해 발생된

➡ 첫 번째 관계대명사가 수식하는 것은 'atmosphere'가 아닌 'several gases'

🔹 태양에 의해 발생된 열을 가두어두고 빠져나가지 못하게 하는 몇 가지 가스가 대기권속에 있다. 이 가스들은 "온실가스"로 알려져 있다.

LESSON 11 부사

01. (B)	02. (B)	03. (A)	04. (A)	05. (A)	06. (C)	07. (B)	08. (D)	09. (C)	10. (A)
11. (D)	12. (B)	13. (B)	14. (D)	15. (A)	16. (A)	17. (D)	18. (A)	19. (B)	20. (C)
21. (A)	22. (C)	23. (A)	24. (A)	25. (B)	26. (D)	27. (D)	28. (C)	29. (D)	30. (A)
31. (C)	32. (B)	33. (B)	34. (B)	35. (C)	36. (C)	37. (A)	38. (C)	39. (D)	40. (D)

01.

어휘 **offer** (해명·제안·회답 등을) 제공하다; 제출하다; 제의 / 제안하다   **explanation** 설명, 해명   **offer an explanation** 해명을 하다   **apology** 사과   **beat** 피곤한   **without rest** 휴식 없이   **sharply** 퉁명스럽게

해설 (A) 형용사 'friendly'는 동사를 수식할 수 없기 때문에 'friendly'를 'in a very friendly way / manner'로 고친다.
- She spoke to John **sharply**. = She spoke to John **in a sharp manner**.
  그녀는 존에게 퉁명스럽게 말을 걸었다.

(B) 부정어가 문두에 오면 주어 동사 도치

(C) much / still more (긍정문에서) 하물며 ⋯ much / still less (부정문에서) 하물며 ~않다

(D) 'farther'는 '거리'에 'further'는 '정도'에 '더 이상'의 뜻으로 쓰임

번역 (A) 종업원은 나에게 다정하게 말을 건넸다.
(B) 그 소녀를 다시 못 보리라고는 전혀 꿈도 못 꾸었다.
(C) 아무런 해명도 없었고, 더군다나 사과도 없었다.
(D) 짐은 피곤해서 쉬지 않고는 더 이상 걸을 수 없었다.

02.

어휘 **rather** 다소   **stupid** 어리석은, 멍청한, 바보스런

해설 (A) 긍정문의 뒤에서 '~도 또한'이라고 할 땐 'too, also'가 쓰인다.
- Mary works here, **too**. 〈회화체〉
- Jane and Mary **both** work here. 〈문어체〉

(B) 부정문의 뒤에서 '~도 또한'이라고 할 땐 'either'가 쓰인다.
- Anne doesn't work ..., **either**. 〈회화체〉
- **Neither** Sally **nor** Anne .... 〈문어체〉

(C)(D) '~일지도 모른다'는 '가능성 또는 추측을 나타내고자 할 때' 조동사 'may, might' 대신에 'perhaps, probably' 등이 쓰인다. 또한 'will'은 주어의 확신을 나타내지만, 'probably'와 함께 쓰이면 가능성을 의미함.

번역 (A) 제인은 이곳에서 일을 하고 메리도 역시 이곳에서 일을 한다.
(B) 샐리는 이곳에서 일을 하지 않는다. 앤 역시 이곳에서 일을 하지 않는다.
(C) 그녀가 다소 멍청하다는 네 말은 맞을 거야.
(D) 비가 내릴지 모르니 우산을 가져가지 그래.

03.

어휘 **persuade** 설득하다   **fat** 지방   **lose weight** 체중을 줄이다   **wallet** 지갑   **miss** 놓치다   **opportunity** 기회

해설 친구 간에 충고 또는 설득을 할 때 'If I were you, I would ~'의 문형이 쓰인다.
- **If I were you, I would** listen to what she says.
  너라면 그녀가 말하는 것을 귀담아 들었을 텐데.
- My doctor said I **should** eat less fat and salt, and lose weight.
  동물성 지방과 소금을 덜 먹고 체중을 줄여야 한다고 주치의가 말했어.

번역 내가 너라면 (A) 담배를 끊을 텐데. (B) 나는 기름기 있는 것과 소금을 덜 먹고 체중을 줄여만야 해. (C) 뒷주머니에 지갑을 넣고 다니지 않을 거야. (D) 당신은 이 좋은 기회를 놓치지 말아야 해.

04.

어휘 **collect** 수신자 부담으로(paid for by the person receiving the phone call)

번역 A: Mike가 어젯밤에 전화했어요.
B: 정말이에요? 수신자 부담으로 걸었어요?

05.

어휘 **far** (시간·공간·관계 등이) 먼; 멀리, 먼 곳으로; (정도) 훨씬, 단연 **away** (위치·이동) 멀리, 떨어져서; 부재하여, 집에 없는
3 miles / 5 kilometers away 3마일 / 5킬로미터 떨어져 있는   **long** (물건·거리 등이) 긴; 시간이 오래 걸리는; 오랫동안
wide 넓은, 광범위한, 자유로운   **widen** 넓히다

설명 '깊이' 는 'deep', '거리' 는 'far', '키' 는 'tall', '넓이' 는 'wide', '시간' 을 나타낼 때는 'long', '부피' 는 'much' 가 쓰인다.
- Susan is only five feet **tall**. 수잔의 키는 단지 5피트이다.
- The water is two meters **deep**. 그 물은 깊이가 2미터야.
- How **much** wood do you need for the table you're making?
  만들고 있는 테이블에 얼마나 많은 나무가 필요합니까?

번역 A: 그 마을은 얼마나 먼가요?
B: 단지 3마일 멀리 있어요.

06.

설명 맞장구 칠 때 쓰이는 표현을 알아보는 문제이다.
다른 사람과 동일한 생각 갖게 되어 동의(同意)를 나타낼 때 간단하게 응답할 수 있는 방법으로 긍정으로 맞장구 칠 때는 'So do I', 'I do, too' 또는 'Me too' 가 쓰인다. 대화문에서 'I think ...' 라고 일반 동사가 쓰였기 때문에 'So do I' 또는 'Me too' 라고 응답 하면 된다.

번역 A: 저, 마크. 이제 가 봐야겠어.
B: 나도 그래, 래리. 시험공부를 해야만 해.

07.

어휘 **at work** 근무 중, 일을 하는, 활동 중인(= working)   **advise** 조언하다; ~하도록 권하다, (상대방에게 무엇을 해야 하며 어떻게 처신하라고) 충고하다
couple 한 쌍; 부부   **a couple of** 둘의   **take off** 휴가를 얻다, 시간을 빼다 *eg.* **take an hour off (from work)** 1시간 쉬다   **take down** 내리다, 무너뜨리다   **take away** 가져가다, (음식점에서 음식을) 사서 집에 가져가다(美) take out)
take after (부모의 행동이나 외모를) 닮다(resemble), ~을 쫓다

설명 동사구의 의미를 알아보는 문제이다. 어휘설명 참조.

번역 A: 왜 Jeff는 출근하지 않은 거지?
B: 의사가 이틀 정도 쉬라고 충고했거든.

08.

어휘 **shape** 신체의 외형(physical appearance)   **get into shape** (조깅(jogging), 등산(mountain-climbing), 미용체조(calisthenics) 등을 통해) 몸매를 다듬다
eg. **in shape** 운동을 해서 건강하고 체격이 좋은 ↔ **out of shape** 몸매가 엉망인; 건강이 좋지 않은   *cf.* **figure** 여자의 몸매   **work out** (몸매를 다듬기 위해) 운동하다(exercise to improve physical fitness)   **work off** (분노, 당황함, 실망감 등을) 없애다(get rid of)   **work for** ~에 근무하다
work on 계속 일을 하다   **work up** (사업 등을) 확장하다
- She has a great **figure**. 그녀의 몸매는 성(性)적 매력이 있다.
- **Get yourself in shape!** 운동을 해서 몸을 좀 가꿔!
- She **is in great shape**. (이미 운동을 해서) 그녀의 몸매는 균형이 잡혀 있다.

설명 이어(二語)동사의 의미와 'every day / everyday' 의 차이를 알아보는 문제이다.
'everyday' 는 명사를 수식하는 형용사로 '매일의(daily); 일상의(regularly), 평범한' 이라는 뜻이고, 'every day' 는 '매일(daily)' 이 라는 뜻의 부사이다.

번역 A: 멋진 몸매를 만들기 위해 무엇을 하지요?
B: 매일 2시간씩 운동을 해요.

09.

어휘 **come down with** 병이 나다   **take care of** 돌보다(look after, attend to)   **come up with** (idea, 계획, 응답 등을) 생각해 내다(think of), 기억하다 (remember), ~을 따라잡다(catch up with)   **come out with** 말하다(utter, say), 공표 하다(announce)

해설 '감기 기운이 있다'고 말할 때 'I'm coming down with a cold'와 같이 말한다. 그리고 '감기가 지독해'라고 말하려면 'cold' 앞에 형용사 'bad, heavy, terrible' 등이 쓰인다. 그리고 약간의 감기 기운이 있다고 할 때는 'a slight cold'라고 한다.

번역 A: 감기가 오는 것 같아요.　　　　　　　　　　　B: 몸조심해.

10.

어휘 **ask** 묻다; ~을 해 달라고 요청하다; 요구하다(demand); 청구하다　**ask out** 데이트를 청하다　**ask after** (사람의 안부나 건강 상태를) 묻다　**ask for** 요청하다

해설 'out'는 '밖으로'라는 부사로 'ask sb out'하면 '이성을 (극장·식당·커피숍 등으로) 불러내다'라는 뜻이다. 이와 반대로 'Ask her in.'하면 '밖에 있는 그녀를 안으로 들어오게 청하다'는 뜻이다.

번역 A: 당신이 직접 그녀에게 데이트를 청하는 것이 어때요?
　　　　B: 좋은 생각 같아요.

11.

어휘 **join** 함께 ~하다, 구성원이 되다(become a member of); 결합하다; 입대하다　**pleasure** 기쁨, 즐거움　**please** 기쁘게 하다, 만족시키다　**pleased** 기뻐하는　**pleasant** 즐거운, 상냥한, 호감이 가는; (날씨·분위기 등이) 좋은, 쾌청한, 쾌적한

해설 (A)의 'My pleasure'는 'It's a pleasure / The pleasure is mine.'과 같은 뜻으로 상대방을 도와주어 기뻤고, 당연히 해야 할 일을 했다는 뉘앙스가 풍긴다. 상대가 고마움을 표시할 때 '오히려 제가 감사드려요 / 천만의 말씀입니다' 정도의 대꾸로 쓰일 수 있는 예의를 갖춘 표현이다. (B)의 'For pleasure.'는 '재미 삼아, 오락으로'의 뜻이고, (C)의 'At your pleasure.'는 '수시로, 임의로'라는 뜻으로 빈 칸에 적합하지 않다. (D)는 상대방의 부탁·제안에 '기꺼이 하죠(willingly), 좋고 말구요'의 뜻으로 쓰인다.

eg. A: May I borrow your car? 차 좀 빌릴까요?
　　 B: Yes, **with pleasure**. 네. 좋습니다.

번역 A: 점심 함께 하시지 않겠어요?　　　　　　　　　B: 고마워요. 기꺼이 하죠.

12.

어휘 **be up to+(동)명사** ~을 감당하다(be equal to~), ~에 알맞다(be fit for); (육체적으로) ~할 능력이 있다　**in front of** ~앞에　**stage fright** 무대 공포증

　● I'm not up to drinking tonight. 난 오늘밤 술을 못 마시겠어.
　● I'm afraid he isn't up to the job. 그는 그 일에 적임이 아닌 것 같아.

해설 (A)의 'use'가 과거 분사가 되면 'be used to + -ing(~에 익숙하다(be familiar with)'의 뜻으로 빈 칸에 적합할 수 있다. (C)에서 'be able to' 다음에는 부정사가 오기 때문에 옳지 않다. (D)는 전혀 의미가 통하지 않는다.

번역 A: 너 웅변대회에 참가할 거니?
　　　　B: 아니, 난 여러 사람 앞에서 말하는 건 못하겠어. 난 무대에 서면 앞이 캄캄해지거든.

13.

어휘 **hardly** 거의 아니다 / 하지 않다(almost not)　**barely** 간신히, 겨우　**benefit** 자선공연 / 경기; 혜택(advantage); (개인 또는 집단의 복지에 연결되는) 이익; ~에게 이익이 되다　**beneficial** (물건·행위가) 유익한, 도움이 되는

해설 'no' 다음에 부정의 내용이 뒤따라야 한다. (A)의 'hard'는 부정어가 아니므로 정답으로 적합하지 않다. 'barely'는 '간신히, 겨우'라는 뜻으로 부정문에 쓰이지 않는다. (D)의 'few' 다음에는 'few people / boys / years' 같이 복수명사 오므로 빈 칸에 적합하지 않다.

eg. I **barely** bought this house. 나는 간신히 이 집을 샀다.

번역 A: 자선 경기에 많은 사람들이 왔어?　　　　　　B: 아니. 거의 아무도 오지 않았어.

14.

어휘 **far from** ~로부터 먼, 결코 …이 아닌(never)　**look for** ~을 찾다　**miss** 못 맞히다, 놓치다; 차 등을 잡지 못하다; 보지 못하다; (사랑하는 사람이 함께 없어서) 그리워하다, ~가 없어서 섭섭하게 생각하다 (➔ 'You can't miss it'에서 'miss'의 뜻은 '보지 못하다'인데 can't와 결합하여 '틀림없이 볼 수 있다'는 뜻이 된다.)　**eventually** (오랜 시간·지연이 있은 후에 또는 많은 문제점이 있은 후에) 결국, 드디어　**endlessly** 끝없이, 끊임없이, 지속적으로

해설 'finally'는 문장 부사로 문두에 쓰이며 어떤 결론을 내리거나 또는 길을 안내할 때 '처음에는, 그 다음에는 …'하고 설명을 하다가 '마지막으로 (~하세요)'라고 말할 때 쓰인다.

번역 A: 실례합니다. 가장 가까운 우체국이 어디에 있습니까?
　　　　B: 저, 이곳에서 멀지 않아요. 먼저 신호등까지 이 길을 따라 내려가세요. 다음에 오른쪽 으로 도세요. 그다음에 약국을 찾으세요. 마지막으로 길을 건너면 바로 찾을 수 있을 겁니다.

15.

어휘 **break up** 헤어지다(stop being together, separate), 끝나다(end, come to an end)　**break one's heart** 상심하다　**make up** 화해하다(reconcile)　**get back together** 다시 만나다　**inadvertently** 무심코, 우연히　**respectively** 각각, 따로따로

해설 원하는 대로 ~이 이루어 졌을 때 '다행히, 운 좋게'라는 뜻으로 (A)는 빈 칸에 적절한 표현이다. (D)의 'frankly (솔직히)' 다음에는 부정적인 내용이 뒤이어 온다. 〈어휘 설명 참조〉

- **Frankly**, I couldn't care less what happens to him. 솔직히 그에게 뭔 일이 일어나든 난 별로 관심이 없어.

번역 A: 너에게 가장 나빴던 때는 언제야?
B: 여자 친구와 헤어졌을 때가 그랬었지. 거의 비탄에 젖었었는데, 다행히 화해하고 다시 만나게 됐어.

16.

어휘 **split up** 헤어지다(separate), (우정·결혼 등의 관계가) 끝나다(end a friendship or marriage)　**independently** 따로따로(separately); 관계없이(not connected with each other)　**bilaterally** 쌍방이 ↔ **unilaterally** 일방적으로　**harmoniously** 화목하게, 사이좋게

해설 동사의 뜻을 통해 문맥에 알맞은 부사를 유추하는 문제이다. 동사 'split up'의 뜻이 '헤어지다(separate)'이므로 (B)(C)(D)의 뜻은 문맥에 어울리지 않고 (A)의 '따로따로'가 가장 적절하다.

번역 그 부부는 이혼을 했고 이제는 따로따로 살아가고 있다.

17.

어휘 **not ~any longer** (전에는 ~했지만) 지금은 더 이상 …하지 않는다(no longer)　**leave** (직장·학교 등을) 그만두다; 떠나다(go away); (유산·명성 등을) 남기다; (책임·결정을) ~에게 맡기다

- He **doesn't** live here **any** longer. = He **no longer** lives here.
  (전에는 이곳에 살았지만) 그는 더 이상 이곳에 살지 않는다.

해설 'still'은 긍정문·부정문에 모두 쓰이며 '아직, 아직까지는(up to this moment, so far)'의 뜻으로 '예상보다 더딘 것에 놀라움'을 나타내므로 (A)(B)는 의미상으로 빈 칸에 적합하지 않다. (C)의 'no more'는 'no longer'로 바꾸면 올바른 표현이 된다.

= Julie **doesn't** work here **any more**. = Julie **no longer** works here.

번역 줄리는 더 이상 이곳에 근무하지 않아. 지난달에 퇴직했어.

18.

어휘 **get along (with sb)** 사이좋게 지내다(be on good terms), 호흡이 잘 맞다 ↔ **get along badly** 호흡이 맞지 않다　**get behind** ~를 지지 / 후원하다(美)　**get going** 출발하다; 착수하다(美)　**get nowhere** 효과가 없다, 아무 것도 안 되다

해설 부사와 결합된 동사구의 의미를 알아보는 문제이다. 어휘 설명 참조.

번역 새로 이사 온 이웃 사람들은 매우 좋아. 함께 잘 지낼 것이라고 난 확신해.

19.

어휘 **product** 제품, 상품; 농산물·광물; 결과　**come out** 생산되다　**go up** 올라가다(rise) ↔ **go down** (값이) 내려가다(fall), 하락하다　**come along** 함께 가다; 따라가다; 진행하다(advance); 진척되다(improve); 나타나다(appear)　**come by** (어디 가는 길에) 잠깐 들르다; 지나가다(pass); 획득하다(gain, acquire, obtain)　**come up to** 필적하다(match), ~에 이르다(reach)　**go out with/together** ~와 데이트하다(have a romantic relationship)　**go over** 살펴보다, 검토하다(examine, review); 점검하다(check); 반복하다(repeat)　**go through** (고난 따위를) 경험하다, 겪다(experience, undergo); 통과하다

해설 부사와 결합된 동사구의 의미를 알아보는 문제이다. 어휘 설명 참조.

번역 신제품이 나오면 틀림없이 값이 오르죠!

20.

해설 'much'는 동사를 수식할 수 있지만, 형용사 또는 부사를 수식하지 못한다. 그러므로 (A)(B)(D)는 정답이 될 수 없다. (C)에서 'too'는 형용사 'expensive'를 수식하고 'much'는 부사 'too'를 수식하므로 올바른 어법이다.

- I love you **too much**. 당신을 너무 사랑해요.
- It costs **too much**. 너무 비싸요.

번역 내가 너라면 그 차를 사지 않겠어. 그 차는 너무 비싸.

21.

어휘 **close down** 닫다, 폐쇄하다   **dismiss** 일시적으로 해고하다   **look out for** ~을 찾아다니다   **have no luck** 운이 없다

해설 의미가 다른 부사를 이해하는가를 알아보는 문제이다.
'hard'는 '열심히, 애써서'라는 뜻으로 동사를 수식하지만 'hardly'는 '거의 …않다'의 뜻으로 동사를 부정한다. 등위접속사 'but'으로 연결되어 있어 좌우의 시제가 'he tried … but he had …'처럼 과거 시제가 되어야만 한다.
- I'm so exhausted that I can **hardly** walk. 지쳐서 거의 걸을 수가 없어.

번역 공장이 문을 닫게 되어 그는 일자리를 잃게 되었다. 그래서 새로운 일자리를 찾으려고 열심히 애를 써 봤지만 운이 따르질 않았다.

22.

어휘 **research** (장기간에 걸쳐 새로운 사실을 알아내려고 조직적으로 하는) 연구, 조사   **development** (자원·기술 따위의) 개발   **current** 현재의; 경향; 흐름   **currently** 현재(at the present time), 지금   **substitute** 대용(代用)의, 대체의; 대용하다, 바꾸다(exchange); ~을 대신하다; 대리인, 대용(품)
eg. a substitute food 대용식   **fuel** (석탄·기름·장작 등) 연료   **efficient** (시간·노력 등을 낭비하지 않고) 효율적인; 능력 있는; 유능한   **efficiently** 효율적으로, 능률적으로   **efficiency** 능률; 효율성   **feasible** 실행 가능한, 가능한(possible)   **feasibility** 가능성; 타당성

해설 부사의 기능을 알아보는 문제이다.
동사와 형용사를 수식하는 것은 부사이다. 첫 번째 빈 칸에는 동사 'working'을 수식하는 부사, 두 번째 빈 칸에는 형용사 'feasible'을 수식하는 부사가 필요하다.

번역 연구 개발팀이 연료 효율이 좋고 실행 가능한 대체 연료를 찾기 위해 현재 연구하고 있다.

23.

어휘 **ecosystem** 생태계(all the plants, animals, and people in an area together with their surroundings)   **such as** (예를 들 때 쓰임) ~같은(like), 예를 들어(for example)   **tropical** 열대(지방)의; 열대성의   **tropical rain forest** 열대 우림   **suddenly** 갑자기, 불시에, 졸지에, 느닷없이   **all of a sudden** 갑자기   **appear** 나타나다(show up, turn up); ~처럼 보이다   **appearance** 출현; 외관   **overnight** 하룻밤 사이에, 밤새껏, 밤새도록; 밤을 새는; 하룻밤 사이의; 일박의

해설 부사와 형용사의 동일한 형태의 부사

<u>An ecosystem</u> does not <u>suddenly</u> <u>appear</u> <u>overnight</u>.
      S   부사   V   부사

예(例)를 나타내는 "such as a tropical rain forest"를 제외하면 간단한 1형식

번역 열대 우림과 같은 생태계는 하룻밤 사이에 갑자기 나타나는 것이 아니다.

24.

어휘 **expect** (실현되리라고) 예상하다, (당연한 것으로) 기대하다; ~올 것이라고 생각하다   **glitch** (사소한) 고장, 문제점(small problem or fault)   **go** (기계 등이) 돌아가다, 작동하다   **remarkably** 대단히, 매우, 현저하게, 두드러지게   **smoothly** 순조롭게, 매끄럽게; 유창하게; 평온하게   **smooth** 매끄러운; (일이) 원활한, 순조로운; (말이) 유창한; 매끄럽게 하다; (곤란 등을) 없애다; 평원 / 원활하게 하다

해설 형용사·부사의 정도를 강하게 하기 위하여 'very'를 사용하고, 특별히 강조하기 위해서는 'remarkably(현저히, 두드러지게), extremely(몹시, 아주), terribly(몹시, 굉장히), really(정말로), incredibly(믿을 수 없을 정도로)' 등이 쓰인다.

<u>everything</u> <u>has gone</u> <u>remarkably</u> <u>smoothly</u>.
    S   V   ↑'smoothly'는 동사(go)를 수식

번역 우리는 몇 가지 사소한 고장을 예상했었지만 모든 것이 대단히 잘 돌아가고 있다.

25.

어휘 **according to** ~에 따르면   **term** 조건; (한정된) 개념, 용어, 전문어, 학술용어   **contract** (법적 효력을 가진 서면) 계약, 계약서; 계약하다; 수축시키다; 줄(어 들다)   **contract** (of employment) 고용계약   **paid vacation** 유급휴가   **annually** 매년(once a year); 해마다   **annual** 1년의, 해마다의, 1년에 한 번의   **biannual** 2년의, 2년에 한 번의

해설 부사의 형태와 의미를 알아보는 문제이다.
대부분의 부사는 '-ly'의 형태를 갖는다. (A)(C)는 형용사이므로 동사를 수식하는 부사로 옳지 않고, (D)의 'once in a year'에서 전치사 'in'이 없는 'once a year'가 올바른 표현이다.

a. given ten days' paid vacation **annually** = given ten days' **annual** paid vacation

b. <u>According to the terms of a new contract</u> <u>all workers</u> <u>are given</u> <u>vacation</u> <u>annually</u>
                           부사구   S   V   O   부사

4형식 문장에서 간접목적어가 수동의 주어가 되었고, 직접목적어가 남아 있는 구조이다.

새로운 고용계약 조건에 따르면 모든 직원들에게 매년 10일간의 유급휴가가 주어진다.

26.

rare 매우 보기드문(extremely unusual); 훌륭한; 살짝 익혀 핏기가 있는 **rarity** 희귀한 것, 아주 드묾, 진기; 진품 **rarely** 좀처럼 ~않는; 드물게 **live** 생생한; 생방송의; 살아 있는 **performance** 연주·미술·연기; 실행; 업무 능력 **perform** 실행하다, 이행하다; (연극을) 공연하다(act), (음악을) 연주하다 **recently** 최근에; 얼마 전에 (→ 'recently'가 완료에서는 '최근에(lately)'라는 뜻이고, 과거 시제에서는 '얼마 전에(not long ago)'라는 뜻.) **emerge** 나타나다

부사의 의미를 알아보는 문제이다.
부사 'promptly'는 '정해진 시각에 정확하게(exactly at the time specified), 정각에'라는 뜻으로 문장에 나타난 그 시각을 의미하고, 동사를 수식할 때는 흔히 '빨리, 지체 없이, 즉시(immediately)'라는 뜻으로 쓰인다. (C)의 'presently'는 '이윽고, 조금 후에(in a short time), 곧(soon)'이라는 뜻으로 동사를 수식하며 시각과 함께 쓰이지 않는다.

- I'll be with you **presently**. 곧 갈게.
- **Presently**, the two men reemerged from the house. 이윽고 그 두 사람이 그 집에서 다시 나타났다.

흔치않은 밴드 생음악 연주가 7시 정각에 시작될 겁니다.

27.

audience 청중 **applaud** 손뼉 치다(clap) **enthusiastically** 열광적으로 **enthusiastic** 열광적인, 열심인 **enthusiasm** 열광(a strong feeling of excitement or interest)

명사를 수식하는 형용사와 동사를 수식하는 품사를 알아보는 문제이다.
한 지역에 있는 청중의 '많고 적음'을 나타낼 때는 'large' 또는 'small'이란 형용사가 쓰인다. 'applaud'는 자동사이므로 목적어를 가질 수 없다. 동사를 수식하는 것은 부사. 'many audiences'처럼 복수가 되면 한 장소에 있는 청중이 아니라 '서울, 부산, 청주' 등 여러 지역에 있는 청중을 나타낸다.

바이올린 연주회가 끝났을 때 청중들은 열광적으로 환호했다.

28.

go on a diet 다이어트를 시작하다 **be on a diet** 다이어트를 하고 있다 **slim** 매력적이며 늘씬한 **attractive** 섹시한 매력을 지닌, 애교 있는 (charming) **therefore** 그 결과(as a result), 그래서(so), 그런 까닭에(for that reason) **in other words** (부연설명 할 때) 달리말해서 **moreover** (앞에 내용을 강조하거나 첨가되는 정보를 도입할 때) 더욱이 **however** (대조를 나타낼 때) 그러나(but)

연결어와 문장구조를 알아보는 문제이다.
다이어트의 목적은 결과적으로 '보다 매력적으로 보이려고 한다'는 뜻이므로 'therefore'가 첫 번째 빈 칸에 적합하다. 이와 같이 'therefore'는 논리적인 결과(consequence)를 나타낼 때 쓰인다.
아래 구조에서 알 수 있듯이 두 번째 빈 칸에는 '(make themselves) more attractive'의 구조에서 반복되는 어구가 생략되고 보어만 남은 상태이다. 부사는 보어로 쓰이지 않는다.

diets <u>to lose weight</u> and <u>(to) make</u> <u>themselves</u> <u>slim</u> and <u>they think</u>, <u>more attractive</u>.
     부정사의 목적   V   O   O.C   삽입절   O.C

ⓐ 부정사는 다이어트 하는 목적을 나타냄: (in order) to lose weight 체중을 줄이기 위하여
ⓑ 첫 번째 'and'는 부정사를 연결하고, 두 번째 'and'는 'make'의 목적보어 'slim'과 'more attractive'를 연결한다.

젊은 여자들은 체중을 줄이고 자신을 호리호리하게 하여 그래서 자신이 생각하기에 더욱 매력적으로 보이려고 다이어트를 한다.

29.

special 특별한, 유별난; 특별 메뉴; 특가품, 봉사품 **expire** 끝나다, 만기가 되다 **at the end of** ~의 말에 ↔ **at the beginning of** ~의 초에 **act** 실행에 옮기다, 행동하다; (일시적, 개별적인) 행위, 소행; 행동(중)

(A)의 'moreover(더욱이)'는 '앞서 언급된 내용을 지지·강조하거나 첨가되는 정보를 도입할 때' 쓰인다. (B)의 'nevertheless(그럼에도 불구하고)', (C)의 'however(그러나)'는 '어떤 놀라운 정보를 첨가하거나, 앞서 언급한 내용과 대조를 나타낼 때' 쓰인다. (D)의 'therefore(그 결과, 그런 까닭에)'는 '논리적인 결과를 나타낼 때' 쓰인다. 'must'는 강력한 충고를 하기 위해 쓰인 것이다.

이번 특별 할인 판매는 5월 말에 끝납니다. 그래서 지금 즉시 서두르시기 바랍니다.

30.

어휘 **weaken** 약하게 하다; 약해지다 **immune** 면역성의(unable to be harmed) **consequence** 상황(condition), 결과: (영향의) 중요성 **consequent** 결과로서 일어나는; 필연의 **consequently** 따라서 **prolong** (시간·공간적으로) ~을 늘이다, 길게 하다(lengthen); 연장하다(extend) **recover** (잃은 것·건강·의식 등을) 되찾다; 회복하다; (손실을) 만회하다; 복구하다 **recover from** 회복하다 **illness** (심하지 않은) 병

해설 글의 흐름을 논리적으로 연결해주는 부사를 알아보는 문제이다.
'consequently(따라서, 그 결과로서) / therefore(그 결과)'는 '언급된 내용을 요약하여 논리적인 결과를 나타낼 때'; 'nevertheless(그럼에도 불구하고) / however(그러나)'는 '앞서 언급한 내용과 대조를 나타낼 때'; 'for instance(예를 들어)'는 '예시를 나타낼 때' 쓰인다.

the time (which) it takes to recover from illnesses
　시간　↑_____ 질병으로부터 회복하기위해 걸리는 (형용사절)

- 'the time'은 동사 'take (시간이) 걸리다'의 의미상 목적어
- It took two hours for me to finish the work. 그 일을 끝내는 데에는 두 시간이 걸렸다.

번역 흡연은 면역체계를 약화시킨다. 따라서 질병으로부터 회복하는 시간이 늘어난다.

31.

어휘 **revenue** 수익(income); 고정 수입; (국가의) 세입(the total income of a state) **product** 상품; 농산물·광물; 결과 **come up to** ~에 이르다, ~에 달하다; ~에 필적하다 **relatively** 비교적; ~에 비하여, ~에 비례하여 **annual** 1년의, 해마다의, 1년에 한 번의 **income** 수입, 소득 ↔ **outgo** 지출 **diversely** 다양하게 **diverse** 다양한(various) **diversity** 다양성, 변화(variety) **promptly** 정각에; 빨리, 지체 없이, 즉시(immediately) **precisely** 정밀하게, 틀림없이 **precise** (기술·계산·기계 등이) 정확한(exact), 정밀한

해설 관용적인 동사구와 문맥에 적합한 부사를 고르는 문제이다. 어휘 설명 참조.

Revenue from sales of a new product comes up to a relatively large part of ...
　S　↑_____ 신상품 판매로 생긴 (형용사구)　　V　　C

번역 신상품 판매로 생긴 수익은 회사 연간 총수입의 비교적 큰 부분을 차지한다.

32.

어휘 **economy** 경제 **economic** 경제의 **economical** 알뜰한 **be based on** ~을 근거로 / 기초로 하다 **base** 기초; 근간; 토대 **paper bill** 지폐 *cf.* **note** 지폐(美) **bill** 지폐; 청구서; 법안; 증서 **one kind or another** 몇 종류 **kind** 종류(sort)

해설 'almost'는 '거의, 대부분'의 뜻을 가진 부사로 'all, every, the whole, always' 등과 같은 단어 앞에 쓰인다. 'most'는 형용사 또는 대명사로 쓰인다. 대명사로 쓰일 때 'most of' 다음에 '정관사 또는 소유격'같은 한정사가 반드시 붙어야 한다. 그리고 of 뒤의 명사가 단수이면 동사는 단수로, 복수이면 동사는 복수로 한다.

- **Most of his story** *is* not true. 그의 이야기 대부분은 진실이 아니다.
- **Most of the passengers** *were* killed in the accident. 승객 대부분이 사고로 사망했다.

a money economy (which is) based on coins and ...
　통화 경제　↑_____ 동전과 지폐를 바탕으로 한

번역 현재 거의 모든 사회에는 몇 종류의 동전과 지폐를 바탕으로 한 화폐경제가 있다.

33.

어휘 **the second half** (반으로 나눈 나머지로 축구 등의) 후반전; (야구의 ~회) 말 **exclusive** 남을 받아들이지 않는, 배타적인; (권리·소유물 등) 독점적인; 유일한(single, sole) **exclusively** 단지, 오로지 ~만(only); 배타적으로(and no one else); 독점적으로 **exclude** 제외하다, 배제하다 ↔ **include** 포함하다

해설 문제에 동사 'apply'가 있으므로 (A)(C)(D)는 옳지 않다.

번역 서식의 아래쪽에 있는 질문은 단지 기혼 남성에게만 적용됩니다.

34.

어휘 **lounge** (호텔 등의) 로비, 휴게실(a small comfortable public room); 공항 대기실 **close** 폐쇄하다; 마감하다, (이야기·행사 등을) 끝내다; 닫다 **further** 추후의; 그 이상의(additional, more); 그 위에, 게다가; 더욱 멀리 **notice** (오감(五感), 또는 마음으로) 깨닫다; ~을 알아채다; 주목하다; 주목; 통지; 게시 **until further notice** 추후 통지가 있을 때까지(= from now until another change is made) **immediately** 즉시(at once, without delay) **temporarily** 일시적으로, 당분간; 임시로 **approximately** 대략, 대체로, 거의(nearly) **ambiguously** 모호하게

해설 문맥에 적합한 부사를 고르는 문제이다. 〈어휘 설명 참조〉

번역 10층 직원 휴게실은 추후 통지가 있을 때까지 당분간 폐쇄 됩니다.

35.

어휘 **normally** 정상적으로, 관례대로; 보통은   **be prepared to** 기꺼이 / 자진하여 …하려고 하다; ~할 각오 / 준비가 되어 있다   **exception** 예외, 제외   **make an exception (of)** (~의) 예외로 하다, 특별취급하다   **randomly** 임의로, 무작위로   **random** 닥치는 대로의, 임의의   **urgently** 지급으로, 긴급히   **urgent** 몰아대다; 재촉하다; 주장 / 강조하다; (강한) 충동; 즉시 조치를 취해야 하는, 긴급한, 절박한   **urgency** 긴박함   **accidentally** 우연히, 뜻하지 않게(by chance)

해설 문맥에 적합한 부사를 선택하는 문제이다.
'allow sb in / out'은 '~가 들어가도록 / 떠나도록·외출하도록 허용하다'의 뜻으로 두 번째 빈 칸에 (B)(C)는 적합하다. 첫 번째 빈 칸에 들어갈 부사는 어휘 설명 참조.

번역 아이들은 보통 입장이 허용되지 않지만 네 경우에는 기꺼이 예외로 하지(네가 들어오도록 허용해 주겠어).

36.

어휘 **face** ~과 마주 대하다, ~를 (기꺼이) 만나다; 다루다; 얼굴, 안색; 외관   **solve** 풀다, (어려운 상황을) 해결하다, 해답을 찾다   **put one's heads together** 머리를 맞대고 논의하다(think out a plan with other people)   **put out** 배출하다, 생산하다(produce); 불을 끄다(extinguish); 발표 / 방송하다   **put sth into** ~의 안에 넣다; ~으로 번역하다   **put sth into words** ~을 말로 표현하다   **put together** 종합하여 생각하다; 짜 맞추다, 조립하다   **put sb off** ~를 따돌리다, 피하다, 혐오감을 갖게 하다

해설 수동태에서 양태부사의 위치와 동사구를 알아보는 문제이다.
동사 뒤에서 수식하던 양태부사 'easily'가 수동문에서 형용사 역할을 하는 과거분사 앞으로 이동한다. 수동문에서 대부분의 과거분사는 형용사적 의미를 지니고 있기 때문에 원어민 영어 학자들에 의해 '수동 형용사'라고 불린다.

… problem that we face can be easily solved if we all put our heads together .
　　　　S　↑＿＿우리가 직면한　　V　　　　　　우리가 머리를 맞대고 의논하면 (조건 부사절)

번역 우리 모두가 머리를 맞대고 의논하면 우리가 다루어야 할 아무리 큰 문제라도 쉽게 해결될 수 있다.

37.

어휘 **postpone** 미루다(delay), 연기하다(put off)   **currently** 일반적으로, 현재(at the present time), 지금   **currency** 통화; 유통   **current** 현재의   eg. **current English** 시사 / 일상 영어   **the current price** 시가(時價)   **abroad** 해외에, 외국으로(in or to a foreign land)   **on business** 출장 중   **promptly** 정해진 시각에 정확하게(exactly at the time specified), 정각에; 즉시   **immediately** 빨리, 지체 없이, 즉시   **concurrently** 동시에(at the same time)

해설 문맥에 적합한 부사를 선택하는 문제로 어휘 설명 참조.

번역 사장님이 현재 해외 출장 중이라 오늘 회의가 이번 주 수요일까지 연기될 것입니다.

38.

어휘 **for sure** 확실히(certainly, surely); 틀림없는, 분명한(for certain, without doubt)   **throw away** (더 이상 필요치 않아서) 버리다   eg. **throw-away cups** 일회용 컵   **immediately** 즉시(at once, without delay)   **packaging** (한 상품 단위의) 포장   **inadvertently** 무심코, 우연히   **intentionally** 고의로   **abnormally** 비정상적으로

해설 문맥에 적합한 부사의 의미를 알아보는 문제로 어휘 설명 참조.

① what percentage of the things we buy is made to be thrown away
　　　　　　　S　　　　↑＿＿우리가 사는　　V　　버려지도록(부사구)

→ 'what … almost immediately,'는 동사 'know'의 목적어로 쓰인 명사절, 'to be thrown away'는 'made'를 수식하는 부사구이다.

② more than 50% of the plastic (which is) thrown away every day is packaging
　　　　S 플라스틱의 50% 이상이　↑＿＿　매일 버려지는 (형용사절)　　V　　C

번역 우리가 구입하는 물건 가운데 거의 곧바로 (쓰레기통에) 버려지도록 만들어진 것이 몇 퍼센트나 되는지 확실히 아는 사람은 없지만, 매일 버려지는 플라스틱의 50%이상이 포장재라는 사실을 알고 있다.

39.

어휘 **casually** 편안하게; 우연히, 무심코   **casual** 우연한(accidental); 무심코 한; 그때그때의, 임시의; 격식을 갖추지 않는; 임시 노동자; (pl.) 평상복, 캐주얼웨어   **wear** 입다(get dressed in)   **guest** (초대되어 대접을 받는) 손님   **be dressed up** 정장하다   **awkward** 어색한, 불편한, 당황한   **formally** 정식으로, 격식을 갖춰   **formal** 정식의; 형식에 치우친; 공식의, 의례적인

해설 빈 칸에 둘 다 동사를 수식하는 부사가 필요하다. 주의할 것은 '정식으로, 격식을 갖춰'의 뜻인 'formally'와 '이전에, 옛날에는'의 'formerly'를 혼동하지 말아야 한다.

① I **was invited** to a dinner party **recently**.
동사를 수식하는 'recently'는 현재완료·과거시제에 쓰이며, 완료에서는 '최근에(lately)'라는 뜻이고, 과거 시제에서는 '얼마 전에(not long ago)'라는 뜻이 된다.
  ● I've **seen** him **recently**. 그를 최근에 만난 적이 있어.

② When I **got there**, ...
'get'가 '~에 도착하다'의 뜻일 때 'get' 다음에 'here, there, home' 등과 같은 부사가 뒤따라올 때는 전치사(to)를 사용하지 않는다.

③ 'should / ought to + 완료'는 과거 행동에 대한 후회 또는 유감을 나타낸다.

번역 나는 얼마 전에 만찬에 초대를 받았다. 편안한 복장을 해도 괜찮을 거라고 생각해서 청바지와 T-셔츠를 입고 갔다. 내가 만찬장에 도착해 보니 나 말고 모든 손님이 정장을 해서 나는 정말로 당황스러웠다. 제가 집에 가서 정장을 했어야만 했나요?

40.

어휘 **normal** 정상적인 **desirable** 바람직한 **certain** 어떤 **let sth out** ~를 내보내다; (화를) 풀다 **appropriate** 적절한 **otherwise** (명령문·충고·경고 다음에) 그렇지 않으면(if not) **develop** (질병·문제 등을) 키우다 **psychological** 심리적인 **physical** 신체적, 육체적인 **by+-ing** ~함으로써 **store up** 저장하다, 쌓아 놓다 **control** 통제·관리하다 **do sb harm** ~에게 해를 입히다 **positively** 긍정적으로; 건설적으로 **strength** 힘 **release** (긴장 등을) 풀어 주다 **tension** 긴장 **generate** (전기·열 등을) 발생시키다 **warmth** 따뜻함; 온정 **feeling** 감정

해설 분사구문에서 부사의 위치를 알아보는 문제이다.
부사절 'if you use it positively'를 분사 구문으로 전환하면 'Used positively'가 아닌 'Positively used'와 같이 부사의 위치가 바뀌는 이유는 무엇일까?

ⓐ **if you use it positively**, it can give strength, ... 〈원래 문장〉

ⓑ **if it is positively used**, it can give strength, ... 〈수동 변형〉

ⓒ **Positively used**, it can give strength, ... 〈분사 구문〉

문장 ⓐ를 ⓑ와 같이 수동으로 한 이유는 분사 구문으로 전환하려면 주절과 조건 부사절의 주어를 일치해야만 하기 때문이다. 수동으로 전환하면서 'positively'의 위치가 바뀐 이유는, 부사절을 축소하면 부사(구) 기능을 하기 때문에 분사 구문에서 'used'는 동사가 아닌 부사 역할을 하게 된다. 그러므로 동사 뒤에서 수식하던 부사 'positively'가 부사 기능을 하는 분사 'used' 앞으로 이동해야만 한다.

번역 화는 정상적이며 건강한 감정이다. 어떤 때에는 화를 내고 적당한 때에 화를 푸는 것이 바람직하다. 그렇지 않으면 화가 쌓이므로 심리적, 신체적 문제를 점점 키울 수도 있다. 우리가 억제해야 할 필요가 있는 것은 너무나 지나치게 화를 내는 것이다. 왜냐하면 그것은 해를 끼칠 수도 있기 때문이다. 건설적으로 사용하면 화로 인해 힘을 얻고, 긴장을 풀며 온정과 좋은 기분을 느낄 수도 있다.

LESSON 12 형용사

01. (D)	02. (A) successive (B) able (C) economical (D) sensible (E) high	03. (D)	04. (B)	05. (A)
06. (A)	07. (D)	08. (D)	09. (C)	10. (D)	11. (B)	12. (B)	13. (A)	14. (B)	15. (A)
16. (C)	17. (C)	18. (B)	19. (A)	20. (D)	21. (A)	22. (D)	23. (A)	24. (B)	25. (A)
26. (C)	27. (C)	28. (B)	29. (A)	30. (B)	31. (A)	32. (D)	33. (B)	34. (A)	35. (C)
36. (A)	37. (A)	38. (A)	39. (D)	40. (D)	41. (B)	42. (D)	43. (A)	44. (C)	45. (B)

01.

어휘 native 원어민 perfect 완전한, 더할 나위 없는, 완벽한(complete, excellent) composition 작문, 작곡, 구성 excellent 탁월한(very good), 뛰어난 get well 회복되다 document 문서 thorough 완전한 neat 깔끔한

해설 (A) 'perfect'는 형용사이므로 부사로 바꾸던지 명사 앞으로 이동해야 한다. 〈speak English perfect ⋯→ speak English perfectly / speak perfect English〉
(B) 앞에서 영작을 잘 했다고 했기 때문에 'a few'를 부정적인 뜻의 'few'로 바꾸어야 한다.
(C) 'but'는 대조(對照) 또는 반대를 나타낼 때 쓰인다. 그러므로 앞서 진술한 내용 '많은 호전은 없다'는 진술과 대조(對照)를 나타내므로 'little'을 긍정적인 'a little'로 바꾸어야 한다.

번역 (A) 자기 나라 말인 것처럼 (영어를) 잘 하시는군요. 영어를 완벽하게 하는군요.
(B) 너의 영작문은 훌륭해. 문법적으로 실수가 거의 없어.
(C) 메리는 많이 호전되지는 않았지만 그녀가 회복될 가망성은 조금 있다.
(D) 이 문서는 완전하고 깨끗하게 보관되어야 해.

02.

해설 (A) successful 성공한 successive 연속되는(following one after the other)
(B) able 능력 있는(capable) ⋯→ 사람이 주어로 쓰임 possible 가능한 ⋯→ 사람을 주어로 하지 못함
(C) economical (돈・시간・노력 등을 낭비하지 않는) 알뜰한 economic 경제의
(D) sensible (사람이) 분별 있는, 현명한 sensitive (다른 사람의 말・행동에) 민감한 반응을 보이는
(E) 값(price)이 '높고 낮음'을 말 할 때 'high / low'가 쓰이고, 물건(the car, clothes 등)의 값이 '비싼 / 저렴한' 할 때는 'expensive / inexpensive'가 쓰인다.
  ● **The price** of the car is **too high**. 자동차의 가격이 너무 높아요.
  ● **The blouse** is **inexpensive**. 그 블라우스는 비싸지 않은데요.

번역 (A) 그 야구팀은 7연승을 거두었다.
(B) 그 일을 일주일 내에 끝마칠 수 있습니까? = Is it possible for you to finish the work in a week?
(C) 나의 엄마는 매우 알뜰해서서 많은 돈을 저축하셨다.
(D) 선배의 충고를 따르는 것은 매우 현명한 일이야.
(E) 이 옷값이 너무 비싸서 나는 살 수가 없다.

03.

어휘 suggestion 제안 why don't we ⋯? ~하는 것이 어때요? outdoors 야외에 join 참가하다, 축에 끼다

해설 상대방에게 제안을 하는 표현을 알아보는 문제이다.
(A)(B)(C)는 지시대로 화창한 날씨에 알맞은 제안을 하고 있지만, (D)의 'do you like coffee?'는 제안을 하는 것이 아니라, 상대방의 기호(嗜好)를 묻는 표현이므로, 제안을 요구하는 문제에 부적절하다.

번역 날씨가 이렇게 날씨가 화창한데 (A) 야외에서 뭔가를 하는 것 어때요? (B) 야유회에 같이 가셨으면 합니다. (C) 바닷가에 가는 것 어때요? (D) 커피를 좋아해요?

04.

어휘 embarrassed 당황한 scared 무서운(frightened)

해설 상대방의 제의에 거절을 해야만 할 경우에 쓰이는 표현을 알아보는 문제이다.
'be afraid'는 '두려워하다'라는 뜻 외에 아래와 같은 경우에 '~한 것 같습니다'라는 말로 해석된다.
① 제안을 정중히 거절하거나 다른 사람과 동의하지 않을 때
② 상대방에게 반갑지 않은 소식을 전하거나 무엇이 잘못되었다고 할 때

③ 전화를 잘 못 걸었거나 집을 잘 못 찾았을 때

eg. A: Did you pass your exam? 시험 합격했어요?
　　B: **I'm afraid not.**(= I'm afraid I didn't pass my exam.) 떨어진 것 같아요.

번역 A: 오늘 오후에 테니스 칠 수 있겠어?　　　　　　B: 치고는 싶지만 시험공부를 해야만 할 것 같아.

05.

어휘 **lose one's temper** 화를 내다　**temper** 성미, 성질; 기분; 완화하다, 부드럽게 하다, 진정시키다　**temperament** 기분
temperamental 신경질적인; 변덕스러운

해설 상대방이 자기의 실수를 사과해 왔을 때 응답 표현을 알아보는 문제이다.
'That's all right.'는 'I'm sorry.'에 대한 응답이고, 'That's right.'는 상대방의 말에 '맞아(true, correct)'라는 뜻으로 맞장구치는 표현이다.

eg. A: Is this Piccadilly Circus? 이것이 피카딜리 서커스야?
　　B: Yes, **that's right**. 그래 맞아.

번역 A: 화를 내서 죄송합니다.　　　　　　　　　　　B: 괜찮아요.

표현연구

상대방의 사과를 받아들일 때(In accepting apologies) 자주 쓰이는 표현

● That's all right/O.K. 괜찮습니다.
● Don't worry about it. 걱정하지 마세요.
● No problem. 걱정 마세요.
● Think nothing of it. 미안해할 것 없어/별 것 아닌데요 뭘.

06.

어휘 **lose a job** 직장을 잃다(become unemployed)　**Shame on you.** 부끄러운 줄 알아라.　**not bad** 꽤 괜찮아(quite good), 생각보다 좋아(better than expected)(→ 이중부정으로 강한 긍정의 뜻을 나타내는 구어체 표현으로 칭찬 또는 격려할 때 흔히 쓰인다.)　**terrific** 아주 좋은 (→ 'terrific'은 'very good' 대신에 자주 쓰이는 단어이며 'very bad'의 뜻인 'terrible'과 혼동하지 말아야 한다.)

● **Not bad** at all. (예상했던 것보다 훨씬 만족스러울 때) 상당히 좋아요.
● **Not bad** for a novice. 초보치고는 꽤 괜찮아요.
● That's **not a bad** idea! 꽤 좋은 생각인데!

해설 상대방의 고민에 맞장구치는 표현을 알아보는 문제이다.
(A)의 '(That's) Too bad'는 상대방의 고민 등에 대하여 이해 · 슬픔 · 동정 등을 나타내기 위하여 "I'm sorry to hear (about) that."와 같은 뜻으로 쓰인다. (B)의 'Shame on you'는 상대방을 비난하는 표현으로 '부끄러운 줄 알아라.'의 뜻이고, (C)(D)는 '아주 좋은'의 뜻이므로 빈 칸에 적합하지 못하다.

번역 A: 지난주에 실직했어요.　　　　　　　　　　　B: 그것 참 안됐군요.

07.

어휘 **get off** (차에서) 내리다　*cf.* **drop sb (off)** ~를 내려 주다　**mention** ~에 대해서 언급하다, 간단히 말하다; 언급(reference)

● Could you **drop** me (off) near the post office? 우체국 근처에서 내려 주시겠어요?

→ 자신의 호의에 대해서 상대방이 감사(gratitude)를 표할 때 겸양을 나타내는 표현으로 미국 영어에선 'You're welcome.(천만에요.)', 영국 영어에선 'Don't mention it.(그런 말씀하지 마세요/원 별말씀을요.)'가 흔히 쓰인다.

해설 '내리고 싶은 데가 여기입니까?'라는 물음에 (B)와 같이 '당신이 좋은 곳 아무데나' 하고 응답하는 것은 운전자를 헷갈리게 할 수 있는 말이므로 피하는 것이 좋다. (C)는 '제안'에 대한 응답으로 빈 칸에 적절하지 않다. (D)와 같이 '여기가 좋습니다.'라고 구체적으로 응답하는 것이 운전자를 헷갈리게 하지 않는 적합한 표현이다.

번역 A: 내리고 싶은 데가 여기입니까?　　　　　　　B: 네, 여기가 좋아요.

08.

해설 고향 또는 국적(nationality)을 물었을 때는 고유 형용사로 응답을 해야 한다. 'an Italian'은 '이탈리아의 한 시민(a citizen)'을 나타낸다. (C)에서 'from'은 '출처, 기원'을 나타내므로 'from Italy'라고 해야 옳다.

eg. A: What's **your nationality**? 국적이 어디시죠?
　　B: I'm **American**. 미국입니다.

번역 A: 고향이 어디시죠?
B: 저는 이탈리아 사람입니다.

09.

어휘 **inexpensive** 비싸지 않은 **worth** ~의 가치가 있는, ~할 만한 가치가 있는; ~의 값만큼의 분량, ~어치 **worthy** 가치 있는; 존경할 만한 **be worthy of** ~하기에 마땅한, ~에 어울리는, ~에 알맞은

해설 'worth'는 예외적으로 목적어를 가질 수 있는 형용사이다. '블라우스가 비싸지 않아요?'라는 물음에 '내가 돈 낸 것만큼의 가치가 없다'라고 할 때 (C)와 같이 응답한다. 'what'는 선행사를 포함한 관계대명사이다. 그러므로 (A)에서 'what did I pay'는 'what I paid'로 해야 옳다. (D)에서 전치사 'of'는 필요하지 않다.

- The salesclerk helped me pick out **what I wanted**. 점원은 내가 원하는 것을 고르도록 도와주었다.
- This is just **what I needed**. 이것이 바로 내가 필요로 했던 거야.

번역 A: 블라우스가 비싸지 않아요? B: 돈 낸 것만큼의 가치가 없어요.

10.

어휘 **make it** 만날 시간 / 날짜를 정하다(arrange a time), 성공하다(succeed) **specific** 명확한, 구체적인(detailed and exact) ↔ **vague** 막연한, 애매한, 모호한 **specifically** 명확히, 특별히 **correct** 정확한 **reasonable** 분별이 있는(sensible), 도리를 아는 **prompt** 신속한, 즉석의; 자극하다, 격려하다; 뒤에서 대사를 일러주다

해설 너무 막연하게 말하는 사람을 보고 '좀 더 구체적으로' 말해 달라고 할 때 쓰이는 단어가 'specific'이다. 예를 들어 '서울에 산다고 말했는데 좀 더 구체적으로 말씀해 주시겠어요?'라고 할 때 'You said you live in Seoul, could you be a bit more **specific**?' 와 같이 말하면 된다.

번역 A: 몇 시로 할까요?
B: 오전 10시에서 오후 1시 사이에요.
A: 좀 더 구체적으로 말해 주겠어요. 하루 종일 기다릴 수 없잖아요.

11.

해설 (B)의 'a lot of(많은 = lots of, many, a number of)'는 긍정문에 쓰이며 셀 수 있는 / 셀 수 없는 명사 앞에 쓰인다. (C)의 'many a'는 '많은(a large number of)'의 뜻으로 단수 명사 앞에만 쓰인다. (A)(D)의 'much'와 'a great deal of'는 양을 나타내는 명사 앞에만 쓰인다.

번역 A: 너의 아버지는 얼마나 많은 책을 갖고 계셔? B: 많은 책을 갖고 계시지.

12.

어휘 **relax** 긴장을 풀다 **uptight** 마음이 조마조마하고 불안한(nervous) **help** 피하다(avoid) **on edge** 안절부절못하여, 긴장된 **nervous** 안절부절하는 **on order** 주문해 놓은 **embarrassed** 당황한, 부끄러워 하는, 곤란한(uncomfortable) **out of one's mind** 제정신이 아닌 **amazed** 놀라운 **fascinated** 매력적인

- I can't **help** it (능동) = It can't **be helped** (수동). 어쩔 수 없다.

해설 첫 번째 빈 칸에는 '마음을 편안히 하라(relax)'는 말로 봐서 'nervous' 또는 'uptight'가 적합하고 두 번째 빈 칸에는 대화 내용으로 볼 때 '안절부절못하여'의 뜻인 'on edge'가 적합하다.

번역 A: 진정해요, 네? 그렇게 불안해하지 마세요.
B: 어쩔 수가 없어요. 이번이 첫 아이라서 아주 좌불안석(坐不安席)입니다.

13.

어휘 **due** 아기 출산 예정인(will be born); (비행기·기차 등이) 출발·도착예정인 **expect** (실현되리라고) 예상하다, (당연한 것으로서) 기대하다; ~올 것이라고 믿다 / 생각하다 **be expecting (a baby / child)** 임신하다(be pregnant)

해설 (B)의 'is born'은 쓰이지 않는다. 왜냐하면 동사 'bear'는 수동문에서 과거(was born)와 미래 시제(will be born)만이 쓰이기 때문이다. (C)의 'is having born'이란 시제는 없다. (D)의 'expect'는 주로 진행형으로 쓰여 '아기를 임신 중이다'라는 뜻으로 쓰인다.

번역 A: 아기가 언제 태어날 거라고 줄리가 말하던? B: 응. 12월 언제가 예정일이래.

14.

어휘 **tight** 꼭 끼는, 답답한 **comfortable** (옷·신발 등이 잘 맞는다든지, 의자·침대·소파 등이 부드러워) 편안한; (근심걱정이 없어) 마음 편한, 안락한

해설 판매원이 '좀 더 큰 것을 입어 보시겠어요?'라는 말을 한 것으로 보아 (B)와 같이 '좀 커요'라는 말은 하지 않았을 것이다.

번역 판매원 : 재킷을 입어 보니 어때요?
제인　：음, (A) 너무 작아요. (B) 좀 커요. (C) 약간 끼는데요. (D) 아주 편하지가 않아요.
판매원 : 좀 더 큰 것을 입어 보시겠어요?
제인　：네, 그러지요.

15.
어휘 **register** 등록하다; (숙박부에) 기명하다, 기입하다; 금전 등록기; 기록부; 등록 **registered** 등록한; 등기로 한 **registration** 기입; 등기; 등록 **mail** 우편 *eg.* **overnight mail** 속달 우편 **registered mail** 등기 우편 **mail-order** 통신 판매의; 우편주문, 통신 판매 **deliver** 배달하다, 인도하다, 넘겨주다; (연설을) 하다; (얘기를) 분만하다 **delivery** 배달; 인도(引導); 말투, 화술; 분만 **wrong** 엉뚱한, 틀린(not correct); (도덕적으로) 옳지 않은, 나쁜, 그릇된; 고장난; 적절하지 않은(not suitable); ~에게 나쁜 짓을 하다, 학대하다; (도덕적) 부정, 악; 부당 행위

해설 형용사의 의미를 알아보는 문제이다.
소유격과 'an + other'의 뜻인 'another'는 정관사와 같은 류(類)의 한정어이기 때문에 함께 사용할 수 없어 (B)(C)는 빈 칸에 적합하지 않다. '(D)는 '우편배달부의 실수'라는 이유가 있으므로 논리상 옳지 않다.

번역 우편배달부의 실수로 등기 우편이 엉뚱한 주소로 배달되었다.

16.
어휘 **spit** 침을 뱉다 **sick** 메스꺼운, 역겨운, 넌더리나는; 병든 **awkward** 어색한, 불편한(uncomfortable), 서투른(clumsy) **illogical** 불합리한, 비논리적인 **proficient** 숙달된(skilled), 능숙한(adept, expert)

해설 동사 'spit'의 뜻을 알면 쉽게 유추할 수 있는 문제이다. 'make sb sick'는 '~를 아프게 하다'라는 뜻이 아니라 '~를 화나게 하다(make sb feel very angry), 혐오감을 주다(disgust)'라는 뜻이 되므로 빈 칸에 적절한 것은 (C)가 된다.

People who spit on the street　make　me　sick.
　S　↑＿＿＿　길에다 침을 뱉는　　　　V　　O　O.C

번역 난 길에다 침을 뱉는 사람들을 보면 역겨워 져.

17.
어휘 **cash** 현금(동전(coin)이나 지폐(note, paper bill)) **fine** 훌륭한, 멋진; 아주 건강한; (날씨가) 갠, 맑은; 벌금을 과하다; 벌금 **final** 바꿀 수 없는(that cannot be changed); 마지막의; 결정적인; 결승전; 학기말 시험 **finally** 마침내, 결국; 최종적으로 **financial** 재정상의

해설 'be' 동사 다음에 형용사와 과거분사가 쓰일 수 있다. 구조상으로 (A)(B)(C)(D) 모두 빈 칸에 가능하지만 의미상 적합한 뜻은 (C)뿐이다.

번역 모든 판매는 현금으로만 하고 일단 구입한 물건은 반환할 수 없습니다.

18.
어휘 **slow** 침체한, 활기가 없는, 불경기의; (속도가) 느린; (시계가) 늦게 가는; 둔한, 이해가 늦은 *eg.* **with the beginning of the slow season** 비수기 시작과 함께 **active** 활발한; (현재) 활동적인; 적극적인 ↔ **inactive** 활발하지 않은 **shallow** 얕은(not deep); 생각이 진지하지 못한; 피상적인(superficial) **lively** 활발한; 생기에 넘친

해설 문맥에 맞는 올바른 형용사를 선택하는 문제이다. 어휘 설명 참조.
(A)(D)는 같은 뜻이므로 정답 하나만을 고르는 문제에서 제외된다. 문제에서 거의 모든 사람이 휴가를 갔다고 했으므로 의미상으로도 적합하지 않다.

번역 뜨거운 여름동안에 거의 모든 사람이 휴가를 가기 때문에 장사가 잘 안 된다.

19.
어휘 **insurance company** 보험회사 **claim** 주장하다 **liable** (법적인) 책임이 있는; 자칫하면 …하는, ~하기 쉬운 **damage** 손해, 손상; (pl.) 손해액, 배상금 **caused by** ~로 생긴, ~이 원인인 **an act of God** 천재지변 **credulous** (남의 말 등을) 잘 믿는, 속기 쉬운 **indulgent** 관대한, 엄하지 않은

해설 문맥에 맞는 올바른 형용사를 선택하는 문제이다.
(A)의 'be liable for'는 '~에 법적인 책임이 있다(be legally responsible for the cost of something)'는 뜻이고, (B)의 'be responsible for'는 '~을 돌보거나 관리할 책임이 있다(have a duty to be in charge of or to look after someone or something)'는 뜻이므로 빈 칸에 적합한 단어는 'liable'이 된다. (C)(D)의 단어들은 빈 칸에 전혀 관계가 없는 것들이다.

... claimed that it was not liable for　damages　(which were) caused by an act of God.
　　　　　　　　　　　　　　　　　　　　S　↑＿＿＿　천재지변으로 초래된 (형용사절)

번역 천재지변으로 초래된 손해액에 대해서는 법적인 책임이 없다고 보험회사는 주장했다.

20.

어휘 **provocative** (성적으로) 자극하는, 흥분하게 하는(intended to make sb sexually excited); 성나게 하는 **girlie** (잡지·사진·야동화면의) 성적 자극을 주는 여자 누드의 **stuff** 재료, (프로그램·수업 등의) 내용 **matter** (관심·고찰의) 문제 **curiosity** 호기심

해설 문맥에 맞는 올바른 형용사를 선택하는 문제이다.
'girlie stuff'가 '젊은 여자의 누드사진·화면'이란 뜻이기 때문에 (A)가 정답이 된다면 (B)도 또한 정답이 될 수 있는 비슷한 뜻의 단어이므로 빈 칸에 적합하지 않다. (C)의 'inquisitive'는 '캐묻기를 좋아하는, 알고 싶어 하는'의 뜻이므로 빈 칸에 부적절하고, (D)는 '성적으로 흥분되게 하는(sexually exciting)' 뜻이므로 빈 칸에 적합한 형용사이다.

My husband said (that) <u>looking at some very provocative girlie stuff</u> <u>was</u> <u>a matter</u> ...
　　　　　　　　　　　　S　　　　　　　　　　　　　　　　　　　V　　C

번역 성적으로 매우 자극적인 여자 누드의 그림을 보는 것이 단지 호기심 문제라고 남편은 말한다.

21.

어휘 **motorist** 자동차 운전자 **notorious** (나쁜 의미로) 유명한(famous for something bad) *cf.* **famous** 유명한(well-known) **flagrant** 지나친, 심한 **violation** 위반 **observe** 준수하다 **regulation** 법규 **in motion** 운행 중 **fragmentary** 단편적인 **fragrant** 향기로운

해설 문맥에 맞는 형용사의 정확한 의미를 알아보는 문제이다.
'well-known'은 '어떤 집단 또는 기술·업적' 등으로, 'famous'는 '많이 들어와서 어떤 사람인지 안다'고 할 때, 'distinguished'는 '과학 또는 예술 등에서 뛰어나다'고 할 때 '유명한, 저명한'의 뜻으로 쓰인다. 그러나 문제에서 '교통 법규를 지키지 않는 것으로 유명하다'는 말이므로 '좋지 않은 것으로 유명한'의 뜻인 'notorious'가 빈 칸에 적합하다.

번역 우리나라의 운전자들은 지나친 교통 위반으로 유명하다. 많은 운전자들은 운행 중에 법규를 준수하지 않는다.

22.

어휘 **green with envy** (상대방이 가진 것을 못가져) 매우 질투하는 **green** (병·공포 등으로) 안색이 창백한, 파랗게 질린

● You sometimes go/turn **green** when you are going to vomit.
　토하려고 할 때 때때로 넌 얼굴이 창백해(pale and ill)져.

번역 그에게 그 일이 주어졌다는 소식을 들었을 때 나는 매우 질투가 났다.

> **표현연구**　색깔이 나타내는 인간의 심리 표현
>
> 일상생활 속에서 우리 눈에 띄는 다양한 색깔들이 비유적으로 종종 인간의 마음을 나타내곤 한다. 인간의 심리 표현이 색깔로 어떻게 표현되는지 알아보자.
>
> ● white with fear 두려움으로 얼굴이 창백한(pale)
> ● in the pink 매우 건강한(in good health, very well)
> ● grey with fatigue (놀랐거나, 피곤하거나 또는 건강이 좋지 않아) 창백한
> ● blue 슬픈(sad), 우울한(depressed) blues (미국 남부 지방에서 흑인들에 의해서 그들의 어려운 삶과 실연(失戀)을 주제로 만들어진) 느리고 슬픈 재즈음악
> ● black 암담한, 불길한 미워하고 저주하는 감정으로 가득한(full of anger, hate or evil)
>   He gave me a **black** look. 그는 나에게 미워하고 저주하는 표정을 지었다.
> ● red-hot 매우 신나는(exciting), 열광적인, 격렬한
>   *eg.* red-hot enthusiasm 격렬한 열광
>   　　red-hot news 따끈따끈한 뉴스
>   　　paint the town red 뭔 가를 축하하기 위하여 술 마시며 신나게 놀다
> ● blue-collar worker (3-D 업종에 종사하는) 노동자·근로자
> ● pink-collar worker (비교적 하위직의 여자 직업) 비서·종업원·타이피스트
> ● white-collar worker (사무실 또는 전문 직업에 종사하는) 근로자

23.

어휘 **mandatory** 의무적인(obligatory) ↔ **optional** 선택의 **valid** 법적으로 유효한(that can legally be used); 정당한(resonable), 근거가 확실한 **validity** 정당성, 타당성, 효력; 유효기간 **license** 면허; 허가증; ~에게 면허를 주다; 인가/허가를 하다 **with** ~의 몸에 지니고, 수중에 **at all times** 항상, 언제나(always or on every occasion) **valuable** 귀중한, 소중한; 구입하기에 비싼

해설 명사를 수식하는 것은 형용사이므로 (A)(C)(D)가 첫 번째 빈 칸에 가능하지만, (C)의 'valuable'은 의미상 적합하지 않다. 시간·조건 부사절에서 미래를 현재 시제로 나타내므로 두 번째 빈칸에는 (A)(C)가 가능하다.

번역 이 나라에서 운전할 때는 언제나 법적으로 유효한 면허를 수중에 소지하는 것은 의무적이다.

24.
어휘 hint 암시하다; 암시; 미약한 징후, 기미(sign) *eg.* by hints 넌지시 drop a hint 암시를 주다 take a hint 간접적으로 암시한 것을 하다, 알아차리다 inevitable 피할 수 없는; 부득이한 simultaneous 동시에 일어나는, 동시의 illegal 불법의(against the law) ↔ legal 적법한, 법률에 의한 exclusive (특정한 동아리만으로) 남을 받아들이지 않는, 배타적인; 독점적인; 유일한

해설 보어로 적합한 형용사를 고르는 문제이다. 〈어휘 설명 참조〉

번역 쇠고기 전면 개방은 불가피하다고 대통령은 암시했다.

25.
어휘 complimentary 무료의(free); 칭찬의 compliment 경의, 칭찬; (pl.) 인사말, 축사 distribute 분배하다, 배포하다; (상품을) 유통시키다 distribution 분배; (상품의) 유통 distributor 분배(배급, 배달)자; 도매상인 local 지방의 a retail shop 소매점 retailer 소매상인 complementary 보충하는 complement 보충; 보충하다 completely 전적으로, 완전히(fully, entirely, totally) competent 유능한, 능력 있는

해설 명사 앞에 올수 있는 형용사의 의미를 알아보는 문제이다.
(C)는 부사이므로 적합하지 않고 (B)(D)는 의미가 빈 칸에 적합하지 않다.

번역 그 전자회사의 무료 탁상용 캘린더는 지방 소매점에서 배포된다.

26.
어휘 promising 장래가 유망한, 전도유망한 more than ten 10이상의 application 신청; 지원서; 적용, 응용; (약 등을) 바름; (비료 등을) 뿌림 single 단 하나의(only one), 유일의, 혼자의; 미혼의(not married), 독신의; 일편단심의 reply 응답(response, answer); 회답·대답하다, 응답하다; (다른 사람의 말에) 대구하다

해설 빈 칸 앞에 부정관사 'a'가 있으므로 'any'는 정답으로 적합하지 않다. '단지 하나의'라는 뜻을 가진 'only'도 빈 칸에 부정관사 'a'가 'an'이 되면 정답이 가능하다.

번역 장래가 유망한 그 사내는 10여장의 취업 지원서를 썼지만 단 한 장의 응답도 받지 못했다.

27.
어휘 recent 근래의, 최근의 recently 최근에; 얼마 전에 drop 감소(decrease), 하락; (물) 방울; 똑똑 떨어지다; (자판기 등에 동전을) 떨어뜨리다(insert); 감소하다; (습관 등을) 버리다; 넘어지다; 중단하다 estate 토지, 재산(all of someone's property and money); 유산 *eg.* personal estate 동산 real estate 부동산 estate agent 부동산 중개인 value 가치, 중요성; (금전으로) 평가하다; (우정·실용성 등을) 중시하다, 소중히 하다 affordable (돈·시간 등이 있어) 감당할 수 있는; (가격 등이) 알맞은 homeless 집 없는 capable 유능한, 능력 있는(able); ~을 할 수 있는 predictable 예언/예측할 수 있는 able ~할 수 있는(can), 뛰어난 능력이 있는(capable)

해설 적절한 형용사의 의미와 형용사의 명사적 용법을 알아보는 문제이다.
두 번째 빈 칸에는 전치사의 목적어가 필요하므로 (A)(B)는 적합하지 않다. 'the + 형용사'는 보통명사로 쓰이므로 'the homeless'는 '무주택자'이라는 뜻으로 빈 칸에 적합하다. 첫 번째 빈 칸에 적합한 형용사는 어휘설명 참조. (D)의 'able'은 사람을 주어로 하고 'to' 다음에 동사의 원형이 온다.

번역 최근 부동산 가치의 하락으로 이제 작은 집들은 무주택자들이 감당할 만하다.

28.
어휘 urgent 즉시 조치를 취해야 하는, 긴급한, 절박한; 몰아대다, 재촉하다; 주장/강조하다; (강한) 충동 urgency 긴박함 come up (예기치 않게 뭔 일이) 생기다 therefore 그래서(so), 그 결과(as a result), 그런 까닭에(for that reason) ➔ 앞서 언급된 내용을 요약하여 논리적인 결과(consequence)를 나타낼 때 쓰인다. postpone (어떤 문제가 발생하여 결혼·게임 등과 같은 행사를) 미루다(delay), 연기하다

해설 어미가 '-body, -one, -thing, -where'로 끝나는 부정대명사는 형용사가 후위 수식을 한다. 동사 'has come up'의 주어가 빈 칸에 필요하므로 형용사 (D)는 옳지 않다.

번역 급한 일이 예기치 않게 생겨서 오늘 회의가 내일 아침까지 연기될 것이다.

29.
어휘 try 시도하다; (컨디션·효과·기량 등을) 시험하다; (맛이 어떤가) 시식하다 try on (크기가 맞는지 또는 어울리는가를 알아보려고) 입어 보다(check clothes by wearing) try out (가전제품 등의 기능을) 시험해 보다; 엄밀히 시험하다

해설 어미가 '-body, -one, -thing, -where'로 끝나는 부정대명사는 후위 수식을 받으며 'other'의 수식을 받지 못하고 'else'로 수식을 받는다.
'other, else'는 '그 외에, 그 밖에'의 뜻으로 '앞서 언급된 것을 제외한다'는 뜻으로 말할 때 쓰인다. 지금까지 본 것 말고 '다른 것을 보여주세요.'라고 말하려면 'Show me something else. = Show me some other thing.'이라고 말하면 된다.

번역 다른 것을 보여 주세요. 좀 더 큰 것을 입어보고 싶어요.

30.

어휘 **a number of** 많은(many) / **the number of** ~의 (총)수 **variety** 다양함(diversity), 가지각색의 것; 변화; 종류 **various** 서로 다른, 다양한 **vary** (크기·양·세기 등이) 다르다; 가지각색이다 **annually** 매년(every year)

해설 'a number of'는 '많은'의 뜻인데 강조하기 위하여 'large'가 쓰인다. 'much'는 셀 수 없는 명사와, 'many / several'은 복수 명사와 함께 쓰인다. 전치사 'from' 때문에 명사 'variety'를 생각할 수 있지만 전치사의 목적어는 'fields of study'이다. 그러므로 두 번째 빈 칸에 명사를 수식하는 형용사가 필요하다.

번역 다양한 연구 분야의 많은 외국학생들이 매년 이 나라의 대학으로 오고 있다.

31

어휘 **another** 또 하나의(one more); 다시, 또(additional); 다른(different); 또 하나의 것, 또 한 사람; 다른 것 / 사람(a different thing / person)
likely ~할 것 같은(possible), 있음직한(expected); 적합한(suitable)   **less likely to** ~할 가능성이 적은 ↔ **more likely to** ~할 가능성이 많은
boredom 지루함   **repetition** 반복   **repeat** 반복하다, 되풀이하다   **repetitive** (되풀이하여) 지루한; 반복성의   **repeated** 반복된
repeatedly 반복해서

해설 의미상으로 (A)(B)(C)(D)가 모두 빈 칸에 적합하다. 그러나 'reason'이 셀 수 있는 명사이므로 형용사 (B)(C)(D)를 사용할 경우 형용사 앞에 부정관사 'A / An'이 필요하다. (A)의 'another'는 'a different / an additional'의 뜻으로 빈 칸에 적합하다. 'other'가 '다른, 추가적인'의 뜻일 때 'other+복수명사'의 형태로 쓰인다.

<u>reason</u> <u>that makes(V) people(O) less likely(O.C) to exercise</u> <u>is</u> <u>the boredom</u> ...
   S   ↑____   사람들이 운동을 하게 될 가능성이 적은 (형용사절)   V   C

번역 사람들이 운동을 하게 될 가능성이 줄어드는 또 다른 이유는 반복되는 지루함 때문이다.

32.

어휘 **anxious** ~을 열망하는(eager); (아직 생기지 않은 일에 대해) 불안하게 생각하는, 걱정스러운   **anxiety** 근심, 걱정   **anxiously** 걱정하여; 열망하여, 간절히
anxious for + 명사 ~을 간절히 바라는   **anxious to + 동사** ~을 하고 싶어 열망하는   **anxious about** ~을 초조해하는, ~이 걱정스러운(worried / nervous about)   **temporary** 잠깐 동안의; 임시의, 일시적인   **temporarily** 일시적으로, 당분간; 임시로   **temporary job** 임시 직장
temporary workers 비정규직원   **eager** 열망하는; 간절히 하고 싶어 하는   **eagerly** 열심히, 간절히, 기꺼이(willingly)

해설 형용사의 서술적 용법과 부가적 용법을 알아보는 문제이다.
첫 번째 빈 칸에는 보어로, 두 번째 빈 칸에는 명사를 수식하는 형용사가 적합하다. (C)의 'anxious about'는 '~이 걱정스러운'의 뜻으로 가능할 수 있지만 전치사 다음에는 동명사가 필요하다.

번역 많은 학생들이 여름, 겨울 방학 동안에 아르바이트를 구하기를 간절히 바란다.

33.

어휘 **as a result of ~** 때문에(because of)   **employee** 직원, 고용인, 종업원   **impressive** 강한 인상을 주는, 인상적인, 상당한(dramatic); 감동적인
impress 감명을 주다; 강한 인상을 주다   **impression** 인상, 감명, 느낌, 생각   **sale** 판매, 판매 활동; 매상; 염가 매출; (pl.) 판매량(the amount of something sold)   **performance** 실적, 성과; 업무 능력; 연기·연주·마술; 실행   **decide** 결심하다(make up one's mind), 결정하다(make a decision)
offer (자진해서) 제공하다; 제출하다; 제의 / 제안하다; 제공, 제의, 제안   **substantial** 상당한, 거대한; 실체의, 실질적인   **substantially** 실질적으로; 상당히
substance 물질(material); (강연 등의) 요지, 내용; 중요(importance)

해설 '소유격+명사'이므로 'sales'가 동사로 쓰인 것이 아니라 '판매량'을 나타내는 명사이다. 그러므로 첫 번째 빈 칸에는 명사를 수식하는 형용사가 필요하다. 동사를 수식하는 부사의 위치는 '동사+목적어+부사'이므로 두 번째 빈 칸에 부사는 적합하지 않고 명사를 수식하는 형용사가 필요하다.

번역 신입 사원의 눈부신 판매 실적 때문에 회사는 상당한 상여금을 그에게 주기로 결정했다.

34.

어휘 **confess** (과실·죄를) 고백하다, 실토하다; 인정하다; 자백하다   **suffer from** (통증·질병·슬픔 등으로 육체적·정신적으로) 고통을 받다 / 고생하다; ~을 앓다   **compulsive** 충동적인 (driven by a desire that is difficult to control)   **compulsory** 규칙에 의해 요구되는; 의무적인; 필수의
comprehensive 포괄적인; 이해력이 있는, 이해가 빠른   **competitive** 모든 일에서 남보다 더 잘하려고 하는, 경쟁적인

해설 문맥에 적합한 형용사를 고르는 문제이다. 〈어휘 설명 참조〉

번역 남자들 또한 '충동적 쇼핑'으로 고통을 받고 있다고 고백하기 시작한다.

35.

어휘 rent 집세, 임대료; (집·전화·자동차 등을 일정 기간) 빌리다   due ~하기로 되어 있는; (비행기·기차 등이) 출발·도착예정인; 예상되는(expected), 아기 출산 예정인(will be born)   duly 정식으로; 온당하게; 때에 맞게   quarter 분기, ¼; 15분; 25센트; 지역, 방면; (pl.) 숙소   by the quarter 분기별로   several 몇몇의 (more than three; some, but fewer than many)   able ~할 수 있는(can), 뛰어난 능력이 있는(capable) ➡ 'able'은 사람·동물을 주어로 해야 하지만, 'possible(가능한)'은 사람을 주어로 하지 못한다.

해설 형용사의 의미를 알아보는 문제로, 첫 번째 빈 칸에는 '(집세를) 내기로 되어 있는'의 뜻의 'due'가 적합하고 두 번째 빈 칸에는 'quarter'가 단수 이므로 'every / each'가 가능하다.

= The rent **should be paid** at the end of each quarter.

번역 집세는 매 분기 말에 내야한다.

36.

어휘 include 포함하다 ↔ exclude 배제하다   including ~을 포함하여(with)   inclusion 포함   inclusive (~을) 포함한, 함께 넣은   accommodation (pl.) 숙박; (호텔·배 등에서 제공되는 방·음식·서비스 등의) 편의 시설   extra 추가 / 별도 요금으로의; 특별한, (보통의·예상되는·필요) 이상의; 여분의; 임시의; 가외의; 규격 외의; (신문의) 호외; 특별한 것 eg. extra large 특대의   reasonable 가격이 알맞은; 분별이 있는; 합리적인

해설 문맥에 적합한 형용사를 알아보는 문제로, 형용사 (A)(B)(C)(D) 모두가 보어가 될 수 있다. 그러나 '그 가격에는 여행과 숙박은 포함되지만…' 하고 접속사 'but'가 쓰였다. 'but'는 '앞의 문장과 반대 또는 대조의 뜻'을 나타내므로 식사비는 '포함되지 않는다'는 뜻의 형용사가 빈 칸에 적합하다.

● meals are **extra** = there's **an additional charge for** meals

번역 그 가격에는 여행과 숙박은 포함되지만 식사는 별도 계산됩니다.

37.

어휘 vacuum (cleaner) 진공청소기(美)   hoover (英)   replace 교환하다(exchange); ~을 대신하다(take the place of)   additional 추가의, 부가적인   additionally 부가적으로; 게다가   charge 요금; 화물; 관리; 담당; 비난, 고발   free of charge 무료로   without additional / extra charge 추가 요금 없이   distinctive 독특한, 특이한, 구별이 분명한, 차이를 나타내는

해설 'something wrong with'는 '(기계 등이 제대로) 작동하지 않는, 고장 난(out of order, not working)'의 뜻이다. '추가적인'의 'additional', '가외의' 뜻을 가진 'extra'가 두 번째 빈 칸에 적합하다.

번역 새로 산 진공청소기에 이상이 있으면 추가 요금 없이 다른 것으로 바꿔드리겠습니다.

38.

어휘 reasonable 가격이 알맞은; 분별이 있는   deluxe 고급스러운, 호화로운   cost ~의 비용이 들다; (노력·시간 따위가) 걸리다; (귀중한 것을) 희생시키다; (생산에 필요한) 비용, 원가; (돈·시간·노력 등의) 희생, 손실   rational 이성이 있는, 이성적인   sensible 분별이 있는

해설 'price'를 주어로 해서 '비싸다 또는 싸다'라고 할 때 보어는 'high / low'가 쓰이고, 물건을 주어로 해서 '비싸다 또는 싸다'라고 할 때는 'expensive / cheap'가 쓰인다. 첫 번째 빈 칸에 적합한 단어는 (A)의 'reasonable'이고, 두 번째 빈 칸에 (A)(C)(D) 모두 적합하다.

● It doesn't **cost much**. 비싸지 않아요.
● It **costs too much**. 너무 비싸요.

번역 그 자동차의 가격은 매우 적당하다. 물론 고급형은 훨씬 값이 더 나간다.

39.

어휘 provide 제공하다(offer); 준비하다, 대비하다; 공급하다(supply); 해결책을 제시하다   provide sb with sth ~에게 …를 제공하다   provide sth for sb ~를 …에게 제공하다   customer 고객   atmosphere 분위기, 환경; 대기(지구를 둘러싸고 있는 가스), 공기(air)   pleasant (날씨·분위기 등이) 상쾌한, 쾌적한; 즐거운, 상냥한, 호감이 가는   pleasure 기쁨, 즐거움   please 기쁘게 하다, 만족시키다   generous 푸짐한, (물건·돈 등을) 아낌없이 주는, 후한; 관대한, 너그러운   generously 관대하게; 푸짐하게   generosity 아량; (pl.) 관대한 행위   portion (음식의) 1인분, 몫

● The hotel **served** lunch *to us*. = The hotel **served** us *with lunch*.
호텔에서 우리에게 점심을 제공했다.

해설 명사를 수식하는 형용사의 형태를 알아보는 문제이다.
동사, 명사, 부사는 명사를 수식할 수 없다. (C)의 'pleased'는 '사람'의 기분을 표현하는 형용사이므로 사람을 수식하거나, 사람이 주어로 쓰인다.

번역 신장개업한 그 식당은 고객들에게 쾌적한 분위기와 푸짐한 음식을 제공한다.

40.

어휘 **chance** 가능성(possibility), 가망; 우연; 기회(opportunity); 되든 안 되든 / 과감히 해보다 *eg.* **a chance customer** 지나가다 들른 / 뜨내기 손님 **slim** (가망 등이) 아주 적은; 호리호리하고 매력적이며 몸매가 늘씬한; 가늘어지다; 체중을 줄이다; 억제하다 *eg.* **slim down** (규모를) 줄이다 **several** ('a few' 보다는 많고 'many' 보다는 적은) 몇몇의

해설 형용사의 의미와 형용사의 수식을 받을 수 있는 단어를 알아보는 문제이다.
'every / each + 단수 명사' 이기 때문에 항상 복수의 의미로 쓰이는 'people' 앞에 'every / each' 를 사용할 수 없다. 첫 번째 빈 칸에 'several / some' 은 가능하다. 두 번째 빈 칸에는 'low / slim / poor / less' 모두 보어로 가능한 형용사 들이다. 그러나 'much' 의 수식을 받을 수 있는 것은 비교급 형용사뿐이다.

번역 과일을 먹으면 암에 걸릴 가능성이 훨씬 더 적어진다고 생각하는 사람들이 있다.

41.

어휘 **imaginative** 상상력이 풍부한 **imagination** 상상력, 창작력 **imaginary** 상상의; 가공의 **imaginable** 상상할 수 있는 **imagine** 상상하다, 생각하다; 가정하다 **image** (눈·거울·카메라 등에 비친) 상(像), 모습 **imagery** 마음에 그리는 상, 심상 **self-image** 자아상(自我像) **come up with** (idea·계획·응답 등을) 생각해 내다(think of), ~을 따라잡다(catch up with) **effective** (바라는 대로) 효과적인; 유효한 **decrease** ~을 감소시키다 **provide sb with sth** ~에게 …을 제공하다 / 주다 **substantial** 상당한, 거대한; 실체의, 실질적인 **substantially** 실질적으로; 상당히 **affectionate** 애정이 깊은; 다정한 **affluent** 부유한 **consecutive** 연속적인, 계속적인

해설 유사한 형용사의 의미를 알아보는 문제이다. 어휘 설명 참조.

번역 빌딩의 에너지 사용량을 줄이기 위한 효과적인 아이디어를 생각해내는 상상력이 풍부한 직원은 어느 누구든지 상당한 액수의 보너스를 받을 것이다.

42.

어휘 **thanks to** ~덕분에, 덕택에, ~ 때문에 **recent** 근래의, 최근의 **influx** 유입(流入) **immigrant worker** 이주 / 외국인 근로자 **immigrant** (타국에서의) 이주자; 이주해 오는 **emigrant** (타국으로의) 이주자, 이주해 가는 **rapid** (속도가) 빠른, 신속한, 민첩한; 서두르는 **growth** 성장, 발전(development) **manual** 손의, 손으로 하는; 소책자; 안내서 **manually** 손으로, 수공으로 **labor** (육체적·정신적으로 고생이 심한) 일, 노동; 수고, 노력; (집합적) 노동자 **manual labor** 육체노동 **industry** 산업, 공업, 제조업; 사업; 근면

해설 명사를 수식하는 형용사 용법과 형용사의 의미를 알아보는 문제로 어휘 설명 참조.

번역 (아프리카 등의 개발도상국인) 제3세계로부터 최근 이주 근로자들의 국내 유입 덕택에 육체노동 산업에 현저한 성장을 보였다.

43.

어휘 **regularly** 규칙적으로; 정기적으로 **regular** 규칙적인; 일상의; 정규의 **period** 기간; 시대 **exercise** 운동, 연습, 훈련; 운동을 하다(do exercise) **help** ~하는데 도움이 되다 (➔ 미국영어에서 흔히 'help + 원형부정사' 가 쓰임) **prevent** 예방하다; 막다, 방해하다 **osteoporosis** 골다공증(骨多孔症) **gradual** 점차적인, 단계적인 **gradually** 점차, 차차 **process** (현상·사건 등의) 진행, 과정 **loss** 분실, 손실, 감소 **occur** 나타나다, 생기다; 일어나다(take place), 생기다; (머리에) 떠오르다 **naturally** 자연히(by nature), 저절로 **age** 나이를 먹다(become older), 늙다 **as people age** 사람들이 나이를 먹으면서

해설 첫 번째 빈 칸에는 분사를 수식하는 부사가 적합하다. 'process' 는 동사와 명사로 쓰이기 때문에 혼동할 수 있다. 그러나 빈 칸 앞에 관사 'a' 가 있고, 관사 다음에는 항상 명사가 온다. 그러므로 명사 'process' 를 수식하는 형용사가 두 번째 빈 칸에 필요하다.

① if (it is) done regularly 규칙적으로 운동을 한다면 ➔ it = exercise

➔ 'if, as, though, when, while' 등으로 유도될 때 '주어 + 동사' 가 종종 생략된다.

② <u>a gradual process of bone loss</u> <u>that occurs naturally</u> <u>as people age</u>
　　뼈 손실의 점진적인 과정　　　　↑　　저절로 나타나는　　사람들이 나이를 먹으면서

➔ 'a gradual process ~ as people age' 는 'osteoporosis' 를 부연 설명하는 동격어구

번역 규칙적으로 오랜 기간 운동을 한다면 사람들이 늙어가면서 자연히 나타나게 되는 뼈 손실의 점진적인 진행인 골다공증을 예방하는데 운동은 도움이 된다.

44.

어휘 **find + O + C** (경험을 통해) ~임을 알다, ~라고 생각하다 **surrounding (pl.)** (사람을 둘러싼 모든) 환경; 상황 **surround** 둘러싸다, 에워싸다 **local** 지방의, 그 고장의; 좁은 지역에 한정되는 **locally** 가까이에 **amenity (pl.)** 문화적·쾌적적 시설 / 설비; (장소·기후 등의) 기분 좋음, 쾌적함 **such as** ~같은 **comfortable** 편안한 ↔ **uncomfortable** 불편한 *cf.* **cozy** 편안한(making one feel warm, relaxed, and comfortable); 아늑한 **comfy** (가구나 의류가) 편안한 (➔ 회화체 표현) **snug** (방이나 공간 등이) 작고 따뜻하고 편안한, 아늑한 **homelike** 제 집 같은, 편안한

해설 우리말로 유사한 형용사의 의미를 알아보는 문제이다.
'convenient'는 '(시간이 오래 걸리지 않거나 너무 많은 노력을 필요치 않아) 편리한, 어려움을 주지 않는; (상대방의 계획·약속 등에) 적합한, 적절한, 편한'이라는 뜻이다. 반면에 'comfortable'은 '(옷·신발 등이 잘 맞는다던지; 의자·침대·소파 등이 부드러워 신체적 불편함을 야기하지 않을 때; 두려움(fear)·근심 걱정(anxiety)·슬픔(grief)이 없어) 편안한, 쾌적한, 안락한'이라는 뜻이다.
comfortable life 안락한 생활 comfortable job 근무하기 편안한 직장

번역 수영장, 공원, 영화관 같은 지역 편의 시설에 가까운 편안한 환경에 사는 것이 편리하다는 것을 알게 되었다.

45.

어휘 **suggestion** 제안 **tyro** 초보자(beginner) **listen to** ~을 귀담아 듣다 **composition** (한 편의) 악곡; 작곡 **respond** (자극 등에) 반응하다 **emotionally** 강한 느낌으로; 정서적으로, 감정적으로 **expect** 기대하다 **encompass** (모든 것을) 포함하다 **symphony** 교향곡 **at first hearing** 처음 들을 때(= when you hear first) **discouraged** 낙담한 **guilty** 부끄러운, 창피해 하는; 죄를 지은 **while** ~하는 동안에 **unfamiliar** 친숙하지 않은 **attention** 주의, 관심 **wander** (주의가) 산만해지다 **initially** 처음에 **absorb** 흡수하다; 이해하다 **coast through** 대충 지나가다 **rest** 나머지 **cloud** 구름 **roll away** (구름·연기 등이) 걷히다, 사라지다 **landscape** 경치 **lie** 놓여 있다 **clearly** 명확히 **familiar** 친숙한 **enjoyable** 즐길 수 있는 **dart** (화살처럼) 날아가다 **from ... to** ~에서 ...로 **stay** ~에 머무르다

해설 형용사의 쓰임을 알아보는 문제이다.
첫 번째 빈 칸에는 명사를 수식하는 형용사, 그러나 'familiar'와 'unfamiliar' 중 하나를 택해야 한다. 'familiar'는 '여러 번 들어본 적이 있어 친숙한'의 뜻이므로 4째 줄의 '주의가 산만해지더라도'라는 글과 대치되므로 'unfamiliar'가 적합하다. 두 번째 빈 칸에는 'is'의 주어가 될 수 있는 것이 적합하다. 그러므로 명사적으로 쓰이는 'the + 형용사'가 옳은 것이다.

① absorb from it **as much as you can** (absorb)
→ 당신이 이해할 수 있는 만큼 교향곡으로부터 받아들이고 'as much as one can'은 '~할 수 있는 만큼'이란 뜻

② There will come a time when the clouds roll away and the landscape lies clearly before you.
→ '구름이 걷히며 당신 눈앞에 경치가 또렷하게 놓여 질 때가 올 것이오.'란 반복해서 음악을 듣다 보면 '조금씩 그 음악을 이해하게 되고 나중에는 전체를 명확히 이해할 수 있는 때가 올 것'이라는 뜻이다.

③ the familiar is **the enjoyable** 친숙한 것이 즐길 수 있는 것이다.
→ 형용사의 명사적 용법: the + 형용사 = 보통명사의 복수 / 추상명사

번역 나는 초보자에게 한 가지 제안이 있다. 여러분이 그 곡에 강한 느낌으로 반응을 나타낼 수 있을 때까지 같은 곡을 들으시오. 처음 들을 때 교향곡의 주제 등 모든 것을 이해하리라 기대하지 마시오. (들어본 적이 없어) 잘 모르는 교향곡을 듣는 동안 주의가 산만해지더라도 좌절하거나 부끄러워 하지 마시오. 처음에는 당신이 이해할 수 있는 만큼 받아들이고 나머지는 대충 지나가시오. 구름이 걷히며 당신 눈앞에 경치가 또렷하게 놓여 질 때가 올 것이오. 음악에서는 들어본 적이 있어서 친숙한 것이 곧 즐거움을 주는 것이오. 이 곡 저 곡 듣지 마시오. 한 곡에 초지일관하시오.

LESSON 13 비교 구문

01. (D)	02. (D)	03. (D)	04. (B)	05. (C)	06. (A)	07. (B)	08. (D)	09. (D)	10. (D)
11. (C)	12. (B)	13. (C)	14. (C)	15. (C)	16. (D)	17. (C)	18. (D)	19. (C)	20. (C)
21. (D)	22. (D)	23. (A)	24. (D)	25. (D)	26. (C)	27. (B)	28. (D)	29. (B)	30. (B)

01.

해설 (A) 'superior'는 비교급 형용사이므로 'more'가 필요 없다. 'than'이 아닌 'to'를 사용한다. 일부 사람이 'than'을 사용하지만 표준어법이 아니다.
(B) 수식어와 피수식어는 분리시킬 수 없으므로 'The more it is dangerous … → The more dangerous it is'와 같이 'the more'와 'dangerous'는 인접해 있어야만 한다.
(C) 'as soon as'는 동등 비교이기 때문에 주절과 종속절의 시제는 동일한 과거이다.
(D) '비교급 + than any other + 단수 명사'는 최상급의 의미를 가진다.

번역 (A) 이 컴퓨터는 저것보다 우수하다. (B) 위험하면 위험할수록 나는 그것을 더 좋아해.
(C) 그는 경찰을 보자마자 달아났다. (D) 이 나라에 다른 어떤 도시보다 서울이 크다.

02.

어휘 consider 생각하다, 고려하다   superior ~보다 우수한; (~보다) 위의, 높은   no better than ~나 마찬가지인(the same~as)   as good as 거의(almost), 실제로(virtually)   be as good as one's word 약속을 잘 지키다, 언행이 일치하다   promise (구두·서면 상으로) ~할 것을 약속하다, ~에게 …을 줄 것을 약속하다

해설 'He's not so tall as his sister.'는 '그는 자기 누나만큼 크지 않다.'라는 뜻이다. 즉 '누나가 더 크다'라는 뜻이므로 'His sister is taller than he.'가 되어야 한다.

번역 (A) 남자들은 그들 자신이 여자보다 더 우월하다고 생각한다.
(B) 그 여자는 거지나 다름없다.
(C) 그는 언제나 약속을 잘 지킨다. / 언행이 일치한다.
(D) 그는 자기 누나만큼 크지 않다.

03.

어휘 drop in on ~에게 잠깐 들르다   care to (의문·부정문에서) ~하고자 하다, 좋아하다   give sb a ride ~를 태워 주다

해설 문제에서 초대 또는 권유를 나타내는 표현을 원하고 있으므로 (A)(B)(C)는 적절하지만 (D)는 요청(request)을 하는 표현이므로 지시대로 되지 않았다.

번역 이번 금요일에 할 일이 없다면, (A) 저에게 잠깐 들리시겠어요? (B) 저녁 같이 하겠어? (C) 저와 함께 영화 구경 가시겠어요?
(D) 집까지 차 좀 태워 주시겠어요?

04.

어휘 sow (씨를) 뿌리다   reap (농작물을) 수확하다; (결과·이익 등을) 얻다   behave 행동하다   behave well/badly 예절바르게/못되게 행동하다   drown 물에 빠뜨리다, 물에 빠져 죽다   drowning 물에 빠져 허우적거리는   clutch at ~을 잡다(seize)   straw 지푸라기   desperate 매우 위험한; 필사적인; 절망적인   but ~을 제외한(except)   deserve ~을 받을 가치가 있다(be worthy of); (칭찬·축하·벌을 받아) 마땅하다   fair 아름다운; 공평한(equal); 정당한(reasonable), 규칙을 따르는; 꽤 많은, 상당한(large); 살이 흰, 금발의   courageous 용기 있는   gallant (사랑·행위 등이) 용감한, 씩씩한 (➔ the + 형용사 = 보통명사 / 추상명사)   the brave 용감한 사람들   the fair 미인들

해설 (A) 처신을 잘하면 당신에게 좋은 일이 일어나지만 처신을 잘못하면 좋지 않은 일이 일어날 것이다. 우리 속담의 "자업자득(自業自得), 인과응보(因果應報), 자기가 뿌린 씨는 자기가 거둔다."와 일맥상통한다고 볼 수 있다.
(B) '쇠는 달았을 때 두드려라.'라는 격언은 '어떤 일을 할 기회가 주어지면 그것을 잃기 전에 행하라(When you have an opportunity to do something, do it before you lose your chance.)'는 뜻이다. 우리 속담 '쇠뿔도 단김에 빼라.'와 일맥상통한다. 그러나 속담 해석으로 주어진 문장은 '어떤 일을 반복해서 하면 잘 할 수 있게 된다.'는 뜻이므로 주어진 격언과 의미상 일치하지 않는다.
(C) 매우 위험한 상황에 처하게 되면 별로 도움이 안될지라도 도움이 될 만한 것을 찾는다.
(D) 단지 용기 있고 씩씩한 사람만이 미인을 차지할 수 있다. 즉 최고만이 최고를 차지하는 것이다.

번역 (A) 뿌린 대로 거두리다. (B) 쇠는 달았을 때 두드려라.
(C) 물에 빠진 사람은 지푸라기라도 잡는다. (D) 용감한 자가 아니면 어느 누구도 미인을 차지할 자격이 없다.

05.

어휘 prefer ~을 더 좋아하다   prefer A to B B보다 A를 더 좋아하다 (➡ 선택적인 것을 나타낼 때 쓰인다.)   preference 더 좋아함; 좋아하는 물건; 우선권, 특혜

해설 'Do you like coffee?' 또는 'I prefer milk to coffee.'와 같이 기호(嗜好)를 나타낼 때는 부분(部分)이 아닌 전체를 대상으로 하므로 'some' 또는 'any'를 사용하지 않는다. 그러나 상대방에게 커피를 권유할 때는 'Would you like **some** coffee?'와 같이 '부분'을 의미하는 'some'을 사용한다.

번역 A: 커피 좀 드시겠어요?
B: 아뇨. 커피보다는 우유를 먹었으면 합니다.

06.

어휘 photogenic 사진이 잘 나오는(always looking attractive in photographs)   picturesque (장소 등이) 그림 같은, (행동·모습 등이) 재미있는, 별난   portable 들고 다닐 수 있는, 휴대용의

해설 '실물보다 사진이 훨씬 나아 보인다.'라는 대화를 볼 때 단어 선택은 쉬워진다.
(C)의 'picturesque'는 사람을 수식하지 못하고 'cottage(오두막집), fishing village(어촌), bridge(다리)' 등 어떤 장소나 물건을 수식하는데 쓰인다. 두 번째 빈 칸에는 'than'이 있으므로 비교급 형용사가 적합하다. (D)의 'more than'은 부사적으로 쓰이는 '대단히, 참으로(very)'의 뜻.

● I'll be **more than** happy to serve you. 제가 귀하에 봉사하게 된다면 참으로 기쁘겠습니다.

번역 A: Mark는 정말 사진을 잘 받아요.
B: 네, 저도 알아요. 그는 실물보다 사진이 훨씬 나아 보여요.

07.

어휘 practice 연습하다; 실행, 실습, (반복) 연습; 습관, (사회적) 관례 (➡ 'all you have to do is'는 회화체 표현으로 '단지 …하면 돼'의 뜻으로 미국 영어에서는 동사의 보어로 원형 부정사를 사용한다.)

해설 (A)(C)는 'so ... that' 결과 구문이 되어 '영어 공부는 그렇게 어렵지 않아서 네가 생각할 수도 있어'로 해석되며 의미도 통하지 않고 'think'의 목적어도 없기 때문에 올바른 문장이 아니다. (D)의 'no'는 형용사로 명사를 수식할 수는 있지만 부사를 수식하지는 않는다. (B)는 '~만큼 …하다'는 뜻으로 동등한(equal) 정도를 나타내는 'as ... as' 구문이 쓰인 것으로 아래와 같은 문장에서 주어와 동사가 생략된 형태로 올바른 표현이다.

= (Studying English is) Not so hard as you might think.

➡ 'as ... as' 구문에서 첫 번째 'as'는 정도 부사이고, 두 번째 'as'는 접속사이다. 부정문에서 첫 번째 'as'는 발음상 'so'가 흔히 쓰인다.

번역 A: 영어 공부하기가 어렵니?
B: 네가 생각하는 것만큼 영어 공부가 그렇게 어렵지 않아. 단지 연습만 하면 돼.

08.

어휘 no later than ~보다 결코 늦지 않게, ~까지 (➡ 'by(~까지)'보다 강조할 때 쓰인다.)

해설 빈 칸 다음에 'than'이 있으므로 빈 칸에 적합한 것은 비교급 부사이다. (A)의 'latter'는 순서를 나타내는 형용사로 쓰이므로 정답으로 적합하지 않다. 비교급 앞에 쓰이는 'no'는 비교급을 완전 부정하는 강조 부사이다. 'no later than' 하면 '~보다 절대 늦지 않게'라는 뜻이 된다.
'late'의 비교급·최상급의 형태는 두 가지가 있으며 뜻이 다르다.
late – later 더 늦은 뒤에 – latest 최신의, 최근의 〈때·시간의 관계〉
latter 나중의, 후반의 – last 마지막의 〈순서의 관계〉

번역 A: 보통 몇 시에 집에 옵니까?
B: 7시까지는 도착합니다.

09.

어휘 penniless 무일푼인(have no money), 땡전 한 잎 없는   flat 아주, 완전히; 평평하게; 단호하게; 평평한, 납작한; 펑크가 난; (맥주 등이) 김빠진; (가격 등이) 균일한; 단조로운, 재미없는; 단호한; 평면, 펑크가 난 것   broke 무일푼인; 파산한   flat broke 무일푼의, 빈털터리의   up to (어떤 일의 결정이) ~에게 달려 있는; (보통 의문·부정문에서) ~할 능력이 있는

번역 A: 돈 좀 빌릴 수 있을까?
B: 미안하지만 무일푼이야.

10.

어휘 complain ~에게 불평하다, 투덜거리다   complaint 불평; 고소; 병(illness)   complain about (불만스럽거나, 짜증, 또는 기분 좋지 않은 것을) ~에게 불평하다, 투덜거리다   complain of (몸이 아프거나 신체 어딘가 통증이 있어) 호소하다, 투덜대다

해설 (A)의 '(I) Couldn't be better (than now).'는 가정법 과거로 '지금보다 더 이상 좋을 수가 없다'는 말로 'best'의 뜻을 나타낸다. (B)의 'I have never been happier (than now).'는 '지금보다 더 행복한 적은 없다.'는 말로 'I'm happiest now.'의 뜻이다. (C)의 'Can't complain.'은 '불평 불만할 것이 없고 꽤 만족한다.'는 뜻으로 (A)(B)(C) 모두 빈 칸에 적합하지만, (D)와 같은 영어 표현은 없다.

번역 A: 어떻게 지내요?   B: 아주 잘 지내고 있어요.

11.

어휘 a piece of cake 매우 쉬운(very easy)

- It's **a piece of cake**. 누워서 떡먹기.

해설 둘을 비교해서 한쪽이 '보다 더 …하다'라고 할 때 '비교급 + than'이 쓰인다. 그리고 비교급을 강조할 때는 'much, (by) far, even, still' 등이 쓰인다.

번역 시험이 꽤 쉬웠어. 예상했던 것 보다 훨씬 쉬웠어.

12.

어휘 not ~any longer 더 이상 …않다   put up with 참다   manner 방법; 태도; (pl.) 예절

해설 비교급의 관용 어구를 물어 보는 문제이다.
'not ~any longer'는 '전에는 …했지만 지금은 더 이상 …하지 않는다'는 뜻으로 'no longer'와 함께 자주 쓰이는 표현이다. 'cannot'이 있으므로 (A)(C)는 빈 칸에 적합하지 않다.

= I can **no longer** put up with your poor manners.

- I used to smoke 20 cigarettes a day, but **not any longer**.
  예전에는 하루에 담배 한 갑을 피웠지만 이젠 더 이상 피우지 않는다.
- He **no longer** lives here = He **doesn't** live here **any longer**.
  (전에는 이곳에 살았지만) 그는 더 이상 이곳에 살지 않는다.

번역 (전에는 참았지만) 이젠 더 이상 너의 못된 예절을 참을 수가 없어.

13.

어휘 graduation 졸업   gift 선물   be compared with ~과 비교되다

해설 'other' 또는 'else'가 포함된 비교 구문을 알아보는 문제이다.
비교급은 두 집단을 상대 비교하는 것이다. 그리고 'other, else'는 '그 외에, 그 밖에'의 뜻으로 '말하는 상대방 또는 앞서 언급된 것을 제외한'의 뜻이 되므로 (C)의 'any other present'는 'other' 때문에 부모님의 선물을 제외한 모든 선물을 뜻하므로 '부모님의 졸업 선물과 그 외의 졸업 선물을 비교하다'라는 뜻이 되므로 빈 칸에 적합하다. 그러나 (A)의 'any present'라고 하면 부모님의 선물도 포함되므로 옳지 않다.
상대방에게 지금까지 무엇인가 도와준 후에 '도와 드릴 것 또 없어요?'라고 말하려면 'Is there anything else I can do for you? = Is there any other thing I can do for you?'라고 말하면 된다. 이런 경우에 간단히 'Is there anything else?'라고 만해도 된다.

- He's **taller** than **any other one**. 그는 누구보다 키가 크다.
  = He's **taller** than **anybody else**. = **No other** man is **taller than** he.
  = **Nobody** is so tall **as** he. = He's **the tallest** man.
  → '비교급 + than any other + 단수 명사'는 '최상급'의 뜻

번역 부모가 준 졸업 선물은 그 때 그에게 주어진 어느 선물과도 비교될 수 없다.

14.

어휘 no sooner ... than ~하자마자 …하다   appear 나타나다(turn up)   wave 흔들다

해설 'He had sooner appeared than dad waved ...'의 문장에서 아빠가 모자를 흔드는 것은 과거(waved)이고 그가 아버지보다 먼저 나타났기 때문에 주절은 과거완료(had appeared)가 쓰인 것이다. 이 문장에서 비교급 'sooner'를 부정한 후 부정어구 'no sooner'를 문두로 보내면 주어 · 동사가 도치된다.
부사로 쓰인 'no'는 'not~at all'의 뜻으로 'sooner'를 완전 부정하여 '아버지가 환영의 표시로 그의 모자를 천천히 흔든 것보다 그가 절대로 더 먼저 나타나지 않았다' 즉 동시 동작으로 해석되는 것이다.

= **As soon as** he **appeared** dad **waved** his hat slowly in welcome.
→ 'as soon as'는 동등 비교이기 때문에 주절과 종속절의 시제는 동일한 과거이다.

[번역] 그가 나타나자마자 아빠는 환영의 표시로 그의 모자를 천천히 흔들었다.

15.

[어휘] **autumn** 가을　**appear** ~처럼 보이다　**than usual** (비교급에서) 여느 때보다, 평소보다　*cf.* **as usual** 여느 때처럼(as is usual), 평소와 같이　**fleecy** 양털 같은, 양털로 만든　**cloud** 구름　**against** ~을 배경으로 하여; ~에 반대하여(in opposition to); ~에 맞지 않는

[해설] 'than (it is) usual' 구조에서 'it is'가 생략된 것이므로 (B)(D)는 옳지 않다. 또한 비교급이므로 (C)와 같이 비교급 형용사 'higher'가 옳은 표현이다.

[번역] 푸른 하늘을 배경으로 양털구름과 더불어 여느 때보다 가을 하늘은 더 높아 보인다.

16.

[어휘] **suicide** 자살　**potential** (현재는 실현되지 않고 있으나 장차) 가능성이 있는, 잠재적인　**victim** 희생자　**seek** 찾다　**another** 다른　**alternative** 대안

[해설] 'the+비교급, the+비교급(~하면 할수록, 더욱 …하다)'에서 수식어와 피수식어는 분리되지 않으므로 문제에서 'the better'와 'able'은 서로 떨어져 있을 수 없다.

● **The more electricity** you use, **the higher** your bill will be.
더 많은 전기를 쓰면 쓸수록 전기요금은 더욱 많아질 것이다.

[번역] 자살에 관하여 더 많이 알면 알수록 장차 자살할 가능성이 있는 희생자가 다른 대안을 찾도록 더 많은 도움을 줄 수 있다.

17.

[어휘] **process** (문서·의뢰서 등을 공식으로) 처리하다(deal with); (식품을) 가공하다; 가공·처리하다　**information** 정보(facts heard or discovered about sb/sth); 통지; 지식

[해설] 비교급을 강조할 때 'much, (by) far, even, still' 등이 쓰인다.

[번역] 내가 새로 산 노트북 컴퓨터는 구형 컴퓨터보다 정보처리가 훨씬 빠르다.

18.

[어휘] **deny** (어떤 진술·주장·비난 등을) 부인하다, 부정하다, ~을 모른다고 말하다　**obsessed** 사로잡혀 있는(preoccupied)　**obsess** 사로잡다; 괴롭히다; 괴로워하다, 고민하다

[해설] 'better/sooner/less than'은 상대 비교되는 대상이 있어야 하므로 빈 칸에 적합하지 않다. 그러나 '대단히, 참으로(extremely)'라는 뜻의 'more than'은 감정을 나타내는 형용사를 수식하는 부사로 쓰인다. 문제에서 'more than'은 부사적으로 형용사 'obsessed'를 수식한다.
→ 'more than a little'은 'more than'과 같은 뜻이지만 잘난척하는 사람들이 사용하는 표현

[번역] 이 나라 대부분의 부모들이 자기 자식들의 영어교육에 꽤 골몰하고 있다는 사실을 아무도 부인하려지 않는다.

19.

[어휘] **popular** 인기 있는, 평판이 좋은; 민중의, 대중의; 유행하고 있는　**communicate** (정보·소식·생각·감정 등을) 전하다, 주고받다; 통신하다　**middle** 중반, 중엽, 중앙; 한창 때; (사람의) 몸통, 허리; 한가운데의, 중앙의; 중간의

[해설] 최상급과 상호 대명사를 알아보는 문제이다.
'popular'와 같이 2음절 이상의 단어는 비교급과 최상급에 'more - most'가 쓰인다. 형용사의 최상급에는 'the'와 함께 쓰인다. 두 번째 빈 칸에는 둘 사이를 의미하는 'each other' 또는 막연히 사람들을 의미하는 'people'이 적합하다.

[번역] e-mail은 1990년대 중반 이래 서로 의사 전달할 수 있는 가장 인기 있는 통신 수단이 되었다.

20.

[어휘] **adult** 성인(a grown-up); 성장한, 성숙한(mature); 어른의, 성인의　**adulthood** 성인기　**young adult** 10대 후반의 청소년　**four or more times a week** 일주일에 4번 또는 이상　**more than half** 절반이상　**quit** 그만두다(give up); (해가 되는 것을) 멈추다; (직장·학교 등을) 떠나다(leave)

[해설] 상대비교에 반드시 수반되는 'than'이 있으므로 빈 칸에는 비교급이 적합하다. 'less'는 셀 수 없는 명사에 쓰이므로 정답으로 적합하지 않다.

[번역] 성인 10%에 훨씬 못 미치는 사람들이 일주일에 4번 또는 그 이상 운동을 한다. 그리고 절반이상이 운동계획을 시작한지 6개월 이내에 그만둔다.

LESSON 13

21.

🟢 **어휘** **on schedule** 예정(시간)대로 *cf.* **ahead of** ~보다 먼저(in advance)　**turn out** 결국 ~임이 드러나다(prove), (결과적으로) ~이 되다　**more difficult than** ~보다 더 어려운　**owner** 임자, 소유주 *cf.* **co-owner** 동업자　**expect** (실현되리라고) 예상하다, (당연한 것으로서) 기대하다

🟢 **해설** 상대비교에 반드시 수반되는 'than'이 있으므로 첫 번째 빈 칸에 형용사 'difficult'를 수식하는 비교급 부사가 필요하다. 2음절 이상의 형용사는 비교급에 'more'를 사용한다. 두 번째 빈 칸에는 주절의 과거 동사(turned out)보다 먼저 예상했었기 때문에 과거보다 앞선 시제 '과거완료'가 적합하다.

🟢 **번역** 예정대로 식당 리모델링을 끝마치는 것은 주인이 예상했던 것보다 더 어려운 것으로 드러났다.

22.

🟢 **어휘** **owing to** ~때문에　**offer** 제의 / 제안하다; (자진해서) 제공하다; 제출하다　**substantial** 상당한, 거대한; 실체의, 실질적인　**incentive** (생산성 향상 또는 새로운 일을 장려하는 것, 격려금; 격려, 자극(제)　**employee** 직원　**production** 생산　**expect** (실현되리라고) 예상하다, (당연한 것으로서) 기대하다

🟢 **해설** 상대비교 'than'이 있기 때문에 (A)(C)는 제외된다. (B)에서 동사 'expected'는 타동사이므로 목적어가 필요하므로 옳지 않다. (D)에서 'than' 다음 'it is'가 생략된 것이다.

🟢 **번역** SM전자회사가 근로자들에게 상당한 보상금을 제안했다는 사실 때문에 회사 노트북 생산이 예측한 것보다 항상 훨씬 더 높다.

23.

🟢 **어휘** **come / get to do** ~하게 되다　**realize** 깨닫다; ~을 알다, 실감하다; 실현하다　**globalization** 세계화　**involve** 포함하다(include), 수반하다; 몰두시키다, 열중시키다　**more** 그 이상의 것; 더 많은 양(量) 또는 수(數)　**merely** 그저, 단지(only, simply)　**complete** 완전한, 완벽한, 흠잡을 데 없는; (부여된 일·작업 등을) 끝마치다(finish)　**change** 변화; 거스름돈, 잔돈; 바꾸다; 잔돈으로 바꾸다; 변하다; 교환하다　**attitude** (사람·사물에 대한) 사고방식(a way of feeling or thinking about someone or something), 마음가짐; (사물에 대한) 의견(view); 자세, 몸가짐

🟢 **해설** 'much, even, by far' 등은 비교급을 강조하는 부사이다. 그러므로 (A)(D)는 첫 번째 빈 칸에 적합하지만, 두 번째 빈 칸에는 의미상 (A)(C)만이 적합하다.

🟢 **번역** 기업들은 세계화가 단순히 영어만 배우는 것 훨씬 이상이라는 것을 깨닫게 될 것이다. 세계화는 사고방식의 완전한 변화가 포함된다.

24.

🟢 **어휘** **no longer** (전에는 …했지만 지금은) 더 이상 …하지 않는다(= not … any longer)　**compete** (경기·대회·시험 등에) ~와 겨루다, 경쟁하다(with); 어깨를 나란히 하다, 견줄만하다　**competition** 경쟁, 솜씨 겨루기　**competitor** 경쟁자　**low-end** 비교적 값이 싼(relatively inexpensive); 저급의 ↔ **high-end** 고액의; 최고급의　**strategy** (전체적인) 작전 계획, 전략, 전술　**strategic** 전략상의; 전략상 중요한　**produce** 생산하다; 공연 / 연출하다; 제작하다; (집합적) 농산물　**product** 상품, 제품　**high value-added** 부가 가치가 높은

🟢 **해설** (A)(B)(C)는 비교급을 강조하는 부사로 빈 칸에 쓰일 수 있지만, 'This is much longer than that.(이것은 저것보다 훨씬 길다.)'의 문장에서처럼 상대 비교되는 대상 'than' 이하가 없어 옳지 않다. 'no'는 비교급을 강조하는 부사로 '더 이상 …하지 않는다'는 뜻이 된다.

🟢 **번역** 우리는 더 이상 저가품 시장에서 경쟁할 수가 없으므로 부가 가치가 높은 제품을 생산할 수 있도록 전략을 바꿔야 한다.

25.

🟢 **어휘** **contamination** 오염　**not alone** ~만은 아니다　**mass** 대량의, 대규모의 부피, 크기; 다량; 군중　**spray** (살충제 등을) 뿌리다; 물을 뿜다, 물보라, 물안개; (향수·페인트 등의) 스프레이, 분무　**mass spraying** 대량 살충제 살포　**innumerable** 셀 수 없는　**small-scale** 소규모의　**exposure** 노출　**be subjected to** ~을 겪다

🟢 **해설** 형용사는 명사를 수식할 수 있으므로 모두 빈 칸에 들어갈 수 있지만 명사 다음에 'than'이 있으므로 비교급 형용사가 빈 칸에 적합하다.

🟢 **번역** 우리가 살고 있는 세계를 오염시키는 것은 대량 살충제 살포만은 아니다. 정말로 대부분의 우리에게 이것은 우리가 매일 겪게 되는 무수히 많은 소량의 (살충제) 노출보다 덜 중요한 것이다.

26.

🟢 **어휘** **forward** (메일 등을) 보내다; 나아가게 하다; 진척시키다; 앞으로; 전방의　**self-introduction** 자기소개　**introduction** 소개; 받아들임; 도입; 입문(서); 개론　**no later than** ~보다 결코 늦지 않게, ~까지(by) (➡ 'by(~까지)'보다 강조할 때 쓰인다.) (➡ 비교급 앞에 부사 'no'를 사용하여 'later than 5'를 완전 부정하여 '5시 보다 절대로 더 늦지 않게, 즉 5시안에 또는 5시까지'의 뜻이다.)　**check** 확인하다, 조사하다; 저지하다, 방해하다; (웃음·눈물·분노 등을) 억제하다; 저지; 검사; 점검; 수표; (상점·식당의) 계산서　**as soon as** ~하자마자, ~하자 곧, ~하는 대로　**as good as** 거의(nearly, almost), 실제로(virtually), ~나 마찬가지인(the same as)　**as far as** ~하는 한, ~까지　**as well as** ~와 동시에, 뿐만 아니라 ~도

🟢 **해설** 상대 비교되는 'than'이 있으므로 첫 번째 빈 칸에는 비교급, 두 번째 빈 칸에는 'as … as' 동등비교이므로 원급이 필요하다. 어휘 설명 참조.

103

📖 오후 5시까지 제 이메일로 자기소개서를 보내주세요. 그러면 사무실에 돌아오는 대로 그것을 확인하겠습니다.

27.

🔤 **domestic** 가정의; 가정적인, 살림꾼인; 사육되어 길들여진(tame); 국산의(homemade) **appliance** (cooker · washing machine 등과 같은 가정의) 전기기구; 도구, 장치 **manufacturer** 제조업자, 제작자 **manufacture** (공장에서 대규모로) 제조하다 **recommend** ~을 권하다(advise), 권장하다; 추천하다 **customer** 고객 **frequently** 자주, 빈번히(very often or many times) **frequent** 자주 일어나는, 빈번한

📝 'as ... as possible / as ... as one can'은 '~할 수 있는 / 가능한 한 …하게'라는 의미로 최상급의 뜻을 가진다. 'as ... as' 사이에는 동사 'clean'을 수식하는 부사가 필요하다.
미국영어에서는 'recommend 권장하다'와 같이 '요구ㆍ제안ㆍ주장ㆍ명령' 등을 나타내는 동사의 종속절에 아래 문장처럼 'should'를 생략하고 동사의 원형이 쓰인다.

= ... manufacturer **recommends** (that) customers *clean* ...

📖 가전업체는 에어컨 필터를 가능한 한 자주 청소할 것을 고객들에게 강력하게 권한다.

28.

📝 앞서 비교급을 사용해 힘자랑을 했고, 비교급ㆍ최상급을 강조하는 'by far'와 'in the world'라는 말을 유추해볼 때 첫 번째 빈 칸에는 최상급이 필요하다. 동등비교에선 원급을 사용한다. 동등 비교 'as ... as'가 부정문에서는 'so ... as'로 쓰일 수 있고, 특히 종속절 'as I'가 생략되었을 경우에는 'You're not so strong.'과 같이 쓰인다.
'much, (by) far, even, still' 등은 비교급ㆍ최상급을 강조하는데 쓰인다.

📖 북풍은 자기가 매우 힘이 세다고 해에게 말했다. "나는 너보다 훨씬 힘이 세지. 나는 세상에서 가장 힘이 세단다." 태양이 말했다. "아냐, 아냐. 넌 나만큼 힘이 세지 않아." "그럼, 내가 얼마나 힘이 센지 보여 주마."하고 북풍이 말했다.

29.

🔤 **as many as** ~만큼 **maternal** 어머니의, 어머니다운 **death** 죽음(decease) **abortion-related** 낙태와 관련한 **tragedy** 비극 **entirely** 완전히 **preventable** 막을 수 있는, 방해할 수 있는

📝 내용상 이유를 나타내거나 이유를 나타내는 단어(for, because)와 함께 사용되는 비교급에 'the'를 붙인다. 윗글에서 "낙태와 관련된 사망이 완전히 예방될 수 있기 때문에"하는 이유를 나타내므로 비교급에 '그런 만큼 더'의 뜻을 정도 부사 'the'가 쓰인다.

📖 일부 라틴 아메리카 국가들의 모든 엄마 사망의 절반 정도가 낙태와 관련이 있다고 Abou-Zahr는 말한다. "낙태와 관련된 사망이 완전히 예방될 수 있기 때문에 비극은 그런 만큼 더 큰 것이다."라고 그녀는 덧붙여 말했다.

30.

🔤 **fortune** (인생 속에서 일어나는 좋고 나쁜 일) 운명; 행운 **drive** 몰아내다, 쫓아내다 **master** 주인 **forth** 밖으로 **outcast** (집ㆍ사회에서) 내쫓긴 사람; 왕따 **friendless** 친구 없는 **homeless** 집이 없는 **faithful** 충성스런 **privilege** (특별한) 혜택 **accompany** ~이 동행하다, 따라가다 **guard against** ~으로부터 지키다 **danger** 위험 **fight against** ~에 대항하여 싸우다 **enemy** 적

📝 상대비교에 반드시 수반되는 'than'이 있으므로 첫 번째 빈 칸에는 비교급 형용사가 적합하다. 두 번째 빈 칸에는 'privilege'를 대신하는 지시대명사 'that'이 필요하다.

① If <u>fortune</u> <u>drives</u> <u>the master</u> forth as <u>an outcast</u>, (*being*) *friendless* ...
　　　S　　V　　　O　　　　　　　　O.C　　　　분사 구문 〈결과〉

운명이 그 주인을 이 세상에서 버림받은 사람으로 내몰아 친구도 집도 없게 할지

② the faithful dog asks **no higher** privilege **than** that of accompanying him to ...

→ 비교급 앞에 'no'는 'not~at all(결코 ~이 아닌)'의 뜻으로 'higher'를 완전 부정하여 '주인을 따라 다니는 특혜보다 결코 그 이상의 특혜를 요구하지 않는다'라는 뜻으로 '단지 따라 다니는 특혜만을 요구 한다'는 말이다.

📖 운명이 그 주인을 이 세상에서 버림받은 사람으로 내몰아 친구도 집도 없게 할지라도, 충성스런 개는 주인을 위험으로부터 보호하고 주인의 적들에 맞서 싸우기 위해 주인을 따라 다니는 특혜보다 더 높은 특혜를 절대로 요구하지 않는다.

LESSON 14 관계사

01. (B)	02. (A)	03. (C)	04. (C)	05. (B)	06. (A)	07. (C)	08. (D)	09. (B)	10. (D)
11. (D)	12. (D)	13. (B)	14. (C)	15. (C)	16. (D)	17. (A)	18. (A)	19. (D)	20. (B)
21. (C)	22. (C)	23. (A)	24. (A)	25. (C)	26. (C)	27. (C)	28. (C)	29. (C)	30. (A)

01.

어휘 **character** (특이한) 사람; 성격   **break** (약속·법규 등을) 어기다, 위반하다   **deserve** ~할 만하다   **fine** 벌금; 훌륭한, 멋진; 아주 건강한; (날씨가) 갠, 맑은   **stupid** 어리석은, 우둔한

해설 (A) 주어가 될 수 있는 것은 명사·대명사·명사구(부정사·동명사)·명사절 등이 있다. 문제에서 'that'가 '관계대명사'라면 선행사가 필요하고, 'that'가 '접속사'라면 'is beautiful'의 주어가 필요하다. 즉 접속사 다음에는 '주부 + 술부'의 완전한 문장이 되어야 하는데 주어가 없어서 비문법적인 문장이 된다. 그러므로 'that' 대신에 선행사를 포함한 관계대명사 'what'이 요구된다.

- Man can do **what man has done**. 인간은 인간이 지금까지 해 온 것을 할 수 있다.

(C) 'whoever'는 선행사와 관계대명사가 결합된 'anyone that'의 뜻이므로 'that'가 필요 없다.

(D) 관계대명사의 선행사는? 선행사를 'the boys'로 하면 '그 소년들 모두가 어리석지 않다'는 뜻이 되므로 'the only one'이 필요 없게 된다. 그러나 'the only one'을 선행사로 하게 되면 '그 소년들 모두가 어리석은데 그 만이 유일하게 어리석지 않다'는 뜻이 되므로 선행사는 'the only one'이 되어 'who are'를 'that is'로 바꾸어야 한다.

번역 (A) 아름다운 것이 항상 좋은 것은 아니다.
(B) 존은 파티를 싫어하는 이상한 사람이야.
(C) 이 법을 어긴 사람은 누구나 벌금을 물어 마땅하다.
(D) 그는 그 소년들 중에서 어리석지 않은 유일한 소년이다.

02.

해설 전치사는 관계대명사와 반드시 결합해야 하는가를 알아보는 문제이다.
'look up to 존경하다(respect), look for ~을 찾다(try to find)' 등과 같은 타동사구의 일부인 'to' 또는 'for'가 관계대명사와 결합할 수 없다. 그 이유는 하나의 구성 요소인 동사의 일부가 분리될 수 없기 때문이다. 〈263쪽 관계대명사와 전치사 참조〉

eg. "What are you **looking for**?" "This book."
→ "this book"가 전치사 "for"의 목적어가 아니라 타동사구 "look for"의 목적어이기 때문에 "For this book."라고 하지 않는다.

번역 A: 이것이 네가 찾고 있는 사전이야?
B: 그래, 맞아.
cf. This is the dictionary *for* **which** I am *looking*. (x)

03.

어휘 **borrow** (나중에 되돌려 주기로 하고) ~로 부터 빌리다 (→ 돈·책 따위 이동 가능한 것을 잠깐 빌리는 것은 'borrow,' 방·집·자동차 따위를 빌릴 때는 'rent'를 씀) *cf.* **lend** ~에게 빌려주다

해설 관계대명사를 이용하여 다음 두 문장이 결합된 것이다.

What's the name of **the man**? + You borrowed **his** car.

위 문장에서 'his'를 관계대명사 'whose'로 바꾼 후 'whose car'를 자기 문장 앞으로 이동하면 'What's the name of the man whose car you borrowed?'가 된다.

번역 A: 네가 자동차를 빌린 그 남자의 이름이 뭐야?
B: 데이비드 니일이야.

04.

해설 'whatever'와 'whichever'의 의미상 차이를 알아보는 문제이다.
'whatever'는 막연한 것 중에서 선택할 때, 'whichever'는 주어진 것 또는 이미 알려진 것 중에서 선택할 때 쓰인다. 다시 말해서 식당에서 손님에게 제공하는 '커피·녹차·음료수·아이스크림' 등 몇 가지 알려진 것에서 고르는 것이기 때문에 'whichever'가 빈 칸에 옳은 것이다.

- I eat **whatever** I want and I still don't seem to put on weight.
  먹고 싶은 대로 다 먹었는데 아직 살이 안찌는 것 같아.

[번역] A: 먹고 싶은 어떤 특별한 후식이 있어요?
B: 당신이 고르는 것이라면 어느 것이든 난 좋아요.

05.

[해설] 선행사를 포함한 관계대명사의 용법을 알아보는 문제이다.
빈칸 앞에 선행사가 없기 때문에 선행사를 포함한 'what'를 제외하고 다른 관계대명사가 쓰일 수 없다. 'This is not what I asked for.' 는 식당에서 사용하는 표현으로 자기가 주문한 것이 아닌 다른 음식이 나왔을 경우에 쓰인다. 아래와 같이 선행사 'the food' 가 있을 땐 'what'를 사용할 수 없다.

cf. ... not **the food that** I asked for/... get you **the food that** you ordered

[번역] A: 저, 죄송하지만 웨이터.
B: 네, 부인.
A: 이 음식은 내가 주문한 것이 아닌데요.
B: 죄송합니다. 다시 가져가서 손님께서 주문한 걸로 갖다 드리겠습니다.

06.

[어휘] **a far/long cry** 현저한 간격, 큰 차이   **engagement** 약혼

[해설] 선물을 받은 후에 반응을 나타내는 표현을 알아보는 문제이다.
(B)(C)(D)는 남자 친구로부터 받은 선물에 만족을 나타내는 표현이라 빈 칸에 적합하지 못하다. 왜냐하면 접속사 'but' 는 앞의 문장·어구와 반대 또는 대조의 뜻을 나타내기 때문이다. 따라서 '받은 선물, 산 물건에 대한 불만 또는 실망을 나타내는 표현' 인 'It's a far cry from what I wanted(내가 원했던 거랑은 거리가 멀어)' 가 빈 칸에 적합하다.

[번역] A: 네 생일에 네 남자 친구가 너에게 선물한 그 스카프 참 멋지더라.
B: 그렇게 생각 하지만 나의 기대에 훨씬 못 미쳐.
A: 그게 무슨 말이니?
B: 음, 난 약혼반지를 받고 싶었거든.

07.

[어휘] **manage** ~할 시간이 있다(have time for)   **gathering** (사교적인) 모임   **tied up** 너무 바쁜(very busy)   **behind in/with** (집세 등 돈 내는 것이 밀려 있다거나 일·공부 등이) 밀려있는   **tight/heavy schedule** 할 일이 많은, 스케줄이 빡빡한

● Can you **manage** lunch on Tuesday? 화요일에 나와 점심 먹을 시간 있어?

[해설] '모임에 오늘 저녁 시간 괜찮겠어?' 라는 물음에 'I'm sorry' 라는 말로 봐서 (A)(B)(D)는 '시간이 없다' 는 이유가 되므로 빈 칸에 적합하지만 (C)는 'I'm sorry' 와 상반되므로 적합하지 않다.

[번역] A: 우리 모임에 오늘 저녁 괜찮겠어?
B: 미안해.
(A) 매우 바빠. (B) 일이 꽤 밀려 있어. (C) 난 괜찮아. (D) 일정이 아주 빡빡하거든.

08.

[어휘] **owe** (의무 등을) 빚지고 있다, 은혜를 입고 있다   **owe sb an apology for** ~에게 …에 대해 사과하다   **apology** 사과

[해설] 전치사 'for' 는 명사(구·절)를 목적어로 하기 때문에 명사절을 유도하는 것이 빈 칸에 필요하다. 관계대명사 (A)(B)(C)는 선행사가 필요하므로 빈 칸에 적합하지 않다. 'that' 는 명사절을 이끌지만 전치사의 목적어로 쓰이지는 않는다. 그러므로 빈 칸에 적합한 것은 선행사를 포함한 관계대명사 'what' 뿐이다.

[번역] 제가 말한 것에 사과드립니다.

09.

[어휘] **personality** (연예계) 유명한 사람; (친절하고 매력적인) 성격; 인격; 인간성   **repel** 혐오감/불쾌감을 주다; 쫓아버리다; 반박하다; 저항하다; 퇴짜 놓다

[해설] 단어의 뜻에 따른 관계대명사의 선택을 알아보는 문제이다.
'personality' 는 (특히 연예계에서) 유명한 사람(a famous person, especially in entertainment), 또는 (친절하고 매력적인) 성격; 인격(character and nature)의 뜻을 갖고 있다. 문제의 주어가 'John' 이므로 보아도 사람이어야 하므로 빈 칸에 (A)(B)가 가능하지만 타동사 'interview' 의 목적어가 없기 때문에 수동형인 (B)가 적합하다.

● John has *a strange personality* which repels many people.
John은 많은 사람에게 혐오감을 주는 이상한 성격을 가지고 있어.

[번역] John은 이제 종종 TV에서 인터뷰도 하는 유명한 인기 연예인이야.

10.

어휘 **do one's best** 최선을 다하다 **provide** ~을 주다, 제공하다(offer); 공급하다 **pleasant** (날씨·분위기 등이) 좋은, 상쾌한, 쾌적한; 즐거운, 상냥한, 호감이 가는 **atmosphere** 분위기, 환경; 대기(지구를 둘러싸고 있는 가스) **employee** 직원 **lead to** (어떤 결과에) 이르게 하다(result in) **productivity** 생산성, 생산력

해설 관계대명사의 계속적 용법을 알아보는 문제이다.
선행사를 부연 설명하기 위하여 쓰인 관계대명사의 계속적 용법은 그 문장의 뜻에 따라 접속사(and, but, because 등) + 대명사로 해석할 수 있다. 빈 칸 앞에 콤마가 있는 것으로 봐서 관계대명사의 계속적인 용법이다. '직원들에게 쾌적한 작업환경을 제공하는 것'이 높은 생산성으로 이어지게 하는 원인을 제공한 것이다. 이와 같이 앞서 언급된 내용을 다시 언급해서 문장을 이어갈 때 앞서 언급된 것이 사람이면 'who'를, 그렇지 않으면 'which'를 사용한다. 계속적인 용법에 'that'는 쓰이지 않는다.

번역 사장님은 직원들에게 쾌적한 근무 환경을 제공하려고 언제나 최선을 다한다. 그 결과 높은 생산성으로 이어졌다.

11.

어휘 **likely** ~할 것 같은 **more likely** ~할 가능성이 많은 **most likely** 십중팔구 **steer** (어떤 방향으로) 가도록 안내하다, 조종하다 **guy** 사내(a man), 녀석, 놈 **figure** 숫자; 모양, 형태; 사람의 모습; 중요한 인물 **make seven figures** 적어도 백만 달러를 벌다 **seven figures** 7 자리의 수

해설 아래 구조에서 알 수 있듯이 밑줄 친 부분은 주어·동사·목적어로 구성된 3형식 문장이다. 문장의 구성요소가 모두 있기 때문에 명사 역할을 하는 관계대명사 (A)(C)는 필요하지 않고 'into baseball or basketball'을 의미하는 장소 관계부사가 필요하다.

... into baseball or basketball, <u>where</u> <u>the guys</u> <u>are making</u> <u>seven figures</u>.
　　　　　　　　　　　　　　　　　　S　　　　V　　　　　O

➔ 관계부사의 계속적인 용법으로 '왜냐하면 그곳(야구나 농구)에서 … 하기 때문이다' 라는 뜻

번역 부모들은 자기 아이들이 야구나 농구 쪽으로 가도록 유도할 가능성이 많다. 왜냐하면 사내들이 야구나 농구에서는 적어도 몇 백만 달러를 벌기 때문이다.

12.

어휘 **evidence** 증거 **nearby** 가까이에; 가까운, 가까이의 **inhale** 들이마시다, 빨아들이다 ↔ **exhale** (숨을) 내쉬다; (공기 등을) 내뿜다 **toxic** 유해한, 중독성의 **fume** (유해하거나 불쾌한 냄새가 나는) 연기, 가스 **generate** 발생시키다(produce); 낳다, 산출/생기게 하다; 야기/초래하다

해설 장소 부사 'nearby(가까이에)' 때문에 빈 칸에 적합한 것으로 'where'로 착각할 수 있다. 그러나 동사 'inhale(들이마시다)'의 주어가 빈 칸에 적합한 것이다.

the evidence, **that it** also harms the health of other people nearby ...
　　증거　　　└ 동격 ┘　　또한 흡연은 근처에 있는 다른 사람의 건강에도 해가된다는

➔ 'that' 이하는 'the evidence'를 부연 설명하는 동격 명사절 it = smoking

people who inhale the toxic fumes (**which are**) generated by the smoker ,
사람들 ↑　　　유독성 연기를 들이마시는　↑　　　　　흡연자에 의해 발생된

번역 흡연자가 내뿜는 유독성 연기를 들이마시는 근처에 있는 다른 사람의 건강에도 흡연은 해가 된다.

13.

해설 관계대명사 'that' 용법을 알아보는 문제이다. 선행사가 'everything'이기 때문에 관계대명사는 'that'만이 쓰이고, 'what'는 선행사를 포함한 관계대명사이기 때문에 선행사 'everything'이 없다면 (C)도 빈 칸에 적합하다.

<u>everything</u> <u>that they said</u> <u>was</u> <u>true</u>
　　S　　↑　그들이 말한　　V　　C

번역 처음에는 그들을 믿지 않았지만 사실 그들이 말한 모든 것이 진실이었다.

14.

어휘 **determine** 결정하다 **meal** 식사 **vary** 다양하다, 다르다(be different)

해설 문장의 주어가 될 수 있는 것을 고르는 문제이다.
아래 구조에서 보는 것처럼 '(　　) determines a good meal'은 문장의 주부가 된다. 그러면 빈 칸에 적합한 것은 동사 'determines'의 주어인 동시에, 동사 'varies'의 주어가 되는 명사절을 유도해야만 한다. 이런 조건을 충족시키는 것은 선행사를 포함하면서 명사절을 이끄는 관계대명사 'what' 밖에 없다. 접속사 'that'가 명사절을 유도하지만 'That he is clever is not true.'처럼 'he is clever'와 같은 완전한 문장을 유도한다. 그러나 문제에서 동사 'determines'의 주어가 없어 불완전한 문장이므로 'that'는 적합하지 않다.

<u>(　　　) determines a good meal</u> <u>varies</u> <u>from country to country</u>.
　　　S (명사절)　　　　　　　　　　V　　　　부사구

🔖 맛있는 음식을 결정하는 것은 나라마다 다르다.

15.

어휘 **matter** 중요하다; (관심·고찰의) 문제　　**mutual** 상호간의; 공통의(common)　　**respect** 존경, 존중; (지식·솜씨 등과 같은 자질 때문에) 존경하다

해설 첫 번째 빈 칸에는 동사 'was'의 주어가 될 수 있는 것이 필요하다. 관계대명사 'what'는 '~하는 것'이란 뜻의 명사절로 주어·목적어·보어로 쓰인다. 반면에 'that'는 접속사와 관계대명사로 쓰인다. 관계대명사라면 선행사가 필요하므로 적합하지 않고, 접속사라면 'that'를 제외한 나머지가 완전한 문장이 성립되어야 하지만 'mattered'의 주어가 없어 옳지 않다.

<u>What mattered most</u> <u>was</u> <u>the mutual respect</u> <u>that they had (　　　) for each other</u>
　　　S　　　　　　　V　　　　C　　　　　↑　　　　서로 존중하는 (형용사절)

➡ 'have'의 목적어가 관계대명사 'that'로 전환되어 문장 앞으로 이동한 흔적이라는 것을 이해하도록 (　　)를 해 놓은 것이다.

🔖 가장 중요한 것은 서로에 대해 그들이 갖고 있는 상호간의 존중 이었다.

16.

어휘 **accordance** 조화, 일치　　**in accordance with** ~에 따라서, ~과 일치하여　　**accord** 일치하다　　**condition** 조건(provision), 규정　　**copy** 사본, (같은 책의) 권; 광고 문안　　**immediately** 즉시(at once)　　**remainder** 나머지(rest)　　**balance** 잔고, 차감 잔액

해설 관계대명사의 소유격 관계를 알아보는 문제이다.

'In accordance with the condition of use, a copy *of the condition of use* has ...'

➡ 이탤릭체 부분 'of the condition of use'를 관계대명사 'of which'로 바꾸면 된다. 주의 할 것은 'of which'가 앞으로 이동하면 안 된다는 것이다. 그 이유는 '265쪽 12 참조'

🔖 이미 보내드린 사본 즉 사용 규정에 따라 귀하는 나머지 전액을 즉시 지불해야 됩니다.

17.

어휘 **look up** (필요한 정보를 책·사전 등에서) 찾다　　**strange word** 생소한 즉 모르는 단어　　*cf.* **find** (숨겨진 / 잃어버린 / 알려지지 않은 것 등을) 찾아내다, (실험·연구·경험을 통해서 또는 우연히) 찾아내다, 발견하다　　**discover** (존재하지만, 알려지지 않았던 장소·사실 등을) 발견하다　　**detect** (좋지 않은 것을) 발견하다　　**look for** (잃어버린 것을) 찾다　　**locate** (정확한 위치를) 찾아내다, (사람이 있는 곳을) 알아내다

해설 소유격 관계대명사의 결합하는 과정을 알아보자.

ⓐ you meet **any strange words** + you don't know the meanings of **the words**

ⓑ you meet **any strange words** + you don't know the meanings of **which**

ⓒ you meet **any strange words the meanings of which** you don't know

➡ ⓐ의 두 문장에서 공통되는 어구를 ⓑ처럼 관계대명사로 바꾼 후, 자기 문장의 앞으로 이동하면 ⓒ와 같은 결합된 문장이 된다. 이동할 때 동사의 목적어인 'the meanings of which'는 동시에 한 덩어리로 이동해야만 한다. 목적어·보어는 꼭 이동해야 되지만, 주어는 이동하지 않는다.

🔖 뜻을 모르는 새로운 단어를 만날 때는 언제나 사전에서 찾아라.

18.

어휘 **put sth into words** ~을 말로 표현하다(express)　　**graphic arts** (그림·판화·조각과 같은) 시각 예술　　**sculpturing** 조각　　**satisfy** 만족시키다　　**desire** 욕망

해설 관계대명사의 역할과 원래 자리를 알아보는 문제이다. 관계대명사는 문장 내에서 주어·목적어·보어 역할을 한다. (B)는 동사 'put'의 주어가 없고, (C)에서는 관계대명사가 들어설 자리가 없어서 옳지 않다. (D)는 선행사가 있음에도 선행사를 포함한 'what'가 쓰인 것이 옳지 못하다. 빈 칸에 들어갈 부분을 능동으로 하면 다음과 같다.

= Man has a desire to express things **that he cannot put into words**.

🔖 인간은 말로 표현될 수 없는 것들을 표현하고자 하는 욕망이 있다. 그림과 조각 같은 시각 예술은 이러한 욕망을 만족시키는데 도움이 된다.

LESSON 14

19.

어휘 **monitor** (주의 깊게) 관찰하다; (녹음·관찰하는) 장치; TV·컴퓨터 화면 **pattern** 형태, 양식; 모범; 도안; (~을 따라) 모방하다, (본에 따라 ~을) 만들다 **complain of** (고통·통증 따위를) 호소하다 **complaint** 불평 **complain about** 투덜대다(grumble) **bad** 심각한(serious, severe), (병 등이) 치료하기 힘든; 나쁜, 악질의; (음식이) 상한, 썩은; 품질이 낮은; 무능한 **badly** 나쁘게; 대단히, 몹시; 서투르게 **insomnia** 불면증(sleeplessness) **insomniac** 불면증으로 시달리는 사람, 불면증 환자

해설 선행사가 'some, any, all, every, no, none, little, few' 등의 수식을 받을 때 관계대명사는 'that' 만을 사용한다. 두 번째 빈 칸 어휘 설명 참조.

번역 매우 심각한 불면증 고통을 호소하는 몇몇 사람들의 수면 형태를 과학자들은 관찰했다.

20.

어휘 **complimentary** 무료의(free); 칭찬의, 찬양하는 **compliment** 경의, 찬사, 칭찬 **provide** (다른 사람이 이용할 수 있는) ~을 주다, 제공하다(offer); 준비/대비하다; 공급하다 **blood** 피, 혈액 **bleed** 출혈하다 **bloody** 피나는, 피투성이의; 살벌한, 잔인한 **donate** 기부하다, 기증하다 **donation** 증여, 기증, 기부금(making a gift of money); 조의금 **donor** 기증자 **blood donor** 헌혈자

해설 빈 칸에 필요한 것은 동사의 주어와 전치사 'to' 의 목적어가 될 수 있는 것이다. 복합 관계사는 '관계사 + ever' 의 형태로 선행사를 포함하지만 문제에서 공짜표를 받는 것은 사람이므로 (C)(D)는 제외된다. 전치사 'to' 때문에 (A)로 생각할 수 있지만, 동사의 주어가 되어야 하므로 목적격은 옳지 않다. 빈 칸에 필요한 것은 'anyone that' 의 뜻이 되는 (B)가 적합하다. 전치사 'to' 의 목적어는 'whoever' 가 아니라, 명사절 'whoever donates his or her blood' 이다.

번역 헌혈하는 모든 분에게 무료 극장표가 제공 될 것이다.

21.

어휘 **employee** 직원, 고용인 **employer** 고용주 **employ** 고용하다, (사람을) 쓰다 **resign** (직(job)·직위(position) 등을) 사임하다; (권리 등을) 포기하다 **be asked to** ~하길 바라다 **ask** ~을 해 달라고 요청하다(make a request); 요구하다 **at least** 적어도 **notice** 통고, 통지; 주의, 주목; 게시 **notify** ~에게 통지/공고하다 **give a month's notice** 한 달 전에 통지하다 **human resources** 인사관리

해설 선행사가 'some, any, no, none, little, few' 등의 수식을 받을 때 관계대명사는 'that' 만을 사용한다. 소유격 다음에 명사가 필요하므로 두 번째 빈 칸에는 'notice' 가 적합하다.

번역 사직을 원하는 직원은 누구나 적어도 한 달 전에 인사부에 통지해주길 바랍니다.

22.

어휘 **return** 돌려주다; 반환하다; (원래 장소·상태 등으로) 되돌아가다; 답례하다 **faulty** 고장 나거나 결함이 있는(either not working or not made properly) **demand** (강력히) 요청하다(ask for something very strongly); 요구하다(require), 요구; 수요 ↔ **supply** 공급 **eg. on demand** 청구(요구)가 있는 즉시 **refund** 환불 (repayment) 환불하다(give sb one's money back) **get a refund** 환불을 받다 **demand/ask for a refund** 환불을 요구하다

해설 문장 'I bought it' 는 3형식 완전한 문장이므로 첫 번째 빈 칸에는 관계대명사가 필요하지 않다. 관계대명사는 문장 내에서 주어·목적어·보어 역할을 하기 때문이다. 그러므로 장소 부사 역할을 하는 'where' 가 적합하다. (D)도 정답으로 가능하지만 등위접속사 (and) 좌우는 같은 문법구조이므로 'demand' 를 과거 'demanded' 로 해야만 한다.

번역 고장 난 라디오를 내가 산 상점에 반품하고 환불을 받았다.

23.

어휘 **flight** 정기 노선, 항공편; 비행기 여행; 도주; (위험으로부터) 탈출 **allow** ~에게 하는 것을 허락/허용하다, ~하게 내버려두다; (~에게 돈·시간을) 주다 **prohibit** (법률(law)·규칙(rule)에 의해 어떤 행동하는 것을) 금지하다 **lavatory** 화장실 **aisle** (좌석의 사이·건물·열차 내의) 통로, 복도 **sign** 표지, 간판; (어떤 것이 있거나 일어날 수도 있다는 것을 보여주는) 신호; 징후, 기미 **illuminate** ~에 불을 밝히다, 밝게 하다; 계몽하다; 설명하다; ~을 명백히 하다

해설 문제에서 '흡연이 허용되는' 장소를 나타내는 'On flights' 와 연결되므로 빈 칸에 필요한 것은 장소를 나타내는 관계부사이다. 두 번째 빈 칸 다음에 목적어가 없으므로 능동형인 (B)(C)는 옳지 않다.

번역 흡연이 허용되는 항공편에서 화장실, 통로 그리고 금연 표지등에 불이 들어왔을 때는 금연입니다.

24.

어휘 **discover** (전에 몰랐던 사실을) 알아내다(find out); 발견하다 **stressful** 스트레스를 받는 **profession** (특별교육을 받은) 직업 **involve** 포함하다 (include), 수반하다 **danger** 위험 **endanger** 위태롭게 하다 **extreme** 극도의 **extremely** 아주, 몹시 **extremity** 극도 **pressure** 압력, 압박; 압축 **carry** (의무·권한 등을) 수반하다; 몸에 지니다; (물품을) 팔다 **responsibility** 책임 **responsible** 책임 있는 **control** /통제(하다)

stressful professions are those that involve danger..., and those that carry
S 스트레스를 받는 직업은 V C 위험과 …이 따르는 직업 C 책임을 지는 직업

해설 복잡해 보이지만 종속절은 보어 'those'를 수식하는 2개의 형용사절이 'and'로 연결된 2형식 구조이다. 'those'는 'professions'를 대신하는 대명사이다.

① **that** the most stressful ... those ② **that** involve ... and those ③ **that** carry ...

→ ①에서 'that'는 명사절을 이끄는 접속사로 아무런 뜻이 없으며, 'that' 절 다음에 완전한 문장이 온다. 그러나 ②, ③에서 동사의 주어 역할을 하는 관계대명사 'that'가 없으면 완전한 문장이 되지 않는다. 접속사 'that'는 '…라는 것'으로 해석되지만, 관계대명사는 해석되지 않는다.

번역 가장 많은 스트레스를 받는 직업은 위험과 극심한 압박이 따르는 직업, 그리고 통제없이 많은 책임을 지는 직업이라는 사실을 심리학자들은 알아냈다.

25.

어휘 **make up one's mind** 결정하다(decide) **whether** (2개의 가능성을 선택해야 할 경우) ~인지 어떤지 **whether to = whether I have to** ~해야만 하는지를 **attractive** 매력 있는(charming) **maid** 처녀 **care for** (부정문·의문문에서) 좋아하다 **at all** (부정문에서) 전혀; (의문문에서) 도대체; (조건문에서) 조금이라도

● I couldn't decide **whether to** do it. 그것을 해야만 하는지를 결정할 수 없었다.

해설 주격 관계대명사와는 달리 목적격 관계대명사는 자리 이동을 한다. 아래 구조 설명에서 (　)는 목적격 관계대명사가 원래 있던 자리지만 앞으로 이동하고 지금은 비어있다는 것을 나타낸다. 또한 주격 관계대명사와는 달리 목적격 관계대명사는 생략할 수 있다.

a young attractive lady whom I love (　　)
　젊고 매력적인 아가씨 ↑＿＿　내가 사랑하는

a rich old maid whom I don't care for (　　) at all.
　돈 많은 노처녀 ↑＿＿　내가 전혀 좋아하지 않는

eg. a boy (whom) you've never met (　　) / a guy (whom) you've just met (　　)
　　　↑＿＿　인사를 나눈 적이 없는　　　　↑＿＿　인사를 막 나눈

번역 사랑하는 젊고 매력적인 아가씨와 결혼해야만 하는지, 아니면 전혀 좋아하지 않는 돈 많은 노처녀와 결혼해야 할지 마음을 정할 수가 없어.

26.

어휘 **fine** 벌금; 벌금을 과하다; 훌륭한, 멋진; 아주 건강한; (날씨가) 갠, 맑은 **get around** 피하다(avoid); (걱정·곤란 따위를) 벗어나다, 넘기다 **get together** (사교적으로) 만나다(meet) **get-together** 사교 모임 **get well** (병이) 회복되다 **get over** (병 등에서) 회복하다(recover); 극복하다(overcome)

해설 선행사가 사람이 아니므로 'which' 또는 'that'가 쓰일 수 있지만 선행사가 'some, any, no' 등의 형용사 수식을 받을 때 'that'가 쓰인다. 〈257쪽 관계대명사 that용법 참조〉

번역 이런 종류의 벌금을 내고 싶어 하는 사람은 아무도 없지만 당신이 피할 수 없는 것들이 있다.

27.

어휘 **benefit** 자선공연 / 경기; 혜택(advantage); (행복·복지에 연결되는) 이익 **raise** 조달하다, (돈을) 모으다; (위로) 올리다; (물가를) 올리다; (문제 등을) 일으키다; (자신을 돌볼 수 있을 때까지 아이를) 돌보다, 기르다 **charity** 자선 단체; 친절과 동정 **vary** (크기·양·세기 등이) 다르다; (어떤 요인에 따라) 변하다, 변화하다; 가지각색이다 **variable** 변하기 쉬운, 변덕스러운 ↔ **constant** 불변의, 일정한 **various** 서로 다른, 여러 형태의 **variety** 다양함(diversity), 가지각색의 것; 변화; 종류

해설 관계대명사와 명사를 수식하는 형용사를 알아보는 문제이다. 관계대명사 'that / which'가 첫 번째 빈 칸에 쓰일 수 있다. 'to'는 방향을 나타내는 전치사로 'charities'를 목적어로 한다. 두 번째 빈 칸에는 'charities'를 수식하는 형용사가 필요하다.

The money (that) a benefit concert raised will go to (various) charities.
　S 선행사 ↑＿＿　자선 콘서트가 모은 (형용사절)　V　　부사구

번역 자선 콘서트가 모은 그 돈은 여러 자선 단체에 쓰일 것이다.

28.

어휘 **practical** 실용적인, 쓸모 있는(useful) **exchange** 교환; 교환하다 **various** 여러 가지의; 서로 다른, 다양한 **develop** 발전하다, 성장하다(grow) **be based on** ~을 근거로 / 기초로 하다 **goods** 상품(merchandise) **member** (단체의) 일원(一員), 구성원, 회원 **society** 사회; 사교계; 협회 **recognize** 인정하다; ~을 알아보다 **recognize A as B** A를 B로 인정하다

예설 'and' 이하에서 'various money systems / goods'를 수식하는 2개의 형용사(절)를 분리하면 1형식 문장이다.

<u>various money systems</u> <u>developed</u>
        S   V

① **(which were)** based on goods ② **which** the members ... recognized ( ) as having value
   물건을 토대로 하는 (화폐경제)   사회 구성원들이 가치를 지닌 것으로 인정하는

➡ 형용사절에서 'which were'가 생략된 분사 ①은 'various money systems'를 수식하고, ②는 'goods'를 한정하는 형용사절이다.
   ( )는 'recognized'의 목적격 관계대명사가 원래 있던 자리지만 앞으로 이동하고 지금은 비어있다는 것을 나타낸다.

번역 사람들은 보다 더 실용적인 교환방법을 필요로 했고, 사회 구성원들이 가치를 지닌 것으로 인정하는 물건을 토대로 하는 여러 가지 화폐제도가 발전했다.

29.

어휘 **prepare for** ~에 준비하다(prepare oneself for), 대비하다 **prepare** 준비하다, 예습하다; ~에게 각오를 갖게 하다 **preparatory** 준비의, 예비의 **future** 미래, 장래; 장래성 *eg.* **have no future** 장래성이 없다 *cf.* **present** 현재

예설 관계대명사 'what'의 관용적 표현을 알아보는 문제이다.
'what one is'는 '현재의 상태·신분·인격, 즉 인간의 됨됨이', 'what one has'는 '소유하고 있는 것, 즉 재산'을 의미한다. 'in the past' 때문에 현재 시제인 (A)는 옳지 않다. (B)에서 주어가 'we'일 때 'were'가 쓰여야 한다. 주어가 'we'이므로 (D)는 적합하지 않다.

번역 우리는 과거에 어떤 신분의 사람이었는가에 대해 생각하지 말아야 합니다. 대신에 우리 앞에 있는 미래를 준비해야만 합니다.

30.

어휘 **characteristic** 특성, 특징; 특징을 이루는 **ordinary** 보통의 **nature** 본성 **envy** 시기, 질투 **envious** 부러움을 나타내는; 시기하는 **unfortunate** 불행한 **wish to** ~하고 싶어 하다 **inflict** (좋지 않은 일로) ~에게 고통을 주다 **misfortune** 불행 **impunity** 처벌받지 않음 **render** ~로 만들다, ~이 되게 하다 **derive** ~로부터 …을 얻다 **pleasure** 즐거움 **pain** 고통

예설 복합관계부사와 관계대명사 'what'의 관용적 표현을 알아보는 문제이다. 아래 구조에서 밑줄 친 문장은 ( )부분이 생략되었을 뿐 완전한 문장이다. 그러므로 명사적으로 쓰이는 'whomever / whatever'는 첫 번째 빈 칸에 적합하지 않고 부사적으로 쓰이는 'wherever / whenever'가 적합하다. 두 번째 빈칸 앞에 선행사가 없으므로 형용사절인 (B)(C)(D)는 적합하지 않다. 두 번째 빈 칸에는 전치사(from)의 목적어가 필요하므로 명사절인 (A)가 적합하다.

not only does the envious person wish to inflict misfortune on others and do so wherever

he can (inflict misfortune on others) with impunity, **but** he is also himself ...
  V

① 상관 접속사 'not only A but also B(A뿐만 아니라 B도)'로 연결된 구문
② 'do so'는 'wish to inflict misfortune on others'를 대신하는 대동사이다

번역 보통 사람 본성의 모든 특성 중에서 질투가 가장 불행한 것이다. (남을) 시기하는 사람은 남에게 불행을 주고 싶어 하며 벌 받지 않고 남에게 불행을 줄 수 있는 곳이라면 어디에서나 그렇게 하고 싶어 할 뿐만 아니라 질투로 자신 또한 불행해진다. 그는 자신이 소유한 것으로부터 즐거움을 얻는 대신에 타인이 소유한 것으로부터 고통을 얻는다.

LESSON 15 마음을 표현하는 법

01. (C)	02. (D)	03. (D)	04. (B)	05. (B)	06. (D)	07. (A)	08. (B)	09. (C)	10. (D)
11. (D)	12. (B)	13. (D)	14. (B)	15. (C)	16. (C)	17. (B)	18. (A)	19. (D)	20. (C)
21. (C)	22. (D)	23. (B)	24. (A)	25. (A)

01.

어휘 **be better off** 전보다 잘 살다 **do one's best** 최선을 다하다 **insist** 강력히 요구하다, 주장하다, 우기다

해설 (A) 충고를 받아들이지 않은 것은 과거이고 잘 살지 못하는 것은 지금이기 때문에 귀결 절을 'he would have been better off today ⋯➔ he would be better off today'로 한다.
(B) '최선을 다했다'는 진술이 과거이므로 가정법으로 전환하면 과거완료가 되어야 한다. 조건 부사 'otherwise'는 '그렇지 않았더라면(if ... not)'의 뜻으로 'If he had not done his best, he could not have done it.'와 같이 가정법 과거 완료가 되어야 한다.
(C) 79쪽 조동사 Should 용법 참조
(D) 'if ... not'의 뜻인 'but (that)' ~다음에 직설법 시제가 오므로 'he were ⋯➔ he was'

= He would have said no **if he had not been afraid**.

번역 (A) 그가 나의 충고를 받아들였다면 지금 더 잘 살 텐데.
(B) 그는 최선을 다했다. 그렇지 않았더라면 그는 그것을 할 수 없었을 텐데.
(C) 주치의는 나의 아버지께 금연을 강력히 요구했다.
(D) 그가 두려워하지 않았더라면 '아니오'라고 말했었을 텐데.

02.

어휘 **assist** (남의 일 등을 보조적으로) 돕다; 원조하다 **assistance** 도움; 원조 **occur** (사건 등이) 일어나다(take place, happen); 머리에 떠오르다 **occurrence** 사건; (사건의) 발생 **jump at** 기꺼이 받아들이다 **get out of a job** 직장에서 쫓겨나다

해설 (A)(B) 전치사 'without / but for'가 가정법에서 'if ... not'의 뜻으로 쓰인다.
(C) 과거시제의 문장을 가정법으로 전환하면 가정법 과거완료가 된다.
(D) 친구 간에 충고를 할 때 'If I were you, I would ...'를 사용하며 다음과 같은 뜻이다.

= I advise you to jump at the chance of a job like that.

번역 (A) 당신의 도움이 없었다면 그 일을 끝낸다는 것은 불가능했을 겁니다.
(B) 물이 없다면 어떤 동식물도 살수 없을 것이다.
(C) 그가 조심하지 않아서 자동차 사고가 일어났다 ⋯➔ 좀 더 신중했더라면 자동차 사고는 일어나지 않았을 텐데.
(D) 내가 너라면 그와 같은 직장의 기회를 기꺼이 받아들였을 텐데.

03.

어휘 **park** 주차하다 **refuse** 거절하다 **permission** 허락

해설 부정의 뜻을 지닌 동사 'mind'에 대한 응답을 알아보는 문제이다.
동사 'mind'가 부정·의문문에서 '싫어하다, 꺼리다, ~에 반대하다'의 뜻이므로 'Would you mind if I parked here?'를 직역하면 '이곳에 제가 주차한다면 꺼려하시겠죠?'의 뜻이 된다. 그래서 '주차를 허락한다면 부정으로(No, I would not), 허락하지 않는다면 긍정(Yes, I would)'으로 응답해야 한다. 그러므로 (A)는 'Certainly, I wouldn't mind', (B)는 'I wouldn't mind at all', (C)는 'No, I wouldn't mind. Go ahead.'의 줄임 말로 '꺼려하지 않으니 어서 주차하라'고 허락하는 응답이므로 괄호 안의 지시대로 되지 않아 정답으로 적합하지 않다. 그러나 (D)는 'I'd rather you didn't park, if you wouldn't mind.'의 줄임 말로 '괜찮다면 주차를 안했으면 합니다'라는 뜻이므로 괄호 안의 지시대로 거절하는 표현이다. 주의 할 것은 대화문은 가정법 과거이므로 조건 절에서 과거 동사 'parked'가 쓰였다.

cf. Do you mind **if I turn on** the TV?
➔ 'if절'이 조건 절이므로 미래 시제를 현재 동사 'turn on'이 쓰인다.

번역 A: 이곳에 주차를 해도 됩니까?
B: (A) 물론이죠.   (B) 괜찮습니다.
   (C) 네, 주차하세요.   (D) 주차를 안 했으면 합니다.

04.

어휘 **would rather** 차라리 ~하고 싶다 'would'는 소망(wish to)을 나타냄.

해설 동사의 뜻과 'would rather'의 종속절에 쓰이는 동사의 형태를 알아보는 문제이다.
'come'은 1, 2인칭 방향 또는 함께 이동을 나타내고 'go'는 항상 3인칭 쪽으로 이동하는 것을 의미한다. 'would rather' 다음에 원형 동사가 오지만, 'that'절이 올 때는 과거 시제가 쓰인다.

eg. A: Would you like some milk? 우유 좀 드시겠어요?
B: No, thanks, I'**d rather** have coffee. 아뇨. 커피를 마셨으면 합니다.

➡ 'would rather'는 다른 것을 선호(選好)한다는 것을 나타내기 위하여 쓰인다.

번역 A: 여기에 있을까? B: 우리와 함께 갔으면 좋겠어.

05.

어휘 **make it** 성공하다(succeed); 만날 시간 / 날짜를 정하다(arrange a time); 시간에 맞춰 도착하다(arrive in time) **but for** ~가 없었더라면, 아니었더라면

해설 가정법 과거에 대응하는 조건구(句)를 고르는 문제이다.
(B)는 'if it had not been for your help'의 뜻으로 귀결절이 가정법 과거이므로 빈 칸에 적합하다. 그러나 (D)의 'thanks to'는 '~덕택에, ~에 때문에'라는 뜻이므로 '당신 도움 덕택에 나는 성공할 수 없었다.'라는 말이 되어 상대방의 말과 모순이 되므로 빈 칸에 적합하지 않다. 접속사 다음에 절이 와야 하므로 (A)(C)는 옳지 않다.

번역 A: 마침내 넌 해냈지 않아?
B: 해냈지만, 너의 도움이 없었더라면 성공하지 못했을 거야.

06.

어휘 **get caught in traffic** 차가 밀리다 **otherwise** 만약 그렇지 않았으면(if not) **therefore** 그래서 (➡ 앞서 언급된 내용을 요약하여 논리적인 결과를 나타낼 때 쓰인다.)

해설 'otherwise'는 앞에 진술한 내용의 반대 상황을 나타내는 조건 부사로 'if I had not got caught in traffic'와 같은 뜻을 지닌다. 그러므로 귀결절과 연결될 수 있는 단어이다. (A)(B)의 양보접속사가 쓰이면 이어서 주절이 나타나야만 한다.

번역 A: 어디에 갔었어?
B: 차가 밀렸어. 그렇지 않았더라면 더 일찍 올 수 있었는데.

07.

어휘 **Give her my regards = Say hello to her.** 그녀에게 안부 전해.

해설 미래의 불확실한 경우에 가정법 미래를 사용하며 조건절에 조동사 'should'가 쓰인다. 그리고 가정법 미래의 'if절'은 '만일 …하면'으로 번역한다.

번역 A: 뭘 해 드릴까요? B: 만일 메리를 만나거든 그녀에게 안부 좀 전해 줘.

08.

어휘 **Oh, boy!** 여, 이런, 참, 어휴(유쾌·놀람·경멸 등을 나타내는 소리)

해설 '(It's) About time + 주어 + 과거 동사 / should + 동사 원형'의 구문은 이전에 벌써 되었을 일이 이제 이뤄졌다는 뜻으로 '화가 났거나, 조소하는 분위기'를 나타낸다. 또한 '적절한(proper), 알맞은(appropriate) 때'가 된 것을 나타낸다.

= (It's) About time you **should get up**.

번역 A: 아휴, 아침 준비가 다 돼 있구나.
B: (일어날 시간을 잊었어.) 벌써 일어나야 했잖아. 다른 사람은 다들 먹었다구.

09.

어휘 **bring back** 도로 가져오다(return) **refund** 환불, 반환금 **exchange** 교환하다 **demand** 요구하다

해설 '반환이 됩니까?'하는 회화 표현을 알아보는 문제이다.
(A)(B)(D)의 'bring back later / get a refund / demand a refund'는 거의 같은 뜻으로 모두 빈칸을 채울 수 있는 적절한 표현이다. 그러나 (C)는 'exchange'가 '교환하다'의 뜻이므로 'can I exchange this, please?'와 같이 쓰여야 한다.

번역 A: 셔츠에 이상이 있으면
　　　(A) 도로 가져와도 됩니까?　(B) 환불을 받을 수 있습니까?　(C) 환불을 요구해도 됩니까?
B: 물론이죠.

10.

어휘 quit 그만두다(give up, stop)　　as soon as possible 가능한 한 빨리　　give it a second thought ~을 재고(再考)하다
give sth a lot of/much thought 많은 생각을 하다, 신중히 생각하다　　think twice (어떤 일을 하기 전에) 신중히 생각하다

해설 'If I were you, I would …'는 친구 간에 충고를 할 때 쓰이는 표현이다. 대화문에서 학교를 그만둔다는 친구에게 (A)(B)(C)는 충고를 해주는 말이 될 수 있지만 (D)는 다시 한 번 생각해 볼 필요도 없이 그만두라는 말이 되므로 빈 칸에 적합하지 않다.

번역 A: 가능한 빨리 난 학교를 그만둘 거야.　　B: 내가 너라면 _____.
(A) 그러지 않을 텐데
(B) 다시 생각해볼 텐데
(C) 많은 생각을 해볼 텐데
(D) 그러기 전에 한 번 더 생각해 보지 않겠어.

11.

해설 'as if/as though'는 '마치 …처럼'의 뜻으로, 'as though/if' 절 안에 가정법이 쓰여 사실이 아닌 것을 암시한다. 다시 말해서 '나는 그들의 친자식이 아니다.' 가정법 과거에서 'be' 동사는 'were' 만이 쓰인다. 회화체에서는 (C)도 쓰이지만 표준어법이 아님.

= **But/In fact I am not** their own son.

번역 그들은 나에게 매우 친절하다. 내가 마치 그들 친자식인 것처럼 나를 대한다.

12.

해설 'wish' 동사가 'that절'을 목적어로 가질 때 '실현 가망성은 없지만 지금 당장 어떤 특별한 상황이 일어났으면 하는 바램'을 나타낸다. 〈277쪽 'I wish that+가정법' 참조〉

● I **want/hope/wish to** see you soon. 곧 만나 뵙고 싶습니다. 〈직설법〉
● I **wish I had** enough money. 돈이 충분히 있었으면 해. 〈가정법〉

번역 자동차가 있었으면 해. 자동차가 있으면 생활이 훨씬 더 편해질 텐데.

13.

어휘 decide 결정하다(make up one's mind), 생각 후 결론을 내리다　　decision 결정(choice)　　decisive 결정적인, 단호한 ↔ indecisive 결단력이 없는, 우유부단한

해설 가정법 과거완료 시제의 동사 형태를 알아보는 문제이다.
귀결절의 동사 형태 'would have gone out'를 보면 빈 칸에 가정법 과거완료가 필요하다는 것을 유추할 수 있다.

→ 가정법 과거완료: 'If + S + had + p.p.~, S + would / should / could + have + p.p.'
법조동사는 인간의 마음을 나타내므로 문장의 뜻에 따라 선택된다.

번역 어젯밤에는 집에 있기로 맘먹었지. 그렇게 피곤하지 않았더라면 외출했었을 텐데.

14.

해설 가정법에서 'except, but, save (that)' 다음의 동사 형태를 알아보는 문제이다.
'if~not'의 뜻을 지닌 'except (that)' 다음에 직설법 시제가 쓰인다. 주어진 문장의 주절이 가정법 과거완료이므로 빈 칸에는 직설법 과거 시제가 올바른 표현이다.

⋯ **except** she had no time = if she **had had** time
● He would gain weight, **but he doesn't eat much.** = He would gain weight **if he ate much.**
그가 많이 먹었더라면 살이 쪘을 텐데.

번역 메리가 시간이 있었더라면 죠지와 함께 시카고에 갔을 텐데.

15.

어휘 on the wrong side of one's forties 40고개를 넘은　　settle down 자리를 잡다, 안정하다

해설 'It's about time …' 다음 종속절에 'should + 동사' 또는 '과거 시제'가 쓰이므로 (B)(C)가 정답으로 가능하지만 등위접속사로 연결될 때 'he found a wife and settled down'과 같이 동일 시제가 되어야 하기 때문에 (B)는 빈 칸에 적합하지 않다.

번역 경리부장은 벌써 40고개를 넘었어. 부인을 구해 이젠 자리를 잡아야 할 때가 되었다.

16.

어휘 **worldly** 세속적인 **loss** 손실 **come to an insight into** ~을 통찰하다 **insight** 통찰력 **spiritual** 영적인 **truth** 진실 **otherwise** 그렇지 않았더라면 **stranger** 어떤 장소에 생소하거나 익숙하지 못한 사람, 낯선 사람 **be a stranger to** ~을 모르다 **nevertheless** ~에도 불구하고(in spite of) **however** 그러나(but) (→ 어떤 놀라운 정보를 첨가하거나, 앞서 언급한 내용과 반대되는 사실을 나타낼 때 쓰인다.) **moreover** 더욱이 (→ 앞의 내용을 지지·강조 또는 첨가되는 정보를 도입할 때 쓰인다.)

- He has **been a stranger to** poverty. 그는 가난을 모르고 살아왔다.
  → 'has been'은 현재완료로 '과거부터 지금까지 가난에는 생소한 사람'이라는 뜻으로 '가난(poverty)이 무엇인지 전혀 모르는 사람'이라는 말이다.
- I am *no stranger to* poverty. 가난이 무엇인지 너무 잘 알고 있다.
  → be no stranger to sth (어떤 종류의 경험이 많아서) 매우 잘 알고 있다

해설 '그가 정신적 진리를 통찰했다'는 것은 과거 사실을 진술한 것이다. 형용사절은 가정법 과거완료시제이고, 빈 칸에 필요한 것은 조건의 뜻을 갖고 있는 부사이다. 'otherwise'만이 조건부사로 쓰이며 'if he had not experienced worldly loss'의 뜻을 대신한다.

... <u>came to an insight into spiritual truth</u> <u>to which he might otherwise have been</u> ...
　　　　정신적 진리를 통찰했다〈직설법〉　　　　　　　그렇지 않았더라면 전혀 몰랐을〈가정법〉

= spiritual truth + he might otherwise have been a stranger to spiritual truth.
  → 'to spiritual truth'를 'to which'로 바꾼 후 앞으로 이동하여 결합된 것이다.

번역 물질적 손실을 통해, 그렇지 않았더라면 전혀 몰랐을 정신적인 진리를 그는 통찰하게 되었다.

17.

어휘 **impossible** 불가능한; 견딜/참을 수 없는 ↔ **possible** 가능한; 있음직한 **vaccine** 백신(a substance used for protecting people against diseases) **such as** ~과 같은 (→ 'for example(예를 들어)'과 마찬가지로 예시를 나타냄) **smallpox** 천연두 **polio** 소아마비 **research** (새로운 사실을 알아내려고 조직적으로 하는) 연구

해설 'It would have been impossible to develop …'은 가정법 과거완료로 빈 칸에 필요한 것은 조건의 뜻을 담고 있는 단어이다. (A)(B)(C)(D) 중 조건의 뜻을 가진 단어는 (B)밖에 없다.
가정법 과거완료에서 'without'는 'If it had not been for …' 또는 'If there had no been …'으로 바꿔 쓸 수 있다.

… It **would have been** impossible to develop … **if there had been no** animal research

번역 동물연구가 없었더라면 천연두와 소아마비 같은 질병을 치료하기 위한 완친/백신을 개발하는 것이 불가능했을 텐데.

18.

어휘 **housing problem** 주택 문제 **serious** 심각한

해설 조건절은 과거완료, 귀결절은 과거인 혼합 가정법을 이해하는가를 알아보는 문제이다.
'과거'에 더 많은 주택을 짓지 않은 결과 '지금' 주택문제가 심각한 것이다. 그러므로 조건절은 가정법 과거완료(had built), 주절은 가정법 과거(wouldn't be)가 쓰인 것이다.

- If he **hadn't been killed** in the war, he **would be** 70 years old now.
  그가 전쟁에서 죽지 않았더라면 지금 70이 되었을 텐데.

번역 만일 미국이 1955년에 영세민을 위하여 더 많은 주택을 지었더라면 미국의 일부 지역에서의 현재 주택문제는 그렇게 심각하지 않을 것이다.

19.

어휘 **amount** 양(量) **grow** ~한 상태가 되다 **stout** 뚱뚱하고 덩치가 큰

해설 문제는 혼합가정법으로 조건절은 오늘 아침에 일어난 일이므로 과거시제를 가정법으로 전환한 가정법 과거완료가 되어야 한다. 'understand'의 목적어인 종속절 'why she has grown so stout'는 가정법의 영향을 받지 않는다.

번역 오늘 아침 아침 식사로 그녀가 먹은 식사의 양을 네가 만일 보았더라면 그녀가 그렇게 뚱뚱해진 이유를 이해할 텐데.

20.

어휘 **lanky** 호리호리한 **fat** 뚱뚱한 **hang oneself** 목매어 죽다 **decide** 결정하다

해설 첫 번째 빈 칸에는 현재에 대한 가정이므로 가정법 과거가 필요하다. 가정법 과거에서 'be' 동사는 'were'만 쓰인다. 두 번째 빈 칸에는 미래에 대한 가정이므로 가정법 미래가 쓰인다.
어떤 일이나 말에 대하여 조심하며 자신이 없거나 불확실한 경우에 가정법 미래를 사용하며, 조건절에 'should' 또는 'were to'가 쓰인다. 종속절 'as you are (fat)'는 가정법의 영향을 받지 않는다.

번역 키가 매우 크고 호리호리한 사람이 친구에게 "내가 자네만큼 살이 쪘다면 나는 자살하겠네."라고 말했다. "글쎄, 만일 내가 자네의 충고를 받아들이기로 했다면 나는 자살할 때 밧줄 대신에 자네를 썼을 텐데.

21.

어휘 victim 희생자, 피해자 physical 신체적 mental 정신적 abuse 학대, 남용 stepfather 계부 contemplate 생각하다 fear 두려워하다 consequence 결과

해설 문장이 과거 시제이므로 'will'이 쓰인 (A)(B)는 옳지 않다. 조동사 다음에 원형이 쓰이지 않은 (D)도 옳지 않다. (C)의 'if I were found'는 가정법 과거로 '(도망가면) 발각될지도 모른다'는 미래 시간을 언급하고 있다

번역 저는 의붓아버지로부터 육체적·정신적 학대를 받은 피해자였습니다. 저는 몰래 도망가려고 생각도 해보았지만 발각된다면 그 결과가 두려웠습니다.

22.

어휘 grown-up 성인 education 교육 suppose 생각하다 that way 그런 식으로 perhaps 아마도 job 직장

해설 첫 번째 빈 칸에는 '학교에 다닐 때'와 같은 과거 일에 대한 현재의 소망을 나타내므로 과거완료가 적합하다. '과거에 좀 더 많이 혹은 더 잘 배웠더라면, 지금 인생이 더 재미있을 텐데'라는 혼합가정의 귀결절의 시제가 두 번째 빈 칸에 적합하다.

① I **wish** I **had learned** that at school. 〈첫째 줄〉
➡ 'I wish I + 과거완료'는 과거 일에 대한 후회를 나타낸다.
= I'm sorry I didn't learn that at school.

② I **wish** I **had** more education. 〈둘째 줄〉
➡ 'I wish I + 과거 동사'는 실현 가능성이 없는 현재의 소망을 나타낸다.

번역 당신들은 어른들이 "학교에 다닐 때 그것을 배우지 못해서 유감이다." 혹은 "지금 내가 더 교육을 받는다면 좋겠어." 하고 말하는 것을 들었을지도 모른다. 당신은 왜 그들이 그런 식으로 느낀다고 생각하나? 아마도 그것은 만약 그들이 좀 더 많이 혹은 더 잘 배웠더라면, 인생이 더 재미있고, 더 좋은 직업을 갖게 되었을지도 모른다고 생각하기 때문이다.

23.

어휘 element 요소 culture 문화 not only A but also B A뿐만 아니라 B도(= B as well as A) day-to-day 나날의, 일상의 communication 의사소통; (명령·감정 등의) 전달 preserve 보존하다 community 공동사회 generation 세대 individual 사람, 개인 개인의 flow 흐르다 흐름 all but 거의 immortal 불멸의 cease 멈추다 wither away 소멸하다

해설 동사 'would cease'가 가정의 뜻을 갖고 있어 조건의 뜻을 가진 전치사가 빈 칸에 적합하다. 문장 의미상 'if ... not'의 뜻을 갖고 있는 전치사 'without'가 정답이 된다.
가정법 과거 문장이기 때문에 'without words'를 다음과 같이 바꾸어 쓸 수 있다.
= **If it were not for / If there were no** words the flow of culture would cease
➡ 가정법 과거에서 'be' 동사는 'were'만이 쓰인다.

① ... is language, **not only** for day-to-day communication, **but** for preserving the
   (일상생활의 의사전달을 위해서 뿐만 아니라   사회를 보존하기 위한)
➡ 'not only ... but also'로 연결된 목적을 나타내는 형용사구는 'language'를 수식한다.

② Individuals die, but the culture which flows through them is all but immortal.
   S   V   S   (개인을 통해 흐르는 (형용사절)) V   C
➡ 'but'로 두 문장이 연결되어 있고, 'culture'를 수식하는 형용사절 때문에 복잡해 보인다.

③ **and** the culture (**would**) **wither away** 그리고 문화는 시들어 죽게 될 것이다
➡ 등위접속사 'and, or'로 연결된 문장에서 반복되는 어구는 생략될 수 있다.

번역 일상생활의 의사 전달뿐만 아니라 그 사회를 대대로 보존하기 위해, 어떠한 문화 안에서도 가장 중요한 요소는 언어인 것이다. 사람들은 죽지만 그들을 통해서 흐르는 문화는 거의 영원하다. 말이 없다면 문화의 흐름은 멈추게 되고 문화는 소멸할 것이다.

24.

어휘 infuriate 격분시키다 whether or not 어느 쪽이든, ~이건 아니건 간에 date 데이트 상대 casual 우연한 acquaintance (친하지는 않지만) 아는 사람 co-worker 동료 직원 compliment 칭찬하다(praise) tempt 유혹하다; ~할 생각이 나게 하다 be/feel tempted to say ~라고 말하고 싶다

- 해설 동사 'would be'가 가정의 뜻을 갖고 있어 조건의 뜻을 가진 전치사가 빈 칸에 적합하다. 14번 문제와는 반대로 빈 칸에 의미상 긍정의 전치사가 필요하다. 'with'는 'having'의 뜻으로 가정법과거에서 'if somebody had…'로 바꿔 쓸 수 있다.

    ① you'd be even more handsome **with** a little more hair on your head
    = you'd be even more handsome **if you had** a little more hair on your head

    ② You'd be much prettier **without** your glasses.
    = You'd be much prettier **if you didn't wear** your glasses

- 번역 남자들(그들이 데이트 상대이건 아니건 간에), 우연히 알게 된 사람, 아니면 직장 동료들이 저에게 칭찬할 생각으로 "안경을 안 썼더라면 훨씬 더 예뻐 보일 텐데."라고 말할 때면 나는 화가 머리끝까지 치밀어 오른다.
"당신 머리에 머리숱이 좀 더 많으면 훨씬 미남일 텐데요."라고 때론 말하고 싶은 생각이 굴뚝같다.

25.

- 어휘 **purpose** 목적(aim)　**education** 교육　**hand down** 후세에 전하다　**cultural** 문화의/적　**heritage** 유산　**race** 인류　**generation** 세대　**spend (in) -ing** ~하면서 시간을 보내다　**valuable** 귀중한　**reinvent** 다시 발명하다　**wheel** 바퀴　**split** (원자를) 분열시키다　**atom** 원자　**focus sth on** ~에 집중하다　**accumulate** 축적하다　**vexing** 짜증나게 하는, 성가신　**therefore** 그래서(so), 그 결과(as a result), 그런 까닭에(for that reason) (➜ 앞서 언급된 내용을 요약하여 논리적인 결과(consequence)를 나타낼 때 쓰인다.)　**however** 그러나(but) (➜ 앞서 언급한 내용과 반대되는 사실을 나타낼 때 쓰인다.)　**moreover** 더욱이 (➜ 앞의 내용을 지지·강조 또는 첨가되는 정보를 도입할 때 쓰인다.)

- 해설 조건 부사 'otherwise'는 가정법에서 '그렇지 않으면(if not)'의 뜻으로 앞에 진술한 내용의 반대 상황을 나타내며 'if' 절로 대신 할 수 있다.

    otherwise = if we had not handed down the cultural heritage of the race

    <u>in order to</u>　<u>make</u>　<u>a better future</u>　<u>possible</u>
    　~하기 위하여　　V　　　O　　　　O.C (더 나은 미래가 가능하게 하다)

- 번역 교육의 목적은 인류의 문화적 유산을 후세에 물려주는 것이다. 만약 그렇지 않다면 각 세대는 바퀴를 다시 발명하고, 햄릿을 쓰고, 또는 핵분열을 하느라 그들의 귀중한 시간을 다 써야만 할 텐데. 더 나은 미래가 가능할 수 있도록 교육은 과거의 축적된 지혜를 현재의 골치 아픈 문제에 초점을 맞추는 것이다.

LESSON 16 전치사

01. (D)	02. (A)	03. (C)	04. (D)	05. (B)	06. (A)	07. (B)	08. (A)	09. (D)	10. (D)
11. (A)	12. (B)	13. (A)	14. (D)	15. (A)	16. (A)	17. (C)	18. (C)	19. (B)	20. (D)
21. (A)	22. (B)	23. (C)	24. (C)	25. (A)	26. (A)	27. (B)	28. (A)	29. (B)	30. (B)
31. (B)	32. (B)	33. (A)	34. (B)	35. (C)	36. (B)	37. (C)	38. (A)	39. (C)	40. (A)
41. (A)	42. (B)	43. (B)	44. (C)	45. (B)					

01.

어휘 **differ from** ~와 다르다 **agree to** (제안 예) 동의하다 *cf.* **agree with** (의견·생각·설명 등에) 동의하다; (음식·기후 등이) 성미에 맞다
agree on (결정할 문제·날짜에) 동의하다

해설 (A) 'nothing to worry about'에서 'nothing'은 'worry about'의 의미상 목적어
(B) 'that절'은 전치사의 목적어가 될 수 없지만, 'in that(~라는 점에 있어서)'는 복합 접속사로 생각하면 된다.
(C) 'that절'이 전치사 'to'의 목적어처럼 보이지만 문장 (C)의 능동문은 다음과 같다.

They agreed to it(= the proposal) that they would meet again soon.

위 문장을 수동으로 할 때 동사 'agree to'의 목적어 'it that they would ...'가 길기 때문에 수동의 주어로 하지 않고, 'that절'의 동격 명사 'it(= the proposal)'를 수동문의 주어로 한 것이다. 'it'는 가주어가 아님.
(D) **grateful to sb** ~에게 감사하는 **grateful for sth** ~에 감사하는

We're very grateful **to** you for all you've done for us.
  ↑ 당신이 우리를 위해 해준 (형용사절)

번역 (A) 걱정 말아요. 걱정할 일 아네요.
(B) 인간은 생각하고 말할 수 있다는 점에 있어서 동물과 다르다.
(C) 그들이 곧 다시 회합을 가질 것이라는 것에 동의했다.
(D) 우리에게 베풀어주신 모든 것에 매우 감사합니다.

02.

어휘 **pay sb a visit** ~를 방문하다 **beyond** (정도(程度) 또는 한계(限界)를) 넘어선; ~의 저쪽에서, ~을 넘어서 **description** 기술, 설명, 묘사
beyond description 말로 표현할 수 없을 정도로 **diligence** 근면함 **spare** 예비의, 남겨 둔; 한가한; (남에게 시간·돈 등을) 할애하다 **part** 부품
out of order 고장난 **support** 지지하다; (어렵고 힘들 때) 도와주다; 후원하다; (가족을) 부양하다 **oppose** 반대하다(be against); 맞서다, 대항하다

해설 '예고 없이 누구를 잠깐 찾아가다(visit unexpectedly or informally)'라고 할 때는 'drop in on'을, '어느 장소에 잠깐 들르다' 할 때는 'drop by, stop by'가 쓰인다.

번역 (A) 그는 불쑥 나를 찾아왔다.
(B) 그녀는 말로 표현할 수 없을 정도로 아름답다.
(C) 트랙터가 고장이 났는데 여분의 부품이 없다.
(D) 그 계획에 찬성이냐 반대냐?

03.

어휘 **loose** 풀다 **screw** 나사 **no later than** ~보다는 늦지 않게, ~까지

해설 'how'는 '어떻게'라는 뜻으로 '방법'을 나타내므로 '행위·수단'을 의미하는 'by + -ing(~함으로써)'를 사용하는 것이 옳다.

번역 A: 그것을 어떤 방법으로 했어요?
B: 나사를 풀어서 했어요.

04.

어휘 **be up to +** (동)명사 (육체적·정신적으로) ~할 능력이 있다, ~에 알맞다(be fit for), (어떤 일의 결정이) ~에게 달려 있다

● Tim **isn't up to** the job. = Tim isn't good enough to do the job properly.
팀은 그 일을 제대로 감당할 수가 없어.

● Everything **is up to** you.
모든 것은 당신에게 달려 있어요.

해설 'able to do(~할 수 있는)'와 'apt to do(~하기 쉬운, ~하는 경향이 있는)' 다음에는 (동)명사가 아닌 동사 원형이 와야 하므로 빈 칸에 적합하지 않다.

번역 A: 이것은 그리 쉽지 않아. 이것을 정말로 감당할 수 있겠어?
B: 오늘은 몸이 안 좋아서 일 할 수 없을 것 같아.

05.

어휘 **out of danger** 위험에서 벗어난 **out of one's mind** 제정신이 아닌

해설 '(~의 상태에서) 떨어져서, ~을 벗어나서, ~이 없어서'의 뜻을 가진 'out of'가 결합된 명사구의 뜻을 알아보는 문제이다.

번역 A: 브래들리 여사, 당신 아이가 이제 위험한 순간을 벗어났습니다.
B: 하느님, 감사합니다! 걱정이 돼서 제 정신이 아니었어요.

06.

어휘 **remind sb of sth** ~에게 …을 상기시키다 **ex-boyfriend** 전 남자 친구 **turn up** (소리 등을) 키우다, 나타나다(appear, show up) ↔ **turn down** 줄이다(reduce), 거절하다(reject)

해설 'remind sb of sth'는 '알고 있는 사람 또는 과거에 일어났던 일을 기억하게 해주다'라는 관용적인 표현이고, '노래를 들으니 옛날 애인이 생각난다.'는 상대방의 말을 유추해 볼 때 이미 노래를 듣고 있는 상황이므로 '…을 켜다'라는 뜻의 'on'은 빈 칸에 적합하지 않다. 그리고 '끄다'라는 'off' 또한 적합하지 않다.

번역 A: 이 노래를 들으면 전에 사귀던 애인이 생각나.
B: 더 크게 해줄까?

07.

어휘 **help+O+with** ~가 …하는 것을 도와주다 **browse** 물건을 사려는 것이 아니라 그저 상품을 이것저것 둘러보다, 편안한 마음으로 심심풀이로 책이나 잡지 의 그림 등을 보다 **look around** (뭔가 좋은 것을 찾으려고) 둘러보다

해설 고객이 '지금 당장은 도움이 필요 없다'고 말한 것으로 보아 '(필요하거나 원하는 것을) 찾다(try to find)'의 뜻인 'look for' 보다는 'look around'가 더 적절한 표현이 된다.

번역 판매원: 도와 드릴 것이 있습니까? 아니면 그저 둘러보는 건가요?
손님 : 아뇨, 지금은 됐어요. 그저 둘러보는 거예요.

08.

어휘 **in stock** 입하(入荷)하여, 재고로 ↔ **out of stock** 품절된, 물건이 다 떨어진(not available) **stock** 재고, 사들인 물건 **item** 품목
on order 주문해 놓은

해설 'Sorry'와 'on order(주문해 놓은)'라는 말로 보아 사려고 하는 물건이 '품절 되었다'는 것을 유추할 수 있다. 그러므로 대화문에 알맞은 표현은 (A)의 'out of stock'이다.

번역 A: 청색 셔츠가 있습니까?
B: 죄송합니다. 그 물건은 다 나가고 없습니다만, 지금 주문해 놓았습니다.

09.

어휘 **funeral** 장례식 **by the way** (화제를 바꿀 때 사용) 그런데, 그건 그렇고

해설 'on one's way to'는 '~으로 가는 길에'라는 뜻이다. 'there, home, out'와 같은 장소 부사가 뒤따라 올 때는 전치사 'to'가 쓰이지 않는다.

- on one's way home 집에 가는 길에
- on one's way out 외출하는 도중에
- on one's way to work 출근하는 길에

번역 A: 장례식에 갈 겁니까? B: 네. 지금 가는 길입니다.

10.

어휘 **hear of** (어떤 사실 또는 사람이나 물건의 존재)에 관하여 듣다

해설 〈300쪽 ❻ 참조〉

번역 A: 마크 페리가 누구죠? B: 모르겠어요. 그 사람에 관하여 들어본 적이 없어요.

11.

어휘 help oneself to ~을 마음대로 먹다   be keen on ~을 좋아하다(like)   *cf.* agree with (기후·음식물 따위가) ~에게 맞다

해설 관용적인 표현을 알아보는 문제로 어휘 설명 참조.

번역 A: 고기 좀 드세요.   B: 됐습니다. 저는 고기를 별로 좋아하지 않아요.

12.

어휘 I'll bet ... (정확한 사실을 알고 말하는 것이 아니라 추측을 나타낼 때) ~일 것임에 틀림없다   on the nose (권투에서 상대방의 코에 펀치를 정확히 명중시킨다는 뜻으로) 정확히(exactly, precisely)   a shot in the dark (캄캄한 어둠 속에서 총을 쏜다는 것은 대충 감으로 총을 쏜다는 뜻으로) 감으로 하는 추측, 넘겨짚기

- My answer to the last question was **a complete shot in the dark**.
  마지막 질문에 대한 나의 대답은 완전히 찍은 것이었어.

해설 구어체에서 쓰이는 관용 어구를 알아보는 문제이다. 어휘 설명 참조.

번역 A: 내 추측에 자네 월급이 백 달러 정도로 올랐겠군.   B: 어떻게 알았어?
A: 대충 맞춰 본거야.   B: 너 진짜 족집게구나.

13.

어휘 good at ~을 잘하는(clever), ~에 능숙한(skilful) ↔ poor/terrible at 시원찮은, 형편없는
repair 수리 / 수선하다(mend sth that is broken or damaged)

- He **is good at** remembering names.   그는 이름을 잘 기억한다.

해설 어떤 사람의 적성(aptitude), 재능(natural ability)을 칭찬할 때 '~을 잘 한다'고 할 때 잘 쓰이는 표현이 'be good at'이다. 반대로 '~을 못 한다'고 말할 때에는 'not good at', 'poor/terrible at', 'find something difficult'가 쓰인다.

번역 난 물건을 수리하는 재능이 없어.

14.

어휘 reach (손이 미치는) 범위; (이해·힘이 미치는) 범위; 손을 뻗음; ~에 이르다, 도착 / 도달하다; (어떤 상태·단계에) 이르다; (편지·전화로) 연락하다 / 접촉하다   out of (~의 상태에서) 떨어져서, ~을 벗어나서, ~이 없어서; ~의 안에서 밖으로; ~중에서   beyond/above/out of one's reach 손이 닿지 않는, 힘이 미치지 않는

번역 아이들 손이 닿지 않는 곳에 그 약을 두세요.

15.

어휘 on ~하자마자   receipt 수령, 받음, 영수; 영수증   receive (주어진 것·제공된 것을) 받다; 환영하다   instruction (pl.) 명령, 지시; (사용) 설명서   goods 상품

해설 (A)(C)가 같은 의미로 정답이 될 수 있지만, 시간의 부사절은 미래를 현재로 나타내기 때문에 (C)의 조동사를 없애야 한다. (B)에서 'receive'는 타동사 이므로 전치사가 필요치 않다. (D)에서 전치사의 목적어는 명사이므로 'receive'를 명사 'receipt'로 바꾸면 정답이 된다.

번역 당신의 지시를 받는 즉시 상품을 보낼 것입니다.

16.

해설 단위를 나타낼 때 정관사와 함께 'by'가 쓰인다.

- rent a car **by the day/the week**   자동차를 하루 / 주단위로 빌리다
- sell sth **by the dozen/by the kilogram**   ~을 다스로 / 킬로그램 단위로 팔다
- pay sb **by the day/hour**   ~에게 일당 / 시간급으로 지급하다

번역 나는 분기별로 집세를 낸다.

17.

어휘 accept (기꺼이 또는 고맙게 생각하며) 받아들이다   gift (대가를 바라지 않는) 선물; (타고난) 재주나 재능; 자질   token 표, 증거, 상징   as a token of love 사랑의 정표로서   gratitude 감사(a feeling of being grateful) ↔ ingratitude 배은망덕

해설 '~로서'의 뜻으로 '구실·기능'을 나타내는 전치사 'as'가 빈 칸에 필요하다.
eg. as a friend   친구로서
jug *as* a vase   꽃병으로 쓰이는 (손잡이가 달린) 항아리

번역 감사에 대한 조그만 표시로 이 선물을 받으셨으면 합니다.

18.
어휘 **make up one's mind** 결정하다(decide)　**financially** 재정적으로　**independent of** ~와 관계없이, ~로부터 독립하여 ↔ **dependent on** 의존하고 있는

해설 형용사 'independent, free' 등은 분리(分離)의 뜻을 지닌 'of' 와 결합하여 쓰인다.
　eg. free **of** customs duty　면세(免稅)의　　free **of** charge　무료로

번역 부모님으로부터 재정적으로 독립하기로 난 결심했다.

19.
어휘 **skin** 피부　**effect** 효과　**sun rays** 자외선　**be absorbed into** ~으로 흡수되다

해설 '자외선 효과' 로 인해 '비타민 D' 가 생성된다는 뜻이므로 빈 칸에 필요한 것은 행위자를 의미하는 전치사 'by' 이다. 'then' 이하는 아래와 같은 구조에서 결과를 나타내는 분사 구문으로 변형되었다.

　Vitamin D is produced ... by the effect of sun rays, (**and**) then (**it is**) absorbed ...

번역 자외선 효과에 의해 피부에서 비타민D가 생성되어 체내로 흡수된다.

20.
어휘 **defeat** 패배　**except** 제외하고(save)　**within** 마음(속)/내부　**insurmountable** 극복할 수 없는　**barrier** 장벽　**save** ~을 제외하고, ~이외에; 절약하다; 저축하다; (위험 등에서) 구해 내다(rescue)　**inherent** 타고난, 선천적인　**weakness** 약점

해설 (B)의 'despite(~에도 불구하고)' 는 양보전치사로 빈 칸에 적합하지 않다. (A)의 'if', (C)의 'unless(~이 아니라면)' 와 같은 접속사 다음에는 절(節)이 뒤따라오므로 빈 칸에 적합하지 않다. (D)의 'save' 는 전치사로 '~을 제외한' 의 뜻으로 'no' 와 결합하여 이중부정이 되어 '자신의 선천적인 약점만이 정말로 극복할 수 없는 장벽' 이라는 뜻이 된다.

　● She answered all the questions **save** one.　그녀는 한 문제를 제외하고는 모든 질문에 응답했다.

번역 내부로부터가 아니면 패배란 없으며 우리 자신의 선천적인 약점을 제외하고는 진정으로 극복할 수 없는 장벽이란 없다.(즉 마음으로부터의 패배만이 극복할 수 없는 장벽이다.)

21.
어휘 **be away** 멀리 떠나 있다, 여행 중이다　**at the moment** 지금, 당장에는
　● He's **out**.　그는 지금 외출 중이다.　→ 외출 중인 경우에는 'out' 을 쓴다.

해설 동사의 뜻이 동작이나 상태의 계속(stay, remain, last, continue)을 나타낼 때는 'till/until', 동작의 완료를 나타낼 때는 'by' 가 쓰인다.
　● If you can be(= come) here **by** 3, I'll be(= stay) here **until** 3.　네가 3시까지 여기에 올 수 있다면 3시까지 여기에서 기다릴게.

번역 Fred는 지금 멀리 떠나 있다. 그가 언제 돌아올지 정확히 모르지만 월요일까지는 돌아올 것이라는 것을 난 확신해.

22.
해설 '교통·통신 수단' 을 나타낼 때 전치사 'by' 가 쓰이지만 한정사(관사 또는 소유격)가 붙었을 때는 'by' 가 쓰이지 않는다. 〈162쪽 ❹ 참조〉

번역 우리는 6시 45분 기차로 여행했는데 기차는 8시 30분에 도착했다.

23.
어휘 **fault** 잘못, 실책　**pay for** ~의 대금을 치르다　**damage** 손해, 손상 (pl.) 배상금　**do/cause damage to** ~에 대한 파괴/손상/손해를 입히다

해설 전치사의 뜻을 이해하는 것도 중요하지만 관용적으로 표현을 익히는 것이 중요하다.
　● an invitation **to** a wedding　결혼식의 초대
　● a key **to** a door/a car　문/자동차의 열쇠
　● an answer **to** a question　문제의 해답
　● a reply **to** a letter　편지의 답장
　● an artist's reaction **to** beauty　예술가의 미에 대한 반응

번역 그 사고는 내 잘못이야. 그래서 상대방 차에 대한 손해를 내가 지불해야만 해.

24.
어휘 **unfriendly** 우정이 없는, 비우호적인, 불친절한　**argument** 논의, 논쟁, 불화(disagreement, altercation)　**argue with** ~와 말다툼을 하다(quarrel)

해설 'nice, kind, good, generous, polite, friendly, cruel' 등과 같은 단어는 '형용사 + to somebody'의 형태를 갖는다.

번역 왜 그렇게 마크에게 불친절해? 그와 말다툼을 한 적이 있니?

25.
어휘 **be required to** ~해야만 하다　**duty** (도덕적·법적으로 해야 하는) 의무(responsibility), 임무, 직무; (pl.) 관세　**on duty** 근무 중 ↔ **off duty** 근무시간 외의, 비번의　**civilian** (군인·경찰관이 아닌) 일반인, 민간인; 일반인의, 민간의

해설 'off'는 아프거나 휴가로 근무를 하지 않거나 학교에 가지 않는 것(not at work, school etc because you are ill or on holiday)을 의미하고, 'on'은 그 반대의 뜻이다.

번역 근무 중에 군인은 제복을 입어야만 한다. 근무를 하지 않을 때는 민간인과 같은 옷을 입을 수 있다.

26.
어휘 **renovation** (수리하고 페인트칠 하는) 보수공사　**employee** 직원, 고용인, 종업원　**lounge** (호텔 등의) 로비, 휴게실　**floor** 마루; (건물의) 층; 최저 가격　**extensive** 광대한, 넓은; 광범위하게 미치는　**extensively** 넓게, 광범위하게

해설 첫 번째 빈 칸에 필요한 것은 명사를 수식하는 형용사이다. 그리고 전치사 'on'은 평면적, 'in'은 공간적 의미를 나타낸다. 따라서 'floor'는 평면적인 층을 뜻하므로 전치사 'on'이 쓰여야만 한다.

번역 내년 봄에, 7층에 있는 직원 휴게실에 대대적인 보수 공사를 할 것이다.

27.
어휘 **protester** 항의자, 시위자　**protest** 주장하다; 시위하다, 항의하다　**even** (강조하고자 하는 어구 앞에 놓아) ~까지도, ~조차도; 평평하게 하다; 평평한, 고른; 짝수의 ↔ **odd** 홀수의　**evenly** 평평하게, 공평하게, 고르게　**massive** 크고 무겁고 단단한(very large, solid, and heavy); 대규모의, 대량의; (엄청나게) 큰, 강력한; 손해를 끼치는, 피해를 주는　**massively** 육중하게; 대규모로　**rally** (정치적·종교적) 집회, 대회; (기력·경기 등의) 회복

해설 명사(구)앞에 올 수 있는 어구를 알아보는 문제이다.
'after'는 전치사와 접속사로 쓰이지만 'though, although, if'는 접속사로만 쓰이기 때문에 명사구 앞에 올 수 있는 것은 두 가지 기능을 하는 (B)가 정답이다.

번역 일부 시위자들은 대규모 촛불 집회가 끝난 후에도 시위를 계속했다.

28.
어휘 **future** 미래; 장래, 장래성; 미래/장래의　*cf.* **present** 현재　**past** 과거　**dependent on** ~에 의존/의지하는 ↔ **independent of** ~에서 독립한　**dependent** 의지하고 있는, 신세를 지고 있는; 부양가족, 식객　**depend on** 의존하다; ~에 달려있다; 신뢰하다(trust)

해설 'the use of animals'에서 'use'와 같이 동사와 동일한 형태의 명사 다음에 'of'는 목적 관계를 나타내므로 'using animals'와 같이 다시 고쳐 쓸 수 있다
- the exchange **of** goods(= exchanging goods)　물건을 교환하는 것
- the study **of** English(= studying English)　영어를 공부하는 것

번역 미래의 의학연구는 동물을 사용하는 것에 의존하게 된다.

29.
어휘 **return** (어떤 장소·상태 등으로) 되돌아가다; 돌려주다; 반환하다; 답례하다　**profitability** 흑자상태(the state of being profitable), 수익성, 이익률　**profit** (금전상의) 이익(money gained in business), 돈벌이; 이점; 이익을 보다　**profitable** 돈벌이가 되는, 유익한, 이로운; 유리한

해설 'return to'는 '어떤 상태·주제·습관으로 돌아가다'라는 뜻이므로 상태를 나타내는 명사가 빈 칸에 적합하다.

번역 금년에는 흑자상태로 돌아서길 회사는 바란다.

30.
어휘 **management** 경영, 지배 (➔ 정관사(the)와 함께 쓰여 '경영진, 경영자'를 의미함)　**increase** 늘리다, 증가하다　**profit** (금전상의) 이익(money gained in business)　**reduce** 감소하다, 줄어들다; (가격·비용·체중·생산·크기 등을) 줄이다(lessen, lower)　**reduction** 감소, 절감, (값을) 내림　**cost-reduction** 비용 절감　**production** 생산; 생산량; 제작; 영화 제작; 영화 제작소

해설 'by + -ing'은 '~함에 의해서, ~함으로써'의 뜻으로 행동의 수단·방법을 나타내며, 원하는 결과를 얻기 위해 무엇을 하느냐 하는 것을 말할 때 쓰인다.

→ 수단을 나타내는 'by' 다음에는 동명사; 'through' 다음에는 명사가 오는 것에 주의
● He succeeded **through** hard work. 그는 열심히 일해서 성공했다.

[번역] 경영진은 높은 생산비를 줄임으로써 이익을 증가시키기를 바란다.

31.

[어휘] **illegal** 불법의(against the law) ↔ **legal** 적법한, 법률에 의한 **under** (수량·나이 등이) ~미만의; (지위·가치 등이) 보다 아래에; (주목을) 받고; (작업·고려) 중인; ~의 바로 밑에 **anyone under 18** 18세 미만인 사람은 누구나(**minor** 미성년)

[해설] 문제는 'it(가주어) + for(의미상 주어) + to부정사(진주어)' 구문으로 첫 번째 빈 칸에는 부정사의 의미상 주어 앞에 전치사 'for'가 필요하고, 두 번째 빈 칸에는 '불법(illegal)'이라는 말로 미루어 보아 '~미만'이라는 뜻의 전치사가 필요하다.

it became ... **for** anyone under 18 **to** smoke ...
       ↑___ 18세 미만인

[번역] 금년 7월부터 우리나라에서 18세 미만인 사람은 누구라도 담배를 피우거나 술을 마시는 것이 불법이 되었다.

32.

[어휘] **manufacturer** 제조업자, 제작자; 제조회사 **manufacture** (공장에서 대규모로) 제조하다 **repair** (자동차·시계·기계류 등) 수리 / 수선하다; 수리, 수선 **without charge** 무료로(free of charge) **warranty** (품질 등의) 보증(서); 담보

[해설] 전치사 'under'는 '~중인; ~를 받고'의 뜻으로 'under warranty'는 '보증 기간이 끝나지 않은, 보증 기간 중인'의 의미가 된다.
● under repair 수리 중
● under discussion 토론 중(에)
● under examination 시험 중(에)
● under investigation 수사 중인

[번역] 아직 보증 기간 중이기 때문에 제조회사는 무료로 자동차를 수리 해야만 할 것이다.

33.

[어휘] **regulation** 조절; 규칙, 법규 **prohibit** (법률(law)·규칙(rule)에 의해 어떤 행동하는 것을) 금지하다 **personal** 개인의; 본인이 직접 하는; 신체의, 용모의 **protect sth from / against** ~을 막아 주다, 보호하다

[해설] 'prohibit sb from'는 '~가 …하는 것을 금지시키다'라는 뜻으로 첫 번째 빈 칸에는 '금지'의 'from'이 필요하고, 두 번째 빈 칸에는 '이유'를 나타내는 전치사 'for'가 적합하다.
● Sun oil can **protect** the skin **from / against** the sun. 썬 오일은 태양으로부터 피부를 보호해 줄 수 있다.

[번역] 회사규정에는 모든 직원들이 근무시간에 사적인 이유로 외출하지 못하게 하고 있습니다.

34.

[어휘] **in -ing** ~할 때 **consider** 고려하다; (결단이나 행동 전에) 잘 생각하다; ~을 …으로 간주하다 **for** (용도·목적) ~에 적합한, ~에 어울리는 ~에 맞는 **preference** 우선권; 더 좋아함; 좋아하는 물건 **with** (소유) ~이 있는, ~을 가지고 있는 **experience** 경험

[해설] 첫 번째 빈 칸에는 '~에 적합한'의 뜻을 가진 'for'; 두 번째 빈 칸에는 '~을 가진'의 뜻을 가진 'with'가 적합하다.

[번역] 일자리에 적임자를 고려할 때 우리는 약간의 경험이 있는 사람들에게 우선권을 준다.

35.

[어휘] **owing to** ~ 때문에, ~이 원인으로(because of) **sharp** 가파른, 험준한; 뾰족한 **rise** (물가 등의) 상승 ↔ **fall** 하락; 가을(美) **demand** 요구; 수요 ↔ **supply** 공급 **production** 생산; 생산량; 제작; 영화 제작 **deluxe** 딜럭스한, 고급스러운, 호화로운 **increase** 증가하다 **at the beginning of** ~의 초에 ↔ **at the end of** ~의 말에

[해설] '~의 증가'라고 할 때 'in'이 쓰이고, '~의 초에, 말에'라고 할 때 'at'이 쓰인다.
● a rise *in* costs / prices / taxes 비용 / 가격 / 세금의 상승
● a sharp rise *in* the cost of living 생활비의 가파른 상승
● the rise *in* the temperature 기온의 상승
● a 20% rise *in* the price of oil 유가 20% 상승

[번역] 뜨거운 여름동안에 가파른 수요증가 때문에 고급형 에어컨 모델 생산이 7월 초에 증가할 것이다.

36.

어휘 **serious** (상황·문제가) 심각한, 중대한; 진지한 **negotiation** 협상, 교섭, 절충 **import** (외국에서 상품·용역 등을) 수입하다 **representative** 대표자 (delegate) **finally** 마침내, 결국, 최후로 **come to** (상황·어떤 일의 상태에) 이르다 **come to an agreement** 합의에 이르다 **agreement** 협약, 협정, 약속; 계약; 일치, 조화 **dispute** 논쟁, 말다툼; 토론, 반론; 논쟁하다(argue about) **settlement** (문제 등의) 해결; 정착; 생활의 안정

해설 일부동사의 현재분사가 전치사 기능을 한다.
- **following** ~에 이어, ~후에(after, as a result of)
- **preceding** ~전에
- **concerning** ~에 관하여(about)
- **considering** ~에 비해서(for)
- **depending on** ~에 따라(according to)
- **including** ~을 포함하여
- **regarding** ~에 관하여

번역 며칠간의 쇠고기 수입에 대한 중대한 협상 후에 양국가의 대표자들은 마침내 분쟁 해결에 대한 합의에 이르렀다.

37.

어휘 **term (pl.)** (계약·가격 등의) 조건; (전문 분야 등의) 용어; 기간; 학기(英) **contract** (법적 효력을 가진 서면) 계약; 계약서 **starting salary** 초봉 **per year** 매년 **full** 가득찬(completely filled); 만원인(crowded); 충분한, 완전한; 최대한의 **range** 범위; 동일 형태의 다양한 것 **a wide/broad range of** 다양한, 여러 가지의 **benefit** 혜택(advantage); (개인 또는 집단의 행복·복지에 연결되는) 이익; 자선공연/경기 **including** ~을 포함하여(with) **include** 포함하다 ↔ **exclude** 배제하다 **annual** 1년의, 해마다의, 1년에 한 번의 **paid vacation** 유급휴가

해설 관용적 표현을 알아보는 문제로 'in accordance with(~에 따라, ~대로, ~와 일치하여)'와 'according to (~에 의하면/따르면)'는 같은 의미로 쓰이지만 전치사가 다르게 쓰인다.

번역 계약 조건에 따라 초봉은 25,000달러가 될 것이고, 매년 30일간의 유급 휴가를 포함하여 여러 가지 혜택을 받을 것입니다.

38.

어휘 **rent** 집세, 임대료; (집·전화·자동차 등을 일정 기간) 빌리다 **due** (집세 등을) 내기로 되어 있는; (비행기·기차 등이) 출발·도착예정인 **unless** 만약 ~이 아니면; ~하지 않으면 **fall** (우연히) 일어나다; (~날이) 오다, 되다 **collect** (집세·세금 등을) 수금하다, 징수하다; (취미·연구를 목적으로) 모으다, 수집하다

해설 'fall'은 '(우연히) 일어나다; (~날이) 오다, 되다', 'on'은 '(날·때·기회 등이) ~에, ~때에'라는 뜻이 결합되어 'fall on'은 '(~날이) ~이 되다, 바로 …날이다'가 된다.
on August 2nd 8월 2일에   on Christmas eve 크리스마스이브에

번역 10일이 주말에 해당되지 않으면 임대료는 매달 10일에 내야 됩니다. 그런 경우, 즉 10일이 주말에 해당되면 다음 월요일에 수금됩니다.

39.

어휘 **reservation** 예약 **make a reservation** 예약하다(reserve) **accommodate** ~를 숙박시키다; (건물·방 등에) 설비를 공급하다 **private** 사적인, 개인전용의; 비밀의; 사립의 **privacy** 사생활 **bathroom** 욕실, 화장실(= restroom, washroom) **cf. toilet** 화장실(英)

해설 첫 번째 빈 칸에는 '수단'을 나타내는 'in'을 사용하면 'in the name of Baker'는 '베이커 이름으로'라는 뜻이 된다. 두 번째 빈 칸에는 '~을 가진, ~이 있는'의 뜻인 'with'가 적합하다.
- Could you make the booking **in** my name? 내 이름으로 예약 좀 해주시겠어요?

번역 베이커 이름으로 예약할 때 우리는 발코니와 개인용 욕실이 있는 냉방시설이 갖추어진 방에 숙박하게 될 거라고 들었습니다.

40.

어휘 **quality** (상인이 하는 말로) 품질이 좋은(very good) **order** 주문하다; 정리하다, 배열하다; 명령하다; 순서; 주문; 명령; 질서; 정돈; 계급 **choice** 선택; 선택된 것/사람; 우량품의; 고급스러운

해설 주문된 것이 주어자리에 있으므로 수동이 되어야 한다. 전치사 'in'은 '(재료·방법을 나타내어) ~으로 만든, ~(으)로'의 뜻이다.

번역 우리의 질 좋은 소파와 소파베드는 귀하가 선택한 색상과 디자인으로 주문하실 수 있습니다.

41.

어휘 **satisfy** 만족/충족시키다 **be satisfied with** ~에 만족하다(be pleased / content with) **purchase** (주택·토지 등 비싸며 덩치가 큰 물건을) 사다, 구매하다; 사들임, 구입; 구입품, 구매품 **return** (원래 장소·상태 등으로) 되돌아가다; 돌려주다; 반환하다; 답례하다 **goods** 상품(merchandise), 제품(products) **cf. consumer goods** 소비재 **producer goods** 생산재 **capital goods** (다른 상품을 만들기 위한 기계와 같은) 자본재 **replacement** 교체, 교환; 후계; 교체자/물

해설 첫 번째 빈 칸에는 '(기간·거리가) ~이내에'란 뜻의 전치사 'within'이 적합하고, 두 번째 빈 칸에는 목적을 나타내는 'for'가 필요하다. 'in'은 '~후에, ~지나서'의 뜻으로 미래의 시간을 의미함.

번역 구매하신 물건이 마음에 안 드시면 교환하러 일주일 내에 상품을 갖고 오십시오!

42.

어휘 **a number of** 많은 **immigrant** (타국에서의) 이주자; 이주해 오는 **immigrant worker** 이주/외국인 근로자 **cf. emigrant** (타국으로의) 이주자; 이주해 가는 **manual** 손의, 손으로 하는; 소책자; 안내서 **manually** 손으로, 수공으로 **eg. manual labor** 육체노동 **manual work** 수작업 **manual skills** 손재주 **various** 다양한, 여러 형태의 **variety** 다양함(diversity) **a variety of** 다양한

해설 빈 칸에 이주/외국인 근로자들의 출신을 나타내는 전치사 'from'이 필요하고 전치사의 목적어는 'variety'가 아닌 'countries'이므로 'countries'를 수식하는 형용사가 앞서야 한다.

번역 여러 나라에서 오는 많은 이주 근로자들이 다양한 육체노동 산업에서 일하고 있다.

43.

어휘 **greenhouse effect** 온실 효과(대기 중의 가스층(특히 이산화탄소)이 열의 우주 공간으로의 방사를 막아 온실처럼 지표의 온도가 더워지는 현상을 말한다.) **rise** 상승 **average** 평균의, 보통의; 평균하다; 평균치; 표준 **above/below the average** 평균 이상/이하 **on (an/the) average** 평균적으로 **temperature** 온도 **result from** ~의 결과로서 생기다 **increased** 증가된 **amount** 양 **carbon dioxide** 이산화탄소 **atmosphere** 대기

해설 'refer to'는 'be relevant to(~와 관련이 있다)'는 뜻으로 관용적으로 쓰인다.

번역 "온실효과"란 대기 중 이산화탄소의 증가로부터 초래되는 평균온도의 상승과 관련이 있다.

44.

어휘 **serious** 성실한, 진지한, 중대한 **hang around** 방황하다, 어슬렁거리다 **all the time** 항상(always) **company** (집합적) 친구 **keep the company** 친구를 사귀다

해설 'be known to'만 암기하고 있다면 정답을 고를 수 없는 문제이다. 'by'는 '행위자'를 뜻하는 것이 아니라, '~을 보면'의 뜻으로 판단을 나타낸다. 'to'는 '~에게'라는 '방향'을 나타낸다. 'as'는 '~로서'라는 뜻으로 '자격 또는 신분'을 나타낸다.

번역 얘야, 학교에 다닐 때 성실한 학생들과 같이 놀아라. 늘 파티에나 놀러 다니는 사람들과 돌아다니지 말아라. 사귀는 친구를 보면 그가 어떤 사람인지 알 수 있는 거야.

45.

어휘 **about** 대략 **half a century** 50년 **pretend to** ~인 체하다 **friendly** 우호적인 **be afraid of** ~을 두려워하다 **cf. be afraid to** ~하는 것이 두렵다 **aggressor** 공격자

해설 전치사 'against'는 '~에 적대하여, ~에 반대하여(in opposition to); ~을 해치거나 상처를 줄 목적으로; ~을 퇴치하기 위하여; ~에 맞지 않는(disagreeing with); ~을 배경으로 하여' 등 다양한 의미로 쓰인다. 문제에서 전쟁을 시작했다는 것은 '~에 적대하여, ~에 반대하여'의 뜻으로 쓰인 것이다.

번역 북한은 약 반세기전에 우리에게 도발을 했다. 지금은 우호적인 제스처를 쓰고 있지만 우리는 때때로 북한이 다시 공격을 해 올까 두렵다.

LESSON 17 접속사

01. (A)	02. (B)	03. (D)	04. (C)	05. (A)	06. (A)	07. (B)	08. (B)	09. (D)	10. (B)
11. (D)	12. (C)	13. (C)	14. (C)	15. (B)	16. (A)	17. (A)	18. (D)	19. (A)	20. (D)
21. (B)	22. (D)	23. (D)	24. (C)	25. (C)	26. (D)	27. (A)	28. (B)	29. (B)	30. (C)
31. (B)	32. (C)	33. (A)	34. (A)	35. (D)	36. (A)	37. (D)	38. (C)	39. (C)	40. (D)

01.

어휘 **have no difficulty/trouble -ing** ~에 어려움이 없다 **agree** 동의하다, 의견이 일치하다; (부정·의문문에서 음식·기후 등이) 성미에 맞다 **matter** (의문·부정에서) 중요하다; (관심·고찰의) 문제; 물질; 사고 **solve** 풀다, (어려운 상황을) 해결하다, 해답을 찾다 **sophisticated** 복잡한(complex), (기계·기술 따위가) 정교한, 세련된; 사회를 살아가는 방법을 알고 인생 경험이 많은; (예술의) 맛을 아는 **puzzle** 수수께끼; 당황, 혼란; 괴롭히는 사람/물건; (특히) 어려운 문제, 골칫거리; 난처하게 하다, 당황하게 하다

해설 (A) 접속사 'as/though' 앞에 명사, 형용사, 부사 또는 동사를 사용하여 양보의 뜻을 나타낸다. 특히 명사 앞에 관사를 사용하지 않는 것에 주의해야 한다.

⊙ **Woman as** she was = **Though** she was *a woman*

(B) 'the Romans do'가 절(節)이므로 전치사 'like'를 같은 뜻의 접속사 'as'로 바꾸어야 한다.

eg. What a beautiful house! It's **like** a palace.

(C) 두 가지 가능성 또는 선택해야 하는 경우에 'whether ~ or not(~인지 아닌지)'이 쓰인다.

⊙ **Whether you like it or not**, you're going to have to face him one day.
그것을 좋아하던 안하던 간에 언젠가 그와 마주쳐야만 할 거야.

(D) 'too'는 부정적인 뜻을 지니는 'too ... to' 구문에 쓰이고, (D) 문장은 '~할 수 있다'는 결과를 나타내는 긍정적인 내용이므로 'so ... that S+can ...' 구문이 되어야 한다.

번역 (A) 메리는 여자였지만 이렇게 좋은 일자리를 얻는데 어려움이 없었다.
(B) 로마에 있을 때는 로마인들이 행하는 대로 행하라.
(C) 존이 동의하느냐 그렇지 않느냐 하는 것은 중요하지 않아.
(D) 샘은 너무 영리해서 그 어려운 퍼즐을 풀 수 있다.

02.

어휘 **in spite of** ~에도 불구하고((al)though) **poverty** 가난; 결핍, 부족 **practice** 연습 **not long before** 오래지 않아, 이내 곧 **aware** ~을 알아차린

해설 (A) not only A but also B A뿐만 아니라 B도(= B as well as A)
(B) 'he is poor'는 절이므로 전치사 'despite(~에도 불구하고)'를 접속사(Although)로 바꾸어야 한다.
(C) 부정어가 있는 선행사를 갖는 'but'는 의사관계대명사로 'that~not'의 뜻이다. 이중부정을 하므로 강한 긍정의 뜻을 갖는다. 복잡한 구조이므로 'that~not' 구조가 흔히 쓰인다.

= There's nothing so hard **that doesn't** become easy through practice.
연습을 해서 쉬워지지 않는 그렇게 어려운 것은 아무것도 없다.

번역 (A) 줄리는 물론 스티브도 정직하다. (B) 가난해도 그는 항상 즐거운 마음으로 일을 한다.
(C) 아무리 어렵다하더라도 연습을 하게 되면 쉬워질 수가 있다. (D) 얼마 안 있어 메리는 위험을 알았다.

03.

어휘 **Well done!** (어떤 일을 잘했다고 격려할 때) 잘했어! **So what?** 그래서 어쨌다는 말인가?; 그런 건 상관없지 않은가? **by the way** (화제를 바꿀 때 사용) 그런데, 그건 그렇고

해설 상대방의 제안에 긍정적으로 응답할 경우에 강조하기 위해 '물론, 반드시. 꼭'이란 뜻으로 'Sure thing.' 또는 'Sure enough(= Of course.).'가 'yes' 대신 쓰인다.

번역 A: 오늘 저녁에 파티에 올 수 있어?   B: 물론이지! 7시에 너의 집으로 갈게.

04.

어휘 **violent** 폭력적인(aggressive), 격렬한 **violence** 격렬함, 폭력 **now** (that) 이제 …이니까(because) **valid** 타당한, 정당한(resonable); 근거가 확실한; 법적으로 유효한

LESSON 17

- 해설 대화 내용상 이유를 나타내는 접속사가 빈 칸에 필요하다. (A)의 'because of'와 (B)의 'despite(~에도 불구하고)'는 전치사이기 때문에 절(節)을 유도할 수 없다. (D)의 'that'는 명사절을 유도하는 접속사이기 때문에 빈 칸에 옳지 못하다. 왜냐하면 주절 'that sounds valid'가 있기 때문에 빈칸에는 종속 부사절을 유도하는 접속사가 필요한 것이다.
- 번역 A: 그 영화는 너무 폭력적인 것 같아.   B: 생각해 보니 타당한 얘기처럼 들리는군요.

05.

- 해설 상대방으로부터 허가를 구할 때 응답표현을 알아보는 문제이다.
  상대방으로부터 허가를 구할 때(asking permission) 'Is it all right if I …' 또는 'Is it all right to do …'와 같은 표현이 쓰이며 이와 같은 물음에 허락할 때 'Yes, it's all right / fine / okay with me.(나는 괜찮아요.)' 또는 'Sure. Go ahead.(물론이죠. 좋고 말구요.)'가 쓰인다.
  - **Is it all right if** I smoke here? 여기서 담배를 피워도 괜찮습니까?
  - **Is it all right to** wear shoes inside? 안에서 신을 신어도 괜찮습니까?
- 번역 A: 파티에 친구를 데려와도 좋습니까?
  B: 물론이죠. 좋고 말구요.

06.

- 어휘 **immigrant** (타국에서의) 이주자 ↔ **emigrant** (타국으로의) 이주민   **as far as** ~하는 한   **concern** 관계하다, 관련하다; 걱정하다   **maintain** 유지하다(keep up)   **language** 언어   **custom** 관습   **actually** 실제로   **adult** 성인(grown-up)   **manage** 이럭저럭 해내다   **keep up** 유지하다   **cultural** 문화적   **practice** 관습, 관례   **as good as** 거의(nearly, almost), 실제로(virtually), ~나 마찬가지인(the same ~as)
- 해설 'as far as something is concerned'는 '~에 관하여 얘기해볼 때'의 뜻으로 대화문의 빈 칸에 적합한 어구는 접속사구 'as far as ~하는 한'이다.

  <u>maintaining their language and customs</u>   <u>is concerned</u>
                  S   V

  → 'their language and customs'는 동명사 'maintaining'의 목적어이다.
- 번역 A: 在美 한국인들은 모국어와 고유의 관습을 유지하는 것에 있어 대부분 어떻게 하고 있죠?
  B: 실제로, 성인들 대부분은 모국어와 모국의 문화를 이럭저럭 유지하지만 그들의 2세들은 그렇지가 못해요.

07.

- 어휘 **tied up** 매우 바쁜(very busy)   **sound** (들어보니) ~으로 생각되다; 소리가 나다; (~로) 들리다; (신체·정신이) 건전한; (재정 상태 등이) 확실한; 충분히, 푹
- 해설 상대방을 초대하거나 어떤 일을 하고자 청할 때 또는 이성에게 데이트 신청을 할 때에는 먼저 상대방에게 시간이 있는지를 물어 봐야 한다. (A)(C)(D)는 '바쁘지 않거나, 할 일이 없어서 시간이 있는가를 물어 보는 표현이지만, (B)는 '바쁘다면' 하고 묻고 있기 때문에 빈 칸에 적절하지 않다.
- 번역 A: ((A) 오늘밤 바쁘시지 않으면 (B) 오늘 저녁 바쁘다면 (C) 오늘 저녁 다른 계획이 없다면 (D) 오늘 저녁 시간이 있으면) 오페라 구경가는 것이 어때요?
  B: 좋습니다. 몇 시에 시작하지요?

08.

- 어휘 **(It) Beats me.** 몰라요.(I can't understand)   **clue** 단서   **come to mind** 기억나다(be remembered)   **complete / total stranger** 전혀 모르는 사람
- 해설 '내 형과 인사를 나눈 적이 있니?'라는 물음에 (A)(C)(D)는 응답 표현이 될 수 있지만, (B)는 '~을 아니?, ~을 맞춰 봐'라는 물음에 대한 응답이므로 빈 칸에 적합하지 못하다.
  eg. A: Guess what I've got for your birthday at the mall. 내가 오늘 쇼핑센터에서 네 생일 선물로 뭘 샀는지 맞춰 봐.
       B: **Beats me. I haven't got a clue.** 몰라요. 전혀 감이 안 잡히는데요.
- 번역 A: 내 형과 인사를 나눈 적이 있니?
  B: (A) 내 기억으로는 없어. = ((I have) Not (met him) as far as I remember.)
     (B) 몰라요. 전혀 감이 안 잡히는데요(= I know nothing about it.)
     (C) 그런 것 같지만, 그의 이름이 기억나질 않네요.
     (D) 아니요. 전혀 모르는데요.

09.
어휘 although ~에도 불구하고 despite/in spite of ~임에도 불구하고

해설 의미가 같은 접속사와 전치사의 이해를 알아보는 문제이다.
접속사 다음에는 절(節)이 뒤따라 올 수 있지만, 전치사 다음에는 (동)명사가 와야 한다. 그러므로 (B)(C)는 옳지 못하다. (A)는 주절이 과거임에도 종속절이 현재로 되어 있기 때문에 잘못된 것이다.

번역 피곤함에도 불구하고 잠을 잘 수가 없었다.

10.
어휘 remove 옮기다, 꺼내다; (옷을) 벗다, (반지 등을) 빼다 laundry 세탁물; 세탁소(cleaners) flash (번개 등의 강한 빛이) 번쩍이다, 빛나다; (생각이) 문득 떠오르다 go out 외출하다; 불이 꺼지다 turn off (TV · 라디오 · 전기 · 가스 · 수도 등을) 끄다/잠그다

해설 현재의 조건을 표현할 때 'if'와 'when'은 같은 의미로 쓰인다. 두 번째 빈 칸에는 'flash / go out'이 적합하다. 그러나 시간 · 조건 부사절에서 미래를 현재 시제로 나타내므로 (B)가 정답이다. 주어가 3인칭 단수이므로 (D)는 'goes out'이 되어야 한다.

번역 불이 반짝거리면 세탁물을 모두 꺼내주세요.

11.
어휘 inflation 통화팽창 rate 비율 rise 상승하다 economy 경제 expand 팽창하다, 확장하다 despite ~에도 불구하고 (→ 같은 뜻의 'in spite of'가 흔히 쓰임)

해설 이미 이유가 잘 알려져 있는 경우에 'as, since'를 쓴다. 'since'가 'as'보다 더 격식을 갖춘 것이다.

번역 경제가 팽창됨에 따라 인플레율이 상승하기 시작한다.

12.
해설 전치사와 접속사의 차이를 알아보는 문제이다.
'according to' 다음에는 명사(구)가 오지만 'according as' 다음에는 절(節)이 온다. 그 이유는 'to'는 전치사이므로 '전치사 + 명사(구)', 'as'는 접속사이므로 '접속사 + 문장'이 되어야 한다.

번역 빈부에 따라 사물을 보는 눈이 다르다.

13.
어휘 insure 보험에 들다, 보증하다 in case ~한 경우에 대비하여, ~하면 안 되므로

해설 'in case'와 'if'의 의미상 차이를 알아보는 문제이다.
조건절에서는 미래 시제를 현재 동사로 대신하기 때문에 (A)(B)는 빈 칸에 적합하지 않다. (C)는 '사고가 나던 안 나던 사고에 대비하여 보험에 들어라', (D)는 '사고가 안 나면 보험에 안 들고, 사고가 나면 보험에 들어라'하는 뜻이다. 그리고 'should'는 '당연성, 또는 의무'를 나타내는 조동사이다.

⦿ We'll buy some more food **in case** Susan comes. 수잔이 오던 안 오던 간에 우리는 음식을 좀 더 살 것이다.
⦿ We'll buy some more food **if** Susan comes. 수잔이 오면 음식을 좀 더 사고 안 오면 사지 않을 것이다.

번역 도난당하는 경우에 대비하여 당신 자동차를 보험에 들어야만 해.

14.
어휘 exclusive (특정한 동아리만으로) 남을 받아들이지 않는, 배타적인; (권리 · 소유물 등) 독점적인; 유일한(single, sole)

해설 'exclusive'란 '회원 아닌 다른 사람은 안 되고 단지 회원만, 즉 회원 전용'이란 뜻이다. (A)는 '회원이면 들어갈 수 없다'는 뜻이고, (B)는 '단지 회원이면 들어갈 수 없다'; (D)는 '회원이 아니면 들어갈 수 있다'라는 뜻이므로 빈 칸에 적합하지 않다. (C)에서 'unless'는 'if ... not'의 뜻이므로 '회원이 아니면 들어갈 수 없다, 즉 회원만이 들어갈 수 있다'는 뜻이므로 정답이 된다. 또한 다음과 같이도 할 수 있다.

The club is **exclusive to** members. = The club is **for only** members.

번역 그 클럽은 단지 회원만이 갈 수 있어. 회원이 아니면 들어갈 수 없어.

15.
해설 시간과 조건(if, unless)의 부사절에서는 미래를 현재 시제로 나타낸다. 그러므로 (A)(C)는 미래 시제로 쓰였기 때문에 부적절하고 (D)는 'during'이 전치사이므로 'during my staying' 또는 'during my visiting'과 같이 쓰여야 한다.

번역 다음 주에 캐나다에 갈 거야. 그곳에 체류하는 중에 스티브를 만나고 싶어.

16.

어휘 **pay** 봉급 **condition** 조건, 여건 **firm** (2인 이상의 합자로서 경영되고 있는) 조그만 회사 *cf.* **company** (규모에 관계없이 일반적으로 쓰이는) 회사 **corporation** (법인으로서 인정받고 있는) 큰 (주식) 회사 **treat** 다루다(deal with), 치료하다(cure) **change a job** 직장을 바꾸다

해설 '봉급과 조건이 좋고, 그에 대한 회사의 대우가 좋다는 사실'과 '마크가 직장을 바꾸기를 간절히 바란다.'는 두 진술 내용은 대조(contrast)를 이루므로 'although'가 빈 칸에 적합하다.

번역 봉급과 여러 가지 조건이 좋고 회사에서 그에 대한 대우가 좋다 하더라도 마크는 직장을 바꾸기를 간절히 바란다.

17.

어휘 **think of A as B** A를 B로 생각하다 **means** 수단 **earn** 벌다 **earn a living** 생활비를 벌다 **matter** (관심·고찰의) 문제 **personal** 개인의, 개인적 **interest** 관심, 흥미

해설 'not A, but B (A가 아니고 B)' 구문으로 빈 칸에 필요한 것은 'but'이다.

번역 그들은 그들의 취미를 생활비를 버는 수단으로서가 아닌 개인적 관심의 문제로 생각한다.

18.

어휘 **no longer** 더 이상 …이 아니다 **definite** 한정된, 명확한 **different sexes** 남성과 여성 **specialize in** 전문화하다

해설 (A)의 '(al)though ~함에도 불구하고'와 (B)의 'despite ~에도 불구하고'는 대조(contrast)를 나타내기 때문에 빈 칸에 부적합하고 (C)의 'still'은 부사이므로 두 문장을 연결할 수가 없다. '남녀 간의 일 구분이 없어지게 되어 남녀가 같은 분야를 전문으로 한다.'는 내용이므로 주절과 종속절이 인과관계로 연결되어야 하기 때문에 (D)가 빈 칸에 적합하다.

번역 이제 더 이상 남자·여자에게 한정된 형태의 일이 없기 때문에 종종 남녀가 같은 종류의 일을 전문으로 한다.

19.

어휘 **forgery** (문서·화폐 따위의) 위조, 위조품, 위폐 **moreover** 더욱이

해설 말하고자 하는 내용과 이미 앞에서 말한 내용과의 관계를 논리적으로 연결함으로써 글의 흐름을 매끄럽게 해주는 연결어의 이해를 알아보는 문제이다.
앞서 언급된 내용을 지지·강조하거나 첨가(addition)되는 정보를 도입할 때 다음과 같은 표현이 쓰인다.
- **furthermore** 더군다나, 그 위에
- **in addition** 게다가, 그 위에
- **what's more** 그 위에 또, 더군다나
- **besides** 그 밖에, 게다가
- **above all** 무엇보다도

번역 그들은 그 그림이 모조품이라는 것을 안다. 더욱이 누가 그렸는가를 안다.

20.

어휘 **afford** ~의 여유가 있다 (➔ 'afford'는 'can'과 함께 쓰인다.) **equipment** 장비, 비품 **at present** 현재 **nevertheless** ~에도 불구하고(in spite of) **invest** 투자하다 **keep up with** ~에 뒤떨어지지 않다 **competitor** 경쟁자

해설 앞서 언급한 내용과 대조(contrast)를 나타낼 때 쓰이는 단어가 빈 칸에 적합하다.

번역 현재 우리는 새로운 장비를 구입할 여유가 없다. 그럼에도 불구하고 우리의 경쟁자와 보조를 맞추기 위해 투자할 필요가 있다.

21.

어휘 **environmentally-friendly** 환경을 해치지 않는 **recycled** 재활용된(made from material that has been used before) **recycled paper** 재생 용지 *cf.* **recyclable** 재활용할 수 있는(can be used again) **what's more** 더욱이 **therefore** 그래서 **consequently** 따라서

해설 '재생 용지를 사용하는 것'이 환경 친화적인 예(例)가 되므로 예시를 나타낼 때 쓰이는 (B)가 빈 칸에 적합하다.

번역 예를 들어 재생 용지를 사용함으로써 사무실에서 보다 환경 보호에 앞장설 수 있다.

22.

어휘 **marriage** 결혼 **event** 행사 **call for** (어떤 특별한 행위 등이) 필요하다, 요구되다 **reflection** 심사숙고 **consequently** 따라서 **consideration** 숙고(reflection), 고려

해설 앞서 언급된 내용을 요약하여 논리적인 결과를 나타낼 때, 'consequently(따라서, 그 결과로서), therefore(그 결과, 그런 까닭에), in conclusion(결론적으로)' 등과 같은 어구가 쓰인다.

① Marriage is an important event that calls for reflection.
   중요한 행사   심사숙고해 볼 필요가 있는

② <u>you</u> <u>should give</u> <u>it</u> <u>long and careful consideration</u>
   S   V   IO   DO   ➡ it = marriage

➡ 'should'는 '~하는 것이 옳다, 최선책이다'라는 뜻으로 상대방에게 충고를 나타냄.

[번역] 결혼은 신중한 생각을 요하는 중요한 행사이다. 따라서 결혼을 오랫동안 신중하게 생각하는 게 좋아.

23.

[어휘] **deal with** ~을 다루다 **matter** (관심·고찰의) 문제(subject) **social policy** 사회 정책 **that is to say** 다시 말해서 **housing** 주택 공급, 주택 **education** 교육 **what's more** 더욱이 **in addition to** ~외에 **in conclusion** 결론적으로

[해설] 'everything from housing to education'은 앞서 언급된 내용 'social policy'를 '부연 설명'하는 것이므로 (D)가 적합하다.

[번역] 그것은 사회 정책에 관한, 즉 다시 말해서 주택 공급에서 교육에 이르는 모든 문제를 다룬다.

24.

[어휘] **invest** 투자하다 **mutual fund** (개방형) 투자신탁: 상호기금 **mutual** 공동의, 공통의(common), 상호간의 **fund** 자금, 기금 **either A or B** A 또는 B **follow** ~에 따라 행동하다; (관습·규칙 등을) 따르다; 이해하다; 뒤를 따라가다 **stock** 주식

[해설] 2개 이상의 단어가 서로 떨어져 하나의 접속사 역할을 하는 것을 상관 접속사라고 하며 'either'는 'or'와 결합하여 '둘 중의 하나'를 나타낸다.

[번역] 증권 시장에 대해 모르거나 그 흐름을 따라갈 시간이 없는 많은 사람들은 투자 신탁에 투자를 한다.

25.

[어휘] **applicant** 응모자, 신청자 **file** (공식적으로 기록될 수 있도록) 보내다(send sth so that it can be officially recorded)
petition 탄원서(a written request signed by a lot of people) **risk** (좋지 않은 일의 가능성을) 받아들이다(accept the possibility of sth bad occurring)
consider 고려하다, (결단이나 행동 전에) 잘 생각하다

[해설] 명령문 또는 'must/had better'를 포함한 충고·경고 다음에 'or'는 '그렇지 않으면(if not, otherwise)'의 뜻이다.

[번역] 모든 신청자는 탄원서를 이번 토요일까지 보내야만 합니다. 그렇지 않으면 신청서가 고려대상에서 제외되는 것을 감수해야만 합니다.

26.

[어휘] **whether** (명사절을 이끌어) ~인지 어떤지, (양보 부사절을 이끌어) ~이든지 아니든지 **succeed in** 성공하다, (노력한 것 또는 원하는 것을) 해내다 **complete** (부여된 일·작업 등을) 끝마치다(finish) **project** (대규모의 야심적 또는 실험적) 계획, 안(案); (대규모) 계획 사업 **depend on** ~에 달려 있다, 좌우되다 **effort** 노력 **staff** 직원

[해설] 두 가지 가능성을 도입 할 때 쓰이는 표현이 'Whether or not'이다. 'if'는 다른 동사의 목적어로 쓰일 때만 명사절을 유도하며 'or not'과 함께 쓰이지 않는다.

[번역] 이 프로젝트를 성공적으로 끝마치느냐 그렇지 못하느냐 하는 것은 우리 직원의 단합된 노력에 달려 있다.

27.

[어휘] **vacuum cleaner** 진공청소기 **malfunction** 정상적으로 또는 제대로 작동하지 않다 **return** 반환하다 **goods** 상품 **replacement** 교환

[해설] 현재의 조건을 표현할 때 'if'와 'when'은 같은 의미로 쓰인다. 시간·조건 부사절에서 미래를 현재 시제로 나타낸다.

[번역] 새로 산 진공청소기가 제대로 작동하지 않으면 교환하러 한 달 내에 상품을 갖고 오십시오!

28.

[어휘] **mistake** 실수 **proof** 증거 **confidence** 자신감

[해설] 'proof, idea, feeling, rumor, fact, news' 등과 같은 명사를 보충 설명하거나 한정하는 'that절'을 동격절이라 하며, 동격 접속사는 'that'만이 쓰인다.

[번역] 실수는 당신이 뭔가를 할 수 있는 충분한 자신감을 가졌다는 증거이다.

29.

[어휘] **had better** ~하는 게 좋다 (➡ 의무감(duty or obligation)을 주는 충고이므로 자기보다 아래 사람에게, 특히 부모가 자식에게 사용한다. 회화에서 종종 'had'는 생략된다. 'had better'는 'should'보다 강한(stronger) 의미를 지니고 'must'는 'had better'보다 더 강하다.) **deposit** 계약금, 예치금
make a deposit on ~에 계약금을 치르다 **hold** 붙잡고 있다, 남겨두다, 갖고 있다; (모임·회의 등을) 열다, 개최하다; 용량이 ~이다; 수용하다
hold a seat/room 한 좌석/방 하나를 남겨두다

LESSON 17

해설 'so that S + can / may / will'은 '~하기 위하여'라는 뜻으로 목적을 의미한다. 문제에서 의무감을 부여하는 'had better'를 사용한 것은 '계약금'을 지불하지 않으면 다른 사람에게 팔 수도 있으니 강한 의무감을 부여하는 하나의 상술(商術).
- I took a taxi **so that** I **wouldn't** be late. 늦지 않기 위해 택시를 탔다.

번역 이 차를 정말로 사고 싶으면 손님을 위해 남겨둘 수 있도록 즉, 다른 사람에게 팔지 않도록 계약금을 내시는 게 좋을 겁니다.

30.

어휘 **custom (pl.)** 세관; 습관 **clearance** 통관절차; 치워 버림; 재고 정리; (개간을 위한) 산림 벌채 **clear** (출항·입항 절차를) 마치다; (액체 등을) 맑게 하다; 깨끗이 하다 **perishable** 썩기 쉬운, 상하기 쉬운 **perish** 멸망하다; 죽다; 썩어 없어지다, 사라지다 **goods** 상품 **spoil** (아이·음식 등을) 망치다, 못쓰게 만들다; 버릇없게 만들다 **release** 반출하다; 석방하다; (빚을) 면제하다; (영화를) 개봉하다; 석방; 발표; 개봉 영화

해설 'so + 형용사 / 부사 that'는 '… 너무 ~해서 …하다'라는 결과를 나타낼 때 쓰이는 구문이다. 'long'이 부사이므로 부사 'so'의 수식을 받는다. 'such'는 형용사 이므로 명사 수식.
- He went to bed **so** early **that** he could get up early. 그는 일찍 잠자리에 들었기 때문에 일찍 일어날 수 있었다.

번역 상하기 쉬운 물품에 대한 통관절차가 너무 오래 걸려 상품이 반출되기 전에 상하는 경우가 있다.

31.

어휘 **ecosystem** 생태계(all the plants, animals, and people in an area together with their surroundings) **develop** 발달/발육하다; 발전시키다; 개발하다, 성장하다(grow) **decade** 10년 **over decades** 수십 년에 걸쳐 **mature** 성숙하다; 성숙한; (술 따위가) 다 익은 **maturity** 성숙; 완성 **just as** 마치/꼭 …처럼 **from ... to** ~에서 …에 이르기까지 **infant** 유아; 유아(용)의; 유치한 **infancy** 유년기; 초기 **adult** 성인(grown-up), 어른; 어른의; 성인을 위한 **just because** …이니까, ~인고로

해설 생태계와 인간 성장을 비유한 문장이다. 비유에 '마치/꼭 …처럼'의 뜻으로 'just as'와 'just like'가 쓰일 수 있다. 그러나 'people do'가 문장이므로 접속사가 빈 칸에 적합하다. 'like'는 전치사이므로 명사와 결합해서 쓰인다. 'do'는 'mature'를 대신하는 대동사.

Ecosystems mature, **just as** people do, from infants to adults
   S   V   (방법) 부사절   부사구

번역 생태계는 수십 년 혹은 수백 년에 걸쳐 발달된다. 마치 사람들이 유아에서 어른으로 성숙하는 것처럼 생태계는 성숙하는 것이다.

32.

어휘 **employee** 직원, 종업원 **qualify for** (지금 처한 상황 때문에) ~을 할 또는 받을 권리를 가지다 **maternity** 모성(애), 임산부의 *cf.* **expectant mother** 산모(産母) **maternity leave** 출산 휴가 **leave** (질병·출산 등에 의한) 휴가; (군인들의) 정식 휴가

해설 빈 칸 이하 내용이 그녀가 출산휴가를 받을 자격이 없는 이유가 된다.

번역 그 신입사원은 직장생활을 충분히 오래하지 않았기 때문에 출산휴가를 받을 자격이 없다.

33.

어휘 **bitter** 지독한; 쓴; 쓰라린; 고통스러운 **conflict** (의견·이해 등의) 충돌; 갈등 **conflict between employers and workers** 노사 간의 충돌(conflict between labor and management) **close down** 폐쇄하다 **dismiss** 해고시키다(let sb go); 깨끗이 잊어버리다 **distinction** 차이; 명성

해설 'between'은 (사람·사물의 둘) 사이에'라는 뜻으로 'A'와 'B'의 관계를 나타낼 때 접속사 'and'가 쓰인다. 문제에서 '고용자와 근로자 간의 갈등'이라는 둘 사이를 의미하므로 'and'가 두 번째 빈 칸에 적합하다. 첫 번째 빈 칸에는 의미상으로 (A)(B)(C)(D) 모두 가능하지만 빈 칸 다음에 전치사 'of' 때문에 (B)(C)(D)는 옳지 않다.
- I sat **between** Sue **and** Jane. 나는 수와 제인 사이에 앉았다.
- Are there public holidays **between** Thursday **and** Sunday? 목요일과 일요일 사이에 공휴일이 있어요?
- The project will cost **between** eight **and** ten million dollars. 그 프로젝트는 8백에서 천만달러사이의 비용이 들 것이다.
- distinction **between** A **and** B A와 B의 차이

번역 장기간에 걸친 지독한 노사 간의 충돌 때문에 그 MS전자 회사는 폐업하게 되었고 우리 아버지는 해고되었다.

34.

어휘 **now** (that) ~때문에(because) **be afraid of** ~을 두려워/무서워하다 **rapid** (속도가) 빠른, 신속한; 민첩한; 서두르는 **drop** 감소(decrease), 하락; (물) 방울 **sale (pl.)** 판매량, 매출; 판매, 판매 활동; 매상; 염가 매출

해설 '크리스마스 시즌이 끝난 것'과 '매출의 빠른 하락'은 인과 관계(因果關係)를 나타내므로 이유·원인을 의미하는 접속사가 빈 칸에 적합하다.

번역 크리스마스 시즌이 끝났기 때문에 상인들은 매출의 빠른 하락을 두려워하고 있다.

35.

어휘 a lot of 많은 scoff 비웃다 superstition 미신 consider ~이라고 생각하다 belief (의심 없이 받아들이는) 믿음, 확신 unscientific 비과학적인 and yet 그럼에도 불구하고 scholar 학자 basis 근거, 기초

해설 종속절이 미신을 비웃는 원인이 되기 때문에 빈 칸에 필요한 것은 원인 접속사.

번역 많은 사람들이 미신과 같은 믿음은 비과학적이라고 생각하기 때문에 비웃는다. 그럼에도 불구하고, 많은 학자들이 일부 미신은 과학적 근거가 있다고 믿는다.

36.

어휘 apply for (회사 등에 일자리를) ~을 신청하다, 지원하다 forward (편지·메일 등을) 보내다; 나아가게 하다, 진척시키다; 앞으로; 전방의 contact (전화나 서신으로) 연락하다; 접촉하다; 고객과의 접촉(communication); 교제, 연락

해설 동사 'forward'와 'contact'가 있으므로 'and' 아니면 'or'로 연결된다. 그러나 지원하기 위해 둘 다 하라는 것은 아닐 것이다. 지원자는 '이메일을 보내거나 회사 웹사이트를 통해 연락 주십시오.'라는 선택을 유추할 수 있다. (C)의 'through'는 전치사이므로 명사가 뒤따르지만 동사 원형 'contact'가 있으므로 옳지 않다. (D)의 'if'는 접속사 이므로 주어가 없어 옳지 않다.

번역 이 자리에 지원하시려면 syb5941@hanmail.net로 이메일을 보내주시거나 회사 웹사이트를 통해 우리에게 연락 주십시오.

37.

어휘 as soon as ~하자마자 get through ~을 빠져나가다 custom (pl.) 세관; 습관 as good as 거의(nearly, almost), 실제로(virtually), ~나 마찬가지인(the same ~ as) as well as ~뿐만 아니라 …도 as far as ~하는 한, ~까지 as long as ~하는 한

해설 관용적인 접속사를 알아보는 문제이다. 어휘 설명 참조.

번역 세관을 빠져 나가자마자 택시에 올라탔다.

38.

어휘 previously 전에(formerly) previous 이전의, 앞의 purchase (주택·토지 등 비싸며 덩치가 큰 물건을) 사다, 구매하다; 사들임, 구입, 구입품, 구매품 item 상품, 물건; 항목, 품목; 신문 기사의 1항 exchange 교환; 거래소; 교환하다, 서로 바꾸다; 교역하다; 환전하다 receipt 영수증

해설 현재의 조건을 표현할 때 'if'와 'when'은 같은 의미로 쓰인다. 'in'은 '~후에, ~지나서'의 뜻으로 미래의 시간을 의미하고, 'within'은 '(기간·거리가) ~이내에; ~의 범위 안에'라는 뜻이므로 'within'이 두 번째 빈 칸에 적합하다.

번역 전에 구입한 상품은 구입한 날로부터 한 달 이내에 영수증을 가져오면 교환이 가능합니다.

39.

어휘 constantly 변함없이, 항상 be impressed at ~에 감명을 받다 surprise 놀라게 하다; 불시에 덮치다 놀람; 놀라운 일 craftsman 장인(匠人); 공예가, 명공(名工) creativity 독창성, 창조성 as well as ~와 동시에, ~뿐만 아니라 …도 quality 질, 품질 cf. quantity 양(量) workmanship 솜씨(skill), 기술 as far as ~하는 한, ~까지 as good as 거의(nearly, almost), 실제로(virtually), ~나 마찬가지인(the same~as) as long as ~하는 한, ~하는 동안은(= while)

해설 'B as well as A'는 'A뿐만 아니라 B도'의 뜻으로 'not only A but also B'와 같은 의미로 쓰이는 상관 접속사이다.

번역 우리는 장인들의 솜씨의 높은 우수성뿐만 아니라 그들의 독창성에 우리는 계속 감명을 받고 놀라워한다.

40.

어휘 although 비록 ~일지라도 in itself 그 자체로는, 원래는 suffice 충분하다(be enough) grand 웅대한; 광장한, 멋진 furthermore 더군다나, 그 위에 accepted 일반적으로 인정된 measure 계량(측정·평가)의 기준 brain 뇌; (pl.) 지능 make money 돈을 벌다 a great deal of 많은 clever 영리한 fellow 녀석; 친구

해설 첫 번째 빈 칸에는 주절과 종속절 내용이 대조(對照)를 이루므로 양보 접속사가 필요하다.
두 번째 빈 칸에는 앞서 언급된 내용을 지지·강조하거나 첨가(addition)되는 정보를 도입할 때 연결부사(구) 'furthermore(더군다나), moreover(더욱이), what's more(그 위에 또, 더군다나), in addition(게다가, 그 위에), above all(무엇보다도)' 등이 쓰인다.

① money (which has been) made is the accepted measure of brains.
  S   벌어들인   V C 두뇌를 평가하는 일반적으로 인정되는 척도

② a man who does not (make much money) / is not (a clever fellow).
  S   많은 돈을 벌지 못하는   V   C

번역 비록 돈 그 자체가 사람을 멋지게 만드는데 충분하지 않을지 모르지만, 돈 없이 멋지게 살기는 것은 어려운 일이다. 더구나 벌어들인 돈은 인간의 지능을 평가하는 일반적으로 인정되는 기준이 된다. 많은 돈을 벌어들이는 사람은 영리한 사람이고, 그렇지 못한 사람은 영리한 사람이 아니다.

LESSON 18 일치와 화법

| 01. (B) | 02. (A) | 03. (B) | 04. (D) | 05. (D) | 06. (D) | 07. (B) | 08. (B) | 09. (D) | 10. (C) |
| 11. (D) | 12. (B) | 13. (B) | 14. (B) | 15. (B) | 16. (A) | 17. (B) | 18. (B) | 19. (B) | 20. (B) |

01.

어휘 **member** 회원, 구성원 **protest** 항의하다, 이의를 제기하다; (의견의 차이나 부당한 처사 등에 대한) 항의, 이의 **against** -에 반대하여(in opposition to), -에 적대하여; ~을 해치거나 상처를 줄 목적으로; ~을 퇴치하기 위하여; ~을 배경으로 하여 **proposal** 제안 **guest** (초대되어 대접을 받는) 손님; (방송 등의) 특별 출연자 **neither** (양자 중의) 어느 …도 아니다 **the number of** ~의 (총)수 **noticeably** 눈에 띄게 **increase** 늘리다, 증가하다 ↔ **decrease** 감소하다(diminish)

해설 (A) 'Two thirds of'의 구조에서 'of' 다음에 복수 명사이면 동사는 복수, 'of' 다음에 단수 명사이면 동사는 단수 형태를 가지므로 'are'를 'is'로 바꾸어야만 한다.
(B) 동사에 가까운 명사와 수(數)를 일치시킨다는 인접원리(the principle of proximity)에 따라 'more than + 단수명사'인 경우에 단수 형태의 동사를 갖는다.
(C) 동사에 가까운 명사와 수를 일치시킨다는 인접 원리에도 불구하고 'neither of + 복수 명사'에서 단수 취급하는 'neither'에 수를 일치하여 'are'를 'is'로 바꾸어야만 한다.
(D) 문제의 주어는 'the number'이므로 동사 'are'를 'is'로 바꾸어야만 한다.

번역 (A) 그 지역의 3분의 2가 물에 잠겼다. (B) 한 명 이상의 회원이 그 제안에 이의를 제기했다.
(C) 두 명의 손님이 도착했지만 둘 다 환영받지 못했다. (D) 담배를 끊는 사람들의 수가 눈에 띄게 증가 하고 있다.

02.

어휘 **congratulate** 축하하다 **refuse** 거절하다(turn down)

해설 (A) 〈피전달문의 어순은 '의문사 + 주어 + 동사'가 되므로 '... where was her coat'를 '... where her coat was'로 한다.〉

번역 (A) 그녀는 자기 코트가 어디 있는지를 물었다.
(B) 그는 나를 축하해 주었다.
(C) 그녀는 나에게 수영을 할 줄 아는가 물었고 나는 할 줄 모른다고 말했다.
(D) 앤: 10달러 더 빌려주겠어?   톰: 아니, 더 빌려주지 않겠어.
   ···→ 톰은 그녀에게 더 이상의 돈을 빌려주는 것을 거절했다.

03.

어휘 **call sb up** -에게 전화하다 **instruction** 설명서, 사용법 **shake one's head** 고개를 가로젓다(say no, deny) ↔ **nod one's head** 고개를 끄덕이다
● He didn't reply, but just **shook his head**. 그는 응답하지 않고 고개를 가로 저었다.

해설 (B) 〈제안을 나타낼 때 전달 동사를 'suggest'로 해야 하므로 'ordered'를 'suggested'로 바꾸어야 한다.〉

번역 (A) 샘은 자기에게 전화하는 것을 잊지 말라고 나에게 말했다.
(B) 극장에서 만나자고 그가 제안했다.
(C) 설명서를 읽어보라고 의사는 말했다.
(D) 그 남자는 머리를 좌우로 흔들더니 나보다 먼저 봤으니 그것은 자기 것이라고 말했다.

04.

어휘 **the + 형용사** = 복수명사 **escape** 탈출하다, 도망가다, ~에서 벗어나다 **punishment** 벌 **punish** (사람·죄를) 벌하다, 처벌하다 **commit** 범하다 (perform); 맡기다 **commit a crime** 죄를 범하다 **personality** 인격 **form** 형성하다(shape), ~을 만들다 **but** (부정문에서) ~하지 않으면 **pour** 붓다, 쏟다, 억수같이 내리다 **circumstance** (어떤 사건·행위와 관련된) 환경, (pl.) (경제적인) 처지, 생활 형편 **at a time** 한 번에 **all at once** 갑자기(suddenly)

해설 (A) '유전 무죄 무전 유죄(有錢無罪 無錢有罪)'라는 말은 '부유한 사람들이 죄를 짓고 벌을 모면할 수 있지만 가난한 사람들은 대개 벌을 받는다.'는 뜻으로 졸부들이 돈으로 법망을 교묘히 빠져나가는 것을 빗댄 억언이다.
(B) '어린이는 어른의 아버지'라는 말은 '사람들의 인격은 어릴 때 형성된다.'라는 뜻으로 '세살 버릇이 여든까지 간다'는 우리 속담 과 비슷한 말이다.
(C) '폭우가 쏟아지다(rain very heavily)'라는 말이지만 '불행한 일은 겹치게 마련; 화불단행(禍不單行)'이란 말로 어떤 한 가지 일이 잘못되었을 때 모든 일이 잘못되어 가기 시작하는 것'을 의미한다.
    cf. Bad things do not just happen a few at a time, but in large numbers all at once.

(D) '울타리 너머에 있는 풀이 항상 더 푸르다'라는 말은, People always think that the other circumstances really are not any better.(다른 환경이 정말로 더 이상 좋지 않다.)는 뜻이 아니라, 'People always think they would be happier in a different set of circumstances.((다른 환경이 더 좋지 않은데도) 다른 상황에 있었더라면 더 행복할 텐데 라고 사람들은 항상 생각한다)' 라는 뜻으로 '남의 떡이 커 보이는 법이다'라는 우리 속담과 일맥상통한다.

번역 (A) 유전 무죄 무전 유죄(有錢無罪 無錢有罪)   (B) 어린이는 어른의 아버지
(C) 폭우가 쏟아지다(rain very heavily)   (D) 울타리 너머에 있는 풀이 항상 더 푸르다

05.

어휘 I wonder + 의문사 ~이 아닐까 생각하다   result 결과   faint (생각·희망 등이) 실낱같은; (소리·빛·색깔 등이) 희미한; 기력이 약한; 기절할 것 같은   slight 약간의, 적은 (▶ slightest (최상급으로 부정문에서) 조금도 …않다)   funny 기묘하고 익살맞아 사람을 웃기는   foggy (생각 등이) 흐릿한, 몽롱한

해설 '전혀 모르겠어요, 감이 안 잡히는 데요' 등의 우리말에 대응하는 표현:
- I don't have any idea.
- I've no idea.
- I don't know at all.
- I haven't got a clue.(= I know nothing about it.)

번역 A: 결과가 어떻게 나타날까?   B: 전혀 모르겠어요.

06.

어휘 keep up 계속하다(continue)   stick 계속 붙어 있다, 떨어지지 않다   give up 포기하다(abandon)   hold on (전화상에서) 잠깐만 기다리세요

해설 (A)(B)(C)는 상대방의 행위 등을 격려해 주는 표현으로 빈 칸에 적합하다. 다시 말해서 어떤 일을 성취하기 위해서는 아무리 힘들어도 포기(give up)하지 말고 단호한 태도로 계속 노력하라고 할 때 격려하기 위해 쓰이는 말이 'Stick to it.(계속해 봐)'이다. 아래 격언 참조.
- Rome wasn't built in a day. 로마는 하루에 이루어지지 않았다.
- Slow and steady wins the race. 더디더라도 착실히 하는 편이 결국 이긴다.
- Stick to the first plan. 초지일관(初志一貫), 즉 처음에 세운 뜻을 끝까지 밀고 나가라.

번역 A: 영어 공부 재미있니?
B: 좀 어려워.
A: _____ 그러면 잘 할 수 있을 거야.
    (A) 계속해 봐. (B) 걱정하지 말고 계속해 봐. (C) 포기하지 마. (D) 잠깐만 기다리세요

07.

해설 시제 일치에 의해 주절이 과거일 때 종속절에 과거 또는 과거완료가 오지만 '불변의 진리 / 습관 / 격언' 등은 예외이다.
- Columbus *proved* that the earth **is** round. 지구가 둥글다는 사실을 콜럼버스가 증명했다.

번역 정직이 최상의 정책이라고 우리 선생님이 말씀하셨다.

08.

어휘 besides (부정문에서) ~을 제외하고(except), (긍정문에서) 그 외에(in addition to)
- There will be five of us for dinner, *besides* the children. 아이들 외에 우리 5명이 저녁 식사를 할 것이다.

해설 일치 문제를 알아보는 문제이다.
문제의 주어는 'No one'이기 때문에 빈 칸에 (B)(D)가 가능하다. 그러나 (D)가 들어갈 경우에 종속절은 시제 일치 때문에 'he could do the work'가 되어야 한다.

번역 가장 친한 친구를 제외하고 그가 그 일을 할 수 있다고 생각하는 사람은 아무도 없다.

09.

어휘 traditional 전통적인, 전설의   life-style 생활방식(양식)   alarm 걱정시키다; 겁먹게 하다   anthropologist 인류학자

해설 문장의 주어는 'life-styles'가 아니라 3인칭 단수인 'the change'이기 때문에 동사 'alarm'을 'alarms'로 고쳐야만 한다.

<u>The change</u> in traditional life-styles <u>alarms</u> <u>many anthropologists</u>. 〈원래문장〉
  S   ↑   전통 생활양식에   V   O

위의 원래문장을 'It is _____ that ... '의 강조구문에 '주어 부분'을 삽입한 것이다.

번역 많은 인류학자들을 걱정케 한 것은 바로 전통적인 생활양식의 변화였다.

10.

어휘 profound 심오한 emotion 감정 sensation 느낌(feeling) mystical 신비스러운 (➡ 'the+형용사'는 '추상명사') eg. **the mystical** 신비스러움

해설 정확한 문장의 구조 및 일치를 측정하는 문제이다.

The most beautiful and most profound emotion | we can experience | is | the sensation ...
S ——————————————————————————— ↑———— 형용사절 —— V —— C

번역 우리가 체험할 수 있는 가장 아름답고 심오한 감정은 신비스러움을 느끼는 것이다.

11.

어휘 **a number of** 많은(many) **the number of** ~의 (총)수 **pass by** 지나가다

해설 'a number of'는 '많은'이라는 뜻으로 'boys'를 수식하는 형용사구인 반면에, 'the number of'는 '~의 수(數)'라는 뜻으로 'the number'는 단수 형태로 문장의 주어나 목적어로 쓰인다. 주어가 'boys'이므로 첫 번째 빈칸에는 동사 'are'가 적합하고, 아래 구조에서 알 수 있듯이 관계대명사의 선행사는 'cars'이므로 두 번째 빈 칸에는 동사 'are'가 필요한 것이다.

A number of boys | are counting | the number of the cars | which are passing by .
S ——————————— V —————————— O ——————————————— ↑———— 지나가는

번역 많은 소년들이 지나가는 자동차의 수를 세고 있다.

12.

어휘 stranger 낯선 사람, 처음 보는 사람, 어떤 장소에 생소하거나 익숙지 못한 사람 **ask if** ~인가를 물어 보다 (➡ 'if절'이 'ask, see' 동사의 목적어로 올 때 명사절로 '~인가를 물어 보다·/알아보다'의 뜻)

해설 피전달문에 의문사가 없는 경우 어순은 'if/whether+주어+동사'가 되므로
you should always ask "Is it all right?" ⋯➡ ... ask **if it's all right**
eg. He asked her "Do you love me?" ⋯➡ He asked (her) **if she loved him**.

번역 모르는 사람과 함께 있을 때 담배를 피우고 싶으면 피워도 괜찮은가를 항상 물어 봐야 한다.

13.

어휘 **at least** 적어도 contestant 경기자, 참가자 choose (원하는 사람·물건 등을) 고르다, 선택하다; ~하는 것을 좋아하다(like, prefer)
choice 선택; 선택된 것/사람; 우량품의; 고급스러운 chosen 선발된; 정선된 audience 청중, 관객

해설 주어진 문장의 주어는 'contestants'가 아니라 'one'이므로 빈 칸에 적합한 것은 'was chosen'이다. 목적어가 없으므로 능동형인 (C)(D)는 옳지 않다.

번역 적어도 퀴즈 쇼 참가자 중의 한 명은 관중으로부터 뽑혔다.

14.

어휘 promote 승진시키다; 조장하다; 격려하다; 촉진하다; (광고를 통해) 판촉하다 senior 선임의, 고참의, 상사의; 손위의, 연상의; 선배, 어른, 연장자

해설 승진한 이래 3년이 한 번에 흘러간 것이 아니라, 하루, 이틀, 한 달, 1년과 같이 시간이 흘러 3년이란 시간의 누적을 나타내므로 복수가 되어야 한다. 아래 예문에서 10년은 시간의 흐름이 아니라 한 단위의 개념을 의미하므로 단수 취급한다.

● Ten years **is** a long period of his life. 10년이란 기간은 그의 생애에서 긴 기간이다. 〈332쪽 참조〉

번역 선임 부장으로 승진한지 3년이 흘러갔다.

15.

어휘 picture (pl.) 영화관, 영화계 recently 최근에; 얼마 전에 **a series of** 일련의 large-scale 대규모의 labor 노동
dispute 쟁의, 분쟁 (➡ 'recently'가 완료에서는 '최근에(lately)'라는 뜻이고, 과거 시제에서는 '얼마 전에(not long ago)'라는 뜻)

해설 'pictures'는 '영화 산업, 영화계' 등의 뜻을 나타내는 복수 명사지만 단수 취급을 하므로(A)의 'have'가 'has'로 되면 옳다. 그리고 'undergone'의 목적어 'a series of large-scale labor disputes'가 있기 때문에 수동형인 (C)(D)는 빈 칸에 적합하지 않다.

번역 콜롬비아 극장은 최근에 일련의 대규모 노동쟁의를 겪었다.

16.

어휘 shift 이동 population 인구 rural 시골의 urban 도시의 **more or less** 다소 world-wide 세계적인, 전 세계에 퍼진

해설 문제의 주어는 'shift'이기 때문에 동사는 단수형이 되어야 한다. 그리고 'become' 동사는 자동사이므로 수동이 될 수 없다.

번역 도시에서 시골 지역으로 인구 이동은 다소 세계적인 경향이 되었다.

17.

어휘 the number of ~의 (총)수 *cf.* a number of 많은(many) employee 종업원, 직원 reduce 감소하다, 줄어들다; (가격·비용·체중·생산·크기 등을) 줄이다(lessen, lower) reduction 감소, 절감; (값을) 내림 cost-reduction 비용 절감 due to ~때문에(caused by, as a result of, because of) restructure 재구성하다, 개조하다 restructuring 구조조정

해설 수(數)의 일치와, 3형식 문장의 수동을 알아보는 문제이다.
문제의 주어는 'employees'가 아니고 'The number'이므로 동사는 단수형 'was'; 동사 'reduce'의 대상(對象)인 'The number of employees'가 주어자리에 있으므로 수동이 되어야 한다.

번역 구조조정 때문에 직원 수가 50에서 20명으로 줄었다.

18.

어휘 audience 청중, 관객 enormous 거대한(huge), 막대한(immense) enjoy every minute (매 순간을 놓치지 않고) 매우 즐기다

해설 많고 적음을 나타내는 것은 집합명사이고, 무엇을 즐기고, 감동을 받고 하는 것은 개개인이 모여 있는 군집명사이다. 'audience'는 집합명사와 군집명사로 쓰인다. 첫 번째 'audience'는 집합명사로 청중의 전체적인 수(數)가 많았다는 뜻이고, 두 번째 'audience'는 군집명사로 '청중 개개인이 연주회를 하나도 놓치지 않고 즐기고 있었다.'는 뜻이다.

번역 피아노 연주회에 참석한 청중은 상당히 많았고 그들은 처음부터 끝까지 연주회를 즐겼다.

19.

어휘 a third 1/3 developed 고도로 발전한; 선진의 developed country 선진국 heating 난방 cooling 냉방 lighting 조명 contribution (~이 생기게 하는) 요인; 기여, 공헌 carbon dioxide 이산화탄소 emission (액체·빛·열 따위의) 방출 yet 그러나, 그럼에도 불구하고(nevertheless) passive 수동의 solar 태양의 provide ~을 제공하다 not ... at all 전혀 ...하지 않는

해설 동사 앞에 있는 것이 반드시 주어가 아니다. 'a third of' 다음의 명사가 단수명사이면 동사는 단수, 복수명사이면 동사는 복수 형태를 갖는다.

① <u>a third of the energy</u> <u>used in the developed countries</u> <u>is</u> <u>(the energy)</u> <u>for heating</u>
       S   선진국에서 사용되는   V   C   난방을 위한

② <u>The contribution to carbon dioxide emissions</u> <u>is</u> <u>even higher</u>.
                S 이산화탄소 방출에 원인   V   C

번역 선진국에서 쓰이는 에너지의 거의 1/3은 건물 냉난방과 조명을 하기 위한 것이다. 이산화탄소 방출 요인이 훨씬 높다. 그럼에도 불구하고 (남쪽의 창문을 크게, 북쪽 창문은 없애거나 최소화하는 또는 태양열을 흡수하여 따뜻해진 공기가 건물 내 순환하도록 하는) 수동 태양 시스템은 이산화탄소(CO_2)가 전혀 방출되지 않고도 건물이 필요로 하는 에너지의 60-70%를 공급할 수 있다.

20.

어휘 rapid urbanization 도시화 industrialization 산업화 cause ~의 원인이 되다; 결과를 초래하다(bring about); 야기 시키다 severe 심각한 pollution 오염 traffic 교통의 congestion (교통·장소의) 혼잡, 북적거림 noise 소음 solid 고체의 waste 쓰레기 disposal 처리 major 주요한 urban 도시의 fuel 연료 improve 향상시키다(make sth better) quality 질, 품질 somewhat 어느 정도(to some degree) restriction 규제 industrial 산업의 emission (굴뚝·엔진 등의) 배기; 배출물 offset 상쇄하다 growth 성장 vehicle 차량; 수송 수단 facility (pl.) 편의 시설, 설비 production 배출, 생산 increase 증가하다

해설 'Use of cleaner fuels'에서 'of'는 목적격을 나타내는 전치사로 'Using cleaner fuels'와 같이 동명사구로 다시 쓸 수 있다. 그러므로 'cleaner fuels'는 명사 'Use'의 의미상 목적어이고, 첫 번째 빈 칸에는 'Use'가 주어이므로 동사는 단수 형태가 된다. 두 번째 빈 칸에는 주어가 'and'로 여러 개 연결되어 있어 복수 이므로 동사는 'are'가 옳다.

<u>Rapid urbanization and industrialization</u> <u>have caused</u> <u>severe air pollution, traffic ...</u>
                    S   V   O

간단한 3형식 구조이지만 목적어가 여러 개 나열돼 있어 복잡해 보인다. 'cause'는 '(어떤 일이 일어나게 하는 또는 결과를 초래하는) 원인이 되다'라는 뜻이므로 주어가 원인이 되고 목적어가 그 결과가 되는 것이다.

번역 급속한 도시화와 산업화 때문에 주요 도시 지역에 심각한 대기 오염, 교통 혼잡, 소음, 고체 쓰레기 처리 문제 등이 야기되고 있습니다. 보다 깨끗한 연료를 사용함으로써 공기의 질(質)이 더 좋아졌고, 자동차와 산업 배출물에 대한 새로운 규제를 실시함으로써 차량과 산업 시설의 예상되는 성장을 상쇄하는 도움을 줄 것이다. 소음, 교통 혼잡 그리고 고체 쓰레기의 배출은 여전히 증가하고 있다.

LESSON 19 생략·강조·도치·병렬 구조·구조의 이중성

01. (B)	02. (B)	03. (C)	04. 해설 참조	05. (C)	06. (C)	07. (B)	08. (C)	09. (B)	10. (C)
11. (A)	12. (C)	13. (B)	14. (B)	15. (B)	16. (C)	17. (C)	18. (B)	19. (B)	20. (B)
21. (C)	22. (D)	23. (D)	24. (D)	25. (A)	26. (C)	27. (C)	28. (D)	29. (D)	30. (B)
31. (B)	32. (B)	33. (C)	34. (C)	35. (A)					

01.

해설 (B) 등위접속사 좌우에는 동일한 어구가 쓰인다. 〈nor alcohol ⋯ nor drinks alcohol〉
(A) 부정 어구(no sooner)가 문두에 오면 주어·동사가 도치된다.
(C) 부정적인 표현이 있는 목적어가 문두에 올 때 주어 동사가 도치되지만, 부정적인 표현이 없는 목적어가 문두에 올 때는 도치되지 않는다.
(D) = (Is there) Anything else I can help you with? I guess (there's) not (anything else you can help me with.) Thanks anyway.

번역 (A) 그가 앉자마자 전화벨이 울렸다.
(B) 제인은 담배도 안 피우고 술도 안 마신다.
(C) 저, 이탈리아 식당 음식은 정말로 맛있어.
(D) "제가 도와 드릴 수 있는 다른 일이 있습니까?" "없는 것 같은데요. 여하튼 감사합니다."

02.

어구 **allow** ~에게 하는 것을 허락/허용하다, ~하게 내버려두다; (~에게 돈·시간을) 주다　**attractive** 매력 있는, 애교 있는(charming)　**offer** 제의, 제안　**tempt** 유혹하다; ~할 생각이 나게 하다　**be/feel tempted to** ~하도록 유혹받다　**accept** 받아들이다　**available** 입주할 수 있는, 이용할 수 있는　**immediately** 즉시(at once, without delay)　**furniture** 가구　**good for** ~에게 적합한　**working person** 직장인

해설 (B) 'no later than'의 뜻이 '~보다 절대 늦지 않게, ~까지'의 뜻이므로 'earlier than'을 'by'로 바꾸면 두 문장이 같은 의미가 된다.

번역 (A) 주차금지
(B) "보통 몇 시에 집에 돌아옵니까?" "늦어도 7시까지는 귀가합니다."
(C) 매우 마음이 끌리는 제안 이어서 받아들이고 싶은 마음이 굴뚝같다.
(D) 커다란 방 하나. 즉시 입주가능. 가구는 없음. 학생 또는 직장 생활하는 독신자에게 적합함. 방세 월 50달러. 010-8982-5941로 전화주세요.

03.

어구 **what for** 무슨 목적 또는 이유 때문에(for what purpose or reason)　**sincerely** 마음으로부터, 진정으로　**remain** ~한 상태로 있다; 남다, 남아 있다; 머무르다, 체류하다　**treat** 대접하다, 한턱내다; 대하다(behave towards), (사람·동물을) 다루다(deal with); 치료하다　**genial** 상냥한(cheerful), 싹싹한; (날씨가) 온화한, 쾌적한

번역 (A) "미국에 갈 겁니다." "뭣 때문에요?"
(B) 좋은 아침 되길 바랍니다!
(C) (편지 끝맺음 인사) 여불비례(餘不備禮) (Sincerely yours. = I remain yours sincerely.)
(D) Mary는 자기 친구들에게 지금까지 상냥했고 앞으로도 항상 상냥할 것이다.

04.

해설 (A) "내 형과 인사를 나눈 적이 있니?" "내 기억으로는 없어."
= (I have) Not (met him) as far as I remember.

(B) "아직도 담배를 피우나요?" "이젠 피우지 않아요."
= (I do) Not (smoke) anymore.

(C) (헤어지면서) 만나 뵙게 되어 반가웠습니다.
= (It **has been**) Nice seeing you.

→ 만났다 헤어지면서 하는 인사로 '만나서 헤어질 때까지 함께 있었던 것이) 즐거웠습니다.'의 뜻으로 만나 있었던 기간을 뜻하는 완료시제 '(It has been) Nice seeing you.'가 쓰이고, 만났을 때의 과거 시점을 기준점으로 하기 때문에 동명사가 쓰인 것이다. 부정사는 현재를 기준 시점으로 '(It is) Nice to meet you.'와 같이 쓰인다.

(D) "담배를 피워도 괜찮습니까?" "글쎄요. 안 피웠으면 합니다."
= Well, I'd rather (you did) not (smoke).
(E) "일을 끝마쳤니?" "아직 못 끝냈어."
= (I have) Not (finished) yet.

번역 (A) "내 형과 인사를 나눈 적이 있니?" "내 기억으로는 없어."
(B) "아직도 담배를 피우나요?" "이젠 피우지 않아요."
(C) (헤어지면서) 만나 뵙게 되어 반가웠습니다.
(D) "담배를 피워도 괜찮습니까?" "글쎄요. 안 피웠으면 합니다."
(E) "일을 끝마쳤니?" "아직 못 끝냈어."

05.

어휘 **intermission** 중지(interruption); 막간(pause between periods of activity; interval); (연극·음악회 등의) 휴식 시간   **conflict** 전투, 의견 충돌   **truce** 휴전   **frugal** 절약, 검소   **intervention** 사이에 낌; 중재, 조정; 개입   **reconciliation** 화해

번역 연극과 막간의 관계는 전투와 휴전과의 관계와 같다.

06.

어휘 **frugal** 절약하는   **waste** 낭비하다   **infallible** 실수하지 않는(always right and never making mistakes), 결함이 없는; 의심할 여지가 없는, (절대로) 확실한   **err** 실수하다   **save** 절약하다   **prosper** 번창하다   **criticize** (결점을) 지적하다, 흠잡다, 혹평하다, 비평하다   **critic** 비평가, 평론가   **criticism** (문학·예술 작품에 대한) 비평

번역 절약과 낭비의 관계는 완벽함과 실수의 관계와 같다.

07.

어휘 **spot** 반점, 얼룩; 때, 더러움; (도덕상의) 오점, 결점   **spotless** (옷·가구·방 등이) 아주 깨끗한   **immaculate** 더러움 없는, 깨끗한(completely clean and looking new); 과실/오점 없는; 정확하고 완벽한(correct or perfect in every detail)   **anonymous** 익명의   **illuminate** 밝게 하다; 계몽하다; 설명하다, ~을 명백히 하다   **unilateral** 일방적인, 한쪽(면, 편)만의, 단독의   **unilaterally** 일방적으로

번역 더러움과 깨끗함의 관계는 이름과 익명의 관계와 같다.

08.

어휘 **achieve** 이루다, 성취하다, 잘 해내다   **adapt oneself to** 자신을 ~에 적응시키다, ~에 순응하다   **adapt** (새로운 상황에) 적응시키다; 적합하게 하다(suit, fit)   **custom** 습관; (pl.) 세관   **put off** 미루다(postpone)   **glitter** 번쩍번쩍 빛나다, 눈부시다   **appear** ~처럼 보이다; 갑자기 나타나다(show up, turn up)   **attractive** 매력 있는, 애교 있는(charming)   **actually** 실제로, 정말로(= really), 사실은

해설 (A) '로마는 하루에 이루어지지 않았다' 라는 속담은 '중요한 일을 하는데는 많은 시간이 걸린다' 는 뜻으로 '천리 길도 한 걸음부터', '첫 술에 배부르랴' 라는 우리 속담과 일맥상통한다. 또 이와 비슷한 속담으로 "Success doesn't come overnight.(성공은 하룻밤 사이에 오지 않는다.)"도 자주 쓰인다.
(B) '로마에 가면 로마 사람들이 행하는 대로하라' 는 '방문하는 나라의 관습에 적응하라' 는 뜻.
(C) 지금 좋지 않은 일들이 '내일이면 좋아지게 될 거야' 라고 말할 때 'Tomorrow is another day.' 라고 한다. 그러나 '오늘 할 수 있는 일을 내일로 미루지 마라.' 와 같은 속담으로 'Tomorrow never comes.' 가 있다. 이 말은 내일이 오면 또 내일, 내일이 오면 또 내일이라고 하므로 '그 날은 결코 오지 않을 것' 이라는 말로 자꾸만 미루지 말라는 뜻이다.
(D) '반짝이는 모든 것이 금이 아니다.' 라는 말은 세익스피어의 베니스 상인에 나오는 '겉으로 매력적인 것처럼 보이는 모든 것이 실제로 매력적이지 않다' 라는 말을 약간 바꾸어 인용한 것으로 '겉만 보고 판단하지 마라(Never judge by appearance)' 는 뜻이다.

번역 (A) 로마는 하루에 이루어지지 않았다
(B) 로마에 가면 로마 사람들이 행하는 대로해라
(C) 지금 좋지 않은 일들이 '내일이면 좋아지게 될 거야'
(D) '반짝이는 모든 것이 금이 아니다.

09.

해설 아파 보이는 친구 등에게 괜찮으냐고 물어 볼 때 'Are you OK?' 또는 'Are you all right?' 라고 한다. '일주일에 한 번은 아직도 병원에 가야 된다' 는 말 때문에 (A)는 옳지 못하고, (B)는 '(I'm) Not exactly (all right now)' 의 줄임 말이기 때문에 올바른 표현이다. (C)는 동문서답이기 때문에 빈 칸에 적합하지 않다. (D)는 '세상일이 다 그런거야.' 라는 뜻이다.

번역 A: 지금은 괜찮아?
B: 완전히 나은 것은 아냐. 일주일에 한 번은 아직도 병원에 가야만 해.

10.

어휘 **How come?** 'Why?' 의 뜻으로 회화에서 자주 쓰인다. **jam** (사람·차량 등의) 혼잡, 꽉 들어참; 곤란, 궁지 **traffic jam** 자동차들이 빽빽이 몰려 있어서 오도 가도 못하는 교통 혼잡 **in a jam** 곤란하거나 불편한 상황(difficult or uncomfortable situation)에 처함

- **How come** Dave's home? Isn't he feeling well?
  데이브가 왜 집에 있어? 몸이 좋지 않은가?

예설 'because of'로 응답을 하고 있기 때문에 이에 적합한 어구가 빈 칸에 필요한 것이다. (A)(B)는 '제안·요청·권유' 등에 쓰이는 표현이므로 적합하지 않다.

번역 A: 왜 그렇게 늦었어?
B: 교통이 꽉 막혀서 늦었어.

11.

어휘 **give sb a hand** ~를 도와주다 **sweat** 땀(perspiration), 힘들고 재미없는 일 **caution** 주의, 경고(warning) **concord** 일치; 협약; 조화 **independence** 독립

예설 'No sweat'는 상대방의 부탁 등을 어려움 없이(with no difficulty) 땀 흘리지 않고 쉽게(easily) 할 수 있다는 뜻.

번역 A: 이 식탁 나르는 것을 도와주시겠어요?
B: 걱정 말아요.

12.

어휘 **care for** ~을 좋아하다, ~에 관심을 갖다 **tied up** 매우 바쁜(very busy) **rain check** 초대 등의 연기, (비로 중지된 운동 경기의) 재 시합 입장권

예설 '오늘 저녁은 매우 바빠요.' 라는 말로 봐서 거절하는 표현이 빈 칸에 필요하다.
초대를 받았을 때 선약이 있다거나 바빠서 상대방의 초대에 응할 수 없어 다음 기회로 미룰 경우에 쓰이는 표현이 'No, thanks, but I'll take a rain check(고맙지만 다음에 하죠)'이다. 그리고 초대를 한 사람이 "다음에 초대할 게요"라고 말할 때는 'We'll give you a rain check'라고 하면 된다.

번역 A: 술 한잔할까?
B: 오늘 저녁은 매우 바빠요. 다음에 할게.

13.

예설 대화문을 통해 상대방의 권유를 거절하는 표현을 알아보는 문제이다.
'No more for me.'는 '더 먹겠느냐'는 초대한 주인(host / hostess)의 권유에 정중히 사양하는 말로 "저는 더 못 먹겠습니다."의 뜻이다. 이 때 'No thank you.'와 함께 사용하는 것이 예의바른 표현이다. 권유받은 음식에 대해 (A)와 같이 직선적으로 말하는 것은 예의에 어긋난다. 'Why not?'는 부정이 아니라 제안에 동의하는 '물론이죠!'의 뜻

번역 A: 위스키를 좀 더 드시겠어요?
B: 아뇨. 저는 이제 됐습니다. 운전하고 갈 거예요.

14.

어휘 **neither A nor B** A도 B도 아닌 **deny** 부인하다 **confirm** 확인하다; ~이 사실임을 입증하다(prove) **confirmation** 확인, 확증 **be involved in** ~과 관련이 있다

예설 동사의 병렬구조를 알아보는 문제이다.
상관 접속사로 연결된 구조는 동일구조이어야만 한다. 즉 'denied'가 과거 시제이기 때문에 빈 칸에 적합한 동사형은 'confirmed'가 되어야 한다.

번역 대통령은 스캔들과 관련되어 있었다는 소문을 확인도 부인도 하지 않았다.

15.

어휘 **clerk** 직원, 점원 **a front desk clerk** (호텔의) 프런트 담당 사무원 **not ... until** ~하고 나서야 비로소 …하다 **speak to** ~에게 말을 걸다

예설 문제의 능동문 'The front desk clerk didn't say anything until somebody spoke to her.'를 수동으로 하면 'The front desk clerk didn't say anything until **she was spoken to**.'가 된다. 수동문에서 종속절의 주어·동사 'she was'를 생략하면 'The front desk clerk didn't say anything until **spoken to**.'가 된다.

번역 프런트 담당 직원은 누군가 그녀에게 말을 걸고 나서야 비로소 말을 했다.

16.

어휘 apologize 사과하다 apology 사과 remorse 죄책감(deep regret for having done sth wrong), 양심의 가책

해설 부정(否定) 어구 'never once(한 번도 …안 하다, 결코 …안 하다)'가 문두에 올 때 주어·동사가 도치된다. 동사의 목적어가 있으므로 (B)(D)와 같이 수동은 옳지 않다.

번역 그는 죄책감에 대한 어떠한 표시도 사과를 한 적이 한 번도 없다.

17.

어휘 carry 실어가다, 나르다; (몸에) 지니다; (의무·권한·벌 등을) 수반하다; (소매점이) 물건을 가게에 비치하다 passenger 승객 overturn 전복되다 injure 상처 입히다

해설 등위접속사 'and'로 연결된 병렬구조에서는 동일 문법구조.

a bus that was carrying ... overturned, killing ... and injuring passengers,
S └─75명 이상의 승객을 태운 V   결과를 나타내는 분사 구문

번역 지난 밤, 75명 이상의 승객을 태운 버스가 전복되어 3명이 숨지고 20명이 부상을 입었다.

18.

어휘 indicate 가리키다, 나타내다 pour 따르다, 붓다 serve (음식을) 대접하다, 차리다 Say no more. (네가 하는 말을 명확히 알았으니) 그만 말해. bit (음식의) 한 입, 조금

해설 초대를 받아 갔을 때 주인이 술을 따라 주거나 음식을 담아 주면서 "양에 맞으면 말하세요."의 뜻으로 'Say when.'이라고 말한 다음 술을 따라 준다. 그러면 손님은 자기가 마시고 싶은 만큼 되었을 때 'When!'(그만 됐어요!) 'Stop(그만)' 혹은 '(That's) Enough, thank you.(이만 하면 충분합니다. 감사합니다.)' 등으로 대답하면 된다.

번역 'Say when.'은 양이 충분하기 때문에 술을 따르거나 또는 음식을 주는 것을 그만 하라는 것을 나타내도록 요청하기 위해 쓰인다.

19.

어휘 request 요청하다; 신청하다; 신청, 요청, 요구 increase 인상, 증가; 번식 charge 요금, 비용; 화물; 관리; 담당, 책임; 비난, 고발 approve (공식) 승인하다, 인가하다 approval 승낙(official permission); 찬성, 동의 effective 효력이 발생되는, 유효한, 실시되는, (바라는 대로) 효과적인

해설 'if, as, though, when, while' 등으로 유도될 때 'it is/they are'는 종종 생략된다. 조건절의 주어는 'increase((요금) 인상)'이기 때문에 대명사 'it'가 되어야 하고 조건절의 미래는 현재 동사로 하기 때문에 (A)(C)는 빈 칸에 적합하지 않다. 'if (it is) approved'에서 '주어·동사'가 생략된 (B)가 빈 칸에 적합하다.

번역 요청한 요금 인상이 승인되면 내년 1월 1일부터 유효하게 될 겁니다.

20.

어휘 delivery 배달 cost 비용 include 포함하다

해설 간단한 문장이지만 생각을 요한다. 빈 칸에 적합한 것이 (A)라고 하면 동사 'includes'의 목적어가 필요하고 부정할 때 'does not'가 되어야 한다. (D)의 'is included'라면 부정어 'not'의 위치가 옳지 않다. 'Delivery cost is not included.'와 같은 부정문에서 'is'가 생략된 것이다.

번역 배달비용 별도.

21.

어휘 satisfaction 만족 motivation (어떤 일을 하게 하는 강한) 욕망, 목적, 동기부여; 하고 싶은 기분 have an impact on ~에 영향을 끼치다 impact (강력한) 영향, 효과; 충돌(collision), 충격 productivity 생산성 satisfy 만족/충족시키다 satisfied 만족스러운

해설 소유격 다음에는 명사가 와야 하고, 'and' 다음에 명사가 있으므로 병렬구조 원칙에 때문에 빈 칸에도 명사형이 적합하다.

번역 근로자의 만족과 동기부여가 생산성에 직접적인 영향을 끼친다.

22.

어휘 receptionist (호텔·회사·병원 등의) 접수 계원 dental 이빨의; 치과(용)의 clinic 개인 병원; (병원·대학 등에 부설된) 외래환자 진료실 dental clinic 치과 answer (노크·벨·전화 등에) 응답하다/응답하러 나가다; (질문 등에) 대답하다 arrange (앞으로 할 일을 미리 자세히) 정하다; 정돈하다; (모임·파티·여행 등을) 계획하다 respond (문의·호소 등에 대한 반응으로서) 즉석에서 응답하다 reply 회답·대답하다 charge (용기에 물건을) 채우다, 충전하다; ~에게 (의무·책임 등을) 지우다; 청구하다, (세금 등을) 부과하다

해설 어휘 설명 참조.

[번역] 치과 수납계원은 전화를 받고 환자 예약 날짜를 정한다.

23.
[어휘] **sail into** 들어오다; 입항하다 **special** 특별한; 개인용의; 특히 친한; 전문/전공의; 특별한 사람/사물; 특별 메뉴; 특매품, 특별 할인품 **offer** 특별세일; 제공; 제의, 제안 **save** 절약하다(avoid wasting or using more than is necessary), 아끼다 **upwards of** ~보다 많이(more than) **quality** (상인이 하는 말로) 질 좋은; 질, 품질

[해설] 'Sail into ... and save ...' 와 같이 등위접속사 'and' 로 연결된 병렬구조이다.

[번역] 이번 특별 세일 기간 중에 Simply Sofas로 오셔서 질 좋은 소파를 구입하는데 10% 이상을 아끼십시오.

24.
[어휘] **attach** 붙이다, 첨부하다; 애착을 갖게 하다 **attachment** 부착; 부속물; 애착 **brochure** 광고 책자(a small book or magazine containing pictures and information) **include** 포함하다 **itinerary** 여정(旅程); 여행 일정 계획(서)

[해설] 아래와 같은 구조에서 주어를 수식하는 형용사절 때문에 도치된 구문이다.

A brochure (which is) including an itinerary is attached.
    S   여행 일정계획이 포함된   V

[번역] 여행 일정 계획이 포함된 책자를 첨부합니다.

25.
[어휘] **drag** (힘들게) 질질 끌다; 억지로 데려가다; 천천히 진행되다 **bored** 지루해하는, 따분해 하는 **fed up** 불만스러운(discontented); (너무 많이 먹어) ~에 물린(tired of), 진저리나는 **fed-up-looking** 불만스러워 보이는, 짜증난 것처럼 보이는

[해설] 주어를 수식하는 형용사(관계부사)절이 너무 길어 도치된 구조이다.
주어를 수식하는 형용사(관계부사)절을 따로 분리하면 간단한 2형식구조이다. 또한 '사라졌다' 는 것을 강조하기 위해 보어를 도치한 것이다.

The days seem to be gone when women dragged their bored ...
    S   V   C   'The days'를 수식하는 형용사절

[번역] 부인들이 그들의 지루해 하고 불만스러워 보이는 남편을 쇼핑센터 여기저기로/이곳저곳으로 데리고 다니던 그 시절은 사라진 것 같다.

26.
[어휘] **refrigerate** (식료품을) 냉장/냉동하다; 냉각시키다 **refrigerator** 냉장고 **within** (기간·거리가) ~이내에

[해설] 'after opening and drinking' 으로 착각한다면 '개봉 후에 마시고나서 냉장되어야만 한다.' 와 같이 해석할 수 있겠지만, 마시고 나서 냉장할 것도 없고, 그런 경우에 'within three days' 는 문장 내에서 아무런 기능을 하지 못하므로 옳지 않다. 문제는 '(it should be) drunk within three days.' 와 같은 구조에서 'and' 다음에 반복되는 어구(it should be)가 생략되었다.

= We should refrigerate fresh orange juice after opening and (we should) drink it within three days. 〈능동〉
➔ it = fresh orange juice

[번역] 신선한 오렌지 주스는 개봉 후 냉장되어야하고 3일내에 마셔야만 한다.

27.
[어휘] **sharp** 급격한, 가파른, 험준한; 날카로운; (머리가) 예민한, 빈틈없는; 명확한 **decline** (양·질 등이) 하락, 쇠퇴, 퇴보; (초대·제안 등을 정중히) 거절하다; 기울다 **previous** 이전의, 앞의 **previously** 전에(formerly) **impel** ~에게 ...을 하도록 강요하다, 재촉하다(to force or urge sb to do sth) **management** 경영, 지배, 취급 (➔ 정관사(the)와 함께 쓰여 '경영진, 관리부, 경영자'를 의미함) **change** 변화; 거스름돈, 잔돈 **make the change** 변화를 하다

[해설] 동사와 명사가 동일한 형태인 경우 주의해야 한다. 문제에서 빈 칸 앞에 정관사가 있음으로 'decline' 은 명사로 사용되었음을 유추할 수 있다. 'it ... that' 강조용법에서는 'that' 만이 쓰이는 것이 표준어법이다.

[번역] 경영진에게 변화를 강요한 것은 바로 지난 분기에 판매량의 급격한 하락 때문이었다.

28.

어휘 **insomniac** 불면증 환자 **insomnia** 불면증 **awake** 깨어있는(not asleep) **awaken** (잠에서) 깨우다 **far** 훨씬; 멀리; (거리가) 먼

해설 'than' 이하에서 반복되는 'been awake'가 생략 될 때 'awake'를 수식하던 부사 'really'는 완료 조동사 'have' 앞으로 이동한다.

<u>they</u> <u>have been</u> <u>awake</u> <u>**far** longer</u> / than <u>they</u> <u>have **been**</u> <u>really **awake**</u>.
  S   V   C   부사구   S   V   C

영어는 어말(語末)초점이기 때문에 (A)와 같은 구조에서 'have'는 'stress(강조)'를 받지 못한다. 완료 시제라는 것을 알려주기 위해 끝으로 가면서 어말 초점을 받는다. (C)에서 부사 'really'의 위치가 형용사 'awake' 앞으로 이동 해야만 한다. (D)와 같이 완료조동사 'have'가 맨 뒤로 이동한 것은 어말 초점을 받아 완료 시제라는 것을 나타내기 위함이다. 'far, much, even, still'은 비교급 강조 부사.

번역 불면증 환자들은 실제보다 훨씬 더 오랫동안 잠이 깨어 있었던 것으로 생각한다.

29.

어휘 **workshop** (참가자가 실습을 행하는) 연수회, 연구 집회; 일터, 작업장 **aim** ~을 목표로 하다; ~을 성취하려 하다; 겨냥하다; 목적(purpose); 목표(goal); 의도(intention); 겨냥 **improve** 향상시키다(make sth better); 호전되다; (기회 · 시간을) 이용/활용하다 **corporate** 법인의, 회사의 **corporation** 법인, 주식회사 **increase** 늘리다, 증가하다 ↔ **decrease** 감소하다(diminish) **product** 상품, 제품

해설 문맥에 적합한 단어 선택과 병렬구조를 알아보는 문제이다.

빈 칸 다음에 명사로 쓰인 'sales'를 동사로 착각하지 말아야 한다. 'sales'가 동사라면 목적어가 필요한데 목적어가 없다. 'sales'는 '판매(량)'란 뜻의 명사이다. 동사 'aim'의 목적어로 부정사가 'aims to improve … and to increase'처럼 등위접속사 'and'로 연결된 구조이다.

The workshop aims to improve … = **The aim** / **purpose of** the workshop is to …

번역 워크샵은 회사의 이미지 향상과 신상품에 대한 판매 향상을 목표로 한다.

30.

어휘 **goods** 상품(merchandise) **measure** 측정하다; (크기 · 길이 · 양 등을) 알아내다 **store** 축적하다(put sth away) **wealth** 부(富), 재산

해설 'be used to+-ing'의 관용 표현에 익숙해서 (A)를 정답으로 고를 수 있게 만든 것이 함정이다. 문제는 '목적 · 용도'를 나타내는 'for'의 목적어 'buying'과 'selling'이 등위접속사 'or'로 연결되어 있다. 아래 능동문 구조에서 수동이 되었다.

<u>We</u> <u>use</u> <u>money</u> <u>for **buying**</u> or <u>**selling** goods</u>
 S   V   O   부사구   부사구

번역 물건을 사거나 파는데, 가치를 측정하는데, 그리고 부를 쌓기 위한 목적으로 돈이 사용된다.

31.

어휘 **defective** 결함이 있는(faulty) **cell(ular) phone** 핸드폰 **mobile phone**(英) **take sth back** ~을 반품하다 **demand** (강력히) 요청하다(ask for something very strongly) **refund** 환불하다(give sb one's money back) 환불금, 환불 (repayment) **demand a refund** 환불을 요구하다 **get a refund** 환불을 받다 **apply for** ~을 신청하다 **claim** (권리 등을) 요구/청구하다(demand); (권리 · 사실을) 주장하다

해설 병렬구조와 동사의 뜻을 알아보는 문제이다.

의미상으론 (A)(B)(C)(D) 모두 빈 칸에 적합하다. 그러나 'took … and demanded'와 같이 등위접속사 'and, or'로 연결될 때는 동일 시제 즉, 과거 시제가 쓰여야 한다.

번역 비키는 결함이 있는 핸드폰을 상점에 반품하고 환불을 요구했다.

32.

어휘 **view** (생각하거나 믿고 있는) 견해(opinion), 의견; 전망, 풍경, 시야; 목적 **express** (의견 · 감정 등을) 표현하다, 알리다, ~로 표시하다; 명백한; 고속의 **forum** (어떤 특정한 주제에 대하여 의견 · 생각 등을 주고받는) 공개 토론 장소, 공개 토론회; (TV · 라디오의) 토론 프로; (신문 등의) 토론 란 **need (pl.)** 필요한 것, 필요성(a necessity); 필요; 필요하다 **overwhelm** ~을 압도하다; ~의 기를 꺾다, 질리게/당황하게 하다 **overwhelming** 압도적인; 질리게 하는, 기를 꺾는; 완전한(complete)

해설 동사 'showed'가 있기 때문에 (D)는 적합하지 않다. (A)(C)는 능동형으로 목적어가 필요하지만 목적어가 문제에 없기 때문에 또한 적합하지 않다.

관계대명사 절이 수동 · 진행형인 경우 'who/which+be'를 생략하면 분사가 명사를 수식하는 형용사구가 된다. 즉, 분사가 형용사처럼 명사를 수식한다.

views (which were) expressed at the public education forum showed a need for changes
 S ↑ 공교육 포럼에서 나타난('which were'가 생략되고 views를 꾸며주는 분사)   V   O 변화에 대한 필요성

[번역] 공교육 포럼에서 나타난 의견들이 영어교육 정책에 있어서 여러 변화에 대한 압도적인 필요성 보여주었다.

33.

[어휘] **still** 여전히, 아직; 그럼에도; 움직이지 않는, 정지한; 소리가 없는 **distant** 먼, (닮은 정도가) 먼, 소원한 **present** 현재의; 출석하고 있는 **growing** 점점 커 가는, 성장하는 **concern** 걱정, 염려(anxiety) 걱정하다 **climate** 기후; (비유적으로) 환경 **coming** 다가오는(approaching), 다음의 (next) 도래(arrival) **rather than** ~라기보다는 오히려

[해설] 내용을 이해해야만이 빈 칸을 채울 수 있는 문제이다. '다음 빙하시대는 아직은 먼 미래의 일'이라고 언급했으므로 유추할 수 있는 단어는 (C)의 'years'이다.

... is (**the concern**) for ... hundreds (**of years**) rather than thousands **of years**.

→ 'is'의 보어가 생략되었고, 'of years'는 'hundreds'와 'thousands'에 공통으로 연결

[번역] 다음 빙하시대는 아직은 먼 미래의 일이지만 현재 우리의 점증하는 걱정은 수천 년 이라기보다는 다음 수백 년 동안의 기후에 관한 (걱정인) 것이다.

34.

[어휘] **athlete** 운동선수 **demonstrate** 실제로 해 보이다(show and how something works or a way of doing something); 증명하다, (실험에 의해) 설명하다 **admirable** 놀라운 **skill** 솜씨, 기량 **life off the field** 운동장 밖에서의 생활 **case** 경우 **shocking** 충격적인 **criminal** 범죄의; 범인 **crime** (법률상의) 범죄; 유감스러운 일, 어리석은 일 **a crime** 어리석은 일; 유감스러운 일; 불명예스러운 행위 **commit a crime** 죄를 짓다

[해설] 아래 구조에서 알 수 있듯이 등위접속사 'and'로 연결된 병렬구조이다.

their life off the field is not **admirable** and, in some cases, **shocking** and **criminal**.
 S   V   C

[번역] 일부 프로 운동선수들이 그들의 게임을 할 때 놀라운 솜씨를 보여주지만 운동장 밖에서 그들의 생활은 매우 훌륭하지 않고 어떤 경우에는 충격적이고 심지어 범죄를 저지르기도 한다.

35.

[어휘] **wonder** 놀라움, 경이 놀라다, 궁금히 여기다; ~나 아닐까 생각하다 **label** 분류하다(classify), ~에 명칭을 붙이다; ~로 낙인찍다 **devastating** 파괴적인 **socio-medical** 사회 의학의 **problem** (처리하기 또는 이해하기 힘든) 문제, 일; 고민, 귀찮은 일·사람 **face** ~을 직면하다 **human** 인간의; 사람의 인간 **society** 사회; 사교계; 회, 협회 **short of** ~을 제외하고(apart from), ~을 별문제로 하고 **malnutrition** 영양실조

[해설] 'No wonder!'는 'It is no wonder that…'를 간단히 줄인 것으로 회화에서 흔히 쓰이는 표현이다. 'Naturally(당연하다).' 또는 'It's not surprising(놀랄 일이 아니다!).'의 뜻이다. 'no' 대신에 'small / little'도 쓰인다.

cf. in wonder 놀라서, 경탄하여   for a wonder 이상하게도

some have labeled alcoholism as the most devastating socio-medical problem
 S   V   O   O.C 가장 파괴적인 사회 의학적 문제로

(which has been) faced by human society / short of war and …
 인간 사회가 직면한(형용사구)   전쟁과 영양실조를 제외하고 (부사구)

→ "형용사구 / 부사구"를 따로 분리하면 5형식 구조

[번역] 전쟁과 영양실조를 제외하고 알코올중독을 인간사회가 직면하고 있는 가장 파괴적인 사회 의학적 문제로 일부 사람들이 분류하는 것은 놀랄 일이 아니다.

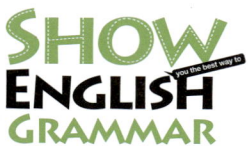

SHOW
ENGLISH
GRAMMAR
you the best way to

*실전 영문법
바이블

www.hongikmediaplus.co.kr

동양books
www.dongyangbooks.com